Der Weiß Kunig.

Eine Erzehlung
von den Thaten
Kaiser Maximilian
des Ersten.

Von Marx Treitzsaurwein
auf dessen Angeben zusammengetragen,
nebst den
von Hannsen Burgmair
dazu verfertigten Holzschnitten.

Herausgegeben aus dem Manuscripte
der kaiserl. königl. Hofbibliothek.

Wien,
auf Kosten Joseph Kurzböckens, kaiserl. königl. illyrisch = und aller orientalischen Sprachen Hofbuchdruckern und Buchhändlern.

1775.

So deutlich die in diesem Werke vorkommenden Erzehlungen bey ihrer ersten Erfindung mögen gelautet haben, eben so tief verzog sich ihr Vortrag ins Finstere einer geheimnißvolen Dunkelheit, nachdem sich algemach die Gegenstände ihres Inhaltes aus dem Andenken der Welt verloren hatten. Und nun sind sie zusam eine Aufgabe, derer Auflösung einer so späten Nachwelt noch unmöglicher werden will, da schon bey Lebezeiten ihres Heldens Schwierigkeiten aufstiessen, die eben nur Maximilian allein zu heben im Stande war. Hat sich aber der Charakter unsers grossen Kaisers vor den Lebensumständen so mancher anderer Monarchen in dem unterschieden, daß seine Regierung aus einer fortgesetzten Reihe der mühsamsten Unternehmungen bestand; so war die Vorwelt gewisser massen berechtigt, uns das volständige Kenntniß einer so denkwürdigen Geschichte auf so eine Art mühsam werden zu lassen.

Und welcher Patriot wird sich nicht ein Vergnügen machen, zum stäten Andenken dieses dem Herze Oesterreichs unvergeßlichen Kaisers eine wie immer mühsame Unternehmung wagen zu können? Maximilian war Jüngling, als Habsburg beynahe nur deutsche Gränzen kannte. Zu eben der Zeit, als nähere Feinde in das Herz der Monarchie herein drangen, ruft ihn die Vorsicht an die äussersten Gränzen Deutschlandes hin: dort fängt er an die Stuffe des österreichischen Thrones höher zu bauen, und zeichnet mit seinem obsiegenden Schwerdte zum weitern Umfange der Monarchie die neuen Gränzen aus. Dann kehrt er zurück, befreyt die alten Vasallen vom feindlichen Joche; und noch nicht Kaiser legt er den Grund zu jener Grösse der österreichischen Staaten, wo einer der Enkeln am Ister und Rhein, der andere am Tagus und Padus, und Ganges herrschen soll. Könnte uns noch eine Hinderniß abhalten, die Edda des habsburgischen Thronenstifters zu entwickeln?

Wiederholte Bemühungen wurden bisher zur Ausgabe dieses Werkes gewagt; imer liefen sie fruchtlos ab. Selbst die eigentliche Geschichte desselben ist der gelehrten Welt größtentheils noch unbekannt. Scheint aber der Inhalt desselben wichtig genug, um eine volständige Erläuterung des Grundtextes vorzunehmen, so reitzt er auch unsere Neugier, daß uns auch wenigstens das Wesentliche von den Nebenumständen dieses Werkes nicht ganz gleichgültig seyn wird.

Unstreitig kann man für den ersten Verfasser dieser Aufsätzen den Kaiser selbst angeben. Unter dem schröcklichen Laut der Waffen, und von dem Geschäfte einer mühsamen Regierung, die ja nnr den Geist eines Maximilians nicht ermüden konnte, umgeben, fand er noch Musse genug, selbe der edelsten Wissenschaft zu weihen, und mit der Hande, die geschaffen war, Scepter zu führen, schreibt er im

Stil-

Stillen des einsamen Cabinetes nebst andern kleinen Werken, auch seine Reichs, und Kriegsgeschichte; verbesserte und bildete jene Aufsätze aus, welche ihm die Minister seines Thrones und die Gefehrten seiner Heerzügen über eben diesen Gegenstand lieferten. Durch diese gesamte Bemühung war die **Geschichte des weissen Königs** schon im J. 1512. zur Helfte gebracht. So wie der Gegenstand dieser Erzehlung, wurde auch die Ausarbeitung der ferneren Nachrichten folgendes Jahr noch fortgesetzt.

Im J. 1514. ward auf die Vollendung des Werkes gedacht, und der kaiserliche Secretar **Marx Treitzsauerwein** bekam von seinem Monarchen den Auftrag, selbes in Ordnung zu bringen. Diesem Befehl zu folge kam das grosse Manuscript, (a) an welches wir uns bey unserer Ausgabe gehalten, (b) zustande. Hier äusserte sich nun die Unordnung der Aufsätzen, und die Undeutlichkeit, in welche viele Erzehlungen durch die geheimnißvole Einkleidung des Vortrages gerathen waren. Diese Schwierigkeiten veranlaßten eine neue Bemühung; es ward ein ordentliches **Fragebuch** (c) errichtet, um zu wissen, wie jede zweifelhafte Stelle auszulegen wäre. Zur Erörterung der so vielfältigen Zweifeln, schrieb man an die vorläuffigen Abschriften (d) verschiedene Glossen hinzu, die aber grossen Theils in Muthmassungen, und manchen auch irrigen Auslegungen bestanden: alles berufte sich endlich auf den Kaiser; dieser konnte sich, wichtiger Geschäften und Alters halber eben nicht mehr so genau mit dieser Sache abgeben; er ward endlich der Welt entrissen, ohne eine gedruckte Ausgabe dieses Werkes erlebt zu haben.

Es

(a) Dieses ward hernach im Bücherschatze zu Ambras in Tyrol verwaret, von da aus kam es in die hiesige k. k. Hofbibliothek, wo es unter der Manuscripten, Hist. Prof. N. XVI. begriffen ist.

(b) Die darzu bestimten Figuren wurden von Hannsen Burgmair, und andern Meistern in Holz geschnitten. Mit diesen entstand hernach eine eben so grosse Verwirrung als mit dem Texte.

(c) Cod. Bibl. Cæs. Ms. Hist. prof. N. XVIII.

(d) Codex Bibl. Cæs. M. S. Historiæ prof. N. XIX. wie auch CXLIV. und CLV. Wir werden uns auf selbe unter der algemeinen Rubrik M. SS. MAXIMILIANI. beruffen.

Es ist leicht zu erachten, daß nach dem Hintritte K. Maximilians nicht mehr so ernstlich auf die Ausgabe wird gedacht worden seyn, fürnehmlich, da die Schwierigkeiten einer richtigen Auslegung selbst mit der Zeit anwuchsen. Dennoch würden wir gegen die Verdienste unserer Vorfahren unerkenntlich seyn, wenn wir denken solten, daß bis auf unsere Zeiten kein einziger Patriot sich habe angelegen seyn lassen, dieses artige Stück der ältern Literatur der Welt bekannt zu machen.

Noch im sechzehnten Jahrhunderte unterzog sich einer so ruhmwürdigen Bemühung der grosse österreichische Philolog Reichard Strein Freyherr zu Schwarzenau, dessen patriotische Arbeiten der gelehrten Welt bereits bekannt sind. Man hat dem Verzeichnisse seiner noch ungedruckten Schriften auch jene locos communes beyzusetzen, die er zur Auslegung des Buches vom weissen König gesamelt hatte.

Obwohl nun auch der streinische Commentar nicht zustand gekommen, oder wenigstens nie im Drucke erschienen ist, so war doch durch den Todt dieses ruhmvollen Mannes der gelehrten Welt die Hoffnung nicht ganz benommen, den Weissen König gedruckt zu sehen. Eben jene Anmerkungen, die Strein über dieses Werk hinterlassen hat, geriethen in die Hände H. Georg Christophs von Schallenberg, der sie vermuthlich von seinem Vater Christophen von Schallenberg einem gelehrten Manne, und Streinens würdigem Freunde mochte überkommen haben.

Schallenberg hatte beynebens das Glück im J. 1631. bey seinem Aufenthalte zu Wien eine Samlung von den meisten zur Geschichte des Weissen Königs gehörigen Bildern, welche theils aus dem Abdrucke der Holzschnitten, theils aus den ersten Handzeichnungen bestand, zu überkommen. (a) Er fand in dieser Samlung die Auslegung

man-

(a) Der Codex, in welchem die Samlung mit den schalenbergischen Scholien eingetragen ist, befindt sich nunmehr in den Händen eines würdigen Besitzers H. Paul Antons von Gundel k. k. wirklichen Hofrath, geheimen Reichs-hof-referendarius, Secretars, und des St. Stephans Ordens Ritters.

mancher Stücken von der eignen Hande K. Maximilians aufgezeichnet. Eben darum ließ er sich den Gegenstand dieser kaiserlichen Bildergeschichte so angelegen seyn, daß er ohne den Text des Weissen Königs bey Handen zu haben, seine aus verschiedenen Schriftstellern geholten Anmerkungen in seine Bildersamlung eintrug; durch diese fortgesetzte Beflissenheit brachte er eine beträchtliche Anzahl von Scholien zusam. Dennoch sah er seinen Kommentar, auch mit den streinischen Anmerkungen begleitet, immer noch als ein unvollkomnes Werk an.

Würklich gedachte Schallenberg auf eine vollständige Ausgabe aller maximilianischen Werken. Da er aber endlich beforchten, daß seine übrigen Lebenstäge zu einer solchen Unternehmung nicht erklecken würden, hinterließ er seinen Söhnen den Auftrag das Nöthige zur Ausführung einer so edlen Absicht zu besorgen. So starb mit Schallenberg die Hoffnung, den Weissen König gedruckt zu sehen, wider ab.

Man kann nicht sagen, ob sich nach den Zeiten Georg Christophs von Schallenberg ein anderer Gelehrter mit einer gleichen Beschäftigung abgegeben habe. Ueberhaupt war das Buch des weissen Königs im Reiche der Literatur nicht ganz unbekannt; wenigstens finden sich in den Biographien und Recensionen der Gelehrten einige Anzeigen von diesem Werke. Unterdessen blieb das treitzsaurweinische Manuscript samt anderen vorläuffigen Abschriften auf der k. k. Hofbibliothek liegen.

Es war auf keine vollständige Ausgabe zu gedenken, bis durch eine glückliche Entdeckung die Holzschnitte der zum Buche des Weissen Königs bestimten Figuren, zu Grätz im Herzogthume Steyr zum Vorschein gekommen sind. Die Sorgfalt eines grossen Kenners entriß sie einem Verderben, dem sie eben bey ihrer Entdeckung nahe waren: auf gemachte Anzeige wurden sie sodann in die k. k. Hofbibliothek gebracht; und diese

 fand

fand sich nunmehr im Stande durch eine vollständige Ausgabe dieses kaiserlichen Werkes dem sehnlichen Verlangen der gelehrten Welt, Genüge zu leisten.

Solten die zu dem geheimnißvollen Texte dieser Geschichte beygefügten Anmerkungen so glücklich ausgefallen seyn, daß man (fünf bis sechs Aufsätze ausgenommen) von historischer Gewisheit sprechen darf; so hat man diese Erscheinung, der glücklichen Aufklärung eines Zeitalters zu verdanken, welches nunmehr Hilfsmittel genug besitzt, um auch jene historischen Geheimnisse entdecken zu können, die selbst gleichzeitigen Schriftstellern grossentheils unauflößlich geschienen haben.

Vor.

Verzeichniß der Kapiteln nach der Zeitrechnung.

Erster Theil.

Kap. Bl.

Zwey=

Zweyter Theil.

Dritter Theil.

Vorbericht.

Ain Jeder dem ditz puech furkumbt, vnd die offenbarung des puechs verporgen und vnwissend seye, mocht vermainen, Das puech were mit gemäll, vnd schrifft volkumenlich volpracht, Darinnen beschicht zu verantwurtung. diese vnterricht, Ditz puech ist Nun allain ain Materi vnd ain unvolkumenlich werckh vnd nichts annders, dann ain gestalt die Jme der aller durchleuchtigist grosmechtigist streitperist, vnd vnuberwindtlichist kayser Maximilian ꝛc. in dem XV^C. vnd XIIII Jar furberait hat, daraus mit lieblicher wolsprechung der teutschen sprach Mit Rechter ordnung der menschenvernunst vnd mit aller seiner notturfftign Zugehörungen der kunigclichen warhait, ain volkumenlich werk zu machen, Das sonst nyemands on underweisung volbringn mag,

Hernach volgt die vererung ditz puechs.

Dem durchleuchtigisten fursten vnd herren herrn Carln (a), von gotes genaden, Erbkunig der Hispanischen Lannde, vnd prinz der kunigreich Arragani Neapels vnd baider Sicilien, Ertzhertzogen zu österreich, Hertzogen zu Burgundi, zu Lotterickh zu Brabant zu Steir zu kernnden zu Crain zu Lymburg zu Lutzemburg vnnd zu Geldern, Landtgrafen in Elsas, fursten zu Swaben, Pfaltzgrafen zu habspurg zu heingew Gefürsten Grafen zu Tirol zu Burgundi zu Flanndern zu Görtz zu Arthois zu

(a) Nämlich: dem Fünften.

holandt zu Seelandt zu phierdt zu kyburg zu Namur zu Zutphen, Marggrafen des heiligen Römischn Reichs der Enns vnd zu Burgaw, Herr zu frieslandt, Auf der windischen March zu portnaw Salins vnd Mecheln, 2c. Meinem genedigisten herrn, Empewt Ich Marcus Treizsauerbeyn von Ehrentreiz (a), mein undertenig gehorsam schuldig und willig diennst, Durchleuchtigister kunig genedigister herr Eur kunigcliche wirde, welle aus guetem hertzen warnemen vnd mit vleiß betrachten die gotsforcht, die muettigkait gerechtigkait danncksperkait wahrhait, vnd die Menschlich weishait kunigclichen tugent löblich rechtmäßig Regierung auch die grossen siglich gerechte streitperkait vnd Eerlich adenlich vnd Ritterlich frewdt die Euer kunigclich genaden vorfordern, Mandlicher stam, in kaiserlicher kunigclicher vnd höchsten furstlichen Eren, von anfanng des

adls

(a) Maximilians I. Sekretär, dessen derselbe sich zu Verfertigung und Ausarbeitung dieses Werkes bedienet hat, wie solches das im M. S. nach der Vorrede befindliche sehr artige Gemälde zu verstehen giebt, wo der Kaiser auf dem Throne im Harnisch dictiret, der Sekretär Marx Treuzsauerwein aber unten kniet, und auf dem rechten Knie schreibet; mit den am Ende stehenden Versen:

Merck; viel wirdt von mir geschriben
Was sachen und Krieg Ich hab getriben
Darumb schreib, wie ich dir jetzo sag
So kumbt die recht wahrheit an den Tag.

Es erhellet aber aus dem Beschluße dieses Werkes, daß der Kaiser seinem Sekretär den Stoff dazu nicht allein mündlich, sondern auch in eigenhändigen Auffätzen ertheilet hat, wovon bereits in der Vorrede Erwähnung gemacht worden ist.

adls, bis auf Ewr kunigcliche wirde, herpracht, vnd der almechtig got Sy darinnen mit sein genaden aufenthalten hat, Nun ist durch die personn der großmechtigkait E. kunigclichen genaden aufenthalter diz puech der warhait mit schriften wercken vnd taten volpracht worden, demselben kunigclichen geschlecht zu ainer gedächtnus, vnd Ewrn kunigclichen genaden vnd Ewr gnaden Brueder dem durchleuchtigisten kunig Fertinandus zu Eren vnd zu ainer underweisung, In der forcht gotes, vnd in dem gesetzt des kristlichen gelaubens zu leben, Mit der kunigclichen tugendt vnd maß zu regiren mit der diemuetigkait zu erkennen, Mit der danckper und miltigkait zu belonnen, Mit dem swert der gerechtigkait vnd hanthabung der kunigclichen Eer zu streiten, Vnd also in Eurn kunigclichen genaden vorfordern fuesstapfen zu treten, O Jr durchleuchigist kunig Karl vnd Fertinandus Erfrewdt Euch vnd seydt mit allem lob danckper der grossen genaden Eere vnd wirde, die got der allmechtig Euch in Ewr gepurdt fur alle annder kunig in kunigclicher Eer, vnd in großmechtigkait der volcker vnd des Ertrichs gegeben vnd verlihen hat vnd auf das so vereere vnd uberanntwurt

 Jch

Jch Ewrn kunigclichn genaden, das vorgemelt puech, das genannt wirdt der weiß kunig, Mit aller undterteniger diemuettigkait bittend, Ewr gnad welle ditz puech von mir in Ewrn kunigclichn und milten genaden annemen, vnd mich allezeit in Ewrn kunigclichen genaden bevolhn haben, als Jch nit zweifl, vnd damit Ewr kunigclich genad die ordnung ditz puech ain wissn haben muge, So ist das puech in drey tail gestelt, das Erst tail wie der alt weiß kunig (a) mit sein gemahl vermahlt worden ist vnd welchermassen Er vnd sein gemahl die höchst kron zu Rom emphangn haben, Der annder tail des Jungen weisen kunigs (b) Jugendt von seiner lerung schicklichkait erfarung vnd heirat, Der drit tail von des Jungen weißen kunigs heerfeueren kriege vnd streiten, Allsdann solichs mit schrifft vnd gemäl nach verstendiger ordnung begriffen ist vnd antzaigt wirdt, damit thue Jch mich Ewrn kunigclichen gnade und derselben Brueder kunig Fertinandus als meinen genedigisten herrn, mit aller undertenigkait bevehln.

Jetzo

(1) Kaser Friedrich III., Maximilians I. Herr Vater. (2) Maximilian I.

Jetzo facht sich an, das Buech vonn dem Alten Weyßen kunig, Am ersten, wie er ain Botschaft ausschicket, vmb einen gemachel.

Anno 1450.

Es was ain sonnder Edler kunig, bey seiner zeit, der höchst in der kuniglichn Eer, auf Erdtrich, auch vast grosmechtig an kunigreich landn vnd leuten, vnd von hoher art, grösser vernunfft, besonder fursichtigkait, vnd sanftmuetiger Weishait, Darumb Jme, in seinem alter, von allem volkh ainhelligcliche der nam gegeben vnd gehaissen wardt der alt weiß kunig, wann Er wol und kunigclichn Regiret, vnd zu ainem genugsamen alter kam, vnd in der zeit seiner Rechten Mans Jugent, verwilliget er sich gegen seinen fursten seines kunigreich, vnd gegen alln seinen landschafften aller seiner land zu heiraten, vnd schicket darauf aus, gehaim vertrawt Boten (a), weit vnd prait, in alle kunigreich vnd lannde, zu erfaren, ob Indert ains kunigs tochter were, die Jme möcht an tugend, Adl, vnd mechtigkait geleichen, Also über ain zeit kamen dieselben Boten widerum haim, vnd zaigen dem kunig an, mit sonder frolockung, wie ain mechtiger kunig in dem kunigreich portugal mit seinem namen genannt Joannes Eduardi vor ainer Zeit mit tod abgangen (b), vnd hinder Jme verlassen het, ain vast schöne tochter (c) gueter geperd groß von tugend, sitsam, Rain, vnd an Ir ganntz nichts vergessen, vnnd on manngl, nach allem seinem begeren, willen und gefallen were, Der obbemelt alt weiß kunig höret sölichs insonderhait geren, vnnd in derselben stundt wurde Jme gegen derselben Junckfrawen sein hertz in ain sonder lieb entzundt, Dann alles sein gemuet saget zu Ir, vnd versamelt darauf den maisten tail seiner fursten vnd Stennde seines kunigreichs, vnnd hielt mit Jnen Rat, darynn wardt sovil bewegt, das Er sich verwilligt, dieselb kunigin zu nemen, vnd verordnet on vertzug, ain treffenliche Botschafft (d), die vmb dieselb kuni-

(a) Den Freyherrn Georg von Wolkersdorf, und Udalricum Ridrer einen Rechtsgelehrten. Aeneas Sylvius in der Geschichte Friedrichs III. S. 39. Straßburger Auflage Anno 1685. (b) A. 1438. (c) Eleonora aus dreyen Schwestern die älteste. Sylvius ibid. Desgleichen Cuspinianus in Friderico III. Menlius nennt sie die Jüngere, in Rucksicht auf Philippine die Erstgebohrne, welche aber damals nicht mehr am Leben war. (d) Die Botschafter waren Nikolaus Longman von Falkenstein, und Jakob Mötz, beyde Priester und des Kaisers Hofkappelläne. Sylvius p. 65. Lenhard de Rhoo Annal. Austr. ad ann. 1452. Hier. Petz. Tom. II. pag. 569. Edit. Lipf. de a. 1725.

Anno 1450.

nigin werben sollen. Er gab auch derselben Botschafft, vil köstlicher klainat, von golt perl Edlgestain und annder getzier, mit beuelch, dieselben klainat derselbn Junckfrawen, vnnd wie die Notturfft erfordert zu vereren, dieselb Botschaft was auch an klaidern halspandn guldin ketten perlin widt, desgleichn mit Rossen vnd diener Insonderhait wol geziert, dardurch derselben Botschaft, in allen lanndn, darein Sy kam, groß Eer Erpoten, vnnd aus solicher zier der potschafft, der alt weiß kunig, der mechtigst geschätzt wardt, dieselb Botschaft hat auch, durch vil grafschafftn hertzogthumben, und kunigreichn ziehn müssen, Ee Sy in das kunigreich portugal kam, darynn die vorbemelt Jung kunigin was, Es hat sich auch je zu zeiten begeben, das dieselb Botschafft ainen weitern weg vmbziechn hat muessn, von wegen vnsicherhait der haiden (a), so dieselb zeit kriegeten, und in veldt lagen, Nämlichn sy sein zogen, durch das mechtig Reich der Teutschen, vnd sein komen in das herzogthumb Saphoy (b), vnd über das wasser Rodanu (c) gefaren, in das Land Delphinat, darnach sein Sy getzogen gen Languedokh, darnach gen Montpesselon (d), forter gen Tolosa, vnd Rinzeual (e), vnnd von sorg der haidn von Armenia (f) hat die potschafft umbreiten muessen, vnnd sein komen gegen kathalonyam, zu den Steten Narbonam, vnnd Parpenonem (g), da verkauft man holtz und stro mit der wag, darnach seyn Sy getzogen, gen Gerundam, darnach gen Kathalonyen zu der hauptstat Barsilone (h), die dann ain grosse Stat ist, vnnd hat ain port und zulendung des Möres, daselbst verkauft man die menschen, als das Vieh, in derselben Stat was ain kunigclicher palast, darynnen wonnet die durchleichtigist kunigin von Arragonya (i), vnd die Botschaft ist durch das Reich Kathalonyam geritten, vnd sein komen in das Reich Arragonya, durch vil merkht dörffer vnd herberg der haiden, in ain Stat desselben Reichs genannt Sarragosa, in derselben Stat seynd dreyerlay kirchen, der Cristen, haiden, vnnd Juden, man hat auch in derselben Stat, alle wochen drey feirtag, am freytag halten die haiden Irn feirtag, am Samstag die Juden, vnnd am Sonntag die cristen, darnach sein Sy weiter zogen, in die Stat Lereida (k), ligt bey ainem grossen wasser vnd sein komen in das kunigreich Nauerre, (l) vnd etliche tag darnach getzogen, bis in die Stat Dominyco (m), darnach sein Sy komen in ain Stat genant Burgus (n), daselbst ist ain Ertzbistumb, vnnd haben daselbst, von dem grossen Hauptman gelait genommen, vnd sein getzogen auf das kunigreich Leonis,

(a) Jedermann weiß, daß die Saracenen, welche sich A. 914. fast des ganzen Königreichs Spanien bemächtiget hatten, erst A. 1492. von Ferdinanden dem Katholischen wieder in ihre Barbarey vollends hinüber gewiesen worden. (b) Savoyen. (c) Die Rhone. (d) Montpellier. (e) Ronceval. (f) Eigentlich die Saracenen aus Afrika. (g) Perpignan. (h) Barcellona. (i) Maria Königs Alphonsi V. des Großmüthigen Gemahlinn. (k) Lerida. (l) Navarra. (m) S Domingo. (n) Burgos.

[1]

Anno 1450.

nis, vnd in demselben Reich sein zu Innen komen etliche Reiter, die haben dieselb Botschafft mit gewalt (a) gefuert zu dem kunig von Hyspania (b), der dann zu der zeit mit grossem volk zu veldt lag, wider den kunig von Granat, (c) der ain haid was, der kunig von Hyspania, gab der bemeldten Botschaft sein glait, die ist weiter geruckt, vnd kamen in die Stat Leon, darnach in das land Sturgus (d), darinnen die Botschafft von den Rawbern vil not erlitten hat (e), Vnd ist getzogen in das land Galicia, in die Stat Ponteferrada, (f) vnd sein durch Stet vnnd Merckt desselben lands komen, gen sand Jacob, (g) daselbst haben Sy etliche tåg gerast, vnd darnach geritten, gen Patray, (h) darnach ist die Botschaft, aus der sorg der Rawber von Hybernia (i), gen Fynes Terre (k), vnd durch viel abweg, vnd graussame Stet komen zu ainem grossen wasser, vnd zu ainer Stat wol erpawt vnd bewart, nach haidnischem Sitten, haisset Tuny (l), daselbst haben die Botschafft gelaidt genomen biß an das kunigreich Portugal, vnd Ee die Botschafft in das kunigreich kam, darynn dann die Jung kunigin was, bey Irm prueder dem kunig von Portugal, genannt kunig Alfynsus (m) Da wardt in demselben kunigreich offenwar, vnd menigclichen saget, wie ain so mechtige Botschaft nachet, vnd als dieselb Botschaft an dasselb kunigreich kam, schicketen Sy vmb glaydt, das Inen dann gegeben wardt, vnd dieselb Botschaft wardt in die erst Stat Valenz, desselben kunigreichs, mit grosser Erung eingefuert, dieselb Stat was vast wol bewart, vnd mit grossen hochen turn gepawt, dann dasselb kunigreich ist in grosser huet, aus der ursach, das Es ligt im Endt der welt, (n) darnach sein Sy komen, durch dörfer und Stet desselben kunigreichs zu ainem hertzog von Porcellys (o) vnd darnach in ain grosse Stat genant Portarein, (p) vnd daselbst vber wasser geschift, vnd in ain grosse Stat die gehaissn ist Koymbrya von tag zu tag getzogen, in derselben gegend wechst im Jar das traidt zwey mal in ainem acker, Auch sonder gueter wein, vnd Zucker, darnach sein Sy weiter verruckt in ain anndere Stat vnd kloster Alkabassa, vnnd sich daselbst auf ain News beklaidt vnd geziert.

B 2 Wie

(a) Vid. Hist. Despons. & Coron. Frid. III. auctore de Falckenstein apud Pezium p. 569. (b) Johannes II. König in Castilien und Leon. (c) Mahomet Aben Osman. S. die Chronica de los Moros. (d) Astorga. (e) Sylvius l. c. sagt, die Gesandschaft sey von dem Raubergesinde völlig ausgeplündert worden: hos (Legatos) Latrones bonis omnibus excussere. (f) Ponferada. (g) sonst Compostell genannt. (h) Padrone. (i) Die hier versteckte Lücke ersetzet uns der Gesandte Nikol. Langman v. Falkenstein selbst beym Petz p. 573., wo es also heißt: deinde (*Legati*) propter metum Raptorum cum peregrinis (*Sociis itineris*) qui (*scil. peregrini*) erant de Hibernia, venerunt ad fines terræ &c. (k) Nicht das Vorgebirg dieses Namens, sondern die Seeküste überhaupt genommen. (l) Tuy, eine Gränzstadt von Gallicien am Fluß Minio. (m) Alphonsus V. (n) Es ist bekannt, daß die Küsten von Portugal und Spanien an dem atlantischen Meere, bis zur Entdeckung des amerikanischen Welttheils, wozu der Anfang erst unter Johannes II. Könige von Portugal nach A. 1485. durch Martin Behm, einen Adlichen von Nürnberg, gemacht worden, für das End der Welt gehalten wurde. (o) Barcellos. (p) Porto am Fluße Durio.

Anno 1450.

Wie des alten Weyßen kunigs Botschaft, zu dem kunig kamen, dabey die Jung kunigin was, vnd wie die Botschaft empfangen wardt, vnnd Sy Jr werbung teten.

Als die vorgemelt Botschaft, in das bemelt kunigreich kumen was, wie vorangezaigt ist, da wurde solichs dem kunig desselben kunigreichs kundt gethan, auf solichs erfordert derselb kunig zu stund an zu Jm, alle seine grafen, Vnnd seinen Adl, vnnd wolt daraus ein antzal, derselbn Botschaft entgegen schicken, Sy nach kuniglichen Eren zu emphachen, als Er dann thet, dieselbn kamen zu vorgemelter Botschaft, in der Stat darynn sich die Botschaft von Newem klaydet, vnd Emphienngen die mit grossn Eren, und Reverentz, vnd fuerten dieselb Botschaft in ain Castel, drey meil, von ainer grossn Stat genannt Vlixbona (a) darinne der kunig hof hielt, wie Jnen dann der kunig zuthun mit ernst bevolhen het, In demselben Castel, belib die Botschaft auf weiter beschaidt des kunigs, vnnd die bemelt Stat, darynnen derselb kunig hof hielt, ist ain grosse Stat, vnnd hat in Jr ainen hochen perg, mit ainem vesten Schloss, Es ist auch in derselben Stat, ain Ertzbistumb, vnnd ain hoche schuel, allermaist in kayserlichn Rechten, (b) Dise Stat hat auch ain guete vnd grosse Port vnd zulendung des Mörs, vnd an dem andern tag, hat vorbemelter kunig, die gedacht Botschaft, zu Jme zu kumen beruefft, die wurde denselben tag, durch die gesanndten Erlichen belaitet, vnnd gefurt, vnd als Sy derselben Stat nahend, Indem kam, der kunig Jnen gar köstlichen entgegen geriten, mit seinen Ertzbischofen Pischofen fursten grafen freyen herrn, vnnd aller seiner Ritterschaft der Cristen, darnach Riten in ordnung die haiden, die demselben kunig vnnderthenig warn, vnd nach Jnen der Rat vnnd Purgerschaft der Stat, vnnd als die Botschaft, dem kunig als nahend kamen, das Sy Jne sachen, stundten Sy zu stund ab, von Jren pherdten, vnd giengen gegen dem kunig, vnd oft Naigten Sy sich, mit sonder Eerlicher diemuetigkait, als Jres lands Syt was, Als der kunig solichs Ersach, stundt Er von seinem pherdt, vnd gienng gegen der Botschaft, Emphieng die frölichn vnd Erlichen, wie sich nach kuniglicher Art zu thuen gepuert, Die Botschaft wolt auch in solicher Jrer diemuetigkait, Jr werbung gethan haben, Aber Es was ain solich

(a) Lisabon. (b) Wo sonderlich die Rechtsgelehrtheit blühete.

Anno 1451.

solich schar volcks, auch dermassen vil pherdt alda, das söliche werbung nit stat het, noch mit fueg beschehn mocht, Also saß der kunig, desgleichn die Botschaft, widerumb auf Ire pherdt, vnd der kunig fueret dieselb Botschaft, mit grosser Eererpiettung, in die Stat vnd auf das Sloss, auf dem hochen perg, darynn der kunig sein wonung het, In demselbn Sloss, was ain grosser schöner Sall, darynn war des kunigs kuniglicher Stuel kostlichn geziert, vnd als der kunig, mit der Botschaft in denselbn Sall kam, saß Er in denselben seinen kunigclichn Stuel, vnnder der kron, vnd zu Jegklicher seydten stundtn seine fursten herrn vnd Ritterschaft, vnd hat von der Botschafft mit sonndern frewden gehördt, den grueß vnd alles guet, von dem alten weisen kunig, Nach sölichm, ist der kunig aufgestandn von seinem kunigclichen Stuel, vnd dieselb Botschaft bey Irn hennden genomen, vnnd aus grossem mitleiden, mit Inen Redt gehalten, von Irer grossen arbait vnd Mue, in solicher haissen Zeit, vnd sorglichayt der strassen, vnd Sy getröst, und darnach dieselb Botschaft in die Stat fueren lassen, mit sonder hocher zier, in Ir herberg, die Inen nach aller kostlichayit berait was, darynn Sy geruet haben, uber etlich tag, erfordert der kunig seine öbriste Räte zu Ime, vnd schicket tapfere herrn zu der Botschaft, die zu seiner personn zu bringen, das dann beschach, Nach solichem fuert der kunig selbs, die Botschafft zu seiner Gemahl, der durchleuchtigistn kunigin (a), dieselb kunigin mit Iren Edln Junckfrawen, auf das aller schönist geziert, in Irem palast, in Irem kunigclichen stuel saß, die dan die Botschafft mit aller Reverentz emphieng, und höret, vnd viel Red mit Inen hielt, Darnach hat der kunig die Botschafft gefuert, in ainen anndern Palast, vast zierlich berait, In dem ist gesessen, die sonderlich schön vnd durchleuchtigist Junckfraw vnd kunigin Leonora mit Iren zwo Swestern, mit namen Kateryna, vnd Johana, mit Iren edeln Junckfrawn, die dann der alt weiß kunig zu seinem gemahl begert, dieselb schön kunigin, hat die Botschaft auch emphangen, vnd gehört, wie sich nach kunigclichen Eren zuthuen gepurdt, Nach solichem ist in demselbn palast gehalten worden, ain schöner Tanntz, mit derselben Jungn kunigin vnd anndern Edl Junckfrawn, die dartzu verordent gewest sein, In der Zeit desselbn Tanntz beschachn viel Redt mit der Botschaft hin vnd wider, Darnach desselbn tags zu vesperzeit, begeret der kunig dieselb Botschafft offenlichen zuverhören, das dann beschach, da het ainer mugen lernen, wie sich gezimbt, sich in solichn sachen zuhalten, vnd wiewol der Palast köst-

(a) Elisabet, Peters Herzogs zu Coimbria Tochter. Le Quien Hist. Générale de Portugal Tom. I. p. 405. à Paris 1700. 4to.

Anno 1451.

köstlich geziert was von Goldt Samat vnd Seyden, Auch des kunigs fursten vnd Riterschaft mit gold vnd Samat treffenlichn beklaidt waren, dann in demselben kunigreich haben Sy sölich kostlichait vnd zier fur andern kunigreich, So mocht Es doch der Botschafft klaidung zier vnd kostlichait nit gleichn, vnd in der klaidung weit von Inen getailt, Dann die in demselbn kunigreich truegn weite lange klaydung, das nit gesehen möcht werden, wie ain von leib geschickt was, Aber die Botschaft truegn Ire klaider vast eng nach dem leib eingezogn vnd mit annder schickung gantz herrlichn, deshalben waren Ire gerate leib, damit Sy got vnd die Natur begabt het gesehn, Ire klaider waren auch durchaus mit perl vnd Edlgestain geziert, das dann in demselbn kunigreich nit gewonhait was, dardurch die Botschafft mit gestalt Irer leib, und zierung vnd köstlichkait Irer klaider, die in demselben kunigreichn ubertreffenlichn vberwandtn, Dieselb Botschafft heten auch schön gelbe har, vnd von art krawß, vnd giengn mit Irem haupt albegn ploß vnd truegen perlein widen, darab sich das volckh in bemeltem kunigreich vast verwundert, Der Botschaft werbung was also, wie der Allerdurchleuchtigist grosmechtigist alt weis kunig, die durchleuchtigist Junckfraw Leonora die Jung kunigin zu seinem Elichen gemahl begeret, und solich werbung beschach durch die Botschafft mit schönen zierlichn worten, Als dieselb werbung volend was trueg vorbemelter kunig ain sonderlichn gefallen darab, der kunig gieng auch nach derselben werbung, mit der Botschaft in ain Camer, vnd schicket nach seinem gemahl der kunigin, und zaiget der Botschafft vil seltzame wunder aus dem Mör, vnd aus den wilden waldn, vnd der kunig vnd die kunigin, heten also mit der Botschafft freud vnd kurtzweil, darnach wardt die Botschafft widerumb mit grosser Er In Ir herberg an Ir Rue gefuert.

H B

[4]

Anno 1451.

Wie derselb kunig, auf der Botschafft Werbung, Rat hielt, vnnd wie der heirat beschlossen, vnd was frewdt, gehalten wardt.

Auf sölich, der Botschafft werbung, betrachtet der kunig, Am ersten in Jme selbs, was zuthun were, Darnach versamlt Er seinen hofrat, vnnd beweget die sach, mit allem vleis, darynnen dann ainhelligclichen beschlossen was, Er solt dem alten weisen kunig, sein begern stat thun, vnd Jme die Jung kunigin verheiraten, Nach sölichem ward des kunigs gemahl auch erfordert, Vnd Jr sölicher heirat furgehalten, Alspald Sy dieselb sach vernam, das die Jung kunigin als ainem grosmechtign kunig verheirat werden sole, hueb Sy an aus grossen Freuden, damit Jr hertz bewegt was, zu waynen, und gab Jren willen, mit sonnder frolockung darein, Auf sölichs stundt der kunig auf, vnd gieng mit sampt seinem gemahl, vnnd der gantzn versammlung seines Rats, zu der Jungn kunigin, vnd der kunig hueb mit Jr an zu reden, vnnd mit schönen worten vnndergraif Er Sy, aus der Vrsach, ob Sy schon das begern vnd die werbung des alten weisen kunigs, abschlagen wurde, das dann beschehen mocht, mer aus Junckfrawlicher scham vnd forcht, dann aus freyem gemuet, das dannoch Jr gemuet gemerckt mocht werden, vnnd als Jr sölicher heirat entdeckt, wardt Sy vnnder Jrem angesicht zu stund an ganz Rot, alsdann die werden, die sich schamen, (a) vnd schlueg Jre augen vnder, Der kunig begeret antwurt, da wurde Sy sich yemer, vnd vester schamen, Nun beualch der kunig sölichs seiner gemahl, dann Sy was mit Jr auferzogen worden, darumb gegen Jr grossers vertrawen vnd mynder forcht was, Dann der kunig wolt der Botschafft kain anntwurt geben, Jme wurde dann zuuor von der Junckhfrawen antwurt, Also gab die Junckhfraw diese Anntwurt, als Sy bisher gephlegt het, des willens Jrs vaters, Also wolt Sy in dem auch thun, Daran der kunig genuegig was, Sölich Anntwurt ward der Botschafft verkundt, vnd zu dem kunig beruefft, des die Botschafft groß freud emphiengen, vnd sich in ganntz Rot verklaidet, vnd kamen in grosser Er zu dem kunig gen hof, in ainen schönen kostlichen Sal, darein die Jung kunigin auch mit grosser zier gefuert, vnd dem alten weisen kunig nach ordnung der Cristenlichn kirchen vermählt wardt (b), mit ainer schönen vorredt, die fieng sich mit diesen worten an, O Syon du solt dein schlafpet zieren, vnd deinen herrn kunig emphahen, Etc. Als dise vorredt volpracht was, ward der Junck-

 frawn

(a) Sie war im sechzehnten Jahre ihres Alters. Cuspin. in Frid. III. (b) am 1. Aug. durch den Bischof von Ceuta. Hergotti Taphograph. Princ. Aust. T. 4. p. 260. Edit. de a. 1772.

Anno 1451.

frawn der Mächl Ring angesteckt, vnd zu stund an darauf stieß man in die trumeten, da thet man alle glocken leuten, Es wardt auch aus beuelch des kunigs allenthalbn gelt ausgeworffen, Dann Jederman Jung vnd allt, frawen vnd Junckfrawn, die heten darab ain sonnder groß frolockung, Vnd söliche freud vnd frolockung, durchgieng das gantz kunigreich, der kunig hielt auch köstliche Riterspiel vnd malzeit, in massen als were es volkumenlichn die hochzeit, seine vnnderthanen sich auch gegen der Junckhfrawen mit grosser schannkung erzaigten, Auch vil annder kunig Jr Botschafft schicktn, Die alle begerten, des alten weißen kunigs huld vnd kundtschafft zu haben, Dieselb kunigin, ist auch zu stund an von Jederman beruefft gehaissen vnd genannt worden die weiß kunigin, Darnach ist dieselb Jung kunigin, in ainen anndern grossen pallast gefuert, der sonnderlichn geziert vnd berait gewest, vnd darynn mit Jr ain tantz gehalten, vnd nach demselben Tanntz, ist dieselb Jung kunigin, vber alles Jr geschlecht, in die höchst, obrist vnd wirdigist stat gesetzt vnd gestelt, Es ist auch in derselbn grossen Stat, aus gepot des kunigs, in allen Thumbstifftn klöstern vnd kirchen, gott dem allmechtigen groß lob vnd danckh gesagt worden, Auch viel gotsdienst, procession, vnd opfer, sein auf einen besonndern, bestimmtn tag, der Jungen kunigin zu ainer gedächtnus, Jrer gepurdt, beschehen, dann dieselb kunigin ist in derselben Stat, aus mueterleib, in dise Welt geporen, vnd In solichen processionen, wardt die Jung kunigin, von alln menschen genennt vnd beruefft, Ain jedes mensch in seiner sprach, vnd Zungen, Leb vnd Regier die Weiß kunigin, Nach sölichm, hueb an dieselb Jung kunigin, des alten weisn kunigs sprach zu lernen, Aus der Vrsach, wann Sy zu Jme kam, damit Er mercket, Jr lieb vnd naygung, so Sy zu Jme trueg, Aber Sy begrif, in derselbn Zeit, der bemelten sprach wenig, Dann Sy ward täglichen, mit andern gescheefften verhindert, vnd setzet Jr fur, wann Sy auf die Raiß kam, so wolt Sy sich derselbn sprach, die zu lernen befleissen, vnd ain Zeit, hat Sy nichts anders gethan, Dann das Sy in dem kunigreich die heilig stet haimgesucht, vnd vil kirchfart ausgericht, vnd die Botschaft albegen in grosser Er mit Jr genomen hat, Vnnd als Sy widerumb anhaim in die vorberurt grosse Stat kam, den anndern tag darnach, da kam der vorberurt kunig, zu der Jungen kunigin, in den palast, darynn Sy in der Stat was vnd mit demselben kunig giennge ein Junger kunig, der Jetz bemelten Jungen kunigin prueder, (a) Auch ain ander kunig, der Jres vaters prueder was (b), Auch zwo Jung kunigin, die Jr Swester waren, die fuerten Sy, mit sampt der Botschafft auf das

hoch

(a) Don Ferdinand (b) Don Heinrich.

Anno 1451.

hoch Sloss, auf dem hochen perg, des kunigs wonung, vnd haben in demselbn Sloss das abendmal gehalten, Auf der ainen öbrist seydtn, ist gesessen die Jung kunigin, auf der annder obrist seydtn, gegen derselbn kunigin vber, ist gesessen des altn weisen kunigs Botschafft, vnd Oratores, vnd als dasselb Abendmal volpracht wordn ist, darnach ward gehaltn ain schöner tantz, vnd manicherlay kostlich vnd zierlich Spil vnd zum Ersten, ist dermassen ain Spil gehalten wordn' Nemlichn Es sein fur die durchleuchtigist kunigin kumen, kunig der wappen, perseuandten, vnd Erholten, vnd haben gepracht, von allen kunigreichn der Cristenhait geschribn sendbrief, vnd der Jungen kunigin mit grosser Zier vberantwurt, darnach sein komen Swartz leut die Moren, mit ainem wunderlichen gemächt, als ain grosser Trackh, vnd haben mit Iren gepärden, vnd sittn der Jungn kunigin, sonndere Eer vnd Reuerentz gethan, Nach sölichm ist komen der Jungen kunigin Junger prueder, mit seiner geselschaft, in ainer varb, vast köstlichen, vnd wol beklaidt, vnd het in seiner hanndt, ainen brief, damit Er seiner Ritterschafft zukunfft, auf die hochtzeit verkundet, Darnach sein kumen, wilt menschen, die Ir wonung haben, in ainem Egkh vnd winckel der welt, In weiten vnd verren Innseln des Mörs, die aber mit Irer gehorsam, vndter dem vorberurtn kunig waren, dieselbn wilden menschn, Redten zu der Jungen kunigin, wie Sy von Iren obern zu diser fest der vermechlung weren gesendt, vnd tetn darauf ainen sonnderlichen wunderlichen Tanntz, nach Irem sitten, dann fraw vnd Man sein in derselben Insel nacket vnd plos gangn, vnd der Jungn kunigin vater hat dasselb volck Erst bezwungen vnd zu gehorsam pracht (a), Nach sölichem ist derselbn Jungen kunigin prueder kumen, der Regirend kunig in demselbn kunigreich Portugal was, vnd het mit Ime genomen, sein treffenliche Ritterschafft, mit kostlichen guldin vnd Samatein klaidern, auff das allerzierlichist beklaidt, vnd angelegt, vnd gab seiner swester der Jungen kunigin, ain sandbrief, in die hanndt, vnd sprach, Er were aus veristen Enden, der Erdn, mit seiner streitperistn Ritterschafft zu Ir hieher kumen, In der meynung, vnd mit begerung, vor Ir Ritterliche werckh zu treiben, vnd zu ueben, Darnach sein komen, wolgebornnen herrn, aus des alten weisen kunigs kunigreich, mit krausen vnd lanngen gelbn häten, uber die Achsl, mit sonnder Zier, vnd habn der Jungen kunigin auch ain brief mit grosser Reverentz uberantwurt, vnd darauf gesagt, wie Sy hieher kumen sein, aus den hochen lanndn, des alten weisen kunigs, zu diser hochtzeit, in der maynung, das Sy allen anndern Nacionen vnd Zungen, widertail haltn wellen, mit Ritterlicher tadt, Des andern tags ist dieselb Jung

(a) Unter Eduarden waren A. 1420. die Insel Madera und die Canarischen entdeckt worden. Le Quien.

Anno 1451.

kunigin, mit grosser wirde Zier und hochem geprenng, von dem kuniglichen Sloss herab, in diee Stat, in ainen pallast in mitten der Stat gefuert, und in solchem fuern, vil schöner lustiger spil, hin, vnd her gehalten worden, und In sonnderhayt, als dieselb kunigin neben der grossn kirchen kam, Da was der hoch thurn an derselben kirchen, mit wunderlicher kunst, der menschen zu gericht, aus demselben thurn in dem lufft, ist gegen der Jungen kunigin abgestign, ain Jungling, der was getziert, als ain Engl, und hat pracht der vermachelten kunigin, ain guldine Cron, vnd in dem Lufft also gesungen, O du vermechelte kunigin, Emphah vnd nimm die Cron hie auf dieser Erden, daß du gekrönt werdest, in dem himel, über alle Element, Daselbst ist auch zugericht gewesen ain Stat oder garten, als das paradeis, daraus ain Jüngling, als ain Enngl, in der höch, durch ain venster aines thurn kam, und pracht in ainem vergulten peck Rosen, vnd warf dieseben Rosen auf der bemeltn kunigin haupt, vnd derselb Engl sang also, Nym die pluemen und Rosn, das du, und dein samen plueen werden, auf dem Ertrich, vnnd mit den pluemen der tugent, mit langer Zeit, auf dem Ertrich werdest verdiennen, die plue und Rosen, der Ewigen seligkait, zu emphahn in dem himel, darnach wardt dieselb kunigin, durch die zwen kunig Ire prueder, weiter gefuert daselbst was ain stat zugericht, vnd ain grosse versamlung des volckhs, von Mannen und frawen, vnd da thet ein Edler doctor, ain schöne predig oder Redt, auf ain halbe stundt, Zu Eer vnd lob der vermaheleten kunigin, vnd verkundet dem volckh, warumb Sy wirdig were, aller glori, lobs, vnd Eeren, Daselbs waren auch sovil personn, in köstliche kunigcliche klaider, vnd harnasch angelegt, als vil kunig Ires geschlecht gewesen sein, Daselbst hat auch ain vast beruembter Doctor, offennlichn vnd gar zirlichn erzelt, angetzaigt, vnd verkundt, aller derselbn kunigen, hoch vnd streng thaten, streit vnd werck, die ain Jeder derselben kunig volpracht haben, wider die ungelaubigen, von wegen des Christenlichen glaubens, vnd gemaines Nutz, der Cristenhait, vnd wie offt, vnd manigfeltig, dieselbn kunig wider die haidn vnd unglaubign, Jr lebn dar heten gelegt, gesigt, vnnd Uberwindung gehabt, auch wie Sy der heilign Römischn kirchen, albegen hilf vnd beystanndt gethan, vnd die gehorsam der heiligen Römischn kirchen nye übertreten, sunder allezeit behalten, vnd auch wie Sy den Cristenlichen gelauben, in vil landen vnd Steten, da vorhin haiden vnd Vnglaubig gewest sein, gepflantzt, vnnd die haidnischen Affricaner vil unndergedruckht heten, Desgleichn, wie sich der vermechelten kunigin vaters prueder, Fernandus, umb willen des Cristenlichen glaubens, und von wegen des gemainen Nutz, und zu erleösen die Cristn, in der haidenschafft, sich in affrica in den todt het geben, Vnd derselb doctor sölichs alles verkundt und ge-

Anno 1451.

gesagt hat, von dem todt des Jetz bemeltn kunigs, da ist von dem volckh ain groß rueffn zu got gewest, fur desselbn kunigs seel, Jederman hat geweinet, on zweifl, derselb kunig hat durch sein Cristenlichen todt, bey got verdient, die Ewig freudt, Nach solichem sein fur die vermahelt kunigin kumen, drey Jungling in Englischm gewanndt, Der Erst Engl hat tragen, ain Crucifix, vnd sich genennt den glauben, Der da ist ain götliche tugent, der annder Engel hat in seiner hanndt gehabt ain gruen Zweyg, der hat sich gehaissen die Hoffnung, Der drit Enngl hat gehalten in seiner hanndt, ain lebentige tauben, Vnd hat sich genennt die lieb, Unnd dieselben drey Enngell, habn mit schönen gesetzten sprichworten, mit der vermeheltn kunigin also geredt, Das Sy solt habn zu Irem allerliebstn gemahll und herren, ain state hoffnung, die da were ain behalterin aller tugendt, Auch ainen gantzn rechten glauben, vnd vertrawen, als zu der unbeweglichen seul des Cristenlichen glaubens, vnd ain volkume lieb, mer dann zu vater vnd mueter, vnd allem Irem geschlecht, Nit verr dauon ist gewesen ain prun kunstlicht gemacht, daraus ist geflossen, wol schmecket Rosenwasser, zu labung vnd ergetzung, der menschen, daselbst ist auch gewesen, ain Tiergarten, mit vil manigerlayen wilden thiren, Nach solichem ist die kunigin aber an ain stat kumen, da sein vor der kunigin gesessen, dreyzehen propheten in Iren klaidern, nach gewonhait der propheten, vnd Jeder ain puech, in seiner hanndt, vnd haben geweissagt, viel gueter ding, von dem prewtgam vnd prawt, vnd also ist die vermachelt kunigin, mit dem kunig vnd kunigin Irn pruedern vnd Swestern, vnd aller Ritterschafft, denselbn tag, von ainer stat, zu der anndern geritten, vnd alles volckh, das dann mer dann Zwantzig Tausendt gewest ist, nachgefolgt, die dann diese ding haben gehort und gesehen, Vnd diese proceß hat denselben tag gewert, von Morgens, bis zu der nacht, Des andern tags, hat der durchleuchtigist Regieret kunig, desselben kunigreichs, geordnet, und zurichten lassen, vil schöner tannz, in den gassn vor dem pallast, darynn die vermahlt kunigin gewest ist, darnach hat der kunig lassen pringen, Sechs wilder ochsen, Da sein komen, die Saracen baider geschlecht, Man unnd frawn, mit frolocken vnd tantzn, vnd haben dieselben Sechs wildn ochsen gejagt, vnd zween oxen daraus gefanngen, vnd getodt, vnd zu Irm prauch ausgetailt, In dem ist kumen, der kunig herab von seinem kuniglichem Sloss, in die Stat zu der lieben swester der vermehelten kunigin, In sölicher weiß vnd gezierdt, Zum Ersten ist geritten, ain vast schöner Jungling, mit vast schöner gezier, auf ainem hochen Roß bedeckt mit ainem guldin tuech, dem hat nachgefolgt, ain schöner gezierter wagen, darauf waren helm, schildt vnd spieß, zu dem stechen vnd Rennen, darnach sein geritten, Zwelf Ritter, in Irem harnasch, vnd Ire Roß mit grosser

Anno 1451.

Zier, vnd Jeder Ritter het funnf diener zu Roß wol geschmuckt, die haben die spieß vnd ander getzier zu dem Rennen vnd stechn gefuerdt, Nach Jnen sein geritten, Zwölf Erholt in Jren klaidern, vnd wappenrocken wolgeschickt, darnach die Pusaunen Trumeter vnd pfeiffer mit wunderlich weiß vnd gezierd, Nach sölichem ist der Regieret kunig, in seinem sonderlichen schönen harnasch geritten, vnd Jme sein zu Roß nachgefolgt, Sechs Jüngling, in goldt vnd silber, auf das schönist beklaydt, vnd der kunig ist also in sölicher ordnung, in der Stat geritten, zu ainem pallast von holtz gemacht, mit zwayen hochn thurn, Jnsonderhait zu dieser frewd, vnd die dächer desselbn pallast waren gemacht, von guet grawn vnd Swartzen tuechern, mit gold vnd Silber vndertzogen, darynn belieb der kunig, mit seinen Rittern über nacht, vnd des andern tags frue, mit der Sunnen aufgang, sein komen die kristen, auf den ersten tail, Die Saraceni, das sein die haiden, auf den anndern tail, die Waldleut oder wildleut, auf den dritten tail, vnd auf den vierdtn tail die Juden, vnnd ain jeder tail hat nach seiner Zungn geruefft gesungn vnd gefrolockt, Aber in der erstenn stundt des tags, ist kumen, ain wohlgeboraner man, genannt Lemereut der großhauptmann des Mörs, in demselben kunigreich, selb funff zu Roß mit grossem vnd köstlichem gezierdt, fur den hultzein pallast, darynnen der kunig mit seiner Ritterschafft was, vnd derselb hauptman, hat durch seinem Erholdt, dem kunig vnnd aller seiner Ritterschafft lassen rueffen, zu uebenn Ritterliche spil vnd werckh, alsopald ließ Jme der kunig verkundtn, Er wollt komen, vnd sich wider Jne setzen, Jn derselbn stund kam ain groß gemächt oder factur, ainer ubergrossen Slanngen, mit aufgerecktem hals, auf dem ist gesessen, ain schöner gewappneter Riter, vnd hat begert, des kunigs, vnd Jne erfordert, zu Ringen, fechten, vnd stechen, Auf sölich erfordern, ist der kunig mit Zwelf auserwelten Rittern, in köstlicher gezier, auf schönenn Rossen, mit guldin tuechern, bis auf die Erdt bedechht, aus seinem pallast gezogen, vnd vor Jme sein gerittn, die Erholt posauner vnd Trumeter, auf ainer seydtn in ainer weiten gassn, vnd auf der annder seydtn, in derselben gassen, ist gegen dem kunig kumen, sein Junger prueder, genannt Haynrich vast köstlich vnd Zierlichen, mit den Erholdtn vnd trumetern, auch mit Zwölf fast wohl geziertn Rittern, vnd hat sich gestelt wider den kunig, Darnach ist komen ain grosser Elephandt, vnd was ain gemächt oder factur, vnd trueg auf Jme ainen thurn mit pasteyen, von holtz gemacht, Darauf sein gestandten vier trumeter, vnd vier klain moren, mit lantzen, vnd mit grossen Mör Rören, vnd haben Zu dem volk geworffen, mit pomerantzen, Demselben Elephandt haben nachgefolgt, Acht gewappnet Ritter zu Roß, die haben gehabt manigerlay farb vnd figur, der Regieret kunig, hat auf seinem helm

Anno 1451.

helm gefurdt ainen guldin Basiliscum, und des kunigs prueder hat auf seinem helm gefuerdt, ain guldin Cron haupt, und die damit aneinander gestochen haben, sein gewesen auf dreissig, vnd sölich stechn, ist nacheinannder gehaltn worden, Und des kunigs gemahl, die dann desselb zeit Swanger was, hat dem Ritter, der an dem erstn tag das pest thet, ainen Silbrin übergultn kopf, vnd dem anndern Ritter, der am andern tag den preiß behielt, ain Silberin vergult gießvaß, vnd dem driten Ritter, der an dem driten tag den platz behielt, ainen guldin Ring, mit ainem köstlichn stain, geschenckt, und dieselben Ritter alle drey dermassen kuniglichen verert, Als dises gestech volpracht was, den nächstn tag darnach, sein kumen, fur der vermacheltn kunigin pallast, etlich vil Jeger, mit ainer mercklichn Antzall, grossen hundn, vnd haben gefuerdt ain leben, ainen peren, vnd ain wiltswein, vnd vor der kunigin ain wunderlich Jagen volpracht, Nach demselben gejaidt sein kumen Zwelf Graffen, und Herrn, auf grossen pferden, bedeckt mit guldin tuechern bis auf die Erdt, in Irem harnasch, vnd ain Jeder hat gehabt ainen knecht zu Roß Der mit dem spieß ist vor Jme geritten, Und ain Jeglicher knecht ist so zierlichen, beklaidt gewesen, Als man die schonen Engl malt, Und dieselben zwelf grafen und herrn, haben bey vier Ur gestochen, und als Sy wider abtzogen sein, Da ist ainer zu Roß kommen, mit köstlicher gezierdt, vnd grosser geselschafft, mit grossen vnd wunderlichen pferdn, vnd hat sich genennt ain kunig von Troy, vnd mit Jme gehabt drey Sun, der Erst hies hector, der ander priamus, der drit Ayax, in kuniglichm gewandt, und haben sich gegen dem kuniglichn pallast gekert, darynn die vermahelt kunigin, mitsampt Jrn pruedern vnd swestern, mit Jrn Edl herrn was, Und derselb kunig von Troy ließ vor demselbn pallast, durch seinen Erholdt rueffn, wie Er in weiten lanndn, vnd vber mör, Insonnderhait in seinem kunigreich Troy vernommen het, wie der kunig desselbn Reichs, sein Eltere swester, dem allerhochgelobtisten herrn, dem alten weisen kunig vermahlt het, vnd dieweil dann gedachter kunig, mit etlichen seinen lannden in Affrica sein Nachpar were, so het Er nit unterwegen lassen mugen, vnd wer dem alten weisen kunig, auch Jme zu sonnder lob und Er Jrer kronen, zu Jme in sein kunigreich kumen, vnd wolt bey Jme, in seinem Reich streitperliche vnd Ritterliche werkh ueben, vnd wolt sich mitsampt sein dreyen Sunen stellen, wider alle die, was gepurdt oder zungen die weren, Alspald der Regieret kunig mit seiner Ritterschaft das gehört hat, ist Er mit seiner Ritterschafft herfur kumen, vnd von stund an, gegen seiner widerparthay, vor der vermahelten kunigin vnd Jrn swestern, vnd vor seiner gemahl der kunigin ain lustiges gestech angefangen, vnd mit frewden volenndt, Also haben die kunigin mitainannder, durch ain geporne grafin, die ain sonnder schöne Junckfraw was, dem herrn

A. 1451.

der das pest gethan het, ainen guldin Ring, mit ainem Edlnstain geschenkt, vnd nach sölichem gestech, als die Sunn hat wellen vnnder geen, aus kuniglichem gescheefft, sein die gueten tuecher, die man het aufgespandt an die wendt, von dem gemainen volckh Raubweis genomen worden, vnd was ain Jedes hat mugen zuwegen bringen, Das ist sein gewesen, Nach sölichem am anndern tag, ist ain grosmechtiger her, vast scheinperlich, mit seiner geselschaft, fur der vermahelten kunigin palast geritten, Und hat durch seinen Erholdt lassen Rueffen, Er sey der grosmechtig kunig Europa, Er hat auch durch seinen Erholdt weitter berueffen lassen, allen kunigen vnd fursten mit den worten, O Jr die wesen, vnd wonnend, in dem kraiß der Welt nempt war, die pösen, die da wachsen, vnd vber uns komen vnd hat in dem aufgethan, ain groß puech, vnd vorrer lassn rueffn also, O Jr kinder der menschen, urtaillend Rechtlich, vnd was Recht ist, das solt Jr prauchen, vnd hat vil von der gerechtigkait rueffen lassen, auf das sein kumen, ain merckliche antzal, der Saracen, vnd haiden zu Roß, mit Jren schilten vnd lanntzen, vnd haben vor der kunigin pallast, mit annder gestritten, vnd die allerschnellesten Roß springend wie Rechpöckh gehabt, Und sein genennt Jenneten, Nach sölichem sein auch fur und fur, von dem Statvolckh, vnd von dem gemainen volck, vil seltzsame abenteurliche spil getriben vnd geubt worden, Sölichs alles zubeschreiben were zu lanng, Und als sölich Ritterspil vnd freud volpracht sein worden, hat der Regiernd kunig, in seinem pallast ain groß mal vnd gastung zugericht, Derselb pallast ist auch mit köstlichen gewurckten tuechern, vnd figuren, auf das allerschönist umbheanckt und getzierdt gewest, an der ersten tafln, die dann köstlich mit Gold vnd Silber umblegt was, nach kuniglichem Siten, sein dise personnen gesessen, under guldin tuechern, an der erstn stat die vermahlt kunigin, an der anndern Stat, der Regieret kunig Jr elter prueder, an der driten stat Jr mitere swester, an der vierdten Stat Jr Junger prueder, an der funften stat Jr jungste swester, vnd des alten weisen kunigs Botschafft, ist bey Jnen gesessen nach Botschafftlicher Eer, dann an der anndern tafl sein gesessen, die graffen vnd herren, auch die greffin und Edlfrawen, vnd die wolgepornnen Junckfrawn, Es sein auch kumen, die Singer, vnnd manigerlay spilleut, die manicherlay seltzam gesang gesungen, vnd spil getribn haben, Und dieselb Malzeit ist mit grosser frewd vnd frolockung volend worden, Sölich vorgemelt Ritterliche spil, groß zierung, vnd wunderliche kostlichkayt, die vormalen in demselben kunigreich nye gewest ist, Die sein dem alten weysen kunig, vnd seiner vermahelten kunigin, zu sonndern Eren vnd gedächtnus gehalten worden, bey dem ist abzumessen, die groß lieb so zu dem alten weyßen kunig getragen worden ist, Unnd als die Jung ku-

A. 1451.

kunigin, dem alten weyßen kunig vermachlt was, Schrib die Botschafft, Irem herrn dem alten weißen kunig ainen brief, darynn Sy Ime sölichn hairat, vnd alle sachen verkundten, vnd schickten Ime denselben brief, bey ainen aigen poten, der dann ain sonder geschickte, vnd verstenndige personn was, und bevalhen Ime, mit sonndern Ernst vnd vleyss, das Er Eilet, vnd sich furderet, zu dem altem weißen kunig, dann söllcher Botschafft wurde sein kunigcliche Gnad, In sonnderhait fro, vnd gern hören, Und dardurch sonndere gnad erlanngen, Wiewol derselb pot, ain weiten vnd sorglichn weg zu reiten het, Und durch vil kunigreich vnd lannd reitten muesset, so understundt Er Sy doch der Botschafft, und Rit tag vnd nacht, manich pöß weter, so lanng bis Er zu dem alten weißn kunig kam, derselb pot ward schön enphangen, vnd uberanntwurttet dem alten weißen kunig, seinen brief, mit grosser Reverentz, wie sich dann zu thun gepurdt, den dann der kunig senftmuetigclichen emphienng, also pald Er den brief laß, Emphieng Er darab, sonnder frewd vnd begabet denselben potn nach kunigclichen gnadn, Und jetzo hernach wirdt Ich beschreibn, was anntwurt der alt weiß kunig, auf denselben brief gethan hat, vnd wie Er aus seinem kunigreich auf Rom zu getzogn ist.

Wie der Alt weyß Kunig, aus seinem kunigreich, auf Rom zug, daselbst die Obrist kunigclich Cron zu emphahenn, Unnd sich mit seinem Gemachel vermäheln zu lassen.

Als der alt weiß kunig, den brief verlesen, vnd den beschluß des heirats vernomen het, Darab Er dann sonnderliche frewd emphieng, alß dann ain Jeder mensch, der in dem gesetzt und gepot des almechtigen gots lebt, selbst ermessn mag, da erfordert Er zu stund an, seine furstn vnnd herrn seins kunigreichs zu Ime, vnd offenbaret Inen auch den beschluß desselben heirats, darab Sy dann In sonnderhait viel frewd hetten, von wegen manicherlay Ursach, In solichem bewegt der allt weiß kunig, mit seinen geheimen Raten, welcher massen Er gen Rom ziechen, vnd daselbst die öbrist kunigclich Cron emphahen, auch daselbst mit sein gemahl der Jungen kunigin, sein hochzeit haben wolt, vnd als sölichs durch Ine, vnd seine Rät, nach notturfft bedacht, bewegt, vnd beschlossen wardt, Da ließ der alt weiß kunig seiner Botschafft, und den vorgemelten kunig von Portugal brief schreiben, darynn Er Inen verkundet, allen beschluß der hochtzeit, vnd schicket denselben briefen, ain sonndere nam-

A. 1451.

hafftige Botschafft wege, die auch bey der Jungen kunigin beleibn, vnd mit Jr auf wasser vnd land raissn solten, bis an das Enndt, Dahin Er dann dieselb kunigin zu kumen beschaidn het, als Er Nun die Botschafft mit denselben briefen weg geschicket het, Da beraitet Er sich mit grosser kostlichkayt vnd Zier, auf dieselb Raiß, vnd erfordert zu Jme, seine fursten grafen Herrn Ritter vnd den Adl aus seinem kunigreich, mit Jme zu ziechen, die sich dann auch, ain Jeder nach seinen statten, mit köstlichn klaider von guldin stucken, vnd Samat mit sonnder Zier, mit perl vnd Edlgestain, vnd mit schönen pferden zurichtet, Sy waren auch alle wol gerust, mit harnasch vnd aller notturfftiger waffen, zum streit, wie ain köstliche Rustigung ist zu dyser Ritterlichn Eerlichen Raiß zu schimpf und Ernnst beschehen, wie hernach vernomen wird, vnd als der Allt weiß kunig, vnd sein volckh zu ziechen berait was, da zoch Er am aller Ersten, aus ainer Stat (a) die da lag, in ainem besonndern lannd seines kunigreichs, genannt Kernten, das ain Ertzhertzogthumb was, vnd het mit Jme, das hernach folgend volck, ainen Jungen kunig, ainen Ertzhertzog, drey fursten, vier Pischof, zwen Probst, Siben grafen, Achtzig Ritter, drew hundert Edl, vnd ain Mechtiges streitper volckh, zu Roß vnd fuess, vnd zoch also etliche tag, Ee Er aus seinen kunigreich kam, vnd ist am Ersten kumen, in des kunigs von Fenedyg (b) kunigreich, in das lannd Frigaul (c), da hat derselb kunig Jne, mit grosser Eer vnd wirdigkait lassen emphahen, vnd desselbn kunigs öbrister Stathalter (d), in demselben land, der ist mit sampt ainem herren, mit ainem wol gerusstem volck, zu dem alten weißn kunig kumen, vnd hat den alten weißen kunig, auch Erlichn emphanngen, vnd Jne vnd alles sein volckh treulichen belaittet, von ainer Stat vnd Castel, in das annder, bis in ain mechtige Stat, in des kunigs von Venedig kunigreich, die gehaissen ist, Treuys, Jn derselbn Stat ist aber ain anndere Botschafft von dem kunig von Fenedig, zu dem alten weißen kunig komen, vnd der potestat (e) aus der selben Stat, ist mit köstlicher proceß vnd mit allem heiltumb, auch mit allem volckh frawn vnd Man, Jung, vnd alt, Reich vnd arm, geistlich vnd weltlich, dem altn weißen kunig, löblichen entgegen gangen, vnd geritten, vnd hat Jne Eerlichen Emphangen, vnd ubergroß Eer vnd wirdigkait erzaigt, vnd erbiten, Unnd als der alt weiß kunig, widerumb von derselben Stat weg getzogn ist, da hat der kunig von Fenedyg alle graben einziechen vnd New prucken lassn machen, dem alten weißen kunig zu Eren, biß in ain grosmechtige Stat, genannt Padua die auch dem

(a) Villach. (b) Franc. Foscari 64ter Doge. (c) 1. Jäner 1452. Aen. Sylv. p. 60. (d) Zaccaria Trevisano. V. Giov. Agostini Notizie degli Scritt. Veniziani, Venez. 1752. 4to. p. 378. (e) Orio Pasqualigo. Potestà. vide Jo. Bonifacio Historia Trevigiana. Trevigo 1591. 4to p. 633.

A. 1452.

dem kunig zugehört hat, In dieselb Stat ist aber ain andere Botschaft, von demselbn kunig, zu dem alten weißen kunig kumen, vnd Jme noch grosse Eer vnd wird erpoten, vnd von allen menschen, in derselben Stat, geistlich und weltlich, mit allem heiltumb, auch alle Burger Reich vnd arm, die frawen mit sampt den kindern, sein alle nider gefallen, auf die knie gegen dem alten weißen kunig, mit grossem lob, Es hat auch der kunig von Fenedyg, dem alten weißen kunig, vnd allem seinem volckh alle notturfft, speiß tranckh vnd fueter, in seinem kunigreich genugsamlichn gegeben, geschenckt vnd vertzert, bis in eins marggraffen landt (a), das genennt wird Ferrer, daselbst ist ain gros schifreichs wasser, mit namen Pfat (b), da fert man uber, vnd wann man uber dasselb wasser kumbt, so hebt an des Marggrafen lannd, vnd gepiet, vnd des kunigs von Fenedyg kunigreich hat daselbst ain Enndt, Da het derselb Marggraf, uber das gedacht wasser, ain prucken lassn machen, dem alten weißen kunig zu Eeren, Und an dieselb pruckn, ist der marggraf von Ferrer kumen, mit ainem gueten geraissign Zewg, vnd derselb Marggraf, ist an bemelter prucken, mit sampt seinen mächtigen herren, Rittern, vnd mit allem seinem volckh zu fueß abgestandn, vnd als der Alt weiß kunig uber die pruckh kam, da knyelet der Marggraf, mit allem seinem volckh fur den alten weißen kunig diemuettigclichn nider, vnd hat sich dem kunig ganntz gewilligt, vnd underthänig gemacht, vnd auch dem kunig die Schlussl, zu allen seinen Steten vnd Castelen, als seinem Rechten Naturlichm herren eingeanntwurt, das sein kuniglich Mayestat, damit hab zeschaffen, zuthun, vnd zulassen, was sein kuniglich genad welle, Also hat der alt weiß kunig dieselben Schlusl emphanngen, Und Jme dieselbn Schlusl widerumb empholhen, der kunig hat Jne auch mit genaden, aufgenomen, Darnach hat der Marggraf, den kunig gefuert, in ain herliche schöne Stat, Rubigo (c) genant, da ist man dem kunig, aber gar köstlichen entgegen ganngn, mit aller wirdigkait, Nun het der bemelt Marggraf, in derselben Stat ain schöne vesten, darein Er den kunig gefuert hat, in derselben Stat, hat man den kunig, vnd allem seinem volckh alle genugsamkait gegeben, Nach sölichem hat gedachter Marggraf, den kunig in ain anndere grosse Stat, mit namen Verara gefuert (d), da dann der marggraf sein Hof gehalten hat, vnd hat daselbst dem kunig groß Eer erpotn, mit geistlichen vnd weltlichn personn, so wirdigclichn, als man Es erdencken mocht, In derselben Stat hat Es gar ainen schönen pallast, des Marggrafen wonung, darynnen ist der kunig gelegen, vnd alda bey zehen tagen belibn, vnd geruet, In allem des marggrafn land, hat man dem ku-

(a) Borsius v. Este, Markg. v. Ferrara. Sylv. p. 60. (b) Der Po. (c) Rovigo. (d) 17. Febr. Murat. Script. Italiæ Chronicon Ferrarienſ. Tom. 24. p. 198.

Anno 1452.

kunig vnd allem seinem volckh gegeben, vnd geschennckt, vnd von nyemandts nichts genomen, Derselb Marggraf hat auch mit aller seiner macht, den weißen kunig fridlichen aus seinem Lannd belait, bis in ain lannd das der mechtigen Stat Bolonia zugehöret, Also ist der alt weiß kunig, in dieselb mechtig Stat getzogen, (a) vnd der potestat auch vil mechtiger Burger derselben Stat, sein dem kunig gar köstlichen entgegen geriten, Dann Es ist zumal gar ain groß mechtige Stat, und Unnser heiliger vater der Pabst, het derselben Zeit in derselben Stat, ainen Cardinal, (b) Auch ist darynn ain Bistumb, und ain hoche Schuel, mit vil studenten, der vorgemelt Cardinal mit allem seinem volckh, der Bischof mit aller Priesterschaft, vnd die hoch schuel, mit allem gemeinen volckh, sein dem kunig auch entgegen geritten, vnd ganngen, vnd haben In löblich vnd Eerlichen emphanngen, Und in des Bischofs hof, under ainem köstlichen Himel, Der mit aller Zier gar köstlichen zugericht was, eingefuerdt, vnd dem kunig, vnd allem seinen volchh, alle notturfft der speiß tranck vnd fueterung genugsamlichn gegeben, vnd frey geschenckt, vnd in derselben Stat Regiret das Comun, vnd haben albegen groß parthey unnder Inen, vnd Ir lannd wert zwo groß tagraiß, bis an ain lannd, das ainer anndern grossn Stat, genannt Florenz zugehöret, dieselbig grosſ Stat Florenz, haben in die vorbemelt Stat Ir mächtige Botschafft, zu dem alten weißen kunig geschickt, vnd als der kunig von derselben Stat, weg zoch, ist die bemelt Botschafft, mit Jme geritten, vnd alspald der kunig, in der Florenz gegent kam (c), da haben Sy Jne gar kostlichen emphangen, vnd durch Jre Stet Sloss allenthalben mit aller notturfft versehen, Und als der kunig nahend zu der Stat Florenz kam, da sein Jme entgegen geritten, die mechtigsten von der Stat, zu mal kostlichen, in vast kostperlichen klaydern, von Seyden von gold Samat vnd von Scharlach, wol bey tausend pherden, vnd haben den kunig herrlich emphangen, vnd sein alle fur den kunig Nider geknyelet, vnd Jme die Schlusl zu den Thoren uberanntwurt, vnd sich vnd die Jren mit leib vnd mit guet, dem kunig diemuetigclichen empholhen, als die seinen, das Er gewaltigclichn mug thun schaffen vnd haißen, als Ir rechter Naturlicher herr, Darnach ist dem kunig entgegen gangen, die Priesterschafft mit dem hailtumb, darnach die mächtigen frawen, vnd schon wol geziert Junckfrawen, nach dem höchstn beklaidt, darnach das gemain volckh, in ainer besonndern schar Man frawen vnd kinder, vnd Jederman ist nyder geknyelet, vor dem kunig, vnd haben In emphangen, vnd mit grosser wirdigkait under ainem köstlichen himel zu unnser lieben frawen in die haupt-

(a) 25. Jäner. (b) Den berühmten Kard. Bessarion. Sigonius de Epp. Bonon. Muratori Script. Rer. Italicar. Tom. 18. p. 698. (c) 20. Jäner. Scip. Ammirato Istoria Fiorent. Firenze 1641. Tom. II. f. 69.

hauptkirchen eingefuert, Und mit frewden gesungn Te deum laudamus, vnd den kunig darnach gefuerdt, in ain schöns kloster, darynnen alle Säl vnd kamer vast Zierlichn vnd kostlichen waren zugericht, vnd mit kostperlichen tuechern uberzogen, dieselb Stat hielt auch grosse frewd, mit fewer vnd mit vil hubschen spil, vnd Zierhait, die Sy dem alten weisn kunig zu Eeren vnd kurtzweil zuberait heten, Der kunig lag auch daselbst stil bey dreytzehen tagen, zu derselben Zeit schicket unser heiliger vatter der Pabst (a), zu dem alten weisen kunig in dieselb Stat, Zwen mächtig Cardinal (b), der ain was des Pabst prueder, die den kunig an des Pabsts stat löblichen emphiengen, vnd Ime zusagten wie Ime unser heiliger vatter der Pabst, die öbrist kuniglich Cron, willigclichen vnnd mit frewden wolt gebn, die zwen Cardinäl, haben ain grosse antzal pferd, bey Inen gehabt, Und sein furpaß stätigs bey dem kunig belieben, bis das Er gen Rom komen ist, dann der alt weiß kunig, noch ainen weiten weg gen Rom zu ziechen het, Es sein auch in dieselb Stat Florenz zu dem kunig kumen, ein gar kostliche Botschafft, von ainer mechtigen Stat genannt Hohensin (c) vnd haben den kunig diemuetigclichen emphanngen, vnd Ine mit hochem vleyss erpeten, zu Ime zu kumen, Es sein auch in dieselb Stat zu Ime kumen, Des hertzogen von Mayland, vnd der von Venedig potschaft, dieselben potschaften sein auch stätigs mit Ine geritten, Nun will Ich yetzo den alten weisen kunig in der Stat Florenz beleiben lassen, Und will yetzo beschreiben, wie sein gemachl, die Jung kunigin Leonora, auf dem Mör gefaren, vnd wie Es Jr darauf erganngen, auch wie Sy an Land kumen ist.

Wie die Jung kunigin Leonora, aus dem kunigreich Portugal, auf dem Mör weg fuer, vnd wie Sy zu Irem Gemahel, dem alten weisen kunig kumen ist.

Als der alt weis kunig, seiner Botschaft, vnd dem kunig in Portugal geschribn, vnd die Stat antzaigt het, Daran sein gemahl, die Jung kunigin Leonora, zu Ime kumen solt, Wie dann vor davon geschriben ist, alspald derselben Botschaft, vnd dem kunig dieselben brief, zukamen, Und die verlesn heten, da waren die schef, vnd alle ander notturft, in kurtz zugericht, vnd die Jung kunigin, nam aus demselben kunigreich Portugal, ainen andachtigen Eerlichen vnd löblichen abschidt, wie Jr hernach vernemen werdt, Auf ainen kurtz bestimpten tag, ist gefuert worden, die Jung kunigin Leonora, mit grosser solemni-

(a) Nikolaus V. (b) Philippum S. Susannæ, & Joannem S. Angeli Cardinales. Lud. Don, d'Attichy Flores hist. S. R. E. Cardin. Parif. 1660. p. 181. it. Sylv. p. 66. (c) Siena.

Anno 1451.

nitet, vnd wirde, in die Ertzbischofliche hauptkirchen, in der vorbemeltn Stat (a) und die Jung kunigin ist in derselben kirchen getaufft worden, Und in derselben kirchen, hat man gar hochtzeitlich, das götlich ampt, von den heiligen drey kunigin, auf dem hochen Altar gesungn, vnd der kunig in Portugal, auch die Jung kunigin Leonora, desgleichen des kunigs, furstn, vnd herrn, sein In Jr ortnung, zu dem opfer gangen, Und der hochwirdigst Herr von Affrica (b), hat das ampt gesungen, und jn allen seinen segen geben, vnd den frid gewunscht, Unnd da sölichs volpracht was, hat sich zusamen versamlt, ain groß volckh vor der kirchen, vnd gewart, die Jung kunigin in Jrm wegziechen zu sehen, vnd als dieselb kunigin, fur die kirchthur heraus ist komen, da hat Sy sich wider umbgekert, gegen der kirchn, vnd ist nider geknyelet, auf das Ertrich, vnd hat in namen des herren, von ihrer pharkirchen, vnd von sand Vicenzen, der dann mit seinem leib, in derselben kirchn ligt, hat auch Urlaub genomen von des kunigs gemahl, die Jr dannoch nachganngen ist, ainen gueten weg aus der Stat, da ist Sy beliben, Dann Sy was swannger, vnd nahend bey der gepurdt, Also ist die Jung kunigin Leonora, in der proceß mit Jren pruedern swestern freundten fursten vnd allem volckh, aus der Stat, zu der porten des Mörs gefuert worden, vnd in der porten des Mörs, ist berait gewest, ain groß Schef genannt karrata (c), daselbst ist die kunigin mitsampt des alten weißen kunigs Botschafft, vnd mit Jren Zugeordneten volckh, in das Schef gaungen, vnd hat das nachtmal darinnen gessen, O wie groß wainen, vnd hoches unsaglich klagen, hat gehabt, das volckh, das da was an dem gestat des Mörs, Dann die vermahlt kunigin, was lieb gehabt von allem volckh, vnd Jr angepornen guettigkait vnd tugendt, vnd ist beliben in derselben porten des Mörs, in dem Schef etlich tag vnd nacht, umb der zurichtung vnd ordnung willen, der anndern Scheff, vnd notturfftigkait der wappner, vnd streiter, vnd der kunig in Portugal, ist täglichen zu seiner swester, der Jungen kunigin Leonora kumen, Sy zu trösten, Und darnach, als alle ding, die notturfftigen waren, fur Sy vnd Jr geselschaft, verordnet war, als puchsenpulfer werffzeig, Armprost, pfeil, zu der beschirmung, auch hauptleut vnd wappner, die da wol geubt vnd erfaren warn in streitlichen werckn, des Mörs, auch patron vnd Regierer des Scheff, desgleichen sternseher vnd maister die das gestirn des Mörs vnd der anndern Stern, auch der weg auf dem Mör vnderricht waren, auch speiß tranckh vnd annders, vnd da dise ding alle, in die Schef gesamlt sein gewest, Da ist kumen der kunig von Portugal mit seinem kunigclichem Rat, zu seiner swester der Jungn kunigin, Und hat berueft die haupt-

(a) Lisabon. (b) Der Bischof von Ceuta am 25. Oct. Langkman. ap. Pez. p. 585. (c) Carracca, der Namen eines der grösten portugesischen Schiffe.

Anno 1451.

hauptleut, Ritter wappner, Amptleut, vnd die grossn von den Scheffen, Und dieselben haben von Newem ainen aid geschworen, das Sy wolten getreulichen thun, vnd ob Es sich begäb, so wolten Sy dem Marggrafen von Valenz (a) Irem hauptman, auf dem Mör, vnd auf dem Ertrich, in der hinfart, vnnd widerfart, bis in den todt gewerttig, vnd gehorsam sein, vnd sölichs hat Inen der kunig gepoten, vnd ermandt, bey der peen des tods, Da das also ist beschehn, hat der kunig von Portugal, vil annder Red gehallten, mit des alten weisen kunigs Botschafft, von wegen seiner swester, der Jungen kunigin, Sy mit sölicher macht, dem alten weißen kunig zuanntwurten, vnd nam in dem, von der kunigin, vnd von der Botschaft Urlaub, O Portugal O Portugal, wie gar ain guets kunigreich bist du, darynen ist uberfluss gkait des prots weins vnd öls, guet vnd vil frucht der pam, Citron granatöpfl feigen pomerantzn lemoni, hönig, auch fleisch visch, vnd Zucker, an dem anndern tag (b), ist die Jung kunigin, mit Irer hofmaisterin, die ain Wittib vnd wolgebornne greffin was, (c) vnd mit etlichen wolgepornen Junckfrawen, auch mit des alten weißen kunigs Botschafft, vnd mit anndern Personnen, in ain grosse parca (d) ganngen, vnd hat schiffn lassn, zu ainem Ainsidl, derselb Ainsidl hat gehab, ain Cappel in der Eer unser lieben frawen der Jungfrawen Maria, vnd ist in derselbn gegend, die letst Cappel, in dem End des Ertrichs, gleich als in Gallicia, In derselben Cappel, hat die kunigin andachtig meß gehört, mit den anndern personnen, vnd hat auch alda gepeicht, vnd das heilig Sacrament den zarten fronleichnam Jesu cristi emphanngen, (e) vnd als Sy die andacht volpracht, da hat Sy sich, vnd Ire gefertn, disem ainsidl andächtigclich bevollen, in sein gepet, mit ainem opfer, vnd dan derselben stat, hat die kunigin ain wenig gefruestuckt von Zucker, klaine vischlin vnd prot, vnd ist zu dem wider komen, in das groß Scheff, vnd hat das nachtmal darynnen geessen, am anndern tag, ist in ainem klainen Schiflin komen, ain priester vnd hat pracht das Sacrament, in ainer Monstrantzen, vnd hat allen denen, die in dem großen scheff sein gewesen, aus andacht, den zarten fronleichnam Jesu cristi getzaigt, vnd hat ain truckne Meß gelesen, vnd Inen den segen geben, die antzal der schef, beschreib Ich wie hernach volgt, zum Ersten ain groß karrata, das ist ain gros schef, das het zwo streitwör, oder pasteyen, fur die wappner zu streyten, vnd zu fechten, auf dem Mör, In demselben Schef sein gewesen, die Jung kunigin Leonora mit Irem volckh, drey gräfin, ain was von dem kunigelichem pluet der Jungen kunigin, genannt Maria vast schon und Jung,

G Vier=

(a) Don Alfonso. S. Sousa Manuel de Faria Lisboa 1679. fol. Tom. II. pag. 384.
(b) 4. Nov. Langmanni Diar. ap. Pez p. 586. (c) Die Gräfinn de Villa Reale. Sousa ibid.
(d) Barca eine Gattung Schiffe. (e) 5. Nov. Pez ibid.

Anno 1451.

Vierundtzwaintzigk auserwelt Junckfrawen, drey witbe, mit Irn diennerin, vnd ain Junckfraw, was schier als ain Man, vast starckh arbaitsam vnd vleyssig genannt Maria pasana, in demselbn Scheff was auch des alten weisen kunigs Botschafft, der Marggraf von Valenz der obrist hauptman, vnd zwen doctores, ainer in der heiligen geschrifft, der annder in der Ertzney, vnd acht Ritter, auch vil Edlleut, vnd hofgesindt, Also das in denselben Scheffen sein gewesen funfhundert menschn, Vnd dasselb volckh ist in drey tail getailt worden, Der ain tail was geordennt zu Regiren vnd laiten das Scheff, die namen Jr speis zu Morgens zu aufgang der Sunnen, Der annder tail, was geordent, zu dem Streit, daruber der bemelt Marggraf hauptmann was, die namen Jr speiß vormittag, Der trit tail was die Jung kunigin, vnd des alten weißn kunigs Botschafft, mit Irem volckh, die namen Jr speiß zu mitag, vnd also was Es in den anndern Scheffen auch verordennt, Vnd zu nachts hat man dem volckh zu essen geben, electuaria vnd klaine gesaltzen vischlein, mit zwir gepachem prot, Es were dann das ainer selbs Etwas gehabt het, das hat ainer mugen essen, nach seinem gefallen, on fewr, Zum anndern mer ain groß Schef, genannt karrata, in demselbn Schef was der hochwirtigist herr der Bischof zu Koymbria (a), vnd ain Ritter, (b) der was hauptmann desselben Scheffs, mit anndern Rittern, vnd wappnern, zum driten sein gewesen mer drew grosse Scheff, auch zway mitl Schef, vnnd zway grabel (c), Es sein auch zway anndere Scheff vorgefaren, mit Rossn vnd Meulern, vnd mit den diennern die dartzu gehördt haben, vnd die Zal der menschn, die da geordent sein, das Sy die Jung kunigin feueren, vnd belaitn söllen, uber das Mör, bis an die porten oder gestat Talomonis, mit gewappneter hand, sein gewesen drew tawsendt, vnd als Nun die Schiff, vnd alle notturfft berait vnnd zugericht was, wie vorgemelt ist, Da hat man die Ancker aufgetzogen, und alle Scheff, sein mit guetem windt aus der porten gefaren (d), Vnd die Segl sein alle aufgericht gewesn, Indem ist komen, der durchleuchtigist kunig von Portugal, mit etlichen Scheffen, auf dem Mör, ain Zeit nachend, die annder Zeit ver, vnd hat da belittet vnd gefuerdt sein liebe Swester die Jung kunigin Leonora, bey drey oder vier meil wegs, vnd darnach von Jr vnd aller Jrer geselschafft ganntz urlaub genomen, vnd ist wider haim, in seinen pallast gefaren, Ain jedes Mensch nem war, was abschaidens vnd zertailung ist da gewesen, die durchleuchtigist Junckfraw die Jung kunigin Leonora, hat verlassen Jr aigens reich, Jr aigen geschlecht, vnd

Jr

(a) Luis Coutiño. V. Sousa Europ. Portug. Tom. II. p. 384. (b) Christoph Ungnad aus dem berühmten Reichsgräfl. Geschlechte von Ungnad = Weißenwolf. Univ. Lexic. Tom. 49. p. 1150. (c) Eine Gattung Schiffe. Dict. Encyclop. (d) 12. Nov. Pez l. c.

Anno 1451.

Jr wonung, vnd hat sich geben, in ainen weiten verren weg, auch in sorgveltigkait des Mörs, vnd also in dem namen gottes mit guetem Windt tag vnd nacht gefaren, Vnd sein kömen in das Reich Granaten zu ainem vesten vnd starcken Sloss, der haiden, das haist Gibalter (a), da hat der hauptman aus demselben Sloss ausgesenndt, ain grabel, mit wol geharnaschten wappnern, die schef zu besichtign, vnd zu erfarn, Aber der kunigin Schef, sein Nicht destmynder tag, vnd Nacht gefaren, vnd sein komen, in die Barbarey, bey ainem grossen perg, den man haist den Affenberg, da ziechen aus vnd wonnen vil Lewen vnd affen, Da die haiden, die in demselben lannd wonnen, die scheff sachen, haben Sy in den hochen pergen, in dem tag ainen Rauch, vnd des Nachts prinnend fewr gemacht, vnd dardurch den anndern haiden Zaichen geben, das die Cristen mit macht komen, vnd wolten in Jr land fallen, daselbst sein der kunigin Leut, in den Scheffen in grosser sorg, vnd vorcht gewesen, Und sein gefaren in das Lanndt Affrica, zu ainer Stat genannt Cepta (b) in derselben Stat haben alle menschen knyend, got den almechtigen gebeten, das die Schef mit gluckh vnd hail, zu der porten bey derselben Stat kämen, Das dann beschach, da was geordennt das die Jung kunigin, mit etlichen personnen man vnd frawen, auch des alten weisen kunigs Botschafft, auf das lanndt solten geen, Also ist die kunigin mit drew hundert personnen, vnd mit Jren Trumetern, vnd pusaunern, ganngen in die Stat Cepta (c), vnd von derselben Stat, sein der kunigin entgegen kumen, der hauptman, die Ritterschafft vnd wappner aus derselben Stat, angelegt in Jren Ritterlichen harnasch, auch das ganntz Statvolk, die kunigin mit frewdn zu emphahen, In derselben Stat, hat vor Zeiten der kunig aus Affryca seinen Sitz gehabt, Es hat auch hanibal in derselben Stat ainen grossen pallast, mit wunderlicher weiß vnd gestalt gepaut, Und der durchleuchtigist künig vnd herr zu Portugal, her Eduardus der Jungn kunigin Leonora vater, hat mit swerem grossen costen, vnd darlegen, dieselbig Stat bestritten, erobert, vnd den haiden abgedrungen, vnd seiner gehorsamkait gebracht (d), vnd die kunigin, ist in derselben Stat, drey tag beliben, Dann Sy was vast plöd worden, von dem faren auf dem Mör, vnd zu derselben Zeit, was in demselbn Lanndt grosse hitz, In derselben Stat sein gewesen, vil kirchen vnd Betheuser des Machmets der haiden got, vnd die haupt vnnd öbrist kirchen, die vor zeiten ain haidenkirchen ist gewesen, vnd nach der haiden Sydtn gepawt, die hat aufgerichter grosser seulen, hundert und achtzig, Marmelstain manigerlay farb, vnd

(a) Gibraltar. (b) Ceuta. (c) 22. Nov. Pez l. c. (d) A. 1416. S. Sousa Africa Portugesa p. 36.

Anno 1451.

vnd bey dem hochen Altar, sein zwo seulen, von dem Edlstain griner varb, vnd ist yetz ain kirchen der Cristen menschen, vnd ain Bischoflicher Stuel, Vnd nahend bey dem pallast, ist ain sonnder schöner kunigclicher garten, mit allerlay pamen, vnd kreitern, In demselbn garten hat die Jung kunigin, Leonora, mit Irer aigen handt ain päml gepflantzt, Ir zu ainer Gedächtnus, vnd dasselb gepflantzt päml, dem gartner Insonderhait bevolhen, In demselbn garten, was ain apflpawm, der het so lange vnd praite pleter, das die kunigin, ainem kindt von Sechs Jaren, aus zwain plettern ainen mantl machet, das dem kindt nachend auf die Erdten gieng, Zu derselbn Zeit, zoch der hauptmann derselben Stat, mit tausend wappnern aus, auf ain Stat der haiden, genannt Tangere (a), vnd kam mit frewdn wider, vnd pracht etlich gefangen haiden, auch Esel meuler ochsn vnd kue, da hat die kunigin verschaffen, das die gefanngn haiden, in Irem namen frey vnd ledig sollen sein, Darnach ist die Jung kunigin mit allem Irem volckh widerumb in die scheff eingegangen, (b) Und mit guetem Windt weggefaren, vnnd sein fur vnd fur tag vnd nacht, durch andere kunigreich, am Mör gefaren, vnd zu dem Reich Valencya, daselbst hat der Marggraf, hauptman der Scheff, geschickt ain grabel mit wappnern zu dem lannd, umb fleisch vnd frucht, auch umb sueß frisch wasser, darnach wiederumb gefaren, vnd nit gefeirt tag vnd nacht, vnd sain kumen zu ainer grossen Innsl, die hat in Ir grosse Stet vnd Slösser, vnd ist das Reich Maioricarum (c), dise Insel ist vor zeiten gewesen der haiden Barbarorum, Darnach sein Sy komen zu dem grossen hyspanyschen Mör, in den flug des Leben (d), daselbst ist grosse ungestuemkait des Mörs, vnd das Mör hat daselbst seinen schwalwirbel, vnd umblaufen sölicher werfel vnd ungestuemkait hat gewert was die scheff faren haben mugen, ainen tag vnd ain Nacht, O wie gar groß unstuemkait vnd erhebung des Mörs, vnd groß sorglichayt haben Sy erlitten, vnd alle menschen in denselben Scheffen sein plöd worden, vnd allermaist die Jung kunigin, vnd Ir zart Junckfrawen, Und als die Scheff durch den werfl kumen sein, Da ist erstandn ain windt, der wider die Scheff was, das was vast sorglichn, dann hinder den Scheffen was der werfl, darynnen dann das volckh vil Mörwunder gesehen haben, Vnd sein also durch den Windt genöt worden, mit grosser beswerung zu der Innsel Marsilia, daselbst waren die Mörrauber, mit drey Nauen (e) vnd zwayen Galeen, vnd der kunigin Scheff waren zerstrewt, Aber zu dem Zaichen vnd gedon der puchsen vnd Trumeten, seyn Sy kumen, vnd haben im wasser derselben Mörrauber angegriffen, die dann in vil lannden vnd Enden,

(a) Tanger, voralters Tingis, mit einem Haven unweit der Meerenge bey Gibraltar. (b) 30. Nov. Pez l. c. (c) Die Insel Majorka. (d) Golfo di Leone, den 6. Decemb. (e) Naven, d. i. große Schiffe.

Anno 1451.

den, auf dem Mör, den kaufleuten vnd kristen grossen schaden gethan heten, Vnd der kunigin Scheff waren groß vnd die ancker wolten den grundt nit palt nemen, doch prachten Sy die Mörrawber in die flucht, Aber drew Scheff behielten Sy, vnd stritten mit Inen, das ain Scheff verprandten Sy, das annder versencktn Sy in grundt des Mörs, aus dem dritten Sef namen Sy, was Sy darynn vanden; vnd denselben tag haben der kunigin volckh auf Iren Schefen, allein mit den Rawbern gestritten, vnd als Sy solich volpracht, haben Sy Ire ancker gesenckt, vnd sein beliben in derselben Innsel, (a) das ist gewesen die annder port vnd Rue, so die kunigin mit Iren Scheffen gehabt hat, von dem kunigreich Portugal, von derselben Innsl Marsilia sein komen, der hauptmann vnd obrist, auch die kaufleut derselben Innsel, mit allerlay schannckung, als Rephuener kunglein kastrawn, prot wein vnd frucht, Vnd haben begert zu wissen, von wannen, vnd wer Sy waren, mit sölicher macht in verpotner Zeit, auf dem Mör zu fahren, da was Inen gesagt, Sy weren Cristen vnd freundt, Aber etlich aus den Schiffen, wolten sehen die heiligen Stet die hul vnd grab sand Mariemagdalene vnd Marthe sand Lazari vnd sand Maximini, Nun het der hauptman der Innsl, auf das volckh in den Scheffen ain forcht, vnd des annder morgens, kam Er wider mit ainem oxen, auch mit anndern fleisch, vnd mit guetem wein, vnd begert vast zu wissen, wer das volckh were, das thet man Ime in gehaim zuwissen, des Erfrewet sich derselb hauptman hoch, vnd pracht erst grosse gab, vnd schanckung, Indem, als die Schef in der porten waren, ist komen ain grosse ungestuemigkait des Mörs, vnd das Mör hat sich also erhebt, vnd sein die Tunnen gar graussamlich auf ain annder gangen, vnd an dem Schef darynn die Jung kunigin was, zerprachn alle sayll, der ancker, dardurch die kunigin, vnd Ir volckh in dem punckt des todts waren, Sy alle peichten, vnd bevalhn sich got, Der patron oder Regierer desselben Schefs, het noch ainen grossen sweren Ancker, mit ainem grossen vnd lanngn sail von lauter gueter seyden gemacht, denselbn Ancker hieß man den Salvator das in teutsch der hayland, den ließ er in das Mör, vnd heten mit dem Ancker vnd sail, ain halben tag, vnd ain ganntze nacht, gar groß arbait, O wie gar grosse klag vnd Rueffen beschah von Inen, Es wurden auch in sölicher Not, dem almechtigen got vil gelubd versprochen, vnd die schon gestalt der kunigin vnd Junckfrawen waren gantz verkert, vnd verändert, vnd die schön Jung grefin von dem kuniglichem pluet der Jungen kunigin, die lag in onmacht, als were Sy in den Zugen des todts, Als der windt Nun guet was, da hat der patron ain grosse Parcken aus dem Scheff auf das Mör ziechen lassen, dar-

(a) Am 8. Dec.

A. 1451.

darein sein acht vnd viertzig Mörknecht gesessen, zu suechen die Ancker die von den sailen geprochen waren, dieselben sein des andern tags zu morgens herwider komen, Vnd prachten Nun zwen ancker, darnach sein Sy weggefaren, vnd wider auf das hoch Mör komen, Alda haben Sy Ire Schef aintzig funden, die zerstreut waren, die sagten, wie Sy so in grosser sorgfeltigkait des Mörs weren gewesen, vnd heten gesehen etliche schef aus der haidenschafft, die Inen nachgeeylt heten, auf sölichs hat der hauptman der Schif, der marggraf hinder sich geschickt ain Grabel, mit wol erfarnen wappnern, zu der hinderhuet, vnd die anndern scheff sein bey ainander beliben tag vnd nacht, in gueter ordnung, vnd sein komen zu ainer port Grimaldo (a), daselbs ist ain Innsl, vnd darynn kain mensch gesehen worden, daselbst haben Sy guet wasser gefunden zu trincken, Vnd auch vil wunderliche Mörwunder gesehen, Nach sölichem sein Sy gefaren tag vnd nacht, vnd kamen zu dem lannd Delphinat, da hat der marggraf, hauptmann der Schef, ain Grabel mit wappnern zu der vorhuet furgeschickt, dieselbn sein am anndern tag widerkomen, vnd gesagt, das vil Mörrauber weren versamelt, an ainem gestat vnd porten des Mörs, bey ainer Stat, haist Nicia, (b) vnd weren gerust Sy anzugreiffen, da gab der Marggraf denselben zu, mer streitper wappner, vnd Notturfft zu dem streit, Also, das Ir wurden bey drew hundert, vnd hat Sy geschickt zu der porten, da die Mörrauber waren, Vnd dieselben drew hundert, haben sich in der Grabel gar stil vnd verporgen gehalten, vnd der patron in derselben Grabel, was an harnasch vnd waffen, Vnd Rueffet zu dem hauptman, der Rauber umb sicherhait vnd gelaidt, dasselb versagt Er Jme, vnd also griffen die Mörrauber die Grabel mit gewaltiger vnd gewappneter handt an, vnd als bey hundert in die Grabel kamen, da sprungen die verporgen streiter herfur, vnd heten ain tapfer schlagen mit Inen, Etlich Rauber erschluegen Sy etliche warffen Sy hinaus in das Mör, Alls sölichs die anndern Rauber ersachen, da wolten Sy Iren gesellen zu hilf komen, Indem, nahend sich die anndern, der kunigin Schef, da wolten Sy dieselben schef angreiffen, mit Iren puchsen vnd geschossen, dann Sy vermainten, Es weren kaufleut Scheff, Aber der kunigin Scheff, sein mit Iren puchsen vnd geschossen, wider die Rauber gleich als nach ainer schnuer komen, Vnd die in derselben Stat sein mit den Mörraubern gewesen, Vnd wider der kunigin Scheff auszogen, vnd vngestuemlich in dieselbe Seff geplatzt, Aber mit schaden wider abtziehen muessen, Dartzu sein der kunigin wappner vnd streiter, in Irem harnasch, vnd mit Iren waffen, bey vier hundert kumen, auf das land, vnd haben die veindt wider in die Stat giagt, Vnd dieselbig

(a) Grimaud. (b) Nizza.

Anno 1452.

selbig nacht, ist die kunigin mit Irn Scheffn alda auf dem Mör beliben, mit grosser huet, vnd ordnung, Dann die Scheff kain windt heten, aus der porten zu faren, vnd in derselben nacht, haben der kunigin volckh denselben Mörraubern genommen, ain vast groß Scheff, das was vast schon, vnd wol gezierdt, Vnd zu morgens vor dem aufgang der Sunnen, hat der Marggraf hauptman der Schef, geordent vier hundert wappner, vnd gueter streiter, auf das lannd, vnd drew hundert zu dem gestat, zubesichtn, vnd behuten, Aber nyemandt ist von den veindten gesehen worden, vnd dieselben wappner haben gefunden, ainen suessen fliessenden prunen, das haben Sy den in den Seffen verkundt, Alspald haben die in Scheffen mit frewden geschickht, ain Parcken mit Vaslein vnd läglein zu schöpfn vnd pringen wasser, dann Sy in den scheffen grossen mangl vnd abganng heten, san wasser, vnd allermaist die Jung kunigin, die kainen wein tranckh, Aber umb den Mitten tag hat sich auf dem lannd versamlt gehabt, ain groß volckh, die sein komen in Irem harnasch, vnd mit Iren waffen, vnd haben je wellen wissen, wer die weren, die mit sölicher macht der Scheff, vnd mit streitlicher wör, in der Zeit des winters, auf dem Mör weren, Vnd schickten doch zuvor, Ir Erbere Botschafft, Nemblich zwen Ritter zu den wappnern, die auf dem land warn, Dieselb Botschafft redet zu den wappnern also, wer seyd Ir, oder von wannen kumbt Ir, so geweltigklichn, vnd was ist Ewr maynung, die wappner wolten derselben Botschafft kain anntwurt mitgeben, Es were dann zuvor fridt, vnd andstandt baider tail, auf sölichs hat die Botschafft zu dem Hauptmann der Scheff geschickt, der gab Inen die antwurt, Es sey fried vnnder uns, vnd euch, vnd darnach hat Er weiter zu Inen geredt, wir sein Cristen menschen, vnd komen von den letsten Enden des Ertrichs, vnd begern zu Rom zu sein, vnd an der sprach erkanten Sy den Marggrafen, das er aus dem kunigreich Portugal was, vnd Redten zu dem marggrafen, wie Sy weren under dem erstgepornen Sun, des kunigs aus Frankreich, der were ain guter freundt, des kunigs von Portugal, vnd waren also paid tail mit ainannder zufriden, vnd die Mörrauber heten den schadn emphangn, Ay dem andern tag, kam ain gueter windt fur dieselbn Schef, vnd verruckten vnd fueren tag vnd nacht, vnd sein komen zu ainer Innsl, die haist Korsyca, vnd ist ain Reich, vnd gehört zu dem kunig von Arragonya, Darnach sein Sy gefaren, zu der obrikait Janua (a), die haben ain guete porten des Mörs, dieselbn habn zu den Scheffn geschickt, das volckh zu fragen, von wannen Sy weren, Aber Es ware Inen nit gesagt, vnd die Schef heten gueten windt, vnd kamen in Balscheland (b), vnd fueren in ain porten, bey ainer Stat genannt Pisa, vnd die port ist

(a) Genua. (b) Welschland.

Anno 1452.

ist zwo meil von derselben Stat, daselbst ist die kunigin, in den Scheffen auf dem Mör beliben, vnd kein mensch aus den Schiffen ganngen, Die kunigin hat auch, mit des alten weißen kunigs Botschafft, vnd mit dem Marggrafen, Rat gehalten, dann nach anslag vnd bevelch des alten weißn kunigs, solt die kunigin in die porten Thalomonis (a) zugefaren sein, wann der alt weiß kunig het daselbst hin, ain treffenliche Botschafft verordent, die kunigin zu emphahen, vnd Ir weitr beschaidt zu geben, Aber der windt was so groß, wider die Schef, das Sy zu derselben porten nit kumen mochten, vnd mueset in die porten zu Pisa faren, Also was in Rat funden, Es solle ainer aus des alten weißn kunigs Botschafft, (b) aus dem Schef geen, vnd sich mit seinen knechten on vertzug berait machen, vnd den alten weißen kunig suechen, ob Er auf dem Weg, oder wo Er were, vnd seiner Mayj. sagen, vnd underrichten, warum die kunigin, mit so vil scheffen, nit het mugen kumen, zu der porten Thalomonis, vnd die kunigin solt dieweil auf dem wasser wider anntwurt Erwarten, Dieselb Botschafft, Rit tag vnd nacht, vnd ist in kurzen tagen kumen, in die Stat Florenz, (c) darynnen dann der der alt weiß kunig lag, Vnd auf der kunigin Zukunfft warttet, Vnd als der alt weiß kunig mit seinen Fursten vnd herrn, gen kirchen Ritten, meß zu hören, Da Rit gegen In, die Botschafft, so von der kunigin kam, dieselb Botschafft, trat ab seinem pherdt, vnd knielet nider auf seine knye für den alten weißen kunig, den Emphieng der kunig mit grossen freuden, vnd als das Ampt der heiligen Meß fur was, da ließ der kunig seinen Rat versameln, vnd verhöret die Botschafft, fraget auch die Botschafft Insonderhait, vil von wegen der kunigin, Mörfart vnd gesundthait, Darnach zu stund an, schrib der kunig seinem auserwelten gemahl, ainen brief, vnd wie Er Ir schrib, also waren alle ding verordent, vnd in kurtzen tagen, schicket der alt weiß kunig ain treffentliche Botschafft, den Bischof von Regenspurg (d), den hertzog von Teschyn (e), den Burggraf von Maidburg (f), Graf Vlrich von Schauburg (g), den herrn von Stubenberg, herrn Vlrich von Starkenberg, herrn Hans Vngenad, herrn Jacob von Castel, herrn hanns von Zelking, herrn Jörg von Seisseneg, herrn Asum Hanieg, Ulrich Sunnenberger, der Staindorffer, vnd Raumschusser, vnd vil annder wolgeporner herrn, Es kam auch zu Jnen, die Botschafft, so der alt weiß kunig, vorhinn verordennt het, zu der porten Thalomononis, da die kunigin solt angefaren sein, Nemlich der hochwirtigist in got vater vnd herr herr Eneas Bischof zu Senis, vnd die Wolgebornen Edl vnd gestreng herrn Albrecht von Pettendorf mit seiner hausfrawen

eine

(a) Telamone. (b) Langman und Mötz. Rhoo Ann. Austr. ad hunc annum. (c) Den 5. Febr. Rhoo ibid. (d) Bischof Friedrich III. v. Plankenfels. (e) Herzog Boleslaus v. Teschen. (f) Burggraf Michael Graf v. Hardeck. Pez. (g) Schaumburg.

aine von Liethenstayn von Morav (a), Jorg von Wolkerstorf, Bernhart von Tehenstayn, mit seiner Hawsfrawen, Baltasar von Rottenberg, Margret Zinzendorfferin, Ursula vnd Dorothea, baid Neydekeryn, vnd Junckfrawen, fraw Pellendorfferin, vnd sonst vast vil wolgeborner vnd Edler, bayder geslecht frawen vnd Man, mer dann funfhundert (b), die komen alle in die Stat Pisa, die Jung kunigin, in namen Ires herrn des alten weißen kunigs zu emphahen, wie Sy dann sölichs von dem kunig in Ernnstlichen bevelch heten, vnd die Botschaft, die von der kunigin, zu dem alten weißen kunig kumen was, die Rit aus bevelch des kunigs, wider zu der kunigin, Alspalt dieselb potschaft zu der kunigin kam, da fraget Sy mit grossem vleyss, vnd vast vertrawlichen, von dem gesundt vnd wolmugen Ires gemahls, vnd herrn des alten weyßen kunigs, vnd ob Er seiner kuniglichen Mayestät alle ding gesagt, vnd erklärt het, die da geschehen weren im Reich Portugal, vnd in Affryca, vnd wie es Jr vnd Jrem volck auf dieser Raiß auf dem Mör vnd auf dem lannd erganngen were, Vnd ob sein kuniglich Mayestät ain mitleiden mit Jr het gehabt, vnd als die kunigin vnd die Botschafft, also in der Red waren, aus der grösse Irer liebe, da zähert Sy, vnd mocht das waynen nit verhallten, Nach sölichem gieng die kunigin aus dem Schiff, Da wardt Sy von des alten weißen kunigs Botschaften vnd gesanndten, mit grossen frewden, anstat vnd in namen des alten weißen kunigs emphangen, vnd mit grosser Eere vnd wirde in die Stat Pisa gefuert, in derselben Stat ist die kunigin etliche tag belieben, Da haben des alten weißen kunigs, vnd der kunigin volckh, vil frewd mit ainannder gehalten, der alt weiß kunig, schrib auch der kunigin, Sy solt in die Stat genannd Hohensyn ziehen, daselbst hin, Er auch kumen wurde, Nach solichem schreiben, zoch der kunig aus der Stat Florenz, vnd zug in die bemelt Stat Hohensyn (c), die Burger von derselben Stat heten so groß lieb zu dem kunig, das gar vil davon zu schreiben were, vnd haben auch den kunig kostlichen emphangen, vnd mit grossen frewden, vnd mit ganntzer begird frawen vnd Man arm vnd Reich, sein dem kunig, entgegen ganngen, in ainer zierlichen procession, mit dem heiltum, vnd menigclichen mit lauter stym geschrien, hie lebt der kunig, vnd haben alle gassen, in der Stat überströet, mit gruenem gras, vnd mit gruenen pamen, gesteckht, vnd von ainem haus in das annder übertzogen, mit gruen puxpamen, vnd mit kostlichen tuechern die heuser behengt, Auch in jede gassen, des kunigs vnd der kunigin Schilt aufgemacht, vnd dem kunig, als Er in die Stat kam, kostliche schannckung gethan, In kurtzen tagen, kam die schön

(a) Lichtenstein v. Mähren. (b) Die namhaftesten Personen dieses hohen Gefolgs werden der Ordnung nach beym Petz Tom. 2. Script. Austr. p. 561. angeführet. (c) S. G. M. Mecatti Storia Cronologica di Firenze, Napoli 1755. 4to. P. II. p. 425. Desgleichen Bern. Malavolti Istoria di Siena. Venezia, 1599. 4to. Lib. II. P. 3. p. 38.

A. 1452.

Jung kunigin auch in dieselb Stat, wie Jr dann der alt weiß kunig geschriben het, Da ward Erst grosse frewd, vnnd frolocken, von menigclich, vnd beschach Erst ain sonder groß Erwirdig emphahung, wie ich jetzo clerlichn anzaigen wil, Am Ersten Ritten der kunigin entgegen, die Burger von der Stat, Nemlich hundert der mechtigisten vom Rat, zumal kostlichen, in Roten Samat vnd scharlach beklaidt, vnd als Sy zu der kunigin kamen, vielen Sy zu fueßen, vnd emphiengen Sy, als Jr genedigste vnd gewaltige fraw, vnd bevalhen sich auch Jr Stat lannd vnd leut, so dieselb Stat het, in Jr huld genad vnd gewaltsam gar diemuetigclichen, darnach kam der kunigin entgegen geritten, der allererleuchtigist furst vnd herr herr Albreht von Osterreich, des alten weißen kunigs leiplicher prueder, mit tausend pherdten vnd mit Jme viel fursten Grafn herrn Ritter vnd knecht, vnd stundt ab mit allem seinem volckh, gegen der kunigin von den pferdten, desgleichen stund auch ab, die durchleuchtigiste Jung kunigin, von Irem pferdt, vnd geschah von dem grosmechtigen fursten herrn Albreht ain frölich emphahung, Nach solichem Ritte der durchleuchtigist kunig furst vnd herr herr Lasla kunig in Unger, vnd Beham, aus dem mandlichen geschlecht des alten weißen kunigs, mit viel kunigclichn Botschafften, auch mit viel grafen herrn Ritter vnd knecht, vnd mit ainem sonndern grossen volck, das auf das köstlichist gezieret was, der Jungen kunigin entgegen, Vnd stundt mit samt den Botschaften, auch mit allem seinem volckh ab, von den pherdten, Deßgleichen thet die kunigin auch, vnd beschach alda von demselben kunig, vnd von den kunigclichen Botschafften ain emphahung mit sonnder Eer vnd frewden, Darnach kam der Jungen kunigin entgegen geritten, Jr Elicher gemahl, Der Allercristenlichist großmechtigist alt weiß kunig, vnd het mit Jme an der ainen seydten, Unnsers heiligen vatters des Pabsts Brueder ain mechtigen Cardinal mit vil Bischofen, An der annder seydten, auch ainen mechtigen Cardinal, der alt weiß kunig, het auch Innsonderhait vil fursten grafen herrn Ritter vnd knecht, vnd ain groß volckh bey Jme, der alt weiß kunig, desgleichen die kunigin, sein von Iren pherdten abgestandtn, vnd zusamen ganngen, vnd ain annder fruntlichn, vnd lieblichen vmbfanngen, mit sonndern grossen frewden, Nachdem Sy vor nit an ainannder gesehen heten, Darnach die Cardinal Bischof fursten graven vnd herrn, Emphiengen die kunigin auch mit grosser Eer vnd diemuetigkait, Vnd zu ainer Ewigen gedächtnus, ist an derselben Stat der Emphahung aufgericht worden, ain stainein seul, die noch auf heuttigen tag stet, Darnach kamen aus der Stat die priesterschafft, mit allem heiltum, auch die ganntz purgerschafft, mit Iren frawen vnd Junckfrawen, auf das allerköstlichist angelegt, der kunigin entgegen geganngen, Vnd die kunigin wurde under ainem

Anno 1452.

nem köstlichen himel, mit goldt in die Stat fur die Thumbkirchen gefuert, daselbst was ain grosser platz, da het man ain köstlichs spil zugericht, Nemlichen ainen grossen Tabernackel, vnd oben darauf saß ain Recht zierliche Junckfraw, vast kostlich angelegt, vnd het ain guldine Cron auf Irem haupt, bey derselben Junckfrawen waren schön zierlich knaben beklaidt, als die Enngl, mit guldin flugl, vnd heten auch guldine Cronen auf Iren haupten, Daselbst was ain groß Rad gemacht, vnd die knaben dermassen darein gericht vnd verpundten, Das Sy sich darynnen schwungen, vnd schwebten nider hoch auf vnd ab, als in den lufften, vnd sungen mit gar suessen Stymen, vnd heten auch vil schöner Instrument, damit Sy hoffierten, das dann sonnderlichen lustig zu sehen, vnd zu hören was, Sölich Spil was zugericht, zu Eren der Jungen kunigin, Darnach fueret man die kunigin in die Thumbkirchen, die was köstlichen gezierdt, vnd darynenn mit lauter stym frölichen gesungen, vnd auf der orgeln geslagen, Te deum laudamus, vnd der Bischof in derselben Stat (a), lase in der kirchen etliche andächtige vnd besonndere gepet uber die kunigin, Nach sölichem ward die kunigin in des Thumbs pallast gefuert, darynnen Ir herberg, vnd uber die maß zierlichen zugericht was, Den anndern tag zu morgens prachten die von der Stat, der kunigin Ir schannckung, daran bey zwey hundert Man truegen, Vnd in derselben Stat, ist der alt weiß kunig, vnd sein Gemahl, die kunigin etliche tag (b) beliben, vnd geruet, dann Sy baid mit Irm volckh, ain weite Reiß gethan heten, Ee Sy zusamen waren komen, Und in denselben tagen ward mit allerlay kurtzweil, die man erdennckhen möcht, groß frewdt vnd frolockung gehalten, Darnach hat sich der alt weiß kunig mit allem volckh, das bey Ime was erhebt, (c) Und durch viel gegend Castel Stet vnd dörffer getzogen, bis Er in das land kam, Das der Pabst mitsampt seinen Cardinalen von der kirchen wegen Innen het, vnd die kunigin ist Ime mit ordnung, vnd nach bevelch des alten weißen kunigs fur vnd fur nachgevolgt.

(a) Aeneas Sylvius Piccolomini Erzbischof, nachmaliger Papst unter dem Namen PIUS II.
(b) Vier Tage. Æn. Sylv. p. 73. (c) Den 3. März.

Anno 1452.

Wie der Alt weiß kunig, in des Pabsts Lannd, Vnd fur die grosmechtigist Stat Rom kam, Vnd wie Er, vnd sein gemahl zu Rom einritten, Vnd emphanngen waren.

Als Nun, unser heiliger vater der Pabst, des alten weißn kunigs, vnd seiner gemahl zukunft warlichen vernam, Da ließ sein heiligkeit, in seinem land, in allen Steten vnd Casteln Ernstlichen bestellen, vnd bevelhen, Nemlichen also, Da der alt weiß kunig, vnd sein gemahl, durch des Pabsts lannd zugen, Da ward Inen, in allen Steten Castelen, vnd Schlossen groß Eer, vnd alle wirtigkait, mit processen vnd heilthumb, auf das köstlichist, bis zu Rom gethan, auch von speiß vnd fuederung, allem volckh genugsamlichen gegeben, vnd geschenckt, vnd der alt weiß kunig, ist mit seiner gemahl, auch mit den Cardinalen vnd Bischofen, vnd mit allem sein volckh frölichn fur die Stat Rom komen (a), Vnd uber nacht vor der Stat Rom beliben, Da sein zugericht gewest, zwen schön köstlich pallast, ainer dem alten weißen kunig, der annder seiner gemahl, an demselben Enndt, was ain schöne weite wisen, darauf het man gar köstliche schöne Zeldtn aufgeschlagen, von plaber, Roter vnd weisser seydtn, Es was auch durch bevelch, des Pabsts bestellt, genugsam speiß vnd fuederung, Am anndern tag zu morgens, was geordnet, daß alle die, die mit dem alten weißen kunig gerust zugen, sich anlegten, in ganntzen harnasch, als ob Sy streiten sollen, Das beschach, vnd kamen in ordnung, auf die vorgemelt schon wisen, alda ward weiter ordnung gemacht, wie sich ain jeder halten solt, Es ward auch aufgeworffen, des alten weisen kunigs paner, in ainem köstlichen guldin tuech, an ainer guldin stanngen, des alten weißen kunigs prueder der allererleuchtigist furst herr Albreht, was uber das ganntz volckh, öbrister hauptman, vnd das paner ward bevolhen, dem Burggrafen zu Maydburg, vnd graf zu Hardeg, der das paner in die Stat Rom fueret, vnd zu demselben paner sein geordnet gewessen, wolgeborner Grafen herrn vnd Ritter bey funfhundert, in köstlichem harnasch, vnd darzu ain grosse Antzal, Irer diener auch wol angelegt, in harnasch, vnd vor demselben Zewg, sein geritten zway hundert Soldner, Und darnach nach dem zewg, der bey dem paner was, ist des alten weißen kunigs prueder, mit seinem mechtigen vnd wolgezierten volckh geritten, Darnach ist der vorbemelt kunig Lasla, mit den kuniglichen Botschafften, vnd mit seinen fursten grafen vnd herrn, vnd mit ainem groß gerusstem volckh geritten, wie dann derselb mechtig kunig geordent

(a) Am 8. März. Rhoo ad h. a. It. Langmann beym Pez l. c.

Anno 1452.

ordent gewest ist, Nach sölichem ist geritten, der alt weiß kunig, Aber vor dem alten weißen kunig, Ritt der Senat von Rom mit den mächtigisten aus der Stat Rom, alle in Samat vnd scharlach beklait, vnd der allt weiß kunig Ritt in der ordnug allain ledigklich, auf ainem schönen verdeckten pferdt, mit ainem köstlichen guldin Satl, mit viel Edlgestain, vnd auch mit zierlichen guldin stegraisen, vng sporen, sein pferd het gar ainen kostlichen Zawm, von gold perl vnd Edlgestain, vnd der kunig was beklaidt, darynnen Er Rit, mit ainen prawnen Rock, mit gold beschlagen, vnd mit perl vnd Edlgestain versetzt, Er fueret auch dermassen ain kostlich halspandt, vnd ainen schönen kostperlichen krantz, vmb ainen schwartzen huet, das man die Zier vnd kostlichait, die Er an seiner personn, vnd an seinem pferdt fueret, achtet vnd schätzet, pesser dann Zwaymal hundert tausendt dugaten, mitsampt dem swert, das Jme sein Erbmarschalckh (a) ploß vorfueret, Es gienngen auch auf bayd seydten, neben dem alten weisen kunig, bey funfzig Edl personnen, in Irem schönen harnasch, die waren alle des kunigs Camerer Truchsess vnd vertrawt Edl diener, damit nyemandts zu dem kunig kumen mocht, vnd gleich auf den kunig Riten die Zwen mechtig Cardinaln, die Jme der Pabst vil meil entgegen geschickt het, Nach Jnen Ritten des kunigs Ertzbischof Bischof fursten Graven herren und seine Rät, wie Sy dann geordent waren, vnd auf Sy Riten funff hundert Man wol gerust, die da wartten auf des kunigs leib, Nach Jnen zway hundert knaben mit fanen , Auch alle zu Roß, vnd darnach aber ain mechtiger Zewg, mit lanndtherren Riter vnd knechten, Darnach Rit des alten weißen kunigs gemachl, die Jung kunigin, auf ainem pferdt, das was mit ainem guldin stuck verdeckt, vnd die kunigin het an, ainen kostlichen guldin mantl in plab, vnd ain kostlich guldin halspanndt an Irem hals, vnd neben der kunigin Ritten, zwen fursten, vnd ain Ertzbischof, der hertzog von Teschyn, der marggraf von Valenz, vnd auf Sy, der kunigin hofmaister her Albrecht von Puttendorf, Jr Marschalck her Jorg Seissenegger, Jr Camermaister her Bernhart Dreyhenstayner, vnd vil annder Edler Ritter, darnach Rit der kunigin hofmaisterin, die von Puttendorf mit der kunigin Junckfrawen, die waren alle gar kostlichen mit guldin vnd Samaten klaydern, umbgeben, vnd Jre pferdt mit schönen Satldecken Zamen vnd geraiden getzieret, Vnd neben ainer jegklichen frawen vnd Junckfrawen Ritten, albegen zwen Ritter an jegklicher seydtn ainer, vnd nemlichn so Ritten vor dem alten weißen kunig vnd vor der kunigin vil Trumeter pusawner vnd paucker, die mit Irem plasen ain groß geschel machten, Nach den Junckfrawen Rit ain mechtiger Zeug mit harnasch wol angelegt vnd versorgt, Unnser heiliger vater der Pabst vnd die

(a) Heinrich v. Pappenhaim. Pez l. c.

Anno 1452.

Stat Rom, heten bestelt drew tausendt Soldner zu Roß die auch einritten, vnd waren gar köstlich, denselben zoh man vil verdeckter pferdt vor, mit guldin vnd Samaten tuechern, vnd darnach giengen etlich tausendt Soldner zu fueß mit harnasch wol angelegt, die hielten die nachhuet Inen, Mit solicher macht ordnung vnd Zier, Rit der allt weis kunig zu Rom ein (a), vnd da der kunig erst in die Stat einrait, vnd kam zu dem perg, den man nent zu latein Montemgaudy zu teutsch der freudenberg, da leget man dem kunig fur, ain puech des heilig Ewangeli, darein Er gelobet also, Ich der alt weiß kunig, gelob den Römern zu halten, all Jr guet, vnd alt gewonnhaiten, mit mer worten Ec. Es ist auch zu wissen, das die allten Römer sagten, Das kain kunig, in ainem frid so mechtigklichen, zierlichen köstlichen, vnd so wol geordennt, in vil hundert Jaren, gen Rom nye komen war, vnd mochten auch das nit findten, in Jren Cronicken, Als der kunig kam, zu der porten des heiligen Engels, da ward der kunig, von allen prelaten Bischofen, abten Probsten Thumherrn örden, vnd der ganntzen priesterschaft aus Rom herrlichen emphangen, die dann dem kunig entgegen giengen, mit allem heilthum, vnd kostlichen örnaten, vnd mit kostperlichen himel, vnd Zelten, von gold vnd seyden, vnd sungen mit hochlobender stym, Ecce ego mitto angelum meum, vobis, qui preparavit viam ante me Ec. des allten weißn kunigs Camerer wurffen aus bevelch des kunigs, vil gelt unnter das volckh, Es gienngen auch dem kunig entgegen, alle Burger vnd Römer, ain grosse menig vnd vast kostlich, in ainer langen schar vnd procession, vnd viellen alle Nider, auf Jre knyel fur den kunig, vnd emphienngen Jne, desgleichen giengen auch dem kunig entgegen, die mächtigisten Römerin frawen vnd Junckfrawen, der was ain grosse antzal, vnd so schön, dergleichen man sovil, in ainem ganntzen kunigreich, nit wol finden möcht, die knyelend auch alle, mit sonnder diemuettigkait, gegen dem kunig nider, darnach thet auch also desgleichen, das gemain volck, des sovil was, das man wunder da sach, vnd menigclichen feiret denselben tag, vnd auch die nechsten zween tag darnach, der frölichen zukunfft des alten weißen kunigs, als were es der ostertag gewest, vnd die Edl Senaten vnd die Römer von den mechtigen geschlechten der Stat Rom, fuerten auch den alten weiß kunig, vnd sein gemahl, jegelichs besonnder, so mit gar grossen Eren, lobgesanng Trumetern pfeiffern, vnd mit allerlay saitenspil, unnder zwayen kostlichen himeln, mit gold ausgemacht, zu des heiligen zwelfpoten, vnd himmel-fürsten sand peters Munster, Davon noch vil zu schreiben were, Daselbst unnser heiliger vater der Pabst, den kunig vnd kunigin, auch emphieng, wie Jr hernach vernemen werdt.

Wie

(a) Am 9. März.

Wie unnser heiliger vater der Pabst, den Alten weißen kunig, und die kunigin empfienng.

Alls sich Nun der alt weiß kunig, vnd sein gemahl, zu sannd peters Munster nahend, Da gieng unnser heiliger vater der Pabst, dem kunig vnd der kunigin entgegen, bis an die stiegen sannd peters Munster, vnd was angelegt, als wolt Er ain ampt der Meß singen, vnd het bey Jme auf jeder seydten, alle seine patriarchen, Cardinaln, Ertzbischofen, Bischofen, mitsampt seinen Edln furstn, herrn Riter vnd knechten, vnd die patriarchen Ertzbischof vnd Bischof heten alle kostlich ornat an, vnd Jnfl auf Jrn heuptern, Vnd als der kunig abstundt von seinem pferdt, da giengen Jme etliche Cardinal entgegen, vnd fuerten Jn die Staffln hinauf, bis zu Unnserm heiligen vater dem Pabst, der dann den kunig, mit dem kuß des fridts emphieng, vnd uber Jne etlich andechtige gepet laß, vnd setzet Jne darnach zu Jne nider, Nach solichem fueret man auch zu dem Pabst, die schön kunigin, die Er auch Erlichn emphieng, vnd uber Sy etlich andächtig Colecten laß, Nachdem, gieng der Pabst mit dem kunig, vnd der kunigin, in ain Capel zu unnser lieben frawen, da ward dem kunig, das puech mit dem Text des heiligen Ewangeli furgehalten, darein der kunig das gelubt thet, wie Er der Cristenlich kirchen zu thun schuldig was, Darnach gieng der Pabst, auch der kunig, vnd die kunigin mit einer grossen procession, in sannd Peters Munster, das was zierlich umbhangen, mit kostlichen deppichen, vnd gold, Samat damast vnd seyden, vnd prunen gar vil Ampeln vnd kertzen, Es was ubermäslichen, mit zierung zugericht, vnd als der kunig, vnd die kunigin, für sand peters altar gefuert waren, da sanng man mit frewden vnd frolicher stym, Te Deum laudamus, Darnach laß aber Unnser heiliger vater der Pabst, etliche andachtige Collecten Uber Sy baide, vnd ließ verkunden allen ablas, der in allen kirchen zu Rom was, vnd tailet denselben Ablas, mit allen denen, die bey dieser Zukunfft des allten weißen kunigs waren gewesen, Als sölichs volpracht was, fuert man den kunig, in des Pabst Palast, der was vast köstlichen zugericht, vnd waren vier sal darynnen, das man von ainem sal in den anndern geen mocht, Und in jegelichem sal, was ain Cöstlichs pet von Samat vnd seyden zugericht, Vnd alle penckh stuel, vnd wendt, mit gar kostlichen deppichen umblegt, vnd bedeckt, darynn der allt weiß kunig, zu Rue vnd herberg lag, Es was auch der kunigin, ain sonnder pallast zu Jrer Rue vnd herberg zugericht, gleicher weise kostlichen

[5]

[6]

Anno 1452.

geziert, darein Sy mit Irn frawen vnd Junckhfrawen auch gefuert was, Dan des alten Weißn kunigs, grosmechtig fursten hertzogen Grafen herrn Ritter vnd knechten, Ritten alle in Ir herberg, die Inen mit gueter ordnung zugericht vnd berait waren, mit aller genugsamkait, vnd der kunig vnd sein gemachl auch Ir groß volckh Rueten also etliche tag, darynn dann von den Römern vil manigerlay frewd gehallten wardt, Vnd alle nacht kam Unnser heiliger vater der Pabst, zu dem alten weißen kunig, vnd waren oft bey zwo stundten, bey ainannder, vnd heten oft groß gehaim Rát, mit ainannder, davon in diesem puech nit zu schreiben ist.

Wie Unnser heiliger Vater der Pabst, den Alten Weyßen Kunig, Und die kunigin, nach ordnung der Christenlich kirch, mir der Ee zusamen gab.

Nachdem, vnd der alt weiß kunig, vnd die kunigin, etliche tag geruet heten, da ließ der Pabst sand peters Munster abermalen zierlichen, vnd aufs köstlichist zurichten, vnd in demselben Munster sanng der Pabst selbs gar ain löblichs ampt, vnd was köstlich angelegt, vnd mitsampt Jme alle Cardinaln, vnd wol bey zway hundert Bischofen, vnd vil volckhs, vnd bey sand peters altar, waren berait drey stuel aus der massen köstlichen, der ain stuel unserm heiligen vater dem Pabst, der annder stuel, dem alten weisen kunig, vnd der drit stuel der kunigin, Vnd albeg ain stuel von dem anndern, bey zwantzig schritten, des Pabst stuel was in der Mitte, gegen sand peters altar, des alten weißen kunigs Stuel was, so man hinauf get zu sand peters altar, zu der Rechten handt, und der kunig kerret im Stuel, sein antlitz gegen den Pabst, der kunigin Stuel was auf der lynncken seydten, vnd kerret sich mit Irem angesicht, gegen dem kunig Irem gemahl, vnd als man in demselben ambt der heiligen Meß, das Ewangeli het gesungen, da leget der alt weiß kunig an, sein ornat vnd seinen Chormantl, wie Er dann in seiner Mayestat sitzt, vnd der Pabst nam den kunig bey seiner hanndt, vnd fuert Jne fur sand peters Altar, Indem pracht man auch die Edl schon kunigin, zu dem Pabst, also knyelet der kunig, vnd die kunigin, mit ainannder nider, fur sand peters altar, vnd unnser heiliger vater der Pabst, sprach ob Inen bayden, etliche andechtige gepet und Colecten, darnach hieß Er Sy wieder aufsteen, vnd der Pabst vermáchlt Sy mit dem Sacrament der heiligen Ee (a), nach

(a) Am 16. März. Pez. l. c.

Anno 1452.

nach ordnung vnd gesatz der heiligen Cristenlichen kirchen, vnd Stieß dem kunig, vnd der kunigin, Jeden ainen kostlichen Ring an, dieselben Ring het der Pabst selbs, vnd schanckt die dem kunig vnd der kunigin in Jr gemahlschafft, Er nam auch Jre hendt in sein handt, vnd laß aber etlich Oracion als dartzu gehöret, Nach solichem aus bevelh des Pabst, kusset die kunigin den kunig an das Recht wanng, vnd der kunig kusset die kunigin an das link wanng, vnd darnach kussten Sy den Pabst seine hendt, vnd gieng Jr jedes an sein Stat, der kunig, vnd kunigin heten sich auch desselben tag, zuvor mit sonnder andacht, mit einer lautern peicht gereiniget, vnd als Nun dasselb heilig ampt, gar loblichen vnd mit grosser wirdigkait volpracht was, da fueret man den kunig, vnd die kunigin, wiederum zu sandt peters altar, darfur Sy baid Niderknyleten, vnd der Pabst sprach uber Sy andechtige gepet, das der almechtig got Sy behuettet vor allem ubl an seel vnd leib, vnd Jnen aus seinen götlichen gnaden miltiglichen verlich, die fruechtperkait Jres gepluets vnd stamen, zu merung der Cristenhait, Nun was bey dem Altar berait ain pet, der Reinigkait, vnd als der Pabst seine andechtige gepet gesprochen het, Da nam Er den kunig, vnd die kunigin bey Jren henden, vnd fuert Sy zu demselben pet, die sich in Jren kunigclichen klaidern, in Rainigkait daran legten, vnd unvermailig wider davon aufstunden, solichs beschach Nur allain zu ainem zaichen des heiligen Sacraments der Ee, Unnser heiliger vater der Pabst, hueb Sy bald selbs zu stund an widerumb auf, vnd wunschet Jnen, mit dem kuß gluck, vnd gabe Jnen den segen, Jn derselben stund hueb man an zu singen Te deum laudamus, vnd ain jeder nach seiner wird vnd standt, Der kunig Lasla die Cardinäln Ertzbischof Bischof fursten Grafen herrn Ritter vnd alle Botschafften, auch die mächtigsten von den Römern, wunschten dem kunig, vnd der kunigin gluckh, Und nach ausganng des gesangs, laß der Pabst aber ain Colecten, vnd gab den segen uber den kunig, vnd kunigin, vnd uber alle die, so gegenwurttig waren, mit vergebung aller Jrer sundten, Da erhueb sich frewd, von geistlichen vnd weltlichen Jungen, vnd alten, frawen vnd Manen, der vil tausend waren von allerlay Nacion, vnd ain jeder in seiner sprach schru, got sey lob, vnd das götlich hail kom diesem kunig, vnd seinem Gemahl, Nach sölichem gieng Unnser heiliger vater der Pabst, vnd der allt weiß kunig, mit grosser Eer, in des Pabst pallast, desgleichen wurde die kunigin, von dem kunig Lasla, auch in des Pabst pallast gefuert, daselbst mit dem alten weißen kunig vnd der kunigin ain sölich kostlich hochzeitlich mal, vnd sovil wunderlich frewd gehalten waren Sölichs alles zu beschreiben wurde gar zu lang sein, vnd der allt weiß kunig, vnd die kunigin, behielten Jr Rainigkait, vnd legten sich nit zusamen, bis Sy von dem Pabst

Anno 1452.

gekront wurden, wie dann hernach beschrieben ist, vnd mitler Zeit der kronung, wurde unzalperlich frewd von allerlay saydtenspil, tag vnd nacht gehallten, O wie ain grosse frewdenreiche hochzeit ist das gewesen, die also mit unsäglichen frewden, in höchster Eer, vnd nach gesatz der Cristenlichen kirchen beschehen ist, Welches mensch das bedenckt, der wird sich an Zweiſſ in demselben kuniglichn geschlecht erfrewen.

Wie Unnser heiliger Vater der Pabst, den Alten weißen kunig, mit der hochsten Cron krönet.

In etlichen Tagen darnach, ließ Unnser heiliger vater der Pabst, vor sannd Peters Munster, gar ainen schönen grossen Stuel aufmachen, vnd kostlichen kehengen vnd bedecken, mit guldin tuechern, vnd dem Pabst Richtet man auch ainen besonndern kostlichen Stuel zu, ganntz aufs allerzierlichist, vnd als soliche Stuel mit aller Irer köstlichkait vnd Zier zugericht waren, da beschach die kronung, an dem hochzeitlichen tag vnd hochen vest, daran man nach ordnung der Cristenlichen kirchen singt, Jerusalem du solt dich frewen, (a) Auf denselben hochen tag, leget sich Unnser heiliger vater der Pabst, gar mit grosser zier an, Desgleichen auch alle seine Cardinaln, mitsampt allen Bischofen, in köstlichen kormäntl, vnd alle Ire Infeln auf, vnd waren wol bey vier hundert, allain unnder weißen Infeln, da saß Unnser heiliger vater der Pabst, auf seinem Stuel, vnd die Cardinaln vnd alle Bischofen stundten zu bayden seydten neben vnd unnder dem Pabst, Indem kam der alt weiß kunig, gar diemuetigklichen, in ainem plaben Rock, von wullin tuech, fur den Pabst, Da sprach der Pabst, etlich Collecten ob dem kunig, vnd der Pabst fueret dernach den kunig herab vnnder das vorthor vor sannd peters Munster, Daselbst waren die Chorherrn von sannd peter, alle in ainer Capeln unnser lieben frawen, daselbst legten Sy dem kunig ainen schönen Chorrockh an, vnd ain schöne korkappen von vech, vnd lassen lanng ob dem kunig, vnd sungen Te deum laudamus, vnd alle Chorherrn kussten den kunig an das Recht wanng, Darnach fueret der Pabst den kunig, mitsampt allen Chorherrn, in sand peters Munster, vnd leget Jme an, seine kunigcliche klaider, die Chorherrn sungen die respons, petre amas me Ec. vnd der Bischof Albanensis, (b) sprach vber den kunig, ain söliche Oracion, darynn er Jme von got begeret weishait vnd fursichtigen Rat, vnd machtigkait zu Nutz der heiligen kir-

(a) Am Sonntag Lätare den 19. März. Pez l. c. (b) Petrus de Fuxo Card. S. Stephani in monte Celio. Ughellus Ital. sacra T. 1. p. 270.

Anno 1452.

kirchen, darnach fueret der Pabst den kunig, bis in mitten sand peters Munster, daselbst sprach uber Ine der Bischof Portuensis (a) ain annder gepet, darynnen Er Ime von got pat, vmb veste bestendigung, vnd umb götliche lieb, vnd weißhait, auch umb frid, vnd behuet wurde vor geitigkait, das Er gerechte urtail, vnd gerechtigkait verprächt, mit uebung aller wahrhait, vnd den sig, behueb wider alle veindt, der Cristenhait, Nach sölichem, ward der kunig gefuert zu sand peters Beicht, da viel der kunig nider, auf seine knie, vnd sprach sein gepet, da wardt gesungen, pretende quesumus famulo tuo, vnd der kunig wurde gefuert mit ainer gar loblichen procession zu obrist, in dem Munster, zu sand Mauricien altar, der was gar zierlichen zugericht, Da legt man den kunig an, aber gar ain zierlich kuniglich gewanndt, vnd der Bischof Hostiensis (b) salbet den kunig in kreutzweiß, mit dem heiligen öl, zwischen dem gerechten Arm, vnd der schültern, mit grosser andacht, vnd wirdigkait, Vnd der Bischof pat got, in der oracion, die er dartzu sprach, umb gluckh vnd crafft, zu seiner kuniglichen wirdigkait vnd das Ime zu regiren, die Cristenliche kirchen, kain gegenwurttige noch kunfftige widerwerttigkait möcht widerstan, vnnd das Er durch genäd des heiligen geists, als sein volckh mit der wag rechter gerechtigkait, möcht Regiren, vnd das Er in allen seinen Wercken gotsforchtig belib, Der kunig leget auch an, den kuniglichen Chormantl, seine stol, seine schuech, vnd alles das zu kuniglicher wirdigkait gehört, Er nam auch In sein hendt, das Zepter vnd den Apfl, vnd gieng also bey sand peters altar hinauf in ainen beraiten Tabernackel, da emphieng Ine der Pabst, mit dem Kuß des frids, Indem hueb man die Meß an, zu singen, vnd nach dem gloria in excelsiß, laß der Pabst die erst Collect von demselben tag, vnd die annder Colect fur dem kunig, vnd nam den kunig bey der hanndt, vnd fueret Ine fur sannd peters altar, Darauf der Pabst Meß sang, da knyelet der kunig fur dem altar nider, vnd der Pabst, laß etwo lang gar andächtige gebet, uber den kunig, vnd wirdiget Ine zu ainen kunig, uber alle annder kunig, vnd setzet Ime auf, die heilig kuniglich Cron, vnd sprach in latein, nym hin ain zaichen der Eer, ain dyadem des Reichs, vnd die Cron des gewalts, das du verschmächest den altn pösen veindt, mit allen sunden, vnd lastern, vnd das du lieb habest gerechtigkait, parmhertzigkait, vnd gerechtes Urtail, das du von unnsern herren Jesu Cristo in der gesellschafft aller seiner auserwelten heiligen Emphahest, die ewig Cron, Ich setz dir auf dein haupt, ain Cron von Edlin gestain, und bis, ain gewaltiger furst, vber alle dise Welt, in dem namen gotes vaters, Dar-

 nach

(a) Franciscus Condulmerius Card. Tit. Card. S. Clementis. Ibid. p. 143. (b) Joannes Cervantes Card. S. Petri ad Vincula. Ibid. p. 75.

Anno 1452.

nach nam der Pabst das heilig swert, vnd gab das dem kunig ploß in sein hanndt, das dann der Pabst nam, von sannd peters altar, vnd sprach zu dem kunig in latein, Nym hin das ploß swert, von unnsern hannden, das wir haben genomen von sannd peters leichnam, das dir von got verlichen vnd geordent ist, zu schutz vnd schirm der heiligen Cristenhait, zu lob der gueten, vnd zu Rach der pösen, vnd gedenck, das darbey, das der prophet Davit spricht im psalter, Gurt umb dein swert, das du dadurch verpringest die krafft aller gerechtigkait, vnd alles Ubl, vnd poshait, krefftigklich damit zerprechest, vnd das du damit streitest, fur alle gelaubig, vnd Sy beschirmest, vnd zerstereſt, alle valsch kristen vnd ketzerey, das du auch beschirmest wittwen vnd waisen, vnd rechest alle Ungerechtigkait, vnd bestättigest, alle wolgeschickte ding, in krafft des heilers aller welt, des gleichnus du tregst, Nym hin das heilig swert, das von himmel komen ist, damit so biß ain beschirmer der heiligen Cristenhait, vnd solt damit angesigen, allem dem, das dir widerwerttig ist, in dem namen des Ewigen gottes, Amen, Nachdem als der kunig Nun was sand peters Ritter worden, vnd het umbgurt mit dem heiligen swert, vnd das wider auſzogen, vnd vor Jme erschut, vnd wider eingesteckt, als gewonhait ist, mit vil hupschen geistlichen worden, Da gab der Pabst darnach dem kunig, das heilig Cepter in die gerecht hanndt, vnd den heiligen mayestat Apfl, in die gelincken hanndt, vnd sprach zu dem kunig, Nym hin, das Zepter der gerechtigkait, vnd thue ainen jegklichen, damit das geleich Recht, vnd nym den Apfl deiner Mayestat, damit du herschen solt, uber alle dise Welt, in namen der heiligen drivaltigkait Amen, Darnach sprach Unnser heiliger vater der Pabst uber den kunig dise Colect zu got, Wir piten dich herr segen unns unseren fursten, den wir, als wir gelauben, von deinen genaden haben, vnd verleich Jme sterckh, vnd leibliche krafft, das Er zu begertem alter kum, vnd zu ainem seligen Enndt, verleiche Jme auch, das Er erwerb, die genad, die du hast mitgetailt Aron in dem Tabernackl, helisio (a) in dem wasser, Ezechie an seinem todtpet, vnnd Zacharie in dem Templ, verleich Jme auch kraft vnd macht zu Regiren, als von dir emphienng Josue in den purgen, Gedeen in dem streit, sannd peter in den Schlussl, vnd sannd Pauls in seinen kristenlichen leren, das diser kunig also verpringt, durch sein herrschafft, die sorg vnd behuetung deiner Schefln, Das verleich vns der du Regierest mit got dem vater on end Amen, Nach disen vnnd anndern andachtigen gebeten, die der Pabst, het gesprochen, gieng der kunig wider hinauf in seinen stuel, vnd trueg das heilig Zepter in seiner Rechten hanndt, und den heiligen guldin mayestat Apfl, in der lincken hanndt,

Nach

(a) Eliseo.

A. 1452.

Nachdem kam, des allten weißen kunigs prueder, der grosmechtig furst herr Albrehk, auch annder fursten, Graffen herrn Ritter vnd knecht, auch die Botschafftn von den Steten, vnd knyeleten fur den kunig nider, vnd wunschten Jme gluckh, vnd alle seligkait, vnd baten den kunig umb Confirmacion Jrer freyhaiten, die Jnen der kunig milltigclichen mittailet, Jndem ward auch uber den kunig die Letaney gesungen, Wie mit grosser Eer wirdigkait freud vnd andacht, ist dis kunig mit der obristen heiligen Cron gekrönt worden, Unnser heiliger vater der Pabst, hat auch alle die gesegent, die dem weißen kunig, vnd seinem gemahl der kunigin, Wol theten, vnd Wol sprechen, vnd die verfluecht, die Jnen untrewlichen täten, vnd ubl sprachen, Darum nem ain jeder war, vnd sey ain jeder behuet, das man diß geschlecht nit laidig, das derselb nit aus sölicher belaidigung einfal, in das laster vnd sundt, Das man zu latein haist Crimen lese mayestatis, Wiewol Jch noch vil mer, von dis kronung zu schreiben het, so wil Jch solichs von kurtz wegen unnderlassen, (a) vnd hernach beschreiben der kunigin kronung.

Wie unnser heiliger Vater der Pabst, die kunigin krönet.

Nachdem vor beschriben ist, wie in sannd peters Munster, bey sannd peters altar, drey köstlich Stuel zugericht waren, in dem ainen Stuel der Pabst saß, in dem andern Stuel auf der Rechten hanndt, der allt weiß kunig, vnd in dem driten Stuel, auf der lincken handt, sein gemahl die kunigin stundt, die was gar kostlichen angelegt, vnd alls Nun der allt weiß kunig gekrönt was, wie vor angezaigt ist, Da fueret der durchleuchtigist kunig Lasla, vnd der Herzog von Teschin die schon Jung kunigin, fur sand Peters altar, zu unnserm heiligen vater dem Pabst, dieselb schön Jung kunigin, vnd Junckfraw was gar wol geziert, Jr har was schön uber Jrn nackh zugericht, das Jr dann, bis in die knyepug gieng, vnd Jr schaidl ganntz ploß, vast lieblich anzusehen, da nam Unnser heiliger vater der Pabst, dieselb kunigin bey Jrer hanndt, vnd Sy kusset Jm sein hanndt, der Pabst fueret Sy gar zu sand peters altar, da knyelet die kunigin diemutigclichen Nider, fur den altar, vnd der Pabst laß etwo lang andächtige gepet ob Jr, vnd salbet Sy darnach, mit dem heiligen öl, (b) Mit solichen worten, die gnad des heiligen geists, kom in dich, durch unnser diemuetigs

(a) Lanckmann historia Desponsat. et Coronat. Friderici III. apud Pez Tom. II. pag. 597. Annales Eccl. Baronii Contin. Od. Raynaldi. (b) Ibidem Lucæ 1752. Tom. 9. pag. 587.

A. 1452.

ampt, durch dise salbung, vnd als du mit unnsern unwürdigen hennden, mit dem leiblichen öl auswendig wirdest gesalbt, Also werdest du, durch die unsichtperlichen gotes genad gesalbet, Das du vermeidest, alle unzimliche ding, vnd die fliechen, vnd versmahen mugest, vnd allezeit begeren, vnd betrachten, zu wurcken Nutze werckh, zu hail deiner seell, mit hilf unnsers herrn Jesu cristi, Darnach setzet der Pabst, der kunigin aine schöne kron auf Jr haupt, gar kostlichen gemacht, die Jr in sonnderhait mit grosser Zier was zuberait, vnd der Pabst sprach dise wort, Durch das ampt unser wirdigkait, pist du erwelt vnd gesegent zu ainer kunigin, vnnd nym hin die Cron, die dir mit unnsern unwirdigen Bapstlichen hennden, ist aufgesetzt, vnd als du auswenndig bist gezieret, mit gold, vnd vein perlin, Also geruech vnd vleyss dich, inwendig geziert zu werden, mit goldt götlicher weishait, vnd mit vein perl der tugendt, das du nach disem leben, dem Ewigen Preutigam, mitsampt den weisen Junckfrawen, ain wirdige kunigin entgegen komest, vnnd also ward Sy frölichen gewirdiget, zu ainer mächtigen kunigin aller welt, vnd also gekrönt gefuert wider in Jren köstlichen stuel, darnach laß der Pabst die Secret, vnd verpracht das ampt, vnd wanndlet got, Da Nun unser heiliger vater der Pabst, das heilig Sacrament niessen solt, gieng Er vom altar hinauf, in seinen Stuel, der was hoch, das Jne menigclichen sehen mocht, Da pracht man Jme gar ain kostliche Paten, Darauf lag der wirdigst fronleichnam cristi, als Er Jn vor het Consecrirt, vnd waren von Jme drey tail, daraus getailt, Also auf berueffen des Pabsts, gieng der alt weiß kunig, vnd die kunigin, auf den Stuel zum Pabst, vnd Unnser heiliger vater der Pabst, emphieng das ain tail des wirdigen Sacraments, gar andächtigclichn aus seinen Aigen henndn, Jndem knyelet der kunig, vnd die kunigin vor dem Pabst, nider, vnd Emphienngen die anndern zway tail, des wirdigen Sacraments von dem Pabst, auch gar wirdigclichen, vnd mit sonnder grosser andacht, vnd diemuettigkait, Es ist nach sölicher emphahung, mit grossen frewden gesungen worden, Te deum laudamus, wir loben dich got, vnd man hat auch alle glocken geleit, vnd der Pabst, hat das götlich Ampt, mit grosser zier vnd andacht verpracht, vnd jederman die gegenwurtig waren, seinen segen mit nachlassung Jrer sundt gegeben, Wer hat Je gehördt, vnd gelesen, desgleichen, das ain Junckfraw von der leiplichen verainigung, Ee Sy von Jrem gemahl beschlaffen ist, mit der höchsten kuniglichen Cron, zu Rom also götlichen vnd wirdigclichen sey gekront, gesalbt, geweicht, vnd gesegent worden, Davon noch mer zu schreiben were, Aber ain jeder, der die geschrifft gelesen, vnd ainen verstanndt hat, der wird die schrifft, die ich vor kurtz wegen erlassen hab selbs ermessen.

Wie Unnser heiliger Vater der Pabst, der Alt weiß kunig, vnd die kunigin, aus dem Munster giengen, vnd was Eer, vnd frewdt, weiter gehalten ward.

Als die götlich Eer, vnd das wirdig Ampt, ganntz verpracht was, Da gab Unnser heiliger vater der Pabst, dem alten weißn kunig, die schon guldin Rosen, von Jericho, die der Pabst alle Jar außgibt, an dem tag daran man singt, frewd dich Jerusalem, der Pabst gieng auch mit allen seinen Cardinalen vnd Bischofen, zu dem kunig, vnd kunigin, vnd fueret Sy vnnder Iren kronen, aus dem Munster, Nemlichen vor dem Pabst, trueg man das Creutz, vnd vor dem alten weißen kunig, den Apfl, das Zepter, vnd das schwert, Es gieng auch zu nagst vor dem alten weißen kunig, der schön kunig Lasla, trueg ainen guldin leichter, darynnen ain kertz von weißen wax, die da pran, zu ainem zaichen, der Eer, so die kunig haben sullen, Und zu ainer bedeuttung, das die kunig leben sollen, in dem götlichen liecht der gerechtigkait, wahrhait, vnd Eer, so was auch mit den Trumeten, pusaunen, vnd annderm saydtenspil, ain sölicher Schal, Dardurch alle hertz, die sölichs höreten vnd sachen erfrewdt waren, Die kunigin, ward gefuerdt, in Iren pallast, vnd der Pabst mitsampt seinen Cardinalen, Rait mit dem alten weißen kunig, bis Zu der Tiberpruckh, da ließ man fliegen des kunigs paner, (a) Das der Pabst Jme nach dem ampt der heiligen Meß gegeben het, das jnsonnderhait köstlichen was, vnd dasselbig paner fueret der wolgebornen Edl herr Mihel Burggraf zu Maydburg, vnd graf zu Hardek, bis mitten auf die tiberpruckh, daselbs ward auch aufgeworfen, der Edl fan genannt Santus Gorgen, derselb fan ward bevolhen, dem Edl Ritter herrn hainrichen von Randeg, vnd der alt weiß kunig schlug auf derselben Tiberprucken, bey drew hundert fursten Grafen herrn vnd Edlleut zu Ritter, dieselben muesten auch alle Niderknyelen, Da ward Jnen ordenlichen, vnd nach aller notturfft erzelt, die Ritterlich ordnung, Darnach Rait der alt weiß kunig, mit allem seinem volckh, durch die Stat zu Rom, bis zu sannd Johanns Latron, in aller seiner kunigclichen wirdigkait, mit der köstlichen kron auf dem haupt, vnd fuert die guldin Rosen, die Jme der Pabst het geschenckt, in der rechten hanndt, vnd was aus der massen grosses volckh da, Und wer Nun den alten weißen kunig mocht anrueren, der gedacht

(a) Vid. Obrechti. Ulr. de Vexillo Imp. Dissertat. Argentor. 1725. 4to. Linker de Vexillis Erford. 1730. 4to. Weinland Jo. de Vexillo Imperii primario 1727. 4to.

A. 1452.

dacht sich sälig, vnd wirdig zu sein, Man warff auch groß gelt vor dem kunig, vnnder das volckh, damit der kunig platz mocht haben, zu reiten, vnd als der kunig zu der kirchen sannd Johanns Latron kam, Da fueret man den kunig, in die kirchn, darynnen ward ob Jme gesungen vnd gelesen, Nachdem Rait der alt weiß kunig, wider in sand peters Munster, da ward der kuniglich Eer gar verpracht, vnd als sölichs volend was, gieng der kunig mit allem seinem volckh in des Pabst Pallast, desgleichen ward sein gemahl die kunigin, mitsampt allen Iren frawen vnd Junckfrawen, auch in denselben Pallast gefuerdt, darynnen dann, unnser heiliger vater der Pabst, ain köstlichs hochzeitlich mal, mit manicherlay tranckh, aus Teutschen, Welschen, kriechischen, hispanischen, vnd haidnischen lannden, auch mit vil seltzamer wunderlicher speiß, zurichten het lassen, vnd unnser heiliger vater der Pabst, saß zu tisch, mit dem alten weißen kunig, vnd seinem gemahl, Auch mit dem Jungen kunig Lasla, vnd mit des alten weißen kunigs Brueder, Darnach setzten sich alle Cardinalen Bischof fursten Grafen herrn Ritter vnd alles volckh, Das dann ain grosse antzal was, vnd mennigclich Empfieng, die speiß vnd tranck mit frewden, vnd vnnder dem essen wurden gehallten vil seltzsame, vnd wunderliche spil, die alle zu beschreiben, wurde gar zu lang sein, vnd als sölich hochtzeitlich, vnd kuniglich Nachtmal, volpracht, vnd vil Eerlicher frewden gehalten, was, da ward der alt weiß kunig, vnd sein gemahl die kunigin, mit grossen Eeren zu pet gefuerdt, vnd nach gesatz der Ee zusamen gelegt, wie mag doch ainer beschreiben, dise allerwirdigste, vnd Eerlichiste kronung, vnd hochzeit, die mit Jnen, in allem fridt, in der höchsten Eer, vnd mit wunderlichen frewden beschehen ist, Es ist gar wol abzunemen, das gott darynnen sein genad mitgetailt hat, zu ainem zaichen, von Jnen frucht zu kumen, die da wurcken vnd verpringen werden, in der zugebenden genad des allmechtigen gotes wunderliche ding, Der alt weiß kunig vnd sein gemahl sein auch etliche tag, Zu Rom beliben, vnd mit Irn fursten Grafen herrn Rittern vnd knechten, die ganntz Stat Rom, auch ausserhalb der Stat, die heiligen Stet, mit grosser andacht haimgesuecht, vnd den Gotsheusern, die paufellig, oder an zier arm waren, den gab Er haimlichen, vnd offenlichen, grosse gab, aus sonder angeborner miltigkait.

Wie

A. 1452.

Wie der Alt Weyß kunig, vnd die kunigin, von Rom in Jr kunigreich zugen, vnd was Eer Jnen auf derselben Rayß gethan wardt.

Uber etliche tag, als der Allt weiß kunig, zu Rom stil lag, vnd mitsampt seinem gemahl, der andacht auswartet, Da kam dem kunig potschafft, wie in seinem kunigreich krieg erwuechssen, vnd Nemlichen, wie Graf Ulrich von Zily, Auch herr Ulrich Eytzinger (a), vnd das volckh die Byenner (b), mit den graben (c), auch etlichen vngelaubigen völckern den Unger, Behem, vnd Märher, ain pundtnus, wider den allten weißn kunig gemacht heten, unpillicher weiße, in abesen des kunigs, Das doch wider Jr phlicht, Aid, vnd Eer was, der Sy vergessen heten, Unnser heiliger vater der Pabst, höret sölich potschafft nit geren, Dann Er sach den alten weißn kunig, nit geren alsopald von Rom ziechen, ains tails aus lieb, vnd ammaisten, vmb gemaines Nutz willen, Der cristenlich kirchen, der allt weiß kunig, Erhueb sich onvertzug, mit seinem gemahl, vnd mit allem sein volckh, vnd als Er vnd sein volckh gerust was, aus der Stat Rom weg zu reiten, Da gieng der kunig, mitsampt seinem gemahl, zuvor in sand peters Munster, darynnen dann unnser heiliger vater der Pabst was, Also bevalch sich der kunig vnd die kunigin mit grosser andacht, vnd diemuetigkait sand peter vnd sand pauls, in Jr furpittung, vnd dem Pabst in sein andächtig gepet, Auf sölichs zaiget der Pabst Jnen mit grosser andacht, sand peters, vnd pauls heupter, die Er Jnen mit grosser wirdigkait gab zu kussen, darnach zaiget Er Jnen, das lieblich gotlich angesicht unnsers Schöpfers, mit dem Er den segen, uber den kunig, vnd kunigin, vnd alles Jr volckh mit vergebung der sundt, auch dartzu dem kunig, vnd kunigin den kuß des frids gab, Nachdem giengen Sy, aus dem Munster, vnd Unnser heiliger vater der Pabst, gab Jnen das gelaidt, bis auf die Stafl sand peters Munster, daselbst auf der obristen Stafl, ausserhalb dem Munster, namen Sy gar diemuettigclichn, von ainannder Urlaub, das sölichs jedermann sehen mocht, Darnach sassen der kunig vnd die kunigin auf Jre pferdt, vnd

(a) V. Analecta Monument. Vindobonens. Ad. Kollarii. Tom. II. p. 14. 183. (b) Die Wiener. (c) Mit den erstgenannten Grafen.

A. 1452.

der kunig vnd die kunigin naigten Jre haupter, auf baÿde seÿdten gegen dem volckh, vnd namen also auch Urlaub von dem volckh, vnd als sich der kunig, also von Unnserm heiligen vater dem Pabst schiedt, was Jr jedem seine augen voll wassers, als trew vater vnd Sun thuen, die sich von ainannder schaiden, Der kunig vnd die kunigin Ritten mit grosser Eer, vnd mit wunderlichen Trÿumpf aus der Stat Rom (a), Unnser heiliger vater der Pabst, ließ sich zu höchst in ainen Sal tragen, Damit Er den kunig verrer mocht nachsehen, in seinem wegziechen, wie groß genad haben die dreÿ personn, Unnser heiliger vater der Pabst, der alt weiß kunig, vnd sein gemahl, von gott dem allmechtigen gehabt, Nemlich daß der Allt weiß kunig, vnd sein gemahl mit der höchsten kron, so wirdigclichen vnd mit wunderperlicher Eer, auch in frid von Unsrem heiligen vater dem Pabst gekrönt sein worden, Man findt auch nit geschriben, das nÿe kain Pabst, ain söliche gotliche Cronung gethan habe, von dieser kronung, were noch vil zu schreiben, vnd dem gemainen man ain Erklerung davon zu thun, das mag lenng halben in diesen puech nit geschehen, Sonnder Jch wil jetzo beschreiben, wie der allt weiß kunig, vnd die kunigin, in Jr Reich zogen sein, vnd was vberflussige Eer Jnen beschehen ist, Als Nun der alt weiß kunig von Rom weg Rit, da zoch Er mitsampt seinem gemahl, etliche tag durch vil Stet Schlosser vnd dörffer, bis Er kam in die kunigreich Cecilia vnd Napels, alsopald der kunig Alfonsus von Napels, des alten weißn kunigs, vnd seines gemahls Zukunfft vernam, da Erfordert Er von stund an, alle sein fursten Bischofen Graven herrn Ritter vnd knecht, vnd Rit dem alten weißen kunig, vnd seinem gemahl, mit hocher Zier, vnd mit grossem volckh entgegen, vnd Emphienng den alten weißen kunig, am Ersten mit grossen frewden, Darnach Emphieng Er die kunigin, mit sonnder kunigclicher Eer, dann dieselb kunigin, was desselben kunigs Alfonsus leiplichen vnd Eelichen swester tochter, vnd war komen, von den weitesten Enden der Cristenhait, vnderließ nit, Jrn veter haimzusuechen, wie groß frewd hat diser kunig ab disen gesten emphangn, Dann Er sölich wirdig, vnd mechtig gesst vor nÿe gehabt hat, Er fueret auch den alten weißn kunig, vnd sein gemahl, mit uberflussiger frewd, mit grossen Eren, vnd mit wunderlichen Trumeten, pusaunen vnd Saidenspil, in die grosmechtig Stat Napels, in seinen kunigclichen Sal, vnd pallast, Da hat man etliche tag wunderliche frewd gehalten, vnd albeg, am Erstn mit hochster Eer, got gelobt, vnd darnach auf ainen tag (b) hat der kunig Alfonsus, den alten weißen kunig vnd seinen gemahl, vnd alle Jr fursten Graven Ritter vnd herrn, auf Jrn Rossen Reitend beÿ liechtem tag durch ain loch, das durch ain groß gepirg ganngen ist, mit liechtern fackeln

vnd

(a) Den 25. März. Pez l. c. (b) Den 11. April. Pez ibid.

A. 1452.

vnd lucern gefuert, (a) vnd sein komen in ain weits praits vnd lustigs veldt, vnd zu ainem wald, darynnen waren manigerlay thier, wilde hirschen Rech wildschwein pern lux Leopard kuniglein fuchs vnd hasen, Da hueb man mit den hunden an zu jagen, die hund waren vast groß vnd starckh, desgleichen schöne pald laufend wind, vnd etlich hund waren beklaidt, mit seyden manigerlay farb, vnd heten halspanndt, mit gold Silber vnd vein perlin geziert, vnd was ain sölichs Jagen, desgleichen kain mensch gesehen het, daselbst was gemacht, aus sonndern maisterschaft, ain springender prun von kostlichen gueten wein, zu lust vnd ergötzung des volcks, Es waren auch daselbst gehalten, ain sonnder lustig stechen, vnd vil annder frolicher vnd zierlicher ding, Davon lang zu schreiben were, dann der kunig Alfonsus vnd sein Sun, der hertzog von Calabrya, (b) die haben grossen vleiss gethan, vnd sein sonder sorgfeltig gewesen, wie Sy in allen dingen, dem alten weißn kunig vnd seinem gemahl, ain guet wolgefallen erzaigten, vnd groß Eer vnd Wird beweisen möchten (c), Nach sölichem, hat der alt weiß kunig, von demselbn kunig urlaub genomen, (d) vnd Jme seinen gemahl bevolhen, Jme auf dem Mör nachzuschickn, dann Er ist mit kunig Lasla, vnd mit seinem Brueder dem mechtigen fursten herrn Albreht, mit ainem grossen volckh, aus etlichen treffenlichen Ursachen, auf dem land haimwertz, durch weite land, vnd uber hoche gepirg getzogen, vnd als Er wider zu dem kunig zu Venedyg kumen ist, in die Stat Venedyg (e), hat Jne derselb kunig mit grosser Eer vnd Reverentz emphangen, vnd der Allt weiß kunig ist etlich tag in derselben Stat beliben, vnd hat auf seiner gemahl Zukunft gewart, Die kunigin ist mit Jrem volckh, aus der Stat Nepels getzogen, (f) vnd etliche tag, durch vil Stet Slösser Markt vnd dorffer auf dem land geritten, gegen dem kunigreich Cecilya, bis Sy kommen ist in ain Stat genannt Manphradonya, (g) in derselben Stat, sein etlich abgeschniten ketzer, die Jr hausfrawen vnd tochter, mittailen, wer Jr begert, dieselben ketzer sein gehaissen Nicolaitn, daselbst hat die kunigin geruet, daselbst sein berait gewest, zwo groß Galleen, mit aller Jrer notturfft, Jn dieselben zwo Galleen, ist die kunigin mit allem Jrm volckh eingannqen, Und ist auf dem Mör gefaren, nacht vnd tag, bis Sy kumen sein, in das kunigreich Dalmacya, nit ver von Ragus, Da sein die zwo Galleen, Nur ain nacht beliben, Vnd darnach widerumb tag vnd nacht gefaren,

N 2 vnd

(a) Grotta di Pozzuolo. (b) Der Kronprinz Ferdinand. (c) Die umständliche Beschreibung dieser Ehrenbezeugungen siehe bey Pandolf. Collenuccio in seinem Compendio del Regno di Napoli Lib. VI. pag. 259 Venezia 1613. in 4to, und beym Angelo di Costanzo in seiner Istoria del Regno di Napoli Lib. 19. p. 455. Napoli 1710. in 4to. (d) D. 17. April. Pez ibid. (e) D. 10. May. (f) D. 25. April, Ibid. (g) D. 3. May. Ibid.

Anno 1452.

vnd sein komen gen Saders (a), daselbst, ist die kunigin, mit Irem volckh abgestanden, vnd ist gangen in die hauptkirchen, darynnen man Ir ain ampt gesungen hat, Nach solichem ist die kunigin mit Irem volckh, wider in die Galleen gangen, vnd tag vnd nacht gefaren, bis Sy kumen ist, in das Reich Venedyg (b) nahend zu der grosmechtigen Stat, Venedyg, da haben die Galleen zugelendt, bey ainem kloster sand Nicola, in demselben kloster ist die kunigin mit Irem volckh bey dreyen tagen beliben, Indem ist auf dem Mör komen der kunig von Venedyg mit grosser kostlichaydt, vnd hat die kunigin in kunigclicher Eer emphangn, vnd die kunigin vnd Ir volckh, in annder Galleen vnd Scheff gefuert, die vast geziert waren, Darnach ist auf dem Mör kumen, der Allt weiß kunig, mitsampt kunig Lasla, vnd seinem Brueder dem mechtigen fursten herrn Albreht, mit allem Irm volckh, vnd auch mit dem volckh, aus der Stat Venedyg, der kunigin entgegen, wol mit funf tausend scheffen, klain vnd groß, mit manigerlay Saydtenspil, vnd kurtzweil, vnd die kunigin abermalen mit grossn frewden emphanngen, Vnd ist gefuerdt worden, in die Stat Venedyg, in den pallast, der mit grosser kostlichayt zuberait was, vnd auf allen Turnen der Stat, vnd in allen Scheffen des Mörs, hat man trumet, vnd mit pfeiffn, pusaunen, vnd allerlay saitenspil, frewd vnd frolockung erzaigt, vnd beweist, vnd in allen kirchen, mit allen glocken geleit, wunderliche Eer vnd frewd, ist in diser Emphahung volbracht worden, Also ist der Allt weiß kunig vnd die kunigin, etliche tag in derselben Stat beliebn, Nun het das mechtig land genannt Tyrol, etlich personnen in potschafft weiß bey dem alten weißn kunig, dem kunig zu Eern in solicher seiner weiten vnd Eerlichen Raiß, Dann dasselb lannd, hat zugehördt, dem mechtigen fursten der gepirg, herrn Sigmunden, der was des altn weißn kunigs, nachst gesipter freundt, mandlichs stams, Aber Er was derselben Zeit gar Jung, Under derselben Botschafft, sein gewesen zwen mit namen Conrat vnd Ulrich vetern die Treyzsaurbeyn, vnd sein daselbst in der Stat Venedyg, von dem alten weißn kunig in sonderlichen genaden abgeschaiden, vnd wider in das Lannd Tirol getzogen, Darnach ist der alt

(a) Saders, sonst Zara oder Jadera, die Hauptstadt des Königreichs Dalmatien, und Grafschaft dieses Namens längst der Küste: wo der Leib des heiligen Simeons des Gerechten in einer prächtigen Behältniß verehret wird, worauf die Inschrift:

Simeon hic justus, Christum de Virgine natum
Ulnis qui tenuit, hac arca pace quiescit;
Ungariæ Regina potens illustris & alta
Elisabeth junior quam voto contulit almo
Anno milleno treceno octuageno.
Hoc opus fecit Franciscus de Mediolano.

V. Jo. Lucii de Regno Dalmat. Lib. 5. c. 1. & Rer. Hungar. script. T. III. P. 1. pag. 403. Diesem Heiligen verehrte die Kaiserinn Eleonora einen mit kostbaren Steinen besezten Ring, den sie ihm selbst an den Finger steckte. Langmann beym Petz l. c. p. 602. (b) D. 18. May. Pez ibid.

A. 1452.

alt weiß kunig, mitsampt seinem gemahl, vnd allem volckh, vil tag, nacheinannder, durch weite lannd, vnd manichen pösen weg, uber wilde gepirg, vnd durch vil Stet, Slösser, Marckt, vnd Dörffer getzogen, bis Er kumen ist, in sein kunigreich (a), darynn er mitsampt seinem gemahl, mit grossen frewdn vnd frolockung emphanngn worden ist, vnd als Nun der alt weiß kunig, ain Zeit in seinem Reich gewesen war, vnd geruet het, da kamen die vorgemelten herrn (b), die wider den alten weißn kunig, mit fremden volckh ain pundtnus gemacht hetn, gegen dem kunig, mit grossem volckh, als die abgesagten veindt, vnd wolten von Jme haben, den Jungen kunig Lasla, als Jrn Erbherrn, der noch nit viertzehen Jar alt was, Solich furnemen, vnd pundtnus, ist von denselben herrn, nit not gewesen, Wann Sy heten wellen ansehen, die groß trew, die der alt weiß kunig, seinem veter, dem kunig Lasla gethan vnd bewisen het, Dann da derselb kunig Lasla, in der wiegen ist gelegen, vnd hat gesogen die prüst der Ammen, vnd was zu kunig gekrönt, Da hat der Allt weiß kunig, auf groß anrueffen der durchleuchtigisten kunigin Elizabet, des kunigs Lasla mueter, denselben Jungen kunig Lasla, mitsampt seiner mueter, mit grossem costung zu Jme gebracht, vnd genomen, Vnd aus grosser lieb, die Er zu seinem Jungen veter getragen, hat Er Jme mit allem vleyss Ertzogen, vnd kuniglichn standt gehalten, als were Er sein aigner Sun gewest, Der durchleuchtigist kunig Lasla, hat gesehen, gehort, vnd erkant, die groß trew, die Jme sein liebster veter, der alt weiß kunig gethan hat, Und sölich pundtnus ist beschehen, wider seinen willen, Aber der groß Neidt der vorgemeltn herrn, hat sich gemert, vnd haben eingefuert fremde Zungen, die Sy mit macht vnd crafft austreibn sollen, da der alt weiß kunig, sölich Jr Neidig furnemen vernam, Da schicket Er den kunig Lasla, ganntz Eerlichn frisch vnd gesundt, in sein Erbkunigreich, zu den herrn, die von seintwegen, ain unerliche pundtnus aufgericht hetn, dieselben herrn fuertn den kunig Lasla, als Jrn Erbherrn, in die Stat Byen, (c) die dann auch insonnderhait, in demselben pundt was, Sy sachen nit an, die groß wirdigkait, die Der allt weiß kunig zu Rom emphangen het, sonder Sy thetn als grob untrew Neidig plind vnd unverstendig leut, Es ist ain urkundt, vnd war zaichen gewesen, ains grossen kunfftigen Ubels, das dann beschechen ist, wann es kam die zeit, das ein grob volck, vnd ein fremde Zung, damit Sy dann vor Jr pundnus gemacht, vnd in das lannd pracht heten, Sy bekrieget verderbet, vnd ganntz uber Sy herschet, Der Jung kunig Lasla, Regieret etlich wenig Jar,

(a) D. 19. Juny zu Neustadt. (b) V. Aeneas Sylvius p. 85. 91. Pray Annales Reg. Hungar. Tom. III. p. 89. (c) Wien.

[7]

13

A. 1452.

vnd starb in seiner Jugent (a), in seinem kunigreich ainem, in ainer Stat genannt Prag, Darab der alt weiß kunig groß laidt emphienng, Nun was der alt weiß kunig sein nechster Erb, mitsampt seinem Brueder, vnd seinem veter dem mechtign fürsten zu Tirol, der alt weiß kunig ward auch erwehlt, vnd bestet als der nechst Erb, zu ainem kunig in Unger vnd sölich erwelung, was mit pillicher vnd Redlicher protestacion kuntschafft, vnd Zewgnus vollendt, vnd volpracht.

Wie des Alten Weyßen kunig gemahel, swanger worden ist, aines Suns.

Als der alt weiß kunig, mit seinem gemahl, ain zeit in seinem kunigreich belib, da ward die kunigin Swanger, des sich dann der Allt weiß kunig, und alle fursten vnd Stend, seines kunigreichs hoch erfrewdten, vnd got seiner genade, mit grosser andacht dancksagten, Mit grossen bit, die kunigin vnd Sy alle in Jrer gepurt zu erfrewen, Alls die kunigin, ain zeit getragen, Aber das kindt sich in Jr noch nit geruerdt het, Indem kam ein vertribener furst, aus dem lannd Panto (b), zu dem allten weißen kunig, vnd klaget dem alten weißen kunig, in beywesen der kunigin, seinen Jamer not vnd vertreibung, das die Turcken Jme gethan heten, Das dann in der Zeit beschehen ist, das die Turcken, uber mör von Asia, mit heerescrafft geschifft haben, in Europa, vnd als derselb furst, sein Not geklagt het, die dann zuhören ganntz erparmklich was, da ersach Er das die kunigin Swanger was, vnd redet darauf dise wort, Mein gemuet hat sich erhebt, vnd mein geist, der underweist mich, der genaden von got, dem almechtigen, Das Jch hoffen solle, das kindt, des die kunigin Swanger ist, werde mich an meinen veindten rechen, vnd Sy diemuetigen, durch die genad gots, in unsern glauben, in sölicher Redt, Erhueb sich das kindt in mueterleib, an zu bewegen, des sich der vertribn furst erfrewet, Dann durch dise bewegung des kindts, waren Jme seine wort, in seinem hertzen bestät, vnd belib bey dem alten weißen kunig, bis auf die Zeit, der gepurt des kindts.

Wie

(a) A. 1457. den 23. Novemb. Vide P. Pray Annales Reg. Hungar. parte III. p. 208. Pez. Tom. II. pag. 679. (b) Nicolaus von Ujlak Waiwod v. Siebenbirgen und Ban von Croatien. P. Pray Annal. Reg. Hungar. par III.pag. 60.

Wie die kunigin ainen Sun gepar.

Als sich nun die Zeit nahend, der geperung des kindts, da wurde je zu Zeiten gesehen, vnd doch nit gar lauter, ain Comet, daraus manicherlay Rehenschafft gemacht wardt, Der allt weiß kunig, desgleichen der vertriben furst, vnd alles volck in dem ganntzen kunigreich Ruefften zu got, mit grosser andacht, das durch sein götliche gnad, die kunigin, vnd alles volckh in Jrer gepurdt erfrewdt wurde, wann Nun ain jeglich cristen mensch betracht, die groß gnad so der Almechtig got, Jnen baiden zu Rom, in der geistlichen vnd weltlichen Eer, mit der höchsten kuniglichen kronung, in dieser welt verlichen hat, Auch Jr andacht und diemuettigkait, das Sy in grosser götlicher lieb, haimgesuchet, vnd begirlichen geert haben, alle heilig Stet, in der Stat Rom, vnd ausserhalb, so mag ain jeder on Zweifl sein, das got sölich gepet aus seiner Barmhertzigkait miltigclichen erhört hat, Dann alle guete dieng kumen von got, Vnd auf den tag vnd die Stundt der geperung des kindts, da erschain der obberurt Comet vil grösser, dann gewondlichen ist, vnd gab von Jme ainen lautern liechten gelantz, Wiewol die Comet albegen, dem hertzn swermuettig sein zusehen, Aus vil Ursachen, so was doch dise Comet, mit seinem schein freuntlich anzusehen, Nemlich das ain jegelich hertz, sich zunaiget, in die sehung des Comets, das dann ain besonder einflus zaichen vnd offenbarung des kindts gepurdt gewesen ist, In sölicher erscheinung des Comets, da gepar die kunigin, aus zugebung vnd verleihung götlichn genaden, in der Stat genannt Neuenstat, das kindt mit senfften smertzen, vnd ward in Jrer gepurdt hoch erfreudt (a), dann das kind was ain schöner Sun, sölichs ward dem allten weißn kunig, mit grosser frolockung verkundt, Da hueb man an aus frewden, alle glockhen zu leiten, vnd wurden in dem ganntzen kunigreich, unzalperliche frewdenfewr gemacht, wie groß frewd hat der allt weiß kunig, vnd alles volck in seinem kunigreich gehabt, ab diser frölichen gepurdt, Als Nun dasselb kindt gepornen was, da nam der Comet zu stund an mit seinen schein widerumb ab, daraus wol zuerkennen ward, das derselb Comet, ain zaichen was des kindts, kunftig Regirung vnd wunderlich sachen, Vnd der vertriben furst erkennet, Durch den Comet, das sein Ret durch des himels einfluß bestät wurde, Er begeret auch dasselb kindt aus der

(a) Am grünen Donnerstag den 22ten März. H. Petz Script. Rer. Austr. Tom. II. p. 382. & 606. Taphographia Princip. Austr. Mart. Gerberti Parte I. pag. 272. in not.

A. 1459.

tauf zu heben; dartzu Er dann, durch den alten weißn kunig beruefft, wann derselb furst aus kunigclichen geschlecht geporen was, Ains wil Ich offenbaren Nemlich als ditz kindt zu seinen Jaren vnd in sein Regierung kam, was Er der sighaftigist vnd streitparist vnd sein antlitz an zu sehen was Er der guettigst das doch an ainem streitpern vnd an dem allerstreitperisten Wunderlichen zusehen ist, Aus dem ist zuvernemen des Cometen tapfere vnd offenbare erscheinung, vnd das guettig ansehen, der kunftigen bedeuttung, Nota das sich des kunigs Antlitz mit dem senften angesicht vergleicht.

Wie das Kindt, in gotes lob, mit Eer, getaufft worden ist.

Nach der geperung des kindts, ließ der Alt weiß kunig berueffen, kunig Cardinal Bischof vnd seine fursten, zu der tauf des kindts, Dardurch mit der tauf etliche tag vertzogen wardt, bis die kunig Cardinal Bischof vnd fursten ankamen, den dann sölich gepurdt mit frewden verkundt vnd zu der tauff beruefft waren, Nun was der alt weiß kunig, gar kunstreich, in dem erkennen des gestirns, vnd erkennet durch den Einflus vnd aus dem Regirer des himelzirckls, darunder das kindt geporen was, das dasselb kindt in diser welt in die höchst regirung kumen, vnd durch Jne, vil wunderlich sachn, vnd grosse streit beschehen sollen, Deshalben Er dem kindt, ainen wunderlichen namen schöpfet, der vor nye gehördt was, Dann Er aus zwayen namen, die in Irem leben, die streitparisten gewesen sein, ainen namen schöpfet, zu ainer offenbarung, das dasselb kindt, in seinen Jaren, sovil verpringen wurde, als dieselben zwen streitperisten heten gethan, Alls Nun die beruefftn, zu der tauff kamen, da ward die hauptkirchen in der Stat Neuenstat, mit schönen tuechern umbhengt, vnd in manigerlay gestalt, aufs kostlichist geziert, Vnd auf ainen bestimpten tag, trueg man dasselb kindt, mit grosser Eer, in dieselb hauptkirchen, Es giengen auch alle Cardinalen, Bischof fursten Graven herrn Ritter vnd knecht, Auch ain mercklich Antzal, frawen vnd Junckfrawen, in Irer ordnung, mit dem kindt, vnd ain jedes auf das kostlichist beklaidt, Es trueg auch ain jedes in seiner handt, ain prinende kertzen, zu ainem zaichen des götlichen liechtes, das kain mensch vergessen solle, der götlichen genaden, vnd in der kirchn, bey dem hochen altar, waren zway guldin peckh, mit grosser kostlichait zugericht, Darynnen das kindt

durch

A. 1459.

durch ainen Cardinal (a) nach Cristenlicher ordnung, vnd gesatz der Cristenlichen kirchen mit grosser andacht getaufft ward, vnd der vertriben kunigelich furst aus dem land Panto, hueb das kindt mit sonder begir aus der tauff (b), Damit Er von dem alten weißn kunig geert was, Nach volpringung der tauff, Redet der furst dise wort, Got ist wunderperlich, vnd gibt seine wunder, durch grosse ding zuerkennen, Vnd so ich Nun in dis zeit, von dem Turcken vertriben worden, vnd in meiner armuet, vnd ellend zu diser Eer kumen bin, das Ich das kindt, aus der tauff gehebt hab, so glaub Ich, dann mich mein geist dartzu bewegt, das mir got die genad gethan, wie Symony in dem templ, Der da gesehen hat seinen hailand vnd erleser, des menschlichen geschlechts, Also hab Ich das kindt, mit verleihung der götlichen genad, aus der tauf gehebt, der mich durch sich oder sein frucht, gegen meinen veindten, die mich vertriben haben, Rechen, vnd die turcken mit streitperer hanndt, diemuettigen wirdt, dise wort bedeuten kunftig auslegung die noch beschehen werden mit warer tat, Nach diser tauf, ward das gotlich ampt, durch den Cardinal, mit grosser andacht gesungen, vnd volbracht, vnd darynnen got gepeten, Disen kindt gnad vnd crafft zuverleihen, das nichts anders durch dasselb kindt gewurckht werde, dann nach gefallen seiner götlichen Mayestat, zu hail vnd seligkait desselben kindts seel, Es ist on zweifl, wo got geert, gelobt, vnd glorificirdt wirdt, dasselbst ist die genad gots.

Wie nach der Tauf Vnnd volbringen des gotlichen Amts vber dasselb kindt, gotlich segen gesprochen sein worden.

Der allt weiß kunig bewegt, mit grossem vleyss, des seines kindes leben, vnd bedacht wie nach seinem abganng, das sein kindt sein ganz kunigreich, als der Naturlich Erb, wo Jme got das leben ließ, besitzen und gewaltigclichen Regiren, Auch durch den Einfluß, des himels, noch vil kunigreich überkumen, vnd auch in die höchst Eer, vnd Regirung gesetzt wurde, Dardurch derselb sein Sun in hoffart vnd vergessen möcht kumen, der götlichen gnaden, Davon Jme dieses alles kumen were, Alsdann die verachter gottes thun, Der allt weiß kunig, der betrachtet auch, wie Er zu Rom, got den

P Al-

(a) Sigmunden I. Ertzbischofen zu Salzburg aus dem adelichen Geschlechte der Panierherrn v. Volkersdorf. V. P. Hansitz German. sacræ Tom. II. pag. 487. 509. (b) Am Ostertag den 25. März. S. M. Schultes Maximiliani I. kurze Lebensbeschreibung Ulm 1679. fol. pag. 2.

[9]

HB

Almechtigen gepeten het, Jme dermassen kinder zu geben, die nach dem götlichen willen lebten, vnd kam in sölicher betrachtung, dermassen gegen got, in ein andacht, das Er sprach, vnd Ruefft zu got also, O herr almechtiger got ain erkenner aller hertzen ain erhörer der gerechten, Ain liebhaber der die dich liebhaben, Ain uberflussiger geber, denen, die in dich hofen, Jch bit dich behalte meinen samen in deiner gnad, vnd manigfeldig Jne, in gerechten wercken, Nach sölichem ließ der Alt weiß kunig, das kindt fur den altar tragen, vnd opferdt das got vnd der Cardinal sprach uber das kindt dise wort, die gepet vnd segen, O Du heilige drivaltigkait ain ainiger got, die Eer vnd lob ist allein dein, vnd alle ding sein von dir, sich an das lebentig opfer, das dir durch deinen diener in diemuettigkait beschicht, vnd bit dich Emphach das kindt, in dein genad, darynnen es kumen ist, in ditz zergengklich liecht, O du milter gebender got, verleich disem kindt, fristung seiner tag, gesundthait seins leibs, vnd Recht verstentnus, das Er in seinen Jaren, mit maß vnd weishait Regir, bis in das begerend alter, vnd sein samen von ainer gepurdt, in die annder gemert werde, Auch das Er in allen widerwertigkaiten, die gedultigkait trag, vnd streit gegen den Unglaubigen, zu merung des kristenlichen glaubens, vnd zu hail seiner seel, Wie du unser herr Jesu cristi, in deiner Marter gestriten, vnd den pösen veindt uberwunden, vnd damit das menschlich geschlecht von dem Ewigen todt erlöset hast, O Ewiger got, vnd himlischer vater Jch bevilch dir das kindt, in dein götlich weishait, o du guetiger got herr Jhesu Crist, Jch bevihl dir das kindt, in dein götlich parmhertzigkait, O du milter got heiliger geist, Jch bevilch dir das kindt, in dein götlich gnad, vnd gesegen das kindt, also in dem namen got des vaters, got des Suns, vnd got des heiligen geists Amen, Der Cardinal sprach auch uber das kindt alle die segen, die von der kristenlichen kirchen aufgesetzt sein, O wie mit grosser andacht, ist got der almechtig geert, gelobt, angeruefft, vnd das kindt getaufft worden, selig sein die, denen von got gegeben wird sein götlich genad.

Wie der Alt weyß kunig, seinem Jungen Sun, Edelknaben zugab, mit Jme kurtzweil zutreiben.

Jm anfang, als das kind, anhueb zu reden, da ließ der alt weiß kunig, in seinem kunigreich, vil Edler knaben bestellen, von Art vnd Natur, die

al-

allergeschicksten, vnd thet dieselben Edlknaben, zu seinem Jungen Sun, In die sprach zu lernen, vnd mit Im kurtzweil, nach der kinder gewonhait zu treiben, In kurtzer Zeit, lernet der Jung Sun, die sprach, vnd fienng an alle kurtzweilige kindtliche spil, mit den Edl knaben zu treiben, die man Nun erdencken mocht, vnd hielt sich unnder den Edl knaben gar senftmuetig, vnd frolichen, vnd was albegen fur die anndern Edl knaben geschickt, Auch mit allen frölichen kurtzweilizgen, vnd Eerlichen spilen, Newfundig, Er het auch an Jme die kunigclich tugend, vnd aigenschafft, das Er von den Edl knaben, nit gern het, gegen ain annder Unwillen zu tragen, Sonnder nach seinem willen, muesten Sy albegen in ainigkait beleiben, vnd kain pöse parthey machen, Vnd alle kurtzweilige vnd fröliche spil, die Er mit den Edln knaben mit frewden anfieng, die hielt Er albegen mit sonder schicklichayt, vnd mit lustiger frewd, vnd gab denselben frölichen spilen, zu allentzeiten, mit frewdn ain Endt, Daraus zu derselben zeit, seiner jugendt, gar wol zubewegen gewest ist, Das Er in seinem alter, in seiner Regirung, seine kunigreich landt leut vnd Underthannen, in guetem frid, haben vnd wol Regiren wurde, Das Er dann in seinem alter vnd in seiner Regirung thet, dann alsopald Er anhueb zu Regiren, Da hielt Er seine kunigreich, vnd lanndt gannz in guetem frid, vnd ließ darein kain schedlichen einzug beschehen, Er het auch seine Unnderthannen Insonderhait lieb, beweiß vnd Erzaiget Jnen gar miltigklichen vil genad, vnd alle krieg vnd widerwärtigkait, die vor seiner Regirung in seinen Erblichen kunigreichen, vnd lannden waren, Die stellet Er alle ab, mit seiner streitperen handt, vnd senftmuettiger Regirung.

Wie der alt Weyß kunig, seinem Sun, sonnder hochgelert Maister zugab Jne zulernen.

Wiewol der Sun, vast Jung vnd noch in seiner kindthait was, so nam Er doch in kurtzer zeit, an gueten tugend vnd syten dermassen so ser auf, das Er alle ander der fursten vnd herrn kinder ubertraff, des sich dann jedermann seiner Jugent halber verwundern was, Vnd der Allt weiß kunig erfrewdt sich sölichs, alsdann wol zugedencken ist, Er als der vater beweget auch, die götlich forcht, vnd nam fur sich die drew gesatzt, in den zehen gepoten, die got der Almechtig moises gegeben hat, das Erst, glaub an ainen got, das annder, hab vater vnd mueter in Eeren, das drit thue deinen nachsten als dir selbs, das betrachtet, der allt weiß kunig, mit grossem vleyß, das Er seinen Sun die heilig schrifft lernen wolt lassen, aus den drey Ursachen, darynnen ain yedes cristen mensch ertzogen solle werden, die erst das Er Erkennet die gesatz gotes, vnd got lieb het vor allen dingen, dann welcher mensch nit in Im hat, die forcht gottes, der wirdt nit ewigclich leben, die ander, das Er vatter vnd muetter vnd allen denen die Jme guets thäten, danckper were vnd Sy Eret, Wann die undanckperkait ist ain laster, darunder alle laster verporgen werden, die drit Ursach das Er seinem nachsten menschen, das that, das er begert, dann welcher in seiner Regirung unrechtlich streit, vnd ungleich gericht fueret, Das ist ain verlierung der zeitlichn, vnd Ewigen Eer, Vnnd nach sölicher gotsforchtign betrachtung, die der Alt weiß kunig thet, als ain getreuer vater, da Erwellet derselb kunig, etlich hochgelert maister (a), die ains frumen geistlichn lebens waren, vnd verordnet, die zu seinem Sun, Jme die latein, vnd darynnen am allerersten die zucht vnd forcht gotes, vnd darnach die heilig geschrifft, mit emsigem vleiss zulernen, vnd underweisen, Also heten dieselben maister mit Jme grossen vleyss, Es wurden Jme auch vil mechtiger herrn, vnd Edlleut kinder zugeordent, mit sampt Jme zu lernen, vnd auf Jne zu warten, vnd gaben Jme am Ersten fur, die kindlich zucht, darnach die kunigclichen tugent, darnach, die götlich forcht, darnach die heilig geschrifft, Darynnen Er gar vleyssigclichen lernet, vnd studiret, vnd het an Jme das Erlich gemuet, das Er mit seiner lerung, vnd mit seinem vleyss nichts versaumet, Dardurch Er von den maistern gestrafft mocht sein worden, Alls sich dann offt annder Jung leut, durch Jrn unfleiss, vnd aus pösem muetwillen, umb die lerung straffen vnd schlagen lassen, vnd was Jme seine maister furgaben, das lernet Er furderlichen, vnd het darynn kain Rue, vnd lernet in der heiligen schrifft dermassen, sovil, das Er vil maln seinen meistern frag furleget, die Sy Jme nit verantwurten kundten, wiewol Er in dem rechten grundt der heiligen geschrifft genugsamlichen gelert was, so ubertraff dannoch sein verstandt, den Jme got geben het, die lerung, das mag aus dem genommen werden, das Er seinen maistern dermassn frag furleget, die Sy Jme nit kunden verantwurden, Da sölichs sein vater der alt weiß kunig mercket, nam

(a) Aus diesen war Peter Engelbrecht, von Basel gebürtig, nachmals erster Bischof zu Neustadt, allwo auf dessen Grabstäte in der Domkirche die Aufschrift zu lesen: Reverendus in Christo Pater Dominus Petrus Engelbrecht de Basel artium liberalium professor hujus novæ civitatis primus Episcopus hic sepultus est obiit 19. die mens. Martii 1491. Cuspinianus in vita Maximiliani I. p. 485. P. Fischer Notitia Urbis Vindob. suppl. II. p. 216. macht Meldung Jacobi de Fledniz Præceptoris Maximiliani I., welcher 1466. gestorben, und gleichfalls in der Neustadt begraben liegt.

nam Er Jne von derselben lerung, Aus Ursach das Er in der heiligen geschrifft genugsamlich gelert was, Vnd andere sachen fur sich name, damit Er in ainem Uberfluß der lerung die zeit nit versawmet, vnd als die maister, dem alten weißen kunig seinen Sun uberantwurten, da thet der Sun zu dem vater in gegenwurtigkait der maister aus aigner bewegnus dise Redt, wie der stam des pawms in seiner Jugent gepflantzt, vnd gepogen wird, also bleibt Er in dem allter, Je Edler ain Frucht ist, Je ainen Edlern geschmach vnd tugendt hat Sy, Je schöner vnd klarer ain Stain scheint, je Edler vnd kostlicher ist derselb Edl Stain, Der alt weiß kunig sprach, zum Sun, leg mir dise deine Red aus, in was maynung du das geredt hast, Der Sun gab antwurt, Wie ain gartner in ainen Stam ein zwey, von einer frucht pflantzt, vnd dasselb zwey, in dem Stam verwaxt, derselb Stam der pringt, darnach die frucht desselben zwey, Also ist in mich gepflantzt, das zwey der heiligen geschrifft, vnd der Cristenlich gelauben vnd das zwey ist gewaxen, in den Stam, vnd wirdt bringen kunfftige frucht, Auf das ander saget der Sun also, Je Edler ain frucht ist, Je ainen Edlern geschmach gibt dieselb frucht, Also vast ist mir die Nutzperkait, die aus der danckper vnd diemuettigkait fleust, geoffenbart, vnd in mein hertz gepildt, Das sich gegn meiner danckper vnd diemuettigkait, die grost hoffart, erkennen wird, Auf das drit, thet der Sun dise Redt, Je schöner vnd klarer ain Edler Stain scheint, je Edler vnd kostlicher ist derselb Stain, also ist in mich gewurtzlt, die lauterkait der unvermailigten Eer, vnd die kuniglichn tugent, vnd die gerechtigkait der gesetzt gotes, vnd in mir wirdt scheinen werden, in diser welt die schönst Eer vnd Regirung, Als Er dise auslegung gethan het, Emphieng der alt weiß kunig, grosse frewd darab, vnd der kunig, desgleichen die maister gaben Jme disen namen, das Er hinfuro gehaissen solle werden, der Jung weiß kunig, Ain yeder gelerter vnd verstendiger mensch mag merckn, das seine obgemelte Wort bedeut haben kunfftig werckh Nemlichen in der Regirung seines allters, hat Er erlangt die höchst kunigcliche kron, vnd ist ain liebhaber der Cristenlichen kirchen, ain hanthaber der gerechtigkait, der streitparist, vnd sighaftigist, in allen streiten, vnd der, diemuettigist gegen allen menschen gewest.

[11]

Wie der Jung Weiß kunig, aus aigner bewegung, lernt schreiben.

Nachdem der Jung weiß kunig, in der heiligen geschrifft genugsamlichn het gelernt, da kamen Jme oftmalen, schönen schrifften fur, Wiewol Jme nit not was, sondere guete schrifft zu lernen, Aber nach seinem gemuet, das Er in ainem jedem, andern gleichmässig sein wolt, underſtundt Er sich, vnd ubet sich sovil mit dem schreibn, vnd nam lerung auf, darynnen Er kainen verdrieß het, sonnder Es was Jme ain kurtzweil, vnd lernet also, mit seinem vleyss, vnd mit der täglichen Uebung, ain sonnder guete schrifft, die Er bald, von hanndt schrib, darab der allt weiß kunig, ain sonnder gefallen het, vnd die gueten schreiber, heten darynnen ain verwunderung, Das Er so in ainer kurtzen Zeit, aus aigner bewegung, mit seinem vleyss, ain soliche guete geschrifft gelernt solt haben, vnd damit erkennt mag werden, Das der Jung weiß kunig, von der hanndt ain guete schrifft geschriben hat, so hat Er zu der zeit seiner Regirung bey Jme ainen Secretarien (a) gehabt, der zu derselben zeit beruembt geweſt, fur den peldigsten, vnd furderlichstn schreiber, Auf ainen tag, als derselb Secretari, bey Jme was, schrib der Jung weiß kunig, mit Jme zu wet, vnd mit der peldung, uberschrib der Jung weiß kunig, denselben Secretarien, Daraus ist zu mercken des Jungen weißen kunigs Eerlich gemuet, das Er in allen dingen gehabt, des Er sich zulernen understanndeu hat, vnd in der zeit seiner Regirung, hat Er in dem schreiben kain verdrieß gehab, Er hat auch mit seiner hanndt sovil geschriben, Wann Jch ungeverlich die Antzal seines schreibens hierjnn antzaigen solle, so wurde mir nit wol glauben geben, Aus ursach der grossen krieghalben die Er daneben ſtättigclichen, in seiner Regirung gefuert hat.

Wie

(a) Den nämlichen Marx Trautsauerwein, wovon in der Vorrede und Dedication dieses Werkes Erwähnung geschehen ist. Sein Grab befindet sich zu Neustadt in der Domkirche mit folgender Aufschrift:

Anno Dom. 1527. am 6. Tag Septemb. ist gestorben und alda begraben der Edlgestreng Ritter Herr Marx Trautsauerwein von Weisſnitz Königl. Mayest. zu Ungarn und Behaim Cantzler.

Wie der Jung Weyß Kunig, die siben freyen kunst, in kurtzer zeit lernet.

Nachdem, nun der Jung Weiß kunig, am allerersten, die heilig geschrifft genugsamlich gelernt het, vnd damit Er in seiner Jugent, kain Zeit umbsonnst versawmet, Da bevalch der alt weiß kunig, den Maistern, seinen Sun, die Siben freyen kunst zu lernen, Das Sy Dann mit grossen vleyss theten, Und Ime anzaigten, wie kain kunst, durch kainen menschen, volligclichn begriffen möcht werden, Dartzu so fluß ain kunst, aus der andern, gleicher weiß, ainer keten, die mit vil glidern gemacht wirdt, Aus sölichem möcht Er von Inen vernemen, vnd versteen, das ain kunst, der anndern, mit der lerung, Auch in der Uebung, vnd mit den wercken, die hand gab, fur vnd fur mer zu begreiffen, sölicher Unnderweißung, Er sich in seiner lerung vleyssigclichn hielt, vnd lernet anfengclichn, die Gramatica, als den grundt der anndern Sechs freyen kunst, darnach die Loigica, darnach die andern funf freyen kunst, vnd wurde in kurtzer Zeit, in denselben Siben freyen kunsten, ubertreffenlichen gelert, Dann Er verstundt, die weiter, wann die durch die geschrifft begriffen sein, des sich seine maister, vnd die gelerten leut verwundertn, Seine maister bewegten auch, das nit guet oder Nutzlichen were, Ine mit diser lerung weiter zu beladn, dann wann man ainen menschen, mer lernen wil, dann not thuet, das ist ain uberfluß, vnd ain verhinderung annderer werck, vnd sagten sölichs dem alten weißen kunig, der Erfordert sein Sun fur Ine, vnd sprach zu Ime, Ab deiner lerung hab ich ain sonnder gefallen, vnd wellest die mit tugent vnd gueten Nutzen wercken volpringen, Darauf gab Ime der Sun die antwurt, Den gueten samen der tugent vnd kunst, den Ich gesaet hab, mit meinem vleiss, der wird in meinen Jaren schöne pluemen tragen, Dardurch dein garten vol solle werden, des suessn geschmack, vnd Ich wirdt meinen gueten samen, under dem pösen kraut, das sich selbs säet, vnd uberflüßig wachst, nit lassen steen, Sonnder in aller maß, wie meinen gueten samen, mit Emsigem vleyss gesaet hab, Also wil Ich das pöß krawt mit Ernst davon auswerffen, vnd vertilgen, Der Allt weiß kunig verstundt die Redt seins Suns gar wol, Und sprach dein gleichnus, wirdt geoffenbart, mit deinen wercken, wie groß frewdt hat der Allt weiß kunig, in seinem hertzen, vnd allem seinem gemuet gehabt, ab disem seinem Sun, der da ertzogen ist worden, in der gehorsamkait des vaters, vnd in der forcht des allmechtigen gots, Und als,

[13]

Er kumen ist, zu seinen Jaren, vnd in sein Regierung, hat Er erfult sein Redt dann in allem seinem Reiche, wurde gesagt, von seinen tugendten, Das ist der garten, mit den schön Pluemen, Er gestattet auch in seinem Reich kain Rawberey, sonnder durch seine Reich, war gantz sicher zu ziechen, Desgleichen in der Welt nit was, das ist die vertilgung vnd ausreutung der pösen kreuter.

Wie der Jung Weyß Kunig betrachtet, das gehaim Wissen, vnd erfarung der Welt.

In kurtzer zeit, als der Jung Weiß kunig, bey seinem vater dem alten weißen kunig was, da sprach der vater zu dem Sun dise wort, Sun hör mir zu, Nach meinem Tod wirst du sein ain besitzer meiner Reiche, Wiewol ain jeder kunig ist, wie ain ander Mensch, So muessen doch die kunig, die selbs Regieren, mer wissen, dann die fursten vnd das volck, damit das Jr Regierung bey Jnen beleib, vnd mein Redt die Jch zu dir thue, Das ist ain erfarung der Welt, Der vater wolt dem Sun in diser Underweisung, nit ganntze offenbarung thuen, Aus der Ursach, den Sun in seinem verstandt zu versuchen, vnd zu probieren, Der Sun ließ sich nit mercken, Sonnder Er betrachtet Einsigclichen, Er laß auch geschrifft, die da saget, von den verganngen geschichten, vnd von der Menschen Natur, vnd gemuet, vnd von Jrn stendten, darynnen Er mit grosser mue, das gehaim wissen fandt, wie die welt geregiert mueßet werden, das beschach allain, aus seinem verstandt, sonst het er sölichs aus der schrifft allein, nit finden mugen, solt Jch dasselb gehaim wissen hierjnnen beschreiben, vnd offenbaren, ist on not, dann es gehört allein den kunigen zu, Nach sölichem kam der Jung weiß kunig, zu seinem vater, vnd sprach vater, Jch hab gedacht, an dein väterliche Underweisung, mit der erfarung der welt, vnd hab in mir erfunden, das mir sölichs zu wissen not sey, vnd mit lesung der schrifft, vnd betrachtung meins gemuets, sovil vnd vleissigclichen geubt, das Jch hof, Jch hab das gehaim wissen vnd erfarung der welt begriffen, vnd hueb dem vater an zu sagen, von der welt, von Jrer Regirung, vnd gemuet, anfencklichen von den Stendten, vom Pabst, auf dem Cardinal, von dem Cardinal, auf dem Bischof, von dem Bischof, auf die Priesterschaft, von der Priesterschaft, auf die Munich, von den Munichen, auf die klosterfrawen, darnach von den kunigen, auf den Ertzhertzog, von dem Ertzhertzog, auf die fursten, von den fursten, auf die grafen,

fen, von den grafen auf die herrn, von den herren, auf die Ritterschafft, von der Ritterschafft, auf den Adl, von dem Adl, auf die Burgerschafft, von der Burgerschafft auf die Bauern, vnd Erzelet seinem vater funf Artickl, der Erst von der Almechtigkait gots, der ander von dem Einfluß der Planeten, der drit von der vernunft des menschn, der viert, von der zu vil senftmuetigkait in der Regirung, der funft Artickl zu streng in dem gewalt, vnd nach disen worten Redt der Sun weiter, vnd sprach, vnd darumb wirdt Ich kunfftigclichen fueren, vnd in mein hertzen haben, diese Wort, halt maß, Und Ich zweifl nit, was Ich bewegt hab, sölichs werde mir hundertfeltig begegen, Ich mayn nit hundertfeltig, sonder Es wird gegen mir beschehen, on Zal, Als der alt weiß kunig, seines Suns Worter gehört het, danket Er got der gnaden, vnd sprach Almechtiger got das ist allain, von deinen genaden, behalt meinen samen, in deinen wolgefallen, so wirdt erhebt mein frewdt, Als der Jung weiß kunig kam zu seinem alter, vnd in sein gewaltig Regirung, hat Er kainen menschen versagen lassen, on genuegsame erkundigung, Er hat auch an der erkundigung kain genuegen gehabt, sonnder die werckh gesehen, vnd der Zorn ist bey Jme kain handler gewest, Sonder Er hat albegen angesehen, die Natur mit Jrer guethait, vnd poshait, vnd hat seine wort bestät, halt maß, dise tugendt, ist so groß ainem menschen, Das davon, Jme zu lob, ain aigen puech geschriben solle werden.

Wie der Jung Weyß kunig, lernet die kunst des Sternsehens.

Nachdem, vnd der Jung weiß kunig, Nun das haimlich wissen, der erfarung, der welt bewegt, vnd zu gueter maß funden het, wie vor davon geschriben ist, da gedacht Er in Jm selbs, wie Jme kunstigclichen notthun wurde, die Stern vnd einflus, mit Jrer wurckung zuerkennen, sonst mocht Er die Natur, der menschen nit volkumenlich erlernen, das Jm in dem haimlichen wissenn, der erfarung der welt, ain mangl sein wurde, Wie mit sonnderm vleyss, hat Er aus Jme selbs, das bewegt, das anndern verporgen ist, Auf sölichs beruefset Er zu Jme, den gelertisten Doctor des Sternsehens (a), Und lernt gar Emsigclichen, von Jme dieselb kunst, vnd vernam gar aigentlichen, des himel Einflus, vnd der Stern wurckung, davon die menschen, Jr Natur vnd wesen emphahen,

(a) Georgium Tanstetter ex Rayn Astronomiæ Professor. V. Ederi Catalog. Rector. & Illustr. viror. Archigymnas. Viennensis p. 54.

Auch die ordnung vnd Zirckl des himels, von diser kunst were vil zu schreiben, vnd in kurtzer Zeit lernet Er dieser kunst genugsamen grundt, dann Jme wurde von dem Doctor nichts verporgen, vnd kam soweit, das Er an den erkanten Stern nit bemiegig wolt sein, vnd leget dem maister disen Artickel fur, Nemlich nach erkennung der bekanten stern, vnd nach sehung der seltzsamen wunderlichen wurckungen, auf Ertrich, so muesten, etliche stern mer sein, die in diser kunst, noch verporgen, vnd unwissend werden, die auch in den Naturen, mit wurckung thäten, von diesem Artickel ist genueg geschriben, vnd alle Sternseher haben sich darynnen zu erfaren, Nach sölichem fraget der Doctor den Jungen weißen kunig, ob Er zugäb die wurckung des gestirns, das thet Er aus der Ursach, sich an Jme zuerkundtn, ob Er in der kunst den grunt het gelernt, Darauf gab der Jung weiß kunig dem Doctor, die antwurt Mein vater ist ain kunig, vnd Regiret sein volckh, durch seine haupleut, Cantzler, Rät, vnd dienner, aber den gewalt, hat Er in seiner handt, Alsopalt der doctor von Jme dise Redt gehört het, sprach Er zu Jme, Jch findt in Ewer lernung kainem mangl, dann mit Ewr antwurt ubertrefft Jr mein frag, vnd beturft meiner lerung nit weiter, vnd der Jung weiß kunig bestättet dise seine kunst, in seinen Jaren, in seiner Regirung, Dann wann Jme ain grosse sach furfiel, so Eylet Er nit, sonndern handlet darynnen, nach zugebung vnd erleidung der Zeit, die dann je zu zeiten langsam kumbt, das wider der menschen gemuet ist, wann manicher mensch kumbt in ein Unfal, durch sein gahe handlung, Das der Jung weiß kunig verhuet hat, Jch nenn vnd haiß den Jungen weißen kunig, in seiner handlung nit ein mensch, sonnder Jch hais Jne die Zeit, Aus ursach Er hat gehandlt, das der Menschen gemuet ubertrifft, vnd sich der Zeit geleicht, ꝛc.

Wie der Jung Weyß kunig, lernet die Swartzkunst.

In sölicher Wolschickung, des Jungen weißn kunigs, het sein vater der Alt weiß kunig, ain groß wolgefallen, vnd sein hertz erhebet sich also hoch in frewden, das Er darynnen ain entsitzen emphieng, aus der ursach, das alle frewd in gottes lob vnd Eer beschehen sollen, vnd wurde dardurch in seinem gemuet mit innigkait bewegt, zubetrachtn die kunfftig behaltung des kristenlichen glaubens, wie groß ist aber die bewegung gewesen, Er nam fur sich, wie offt vor verschinen zeiten, die gewaltigen kunigen, in Jrem alter, von dem Rechten

ge=

gesetzt, in ein Neuen glauben gefallen, Das allain kumen were, aus der verfuerung, der Swartzen kunst, vil ist davon zuschreiben, Aber zu probierung, diser meiner schrifft, in kurtz, so ist dieselb kunst, in dem kristenlichen gelauben, vnd nach gesetzt der kayserlichen Recht verpoten, vnd ausgetilgt, dabey solle man, das, zu hail der seelen, vnd zu merung unnsers glaubens beleiben lassen, Wiewol dieselb kunst, der Seel verdamblich, vnd unsers glaubens ain myndeerung ist, jedoch so ist das menschlich gemuet, so plöd vnd kranckh, in der bestendigkait, in maynung zuerfaren, die verporgen sachen, das ainem menschen, dieselb kunst, dem der Unrecht grundt, vnd die Unwarhait verporgen ist, so vast vnd seer liebt, Dardurch dieselben kumen, in Irrung vnd verzweiflung, Nun der Jung weiß kunig höret oftmals von diser kunst sagen, Es kamen Jme auch je zu zeiten die allertreffenlichsten schrifften fur, darynnen dieselb kunst begriffen was, In der freud vnd in der betrachtung, die der Allt weiß kunig het, wie obgemelt ist, kam der Jung weiß kunig zu Jme, Da sprach der vater zu dem Sun, wie bedunckht dich, oder was haltest du von der Swartzen kunst, die da ist ein verdambnus der Seel, vnd ein laster vnd verfuerung der menschen, bist du nit genaigt, die zu lernen, das thet der vater aus ursach, Jme die verporgen verfuerung zu öffnen, vnd kunfftigen zweifl abzustellen, Der Sun gab Jme antwurt, sannd Pauls, der ubertreffenlichist lerer des cristenlichen gelaubens, der schreibt vnd haist unns das, alle ding sollen wir lernen, vnd erkunden, Aber das pöß meyden vnd das guet behalten, Darauf sprach der vater zu dem Sun, geehin, vnd nym zu dir, den gelertisten man der Swartzn kunst, vnd ergrundt dich darynnen, Aber behalt in deiner gedächtnus, das Erst gepot gotes, gelaub an ainen got, vnd auch sand pauls ler, die du mir yetzo angetzaigt hast, Der Jung weiß kunig erfordert ainen sonndern gelerten Man, in der Swartzen kunst, derselb hueb an, Jne zu lernen, mit sonnderm Ernstlichen vleyss, in maynung, als solt dieselb kunst, bey Jme fur guet vnd Nutzlichen angesehen vnd geliebt werden, Vnd als der Jung weiß kunig, ain Zeit darynnen gelernt, Vnd sich der Eydlkait, derselben kunst erkundiget het, Da befandt Er, das die kunst wider das erst gepot gottes was, du solt glauben an ainen got, Vnd verstundt erst sannd pauls ler, dann welcher nit erfaren ist, der glaubt paldt, dardurch dann, offt ain verfuerung beschicht, auf ain zeit disputirt, der gelert man, mit dem Jungen weißen kunig, sich an Jme zuerkundten, sein gemuet, vnd willen, vnd sprach zu Jme, dise kunst ist ein kunst, der grossen herrn, sich damit zu erhöchen, Da fragt der Jung weiß kunig, Jme, ob mer götter weren, dann ain got, Darauf gab Er die anntwurt, Es

[15]

ist nur ain got, Auf sölich anntwurt, sagt der Jung weiß kunig, du hast recht geredt, vnd darumb, so ist die Swartz kunst Eytl, vnd meiner lernung, hab Ich in derselben erfunden, die verfuerung unsers gelaubens, in diser Redt, mercket der gelert man wol, das Er sich darynnen genuegsam erkundt het, Wie mit grosser weishait, hat der Alt weiß kunig, die vorgemelt betrachtung gethan, die ein sondere Nutzperkait des Cristen gelaubens gewest ist, Dann als der Jung weiß kunig, zu seinen Jaren, vnd in sein gewaltig Regirung kumen ist, hat Er kainen Unglauben, oder ketzerey anfachen, noch erwaxen lassen, die aber sonst, oftmalen uberhanndt genomen haben, vnd je zu zeitn beschehen ist, aus glauben vnd gestattung, der unerfarnen menschen, deshalben die Menschen der poshait, in Irem verzweifelten furnemen gesterckt worden, vnd darynnen beliben sein, Das dann dise kunig, durch Ir vleyssig erfarung, vnd aus sonndere weishait, zu hail vnd seligkait Irer seelen, vnd zu behaltung Unnsers Cristenlichen gelaubens, verhuet haben.

Wie der Jung Weiß kunig die alten gedachtnus jnsonders lieb het.

Der Jung Weiß kunig, fraget in seiner Jugent gar oft von den kuniglichn geschlechten dann Er het gern gewist wie ain jedes kuniglich vnd furstlich geschlecht von anfang herkumen were, Darynnen Er in seiner Jugent kain erkundigung erfragen möcht, Darab Er dann oft ainen vertrieß trueg, Das die menschen der gedächtnuß so wenig acht nämen, vnd als Er zu seinen Jaren kam, sparet Er kainen kosten, Sonnder Er schicket aus gelert leut (a), die nichts annders teten, Dann das Sy sich in allen Stifften klostern puechern vnd bey gelerten leutn erkundigetn alle geschlecht der kunig, vnd fursten, vnnd ließ solichs alles in schrift bringen zu Er vnd lob den kuniglichn vnd furstlichn geschlechten, In solicher erkundigung hat Er erfundn, sein Mandlich geschlecht von ainem vater auf den anndern biß auf den Noe, das sonnst ganntz undertruckht, vnd die alten schrifften, darauf nichts mer geacht worden ist, vloren weren worden, Vnd wo ain kunig oder furst Etwo ain Stift gethan hat des vergessen worden ist, so hat Er denselben Stiffter widerumb mit seiner gedächnus erhebt, das sonst nit beschehen were, Verer Nachdem vor langen zeiten die Unglaubign, vnd Nem-

(a) Siehe Gerards de Rhoo Annal. Austr. ad Ann. 1477.

Nemlichn die grossn herrn Inen nach Irer gewonhait in manigerlay weiß gedächtnus machn haben lassen, Die dann je zu zeiten durch heerzug oder durch annder sachn zerprochn worden sein, Vnd wo dem Jungen weißen kunig also söliche gedächtnus anzaigt worden sein, Hat Er bevolhen dieselben gedächnusn widerumb zuvernewen Er hat alle Muntz so die kayser kunig vnd ander mechtig herrn vor zeiten geschlagen haben vnd die funden, vnnd Ime zuegepracht worden seinbehalten vnd in ain puech malen lassen, Dardurch oft ain kayser kunig vnd herr mit seinem namen widerumb geoffenbart, des sonst ganntz vergessen worden were, Desgleichn hat Er auch ainem jeden kayser kunig vnd fursten die von anfang bisher Regiert haben, Ire guete täten Inen zu ainer gedächtnus, von Newem widerumb beschreiben lassen, Wie ain sonnder kuniglich Eerlich gemuet hat dieser Jung weiß kunig gehabt, Er hat alle kunig ubertroffen, Dann wo findt man von anndern kunigen geschriben, die also die kuniglichen vnd furstlichen geschlecht mit Jr gepurt vnd gueten taten mit schriftlicher gedächtnus erhebt, Alls diser Jung weiß kunig gethan hat, Er ist ain Anweiser aller kunfftigen kunigen vnd fursten, das Sy die kuniglich vnd furstlich gedächtnus unnderhaltn vnd meren, Vnd disen weißen kunig Insonnderhait In kunftiger gedächtnus Eren sullen, Auf ain zeit was ain mechtiger herr bey dem Jungen weißen kunig, Der sprach zu Ime, das gelt das Er auf die sachen der gedächtnuß leget, were verloren, Darauf gab Ime der kunig die antwurt, Wayst du nit das got vnd der prophet davit in dem Psalter sagen von der gedächtnuß vnd nit von dem gelt, Dann wo ainer seinen schatz hat, da ist sein hertz, Weiter sprach der kunig zu demselben herrn, sag mir ains, was beleibt dem Menschen lenger das guet, oder die gedächtnus, darauf gab der herr die anntwurt, wann ain Mensch stirbt, so volgen Ime nichts nach dann seine werckh, Auf sölichs redet der kunig du redest recht, Wer Ime in seinem leben kain gedachtnus macht der hat nach seinem todt kain gedächtnus vnd desselben menschen wirdt mit dem glockendon vergessen vnd darumb so wirdt das gelt so Ich auf die gedechtnus ausgib nit verloren, aber das gelt das erspart wirdt in meiner gedachtnus das ist ain unndertruckung meiner kunftigen gedächtnus vnd was Ich in meinem leben in meiner gedächtnus nit volbring, das wirdt nach meinem todt weder durch dich oder ander nit erstat, Darauf swig derselb herr stil vnd bekennet sich das Er gröslichn unrecht het geredt.

Wie der Jung Weiß kunig, in der Ertzney lernet.

Nachdem, nun der Jung weiß kunig, in der, swartzen kunst gelernt, vnd sich der allt weiß kunig erkundiget, das sein Sun die verfuerung des menschen, vnd verdambnus der Seel, in derselben Eytl kunst erfarn het, was Er gar fro, das sein Sun wisset, die Ertzney seiner seel hayl, die dann ainem jegclichen menschen, vor allen andern dingen not ist zuwissen, Vnd nach sölichem betrachtet der allt weiß kunig, wie sein Sun, in seinem leben not thun wurde, das Er wisset, die Ertzney seins leibs, Aus den Ursachen, oft ain mensch, kurtzt Jme sein leben, mit uberflussigem trincken, etliche mit uberflussigem essen, etliche mit zu vil Ertzneynemung, Etliche den vergeben wirdt, Darfor sich oft ain mensch, wol verhueten möcht, vnd je großmechtiger ain kunig ist, je paß, hat sich derselb kunig zu hueten, Damit Er sein leben bring, in das begerend allter, Wie gelert mueß ain sölicher kunig sein, Welcher doctor der Ertzney, wird demselben kunig geleichen, Der allt weiß kunig, gab seinem Sun, ainen gelerten man zu, der ain hochgelerter doctor was, der lernet den Jungen kunig, allen grundt der Ertzney, Aber des Jungen kunigs verstanndt, was in derselben kunst vil mer, dann die lerrung, Vnd auf ain zeit sprach der doctor, zu dem Jungen kunig, in verporgner Redt, dise wort, das wissen der Ertzney, ist vil krancken verporgen, darauf gab der Jung weiß kunig, Jme die anntwurdt, das wissen ist mer, dann der unerkundigt Rat, Vnd die haltung ist die volkumenhait der zeit des lebens, Dise Redt ward dem doctor zu scharpf, vnd sprach zu dem Jungen weißen kunig, lene mir dise deine wort aus, was mayneſt du damit, Darauf gab der Jung weiß kunig Jme die antwurt, die erkenung, vnd aufmerckung, das ain kranck mensch selbs thuet, in nemung vnd wurckung der Ertzney, ist mer dann die uberflussig Ertzney, vnd welcher mit der speiß vnd tranck lebt nach begerung der Natur, auch nach emphindung des leibs, vnd nach weisung der vernunfft, der lebt in seinen tagen in wolmugen, vnd erreicht seine aufgesetzte Jar, Darauf Jme der doctor kain antwurt geben kundt, vnd gieng zu dem alten weißen kunig, vnd zaiget Jme an, was sein Sun, in der Ertzney weiter lernet, das were ain uberfluß, des sich der alt weiß kunig frewet, Sölich lerrung, kam dem Jungen weißen kunig zu grossen staten, Dann In seinen Jaren hat es sich begeben, Das Er zu zway malen, in kranckhait gefallen ist, vnd wo Er Jme nach seiner aufmerckung seiner kranckhait, vnd emphindung seins leib, nit selbs, die rechtmässig Ertzney erdacht, vnd genomen het,

het, so het Er durch die Ertzney, die Jme doch in guetem, gegeben, vnd wider sein kranckhait vnd Natur was, sterben muessn, Es haben sich auch oftmalen etlich frembdt Nacion, vnderstanden, Jme vergeben zulassen, das Sy aber nye bekumen haben mugen, Aus seiner erkennung, vnd verhuetung der vergebung, weiter so were gar vil zuschreiben, von seiner ordnung, vnd massigkait, die Er mit dem essen, vnd trincken gehalten, damit er alle ander kunig ubertroffen hat, Jch het ainen lust gehabt, das Jch sölichs in disem puech het beschriben, Aber von der leng wegen, hab Jch solichs vnderlassen muessen, will dannoch drey Artickel melden, der Erst diser kunig hat gelebt, mit dem essen vnd trincken, auf das allerkostlichist, der annder, Er hat mit den malzeiten gehalten die ordnung, der drit Artickel, Er hat mit seinem verstanndt auf sein Natur vnd wurckung seins leibs gemerckht, dabey laß Jchs beleiben, Ein jeder doctor vnd gelerter der Ertzney, versteet die anheng vnd auslegung diser dreyer Artickel wol.

Wie der Jung Weyß kunig, lernet die Hanndlung, des Secretari ambts.

Auf Ein zeit, betrachtet der alt weiß kunig, der welt lauf, vnd befandt durch sein Regirung, wo ein mechtiger kunig, in dem Cantzler Ampt, vnd in dem Secretari Ampt, nit erfaren, vnd kundig were, das demselben kunig, je zu zeiten nachtail daraus erwuechsen, Nemlichen aus den Ursachen, das ein kunig nit albegen sein gemuet offenwaren, vnd auch sein Regirung, vnd sein vertrawen in ain ampt, oder Personn setzen solle, Es ist genueg davon gemeldt, aus sölicher bewegung, nam der alt weiß kunig, seinen Sun, ain zeit zu Jme, vnd prauchet Jne, mit der schreiberey, was dann ainem Cantzler vnd Secretari zugehöret, das dann aines jeden kunigs maist Regirung ist, dardurch Er sich möcht erkundten, den grundt der Regirung, vnd erkennen lernen, die aigennutzign, der alt weiß kunig, prauchet Jne, insonderhait vast, darynnen, vnd der Sun was ganntz vleyssig, vnd in kurtzer Zeit, begriff Er die haupt Artickl, darab het der vater ein sonnderliche grosse frewdt, vnd auf ain zeit, sprach der vater zu Jme, Sun, versteestu aber den grundt der schriftlichen Regirung, der Sun gab dem vater die anntwurt, Welcher kunig, in ain personn sein vertrawen setzt, vnd hat in seiner hanndlung, mit seiner schönen Redt, bey Jme gelauben, derselb, vnd nit der kunig Regirt, Welcher kunig, die unwarhaftigen, vnd aigennutzig nit erkennt, demselben kunig, wirdt sein gelt

[17]

vnd Reich, in vil tail getailt, welcher kunig die warhafftigen, vnd die in der Rechten Eer lebn, nit lieb hat, derselb kunig ist ein verzerer seins volcks, vnd ein austilger der gerechtigkait, der vater was diser Redt gar fro, Das sein Sun den grundt der Regirung verstundt, vnd als derselb Jung weiß kunig, zu seinen Jaren, vnd In sein Regirung kam, Da het Er gar vil Secretari den Er dann, allen genug zuschaffen gab, vnd zoch dieselben Secretarien albegen von Jugent, nach seinem willen auf, Er ließ auch kainen brief nit ausgeen, Es was die sach klain oder groß, Er uberlaß zuvor denselben brief, vnd underschrib alle brief, mit seiner handt, Wie vleyssigclichen hat diser kunig Regirt, dann man söliche Regirung, von kainem kunig geschriben findt, Er ist auch so ubertreffenlich gewest, mit aingebung der brief, vnd mit seiner gedachtnus, das Er oftmalen, Newn, zehen, aindtlif, vnd zwelff, Secretarien, zu ainer zeit, Jedem Secretarien ainen besonndern brief angeben hat, vnd die ganntz Regirung aller seiner kunigreich, vnd lannd, ist allain von Jme beschehen, Neben allen den grossen kriegen, die Er in frembde Nacion, vnd landt gefuert hat.

Von des Jungen Weyßen kunigs miltigkait.

Der Jung weiß kunig, het ain sondere grosse tugend, vnd Naturliche aigenschafft, mit der miltigkait, dann als oft sein vater, der alt weiß kunig, Jme gelt geben liesse, so tailet der Jung weiß kunig, dasselb gelt under die graffen herrn Ritter vnd knecht, die Jme sein vater zugeordent het, vnd sein Miltigkait, die meret sich fur vnd fur bey Jme, nach kuniglichn Eren, auf ain Zeit, sprach der vater zu Jme, Sun ein jeder kunig, soll milt sein, Aber nit so milt, als du anfahest, darauf gab der Sun, dem vater die antwurt, Ich wirdt nit werden, ain kunig des gelts, sonder Ich wil werden, ein kunig des volcks, vnd aller der, die gelt haben, vnd ain yeder kunig bestreit vnd bekriegt, mit dem volckh, vnd nit mit gelt, seine veindt, dann wo der Schatz ist, da ist das hertz, vnd der leib beleibt bey dem Schatz, der alt weiß kunig, verstundt aus diser Redt wol, seines Suns gemuet der Miltigkait, vnd streitperkait, vnd ließ Jme also, in seiner miltigkait beleiben, vnd aufwaxen, Alls Er in sein Regirung kam, was Er gegen allem seinem volck, vnd gegen frembdn volckh milt, vnd Insonnderhait, seine allte dienner, versach Er albegen, mit ainer genugsamen leiblichn Narung, vnd die personnen, die Jme in kriegen, vnd in annder weg, trewlichen Redlichen, vnd Eerlichen, dienten, die begabet Er mit besonndern grossen gaben, vnd tailet sein gelt, allenthalben unnder sein volckh, gar miltigclichn aus, vnd alle die personnen, die Jme widerwärttig waren, oder ubel an Jme teten, begab sich offt, das aus denselben, etlich in Armut, vnd verderbung kamen, vnd des Jungen weißen kunig gnad, vnd hilf notturfftig wurden, dieselben begnadet Er, vnd unnderhielt Sy, mit aller genugsamkait, wie groß ist sein miltigkait geweſt, wo findt man sölichs, von ainem anndern kunig geschriben, Weiter so hat Er in seinen Jaren, sein Redt bestät, die Er zu seinem vater hat gethan, Er welle ain kunig werden, aller der, die gelt haben, Nemlich die Schätz, so ander kunig, vnd fursten gehabt haben, daraus dann die unleidlich hoffart wachst, sein durch den weißen kunig aufgethan, vnd zerstört worden, vnd auch alles das gelt, das Er aufzuheben hat gehabt, hat, Er miltigclichen unnder sein kriegsfolckh fur vnd fur getailt, Zu ainer zeit sprach ainer zu disem kunig, Er solt schätz sameln, darauf gab Er Jme anntwurt, die streitpare Regirung, vnd kunfftige gedächtnns, ist mer dann das gelt, Es mag auch die Miltigkait, vnd dankperkait, bey der geitigkait, die ain verfuerung der gerechtigkait, vnd der Eren ist, nit wonen, von seiner miltigkait vnd von seinen grossen kriegen, het Jch warlich Jnsonderhait vil zu schreiben, vnd wil von kurtz wegen, Nur ain sach anzaigen, Es was an kunigreich vnd gelt, gar ain mechtiger kunig, zu Frankreich (a), der ubernam sich seins gelts, vnd fieng mit dem Jungen weißen kunig, oftmalen ainen grosen krieg an, Aber der Jung weiß kunig, behielt albegen den Sig, vnd bekrieget denselben kunig, gar hardt, Auf ain zeit, wolt sich derselb Reich kunig, an dem Jungen weißen kunig Rechen, vnd grif seinen schatz an, vnd versamlt ain groß volckh, damit uber den Jungen weißen kunig zu ziehen, Nun het derselb Reich kunig, ainen streitpern hauptman, der Erkennet den Jungen weißen kunig, mit seiner Thewrlichkait gar wol, vnd sprach zu dem Reichen kunig, herr, der Jung weiß kunig, hat vier kuriser vnd hundert guldin, Mit denselben vier kirrisern vnd hundert guldin, understundt Er sich, nit allein mit Euch, sonnder mit anndern kunig mer, auf ainen tag zustreiten, der Reich kunig wolt die ursach wissen, da sagt der hauptman, das gelt ist Eur schatz, so hat der Jung weiß kunig vier kiriser, die sein die öbristen hauptleut, vnd haben unnder Jnen ain groß menig kriegsfolckh, die allerstreitperisten Teutschen, vnd dartzu vil kunigreich, vnnd land, mit streitparn volckh, das ist sein schatz, vnd wann Er Nun hundert guldin hat, so tailt Er dasselb gelt, under sein kriegsfolckh, vnd Underthanen, das

(a) Karl VIII.

ist sein miltigkait, damit bestreit Er alle seine veindt, des dann der vorgemelt Reich kunig, gar offt mit grossem schaden, wargenomen hat, vnd darumb so mag Ich, vnd ain jeder wol sagen, vnd schreiben, das der Jung weiß kunig, mit seinem ubertreffenlichen Schatz, vnd mit seiner kunigclichen Miltigkait, alle kunig ubertroffen hat, Dann Er hat sölichs mit seiner uberwynndung bewisen, Ich als ainer, der das puech geschriben hat, gibt von seiner miltigkait getzewgknus, Davon ich ain aigen puech geschriben hab, Dann Es hat sich nit gepurdt in ditz puech zuschreiben.

Wie der Jung Weyß kunig, von ainem Bauren, Windisch, vnd Behamisch, lernet.

Dieweil der Jung weiß kunig, bey seinem vater, dem alten weißn kunig was, da kam gar offt ain pauer zu Jme, der Jme albegen seltzame frucht pracht, Nun kundt derselb pauer windisch, vnd Behamisch, da understundt sich der Jung weiß kunig, von dem pawrn, in gehaim dieselben zwo sprach zu lernen, Derselb pawr, kundt sich gegen dem Jungen weißen kunig mit Redten, Insonderhait wol schicken, Dardurch der Jung kunig, die zwo sprach, dermassn begriff, das Er die verstundt, vnd wiewol Er dieselb sprach, gar wenig prauchet, so vergaß Er doch der nit, sonder wann man dieselbn sprach Redet, so verstundt Er die, nach seiner notturfft.

Wie

Wie der Jung Weiß kunig, Malen lernet.

Auf ain zeit höret der Jung weiß kunig, ainen alten weißen Man reden, dise wort, welcher ain Rechter kriegshauptman, vnd heerfuerer sein wil, der muest malen kundten, vnd darynnen ainen besonndern verstandt haben, dieselb Redt, behielt der Jung weiß kunig, in seinem hertzen, Und fieng von stundan lernen zu malen, Er lernet darynnen, gar vleyssiglichen, vnd als Er kam, das Er anhueb zu malen, die lanndtschaften des Ertrichs, da verstundt Er Erst zum tail, die Redt so der alt weiß man gethan het, das ain yedlicher großer herr vnd heerfuerer malen solle kundtn Aber aus was Ursach, gezimbt mir in disem puech nit zu öffnen, noch davon zuschreiben, Sonnder Es solle den kunigen, vnd hauptleutn vorbehalten sein, Alls Nun der Jung weiß kunig, die haimlichait, vnd Nutzperkait des malen verstundt, die Jme in dem rechten grundt, von dem alten weisen man, verporgen was, Da het Er in der lernung, des Malen, sovil vleyss, vnd ubet sich dermassen, das Er genugsamlichen malen lernet, vnd begriff den rechten grundt, des malen, Wie vleyssig ist aber diser Junger kunig, in allen dingen gewest, des Er sich understanden hat, vnnd in seinen Jaren, vnd in seiner Regirung, kame Jme das malen zu grossen staten, dann Er vil maler, mechtige vnd gewaltige heer gefuerdt, vnd grosse Streit gethan, vnd der streitperist, vnd unuberwindtlichist gewest, dartzu Er die kunst, des malens gepraucht, vnd Jme siglichen Nutz gepracht, sich auch des malens, in vil manicherlay sachen, zu Riterspilen, zu gepew, vnd zu erfindung Newer werckh gepraucht, dardurch Er dieselben volendt hat, die Er sonst nit het mugen volpringen, ain jeder, der umb dise sachen weiß, wirdt selbs bewegen, was Jch in dem nit offenbar, Er hat auch die grossen kinstler der Malerey, vnd schnitzerey underhalten, vnd vil kunstliche werckh malen vnd sneiden lassen, die in der welt, in seiner gedächtnus, aber mit verkerten namen beleiben werden.

Wie der Jung Weyß kunig, lernnet die gepew, mit dem Stainwerck.

Als der Jung weiß kunig manigerlay kunst vnd hantwerck lernet, vnd sich darynnen erkundiget, da ward Jme lieben die gepew von Stainwerch, zu lernen, vnd understundt sich des mit allem vleiss, vnd nam fur sich, die Recht maisterlich kunst des zircks, der gruntvest, vnd anders darzu gehörig, mit seinen anhenngen, vnd Erkundiget vnd erlernet sich, gar aigentlichen darynnen, Nun Redet zu ainer zeit, ain werckmaister mit Jme, von den gepewen des Stainwercks, den Jungen kunig weiter zu lernen, dardurch bey Jme genad zuerlangen, Aber der Jung kunig, het von disen gepewen genugsamlich gelernet, doch so fraget Er den werckmaister, wie vil hauptgepew, mit dem Stainwerck weren, Das wolt Jme der werchmaister nit sagen, sonder Er sprach, zu dem kunig, solichs wisset Er selbs wol, Jne damit zu erfragen, ob Er den grundt gelernt het, darauf gab Jme der Jung kunig antwurt, Es sey mit dem Stainwerch drew haupt gepew, das Erst zu dem lust, das ander zu der notturfft, das drit zu der Sterckh, da verstundt der werchmaister wol, das Er den grundt der pawerey, mit dem Stainwerch gelernet, vnd begriffen het, Derselb Jung weiß kunig, hat in seinen Jaren, in seinen kunigreichen vnd lanndn, vil lustige, auch vil starcke hewser Slosser vnd gepew, nach seinem angeben machen, vnd insonnderhait, hat, Er alle werckmaister, vnd paumaister ubertroffen, mit den kriegsgepewen, mit dem Stainwerch von Thurn, pasteyen, vnd starck gemeur, die Er gegen seinen veinden pawen hat lassen, ꝛc.

Wie der Jung Weiß kunig, lernet die gepew, mit Zimerwerch.

Als Nun der Jung weiß kunig, den grundt der gepew, mit dem Stainwerch gelernet het, bedacht Er selbs, Jme wurde auch Nutz sein, das Er desgleichen, die gepew, mit dem Zimern lernet, vnd understundt sich, vnd erlernet alle gepew vnd werckh, von holtz, Das Jme dann in seiner Regirung, zu grossen Nutz kam, Wann Er fueret groß vnd treffenlich krieg, wider seine veindt, vnd nachdem Er, den grundt der holtzgepew wisset, thet Er seinen veinden grossen zwang mit täbern vnd pasteyen, die Er seinen veindn in Jr land machen ließ, dann Er was damit kunstlich, vnd Newfundig, vnd Jme mocht darynnen nyemandts geleichen, vnd nachdem Er vilmalen, grosse heerzug gethan, hat Er vil setzsamer prucken erdacht, die Er machen hat lassen, in kurtzen tagen, uber die wasser, damit Er mit seinem volckh, alenthalben uber die wasser kumen ist, von dem holtz kriegsgepeuen, die diser kunig Newfindig erdacht, vnd gegen seinen veindn gepraucht, vnd Jme albeg zu grossem Nutz kumen sein, were gar vil zuschreiben.

Wie der Jung Weyß kunig, die Musica, vnnd Saytenspil, lernnet Erkennen.

Auf ein Zeit, gedacht Er an kunig david, das der almechtig got, Jme sovil genad het gethan, vnd laß den psalter, darynnen Er gar offt fandt, lob got mit dem gesang, vnd in der herpfen, da beweget Er, wie groß gefellig sölichs got were, Nach sölichem nam Er fur sich, kunig Alexannder, der so vil kunigreich vnd landt uberwunden hat, vnd laß seine geschichten, darynnen was geschriben, also, der groß kunig Alexannder, ist oftmalen, durch der menschen, lieblich gesang, vnd durch die frölichen Saytenspil bewegt worden, das Er seine veindt geschlagen hat, aus dem war der Jung weiß kunig gröslichen in seinem gemuet bewegt, vnd in seinem hertzen Entzundt, in dem lob gotes, dem kunig davit, vnd in der streitperkait, dem kunig alexannder, nach zu folgen, vnd Er lernet mit grossem Emsigen vleiss erkennen, die art des gesangs, vnd saydtenspils, dann Er nam fur sich, die zway grossen stuck, den lob gottes, vnd die Uberwyndung seiner veindt, das dann ainem kunig die zwo höchsten tugendt sein, Es ist zuermessen, so diser kunig, sölichs fur sich genomen, und mit sonnderm gemuet betracht, was vleyß Er hierynnen furkert, vnd was lieb Er darzu gehabt hat, durch seinen vleyß, begriff Er in kurtzer Zeit den grundt des gesangs, vnd aller saidtenspil, vnd als Er kam in sein gewaltig Regirung, hat Er am ersten in dem lob gottes nachgefolgt, dem kunig davit, dann Er hat aufgericht ain söliche Canterey, mit ainem sölichen lieblichn gesang, von der menschen stym wunderlich zu hören, vnd söliche liebliche herpfen, von Newen wercken, vnd mit suessen saydtenspil, das Er alle kunig ubertraff, vnd Jme nyemandts geleichen mocht, sölichs unnderhielt Er, fur vnd fur, das ainem grossen furstenhof geleichet, vnd prauchet dieselb Canterey, allein zu dem lob gottes, in der Cristenlichen kirchen, Darnach trat Er, in nachfolgung kunig Alexanders, mit dem frölichen saitenspil der streitperkait, vnd folget nach Julius Cesars, mit den taten, Vnd ubertraff die baide, vnd wil das lauter offenbaren, Wiewol der groß Alexannder grosse land betzwungen, vnd sich des saitenspill erfrewdt, So hat doch der Jung weiß kunig, ain sölich Mandlich, frolich pfeiffen, vnd truml schlagen aufpracht, vnd dermassen in seinen streiten gepraucht, wann Er gegen seinen veindten, in den streit getzogen ist, haben dieselben Trumel, vnd pfeiffen, nit allein des menschen hertz, erfrewdt, sonnder der hal darvon, hat den lufft erfult, Dardurch der

Jung weiß kunig, nit allein vil land bezwungen, sonder dartzu in den hauptstreiten albegen seine veindt bestritten, vnd geschlagen, weiter, Wiewol Julius Cesar, der Erst kayser worden ist, durch seine kriegsthaten, so hat Er doch Nur ain parthey zu widerstandt gehabt, Aber diser Jung weiß kunig, hat alle seine anstosser bekriegen muessen, vnd wil etlich anstosser Nennen, Nemlich den kunig von Frankreich, das gewaltig volckh Sbeizer, die grosmechtig herschafft Venedig, den kayser der turcken, das kunigreich zu Unger, das abgefallen kunigreich Behaym, on andere veindt, die hierynnen nit meldn bedarf, die Ires Aids vergessen haben, vnd dise anstosser alle, hat Er dermassen bekriegt, das Er Inen in Ir Ertrich getzogen ist, vnd Sy nit in sein Ertrich, Es mocht ainer wider dise mein schrifft Reden, aber Ich waiß das sölichs kainer nit thuet, der in der geschrifft, vnd in der kunig geschichten erfaren, vnd gelert ist, vnd die gestalt der sachen erwegen kan, Redt dann ainer dawider, der unerfaren vnd ungelert ist, der spot sein selber.

Wie der Jung Weiß kunig, alle speiß, lernet erkennen.

Nachdem, ain lernung, aus der ander flos, beweget der Jung weiß kunig, wie Ime not thät, alle speiß lernen zuerkennen, dardurch Er dest paß sein Naturlich, aufgesetzt allter erreichen möcht, vnd erkundiget sich, aller speiß, vnd auch alles tranck, mit sonderlicher Uebung, Die erkundigung alle, were zu lang zu schreiben, dartzu so ist es on not, Es gehört nit den gemainen personnen zu, sonder die mechtigen herrn, die allerlay speiß gehaben mugen, sollen sölichs wissen, Aber Ich wil dannocht, gar ain wenig anzaigen, wie sich der Jung weiß kunig mit Speiß vnd tranckh gehalten hat, Nemlich derselb Jung weiß kunig, hat in seinem Reich, nit an ainem, oder zwayen, oder drewen, oder mer orten hof gehalten, sonnder Er ist fur vnd fur, umbgetzogen, als der streitperist kunig, vnd wo Er hin kumen ist, Es sey gewesen, in Stet, Slosser, Merckt, dorffer, Sitz, oder ainlitz heuser, da ist Er albeg gewesen, mit seinem hof, vnd hat albegen bey Ime gehabt, die allerkostlichist speiß, vnd tranckh, aus vil kunigreichen vnd landn, vnd albegn ain Jede speiß vnd tranckh, nach seiner zeit, Ich selbs hab mer, dann ain mal, vnd gar vilmalen, vnd mer dann Ich beschreiben bedarff, auf seiner tafl gezelt speiß, vnd tranckh, aus vier oder funf kunigreich, die Ich gewist hab, der klainen lander, vnd Provinzen wil Ich gesweigen, Was ist dann fur Speiß vnd tranck da gewest, dar-

[23]

H.B.

darumb Ich nichts gewist hab, Noch ains mueß Ich anzaigen, ander kunig, vnd grosmechtig herrn, die essen, die Speiß nach der ordnung, Wie Jnen die furgesetzt wirdt, Aber diser kunig, hat Jme albegen drew essen, auf sein tasl setzen lassen, Jezuzeiten vier oder funff essen, vnd hat erst ab der tasl, die speiß auf seinem täler prot zusamengenomen, die zusamen gedient, vnd in dem Mundt wol gesmeckt haben, vnd also geessen, Es were wunderlich davon zuschreiben, Ich wils aber bey dem beleiben lassen, das Er alle kunig damit ubertroffen hat, 2c.

Wie der Junng Weyß kunig, mit pannggeten, vnnd Mumereyen, uber annder kunig was.

Als sich der Jung weiß kunig aller Speis vnd tranck erfaren, vnd erkundiget het, höret Er in seiner Jugent, vil sagen, von den pannggeten, vnd Mumereyen, so annder kunig hielten, Darzu Er auch ainem lust gewann, vnd erkundiget sich mit allem vleyss, auf was art, vnd in was gewonhait, ein Jeder kunig, seine panggeten, vnd Mumereyen hielt, vnd sparet darynnen kainen kosten, noch vleiss, dann kainer kan, aus Jme selbs etwas erdencken, Er mueß zuvor, darynnen ainen anfang, Erkundigung, vnd erfarung haben, Nun hat dieser Junger kunig, mit den panggeten, vnd Mumereyen, wunder verpracht, dann als Er in sein Regirung kam, ubertraff Er, mit den pannggeten vnd Mumereyen, alle kunig, wann Er het die erfarung, vnd durch sein schicklichhait, kundt Er der anndern kunig panngget, in frembde seltzsame pangget, mit Newer erfindung, vnd die Mumereyen, in vil vnd manigerlay gestallten ordnen, vnd albegen mit sondern frewden, die Er dann in Ritterspilen, mit preyß, vnd in den frewden, mit Eren hallten ließ, Nit das Er ain zuseher was, Sonnder zu frewden seinem volckh, vnd zu Eren, der frembden geest, was Er albeg, in den selben Ritterspielen, vnd frewden, vnd ist Insonderhait geren, in der Mumerey gegangen, vnd Jme selbst, damit ain Ergötzlichkait gemacht, vnd hat in ainer jeden Mumerey, albeg ain besondere fatzon, vnd gestalt erdacht, Wiewol Er der streitperist kunig ist gewest, so mag ain jeder aus diser meiner schrifft versteen, das Er auch der frölichist kunig gewesen ist, Dann solt Ich seine panget, Mumereyen, vnd die frewdenreich päß die Er gehallten hat, hierynnen beschriben haben, were zu lanng gewest, Ich bin aber ungezweiflt, Es werde ain aigen puech, davon beschriben, 2c.

Wie

Wie der Junng Weyß kunig, kunstlich was, in der Muntz.

Nach sölichem gieng der Jung weiß kunig, gar oft in seins vaters Muntz, vnd erkundiget sich gar wol, alles grunts, der Muntz, dann ainem grosmechtigen kunig, vnd herrn, ist jnsonnderhait not, das Jme dieselb kunst offenbar sey, Aus vil ursachen, die Jch hierynnen nit melden wil, Derselb Jung weiß kunig, was in der Muntz gar kunstreich, dann Er betrachtet selbs, die Nutzperkait, die Jme daraus kumen möcht, vnd in seiner Regirung, hat diser kunig, die allerpest Muntz, von Silber vnd gold schlagen lassen, uber alle ander kunig, vnd kain kunig, hat Jme geleichen mugen, mit seiner Muntz, das ist allain kumen, aus seiner kunst, vnd erfarung, Derselb Jung kunig, hat auch in seinen kunigreichen, alle pöse, vnd frembde Muntz, abgethan, vnd vertilgt, vnd an vil Ennden, Newe guete Muntz aufrichten, vnd schlagen lassen, Das dann seinem volckh, ain sonnder grosser Nutz, vnd aufnemen Jrs Reichtumbs gewest ist, Es auch dardurch, sein Camerguet gröslichen gemert worden, vnd jnsonnderhait hat Er grosse Muntz (a) schlagen lassen, Nemlichen aus gold dermassn guldin, das etlich zwen, etlich funf, etlich zehen, etlich funfzehen, etlich zwantzig guldin, vnd aus dem Silber solich pfening, das etlich ain ort ains guldin, etlich ainen halben guldin, etlich ainen guldin, etlich zwen guldin, etlich drey guldin, etlich vier guldin, gewegen haben, was kuniglich, vnd Erlich gemuet, hat diser kunig, in allen seinen sachen gehabt, das sich dann auch in seiner hochen, vnd gueten Muntz erschinen, vnd geoffenbart hat.

X Wie

(a) Siehe Marqu. Heergott Numothec. Princip. Austriae P. I. Tom. II. pag. 13. und den Catalogue des monnoyes en or du Cabinet Impérial Vienne 1759. fol. pag. 57. Catalogue des monnoyes en argent du Cabinet Impérial Vienne 1769. fol. pag. 91.

Wie der Jung Weyß kunig, die Perckwerch, lernet erkennen.

Nachdem, nun der Jung weiss kunig, die erfarung vnd kunst, der Muntz begriffen het, gedacht Er in Im selbs, Welcher kunig, in seinem Reich, die perckwerch mit Irer ordnung nit underhielt, derselb kunig emphieng nit vil Nutz davon, vnd erfraget sich gar vleyssigclichn, eins Jegclichn perckwerchs art, vnd welches perckwerch, mit der pesten ordnung underhalten wurde, In sölicher erfragung, lernet Er aus Jme selbs, den grunt des Schin, der perckwerch, das dann in den Berckwerchen, die maist vnd hoch kunst ist, vnd die Schiner, dieselb kunst, mit grosser Mue lernen muessen, Sölich sein erfragung, vnd vleiss der perckwerch, kam Jme in seiner Regirung zu grossem Nutz, dann Er het in seinen kunigreichen vil grosser mechtiger perckwerch, von Gold, Silber, pley, kupffer, Saltz, Stachl, Eysen, vnd annders, die Er mit vleyssiger vnd grosser ordnung underhielt, vnd gab darauf grosse freyhaiten, die Er stät, vnd unzerprochen hielt, dardurch in seinen kunigreichen, vil grosser perckwerch erkuckt, vnd erhebt wurden, Der Jung weiß kunig, het die erfarung vnd wissenhait, die anndern kunig verporgen ist, Nemlich kain perckwerch, kan ain persoun, mit pauen erkuckn, sonder die perckwerch werden durch den gemainen man erpawt, vnd durch stete freyhaiten, guete ordnungen vnd gelauben halten, erkuckt vnd erhebt, Dermassen hat der Jung weiß kunig, mit den perckwerchen gehandlt, Er hat in seinem kunigreich, neben anndern grossen perckwerchen, allain ain perckwerch in Tirol zu Sbaz (a) gehabt, das Jme Jedes Jars, fron, vnd weyl tragen hat, anderthalb hundert tausendt guldin, so hat Er zu Hal im Yntal, vnd zu Ausse in Steir, etliche Saltz perckwerch gehabt, die Jme auch alle Jar, ain groß mercklich gelt tragen haben, vnd durch sein kunst des Schinens, gar hoch vnd vast gemert, Er hat auch mit dem holtz, zu den perckwerchen, sölich ordnung gemacht, vnd geben, Das kunfftigen mangl verhuet hat, Er hat auch, auf ain zeit, den saltzperg zu Hal, dermassen durch sein anzaigen, vnd underweisung abschynnen lassen, das Er dardurch gewist hat, auf hundert Jar genugsam Saltz, diser kunig ist ain sonder liebhaber gewest, der perckwerch, dann wann Jme ain Artzknap, ainen handtstain ains ärtzt, von einem Newen erfunden perckwerch zugebracht, denselbn Artzknapen, hat Er miltigclichn belonnt.

Wie

(a) Der Ursprung und Aufnahm deß reichen Bergwerks zu Schwatz, wird in der tyrolischen Bergwerksgeschichte des k. k. Hofraths Freyherrn v. Sperges des H. Stephani Ordensritters 2c. in dem 9ten Abschnitt pag. 96. ausführlich und wohl gegründet beschrieben.

Wie der Jung Weiß kunig, mit dem hanndtpogen, zu Roß, vnd zu fueß, lernet schiessen.

Der alt weiß kunig, het an seinem hof vil Redlich vnd Ritterlich hussären, die zu Roß mit dem hantpogn, vil Ritterspil triben, Alsdann noch Ir gewonnhait ist, vnd sonderlich in dem krieg vast prauchn, Nun het der Jung weiß kunig die aigenschaft, das Er in den Riterspilen, ainen yeden ubertreffen wolt, vnd lernet zu stundan die hussärisch Reitterey, vnd mit dem handtpogen, zu Roß auf hussärisch zu schiessen, Nun war under den hussaren der gebrauch, mit Irem schiessen, welcher annders beruembt wolt sein, das derselb ain frey gemuet muesset haben, mit dem hantpogen, zu Roß die Vögl in den lufften zu schiessen, das kam allein mit vil schussen, aus der behendigkait, Sölichs schiessen, lernet der Jung weiß kunig, in kurtzer zeit, das Er dem pesten hussaren geleich was, Aber der Jung kunig, wolt sich daran nit benuegen lassen, sonnder Er lernet dartzu fur sich selbs, aus aigner bewegnus, mit dem Englischen handtpogen zuschiessen, dardurch Er alle hussären an seins vaters hof ubertraff, Wiewol diser Jung kunig, in seinem Rechten alter, ain grosse sterckh het, so schoß Er doch mit dem Englischen handtpogen, mer mit seiner schicklichait, dann annder mit Irer sterckh, ist zugedencken, dieweil Er starckh gewesen ist, vnd hat dartzu sonnderliche schicklichhait, zu dem handtpogen wissen zuprauchen, was diser kunig, dann mit dem hanndtpogen, mit seiner sterckh, vnd schicklichait geschossen hat, Wiewol die Englischn mit dem hanndtpogen zuschiessen maisterlichen vnd geschickt, vnd fur alle ander Nacion beruembt, vnd dartzu darunder vil starcker leut sein, So ist doch disem Jungen weißen kunig, kain Englischer, noch annder zukumen, der stercker mit dem hanndtpogen geschossen hat als Er, vnd damit man Etwas wissen muge, von seinem schiessen, mit dem hanndtpogen, so hat Er mit ainem handtpogen ainen hultzein schafft, der kain Eisen gehabt hat, durch ain Dick lerchein holtz, das dann sonderlich hert, vnd drey zwerch finger dick gewesen ist, geschossen.

[25]

Wie der Jung Weyß kunig, mit den hurnein Armpruſt, vnd mit den ſtachlin pogen, hat lernen ſchieſſen.

Ein jeder hoflicher Man, wais ſelbs, das an ains mechtigen kunigs hof, vil Ritterlicher vnd kunſtlicher leut ſein, Nun het der alt weiß kunig, auch an ſeinem hof, Ritterlich leut vnd groſmechtig herrn, die in den ſtreiten, die Armpruſt vnd ſtachlin pogen, zu Irem vortail, auch in dem pierſchen, das wiltpret zu ſchieſſen, Inſonderhait kunſtlichen prauchen kundten, Dardurch der Jung weiß kunig auch bewegt ward, daſſelb ſchieſſen, dermaſſn zulernen, das Ime der preiß gegeben wurde, vnd lernet darynnen vleiſſigclichen, vnd het ſonndere groſſe frewd, damit, vnd was in kurtzer zeit, ſo maiſterlichen vnd kunſtlichen, in demſelben Schieſſn, zu Roß vnd fues, das Ime an dem hof, kainer geleichn möcht, Und als derſelb Jung kunig, zu ſeinen Jaren kam, Iſt Er mit dem Armpruſt vnd mit dem Stächlin pogen, der peſt ſchutz im Ernſt, vnnd der gewiſſiſt pierſcher des wiltprets geweſen, vnd kainer iſt Ime nye zukumen, der Ime darynnen geleihn hat mugen, vnd jederman die ſein ſchieſſen geſehen, die haben darab wunder genomen, Dann antragen nach der ſchutzen art, vnd abtrucken iſt albeg, ain ding geweſen, das dann kain annderer dermaſſn gethan, vnd etlich ſchuß wil Ich hierynn anzaigen, auf ain zeit in Oſterreich, in dem Steiriſchen gepirg, geleich auf der Grenitz in ainem tal, genannt die Reichenau, an demſelben gepirg jaget der Jung weiß kunig Gembſen, Nun was ein Gembſpockh, in ain gar hoche Stainwanndt emgeſtannden, die kain Gembſen-Jeger, wol mit dem ſchaft mocht aufwerffn, vnnd als gejaidt ain Enndt het, was derſelb Gembſpock, in der hochen Stainwanndt geſehen, Der kunig het bey Ime, gar ainen gueten puxenſchutzen, mit namen Jorg Purgkhart, der kundt mit der handtpuxen, inſonnderhait wol ſchieſſen, Alſo hieß der kunig, denſelben, Er ſolle mit ſeiner puchſen, denſelben Gembspockh ſchieſſn, darauf gab Er dem kunig Antwurt, der Gembſpockh ſtundt zu hoch, vnd möcht den mit der puxen, nit erreichen, Da nam der kunig ſeinen Stachlin pogen, in ſein handt, vnd ſprach ſecht auf, Ich wil den Gembſpockh, mit meinen Stachlin pogen ſchieſſen, vnd erſchoß alſo denſelben Gembſpock, in dem Erſten ſchuß, darab die, ſo darbey waren groß wunder namen, dann derſelb Gembſpock, auf hundert klaffter hoch ſtund, vnd iſt darnach dieſelb Stainein wanndt, des bemelten wunderlichn ſchuß, zu ainer gedachtnus genennt worden, des kunigs ſchuß, Verrer ſo hat diſer kunig zu ainer zeit hirſchen gejagt, in dem Land Tirol,

rol, in einem tal ist gehaissen Selrain, da hat Er in demselben gjaidt in ainem halben tag, mit armprust vnd Stachlin pogen, zehen hirsch geschossen, die alle an der Stat beliben sein, Er hat auch sonst wunderliche schuß mit den pierschen allerlay wiltprets volpracht, Verer so het Ich gar vil von seltzsamen schußen zuschreiben, die Er gethan hat, mit dem Antfogl, vnd Raigern, vnd anderem geflugl, mainigs mal Hat Er ainen Antfogl, in dem auffliegen geschossen, solle Ich alle seine seltzsame schuß hierjnnen beschriben haben, were zu vil uberflussig, Ain jeder mag in diser meiner beschreibung wol ain benuegen haben.

Wie der Junng Weyß kunig, sonnder lust het, zu Paissen.

Auf ain zeit, las der Jung weiß kunig, in ainem puech darynn waren geschriben dise wörter, du kunig nym war, der valcken vnd der hirschen, vnd Ergötz dich in den gejadtn, das dir zugeben ist, das du nit einfallest, in die sundtlichen vnd weltlichen laster, Diser Jung kunig, nam dise schrifft groß zu hertzen, vnd beweget, vnd durchgrundet die allain, aus sein verstandt, Wiewol Es hier zum Nutzlichn vnd lustig were, zulesen, was dise worter bedeuten, so hat Es mich doch nit not bedunckt, das Ich die auslegung beschreib, aus der Ursach, Ich bin ungezweiflt, man findt dieselb auslegung, in der kuniglichn zucht, nach der lenng, Nun Emphieng der Jung weiß kunig, gar grossen lust, vnd naygung, zu der Edl valckenpaiß, vnd waydeney, vnd Erlernet die mit sonnderm vleyss, Er ubet sich auch damit, on alles vertriessen, vnd het also in seiner Jugent, in der Lerung gar vil lust, vnd kurtzweil damit, vnd als Er zu seinen Jaren kam, da paißet Er so geren, vnd het so groß ergötzlichhait vnd lust darynn, das vil von seinen paissen gesagt, vnd seins geleichen nit was, vnd leget darauf grossen costen, Nemlichen, Er ließ Jme Sayngkher valckn (a), vnd annder valcken, aus der tatterey, aus der Haidenschafft, aus Reyßen, aus preyßen, vnd von Rodys, vnd von vil anndern weiten Enden des Ertrichs, bringen, Es wissen auch alle kunig des Ertrichs, das Er geren paisset, dardurch Jme, von den kunigen vil valcken verert, vnd geschenckht waren, Er het auch bey Jme, an seinem hof funftzehen valckenmaister, vnd albegen mer dann Sechtzig valcknerknecht gehabt, die nichts annders theten, dann das Sy die valcken zuberaiten, zu der valcknerey, Und nachdem derselb Jung weiß kunig, selten lang an ainer Stat stil lag, sonder die maist zeit von ainem kunigreich, vnd land, in das ander zoch, so paisset Er underwegen albegen, Wo

(a) Die sogenannten Sacri Falken.

Er annders geschefft halbn paissen mocht, vnd an denselben Ennden zupaissen het, Er paisset auch gar offt, vnd furwar den maistn tail bis in die nacht, das Er in der nacht, je ain meil, je zwo mail, je drey mail, Reiten mueset, bis Er in sein nachtherberg kam, vnd als offt Er krieg het, das dann vast die maist zeit krieg was, gegen Jme, vnd wann Er gen veldt zug, ließ Er sich in den kriegen zu seiner zeit, mit dem paissen nit jrren, sein lust was so groß zu der Edl valcknpaiß, Wo Er Raiger, Geyren, antfogl, alstern, oder kräen wisset, wo gleich dasselb Endt, nit nachend bey der strassen was, die Er zug, Nichtdestmynder Rit Er dartzu, Er ließ sich auch kainen pösen weg, noch kain klain weter, dartzu weder hitz noch kelten, daran verhindern, diser kunig was in der valcknerey, gar kunstlichen, vnd das man mercken mag, das Er sonnder lieb vnd lust, zu der Edl valcknerey getragen hat, vnd kunstlich damit gewesen ist, so hat Er von Newem, in seinen kunigreichen, die Geirnpaiß aufpracht, die dann ain sonndere tapfere vnd lustige paiß ist, Er hat auch sonnst gar vil stuckh, in der valcknerey, von Newen erdacht, vnd erfunden, die vormalen nit gewest sein, Er hat auch in allen seinen kunigreichen vnd landen, die Raiger vnd antvogl, an den gelegistn Ennden, mit grosser costung hayen vnd hueten lassen, vnd aigen personn dartzu gehalten, auf ain zeit Rit ainer, mit dem kunig, der Redet zu dem kunig, in solicher maynung, als solt Er nit sovil lust, zu der valcknerey vnd paiß haben, Der kunig verstundt Jne wol, vnd fueret Jne, an die valckenpaiß, vnd paisset mit den valcken ain Raiger, der Raiger flog hoch, in die lufft, die valcken flugen weit von dem Raiger, in die hoch, da fraget der kunig, denselben, was Jne bedeucht, ob die valcken den Raiger fachen wurden, oder nit, Da sprach derselb, der Raiger ist Jnen zu hoch, vnd ist den valcken endtrunen, dann die valcken sein zu weit, von dem Raiger, pald darnach waren die valcken, bey dem Raiger, vnd ob dem Raiger, vnd fengen den Raiger, da saget der kunig zu demselben, Also uberwynndt Jch meine veindt, aber dise Redt, waren demselbn, zu scharpf, darnach Redt der kunig weiter, zu demselbn, du bist wider dich selbs, Dann wann Jch nit an die valckenpaiß Rit, darann jederman zu mir kumen mag, so Rittest du jetzo nit neben mir, du hettest auch auf Dasmal, nit mit mir geredt, vnd wurdest gar selten, mit mir Redn, vnd ain annderer der jetz mynder ist, dann du, dem wurdest du mit grosser begerung nachlauffen, bey diser Redt mag ain jeder verstendiger abnemen, die groß weishait des Jungen weißn kunigs, das sein valckenpaiß ain offner lust, vnd ain verporgne weishait gewest ist.

Wie

Wie der Junng Weyß kunig, sonder begier het, hirschen, Gembsen, Stainpöck, Wiltswein, vnd Peren, zu Jagen.

In der Naygung, so der Jung weiß kunig zu der valckenpaiß het, vergaß Er nit der vorgemelten schrifft, die also laut, du kunig nym war, der valcken, vnd der hirschen, vnd ergötz dich, in den gejaidtn, das dir zugeben ist, das du nit einfallest, in die suntlichn, vnd weltlichen laster, vnd gewann ainen sonndern grossen lust, zu der furstlichen Jegerey, vnd in seinen Jaren, het Er fur vnd fur frewd damit, vnd was, neben der valckenpaiß, sein maiste frewd aine, Er ließ auch in allen seinen kunigreichen, vnd lannden, das wiltpret, Nemlichen hirschen, Stainpock, Gembsn, Wiltswein, Murmentln, Hasen, vnd ander wiltpret, gar vleyssigclichn hayen, vnd nyemandts bedorfft, in seinen vorsten, vnd gejaden Jagen, auch kain wiltpret schiessen, noch fachen, vnd nemlichn, wo Er das wiltpret, nit also gehaydt het, so weren insonderhait die Stainpockh gar ausgeödt worden, mit den hanndtpuxen, dann als die hanndtpuxen, aufkumen sein, hat man angefanngen, damit die Stainpöck zu schiessen, das durch die pawrsleut beschehn ist, die dann, wo Sy uber das wiltpret kumen, kain maß halten, sonder Irer pawrnart nach, ausöden, so sein die Stainpockh, soliche Thier, das Sy in den hochen gepirgen, scharf in die höchen stainen wendt geen, vnd springen, vnd steen stil, vor den armprusten, weren Sy woll sicher, Aber die pawren, die in den gepirgen steigen kunden, Erreichen vnd schiessen die Stainpöckh, mit den handtpuxen, vnd die Stainpöckh waren also, mit den handtpuxen gar nahend ausgeödt worden, vnd als der Jung weiß kunig die Stainpöck angefanngen hat zu hayen, sein nit uber vier Stainpöckh gewesen, Aber in solicher haynung, haben Sy sich gar wol gemert, Es were schad gewest, das dieselben Thier ausgeödt worden sein sollen, Darumb solle ein Jeder kunig, auf die Edl Thier, das dem Adl zugeben ist, sein aufmerckn haben, Der Jung weiß kunig, hat gar vil schöner lustiger gembsngejaidt gehabt, die Er jm winter gleich als wol Jagen hat mugen, als im Sumer, das ist zu sölicher zeit seltzsamlich zu sehen, vnd ain sonnderlicher lust, der hirschn, vnd Swein gejaidt, hat Er sovil gehabt, wann Ich die hierjnnen antzaiget, wurde man sich darab verwundern, Diser Jung weiß kunig het mit dem gejaidt, uber alle kunig, ain sonder kunigclich gemuet, vnd was mit dem Jagen gar kunstlichen, vnd maisterlichen, vnd machet viel gueter Jeger, Er hat auch von Newem, in seinen kunigreichen aufpracht vnd gelernt mit den hirschn, das fortz vnd parckgejagt, das ganntz ain annders, vnd sonders gejaidt ist, Der Jung kunig, was auch so gar unverdrossen, mit dem Jagen, das vil menschen vermaynten, Er solle in die lenng ainen unwillen darab gewynnen, Aber je mer Er jaget, je grosser lieb, vnd lust het Er zu dem Jagen, vnd welche zu gelegner zeit, von der Jegerey, vnd valcknerey Redtn, den höret Er insonderhait gern zu, vnd was Ime ain sonderer lust, vnd ergötzlichait, Wann man davon Redet, Ich wil jetzo fur mich selbs Reden, das Ich nit gelaub, das kain kunig nye gelebt hat, der ain solicher Jeger gewessen sey, vnd in kunfftig zeit, kain solicher Jeger dermassen nit sein werde, Dann Er ist kain Jeger aus gewonnhait, oder hoffart gewesen, Sonnder Er ist ain Jeger gewesen, aus seiner angebornn Natur, vnd kunigclichem gemuet (a), vnd wil ain kurtz anzaigen thun, wie Er seine gejaidt gehayt, vnd in was gestalt Er sein jegerey gehalten hat, Er hat gehabt, in seinen kunigreichn, ainen öbristen Jegermaister, viertzehen vorstmaister, hundert vnd funf vorstknecht, vnd uberreiter, der Jeder hat insonderhait, ainen weiten gezirckh jnnen gehabt, die vorst wildpan gejaidt, vnd das wiltpret zu hayen, vnd zuverwarren, Mer hat Er gehabt, zwen maisterjeger, vnd dreyssig jegerknecht, zu seinen hofgejaidtn, Er hat auch gehabt, in seinen kunigreichen Mer dann funfzehen hundert jaghundt, die Er allein, zu seinen gejaidtn stättigclichn gehalten hat, vnd als offt Er gjagt hat, Es sein hirschen, Stainpöckh, Gembsen, wiltswein, oder pern gewesen, so hat Er die aigenschaft an jme gehabt, das Er in allen gejaidten, das wiltpret gern selbst, mit seiner hanndt gefanngen, vnd gefellt hat, vnd die Pern, jaget Er gar geren, vnd het sondern lust vnd frewdt, wann Er ain pern stechen solle, Auch als offt Er gembsen jaget, gieng Er albegen zu höchst, auf das gepirg, vnd stig in die wenndt, vnd wurff die Gembsen selbs aus, Wiewol Es ainem solichem grosmechtigen herrn zu vil, vnd nit Recht gethan was, also auf die hochen gepirg zu geen, vnd in die grawsamen stainein wenndt zu steigen, Aber Er sölichs dannocht nit lassen möcht, aus dem lust, naigung, vnd begirdt, so Er zu disen gejaidt het, vnd nit vil seiner Gembsen Jeger, möchten jme mit dem steigen, in die wenndt geleichen, Aber Er was jn seinem steigen, gar fursichtig, vnd het kainem swyndl in seinem haupt nit, Er het in dem lanndt Tirol, in ainem tal genannt Smyeren ain sonder lust gembsengejaidt, vnd wann Er dasselb Gembsengjaidt Jaget, kamen den merern tail, in das gejaidt, mer

dann

(a) Diepolt von Stain zu Reissensburg war es, der K. Maximilianen zu Dillingen, allwo er, währendem Kriege seines Herrn Vaters mit Herzogen Karln zu Burgund, unter der Aufsicht des Bischofs zu Augsburg sich aufhielt, in der Jägerey unterrichtet hatte. Fugger vita Maximil. Mspt. Tom II. fol. 3. Oesterreichischer Tugendspiegel, Tom. I. p. 171.

dann Sechshundert Gembsen, Ich wil sprechen Tausendt, dann wann man zelt Sechshundert, was ist dann der ungezeltn Gembsen, vnd das gejaid beschreib Ich aus der Ursach insonnderhait, dann als oft Ich an denselben gejaidt bin gewesen, so hab ich mir zu meinen tail albegen ain Gembsen sieden, vnd praten lassen, den ich mit sampt meinen Mitgesellen aß, vnd ainmal hielt, der kunig daselbst ain sonderlich frolich gejaidt, da waren hundert vnd drey vnd achtzig gembsen gefanngen, die gezelt wurden, wiefil dann nit in die Zal kumen sein, ist mir nit wissend, Ich gelaub aber gentzlichen, Ich mit sampt meinen Mitgesellen haben der ungezelten Gembsen, etlich mit guetem muet vertzert, etlich in frewden verschenckht, Darumb mag Ich wol zewcknus geben, Ainer der in dem wesen unerfaren ist, vnnd sölichs liset, der möcht gedenncken, der Jung weiß kunig het nichts annders gethan, dann paissen, vnd Jagen, Es hat nit die gestalt gehabt, sonnder mit paissen, vnd jagen, ist diser kunig am maisten, in den grossen kriegen gewesen, vnd wil darynnen, ain Unnderricht geben, Es fieng sich in ainer zeit, ain mercklicher grosser krieg an, in Welschen landen, wider Venedyg, darein kriegten vil kunig, vnd herrn, vnd insonderhait, fueret der Jung weiß kunig, vnd der kunig zu Frankreich, darynn den hauptkrieg, als die zwen mechtigisten kunig, In dem kam die zeit des winters das die kunig abzugen, die Burger in den Steten, waren insonnderhait fro, das der Jung weiß kunig aus dem land zug, vermainten, Er wurde sich nit mer understeen, darein zuziechen, Nun waren etlich erfaren personnen, in demselben land, die umb des Jungen weißen kunigs Mechtigkait, vnd umb sein kriegen, ain wissen heten, die klagten vnd sprachen, Got hat das Urtail uber unns gefölt, dann der frid ist von unns aufgenomen, vnd wirdt unnser land geben, die da thun, nach seinem willen, das ist der Jung weiß kunig, vnd kammen, mit ain annder in ain grosse Disputacion, die Burger sagten, der kunig zu Frankreich, were ain gewaltiger krieger, der Jung weiß kunig were, senftmuettig, vnd dardurch heten Sy, nit sonnder sorg mer auf jne, das Er widerumb in Jr lannd kumen wurde, Darauf gaben die Erfarn personnen die anntwurt, Es ist war, der kunig von Frankreih kriegt gewaltigclichen, vnd sein kriegen nymbt pald Endt, Aber der Jung weiß kunig, der ist, der allerherttist krieger, dann uber hundert meil, hetzt Er ainen hirschen, vnd reit demselben hirschen, fur vnd fur nach, vnd facht denselben hirschen, Er ist in dem lannd, das Er bekriegen, oder verderben wil, vnd darumb, so wirdt unnser lanndt werden, sein vorst, vnd wird alle Jar darynnen jagen, vnd paissen, vnd nit nachlassen, bis seine valcken, vnd hundt, darynn Jr wonung, vnd die hirschen, vnd Raiger, vor uns, ir sicher ständt haben, Die disputacion hab Ich aus der Ursach anzaigt,

[29]

wann ain annder kunig, in den krieg auszogen ist, so hat sich derselb kunig, zuvor ain lange zeit berait, So ist der Jung weiß kunig, albeg zu kriegen berait gewest, dann Er fur vnd fur gejagt, vnd gepaist, vnd die hirschen, vnd Raiger, in seiner veindt Land, insonderhait gern gefangen, kain kunig, hat disem Jungen weißen kunig, mit streiten Heerfueren, Jagen, vnd paisen, nit geleichen mugen, Es was ain merer, vnd liebhaber, aller vorst, gejaidt, vnd wiltpret, vnd ain aufenthalter, vnd Nerer des Redlichen, vnd Ritterlichen kriegsfolckhs' vnd aller Jeger, dann Er ain streitpers, Edls, vnd kuniglichs gemuet, gehabt hat, das Ich jetz offenbaren wil, Nemlichen Er hat nit als ain kunstlicher Jeger sein mugen, das wiltpret zu hayen, Darnach das zu Jagen, vnd zu fachen, Er was noch vil kunstlicher, in kriegen, lannd, Stet, vnd Slösser, zugewynnen, wiewol Er auch der maisterlichist valckner was, So was Er doch vil maisterlicher, die grosmechtigen kunig, fursten, vnd herrn, zu seinem willen zubringen, diser Jung weiß kunig, ist gewesen ain ubertreffenlicher Jeger, valckner, kriegsman, vnd heerfuerer, Er hat mit den vier haupttugendt, die ain jeder kunig haben solle, alle kunig ubertroffen, Ain jeder, der in den historien, vnd geschichten gelert ist, wirdt nit sagen, Das Ich in dem zu vil geschriben hab, Sonnder ditz mein schreiben, wirdt dem gemainen volckh, in ainem merern verstanndt erklärt.

Wie der Junng Weyß kunig, großen lust het, mit der Vischerey.

Der Jung weiß kunig, hat groß lieb vnd lust gehabt zu der vischerey, vnd in seinen kunigreichen, vnd landen, vil See vnd fischwasser hayen lassen, darynnen die allerköstlichistn fisch sein, jn dem wil Ich ain wenyg ain anzaigen thun, Am aller Ersten wil jch etlich See, die in den gepirgen gelegen sein, beschreiben, Anfengclich, ist ain See zu Ayterbang, gelegen in dem gepirg, der hat in Ime guet Selbling vnd vorchen, Mer zwen See, an dem hochsten Ertrich, seins kunigreichs, in den gepirgen, auf Walser-Hayd gelegen, die haben in jn sölich guete hechtl, vnd haisen goldhechtl, ubertreffen alle annder hechten, Mer ain See, gelegen auf ainem hochen gepirg, der haist, der Ahen See, der hat in Ime sonder guet Reinegken, vnd lax förchn, Mer drey See in den gepirgen zu Ausse, vnd im Eysenarzt, die haben in Jnen, die allerpesten Selbling, Mer ain See, auff Toblaher hayd der hat in Jme die allerpesten vörchn, das Sy gleich Swartz sein, dise obgemelt See, sein alle grosmechtig See, Aus dem

ist

ist zunemen, wievil Er dann der klainen See, vnd der lustigen fischwasser, hayen hat lassen, dieselben alle mit Irn namen anzuzaigen, were zulesen verdrieslich, Aber die obgemelten See hab Ich aus der Ursach, mit namen anzaigt, das dieselben See, dermassen gelegen sein, in den gepirgen, vnd wålden, das der Jung weiß kunig auf ainen Jeden derselben See, zu ainer Zeit, vnd auf ain stund, gefischt, vnd hirschen, vnd Gembsen, Jagen lassenn, Nemlich das der kunig gesehen hat, das die vischer, mit den Netzen, die visch aus dem See gezogen, vnd das die hirschen, in dem gejaidt, in den See geloffen sein, vnd das auch die Gembsjeger, die Gembsen ob dem See, aus den wennden geworffen haben, was grossen lust, hat diser Junger weißer kunig gehabt, Mit dem lust, vnd mit den kostlichen vischen, hat Jme kain kunig geleichen mugen, Er hat auch jn den Eben lannden, ain merckliche anzal, der grossen See vnd vischwasser gehabt, wiewol Ich vil davon zuschreiben het, Aber Ich wil mit disem meinem anzaigen abprechen, vnd ain Jeder nem das fur sich, so diser Jung weiß kunig, mit dem lust der vischerey, vnd mit den allerpesten vischen, alle kunig ubertroffn hat, das sölichs alles hierjnn zubeschreiben zu lang gewesen were, Der Jung weiß kunig, hat auch bey ainem Jegclichen See, vnd vischwasser, die Er gehayt hat, ainen aigen hueter gehabt, was zu lust vnd kuniglichen Eren gehördt, hat, Er darynnen kainen Costen gespart, Er hat auch, von Newem erdacht, die behalter darjnn man die Selbling, vnd verchen frisch, vnd mit Irem rechten vischgesmackh als weren Sy in Irem wasser, behalten mag.

Wie der Junng Weyß kunig, sonndern lust het, zu der Voglerey.

Der Jung weiß kunig, trib gar vil kurtzweil, mit vogl zufachen, vnd het auch ain sonndere naigung, das voglgesang zuhören, das sich dann in seinen Jaren erschin, dann Er in seinen kunigreichen vnd lanndn, in vil Steten aigen voglmaister het, die Jme singend vogl hielten, wann Er dann in derselbn Stat aine kam, so ließ Er dieselben vogl, in sein Slafcamer, Sål, vnd Stuben tragen, Es was oft in seinen Zimern, von den vogl, ain sölichs gesang, wann zwen mit ainannder Redten, das ainer den anndern, sein Redt nit wol mercken kundt, Er hat auch ainen aigen vogler bey Jme am hof, wann Er an die gejaidt vnd paiß Rit, der Jme singend vogl nachtrueg, vnd wo Er uber nacht lag, mueset der vogler, dieselben vogl, in des kunigs zymer thun, vnd die vögl, die man Jme nachtragen hat, haben offt auf dem weg, dieweil man Sy tragen hat, mit heller stym gesungn, wann die vogl bey jme in seinem zymer gesungen haben, hat Er sonder frewdt darynn gehabt, vnd wann Er uber lannd geritten ist, vnd hat Etwo in ainer Aw, oder in ainem holtz, ain Nachtigal hören singen, so ist Er auf ain ort geritten, vnd hat dem gesang vleyssigclichen zugehört, diser kunig, hat in allem dem, ain frewd tragen, vnd darynnen sein frewd, vnd Ergötzlihayt mit grossem lust gesuecht, das got, dem menschen, zu der Eerlichen frewd beschaffen hat, dardurch die laster zu meiden, Jch kan in dem, noch in annderm, nit sovil von seinen kunigclichen tugendt, vnd Eerlichen frewden vnd wollust beschreiben, Es ist noch vil mer, vnd durch die gelerten, wirdt sein lob, mit diser waren schrifft ausgeprait.

Wie der Weyß kunig, maisterlichen was, Ploß zufechten.

Der Jung weiß kunig, betrachtet auch in seiner Jugent, in Jme selbs, wie Jme gezimbet, vnd auch not were, das Er lernet in allerlay waffen fechten, vnd auf sölichs, lernet Er in den Swertern, stangen, kurtzen, vnd langen degen, Landßknechtspießen, drischln, Messern, vnd Tilitz, Ploß fechten, vnd begriff die maisterstuck, vnd den Rechten grunt, in kurtzer zeit, vnd ubet sich in sonnderhait vast damit, vnd ward darynn gar maisterlichn, vnd kunstlichen, vnd kunde die waffen alle, gar wol prauchen, nach seiner schicklichait, vnd nach seiner sterckh, vnd damit man wissen mag, sein schicklichait ploß zufechten, So hat Er als Er zu seinen Jarn kam, offtmals ainen starcken Landsknechtspieß genomen, vnd denselbn spieß, von freyer handt, in ainem pam, zu zwayen stucken gestossen, das Jme kainer, nye nach hat mugen thun.

Wie der Jung Weyß kunig, auf Behamisch, vnd husårisch, in Paseßen, vnd tårtschl, hat lernen fechten.

Alspaldt der Jung weiß kunig, das ploß fechten begriffen het, lernet Er zustundtan, zu fueß in der Behamischn pasesen, vnd zu Roß in dem husarischn tårtschlein, mit dem lantzl, mit dem Sebel, mit der Morthackn, vnd mit der wurfhacken, fechten, vnd kerret darynnen auch gueten vleyss fur, vnd wurde darynn gar maisterlich, vnd erdacht in sölichem fechten, Newe schleg, vnd eingriff, die Er dann offt prauchet, vnd dardurch albegen seinen widertail uberwanndt, des sich dann die allten fechter, die in schimpf vnd Ernst gefochten heten, vast verwundertn, seiner New erfindung, damit Er Jnen allen oblag, Und in seinen Jaren kam Jme sölich fechten, das Er kundt, in den streiten zu grossem Nutz, dann wann das volckh, mit pasesen, oder das volck, mit den tårtschlein, wider Jne in den streit zugen, so wisset Er sein kriegsfolckh, darnach zu ordnen, das Er den veindtn, Jrn vortail, den Sy mit den pasesen, vnd tårtschlin prauchten, abnam, vnd Sy in dem streit albegen schlueg.

Wie der Junng weiß kunig maisterlich was, gewappnet zu fechten.

Als Nun der Jung weiß kunig, het gelernt ploß auch in den pafesen, vnnd tärtschlin zufechten, beweget Er aus vil treffenlichen ursachen, das Jme insonderhait not thun wurde, das Er kindet gewappnet fechten zu Roß vnd zu fueß, dann an ainem sölichem fechten, ist ainem grosmechtigen kunig, am maisten gelegen, vnd hueb an mit grossem Ernnstlichem vleiss zulernen, im harnasch gewappnet zu fechten, vnd anfenngklichenn zu fueß im alspies, vnd in der helmparten, vnd darnach zu Roß mit dem Reitswert, vnd mit dem kurtzen Reitdegen, Auch mit dem kolben, vnd Raißspieß, vnd warde darynnen gar maisterlichen und aus demselben fechten fandt Er dermassen Neue kampfstuckh, das Er dardurch in allen kempfen, die Er gethan hat, albegen obgelegen ist, vnd in allen streiten wann gewappnet volck wider Jne zoch, so wisset Er mit seinem kriegsfolck, dasselb· gewappnet volckh, dermassen mit vortail anzugreiffen, das Er Sy zertailet, vnd abtrib, Er hat auch in allen Ritterspilen, kempfen, vnd streiten, allen denen die mit Jme gefochten haben, Jre waffen zu Roß vnd zu fueß, durch sein schicklichait, vnd verporgen kampfstuck, wissen zu nemen, vnd mit dem Raißspieß, den zu prauchen in schimpf vnd Ernst, hat Jme nyemands geleichen mugen.

Wie der Jung Weyß kunig, in allen Ritterspilen, Auch in Teutschen, vnd Welschen Stechen, ubertreffenlichen was.

Nachdem, nun der Jung weiß kunig, das fechten zu Roß vnd fueß genugsamlichen gelernt het, vnd darynnen mit den verporgen maisterstucken kunstlichen was, da hueb Er darnach an, sich zu ueben, in den Ritterspilen, mit Rennen, vnd stechen, vnd befandt das ainer, der in den Ritterspilen, beruembt wolt werden, die Uebung mit den taten, vnd nit die lernung mit den wercken, prauchen mueſſet, wie pald, hat diser Jung kunig, aus seinem verstandt, den rechten grundt der Ritterspil fur sich genomen, vnd sich auch also geuebt, vnd von dem Ringen, zu den sweren Riterspilen, gegriffen, vnd darynnen albegen den preiß behalten, vnd als Er, zu seiner Mansſterck kam, da uebet Er sich, in dem hochen zewg zu stechen, vnd ubertraff darynnen, alle ander, dann Er mit seiner schicklichait, den spieß selbs einleget, Er hat auch in seinen kunigreichn, am Ersten das Stechen uber die Schrannckeu aufpracht, dasselb Stechen Er, in ainer grossen zal getriben, volpracht, vnd darynnen albeg fur die aundern, den preiß erstochen, Er hat auch, under den pundten vilmal gerennt da, im treffen, baid Schilt in die höch sprungen, das dann lustig ist zu sehen, Aber sorgklich zuthun, In demselben Rennen, hat Er sich aus freyer schicklichait, dermassen wissen zubehelfen, das Er darynnen albegen obgelegen ist, vnd oft ainem damit, ain Ritterlich hofstuck bewisen, hat auch alle annder gestech, vnd Rennen, die in der welt offenbar sein gewesen, Dartzu alle annder Ritterspil, wie mans Erdennckeu hat mugen, getribn, auf teutsch vilmalen scharf gerent, auch offt Torniert, vnd Ernstliche kempf gethan, vnd wann Er Je ain zeit, mit den kriegen stil gestannden ist, so hat Er an seinem hof, alle Ritterspil mit grossen frewden treiben lassn, vnd ist albegen, mit seiner personn, selbs darynnen gewest, sein kunigclicher hof, ist mit den Ritterspiln, in aller welt dermassen bekant gewest, das von vil kunigen, vil fursten, Grafen, herrn, vnd Ritter, an des weißen kunigs hof gezogen sein, die dann albegen mit den Ritterspilen, durch den weißen kunig gewert, vnd ubersigt worden sein, dardurch ist zu mercken, dieweil der weiß kunig, als ain grosmechtiger herr, sovil vnd söliche tapfere, vnd Ernstliche Ritterspill getriben hat, das Er sein Ritterliche handt, nach kunigclicher Eer gepoten, die Er dann in der menschen kunfftign gedächtnus mit grosser Eer Erlanngt hat.

[35]

Wie der Jung weyß kunig, die Reiterey vnd aigenschaft der pferdt lernet erkennen.

Wiewol der Jung weiß kunig, in seiner Jugent, in allen Ritterspilen geschickt was, wie Es sich dann, in seinem allter erschinen hat, so betrachtet Er doch aus seinem aigen verstandt, wie Jme not thät, die Reiterey lernen zu erkennen, in schimpf vnd Ernst, Auch in notturfften, vnd geprenng, deßgleichn Das Er wisset, aller pferdt Art, von disem, das Jch Jetzo gemelt hab, were ain gantz puech zuschreiben, Der Jung weyß kunig, erkundiget sich, vnd Erlernet sich, in der schicklichait der Reiterey, vnd aller pferdt art, so grüntlich, das Jme darynnen nyemandts geleichet, vnd wil etlich stuck anzaigen, die Er in seinen Jaren prauchet, Nemlich mit der Reitterey, in dem Ernnst, wist Er ainen Jegclichen, nach seiner schicklichait zu ordnen, vnd wisset auch seine veindt darnach anzugreiffen, den sölichs verporgen was, Dann die pferdt erkennet Er, mit Irer Art, welche guet waren zum streit, welche Nutz waren zum straiffen, vnnd welche tauglich waren zu den Ritterspilen, Er kundt auch ainem Jegclichen pferdt, nach seiner art piß lassen machn, Dann Es beschicht gar offt, das ain pferdt uberzaumbt wird, dardurch der Man, so darauf sitzt, in dem streit underligt, so begibt es sich offt, das ain pferdt, nit genugsam gezawmbt ist, das den Man, der darauf sitzt, mit gewalt under die veindt tregt, vnd darumb ainem mechtigen herrn, ist not, das Er aller pferdt Art wisse, vnd mit den zawmen der pferdt kunstlich sey, Als diser weiß kunig gewest ist, auf ain zeit sprach ainer seiner herrn, zu dem weißen kunig, Er solt sölichs seinem stalmaister bevelhen, Darauf gab Jme der Jung weiß kunig die antwurt, Jst doch ain alt sprichwort, ain huefnagl, behalt ain Eißen, ain Eysen behalt ain pferdt, ain pferdt behalt ainen Man, ain Man behalt ain Sloss, ain Sloss behalt ain Stat, ain Stat behalt ain landt, ain lanndt behalt das kunigreich, vnd Jch gib dir zuerkennen, sich an mein personn, vnd betracht mein mächtigkait, so wirdest du hinfur nit mer sprechen, das der knecht uber den herrn sein solle, Dann welcher herr lebt, in dem gelauben seins knechts, vnd in dem gewalt des pferdts, Derselb herr wirdt betrogen, vnd uberwunden, von seinen veindten, dann welcher ain sach waiß der bedarf nit gelauben.

Wie

Wie der Junng Weyß kunig, gar kůnstlichen was, in der Platnerey, vnd harnaschmaisterey.

Als Nun der Jung weiß kunig, in seiner Jugent, die Ritterspil lernet, vnd die mit seinem leib uebet, befandt Er wol, wo Er anders Ruem, vnd preiß in den Ritterspilen erlangen wolt, das Er in der harnaschmaisterey alle stuck, vnd maisterlich kunst, lernen vnd Erkennen mueßet, Dann Er het in den Ritterspilen, sovil erfaren vnd erkennt, das oft ainer ain Ritterspil, nit allain mit seiner leibscrafft, sonder mit prauchung vnd schicklichait des harnasch verpringen mocht, vnd uebet sich, vnd lernet so vleissigclichen darynnen, das Er alle maisterstuck der harnaschmaisterey begriff, vnd aus seiner sonnder uebung vnd verstandt, erfanndt Er vil Newer kunst, die allen anndern verporgen waren, Man kundt auch kain Ritterspil treiben, oder davon sagen, Er wisset demselben Ritterspil, in der harnaschmaisterey sein Art zugeben, vnd davon zusagen, zu ainer zeit begab sich, das ain wappenmaister, den Jungen weißen kunig anleget, in ainen Renn oder stechzewg, vnd der wappenmaister wolt prauchen, die alten vnd verpoten kunst, das der Jung weiß kunig nit haben wolt, vnd sprach zu dem wappenmaister, leg mich an, nach meinem gefallen, dann Ich wirdt das Ritterspil treiben, vnd nit du, sag mir aber, hast du auch gerennt vnd gestochen, der wappenmaister sprach Nayn, Ich bin aber derselben kunst vol, darauf gab Jme der weiß kunig die anntwurt, du Mayneſt, das Ich weiß, wann die werck sein mer, dann das wissen, vnd das wissen, kumbt nit allain aus dem sehen, sonnder das wissen entspringt aus den wercken, vnd vil unfal kumbt von denen, die da wellen wissen, vnd haben die werck nit getriben, Aus dem mag man vernemen, des Jungn weißn kunigs erfarung vnd weyshait, wo findt man ain kunig, der nit in der volgung, seins wappenmaisters ist, Sonnder diser Jung weiß kunig, hat ubertroffen, sein vnd alle ander wappenmaister, die Jme gefolgt vnd dartzu von Jme gelernt haben, Werer zu ainer zeit, Rit der Jung weiß kunig in ainen grosmechtigen streit, vnd als Er seinen ganntzn kiriß, vnd vechtharnasch anleget, da wolt sein wappenmaister, Jme das haupttharnasch, mit schraufen wol versorgen, damit die veindt Jme das nit aufschlagen mochten, Da fragt der kunig den wappenmaister, welches pesser were, den gewalt in seiner handt, oder in aines anndern hanndt, der wappenmaister gab anntwurt, welcher gewalt hat, der ist herr, da saget der kunig, Darumb so wil Ich des harnasch geweltig sein, vnd mit der öffnung, des haupttharnasch, nit in deinen willen leben, wiewol du mir sölichs zu ainem gueten thuest, waist du aber nit, das aus unbetrachter oder unbesynndter guethaidt, vil laidt komen, Aus dem mag ain Jeder versteen, das dis kunig gewest ist, ein lerer vnnd offenbarer, anndern kunigen, in der harnaschmaisterey vnd wappenmaisterey, Verer so wil Ich weiter antzaigung thun, Nemlich diser Jung weiß kunig, hat in seiner Stat aine, genannt Ynsprug, ain grosse plattnerey aufgericht, darynnen hat Er machen lassen, manicherlay Renn vnd Stechzewg, die mir zubeschreiben unbekannt sein, Es sein auch etlich personnen, aus dem geschlecht Treizsaurbeyn gewesen, die haben mit dem harnasch dermassen ain hert kundt, das man mit kainem armprust dardurch schiessen hat mugen, dieselb kunst ist ains tails, durch der obgemelten personnen absterbn verloren gewest, Aber Es ist ain maister zu Muleyn gesessen, mit namen Caspar Riederer der, der obgemelten personnen knecht gewest ist, derselb hat dem Jungen weißn kunig, von diser kunst gesagt, Darauf hat der kunig, derselben kunst mit grossem vleiss nachgedacht, vnd die aus seinem aigen verstandt erfunden, vnd die seinem hofplatner, in der obgemelten platnerey mit namen Conrat Seysenhofer gelernt vnd underwisen, Vnd der gedacht weiß kunig, hat in der bemelten seiner platnerey, mit diser kunstlichen hert, die allen anndern verporgen was, vil kunigen fursten vnd Mechtigen herrn, kiriß machen lassen vnd verert, Damit der weiß kunig, aller ander kunig schanckung, ubertroffen hat, vnd welchem kunig Er ainen sölichen kiriß vereret, der het sonder groß frewd darab, Dann was ist ainem kunig grössers, dann ain harnasch, darynnen sein leib, in den streiten versorgt ist, weiter so hat der weiß kunig in der obgedachten platnerey wunderlich harnasch, fur sein kriegsfolckh, zu den streiten vnd kriegen machen lassn, Vnd Nemlichen so hat diser kunig, in den kriegsharnasch, ain Newe kunst erdacht, das man in seiner platnerey, auf ain mal, dreissig vortertail, desgleichen hindertail, aufgeformbt hat, dardurch in seiner platnerey, in ainem Jar, ain groß Antzal harnasch, fur die landsknecht, die zu fueß gefochtn vnd gestrittn haben, gemacht worden ist, wie wunderlich vnd kunstlich ist aber diser kunig gewest.

Wie der Jung Weyß kunig kunstlich was, mit der Artalerey.

Der Jung weiß kunig, het auch in seiner Jugent, grossen lust, begier vnd naygung zu allem geschutz, vnd was zu dem geschutz gehöret, als Swebl,

Sa=

Saliter, vnd anders, vnd setzet vil gedännckh auf das geschutz, vnd wo Er in seiner Jugent, in gehaim uber das geschutz komen mocht, so fieng Er, mit Jme selbs dermassen ain schiessen, vnd ain arbaiten an, Das man Jne zu lest verhuetn mußet, damit Jme von dem geschutz, kain schad beschehe, vnd sölich lieb vnd naigung, so Er in seiner Jugent zu dem geschutz het, belib jme albegen in seinem hertzen, Vnd als Er in die Regirung, vnd zu seinem Rechten Alter kam, da richtet Er in seinen kunigreichen, vil grosse Zewgheuser auf, zu seiner krieg notturfft, vnd erdacht wunderperlich Newe geschutz, die Jch Nun zum tail antzaigen wil, Nemblich Er hat mechtige grosse hauptstuck giessn lassen, mit ainer Newen kunst, in den pulfersecken, Etliche hauptstuck haben Stain vnd Eisen, Etliche haben nichts annders dann Eisen, von vil zenten geschossen, Er hat auch ain besonder geschutz, in verporgner kunst vnd geleicher größ giessen lassen, vnd hat dieselben puchsen genennt die Scharfen mätzen, die haben auch nichts annders dann Eisen geschossen, vnd kain Maur hat vor demselben geschutz besteen mugen, vnd wo Er mit krieg, in ain veindt land zogen ist, hat Er dasselb geschutz, albeg mit gefuert, durch täle vnd uber perg, vnd wo Er sich, mit demselben geschutz fur ain Sloß oder Stat gelegert, die hat Er in kurtzn tagen, vnnd nemlichn in etlichen stunden, zum Sturm geschossen, Er hat auch ain annder New mitlmässig geschutz erdacht vnd giessen lassen, vnd genennt Nachtigaln, Singerin, vnd dorntral, vnd haben auch nichts anders geschossen, dann Eysen, dasselb geschutz, hat Er auch mit Jme gefuert, in alle krieg, vnd streit, vnd welchem, dasselb geschutz ist kumen fur sein hawß, dem haben Sy gesungen, also ain grausamlich gesang, Das kainer demselben gesang, widersteen hat mugen, vnd Er hat jegclichem geschutz, zu seiner maß, vnd zu mer wurckung, seiner New erdachten kunst, ainen besondern, vnd Newen form geben lassn, Mer hat Er ain besonder haimlich geschutz erdacht, das Eysen stanngn geschossen, vnd vil schaden in den streiten, under dem volck gethan hat, Aber dasselb geschutz, hat Er nit offenbaren wellen lassen, Verer hat Er erfunden, vnd gantz Eiszin puxn schmiden, vnd in das gantz Eyßn, den ror poren lassen, dieselbn Eyßin puxn, haben die andern Eißin puxn, die auf den kern geschmidt sein worden, wie dann noch der gebrauch ist, weit ubertroffen, vnd aus etlichen ursachen, hat Er dieselb New kunst, nit volkumenlichn eröffnen wellen, Diser weiß kunig, hat die puxen genannt, die kortannen, die vor zeiten, mit grosser Mue, auf dem Ertrich mit ansetzen geschossen sein worden, Auf wägen, mit Reter dermassen zurichten lassen, Das man dieselben kortannen, auf denselben wägen abgeschossen, vnd dartzu darauf uber lannd gefuert hat, Jnsonnderhait het Jch vil zuschreiben von dem fewrschiessen, vnd von dem fewrwerckh, vnd von dem klainen haglgeschutz, die Er von Newem erdacht hat, Aber pesser ist Ich laß dasselb underwegen, Nemlichn aus der Ursach, so der kunig selbs dieselben kunst verporgen hat, warumb wolt Ich davon meldunng thun, Und ain jeder mag mir in warhait gelaubn, das Ich von seinem Newen geschutz, nit den hundertistn tail beschreib, Dartzu so were Es nit guet, das solichs beschriben solt sein, Als Er dann selbs nit hat haben wellen, das nym Ich aus dem, das Er dieselbn kunst selbs widerumb in gehaim, vnd mit stilsweigen abgethan hat, jn der vorcht gotes, vnd zu seligkait seiner seel hail, Diser kunig hat auch durch sein aigen angeben, in seinem kunigreich ain perckwerch von Swebl Erhebt, auch dartzu ain besondere Newe kunst erfunden, mit dem gewäx vnd sieden, des Saliters, Er hat auch zu ainem Jedem geschutz, besonder puxenpulfer machen lassen, das den puxenmaistern verporgen gewest ist, Der Jung weiß kunig hat auch, in dem schiessen mit grossem vnd klainem geschutz, alle puxenmaister ubertroffen, vnd wil hierjnnen lauter antzaigen aus was ursach, Es ist wissend, das ain jeder puxenmaister, mit dem grossen geschutz, mit dem quatrandn scheust, das hat diser kunig nit gethan, sonder wann Er mit seinem geschutz, vor ainer Stat, oder vor ainem Sloss gelegen ist, vnd das die puxenmaister, nit wol geschossen habn, ist Er selbs zu dem geschutz ganngen, vnd hat ain yede puchß besonnder gericht, vnd kainen quatrandn, sunder Nur ain vergeben höltzl gepraucht, vnd alle schuß getroffn, Warauf Er das geschutz gericht hat, Verer so hat Er oftmalen, zu ainem gesagt, Er sol Richtn ain hauptstuckh, bey dem tag, auf ain Zil, so welle Er ain anders hauptstuck bey der nacht, auch auf dasselb zil richten, so Er das zil nit sech, vnd welle neher zu demselben zil schiessen, dann Er, das hat Er auch albegen gethan, vnd bwert, dise zwo kunst, sein allen puxenmaistern verporgen gewest, Er hat auch mechtige grosse zewghewser, in seinen kunigreichn gehabt, mit hauptgeschutz, kriegßgeschutz, hausgeschutz, vnd allerlay kriegswaffen, vnd mit genugsamer zugehörung, das Ich oder ander nit beschreiben mugen, Dann Er hat alle kunig, damit ubertroffen, Ich hab nit bedurffen wagen, das Ich die zall seins geschutz, hier Inn het beschriben, von wegen der grossen Antzal, vnd aller seiner zugehörung, die Er gehabt hat, Aber ain Jeder Ermeß selbs, alle kunig, haben seins grossen gueten geschutz, vnd streitpern volcks halben, auf Jme sorg tragen, wie wunderperlichen diser kunig gewest ist, vnd alle seine krieg, hat Er allein gefuert, in gerechtigkait, Er ist gewest der streitperist, der gerechtigist, vnd parmhertzigist, Es möcht ainer gedenncken, Ich het in dem zu vil geschriben, Nun sol man dise meine schrifft, nit darfur achten, frag ainer die gelerten, darumb so die history lesen.

Wie

H · B

Wie der Junng Weyß kunig, insonnderhait kunnstlich was, mit der Wagenpurg.

Der Jung weiß kunig, höret auch in seiner Jugent, vil sagen, von den wagenpurgen, dardurch Er beweget, wie Jme insonnderhait not thäte, das Er lernet die wagenpurg machen, damit Er in seiner Regirung, seine veindt desterpas wisset zu uberwynnden, vnd het alt tapfer hauptleut bey Jme, die in den wagenpurgen kunstlichen waren, Davon lernet Er mit grossem Ernstlichem vleyss, vnd begrif die verporgen kunst, in kurtzer zeit, vnd als Er darynnen genugsamlich gelernt het, Da fraget auf ain zeit, ain alter hauptman, den Jungen kunig, wie Er gegen den veindten ain wagenpurg machen wolt, darauf gab Jme der Jung kunig, die anntwurt, nach gegenzug der veindt, vnd nach ordnung meins volck, vnd nach gelegenhait derselben gegend, wurd Jch machen ain wagenpurg, Alls der alt hauptman dise seine Redt höret, het Er darab groß verwundern, Das Er aus seinem aigen verstanndt, die rechten hauptkunst erfunden het, diser weiß kunig hat in sein kriegen, die Er in seinen Jaren gefuert hat, die wagenpurg albegen selbst gemacht, vnd geordnt, vnd damit alle kriegßhauptleut ubertroffen, Aber dasselb hier Inn zu offenbaren gepurdt sich nit, dann das zaig Jch an, das der Jung weiß kunig offt, mit wenig vnd klainem volck, ain groß volckh angegriffen geschlagen vnd erlegt hat.

A. 1473.

Wie ain Mechtiger kunig, genant der kunig vom fewreyßen, ain ainige tochter het, vnd dem Alten Weyßen kunig, widerwerttig was.

Nun was nit verr, von des alten weißn kunig kunigreich, ain Edler kunig, genannt der kunig vom fewreysen (a), an vil lannden vnd leuten grosmechtig, Er wardt auch gehayßen Herzog Karel von Burgundy, derselb kunig was auch ain grosser kriegsman, vnd was so mechtig, das Er auf ain zeit (b), den mechtigen kunig von Frankreih, nach seinem willen bekrieget, Vnd demselben kunig, die lehenschafft des grosmechtigen lannds genannt Flander abtrang, vnd frey machet, Er het auch zu dem starcken lanndt, das genannt wirdt Gelder, gerechtigkait, dasselb lanndt betzwang vnd erobert Er auch, mit dem swert, Er vertrib auch den Hertzog aus Lutringen, Derselb kunig von dem fewreysn, het kain kindt, dann ain ainzige tochter, vnd höret gar vil, von dem Jungen weißen kunig, von seiner schicklichait, lob, Rum, vnd Tewrlichait sagen, Das Er ain grosse lieb vnd naigung zu Jme gewanne, Dann Er was ain Tewrer heldt, vnd trug dardurch ain sonder haimlich groß gefallen, ab des Jungen weißen kunigs schicklichait, vnd Rum, Doch so het derselb kunig vom fewreysen, ainen haimlichn Neid, zu dem alten weißen kunig, der des Jungn weißen kunigs vater was, Aus der Ursach, dann derselb kunig, nam Jme fur, Er were wol des alten weißen kunigs geleich, Vnd understundt sich dem alten weißn kunig, in seinem kunigreich, ain parthay zumachen, dardurch Er vermainet, in der welt, fur alle annder kunig, mit kriegen ainen Ruem zuerlanngen.

Wie

(a) Ein Beynamen, wozu die aus flammenden Eisengliedern zusammgesezte Kette des goldenen Vließes, welchen Orden dieses Herzogs Herr Vater Philipp A. 1430. zu Brugg errichtet hatte, Anaß gegeben. S. Chiflet Breviar. Histor. Inclyti Ord. aurei Velleris. (b) A. 1473.

H·B

Wie der Alt Weyß kunig, vnnd der Kunig vom Fewreyßen, zusamen kamen, ains heirats halben, mit Jrn kindern.

Nachdem, vnd sich der kunig vom fewreysen vnnderstundt, dem alten weißen kunig, in seinem kunigreich, ain parthay zumachen, wie vor antzaigt ist, vnd alspald der allt weiß kunig, solich furnemen vernam, Da versamlt Er zustundan, ainen treffenlichen Rat, jn maynung, dem kunig vom fewreysen sein furnemen zuprechen, jn sölich sach legten sich etlich furstn, vnnd annder treffenlich personnen, vnd wardt durch Sy, zwischen den haiden kunigen, sovil gehandlt, Das dieselben zwen kunig, in ainer grossen Stat zusamenn kamen, dieselb Stat hieß Tryer (a), vnd gehört dem alten weißen kunig zu, vnd mit disen baiden kunigen, wardt dermassen gehanndlt, Nemlichen der alt weiß kunig, solt dem kunig vom fewreysen, geholfen haben, das derselb kunig, an ainem anndern ort, Ruem vnd preyß erlanngt het, Dann der Jtzbemelt kunig vom fewreysen, was an gelt vnd guet, vast Reich, vnd darzu streitper, vnd dise baide kunig solten auch darauf Jr kindt zusamen verheirat haben, Dann der allt weiß kunig, het ainen ainigen Sun, den Jungn weißn kunig, So het der kunig vom fewreysn, ain ainige tochter, mit namen Maria, Aber Es waren etlich personnen (b), die solichen hairat nit gern sachen, vnd alspald Sy dise sach vernomen, da prauchten Sy haimlichen groß untrew vnd valschait, zwischen disen zwayen Kunigen, Dardurch Sy die kunig, mit vil valscher haimlicher suptilitet dartzu prachten, vnd bewegten, das dieselben baid kunig, in unwillen, von ain annder abschiden, vnd zu derselben zeit, zwischen Jnen nichts weiters gehanndlt ward.

(a) Diese Zusammenkunft geschah den 28ten Septemb. 1473. Chr. Broweri & Masenii antiquitat. & Annales Trevirens. Leodii 1670. fol. Tom. II. pag. 300. &c. Item Rudolphi Agricolæ de Congressu Friderici III. & Caroli Ducis Burgundiæ apud Trevirim historiola apud Freher. Tom. II. p. 305. (b) S. Meyeri Annales Flandriæ lib. XVII. Antverpiæ 1561. fol. pag. 360.

A. 1474.

Wie der Kunig vom Fewreyßen, dem Alten Weyßen kunig, mit krieg, in sein Reich zug, vnnd der Alt Weyß kunig, gegen Jme zoch.

Jnn fuesstapfen darnach, als der alt weiß kunig, vnd der kunig vom fewreysen, in Unwillen von ain ander abgeschaiden waren, da versamlt sich der kunig vom fewreysen, zustundan, mit ainem grossen kriegsfolckh, vnd zoch dem alten weißn kunig, in sein kunigreich (a), vermainet darynn, auf seiner seydtn, ain grosse parthey zufinden, das aber nit beschach, als Er die parthey, wie Er dann vermaint het, nit fand, vnd jme derselb anschlag nit furgeen wolt, da belegert Er mit seinem hauptgeschutz, ain grosse schone Stat, die hieß Neus, gelegen, an dem wasser genannt der Reyn, vnd gehöret dem alten weißen kunig zu, der kunig vom fewreysen, lag vor derselbn Stat, etlich zeit, vnd schoß dieselb Stat, an vil orten zu dem Sturm, Er ließ auch die Stat oft sturmen, vnd verlor vil volcks vor derselben Stat, dann Er kundt die Stat, mit dem schiessen, noch mit dem sturm nit erobern, vnd understundt sich darauf, das volckh in der Stat zu hungern, Als der allt weiß kunig, sölichs vernam, Erfordert Er alle seine fursten, vnd Stet, in seinem kunigreich, mit Jrem kriegßvolckh zu Jme zukumen, Die dann mit ainem grossen kriegsfolckh, zu Roß vnd fueß zu jme kamen, Er het auch besonnder ain treffenlich kriegsfolckh, bey Jme, das Er versamlt het, vnd zoch also mit treffenlicher macht, aufs nachst, gegen dem kunig vom fewreysen, die Stat zureten, dem volckh in der Stat, ward kund gethan, wie der allt weiß kunig, mit grosser macht kam, Sy zureten, vnd die Retung was geleich Zeit, wann Sy heten kain anndere speiß mer, dann die pferdt, als das volckh in der Stat, dise potschafft vernam, wurden Sy hoch erfrewdt, vnd hielten mit fewr vnd glockenleiten grosse frewdt, vnd theten dem kunig vom fewreysen, aus der Stat, erst tapfern widerstandt, vnd grossen schaden, darab derselb kunig ein sonndern zorn emphieng, In dem kam der alt weiß kunig, mit seiner macht, vnd legert sich, gegen dem kunig vom fewreysen, vnd wolt je, ainer den anndern angreifen, vnd schlagen, Vnd waren doch im hertzen, an ain annder nit feindt, dann allein der kunig vom fewreysen, het den krieg, von des wegen angefanngen, das Er ainen Ruem, in der welt erlanngen wolt, vnd das machet, das der hauptstreit nit beschach, Sonnder die baid kunig, tagten lanng mit ainannder, bis

Sy

(a) S. Meyeri Annal. Flandr. pag. 362.

A. 1474.

Sy doch zu letst, zu baiden tailen, in ainigkait abzugen, Aber in dem Ersten antzug, vnd in der zeit, dieweil die baid kunig tagten, ward zu baiden seydtn, maniger stoltzer degen, zu todt erschlagen, vnd die auch sonst umbkamen, Doch der merer tail, auf dem wasser, vnd die andern an den sturmen, vnd im angrif, etlicher aufruer, Dann auf baiden seydten, ain mechtig groß kriegsfolckh, gegen ain annder lag, das nit albegen zu geweltigen ist, wie dann das die kriegsleut selbs wol wissen.

A. 1475. bis 77.

Wie der kunig von Frankreich, auch etlich fursten, vnd herrn, ein Pundtnus, wider den kunig vom Fewreysen machten, vnnd Jme in sein Reich zugen, vnd der kunig vom Fewreyßn, in ainem streit, todt belibe.

Als der kunig vom fewreysen, mit krieg gegen dem alten weißen kunig lag, dieweil unnderstundt sich, der kunig von Frankreih (a), der dann großmechtig was, an kriegsfolckh vnd parem gelt, vnd machet mit etlichen fursten, vnd herrn, auch Comun, die dem alten weißen kunig zugehörten, ain pundtnus wider den kunig vom fewreysen, dieselben, teten demselben kunig vom fewreysen, in seinem kunigreich, grossen widerdrieß, vnd als Er mit dem alten weißen kunig veraint was, wie ich dann dieselb verainigung, vorbeschriben hab, vnd derselb kunig vom fewreysen, widerumb zuruckh zoch, understundt Er sich, an dem kunig von Frankreih zurechen, als Er dann gegen Jme grossen Sig het, vnd in dem grif Er auch etliche lannd vnd gepirg der Teutschen an, Nun was ain mechtiger kunig in Tirol, der hieß Erzherzog Sigmunde von Oesterreich, der was des alten weißen kunigs von Mannlichen stamen, der nechst gesipt freundt, derselb kunig in Tirol, het in der provintz, da der kunig vom fewreysen krieget, schöne lannd, mit namen Elsas, Sungeu, Breisgeu, vnd Phiert, vnd darynnen ain streitper volckh, zu Roß vnd fueß, vnd mocht den krieg, so der kunig vom fewreysen auf etlich Teutschen tet, nit leiden, vnd thet dem volckh genant die Sbeitzer, die sein Erb waren, mit ainem grossen kriegsfolckh

(a) Ludwig XI.

[41]

H·B

A. 1477.

zu Roß vnd fueß, mit sampt andern seinen pundtgenosen, ain merckliche hilf, Dasselb kriegsfolckh, das zug mit sampt dem volckh Sbeitzer, gegen dem kunig vom fewreysen, vnd theten mit demselben kunig drey grosse streit, vnd behielten albegen den Sig, der Erst streit beschach zu Granson, der ander streit zu Morra, der drit streit zu Nansee vnd in den driten letsten streit, wurde der kunig vom fewreysen zu todt erschlagen (a), ain Jeder mag selbs ermessen, was grossen volcks, in den drey grossen veldtstreiten erschagen worden ist, diser kunig vom fewreysen, ließ hinder sein, sein hausfraw, vnd ain ainige Eeliche tochter, vnd sonst kain kindt, davon Ich hernach schreib.

Wie des kunigs vom Fewreyßen todt, der alten, vnd Jungen kunigin, Verkundt wardt, vnd was klag beschach.

In kurtzer zeit, kamen der alten kunigin (b), traurige Botschafft, wie Jr herr vnd gemachl, der kunig vom fewreysen, im streit erschlagen were worden, sölichs warde auch seiner ainigen tochter verkundt, Sölicher potschafft, die zwo kunigin, mit grossem smertzen erschracken, vnd fuerten ain Erparmkliche klag, nit unpillichen, als ain jedes selbs gedenncken mag, Wiewol die baid kunigin, mit grosser betruebnus vnd kumernus umbgeben waren, so Erfordert doch die mercklich notturfft, zubedenncken, vnd fur zu kumen, weiter einzug, die Jnen, in Jr kunigreich, vnd lannd in disem Unfal vnd Unsig beschehen möchten, Mit was grossen smertzen, vnd, sorgen, sein dise zwo kunigin beladen gewest, Auf sölichs, Erforderten vnd beschriben Sy, alle Jr landtschafften, die dann unverzogenlichen kamen, vnd prachten Jr kriegsfolckh, auch landtschafften, zu Roß vnd fueß zusamen, damit Sy Jr kunigreich vnd lannde verwaren möchten, dieselben zwo kunigin, schickten auch, ain treffenliche Botschafft, zu dem vorgemelten Bundt, darynnen der kunig von Tirol, der mechtigist was, vnd vertruegen sich vast mit Jnen allen, Der Kunig von Tirol, thet an den zwo kunigin gar wol, vnd kuniglichn, Dann Er zaiget seinen mitverwanden an, Es were nit kuniglichn noch Eerlichen, das man die zwo kunigin, als verlassen wittib, vnd Junckfraw, mit weiter krieg belaidign solle, vnd beweget seine mitverwandtn, die in dem pundt waren, das Sy gegen den zwo ku-

(a) Siehe Bernhard Herzogs Chronicon Alsatiæ Straßburg 1592. fol. II. Theil 120. S. Item Josiæ Semleri de Republ. Helvet. L. 1. p. 59. seqq. Tiguri 1577. in 8vo It. Annales Burgundiæ fol. 844. Meyerum fol. 359. Cominæum fol. 88. Gaguini Annales de Bourgogne lib. 3. fol. 359. (b) Margareth, Königs Eduard von Engelland Schwester, der Prinzeßinn Maria Stiefmutter.

kunigin, verer kainen krieg mer fuerten, Aber der kunig von Frankreih der in disem pundt nit was, fueret gegn den zwo kunigin, ain unpillichn, vnd unkunigclichen krieg, davon hernach beschriben wirdt.

Wie die Alt, vnnd Junng kunigin vom Fewreyßen, nach Rat Irer lantschafft, nach des alten Weyßn kunigs Sun schickten, die Jung kunigin zu der Ee zu nemen.

Die Edl schon Jung kunigin vom fewreysen, was ain Erbtochter, aller kunigreich vnd lannd, die Jr vater hinder sein verlassen het, Nun was umb dieselb mechtig, vnd Edl schön kunigin, ain groß werben, vnd nemlichen, Es waren zwelf personn, die grösten vnd Edlisten in der welt, (a) vnd Jr jeder, was der Jungen kunigin, an Adl Jr geleich, die umb Sy warben, Aber die obgemelten zwo kunigin, hörten gar vil sagen, von dem lob, Rum, vnd Thewrlichait, des alten weißen kunigs, Sy waren auch Ingedächtig, das Jr herr, der kunig von fewreysn, in seinem leben, zu dem Jungen weißen kunig, sonder lieb, vnd naigung getragen, vnd oft von Jme gesagt het, der Jung weiß kunig were, der Edlist vnd Tewrlichist, vnd kainer geleichet Jme, das heten Sy also in Jrem hertzen behalten, vnd die Jung kunigin gewann aus dem, Erst ain sonndere naigung, vnd lieb, zu dem Jungen weisen kunig, dann dieselb kunigin, het an Jr, ain kunigclich gemuet, Das Sy kainen man nit nemen wolt, Er were dann groß von Adl, vnd in der Thewrlichkait kainer sein geleich, vnd beweget Jres vaters Thewrlichait, Sy wisset wol, wann Jr vater ainen beruemt het, das demselben also was, darumb vermainet, Sy betörfft nit zweifl, der Jung weiß kunig were der Edlist, vnd der Thewrlichist, vnd dise zwo kunigin, die mueter, vnd tochter, beschlossen also, mit ain annder, das die tochter kainen andern man nemen sol, dann den Jungen weißen kunig, doch Sy wolten sölichs zuvor, mit Rat der lanndtschafft thun, vnd Erforderten darauf, Jr lanndtschaft zu Jnen, vnd hielten Jnen fur, die zwelf personnen, so umb die Jung kunigin theten werben, Sy entdeckten auch der lanndtschafft, Sy wissend selbs, die grossen krieg, die Sy gegen Jren veind-

(a) Fugger im Mſ. nennt nur folgende: einen Prinzen aus Spanien, einen Prinzen aus Neapel, einen Prinzen von Savoyen, einen Prinzen von Mailand aus dem galeazischen Hause, Georgen einen Bruder König Eduards in Engelland, ferner den Herzog von Augouleme, den jungen Herzog von Kleve, Prinzen Karl einen Sohn Ludwigs Königs in Frankreich, Ludwigen Herzog von Luxenburg, Maximilianen Erzherzog von Oesterreich.

A. 1477.

veindten fueren muesten, vnd dardurch betörfft, Sy, die Jung kunigin, ain Thewrlichn Mans, vnd dieweil Jr herr vnd vater, der kunig vom fewreysen, in seinem leben, dem Jungen weisen kunig, den Ruem vnd lob gegeben het, das Er der Edlist vnd Thewrlichist Jungling were, So het Jr mueter vnd Sy mitainanter beschlossen, das Sy den Jungen weisen kunig, fur alle annder, zu ainen man nemen wolt, Doch wolten Sy sölichs mit Jrem Rath thun, die landtschafft namen ainen bedacht, vnd vnnderredten sich mit ainannder, Nun was ain jeder auf des seyden, dem Er die kunigin vergunet, Etlich theten sölichs aus gab, Etlich aus andern Ursachen, doch die maisten waren mit gelt ubergeben, Aus dem ist zugedencken, das etlich das gelt heten genomen, die kunigin het wol, oder ubl geheirat, Aber die gemain landtschafft, betrachtet die sach, mit vleiss, vnd beschlossen, das die Jung kunigin, den Jungen weißen kunig, zu Jrem Eelichen man nemen solle, vnd giengen zu den zwayen kunigin, vnd liessen Jnen furhallten, diser heirat bedeucht Sy, fur die Jung kunigin, auch fur Jr kunigreich vnd landt, Nutzlichen, vnd Eerlichen, sein, aus den dreyen Ursachen, Die Erst, der Jung weiß kunig, were der Edlist, vnd ain ainiger Erb Sun seins vaters des alten weißn kunigs, vnd dartzu so were sein vater, in der kunigclichn Eer, in diser welt der öbrist, vnd mechtigist kunig, die annder ursach, so het der Jung weiß kunig, den Ruem vnd lob, das Er der Tewrlichist Jungling were, die drit Ursach, dieweil der Jungen kunigin, Jr gemuet vnd willen, sich zu disem Edlisten pluet nayget, so solle diser heirat beschlossen, vnd kain annderer heirat furgenomen werden, vnd was darauf ainhelligclichen im Rat beschlossen, das die zwo kunigin, dem Jungen weisen kunig schreiben, sollen, wie Er der Jungen kunigin, zu ainem Man, fur alle annder kunig auserkorn were, Darauf ward in kurtz, zu dem Jungling, ain post abgeferttigt, derselb pot, sich nit sawmbet, sonder aufs peldist fur vnd fur Rit, bis Er zu dem Jungen weisen kunig kam, vnd Jme die potschafft pracht, Nun het der kunig, von Frankreih, auch ainen Sun, derselb kunig ließ in vil weg, bey der Jungen kunigin handeln, das Sy seinen Sun nemen solt, vnd gab darauf haimlichen vil gelt aus, Jn maynung, dieselb Jung kunigin, seinem Sun mit practictn zuerlangen, vnd als derselb kunig von Frankreih, vernam, das die Jung kunigin, willen vnd gefallen, zu dem Jungen weisen kunig trueg, da understundt Er sich, der Jungen kunigin, denselben Jungling zuerlaiden, vnd schicket darauf in grosser gehaim, ain Botschafft zu der Jungen kunigin, Jr in gehaim zusagen, wie das der Jung weiß kunig ain ungestalt mensch were, vnd

Sy

A. 1477.

Sy solt Ir personn nit sovil zu laidt thun, denselben zu der Ee zunemen, Aber sein Sun, der were ain schöner wolgestalter Jungling vnd Ir genoß, den solt Sy Ir auserkoren, vnd zu Irm man nemen, Nun was sein Sun kurtz vnd pugelet, vnd het ainen grossen kopf, vnd klaine pain, vnd derselb ward von seiner Ungestalt wegen, genannt der puggelet kunig, Aber die Jung kunigin, wolt dieselb potschafft, in gehaim nit hören, Sonder gab Ir zu anntwurt, Sy wolt Sy geren offentlich hören, dann Sy höret nyemands nit, in gehaim fur sich allain, Sonnder Sy handlet albeg, mit Rat Irer mueter vnd landtschafft, auf sölich antwurt, zug dieselb potschafft, unverhört wider zu Irem kunig.

Wie der Junng weyß kunig, seinem Vater, die Botschaft, von der Jungen kunigin vom Fewreyßen saget.

Der pot, so die zwo kunigin vom fewreysen, zu dem Jungen weisen kunig geschickt heten, der kam zu dem Jungling, vnd uberanntwurt Im auch den brief, so Ime die zwo kunigin schriben, vnd saget Ime dabey, dise wort, Ir seyt auserkornen, vnd erwelt, die Edl schon, vnd Jung kunigin vom fewreysen, zu der Ee zunemen, der Jungling, vernam die wort, mit sonnderm vleyß, vnnd Emphieng von dem poten den brief, vnd laß denselben brief zu stundtan, darynnen dann geschriben waren, die ganntz maynung, so Ime der pot mundtlichen, mit kurtzen worden gesagt het, Darauf Er denselben poten, in ein lustige herberg fueren, vnd grosse Eer beweisen liesse, Der Jung weiß kunig, gieng zu seinem vater, dem alten weißen kunig, vnd gab Ime zuverstееn, die potschafft, vnd das schreiben, so Ime die zwo kunigin, vom fewreysen gethan heten, vnd bat Ine als seinen vater in dem, umb Rat, als dann pillichen ist, vnd sich zuthun gezimbt, das ein Sun, nach Rat seins vaters hanndln solle, Solliche Botschafft, nam der vater vleyssigclichen war, vnd beweget die sachen in villerlay weg, vnd als Er sich darynnen wol bedacht, vnd in väterlicher trew betrachtet het, Darauf erzelet Er seinem Sun, die hernach folgenden drey Artickel, mit kurtzen worten, Zum Ersten die Eer des heirats, zum andern die Nutzperkait der landt, zum driten die sorgfeltigkait, die Ime darauf stundt, solichs zuerlanngen, vnd gab seinem Sun die wal, vnd setzet Ims frey haim, Er solt ziechen, oder dahaimet beleiben, Auf sölichs, sich der Jung weiß kunig, in kurtz bedacht, vnd zu seinem vater sprach, Herr vater,

[45]

[46]

A. 1477.

Es ist nichts schöners, dann die recht Eer, vnd got dem allmechtign ist nicht gefällgers, dann jn seinen gepoten zuleben, wie mag Ich dann in der welt pas die Eerlich Eer erlangen, dann von wegen diser Edln kunigin der Eeren, wie mag Ich dann got hocher gediennen, dann das Ich von wegen seines götlichen gesetzts, mein hanndt, ausstreckh, in die Ewig gedächtnus, Als der vater, von seinem Sun, dise wort der grossen weißhait Erhöret, da Erhueb sich sein hertz in seinem leib, aus verwunderung seins Suns weishait, vnd Redt zu seinem Sun, so du ziechen wilt, in der gestalt, wie du mir furgehallten hast, so ist Es dir von mir vergunt, Aber so Ich Jetzo, gegen dem Gruenen kunig, mit krieg beladen bin, so will Ich dir ain zeitlanng, mein kriegßfolckh bevelhen, damit du die kriegshenndl erlernest, Aus der Ursach, wann du kumest, in Regirung der kunigin landt, das du dich destpas, gegen deinen veindten wissest zuschicken, Das der Sun insonnderhait geren annam, Und nach sölichem, Erfordert der Jung weiß kunig, der zwo kunigin poten, zu Jme, vnd gab jme ainen brief, darynn Er den zwo kunigin freuntlichen schrib, mit grosser dancksagung, vnd Erpietung, vnd mit sonnderm begeren, das Sy in Irem Erwellen seiner zukunf erwartteten, Er verkundet Inen auch Er wolt sich Rusten, vnd in kurtz, in aller Theurlichhayt vnd in kunigclichn Eeren, zu Jnen komen, Das Er dann also thet, wie hernach beschriben wird.

Wie der Junng Weyß kunig, aus vergunnen seins Vaters, zug auf den Gruenen kunig.

Es was ain kunig, genant der Gruen kunig, (a) der stieß mit seinem kunigreich, an des alten weisen kunigs kunigreich, vnd derselb gruen kunig, underſtundt sich, den altn weisen kunig etliche seine land zubekriegen, Vnnd als der alt weiß kunig, seinen Sun, nit zu der Kunigin vom fewreyßen ziechen wolt lassen, Er lernet dann am Ersten, die kriegshenndl, Dardurch der Jung weiß kunig, grosse begird het, sein Junge Adenliche vnd Thewrliche handt, im veldt gegen seinen veindtn zuversuchen, vnd in seiner Jugendt, die Ernstlichen vnd grewlichen kriegstäten zugewonnen, vnd pat darauf seinen vater, das Er Jme Erlauben wolt, ainen anschlag zumachen, auf das volckh von den Tärtschen, das

(a) Mathias Corvinus König in Hungarn. S. P. Pray Annal. Reg. Hung. Tom. IV. pag. 113.

A. 1477.

das dem Gruenen kunig anhenngig was, das wolt Jme der vater nit geren erlauben, aus ursach, dann Er was ain ainiger Sun, doch vergünet Jme der vater sölichs, aber mit Rat seiner hauptleut, vnd kriegs Rät, vnd gab seinem Sun brief, an die hauptleut seines kriegsfolcks vnd der wagenpurg, Dieselben brief nam der Jung weiß kunig, von seinem vater an, vnd zoch onvertzug, zu denselben hauptleuten, vnd uberanntwurttet jnen die brief, Darauf Sy Jme zustundan gehorsam waren, Der Jung weiß kunig, feiret nit, sonnder Er schlueg sich, mit dem hauptgeschutz, von stundan fur ain befestigung, darynnen ain volckh von den tärtschen lag, die dem Gruenen kunig anhengig waren, vnd ließ mit dem hauptgeschutz anheben, dieselb befestigung strencklichen zu arbaiten.

Wie der Gruen kunig, ain kriegsfolck, in des Alten Weyßen kunigs land schicket, das der Junng Weyß kunig, in die flucht pracht.

Alls der gruen kunig vernam, das sich der Jung weiß kunig, mit dem hauptgeschutz, fur ain befestigung geschlagen het, Da versamlt der Gruen kunig, ain kriegsfolckh, Nun het derselb kunig ainen hauptman, genannt (a) den schicket Er, mit dem berurtem kriegßfolck, in des alten weißen kunigs lanndt, darynnen Sy grossen schaden theten, Alsopald der Jung weiß kunig, deshalben kundtschafft het, nam Er mit Jme seinen geraisigen zewg, vnd auch ains tails fuesknecht, vnd zog tag vnd nacht, gegen denselbn veinden, Sy zu ubereilen, vnd zuschlagen, Nun was ainer, under des Jungen weißen kunigs kriegsfolckh, der warnet den obgemelten Gruenen hauptman, derselb Gruen hauptman hueb an, mit seinem kriegsfolck zu fliechen dermassen das vil des Gruenen kriegsfolcks, muede halbn, da hinden beleibn muestn, etlich erfrorn zu todt, vnd etlichen hennd vnd fueß ab, Aber der Jung weiß kunig Eylet Jme nicht destmynder fur vnd fur nach, bis in des Gruenen kunigs kunigreich, vnd thet in demselben kunigreich, ainen grossen prant vnd Raub, vnd zoch darnach widerumb zu Ruckh, zu der wagenpurg.

(a) Mathiä Befehlshaber waren, Paul de Kynis und Jos. Zeleny de Szanov. S. P. Pray Annal. Regum Hung. loc. cit.

[47]

A. 1477.

Wie der Alt Weyß kunig, seinen Sun, den Jungen Weyßen kunig, erfordert, vnd Jne zu der Jungen kunigin schicket Sy zu der Ee zunemen.

Nach sölichem, als der Jung weiß kunig, den grossen prant vnd Raub, in dem Gruenen kunigreich gethan het, da Erfordert der alt weiß kunig, seinen obgemelten Sun, zu Jme, wiewol der Jung weiß kunig, den Gruenen kunig gern lenger bekrieget het, So nam doch der allt weiß kunig, mit dem Gruenen kunig ainen anstanndt an, vnd schicket darnach seinen Sun den Jungen weisen kunig, hinweg zu der Edln schönen kunigin vom fewreysen, vnd ferttiget Jne in kunigclichen Eren ab, mit vil Ritterschafft, vnd grossem Adl, die alle mit Jme zugen, Nun het der Jung weiß kunig, gar ainen weiten weg zu ziechen, zu der Jungen kunigin, vnd beraitet sich, deßgeleichen sein zugebene Ritterschafft vnd adl, aufs aller köstlichist, zu schimpf vnd Ernnst, der Jung weiß kunig, vnd alles volckh, das mit Jme zoch, namen von dem allten weißn kunig Urlawb, wie sich gezimbet, Es ist wol zuermessen, wo ain Sun, in ain sorgliche Raiß von seinem vater zewcht, Das sich die väterlich vnd kindtlich trew, nit verpergen mag, Alsdann in disem Urlawb nemen, auch beschehen ist, Aber dise kunig streckten Jre hendt, fur vnd fur aus, nach den höchsten kunigclichen Eren, die Sy dann albegen erlangten, Es kamen auch underwegen, zu dem Jungen weißen kunig, vill Ertzbischoff Bischof vnd fursten mit einer sonndern Antzal Ritterschafft, (a) die mit dem Jungen kunig zugen, bis zu der gedachten Jungn kunigin.

(a) S. de Rhoo Annal. Aust. Lib. 9. p. 325.

Wie der Junng Weyß kunig, zu der Junngen kunigin kam, vnd wie Er Emphanngen was.

Als der Jung weiß kunig, auf dem weg was, zu der bemelten Jungen kunigin zuziechen, da ward sölichs den vorgemelten zwayen kunigin verkundt, Darab Emphiengen Sy grosse frewd, vnd beschriben zustundan, alle Ir lanndtschafft, vnd liessen Sy auch wissen, die zukunfft des Jungen weißen kunigs, die lanndtschafft sawmbet sich nit, vnd kamen on vertzug, zu den zwo kunigin, da wardt durch Sy Rat gehalten, wie der Jung weiß kunig emphanngen solle werden, Auf sölichs ward dem Jungen weißen kunig geschriben, Er solle in die Stat mit namen Gent kumen, daselbst hin, die zwo kunigin, mit Irer lanndtschafft, auch kumen wurden, vnd alspald derselb brief, dem Jungen weißn kunig zugeschickt was, da zugen die zwo kunigin, mit sampt Irer lanndtschafft, in die obberuert Stat, vnd wartteten daselbst, auf des Jungen kunigs zukunfft, der dann auch in kurtzen tagen, daselbst hin kam, vnd auf dem tag, als Er in dieselb Stat einrit, da riten Jme am Ersten, die Burger aus derselben Stat, gar kostlichen entgegen, darnach Riten Jme entgegen die gantz landtschafft, von fursten, Bischofn, Prelaten, Grafen, herrn, Rittern, vnd knechten, ain grosse Antzal, Darnach giengen Jme entgegen, die ganntz priesterschafft, mit allem heiltum, in einer procession, vnd alles volckh derselben Stat, vnd emphienngen den Jungen kunig, in grosser wird, in hochen Eren, vnd mit sonderen frewden, vnd Rit also in dieselb Stat, mit grossem volckh, in köstlicher zier, vnd kuniglichn Eeren, vnd alle die Jne sachen, die heten ab seiner schönen Jungen, vnd geraten personn ain sonnder groß wolgefallen, vnd das gemain volck sagten, Sy heten kainen schönern Jungen herrn gesehen, vnd verwunderten sich, insonnderhait vast, Das der alt weiß kunig, sein vater, seinen Sun, in seiner schönen Jugent, als weit in frembde land schicket, vnd der Jung kunig, wurde gefuerdt, in sein herberg, die Jme dann aufs köstlichist zugericht was, dieselben zwo kunigin, liessen auch gegen der nacht, ain köstlich pangget zurichten, vnd schickten zu dem Jungen kunig, vil hoch treffenlich personnen, zu demselben pangget zu kumen, da dann die zwo kunigin, In selbst emphahen wolten, vnd als Er zu demselben panggeet geen wolt, leget Er an, vnd zieret sich zuvor, mit kostlichen klaydern, vnd klainaten, vnd gieng mit seinen fursten, Adl vnd Ritterschafft, in kuniglicher

[49]

A. 1477.

zier, zu dem pangget, Nun ward es nacht, vnd was ain groß gedrenng, dardurch man gar vil windtliechter haben muesset, dann Jederman wolt den Jungen weißn kunig sehen, In dem waren, die zwo kunigin allain bey ainannder, in ainer Camer, vnd Redten mit ainannder, das Sy den Jungen kunig, auch gern haimlich sehn wolten, Auf das verklaidet sich, die allt kunigin, der Jungn kunigin Mutter in frembde klaider, vnd gieng verporgen vnd verklaidter weiß, aus der Camer, in den Sal, darein der Jung weiß kunig kumen solle, Nun was das gedreng von dem volck so groß, das die alt kunigin, lanng nit durch das volck kumen mocht, vnd muesset haimlichn gehilfen nemen, Als Sy durch das volck kam, in derselbn stund, gieng der Jung weiß kunig in Sal, Als ward er Ir gezaigt, Sy wolt aber am ersten, nit gelauben geben, das derselb, der Jung weiß kunig were, Dann Sy bedeucht, Er were zu schön, vnd vermainet Sy het kainen schönern Jungling nit gesehen, vnd warttet, vnd wolt doch sehen, welcher doch der Jung weiß kunig were, Nun sach Sy wol, das demselben schönen Jungling, alle Eer gethan, vnd dartzu von den mechtigen Ertzbischofen vnd furstn gefuerdt wurde, Und derselb Jungling der Recht Jung weiß kunig were, Nach solichem gieng die alt kunigin, Eylend zu Irer tochter, der Jungen kunigin, in die Camer, vnd sprach mit Innigkait jres hertzens, O Tochter, kainen schönern Jungling, hab Ich nit gesehen, Als der Jung weiß kunig ist, vnd diser Jung kunig, sol sein, dein herr vnd gemahl, vnd kain anderer nit, Aus disen worten, ist zu mercken, das der kunig von Frankreich, mit seinem Sun zu Spot Kam, mit der haimlichen werbung, die Ich vor beschriben hab, Dann der Jung weiß kunig, was gar ain gerater Junglig, gantz wol gestalt, von leib vnd gepain, het ain schön lieblich antlitz, vnd ain sonnderlich schön gelb har, Er wurde genennt von seiner schön, vnnd schicklichait wegen, der weiß kunig, mit dem guettigen angesicht, Als Nun der Jung weiß kunig mitten in dem Sal stundt, Da giengen die zwo kunigin, mit grosser kostlichait Jme entgegen, vnd Emphiengn Jne, nach kuniglichen Eren, mit grossen frewdn, vnnd freuntschafft, Auch alspald die Jung kunigin, den Jungen weißen kunig ansach, het Sy ab seiner personn ain groß wolgefallen, vnd Ir hertz het sich in demselben wolgefallen, gegen Jme mit der Eerlichen lieb Entzundt, Es warde auch in derselben stundt, durch Ir kuniglich verwilligung, von dem heirat vertrawlichen geredt, vnd frölichen beschlossen, vnd darnach das Panngget mit grossen frewden volpracht, Wie frewdenreich, ist aber ditz panngget gewesen, Darauf ain sölicher kuniglicher heirat, Mit Den zwo Edlistn mechtigstn vnd schönsten personn beschlossen worden ist.

Wie

Wie der Junng Weyß kunig, vnd die Junng kunigin vom fewreyßen, mit der Ee, zusamen geben worden sein.

Als der heirat, mit dem Jungen weisen kunig, vnd der Jungen kunigin vom fewreysen beschlossen was, den anndern tag darnach, (a) wardt die hauptkirch in derselben Stat, auffs allerschönist zugericht, darein der Jung kunig, vnd kunigin in grossn kunigclichen Eeren gefuerdt waren, vnd mit Jnen giengen, alle Ertzbischof Bischof fursten Grafen herrn Ritter knecht vnd die ganntz landtschafft, mit klaidern, vnd klainaten, auf das allerreichlichist angelegt, vnd als Sy fur den hochen Altar kamen, da stundten die Ertzpriester, Bischof, vnd die ganntz priesterschafft, in Jren Ornaten, Also gieng ain Ertzbischof (b) fur die anndern heraus, vnd fueret den Jungen kunig, vnd kunigin, gar zu dem Altar, vnnd sprach uber Sy andächtige gepet, vnd als Er Sy mit der Ee zusamen wolt gebn, hueb der Ertzbischof dise wort an zusprechen, O got unnser got, ain Erkenner der hertzen, Seelig sein die menschen, die da leben, in deinem gesatz, mit mer andachtign wortn, vnd gab vnd vermachlt Sy darauf, mit der heilign Ee, mit grosser andacht vnd gotteszier zusamen, nach gesatz vnd ordnung, der heilign kristenlichn kirchen, vnd als die zusamgebung der Ee, volpracht was, Da pat der Ertzbischof got, disen baidn personnen vier ding zuverleihen, fristung Jrer tag, gesundthait Jrer leib, Werung Jres samen, vnd uberwindung Jrer veindt, vnd sprach auch uber Sy baid sonnst vil andächtiger gepet, Darnach hueb derselb Ertzbischoff das götlich ampt an, das mit grosser andacht volpracht wurde, vnd nach volpringung des ampts, wurde, der kunig vnd die kunigin, aber fur den hochen altar gefuerdt, darfor Sy mit grosser andacht Niderknyeletn, vnd der Ertzbischof uber Sy abermalen vil andächtiger gepet sprach, vnnd darnach zu got Ruefft, mit disen worten, Herr sich an dein beschaffung, vnd dein genad, damit du dise zwo personn, in diser welt, in kunigelichen Eren begabt hast, behalt Sy in der diemuettigkait, zu hail Jrer seelen, vnd gib Jnen gegen allen Jren veindtn, den Sig, zubehaltung Jren kunigclichen Een, vnd das Sy leben, in deinem götlichen liecht, der gerechtigkait vnd Ger, vnd sich in dich darynnen Ewigclichen erfrewen, Amen, Nach sölichem hueb man an zusingen, vnd zu pusaunen mit grossen frewden, te deum laudamus, vnd giengen darnach in kunigclicher Ordnung, aus der kirchen, zu

 dem

(a) Den 20. August. (b) Der Kardinal Julianus päbstlicher Legat Bischof zu Ostia.

[51]

A. 1477.

dem hochzeitlichn mal, das mit essen vnd trincken, auf das allerköstlichist zugericht was, Es wurden auch bey dem Essen, mit manicherlay saidtenspil, vnd seltzsam New gesang, wunderperlich frewdt, vnd dartzu zierliche pangget gehalten, vnd derselb tag, ward allain mit dem kostlichen hochzeitmal, vnd mit den pannggetischen frewden vertriben. (a)

Wie die hochzeit, mit Rennen, stechen, vnd anndern Riterspilen, vnnd frewden volpracht ward.

Die obgemelt hochzeit, ward etliche vil tåg, mit grossen frewden gehallten, vnd mit Rennen stechen vnd Thurnieren, vnd allen anndern Ritterspil, auf maynnigerlay Nacion art, wie man dann die Ritterspil, aufs köstlichist, schönist, vnd Eerlichist erdenncken mocht, vil grosser frewd, vnd kurtzweil getriben, Davon dann wunder vil zu schreiben were, Aber Ich will davon aufhören, Es het mich sonst in anndern sachen, die Ich hierjnne beschriben hab, verhindert, vnd wil jezo antzaigen, die mechtigsten lanndt, so die Kunigin gehabt, vnd der Jung weiß kunig, in sein Regirung eingenomen hat, Nemlichen, die zway land, hoch vnd nider Burgundy, die zway land, Luzemburg, vnd Tischuy, die drew land, Brabante, Lotterik, Gelder, Die funf lannd, Henigeu, Hollande, Selande, Flander, vnd Arthois, die Sechs land, Pickertey, Frieslande, Zutphen, Namur, Salyn, vnd Mehln, Auch vil ander land, herschafften, Stet, vnd Slosser, mer, die Ich hierjnnen mit namen nit antzaig, Ich hab Nur allain die mechtigsten, vnd maisten land, mit jren namen beschriben, das man erkennen mug, die groß macht, diser Jungen kunigin, vnnd disee auch alle anndere lande, hat der Jung weiß kunig, gar wol vnd kunigclichen Regirt, vnd mit seiner streitparn handt behalten, vnd beschirmt.

Wie

(a) Siehe de Rho lib. 9. pag. 325. Fugger Oesterreich. Ehrenwerk MS. Tom. II. lib. 7. fol. 17.

Wie der Junng Weyß kunig, vnnd die Jung kunigin, yedes, des andern, sein sprach lernet.

Alls Nun die frewdt, der Hochtzeit verganngen, vnd ein jegelicher widerumb haim zu hawß kumen was, begunnt der Jung kunig, von tag zu tag, sich gegen seinem gemachl in lieb vnd freundtschafft zu offenbaren, vnd als Sy also, ain zeit bey ain annder wonneten, hueben Sy an, Ains das annder, sein sprach zulernen, vnd ain yedes, ward insonnderhait beflissen, des anndern sprach in kurtz zulernen, Nun erfordert die groß notturfft, das der Jung weiß kunig seiner gemahl sprach, Nemlichen die Burgundische sprach, pald lernet, Damit Er seiner Gemahl lannd, desterpaß Regiren mocht, Alsdann ainem Jeden kunig not thuet, seiner Unnderthannen sprach zu kundten, vnd aus sölicher Ursach, het der Jung kunig, zu seiner gemahl sprach, sondern vleiss, vnd lernet dieselb sprach in kurtzer zeit, vnd kundt dieselb sprach alls wol reden, versteen, vnd schreiben, als were Er ain geborner von derselben sprach gewest, Solich sprach Ime, in vil mercklichen sachen, vnd nemlichn in den grossen kriegen, zu sonndern Nutz vnd guetem kam, Diser Jung weiß kunig, uberkam, bey der Jetz gemelten seiner gemahl, drew kinder, Nemlichn zwen Sün, vnd ain tochter, der ain Sun hieß Francis, (a) der starb in seiner Jugent, der ander Sun hieß Filip, (b) vnd die tochter Margret, dieselb tochter, wurde verheirat dem Jungen kunig von Hispany, (c) der starb in kurtzen Jaren, Darnach wurde Sy verheirat, dem Mechtigen Fursten von Sofoy, (d) der starb auch uber etliche Jar, wiewol Sy noch Jung vnd derselbn zeit, die schönist kunigin was, so belib Sy doch ein wittib, vnd lebet andächtigclichen, in den gesetzten gots, Dann sein Sun Filip, nam des kunig von Hispany Eltiste tochter, (e) zu seinem gemahel, vnd uberkam bey Jr Sechs kinder, zwen Sun, vier tochter, der Eltist Sun hieß Karle, der Junger Sun, Ferdinantus, derselb kunig Filip, ward aus Erbschafft seiner gemahl, gewaltiger Regirender kunig, der drew kunigreich mit namen Kastilie, Granat, vnd Leon, von disem kunig wird auch hernach beschriben.

(a) Franz geb. 2. Sept. 1481. gestorben eben dieses Jahrs den 26. Dec. (b) Philipp I. König in Spanien. (c) Mit Ferdinands des Katholischen Prinzen Johannes, welcher A. 1497. den 2. Octob. bald nach seiner Vermählung gestorben. (d) Mit Philiberten II. Herzoge von Savoyen A. 1501. (e) Johanna Ferdinands des Kathoiischen Tochter, einzige Erbin der spanischen Reiche.

A. 1477.

Wie der Junng Weyß kunig, flemisch lernet.

Wiewol der Jung weiß kunig, vil mue, het, seiner hawsfrawen sprach zulernen, so understundt Er sich doch daneben die flemisch sprach zulernen, Dann Es was ain alte furstin, von diser sprach, Die begeret oft, mit dem Jungen weißen kunig zu reden, desgleichn het der Jung weiß kunig auch offt gern, mit Jr geredt, vnd aus sölicher Ursach, befliß Er sich so vast, das Er dieselb flemisch sprach, auch lernet, vnd die obgemelt alt furstin lernet Jne dieselb sprach, mit sonnderm vleiss, dann wann der Jung weiß kunig, mit Jr Redet, het Sy sonnder frewdt darab, vnd lernet dieselb sprach, das Er die kundt reden, wie sein aigen sprach, vnd kam Jme sölichs auch zu grossen staten, Dann das lanndt derselben sprach, gehöret auch seiner gemahl zu, vnd het das in seiner Regirung, Alls Er Nun mit demselben volck Jr sprach reden kundt, heten Sy darab ain groß wolgefallen, vnd truegen dardurch sonndere naigung zu Jme.

H B

[54]

A. 1477.

Wie der Junng Weyß kunig, Englisch lernet.

Als der Jung weiß kunig, der Jungen kunigin vom fewreyßen, land einnam, da kamen vil dienstleut aus Ennglland, zu Jme, dieselben kundten gar woll, mit dem hanndtpogen schiessen, Alsdann die Ennglischen, mit dem hanndtpogen albegen fur annder Nacion maisterlichen vnd geuebt sein, Nun het der Jung weiß kunig, aus seinem kuniglichem gemuet, sonder Naigung, mit dem hanndtpogen zu schiessen, vnd begab sich offt, das Er mit den hanndtpogen kurtzweil trib, dabey dann seine dienstleut, die Englischen auch waren, vnd auch mit den handtpogen schussen, In sölicher kurtzweil, Er von denselben Englischen die Englisch sprach lernet, Sy theten Jme auch darynn, sonnder Unnderweisung, vnd begriff in kurtzer zeit, dieselb sprach dermassen, das Er die verstundt, vnd die Englischen gaben Jme darjnn, fur alle annder den Ruem.

A. 1477.

Wie der Jung Weyß kunig, hispanisch lernet.

Es begab sich, das der Jung weiß kunig, gar vil treffenlicher sachen, mit dem kunig zu Hyspany zu hanndeln het, Dardurch der kunig von Hyspany, dem Jungen weisen kunig, vil brief schrib, vnd auch gar vilmalen hispany poten, zu Jme schicket, etlich sachen muntlichen mit Jme zuhandeln, Die nit waren zuschreiben, In sölichem beweget der Jung weiß kunig, das nit guet were, das annder leut, umb dieselben sachen wissen solten haben, vnd underfieng sich, die hispani sprach, von den hispanischen poten, vnd aus den brieffen, so Jme der kunig von hispani schrib, zu lernen, vnd wann also ain hispanier pot zu Jme kam, so het Er grossen vleiss, von Jme die sprach zu lernen, Und uebet sich in derselben sprach gar strengklich, Es kam auch offt ain hispanischer pot zu Jme, der so geschickt was, das Er mercket, das der kunig lust het, die sprach zu lernen, vnd gab darauf demselben Jungen weißen kunig, darynn gruntlich unnderweisung, vnd wiewol die hispanier, zu derselben zeit, ain sonderliche pöße schrifft geschriben haben, so lernet Er doch fur sich selbs, dieselb schrifft lesen, vnd begriff in kurtzer zeit, dieselb sprach dermassen, das Er die Reden vnd schreiben kundt, vnd hanndlet die genöttigsten sachen, albegen allain, Es namen auch vil wunder darab, das Er dieselb sprach, neben den anndern grossen geschefften, vnd kriegßleuf, damit Er beladen was, so pald begriffen, vnd gelernet het.

Wie

Wie der Junng Weyß kunig, Welsch lernet.

Der Jung weiß kunig, het etlich welsch kirriser, die Jme in den kriegen dienetn, vnd wann Er in veldt, bey dem kriegsfolck was, so ordnet Er das kriegsfolckh albegen selber, dardurch Er, mit den welschen kirriser, vil zu Redt kam, vnd begriff die welsch sprach, gar pald, offt ainer vermainet, Er fieng erst an, dieselb welsch sprach zu lernen, so kundt Er genuegsamlich, nach aller seiner notturfft versteen, vnd Redten, Aber nach dem Er guet latein reden kundt, das was Jme in der welschen sprach, ain grosser behilf, Dann dieselb welsch sprach, naigt sich mit vil worten der lateinischen sprach zu, vnd durch sein schicklichait, kunt Er daraus, die maß nemen, Es kam auf ain zeit, ain walsch zu Jme, der kundt ain wenig teutsch, vnd wisset nit, das der Jung weiß kunig welsch kundt, vnd hueb an teutsch zu reden, Darauf gab Jme der Jung kunig ain anntwurt in welscher sprach, derselb welsch verwundert sich ser, darab, vnd sprach herr seit Jr doch nit in welschland gewesen, Das Jr die sprach, het mugen lernen, Nun wisset der kunig wol, das derselb walsch auch die hispanisch sprach kundt, vnd gab demselben walschen darauf in der hispanischen sprach anntwurt, kainer lernt reden, von dem land oder ertrich, sonder Nur von den Menschen, Darab het Er noch grösser verwunderung, Das Er die hispanisch sprach solle kundtn, Dann dieselb sprach, was von seinen landen weit, vnd ungelegen, Auf sölich des walschen verwunderung Redet der kunig, in latein zu Jme, du bedarffest dich in dem nit verwundern, das dir jetz offenbar ist, Aber du soltest dich verwundern, das dir noch verporgen ist, der walsch mercket des kunigs weishait, vnd sprach herr, Mein hertz hat sich erfrewdt, in deiner weishait, die mir bisher verporgen gewest ist.

A. 1477.

Wie der Junng weyß kunig, mit Siben hauptleuten, die Siben sprach Redet.

Nachdem Ich vor, nach der lenng antzaigt vnd beschriben hab, welche sprachen, der dann Siben sein, der Jung weiß kunig gelernet, auch die Reden, vnd versteen hat kunden, vnd gemainigclichn, in allen seinen kriegen, hat Er kriegsfolckh, von denselben Siben sprachen, bey Jme gehabt, vnnd wann dann die hauptleut der volckher derselben Siben sprachen, zu Jme kumen sein, von Jme beschaidt vnd bevelch zunemen, so hat Er mit ainem Jegclichen hauptman, desselben hauptmans sprach besonder geredt, vnd Jme in derselben sprach bevelch vnd beschaidt geben, Wie ain Jegclicher hauptman sich mit dem kriegsfolckh hallten solle, Nachdem derselb Jung weiß kunig, sich in seiner Jugent aller kunst, vnd Ritterspil vnderstannden, vnd darynnen den grundt gelernet hat, Auch in seiner Regirung, mit mercklichen hendln vnd sachen, vnd grossen streiten vnd kriegen beladen gewest, Jst nit wol menschlichen zu gedencken, Das Er dannocht darneben, die Siben sprachen gelernet solt haben, vnd darumb so sprich Jch, Es were sölichs alles nit muglichn gewest, Wo Er die genad von got, vnd den Einflus aus himlischer Ordnung, nit gehabt het, Dabey wil Jch beleiben, Dann Jch hab oftmalen groß verwunderung in solichem gehabt, vnd dem ist also, wie Jch hierjnn beschreib, vnd noch vil mer, Weiter der kunig von Frankreih fieng ainen krieg an wider got Eer vnd Recht, auf das land genannt Burgundy, das gehörett der Jungen weißen kunigin zu, dasselb lannd ist ain klain landt, Aber das öbrist land, aller Nyderlendischen, Burgundischen, vnd Brabandischen lannden, Davon dann ain jeder kunig vom fewreyßen seinen namen hat, Derselb kunig von Frankreih, gewann auch in dem schein als wolt Er Nur allain das land Burgundy bekriegen, mer land die der Jungen weißen kunigin zugehörten, Nemlich die grafschafft Arthoes, das halb land Henegeu, auch Tornek, sölichen unpillichen krieg, Nam der Jung weiß kunig zu grossen hertzen, vnd understundt sich, dieselben lannd widerumb zu erobern vnd zu beschirmen, Das dann beschach, vnd thet demselben kunig von Frankreih grossen widerstandt, vnd bekrieget Jne gar hart, von denselben kriegn wirdt Jetzo hernach beschriben, Und so Jch Nun von dem alten weißen kunig, vnd von seiner Gemahl, vnd von Jrem Sun, dem Jungen weißen kunig, von seiner Jugent beschriben hab, So will Jch Jetzo beschreiben, auf das kurtzist, die grossen krieg vnd streit, die der Jung weiß kunig, in seinem leben gefuerdt, volpracht, vnd gethan hat.

Wie

H.B.

Wie ain kunig genant der Plab kunig den Jungen Weysen kunig des heirats halben mit krieg angrif, vnd wie der Jung weyß kunig Jne aus dem Velt abtrib.

Als Nun der Jung weyß kunig die hochtzeit gehalten, vnnd seiner gemahl Regiment unnder sein gewalt vnnd Regirung, Wie sich dann Jme zu thuen gepuret, genomen het, das vernam, ain mechtiger kunig, genannt der Plab kunig (a), derselb kunig sach denselben heirat, der mit dem Jungen weyßen kunig beschechen was, von hertzen ungern, vnd Er zurnet Insonnderhait vast, Aus den ursachen, dann Er het ainen Sun, vnnd denselben seinen Sun, vermainet Er, der Jungen kunigin zuverheiraten, derselb Plab kunig, was ain sonder mechtiger kunig, vnnd sein kunigreich stieß, an derselben schönen Edln Jungen kunigin lanndt, dieselb Jung kunigin, was ain Erbtochter Jrs vaters, des kunigs vom fewreysen, Auf sölichs, hielt der Plab kunig, ainen Rat, ob Er den Jungen weißen kunig, vnnd seinen gemahl, die Jung kunigin, mit dem swert zertrenen möcht, vnnd nam Jme solichs also fur, vnd rustet sich, mit ainer mercklichen Antzal kriegsfolck in gehaim, Unnd ungewarneter sach, fiel, Er der Jung kunigin, mit krieg in Jr kunigreich (b), vnd gewan Jr ab, Lanndt, Stet vnnd Burg, Er ließ sich auch daran nit benuegen, sonder Er thet weiter schäden mit Brandt vnnd Raub, Als Nun dem Jungen weysen kunig, die potschafft kam, wie der plab kunig, mit krieg, in seiner gemahl der Jungen kunigin land gefallen were, Auch lannd Stet vnnd purg gewunen het, da beweget der Jung weyß kunig, den ungewarneten angriff vnnd beschloß in Jme, dem plaben kunig in kurtz, ainen widerstannd zuthun, vnnd Jme sein furnemen zu prechen, vnnd versamlt darauf onvertzug, ain mechtig kriegsfolck zu Roß vnnd fueß, vnnd zug mit solichem seinem kriegsvolck, auf den plauben kunig, vnnd traib Jne ab, aus dem velt, vnnd nachdem der plab kunig in der Jungen kunigin kunigreich, mit dem prandt schaden het gethann, das wolt der Jung weyß kunig auch nit ungerochen lassen, vnd zug dem plaben kunig, in sein kunigreich, vnd ließ sein kriegsfolck darynn so ser prennen, das der Rauch dieselb zeit so groß was, vnnd den Sunnenschein dermassen verdecket, das der harnasch in dreyen stundtn kainen glanntz nit gab, vnnd der Jung weyß kunig nam fur sich, dermassen ainen anschlag, das Er dardurch seiner veindt etlich hundert erlegt het, Aber durch untzeittigem

(a) Ludwig der XI. König in Frankreich. (b) S. de Roo Annales Austriæ ad h. ann.

A. 1478.

Rat, wardt sölichs gewenndt, Doch des Jungen weyßen kunigs kriegsfolck, begriffen annder in der flucht, die stachen Sy von den Rossen herab, vnnd zu todt (a), Der Jung weyß kunig schlueg sich auch zu feldt, gegen dem Plaben kunig, Aber die kalt zeit was zu nahenndt, vnnd fiel der winter dermassen an, das baid tail ab, vnd widerumb haim zugen.

Wie der Plab kunig dem Jungen weysen kunig wider in sein lanndt zoch vnd was widerstandt Jme der Jung weyß kunig thet.

Allspald der Sumer desselben Jars kam, da versamlt der plab kunig widerumb ain grosse anzall kriegsfolck, zu Roß vnd fueß, in der maynung, dem Jungen weyßen kunig uberdranng zuthun, vnnd zoch dem Jungen weyßen kunig mit Raub vnnd pranndt wider in sein lanndt (b), Als solichs der Jung weyß kunig vernam, da versamlt Er sein kriegsvolck, zu Roß vnnd fueß, aufs fuderlichist, vnnd in demselben Jar, als der Jung weyß kunig solichs tet, Da zoch ain annder streitpar volck, bey vier tausend (c), das Jme zugehördt, an ainem anndern ort, oder lanndt, ain Stat, die dem plabn kunig zugehört, gelegen in ainem besonnderm landt (d), zu uberfallen, In dem waren Sy verkundtschafft, vnd ainer des plaben kunigs hauptleut, versamlt ain mercklich anzall geraisig, darunder maniger stoltzer kurriser mit seinem vergligerten hengst was, Also kamen Sy zusamen, Unnd traffen mit einannder in weingartpuchl, darynn dann die fueßknecht die dem Jungen weyßen kunig zugehörten, ain vortail heten, vnnd stachen die veindt geraisigen wider zuruck, Aber Sy theten, denselben geraisign wenig schaden, Dardurch sich dieselben geraisigen widerumb versamelten, vnnd griffen die berurten fueßknecht abermalen an, vnd kamen an ainer seiten in Sy, da die helmparten bey vnnd neben dem vendle waren, unbedacht mit den spiessen, vnnd schluegen sich durch Sy aus, dasselb schlagen weret bey zwo stundtn, durch ain annder, dann die geraisigen kundtn in demselben truck nit zuruck, wann Sy mit den spiessen, Rund umbgeben waren, In solichem was manicher stoltzer degen, von den plaben geraisigen erschlagen, vnnd verletzt, in dem gieng die nacht an, das kain hausen mit dem anndern weiter einprechen wolt, Und zochen paid

(a) Roo ad finem anni 1477. (b) Ibid. lib. 9. pag. 332. (c) Deutsche Truppen unter Anführung Remontii und Philipps von Ravenstein. l. c. (d) Bossut in Henegau. ibid.

A. 1478.

paid tail ab, Nach solichem erfordert der Jung weyß kunig, sein Volck zu Jme zuziehen, an das Enndt, da er dann dieselb zeit was, (a) dann Er ainen andern zug auf den plaben kunig fur sich nam, wie hernach volgt, vnnd das obgemelt sein Volch zug auf sein erfordern zu Jme, Und Er sterket damit sein heer, dardurch dasselb volck gegen den veindtn vill beruembter taten volbrachten.

Wie der Plab kunig sich fur die Stat kunde (b) geleget het vnd der Jung weiß kunig von seinem gemahl Urlaub nam, vnd auf den plaben kunig mit ainem hör zug.

Der plab kunig versamlt abermalen ain mercklich kriegsvolckh, vnd alspalt die gueten weter angefallen waren, da leget sich derselb kunig in aigner personn mit aller macht zufeld, vnnd schlueg sich fur ain Stat genant Kund die dem Jungen weyßen kunig zugehöret, als sölichs dem Jungen weyßen kunig wardt kundt gethan, da saumbt Er sich nit, sonnder Er nam von seinem lieben gemahl der Jung kunigin in grosser trew vnnd Freuntschafft Urlaub, die gesegent Jne mit wainenden augen, vnnd grossen hertzenlaid, vnd bevalch Jn got, in sein götlich gnad beschirmung vnd sig, Derselb Jung weyß kunig het ain mercklich kriegsfolck bey ain annder, zu Roß vnnd fueß, vnnd zoch in aigner personn, den nagsten auf den plaben kunig, der dann fur vnnd fur vor der obgemelten Stat lag, vnd mit seinem hauptgeschutz genöttigt het, Er het dieselb Stat mit dem Sturm woll erobern mugen, angesehen sein großmechtig geschutz, so Er darvor het, Aber da Er erhöret, das der Jung weyß kunig so starckh vnd den nagsten zu Jme zu zoch, da ließ Er die, so in der Stat waren, aus der Stat ziehen, vnnd besetzet dieselb Stat, mit seinen leuten, vnnd tailet sein her in vier tail, Nemlichen, das die drey tail heten mugen den vierden tail reten, Darunnder was ain klains Stetle, (c) Also, Ee, dann des plaben kunigs volck widerum zum streit sich versamelten, Da gewann der Jung weyß kunig aus der plaben gesellschafft vorecht zwo Stet, (d) der plab kunig gienng darauf umb, ob Er dem Jungen weyßen kunig het mugen ain ort des hers, mit seinem starcken geraisigen zewg aufschlagen, Aber der Jung weyß kunig bedacht sich paß, vnnd wolt die Stat vor beschawenn, vnnd besehen, was volck darynn, oder kriegsschicklichait were, vnnd bevalch ainem seinem hauptman verruembt, aber haimlichen Eerloß,

(a) Zu Berg im Hennegau. Roo. (b) Condee im Hennegau. (c) Quenoy. Roo. (d) S. im Haraus und Ger. Roo. auf d. J.

[57]

H·B·

der vor zeiten dem kunig mit dem fewreisen zu het gehördt (a), den ersten haufen, Und der annder hauffen des Volcks hieß sannd Jorgenhaufen, den bevalch Er einem seinem hauptman, von seiner weißen gesellschaft, Also zoch dem Jungen weyßen kunig, der plab geraisig zewg unnder augen, vnnd kamen auch zu Inen das kriegsvolck das aus den zwo Steten, die der Jung weyß kunig eingenomen het, gewichen waren, dasselb kriegsvolck sagten den anndern, wie der Junng weyß kunig ain anndere straß verrucken wolt, In dem zoch der Rennhauffen bis in ainnen lanngen hag, vor demselben hag hielt des Jungen weysen kunigs hauptman, der den Ersten hauffen het, vnnd derselb hauptman empot dem andern hauptman, von der weyßen gesellschafft verrätterlichen, Er solle mit den veindtn nit treffen, Dann die veindt hielten hinder ainer lanndtwer, vnd weren darvon kumen, auf solichs wenndetn sich die zwen hauffen wider gegen Irem herrn dem Jungen weyßen kunig, vnnd sagten Ime die mer, von der lanndtwer, vnnd von ainer grossen macht, die hinder derselben lanndtwer sein solle, das aber der Jung weyß kunig in seinem hertzen, nit glauben wolt, vnnd verharret, daselbs mit seinem herr uber nacht, vnnd zu morgens erhueb Er sich, vnnd besichtiget solichs selber, Also fand Er, das nichts was, deshalben Er denselben hauptman, als Er dann verdiennt het, gestrafft wolt haben, Aber der hauptman wolt sich mit dem veranntwurten, Er were alt, vnd het solichs fur ain lanndtwer angesehen, vnnd ward dardurch derselb hauptman, dem Jungen weyßen kunig aberpetenn, zulest was es doch offenbar, das Er solichs aus verreterei gethann het, darauf wolt der Jung weyß kunig, nach Ime greiffen haben lassen, da ward Er fluchtig, vnd kam zu dem plaben kunig des dienner Er wurde, vnnd starb bey demselben kunig, ains Ellendklichen todts, der Jung weyß kunig, ließ sich solich verreterei nit verhundern, sonder Er verordnet ainen geweltigen haufen, mit ainem Newen Hauptman (b) zu besehen, was der veindt wesen were, derselb hauptman, mit seinem Haufen, hueb mit den veinden ainen Scharmutzl an, Dieweil zoch der ain haufen von der plaben gesellschafft ab, dann die obgemelten des Jungen weyßen kunigs volck hueben den scharmutzl zu hart an, vnd prachten Ir veldtgeschutz hinzu, vnnd trucken gegen der plaben gesellschaft, vnnd prachten dieselben in die flucht, hinein in die Stat, (c) vnnd schossen Sy in der flucht, so hardt mit dem geschutz, das zu baiden tailen manig tod belieben vnnd wundt waren, vnnd nemlich ain Hauptman von der plaben gesellschaft, (d) Nach solichem rucket die weiß gesellschafft widerumb in Ir heer, der Jung weiß kunig was des willenns, des morgens

(a) Jacob Galliot. S. unten Bl. 175. und 178. Anm. c. (b) Ebald Herr von Lichtenstein. S. unten Bl. 178. Anm. c. (c) Quesnoy. (d) Der Ritter Baugemont. Roo.

1448.

gens mit seinem heer auf zu prechen, sich fur die Stat zu slagen des aber die plab geselschaft nit erwarten wolten, vnd denselben abennd waichen Sy aus forcht aus derselben driten Stat (a) vnnd ruckten alle zu Irm plaben kunig, In solichem nam der Jung weyß kunig dieselb Stat mit seinem kriegsfolck auch ein.

Wie ain verdeckter vertrag zwischen dem Jungen Weyßen kunig vnd dem Plaben kunig gemacht vnd durch den Plaben kunig nit gehalten ward.

Als nun der Jung weiß kunig, die plab geselschaft abgetriben, vnnd die vorbemelt Stat eingenomen het, da zoch Er mit seinem kriegsvolck fort, in der maynung, das Er wolt belaurt haben, den plaben kunig, mit allem seinem kriegsvolck, in ainer grossen Stat von den vier steten (b), solich tapfer furnemen, aber der plab kunig nit geren erwarten wolt, dann Er het fursorg, wo der Jung weiß kunig, Ine in der Stat begrif, Es wurde Ime zu spat raichen, vnnd schicket onvertzug, zu dem Jungen weißen kunig, vnnd mit vil schönen suessen worten Erpot Er sich gegen Ime, dermassen, Ime wider zu geben alle Purg Stet vnnd lannd, die Er vormalen seiner gemahl der Jungen kunigin abgewunnen het, dartzu umb alle spruch recht zu werden, Solich Erpieten aber der Jung weyß kunig ganntz nit annemen woldt, aus der ursach, dann Er besorget, wan der Plab kunig, aus dem veld zug, Er wurde Ime nit halten, vnnd rucket mit seinem heer zu Ime auf aine halbe tagrayß von seinem heer, vnnd als der Jung weyß kunig sich mit seinem heer gelegert het, Da begert Er im fueßstapfen von dem Plaben kunig, der pillichait nach, Ime, vnnd seiner gmahl der Jungen kunigin Ir lanndt vnnd Leut wider zugeben, Nun suechet der plab kunig vill valscher Synn, dann Er gab dem Jungen weyßen kunig, die Purg Stet vnnd lanndt nit geren wider, so het Er sonst kainen behilff, damit Er sich vnnd sein volck von der fursorg, die Ime vor augen was, ledigen möcht, doch fand der plab kunig ainen sölichen verporgen Synn, mit des Jungen weyßen kunigs Räten, vnnd hauptleuten, das der Jung weyß kunig, die Rathigung annemen mueset, dann Sy dranngen Ine, in Rat, mit vil geplumbten maynungen dartzu, das Er von dem plaben kunig, ains tails Purg

(a) Quenoy. (b) Zu Arras. Rhoo l. c.

[59]

A. 1478.

vnd Stet, vnnd das Recht annam, vnnd nach sölichem zugen Sy baiden tailen zu ruck, Aber der plab kunig mocht sein untrew nit lassen, wiewol solicher vertrag nach notdurfft erklert bestimb vnd gesezt was, Nicht destmynnder unangesehen desselben vertrags, vnnderstuenndt sich der Plab kunig vnnd Praticiret haimlichen mit zwayerlay volck, die dem Jungen weyßen kunig zugehörten, vnnd hanndlet sovil, das solich volck, dem Jungen weyßen kunig ungehorsam wurden, als hernach angezaigt wirdt.

Hernach volgt wie der Jung weyß kunig haim kam, vnd sein gemahl Im ainen Sun verreret, vnd was krieg Er weiters fueret.

In der zeit, als der Jung weyß kunig in dem veldt gelegen was, da het sein gemahl die Jung kunigin ainen schönen Sun geporn, (a) damit Sy got der almechtig begabet, vnnd erfreuet, vnnd nachdem, zwischen des Jungen weyßen kunigs, vnnd des Plaben kunigs, ain vertrag gemacht wardt, (b) wie vor davon geschriben ist, da tailet der Jung weiß kunig, sein kriegsfolck aus, vnnd zoch haim zu seiner lieben gemahl, der Jungen kunigin, die Jne gar mit grosser lieb emphieng, vnnd den Jungen Sun mit grosser zier herfur trueg, vnnd dem Jungen weyßen kunig Irm gemachl denselben Jungen Sun, das dan Ir baider kindt was, mit sunderlicher frewdt vereret, vnnd damit empfienng, wie grosse frewdt haben Sy baide gehabt, das Sy in gesunthait widerumb zusamen kumen sein, vnnd got Sy also in freuden mit ainem schönen Sun begabt het, Nach solichem die Jung kunigin, Irm gemachl dem Jungen weyßn kunig, klag weise saget, wie in seinem lannd ainem, (c) abermalen zwo parthey Erwuechsen, vnd ganntz uberhanndt genomen heten, solichs der Jung kunig zu hertzen nam, vnd versamlt widerumb ains tails seines kriegsfolcks, vnnd verordnet ainen hauptman (d) mit ainer antzal kriegsfolck an dieselben parthey, die am nagsten waren, Jnen zu widerstanndt, vnnd das annder kriegßvolck, nam der Jung weyß kunig zu Jme, vnnd fuer selbs mit demselben kriegsfolck uber mer, in ain Innsel, (e) vnnd machet seinen anschlag, dieselb Innsel zubezwingen, als

(a) Den Erzherzog Philipp, am 23. Juny in der Stadt Brugg, und getauft allda den 29. Juny von dem Bischof v. Dornick. Fugger Oesterr. Ehrenwerk MS. 7. Buch fol. 36. (b) Am 15. July. (c) In Geldern, wo einige Aufrührer Wilhelmen von Egmont zum Regenten einsetzen wollten. Rhoo ad finem hujus anni. (d) Den Marschall Remberten von Rechberg. ib. (e) V. Haræum ad ann. 1479. item Fugger l. c.

A. 1479.

als er dann thet, Wiewol dieselb Innsel (a) groß Stet Slösser vnnd lanndtschafft het, Aber Er gewann in kurtz der hauptstet aine, darynn etliche der treffenlichisten derselben Stat erschlagen wurden, Er feiret nit, Er gewann auch das Eben lanndt, vnnd etliche gaben sich in die flucht, Denselben Eilt Er nach, vnnd fienng vnnd erschlug Ir etlich, vnnd dieselben gefanngen ließ Er nach irem verdiennen mit dem Swert richten, vnnd dasselb volck wolt Er weiter durch ächt haben, Indem kam Ime potschaft, wie Ime ain annder lanndt abgefallen were, durch des plaben kunigs valsch listig practick, wie auch derselb plab kunig mit macht zug, in der maynung, Ime sein lannd zu uberfallen, Solich warnung, kam dem Jungen weyßen kunig zeitlichen, und besetzet die Innsel, die Er widerumb erobert het, nach aller notdurfft, vnnd fuer darnach wider uber mer, vnd bewarb sich mit ainem mercklichen kriegsfulck, desgleichn thet auch der Plab kunig, derselb plab kunig was derselben zeit, gar vil mechtiger dann der Jung weyß kunig, doch stutzet der plab kunig, ab dem streit, wiewol Er bey sibentzig tawsennd man het, vnnd machet vier heer, wider den Jungen weyßen kunig. Aber der Jung weiß kunig was mit seinem klainen her, (b) mit Ime zustreiten berait, vnd als Er mercket, des plaben kunigs vorcht, da zoch Er Ime mit seinem heer, in sein lanndt, vnd schlueg sich fur ain Stat genannt Terevan (c).

Wie der Jung weyß kunig mit dem Plaben kunig ainen Veltstreit thet, vnd den streit vnd das Velt behielt.

Als sich der Jung weyß kunig, dem plaben kunig so geweltigclichen mit seinem heer in sein lannd zug, vnnd sich fur die Stat Terevan schlueg, da Ertzurnet der plab kunig insonnderhait vast, vnnd machet wider den Jungen weyßen kunig viererlay heer, darynnen bey achtzig tausend man waren, derselb plab kunig practicieret sovil, das Er von der weisen geselschafft, zehentausend man zu wegen pracht, die dem Jungen weißen kunig abfiellen, vnnd der plaben geselschaft mit krieg anhengig wurden, Darentgegen Rustet sich der Jung weyß kunig auch mit vier heeren, mit denen Er antzug, auf des plaben kunigs volck, die zway heer, waren gegen ainannder gleich starck die schueffen

(a) Petit. Chronique ancienne & moderne de Hollande, Zelande &c. Dordrecht. 1601. Fol. Tom. I. lib. VI. p. 525. (b) Maximilians Armee bestand damals in 27000. Mann. Rhoo ad h. a. (c) Terouane in der Grafschaft Artois.

A. 1479.

baid nichts, dann dieselben heer wurden gefuert, von baider kunig hauptleut, Aber die anndern zway heer, die stritten mit ainander, vnd der Jung weyß kunig fueret sein heer selbs, dieselben zway heer waren als groß, als in etlichen vil hunndert Iren vnnder den cristen nit gewesen sein, Nemlichen wol bey funftzig tausend man, auf bayden seiten, vnnd vil hubschs mechtigs streitgeschutz, derselb streit gienng so ernstlichen an, vnnd griffen dermassen an einannder an, das ob Sechtzehen tawsend man, auf der walstat todt beliben, vnnd vil wundt vnnd gar wenig gefangen, vnnd derselb streit was insonnderhait ain freyer vnd Ernnstlicher streit, dann derselb beschach in ainem gar schönen lustigen vnnd weiten veld, vnnd bey schönen Sunnenschein (a), Der Scharmutzl vnnd darauf der streit weret bey zwelf stunden, der Jung weyß kunig behielt den streit vnd das veldt, vnnd verlur ungeverlichen funf tausend man seins volcks, nit von den pesten, Der Plab kunig verlor seins volcks die ubermaß bey aindlif tausend man der pesten, Der Jung weiß kunig fueret in disem streit nichts anders, dann weiß vän mit guldin glucksredern, vnnd margramöpfl darunder gesprengt, vnnd der plab kunig mit semer plaben geselschaft fueret, ainen guldin man mit stern, vnnd die vanen waren Swartz, In solichem streit fienng der Jung weiß kunig, ainen namhaftigen Edlman, dem Er in streit sein leben fristet, Aber der Edlman wisset nit, das Er der Jung weiß kunig was, sonnder Er hielt Jne, fur ainen namhafftigen hauptman, Alls Nun der streit ain Ennd het, vnd der Jung weiß kunig von seinem pferdt abstundt, vnd auf ainen puschen Reiß saß, vnnd thet sein helmlin von dem haupt ab, alda zu rasten, als derselb gefangen Edlman, den Jungen weisen kunig, vnnder die Augen ansach, da gedacht Er, Es ist der Jung weiß kunig nit, dann man het Jne nit also in den streit gelassen, so ist Er zu ainem hauptman ain solich heer zufuern zu Jung, Aber aus der grossen Reverentz, wie man dann ainem kunig thuet, bedaucht Jme wol, Er were etwas, Indem vorderet der Jung weyß kunig den gefangen Edlman, der dann vor Im stuendt, zu Jme vnnd sprach zu Jme, Reit hin zu deinem herren, dem plaben kunig, vnnd sag Jme also, der Junng weiß kunig, hat mich im streit selbs gefanngen, vnd mit seinem mundt mir bevolhen, Euch zusagen, Er hab den streit vnd das veldt behalten, das gebest du selbs getzeucknus, vnd so du das volpracht hast, so soltu alsdann ledig vnnd frey sein, deiner gefencknus, derselb Edlman saumbt sich nit, Er Rit eilends bis Er kam in seins kunigs hof, vnnd als Er zu dem kunig, in sei-

(a) Den 7. August, bey Guinegast Rhoo.

A. 1479.

seinen Sall gienng, fragt der kunig den Edlman, zustundt, welcher tail das veldt behalten het, Dann Er het zuvor kain gruntliche potschafft, darauf sagt der bemelt Edlman seinem herrn dem plaben kunig, die wort, die Jme der Jung weiß kunig bevolhen het, Als nun der plab kunig vernam, das der Jung weiß kunig das veld het behalten, wisset derselb plab kunig von zorn nit, was Er Reden solt, vnnd gab darauf die anntwurt, hat denn der Junng weiß kunig das velt behalten, so sáe Er ponen daran, vnnd so ainer in disem puech hernach weiter lesen, wirdt, Er finden, das in demselben veldt die ponen aufganngen sein.

Wie des Jungen Weyßen kunigs dritter hauptman aus seins herren bevelh mit seinem zugeordent volck uber ain wasser zug vnd die veindt schlueg.

Nachdem, Nun der Jung weyß kunig, zu dem vorbemelten streit, sein volck in vier tail getailt het, da zoch sein driter hauptman, (a) mit dem heer das Jme zugeordent was, aus bevelch des Jungen weißen kunigs, uber ain wasser, vnnd gewan ainen platz, (b) den Er zustundt verprenet, das Ersach der hauptman, (c) der abgefallen weißen vnd plaben geselschafft, die dem plaben kunig zugehorten, vnd aus Irm aigen muetwilln, Eylten Sy, dasselb volck am wider uberfaren (d) zuschlagen, dasselb kriegsfolck, fuer ains tails uber bis in die angeent nacht, vnd wiewol der ain tail ubergefaren was, so wartet doch der ain tail in Irem vortail auf die vorbemelt plab vnnd abgefallen weiß geselschafft, Welche dann zusamen kamen, vnd an ainander angriffen, vnd fachten Riterlichen mit einander, vnnd got der almechtig gab der weißen geselschafft dermassen den Sig, das Sy die plab vnnd abgefallen weiß geselschaft schluegen, namen Jr kainen gefanngen, Nach solichem Riterlichem slagen, vnd gelucklichem Sig besetzet der vorgemelt driter hauptman des Jungen weyßen kunigs Grenitz des lannds daselbst umb, vnd zoch darnach mit dem ubrigen volck zu seinem herren dem Jungen weißen kunig wider den plaben kunig, derselb Jung weiß kunig darnach pald, aber ainen mechtigen heerzug thet, wider den plaben kunig, wie hernach vernomen wyrd.

(a) Der Marschall v. Remont. (b) Liller. v. Rhoo. (c) Cordäus. ib. (d) Ueber den Fluß Nave.

[61] Cyrrobona

Wie der Jung Weyß kunig abermalen dem plaben kunig in sein land zoch, vnd was verretterey Jme beschach.

Nach dem vorgemelten streit vnnd slagen, in demselben Jar, im fuestapfen darnach, versamlet der Jung weyß kunig, aber ain grosse antzal kriegsfolck, bey den viertzig tausenndt man, wardt dasselb volck angeschlagen, doch was dasselb kriegsfolck, Nur sein gemain geselschaft, damit zoch Er dem plaben kunig, in sein lanndt, als dem plaben kunig dise potschafft kame, wie der Jung weyß kunig mit ainem solichen gewaltigen heer in seinem landt lege, Da besorget Er sich hart, aus der Ursach, dann er getrauet Jme nit, umb sein gelt sovil kriegsfolck auftzupringen, damit Er den Jungen weißen kunig het mugen wider bestreiten, vnnd fanndt in seinem listigen Rat, Er solle etlich seck mit guldin unnder des Jungen weißen kunigs kriegsfolck, vnnd vnnder Ir vorgeer, die des gemainen kriegsfolck schreyer weren, in gehaim schicken, dartzu Er dann pald berait was, vnnd solichs thet, vnnd schicket auch jn sonnderhait, ainem des Jungen weyßen kunigs hauptman, der vor zeiten bey der geselschaft vom fewreysen gewesen was, etlich tausend guldin, derselb hauptman solle zu derselben zeit, denselben krieg zu Enndt haben helfen bringen, Als Nun der plab kunig, solich gelt, vnder des Jungen weißen kunigs kriegsfolck aus getailt het, da schicket Er seiner hauptleut ainen, mit kleinem volck, dem Jungen weißen kunig vnder augen, zu ainer Jrung, der Jung weiß kunig, wiset nichts um sölich verrätterisch hanndlunng, vnnd schlueg sich fur ain Stat genant Saintpaul, an ainem starcken wasser, (a) vnnd vermainet dieselb Stat mit seinem geschutz zu ubereilen, vnnd zu erobern, damit Er destpas, in des plaben kunigs lannd het mugen kumen, vnnd ain offne straß gehabt, Aber der obgemelt hauptman des plaben kunig was geschickt, vnnd kam in die Stat mit allem seinem volck, vnnd nam dieselb Stat ein, mit sampt dem wasser, hinwiderumb was der Jung weiß kunig noch geschickter, dann Er het denselben hauptman verkuntschaft, das Er sich durch sein schicklichayt vndersteen wolt, in die Stat zukumen, vnnd het sich in gehaim darnach gericht, denselben hauptman in solichem seinem furnemen zuschlagen, Nun fiel in derselben nacht ein unmessig regenweter an, deshalben Er in seinem furnemen verhindert wardt, vnnd der Jung weiß kunig bevalch darauf seinem vorgedachten hauptman, der von dem

(a) An dem Fluß Ternois.

A. 1479.

dem plaben kunig haimlichen etlich tausend guldin genomen het, darumb aber der Jung weyß kunig zu derselben zeit nichts wisset, das Er von stundan uber dasselb wasser vnd uberein moß, ain pruck solt haben lassen machen, das Er aber nit tet, Darumb Jme sein herr der Jung weyß kunig ungenedig was, dardurch wardt derselb hauptman des Plaben kunigs dienner, der Jme auch darumb wol belonet, dermassen durch des Jtz bemelten hauptmans verreterei, kam die nachst bemelt plab geselschaft in die Stat, (a) Jn angesicht des Jungen weyßen kunigs, Dann Er mocht Sy mit der gantzen macht nit angreiffen, Wiewol Er vill vnd sondern vleiss het, vnnd dartzu in grosser sorg vnd abentheur seins leibs stund, Aber Er kundt durch unschicklichhayt ains tails seins volcks, zu denselben stunden kain gluck haben, Solichs der Jung weyß kunig hardt zu hertzen nam, das Er mit seinem volck nichts ausrichten mocht, das dann die Ursach was, das, das der plab kunig, die Seck mit den guldin, vnder sein volck geschickt het, die hueben an partheisch zu werden, dardurch yederman erschrocken was, die frumen, neben den pösen, die pösen schriren uber das wetter, Aber solich schreien, das thet des plaben kunigs sack mit den guldin, derselb sack het also ain gewaltig geschray dardurch in das volck dermassen ain stutzen kam, das Sy sich mit Iren unsynnigen köpfen, wider des Jungen weyßen kunigs willen, understundten, weg zu ziehen, vnnd begerten haim on alle not, allain aus Jrer poshait, darab der Jung weiß kunig ain grossen zorn empfieng, vnnd nit unpillichen, vnnd in kurtzer zeit darnach, Erkucket Er wider sein frume Thewre geselschaft, vnd klaget Jnen die obgemelt poshait, so Jme die obberurten pösen gethan heten, vnnd begeret an Sy, das Sy Jme hulfen Jre pösen gesellen, umb solich Jr pöshait zustraffen, des Sy sich bewilligten, Aber dem Jungen weisen kunig gienng ain lannge zeit daruber, Ee, vnnd Er die frumen daran kundt bringen, das Sy sich verwilligeten Jr pöß gesellen zu straffen, vnnd mueset dannoch die pösen ain zeit in Jrem furnemen vnnd poshait beleiben lassen, Dann der plab kunig nam Sy in sein verstentnus vnd haimlichen schirrm, vnnd derselb plab kunig schicket darauf, aber seinen fursten ainen, mit ainer antzal kriegsfolck an ainem anndern ort, dem Jungen weisen kunig sein lannd zuverderben, das thet der plab kunig aus der Ursach, Nemlichen den vorgemelten pösen, die von Jme die guldin genomen he-

(a) Heuterus macht nur eine kurze Meldung von einem zwischen den erzherzoglichen Völkern, und der Besatzung von St. Paul vorgefallenen kleinen Treffen; mit dem Beysatze, daß der Erzherzog bald hernach sein Kriegsheer grossentheils entlassen. Ker. Belgii L. I. pag. 96. Eben also Haræus Annal. Brabant. Fol. 455.

[63]

A. 1479.

ten, zu trost, vnnd guetem, des Jungen weißen kunigs straf, dardurch von Inen ab zu wenden, von demselben Plaben hauptman wird hernach beschriben.

A. 1480.

Wie der Plab kunig, ainen hauptman, mit ainem kriegsfolck, in des Jungenn Weyßen kunigs land schicket, vnnd der Jung weyß kunig Jne geschlagen wolt haben, vnd ainander kunig zwischen baiden kunigen ainen vertrag machet.

Der plab kunig mit seiner plaben gesellschafft, het in dem vorigen krieg, dem Jungen weißen kunig, in ainem anndern lannd, ain befestigung (a) abgewunnen, daselbst hin schicket derselb plab kunig, ainen seiner fursten, (b) mit ainer grossen antzal volck, zu Roß vnnd fueß, dem Jungen weißen kunig sein lanndt, aus derselben befestigung weiter zuverheeren, vnd zuverderben, Also was der Jung weiß kunig ain als gefer, mit seinem frawenzimer nahend dabey, vnnd alspald Jme die warung kam, schicket Er eilends nach etlich tausend seins kriegsvolcks, Aber Er was swecher, dann die plab gesellschaft, vnnd schicket doch nicht destmynder, zuvor seiner fursten ainen, denselben flecken zubelegen, vnnd alda zuwarten seiner zukunft, solichs vernam die plab gesellschafft, vnnd wolten dieselben weißen gesellschaft geschlagen haben, Indem kam der Jung weiß kunig mit seinem volck in ain grosse Stat, gelegen an einem wasser ain (c) tagraiß von dem obgemelten fleck, vnnd durch grosse pet, von frauen vnnd Junckfrawen, auch der Jungen gesellen, die zu dem streit zugen, nam der Junng weiß kunig das frawenzimer mit bis in dieselb gros Stat, dieweil Sy in derselben Stat wol sicher waren, am anndern tag ließ der Jung weiß kunig auf plasen zu dem streit, vnnd wolt die plab geselschaft uberfallen haben, dann dieselb plab gesellschaft Nun ain tagraiß von Jme lagen, in der maynung sein volck, das vor dem fleck lag, zu schlagen, derselben weissen gesellschaft hueb an zu grausen, vnnd waren in der fursorg, die plab gesellschafft wurde Sy uberfallen, vnnd heten sovil vnd dester mer vleiss, das sich derselb fleck Ergab, Unnd dieselb weiß gesellschaft zug tag vnnd nacht, vnnd prachten Irem herren dem Jungen weißen kunig auf dem obgemelten tag die gefanngen, aus demselben

(a) Durby im Luxenburgischen gelegene Stadt. MS. MAX. (b) Karl Herr von Amboise MS. MAX. und Fugger auf dieses Jahr. (c) Die Stad Namur MS. MAX. und Fugger.

A. 1480.

selben fleck, in weisen hembtern vnnd weisen stablein, darumb, das Sy sich in die plab geselschaft ergeben heten, vnd machten dieselben gefanngen widerumb weiß, Als Nun der Jung weiß kunig auf plassen het lassen, die veindt zu schlagen, wie obgemelt ist, Da gienngen seine Rät zu Jme, Er solt desselben schlagn vnnd seins furnemen auf ditzmal absteen, Nachdem vnnd seins volcks, vil mynnder waren, dann der plaben geselschafft, Sölich der Rät begeren, schlueg Jr herr der Jung weiß kunig Jnen ab, Dann Er vermainet ob schon seins kriegsvolcks wäniger wären, so weren Sy doch pesser, dann die anndern, Also giengen die Rätt von Jme weg, vnnd kamen zu der Jungen kunigin, vnnd sagten Jr, wie das fechten zu diser zeit nit von noten, sonnder sorgklichen were, Also was von der Jungen kunigin, pald ain anslag gemacht, in der gestalt, da der Jung weiß kunig sich gantz zum slagen berait het, Da gienng Er zu der Jungen kunigin, vnd wolt von Jr vrlaub nemen, da ward Er bey Jr versperdt, vnnd Sy behielt Jne, also bey Jr, das Er beleiben mueßset, vnnd schicket nach den hauptleuten, die kamen, dieselben Redten mit dem Jungen weißen kunig sovil, das Er diser zeit das fechten an solt lassen steen, vnnd seins merers kriegsvolcks erwarten, das gab Er also nach, vnnd gieng darauf mit aller seiner geselschaft, die Er bey Jme het, zu dem Tanntz, vnnd der vorgemelt plab furst mit seiner geselschaft was am zug hinein in des Jungen weisen kunigs lannd, het nit wissen das der Jung weiß kunig mit seinem kriegsfolck ainstails, so nahendt was, vnd alsopald Jme sölichs kundtschafft kam, da besorget der plab furst, der Jung weiß kunig wurde sich vnndersteen Jne zu uberfallen, vnnd gab sich darauf mit seiner plaben geselschaft, wider in die flucht in Jr landt, uber ain schefreich wasser, also ward auf denselben tag, nichts anders gefochten, dan an ainem tail getantzt, vnnd am anndern tail geflochen, aufs solichs stercken sich baid partheyen weiß vnnd plab, vnnd wolten abermalen ainen vermessen streit mit ainannder thuen, Solichen streit underſtundt der alt kunig von pluemen, (a) dann Er leget sich dardin, sonst wolt derselb kunig, den Jungen weisen kunig geholfen haben, vnnd machet zwischen denselben baiden kunigen, ein Rachtigung, in der gestalt, das die Spen zu Jme waren gestelt, vnnd als derselb kunig von pluemen, in aller hanndlung was, da starb Er, (b) vnd alspald derselb kunig starb, da vnderstuend sich der

 plab

(a) K. Maximilian nennt ihn in seinen Schriften den König von weissen Blumen: wird also unter diesem Namen Eduard IV. K. in Engeland aus dem Hause York verstanden; weil nämlich in dem Kriege, welchen das Haus York mit dem Hause Lankaster geführet, die yorkische Parthey eine weisse Rose, die landkastersche aber eine rothe zu Fahnenzeichen erwählet hatte. (b) Den 9. April im J. 1483.

A. 1480.

plab kunig zustundan, dem Jungen weisen kunig widerumb ain volck abtzukauffen, als Er thet wie hernach vernomen wird.

A. 1483.

Wie der Plab kunig, dem Jungen Weyßen kunig ain Volck abkauffet, vnd wie der Jung Weyß kunig, dasselb abkaufft volck, vnd die Plab geselschaft bekrieget.

Als Nun der vorgemelt kunig von pluemen gestorben was, zustundan understuend sich der plab kunig, den Jungen weißen kunig widerumb zubekriegen, bedarff doch solichs nit offenlichen thuen, Aus Ursach, dann der Jung weiß kunig, het dieselb zeit bey ainander funfundtzwaintzig tausend man, die pesten, vnnd bekrieget, vnd betzwanng, ain mechtig Commun, (a) die Jrn herren, (b) umb unschuldt gefanngen heten, Dann derselb herr, des Jungen weisen kunigs verwanndter was, (c) vnnd was Jme ganntz gunstig, jn solichem erdacht der obbemelt plab kunig, ainen solichn valschen list, Nemlichn Er schicket haimlichen ain potschaft zu ainem kunig, mit den schwammen, (d) vnnd vertröstet Jne hoch, vnnd gab Jme solichen trost, dardurch, Er denselben kunig, wider den Jungen weißen kunig beweget, vnnd damit Er auch sonnst an sich prächt ain mechtig Commun von steten, dartzu etwo vil wilder pauren, mit ainem seltzsamen fan, (e) den Sy auf warffen, als pöß pauren, wider Jren herren den Jungen weisen kunig, vnnd dieselben wilden pauren machten in gehaim ainen pundt, mit dem plaben kunig, wider den Jungen weyßen kunig, vnnd dieselben pauren viengen vnd verjagten auch Jr öbern, die den Jungen weisen kunig verwandt, vnd underthan waren, vnnd dieselben pösen pauren mit Jrem anhanng hiesen die plab vnnd graw geselschaft, Ab sölichem, emphienng der Jung weiß kunig ainen zorn, vnnd schicket ains tails seins kriegsfolcks, bey zway tawsend in ain dorf, sich zuversameln, vnd noch mer schicket Er Jnen Eilends nach vier tausend, da wolten die zway tausend derselben nit erwarten, vnnd eilten an des kunigs bevelch vor hin an, vnd wolten ain prucken einnemen, Sy waren alle

zu

(a) Utrecht. (b) David Bischof zu Utrecht. (c) Er war aus dem burgundischen Hause gebohren und ein natürlicher Sohn Herzog Philipp des Guten. Roo. Bl. 337. und ardere. (d) Johann Herzog zu Kleve, weiter unten kömmt er unter dem Namen eines Königs mit der Schwanne vor; seinen Bruder Engelbert hatten die von Utrecht zum Verweser des Bißtums anstat des verdrungenen Bischof Davids aufgeworfen. MS. MAX. Fugger, und audere. (e) Die aufrührischen Bauren in Holland, von welchen weiter unten eigentliche Meldung geschieht.

A. 1483.

zu fues, In dem waren Sy durch Jr unschicklichait verkuntschafft, Da zechen sechs tawsenndt zu Roß vnd fues von der Communischen geselschaft, so die plab vnd grab geselschaft genannt was, (a) wider die obgemelten zway tawsendt, Und da sölichs die Zway tausend zu fueß von der weisen geselschaft ersachen, das die veindt so stark waren, zu stundt zugen Sy ab, Unnd wolten in ain befestigung ziehen, Aber Sy zugen mit ainer Unordnung. vnnd etwas zuspat ab, dardurch Sy das geschutz aus Unschicklichait der wagen knecht, hinder Jnen liesen, Es was nun slecht klain weld geschutz, vnd die letsten, bey dem geschutz, die wurden von den veindten der geraissign Erraicht, vnd bey zway hundert erslagen, vnd gefanngen, In solichem kam der Jung weiß kunig mit seiner andern geselschaft, vnd misfiel Jme seer, vnd nit unpillichen söliche verwarlosung, vnnd als Er Nun vernam, das sein volck die zway tawsend also ubl gehänndlt heten, Da ließ Er denselben veinden, die Nun in Jrem Synn stoltz waren, mit dem pranndt ainen furlaß mit guetem kriegsfolck, Und Er schlueg aus denselben Sechs tawsend bey Neuntzehen hundert zu todt, Unnd gar wenig gefangen 2c.

Wie der Junng Weyß kunig (b) sich fur ain große Stat legert, die in dem Apfel grawen pundt was, und die erobert.

Als Nun der Jung weiß kunig die Neuntzehen hundert man erlegt het, da zoch Er dem sig nach, vnd fand in Rat, Er solt sich fur die mechtig stat schlagen, die in demselben plaben vnnd grawen pundt was, damit so wurde derselb pundt, auf ain mal zertrent, Unnd slueg sich darauf, mit allem seinem volck fur dieselb grosmechtig Stat, mitsambt allem seinem haupt geschutz, das gar treffenlichen was, vnnd ließ vor der Stat, ser schanntzen vnnd das haus geschutz zustundan legen, vnd die Stat zum sturm beschiessen, mit grosser mue, die sein personn het, In solichem aus ainer Unordnung, auch on wissen des Jungen weißen kunigs, nam sein volck den sturm an, vnnd sturmeten dieselb Stat, vnd verluren denselben Sturm, (c) Als der Jung weiß

 kunig,

(a) Der Huikische Bund. Maximilian unterscheidet diesen Bund von dem gelderschen dadurch, daß er diesen die graue, jenen aber die blau und graue, oder auch apfelgraue Geselschaft zu benennen beliebet. (b) Die Stadt Utrecht bekannte sich damals eben znr huikischen Parthey widee dir Kabilauten. (c) Bey diesem abgeschlagenem Sturm blieb auch der Graf von Hohenzollern, ein Vetter Maximilians. Der Erzherzog ward auch über diesen ohne seinem Wissen vorgenommenen Angriff so unlustig, daß er welche von den Hauptleuten henken ließ. Petit Chronique de Holl. L. VI. f. 567.

[65]

A. 1483.

kunig, zum annder mal sturmen wolt, lassen, Sölichs vernam der kunig mit dem schwammen, der dann auch im plaben vnd grauen pundt was, vnd underst uendt sich dem Jungen weisen Kunig, denselben Sturm zu weren, Unnd schicket ainen hauptman, mit ainer anzal volck, zu Roß vnnd fues, vnnd bevalch demselben hauptman, dem Jungen weisen kunig ain her abzuschlagen, auf solichs zoch derselb hauptman, mit den geraisigen bey der nacht, auf den Jungen weisen kunig, vnnd das fuesvolck ließ Er Jme noch volgen, Sölichs ward dem Jungn weisen kunig verkundtschafft, der ließ, in Stil, dem merern tail seins volcks ansagen, mit Jme auf die veindt zuziehen. Aber Es ward ain klaine anzall volck auf, die mit Jme, gegen den veindten zugn, dann die anndern wolten nit glauben, das die veind so nahend verhannden wären. Also kam der Jung weiß kunig, mit seinen klainen volck, an die veindt, (a) der vil mer waren, dann sein volck, vnd mueset aus not mit den veindten treffen, vnnd auf baiden seiten, heten Sy guet trumeter, vnd der Jung weiß kunig, pracht mit seinem klainem volck, die veindt in die flucht, erleget auch Etwo vill geraisig, Sy namen auch Jr flucht auf Jre fuesknecht, Jnen zu hilf zukumen, die Jnen dann halfen, bis in ain befestigung, die Sy nit verr von dannen heten, darein wichen Sy alle. Also Zoch der Jung weiß kunig widerumb zu seinem hauffen, vnnd darnach gar in sein heer, darynnen wardt Er mit grossen freuden emphangen, Er feyret auch gegen der Stat nit, mit dem andern sturm, vnnd sturmet der Stat ainen zawn, vnd den gefuerderten graben ab. Aber die in der Stat wolten denselben Sturm nit leiden, Nach dem derselb Sturm so gar erobert was, das man mit Rossen in die Stat reiten mocht. Da Ruefften Sy umb gnad, die Jnen, der Jung weiß kunig, auf dieselb Zeit nit geben wolt, Doch zu letst, durch sonnderliche grosse bette, Rit der Jung weiß kunig, uber die Nider geschossen mauren, zu Jnen in die Stat, vnd nam Sy, in sein gnad. Jn dem erhueb sich zwo groß (b) Romor, von partheyen, vnd sonnst, dann die plab vnnd graw geselschaft, die aus derselben Stat zugen, heten gelaidt von dem Jungen weisen kunig, da wolten etlich von der wisen geselschaft seins volcks, dieselben plab vnnd grab geselschaft zu lodt schlagen, von ains zusprochs wegen, etlicher gefanngen, dan dieselb weiß geselschaft vermainten, die anndern heten des Jungen weißen kunigs gelait geprochen, Unnd zugen gestracks auf Sy. (c) Als aber der

Jung

(a) Ein kleines Treffen bey Amersfort, welches Städchen Maximilian nach der Eroberung der Stadt Utrecht ebenfalls eingenommen, und den daselbst gefangen liegenden Bischof David befreuet hat. MS. MAX. Harçus Annal. Brab. fol. 463. und andere. (b) Den 9. Sept. Petit Chron. de Holl. fol. 568. (c) S. Roo Bl. 349.

A. 1483.

Jung weyß kunig sölichs vernam, Eyllet Er allein zu Roß hinaus, zu der plaben vnnd graben geselschafft, vnd trostet Sy, vnnd hieß Sy still halten, vnd das Sy Im, in dem gehorsam weren, Er wolt Sy reten, aber die parthei von seiner weisen geselschaft, Eylten so ser auf Sy, das der Jung weiß kunig under Sy mueset sprengen, vnd traib Sy mit dem swert zu ruck, sonnst weren die treffen anganngen, Also pracht Sy der Jung weiß kunig, von ain annder, vnnd derselb weiß geselschafft, zoch in einem verdrieß, zu ruck, vnnd liessen Irn herren den Jungen weißen kunig, vnnter den veindtn an alles gelaidt, allein, dieselb plab vnnd graw gesellschafft, sagten dannck dem Jungen weißen kunig, der Eeren, die Er jnen gethan hat, doch zaigten Sy Ime danebeu an, wie Er yetzo in Irem gewalt were, dann Er hat kain gelatdt von Inen, Aber Sy heten gelaidt von Ime, In dem zoch Er zu- stundt von Inen, vnnd Empot der obgemelten weißen geselschaft, Sy solten auf Ine warten, Sy waren aber dermassen Ertzurnt, das Sy auf In nit warten wolten, also stundt der Jung weiß kunig, in grosser geferlichait vnd abenteur, und Rait dester mit grössern Eren widerumb in sein heer, da Er- hueb sich in dem heer, die drit parthey, dann die andern aus der weißen Ge- selschafft, die im heer beliben waren, die triben gegen der obgemelten gesel- schaft, die solichs gethan heten, das gespät, und hueben mit ain annder an, zu katzpalgen, bis Ir funftzig oder Sechtzig todt beliben. Der Jung weiß kunig kam aber entzwischen, vnnd mit grossem geluck stellt Ers ab, doch wo Er Nun ain viertl stundt ausbeliben were, So heten ob acht tausend manen ain frey treffen, mit ain ander gethan, von der Narren, wegen ist wol zuermessen, das gewiß ain tausendt auf der walstat beliben weren.

A. 1484.

Wie der Jung Weyß kunig, den kunig mit dem Schwann, (a) bezwunng.

Als nun der Jung weiß kunig, die vorgemelt Stat erobert het, da gedacht Er, wie Er den kunig mit den schwann bekriegen vnd sich unndersteen wolt, denselben kunig, aus der apfl grab und graben geselschaft zu bringen, dann Ime was aus vill Ursachen, nit leidlichen, denselben kunig, in der apfl graw vnd graben geselschaf zulassen, vnd auf sölichs zoch Er geweltigclichen, uber

(a) Johann Herzog zu Kleve. Teschenmacher Annal. Clinip. fol. 320.

[67]

[68]

A. 1484.

uber denselben kunig, der dann hauptman was uber den vorgemelten pundt, vnnd thet Jme vil abpruchs, vnnd benottigung, derselb kunig, mocht dem Jungen weisen kunig, nit genuegsam widerstand thuen, der Jung weiß kunig feiret nit, sonder Er rucket Jme also in sein lanndt, vnd uberzoch Jne dermassen, das Er denselben kunig, mit dem schwanne, benettiget, das Er sich an Jne, vnd sein weise geselschaft ergab, vnd verschwuer die apfel graw vnd graw geselschafft, also bezwang der Jung weis kunig disen kunig mit den schwann.

A. 1492.

Wie der Junng Weyß kunig, den Pauren Pundt mit dem seltzamen Fann zerstöret.

Nun was, ain haimlicher paurn pundt (a) verhannden, mit dem seltzamen fan, verpargen Jrn pundt, den Sy wider den Jungen weißen kunig gemacht heten, vnd als Sy hörten, das der Jung weiß kunig, an anndern orten, gegen dem plaben kunig, mit krieg beladen was, da kundt der arg list, in denselben pössen paurn des seltzamen fans, nit verporgen beleiben, vnnd liessen zu samen, vnnd versamelten sich, vnnd uberfiellen darnach, den Jungen weißen kunig, ain grosmechtige Stat, (b) vnd tetten Jme darynnen grossen schaden, biß solanng, des Sy ubereilt waren, durch die waißgeschaft, die erschluegen, derselben paurn, zu derselben zeit den drittail, dann ain antzal kam mit gueten hertzen, in die weiß geselschaft, Aber die Rädlfuerer, etliche wurden mit dem swert gericht, vnd etlich ewigclich verjagt, dann dieselben gemain paurn, waren auch erst, in die apfl graw, vnnd graw geselschafft kumen, also zerstöret der Jung weiß kunig denselben paurn pundt, mit dem seltzamen fanen.

(a) Sind die aufrührischen Kennemers, insgemein von dem Sinnbilde, das sie in ihrer Fahne führten, das Kasenbrotvolk genannt. MS. MAX. (b) Die Stadt Harlem, in welcher sie von Alkmar den 3. May angekommen, und grossen Schaden angerichtet. Petit fol. 591.

Wie dem Junngen Weyßen kunig, sein gemahl starb, vnd was untrew, der plab kunig, Jme tet.

In solichen kriegen, Starb dem Jungen, weisen kunig, sein gemahl, (a) vnnd ließ hinder Jr zway kinder, die der Jung weiß kunig bey Jr, durch die gnad des almechtigen gotes, uber kumen het, Nemlichen ainen Sun, vnd ain tochter, (b) der Jung kunig trueg groß laid, um seinen gemahl, Dann Sy heten an ain annder gar lieb gehabt, davon viel zuschreiben were. Er ließ Sy gar kostlichen, vnd Eerlichen, zu der Erdtn bestäten, (c) Da sölichs der plabkunig Erfuer, versamlt Er die macht, alles seines kunig reichs, vnd wolt den Jungen weisen kunig uberziehen, Er Richtet auch ain Newe praune geselschaft auf, (d) mit ainem prawnen fursten, davon hernach beschriben wirdt, Unnd etlich des Jungen weisen kunigs Unnderthann, die von Jme abfiellen, namen sein töchterle, vnd ubergaben dasselb kindt, dem plaben kunig vnd darzu etliche lanndt, vnd leut in schein eins heirats, (e) was Sy dann mit dem Sun angefangen haben, wirdt auch hernach vernomen.

(a) Den 27. März zu Brüg. (b) Philipp, gebohren den 23. Jun. 1478. und Margarethe gebohren den 10. Jäner 1480. Neben diesen gebahr sie einen Sohn Franz mit Namen, den 2. Sept. 1481. welcher aber eben dasselbe Jahr verstorben, und also seine Mutter nicht überlebt hatte. (c) Das Leichbegängniß ward den 2. April gehalten. Die Beschreibung desselben findet sich beym Fugger und andern. (d) Der fländersche Bund, in welchem vornemlich die Städte Gent, Brüg, ung Yper begriffen waren. (e) Margaretha, Maximilians Prinzessinn ward vermög des im J. 1482. geschlossenen Friedes zur Braut des Dauphin Karl erkiesen, und ein Jahr hernach in Frankreich geführt; jedoch wider den Willen ihres Vaters. Petit Chronique de Hollande L. VI. fol. 561. 563.

156

A. 1484.

Wie der Junng Weyß kunig den Roten kunig umb hilf anlanget. (a)

Nach dem, und dem Jungen weisen kunig solicher Unfall beschehen was, mit seiner gemahl todt, mit nemung seiner kinder, vnd mit abfallung seins volcks, des erschrack Er, insonderhait vast, vnd schicket umb hilf, zu seinem frundt ainem, genannt der Rot kunig, vnd bat Jne umb hilff, vnd Rat, der sich dann bewilliget, Jme personndlichn, zu hilf zu kumen, mit aller seiner macht, zu Roß vnd fueß, doch wolt Er zuvor, sein potschafft schicken, zu dem plabn kunig, und der prawnen geselschaft, zu besehen, ob Er möcht, die sach guetlichen vertragen. Wann aber die nit möcht vertragen werden, so wolt Er Jme alsdann helfn, also tädiget Er Jar vnnd tag dar zwischen, vnd machet auch daneben dermassen, ainen anstanndt, das dieselb zeit nit gekriegt wardt, vnd Er schicket sich nicht deßmynder zum krieg, dem Jungen weißen kunig zuhelfn, In dem fanndt der plab kunig, ain practicken, mit etlichen des Rotn kunigs volckh, das pracht Er mit seinem gelt zuwegen, Das Sy dem paben kunig zusagten, wann der Rot kunig dem Jungen weißen kunig helfen wolt, so wolten Sy Jme helfen, vnnd warffen in gehaim, auch ainen fursten auf, von der Roten geselschaft, vnd hiesen sich selbs von der Roten weisen geselschaft, da solichs der Rot kunig erfuer, unnderstunndt Er sich solichs zu wennden, mit gueten practickten, vnnd als der Jung weiß kunig sach, das die tading nit hoffenlichn was, die der Rot kunig, mit der prawnnen geselschaft thet. Darauf hueb Er an, die prawn geselschaft zubekriegen, vnd begriff derselben etlich, die dann mit grossem gespot, den Jungen weißen kunig verachteten, vnd mer der weisen geselschaft in Iren pundt bringen wolten, derselben, Er dann, ain merckliche antzall, an die päm hennden ließ, Dardurch sich die praun geselschaft versamlt, auf den Jungen weisen kunig zu ziehn, Der Jung weiß kunig, ermanet den Roten kunig, Jme zuhelfen, Aber Er schlueg Jme die hilf ab, In ansehung, vnd aus der ursach, dann der plab kunig, het Jme seine underthanen partheyisch gemacht, Dardurch Er mit kainem volck, aus seinem kunigreich ziechen bedorfft, In fursorg, dieselb parthey möcht wider Jne aufsteen, vnnd Jne verdringen. Nicht deßmynder, Erhueb sich der Jung weiß kunig, mit seiner macht, auf die plab

(a) Richard III. König in Engeland, der im J. 1483. den 7. Jul. sich krönen ließ, nachdem er Eduard V. seinen Enkl den 24. May hinrichten lassen.

A. 1484.

plab vnd prawn geselschaft, Wiewol dieselben vil stercker, dann Er, warn, jedoch, vertröstet Er sich, auf sein guet gerust kriegsvolck, das dann der keren aus seinem reichs was vnd diser krieg wirdt Jetzo hernach beschriben.

Wie der Plab kunig, dem Jungen Weysen kunig, wider ain volck abkauffet, vnd ain Newe Prawne geselschaft aufrichtet, vnd wie der Jung weyß kunig, dieselb, Prawn geselschaft bekrieget, und Jnen anfengklichen, ainen täber abgewun.

Als Nun der grosmechtig plab kunig vernam, das der Jung weiß kunig soviel sigs, wider sein Newe apfl graw vnnd graw geselschaft het, da feyret Er nit, vnd erkucket ain Newe praunne geselschaft, die Er dem Jungen weißen kunig, mit grossem gelt abgekaufft het, vnnd des Jungen weißen kunigs, Naturlich unndersassen waren, vnd in der Zeit, als der Jung weiß kunig, mit dem kunig mit den schwann, auch mit der apfl-graw vnnd grawen geselschaft, vnnd mit den pauren mit dem seltzamen fanen, gekriegt het, da hueben sich an zu ueben, die obgemelt New praun geselschaft, vnnd kerten, dem Jungen weisen kunig da haimet, all sein wesen, und Regiment umb, vnnd viellen alle von Jme, zu dem plaben kunig, vnnd namen Jrem herren dem Jungen weißen kunig, seinen ainigen Sun, (a) der noch gar Jung was, vnnd wolten damit, etliche leut auch abgeworffen haben, von dem Jungen weißen kunig, vnd namen fur ain Ursach, Er vertzeret sein, vnnd Jr guet, mit kriegen, vnd spilen, vnnd seine Räte, vnnd hauptleut weren dieb, das was alles die Unwarheit, dann Er het, alle seine tag, nye Tausennd guldein verspilt, Es waren auch, seine Räte vnd hauptleut frum vnd Erber, Er het sonnst so grosse kriege, nit mugen furn, vnd die krieg, die Er auf dieselb zeit gefuert hat, die hat Er aus not thuen muessen, dann Jme durch verhengnus gottes, die peß welt zustraffen, soliche widerwerttigkayt, auch durch der seltzamen welt verachtung beschechen, vnd zuegefuegt worden ist, Also vielen dieselb praun geselschaft von Jrm herrn, dem Jungen weisen kunig, vnd schluegen sich, an den plaben kunig, wie vor gemelt ist, derselb plab kunig schicket Jnen zu hilff, wider

(a) Die französisch gesinnten Stände von Flandern hatten Prinz Philippen wider den Wille seines Vaters in die Verwahrung genommen, und ihm ganz eigenmächtig gewisse Vormunder gesetzet. Petit Chron. de Holl. L. VI. fol. 568. Fugger MS. fol. 53.

A. 1484.

der den Jungen weisen kunig zehenndt tausend man, zu Roß vnnd fueß, doch den merern tail, zu Roß, Auch mustertn sich die praun geselschaft, vnd klaideten sich alle, in ain farb, Und gaben aus, Jr weren in derselben geselschaft, Anderthalb hundert tausend streitpar man, aber alle zu fueß, also da sölichs beschach, vnd diser seltzamer pundt geöffennd wardt, kamen etlich des Jungen weisen kunigs, frum dienner, vnd unterthanen, aus der praunen geselschaft, doch ain klaine Antzal, dem Jungen weisen kunig, Jrem Rechten herren, entgegen, vnnd reckten auf Jre henndt vor laidt gegen got, vnd verkundten Jrem herrn sölich untrew Unfäll vnnd verreterey, die durch die praun geselschaft beschehen were. Da verwundert sich der Jung weiß kunig solicher mär seer, vnd versamlt sich darauff, in grosser still, mit seinem kriegsfolckh, vnd zoch auf dieselb praun geselschaft, Sy mit weystumb an sonder krieg, zu ertrennen, vnd kam also, Ungewarnet fur die porten, der mechtigen Stat, darynnen die widerwärtigkait, vnd aufrur erwachssen was, wolt gern weiter verstreckt haben, Aber Es kundt sich nit glucken, aus graussen, des Jungen weißen kunigs hauptleut, dann Sy heten fursorg, Jr volck were zu wenig, gegen der praunen vnnd plaben geselschaft, so dieselb zeit, bey ain annder waren, in der maynung, das Sy wolten dem Jungen weißen kunig, die weg sperren, auf wasser vnnd lanndt, damit Er nit, hin, vnd wider wanndeln möcht, zu seiner weißen geselschaft, vnd dieselb plab vnnd praun geselschaft, schlug ainen täber, (a)dahin Sy als Jr geschutz legten, denselben täber, gewann der Jung weiß kunig, mit gewalt, vnd welche nit erschossen vnd erstochen waren, dieselben ließ Er alle hencken.

Wie der Junng weyß kunig, die plab vnd Prawn geselschaft schlueg, vnd Jnen, mer ainen Täber abdrang.

Nun heten, die plab vnnd praun geselschafft, noch ainen täber, (b) der Jung weiß kunig bedacht sich nit lang, vnd zoch auch fur denselben täber, vnd als Er sich darfür gelegert het, da kam Jme kundtschaft, vnd sonderlichn, seinen hauptleuten, wie der veindt wol drey maln als viel weren, als seiner weisen geselschaft, Er welt sich aber, solichs nit Jrren noch bekumern lassen,

dann

(a) Ein Blockhaus, welches die unruhigen Stände von Flandern nahe vor Antwerpen beym Klopersdyck angelegt hatten. Petit fol. 569. 570. (b) Dieser Vorfall ereignete sich bey Zwyndrecht einem in der brabantischen Landschaft Waes gelegenen Orte. MS. MAX.

A. 1484.

dann sein selbkundtschaft, waren gerecht, der veindt waren kaum zway mall als vill, vnd ließ sich der obgemelten kundtschafft nit Irren, noch verhindern, Sonder Er zoch gegen den veindten, vnd ließ den täber sten, Unnd griff die veindt in ainer Enng an, das thet Er mit vleyß, damit sein volck, den grossen hauffen der veindt nit sehen, auch die veindt Iren grossen hawffen volck, nit prauchen möchten, vnd traf also mit den veinden zu fueß, Ritterlichn vnd tewrlichn, vnd schlueg Sy in die flucht, auch viel zu todt, Es wurden auch, vill gefangen, Nach sölichem Sig, Ergab sich der obgemelt taber, aus laidt vnd schrecken, zu des Jungen weißen kunigs willen, den Er dann zustundan ein nam, Und ließ den täber, auch das land, ain halb tagreiß darumb verprennen.

Wie der Jung Weyß kunig, auf ain Stat zug, vnd seins Volckh halben ab dem sturm treten musset.

Nach dem, als der Jung weiß kunig, die zwen vorgemelt täber erobert het, zoch Er darnach auf ain mechtige Stat (a) in der gestalt, das Er die mit ainem halben sturm wolt uberfallen haben. Er het auch solichn seinen anschlag, mit allen seinen hauptleuten, von den Mynnsten, bis auf den maisten beschlossen, vnd fieng darauf denselben halben sturm an. Wiewol Er, mit einer person, mit etlichen uber den ersten graben kam, so viel doch in die sanndern ain grawß, Aber Sy waren mued, dann Sy zwo nächt, und drey tag getzogen waren, Sy vermaynten auch, Sy wären zu schwach, das doch nit was, und wolten Irem herren, dem Jungen weißen kunig solichem sturm nit helfen volpringen, und vertruckten nit, dardurch der Jung weiß kunig, widerumb von dem sturm abtreten, vnnd zu ruck ziehen muesset, vnd stundt zu Jnen, vnd Ermanet Sy hoch, mit grossem Zorn, Es half aber nit. Also ward dem Jungen weißen kunig, die cost vnd mue verloren.

(a) Die Stad Brüg. Petit Chron. de Holl. L. VI. fol. 569.

[77]

H·B

Wie der Jung Weyß kunig, auf ain andere Stat zug, vnd die Erobert.

Nach solichem, bewarb sich der Jung weiß kunig in stil widerumb, ain andere stat (a) zu uberfallen, als Er dann thet, Nemlichen, Er zoch gestracks auf ain Stat, die Jme abgefallen was, die ubereilt Er, vnd kam ungewarneter sach, in dieselb Stat, mit ainer seer klainen anntzal volck, vermainet so Er in die Stat kôme, Sy wurden sich gegen Jme nit zu wôr stellen, Wiewol Er mer volcks het, die heten sich, Unnder wegen im veldt verhindert, dartzu so gedacht Er, Er were desselben volcks, aus abgemelter Ursach, nit vast notdurfftig, Aber als Nun der Jung weiß kunig, mit obgedachten, klain volck in dieselb Stat kumen was, da griffen die Stat leut zu Irer wôr, vnd harnascht, vnd loffen zusamen, vnd traffen zustundt mit dem Jungen weißen kunig, vnd seiner geselschaft. Auf denselben tag, verlor der Jung weiß kunig seinen obristen ainen, (b) der Jme daselbst erschlagen ward, wiewol die Burger in der Stat, mit etlichen Irn sôldern, vier mal als stark in der Stat waren, als der Jung weiß kunig, doch nicht dest mynder, viel der Jung weiß kunig, mit sambt etlichen seinen geraissigen, von den pferden auf den Platz zu fueß ab, dann Er allain die geraissigen bey Jme het, vnd das fueß volck, het Er hinder sein gelassen, darumb mueßet Er, mit den geraissigen an das fueß volck vertrucken, sonst het Er hinfuro dieselb Stat in ainem Jar, nit erobert, dann dieselb Stat was vest, Unnd het von der praunen gesellschafft ainen grossen zuzug, Unnd die stat leut, wurden dermassen daruber von dem Jungen weißen kunig Unnd seiner gesellschaft geschlagen, vnnd die Stat zu derselben zeit also erobert.

Wie

(a) Die Stadt Dendremond, welche der Erzherzog mit List überfallen, und mit den Waffen behauptet hat. Buzelin. Gallo Flandria. fol. 463. Petit fol. 569. u. a. (b) Ein Graf von Hohenzollern. Roo Bl. 351. Petit l. c. fol. 569.

A. 1484.

Wie die Prawn geselschaft, auf den Jungen Weyßen kunig zug Und Jnen der Weyß kunig, ain Stat abgewan.

Als Nun der Jung weiß kunig, die vorbemelt Stat eingenommen het, nit lanng darnach, versamlt sich die praun geselschaft, mit aller Irer macht, die doch gar mynndert den hundert vnd funftzig tawsend manen geleich was, als Sy sich ausgeben heten, vnd zochen auf den Jungen weißen kunig, vnd schickten Ir treffenliche potschaft, zu dem plaben kunig, das Er Jnen in jrn pundt zehen tawsendt man schicken solle. Das dann derselb plab kunig also thet, aber Sy kamen gar lanngsam, nicht destmynder vertrucken die praun geselschaft, auf den Jungen weißen kunig, und heten dem Jungen weißen kunig seiner pessten hauptleut ainem, den Er het, mit gelt abgeworben, uber den sich der Jung weiß, von wegen ainer bösen tat ertzürnet het, denselben zorn nam der obgemelt hauptman zu ainer Ursach, und thet darauf noch ain pöser stuck, mit dem, das Er von dem Jungen weißen kunig, an die praun geselschaft viele, vnd dieselb praun geselschaft, was zu derselben zeit dem Jungen weißen kunig, zustarck. Dardurch Er in seiner Stet aine zichen muesset, vnd bedorfft nit wagen, mit Jnen zufechten. Nun als die praun geselschaft sachn, das der Jung weiß kunig nit fechten wolt, vnd Sy Jme in der Stat, auch nichts abprechen möchten, zugen Sy zu ruck, und zerliessen, Unnd zertrennten sich, auf sölichs name der Jung weiß kunig sein kriegsfolck widerumb zu Jme, vnd machet dermassen ainen anschlag, wie Er durch ain klain Turl, ain schöne veste Stat, (a) der praun geselschaft abgewynnen wolt. Dieselb Stat, lag in ainem Moß, vnd ain schön schefreich wasser dardurch lauffennd het. Unnd het auch, ain vorstat vnd durch die Statmaur derselben vorstat, gieng ain klain Turl, dasselb Turl was durch die Stat nit wol versehen, sonnder allain durch die wacht, in der vorstat wol bewacht, Es was auch dieselb vorstat unnder augen ser starck, vnd zwischen dem Turl vnd der vorstat, waren vill graben, daruber man mit schicklichajt komen möcht, des sich dann der Jung weiß kunig underſtundt, vnd kam mit seinem volck, uber die gräben, vnd schluegen die Wacht in der vorstat, vnd prachten das Turl auf, in dem Sluegen die in der vorstat, sturm an, Und namen die Pruck uber das wasser ein, vnd versetzten dieselb prucken mit streitwägen, vnd neben zu, mit haggen puchsen, Sy theten auch,

(a) Audenarde, welche Stadt der Erzherzog bey der Nacht überfallen, und ohne vielem Widerstande eingenommen hat. Roo Bl. 351.

A. 1484.

auf die thurn daselbst, vil hacken puchsen, In der maynung, das Sy wolten, des zuzugs, Irs vorgemelten hauptmans, der praun geselschaft erwart haben, Sy wolten auch nit glauben, das der Jung weiß kunig personndlichen da were, dan Sy Ine, als Irn naturlichen herren, in Eeren heten. Wo Er aber nit da gewest were, So wolten Sy, des Sturms vnnd rettung des zuzugs von der praun geselschaft, erwart haben, Also begeret der Jung weiß kunig, an Sy, das Sy zu Ime kamen, vnd In sehen, so wolt Er Sy begnaden, vnnd die Stat nit plundern, das Sy dann also theten, und kamen zu Ime, vnd dieweil solichs in der nacht beschach, ließ der Jung weiß kunig, windt liechter an zundten, damit Sy Ine sehen, und erkennen möchten, doch Er behielt, das haupt harnasch auf, nach dem Er der vörterist im spitz was, in allen schussen von Armprusten vnd pogen, der maynung geleich dieselb prucken zusturmen, Aber in haupt harnasch wolten Sy Ine nit Erkennen, Und Empoten Ime, das Er das haupt harnasch ab thun solt, damit Sy Ine dester gewisser vnd aigentlicher erkennen möchten. Das der Jung weiß kunig also tet, vnd ließ Ime das haupt harnasch ab thun, da erkenten Sy In, Nemblichn bey seinen gelben har, und vielen zu stund, auf Ire knye mit auf gereckten henden, vnd begeretn genad, die Inen also beschach, (a) darnach hielten Sy sich, an demselben Jungen weißen kunig, den gantzen krieg aus, Eerlichen, und woll. Der Jung weiß kunig, besetzet auch dieselb Stat, nach aller notdurft, mit viel gueten kriegsfolck zu Roß vnnd fueß, vnd zog widerumb zu seinem volck, die Er hinder sein verlassen, dann Er nit mer volk mit Ime genommen het, dann als vill Er zu solicher eroberung vermainet notturftig zu sein.

Wie

(a) Alles dieses geschah in der Nacht des 4. Jäners. Ron l. c.

A. 1485.

Wie die Prawn, vnd Plab geselschaft, sich fur die vorgemelt Stat sluegen, vnd der weyß kunig, gerne mit Jnen gestritten het, vnd mit ainem scharmutzl abgetrieben wurden.

Nach solchem, vnd der Jung weyß kunig, die obgemelt Stat, erobert vnd besetzt het, vnnd widerumb zu seinem kriegsfolck getzogen was, da zoch der praun geselschaft hauptman, (a) fur dieselb Stat, in willens, die widerumb zu erobern, vnd kame zu Jme, der hauptman (b) des plaben kunigs, mit den zehen tausend manen, so die praun geselschaft, an den plaben kunig begert heten, dieselben zwen hauptleut belegerten die Stat, Mitler Zeit, het der Jung weiß kunig, etlich viel tausend man, dienst volckh zu Jme bracht, vnd zoch den obgemelten zwey hauptleuten, an die seyten, in maynung mit Jnen zu streiten. Aber so paldt die praun vnnd plab geselschaft sölichs vernamen, da vergrueben Sy sich, an das vorgemelt schefreich wasser, zwischen dem Moß, vnnd des walds, vnnd wolten das hauptgeschutz nit legern, sonder Sy behielten sölichs bey Jnen, Sy arbaiten auch die Stat nichts, Unnd warteten, also allein, auf den Streit, vor demselben wald, was ain weidt veldt gantz Eben, ainer halben viertl meil prait, ganntz geschickt, zu aller ordnung, des streits, von baiden partheyen. Aber vor demselben veldt, waren viel stawden vnd puchl, Auch ain grosser wildgraben, ainer meil wegs lang, den der Jung weiß kunig hart besorget, Unnd unnderstundt sich doch, nicht destmynder, mit angendem tag, mit seinem kriegsfolckh, durch zu ziehen, vnd der praun, vnd plaben geselschaft Jr veldt ab zu gewynnen, Ee Sy mit Jrem heer darauf kumen möchten, Unnd wie sölichs des Jungen weißen kunigs anschlag was, also geriet die sach, vnd uber fruet, die praun vnnd plab geselschaft, vnd kam mit dem ersten geraissigen hauffn, durch denselben wilden graben, Unnd verordnett, das ain hauffen, auf dem anndern mit sambt dem Streit geschutz, anf Jne trucken solt, das dann also geschach, die praunnen, vnnd plab geselschaft, vermainten nit, das des Jungen weißen kunigs zu kunft, so Eilends wurde sein, vnd sterckten Jr Scart, mit ei-

(a) Graf Romont, der von der Parthey Maximilians eben dieses Jahr abfiel, und sich von den aufrührischen Ständen als einen Feldherrn gebrauchen ließ. Buzelin. l. c. p. 464. (b) Herr von Vaudricourt. Mspt. Maxim.

A. 1485.

ainem geweltigen hauffen, Irer geraissigen, in miten des velts, auf ainen klainen puchele, damit der Jung weiß kunig, Sy nit uber schlagen kundt, und wolten des tags erwarten, vnnd machten sich dieweil berait, in Irem heer, vnd ruckten die praun vnnd plab geselschaft zusamen. Unnd die hauptleut hielten dieweil Rat, ob Sy auf den veldt streiten, oder des Jungen weißen kunigs, in Irem leger erwarten wolten. Da Nun der Jung weiß kunig, solichs ersah, das Sy auf den veldt zu streiten nit geschickt warenn, Da Unnderstuend er sich, den hauffen, der auf dem vorgemelt klainen puchele was, zu hinder ziehen. Aber Sy sachen, das zu frue, und flochen bis in den wald daselbst, dann ain grosser hauffen fuesvolck, auf Sy wartet, vnnd rucketen also, dieselben baid hauffen wider hinein, In jr veldt, doch waren etlich aus denselben hauffen, am waldt, durch die weiß geselschaft abgerendt, Unnd erschlagen, die sich versaumpten, In dem kamen, des Jungen weißen kunigs hauffen alle, auf die weit an dem wald, Unnd der Jung weiß kunig, ließ zwen hauffen, Nemlichn ainen zu Roß und ainen zu fueß, mit dem geschutz, in den wald, auf ain gehau rucken vnnd schoß bis in die drit Stund, in Jr hör, dardurch Sy an leuten, und vich etlich schäden emphiengen, Aber Er kundt Sy, nit in die Flucht schiessen, Also schlueg Er sich, neben Inen, an seiner gewunnen Stat nider, in die gräben, vnd ließ schantzen, damit Er, mit seinem kriegsvolckh, vor denselben seinen veindten, auch sicher lege, vnnd gieng am morgens, mit seinen hauptleuten, zu Rat, wie Er Sy schlagen möcht, da vanndt Er in Rat, das nit wol muglich was, Nach dem vnd Jr sovil, auch dermassen wol versehen waren, Sy zuschlagen, Aber man solle Sy, aus harren, dann Sy der menig des volcks, auch der grossen costung vnnd schaden halben, Unnd das Er Inen, so gar ain der seiten lege, nit lanng beleiben möchten, Aber der Jung weiß kunig, viel auf ain anndere maynung, vnd zwen seiner hauptleut mit Jme, die des lanndts art, Unnd die sachen am passten wissent, Nemblichn, ain grosse Stat hinder Inen zu sturmen, vnnd zu uberfallen, vnd wo solichs beschen were, so heten die feind der Profanndt halben das leger raumen muessen, sölichs ward also ain helliglichn fur guet beschlossen, vnd der Jung weiß kunig, zoch darauf, des andern tags, mit dem ersten hawfen, aufs veldt, der maynung, die ordnung zumachen, vnd den anslag zuverpringen. Da Er Nun hinaus kam, auf das veldt, besorget seiner öbrister hauptleut ainer, das derselb anschlag zu Rösch were, Unnd bedorfft doch sölichs, im Rat nit widersprechen, der machet mit den veindten ain Rennen, hinder sich

hin

A. 1485.

hin aus, aus dem hör, dardurch der Jung weiß kunig sein volck zusamen pracht, Aber derselb zug was zuspatt, vnd muesset wider in sein leger rucken, der Maynung des anndern tags, solchen seinen furgenommen zug zuverbringen. Aber des Jungen weißen kunigs hauptleut, kamen alle zu Irem Herren, dem Jungen weysen kunig, und schluegen solchen zug ab, mit diser antzaigung, der veindt weren zu vill, Und wo Er den sturm verlur, so möcht Er mit seinem Hör, von den veindten geslagen, vnnd nider gelegt werden, der Jung weiß kunig, wider redet Inen solichs, aber Es half alles nit, Sonnder Sy paten strennckllichn darfur. Also machet Inen der Jung weiß kunig, ainen anndern anschlag, der gestalt, Dieselben seine veindt, durch ain prucken, die Er dieselb Zeit, mit Ime auf wägen fueren ließ, zu hinderziechen, das Sy Ime also verwilligeten, und zochen mit Ime, auf ain halbe meil hin zu, da man die prucken slagen solle. Aber als der Jung weiß kunig die ordnung machet, des hinders zugs, viel abermals, ain grawsen in seine hauptleut, vnnd umb kerten sich widerumb, auf Ir allte maynung, man solle kain wagnus, mit den veindten nit annemen, sonder die sach, gegen Inen auf die harr stellen, wie Sy dann solichs, zum aller ersten beratschlagt heten, Solichs wider redet Inen der Jung weiß kunig, abermals, mit vill gruntlichen Ursachen, aber Es half alles nit, in dem Ertzurnet der Jung weiß kunig, Unnd sagt zu jnen, Er wolt von jnen ziechen, zu seiner hauptleut ainem, der dann von seinen wegen, auf dem mör, wider die vorgemelt praun geselschaft, den krieg fueret, Unnd das Sy unnder. Inen selbs, ainen hauptman auf wurffen, So wolt Er Inen sein kriegsfolck übergeben, Alsdann möchten Sie kriegen, wie Sy wolten, dann Es were unerlichen, also stil zu ligen, vnd sein mercklich gelt, auf sölich sein kriegsfolck zuverschwenden, wiewol deselben kriegsvolcks vil weniger waren, Dann der praunnen vnd plaben geselschaft, Unnd zoch dardurch ab, widerumb in sein vest hör, an die stat wie vor geschriben stet, des anndern tags kamen seine hauptleut wider zu Ime, vnd paten Ine, das Er bey Inen beleiben, Unnd ainen anndern anschlag machen solt, so wolten Sy Ime volgen. Also besetzet Er die Stat, vil stercker als not was, mit guetem kriegsfolck, wie hernach da von beschriben wirdt, Unnd zoch mit seinem hör, auf ain annder ort, in der praunnen geselschafft lanndt, Inen zuschaden, Sy dardurch zum streit oder abtzug von derselbn Stat zubringen.

Wie der Jung Weyß kunig, an ainem anndern ort, in das landt zug, vnd hauptleut in der Stat ließ, so die veindt, im scharmutzl sluegen.

Nach dem Nun, der Jung weiß kunig, die Stat, mer dann notdurftig was, besetzt het, Unnd mit seinem hör, an ainem anndern ort, in der praunen geselschaft lanndt ziehen wolt, da bevalch Er seinen hauptleuten, in der Stat, gar aigentlichn, Unnd mit vleyß, Alspald Er mit seinem hör, ain tagrais von Inen were, So sollen Sy, die porten zu geslossen behalten, vnnd mitler zeyt nyemands heraus lassen, damit die veindt, nit wissen möchten, wie stark Sy, in derselben Stat weren, Und sollen darnach, mit der praunen vnnd plaben geselschafft, ainen scharmutzl anfahen, als dann wurde dieselb praun und plab geselschaft, nit wissen, das Ir so vil in der Stat weren, vnd darauf in den scharmutzl fallen, dieselben, die in den scharmutzl fielen, sollen Sy erwurgen, soviel Sy möchten. Das Sy dann also theten, Nemlichen, da derselb scharmutzl an gieng, schicket der öbrist hauptman, der praunen gesellschaft, seinen Unnderhauptman, (a) mit vier tausennd mannen, denselben scharmutzl zuverhalten vnnd zubesehen, ob Er mocht etlich aus derselbn Stat fahen, sich an denselben gefanngen zu erkundten, wieviel volcks der Jung weiß kunig, in der selben Stat gelassen hete. Aber des Jungen weißen kunigs hauptleut, in der Stat, waren mit Irem kriegsfolck so geschickt, Unnd namen den scharmutzl so hart an, das der praun geselschaft hauptman, mit aller Unordnung trucket, auf die scharmutzler, die hauptleut des Jungenn weißen kunigs, truckten aus der Stat entgegen, mit Irem hawffen, auf die praun geselschafft, vnd schluegen Sy in die fiucht, Unnd der obgemelten prawnen geselschaft hauptman, was der Ersten ainer, der die flucht gab, vnnd viel derselben ainem sein spieß, durch das angesicht, Unnd verlor also, ain grosse antzal volcks von den seinen, Ee der hauptman in Irem grossen hör, Sy entschudten möcht. Derselb hauptman in dem grossen hör, (b) so die praun geselschaft von dem Jungen weißen kunig

(a) Buzelin berichtet auf eben dieses Jahr daß Adrian Herr zu Rassenghem mit einigen unterhabenden fländerschen Völkern von Johannsen Lanoy Herrn zu Mingovalle bey Audenarde geschlagen und in die Flucht gejagt worden. Annal. Galloflandr. Fol. 464. Weitläuftiger redet hievon Heuter Rer. Belgic. L. II. Fol. 115. (b.) Scheint der obengenannte Graf Romont zu seyn, von welchem Bucelin erzehlet, daß er sich eben selbes Jahr in Frankreich begeben, und hernach daselbst ohne Ruhm gestorben. Annal. Galloflandr. Fol. p. 464.

A. 1485.

nig abkauft het, was ser faist, vnnd lof mit allem volck, den seinen entgegen, Sy zu retten. Aber Ee Er auf die walstat kame, waren des Jungen weisen kunigs hauptleut, mit Iren gefanngen, widerumb an Ir gewarsam, an allen schaden. Unnd als derselb praun hauptman, wider in sein hör kam, tranck Er in die hitz, ainen kalten trunck, von welchem trunck Er, zu stundt an Rech vnd krank ward, Unnd dieselb kranckhayt sich, je lennger je mer meret, vnd wiewol Er, in seinem furnemen fraidig was, so starb Er doch in ainem Jar darnach, Unnd sein Hauptmanschaft, die Er Unerlichen, wider seinen Naturlichn herren, den Jungen weißen kunig angenommen het, nam damit ain Enndt.

Wie der Jung Weyß kunig, der Praun geselschaft, zwo befestigung abgewan.

Auf den tag, Als des Jungen weißen kunigs hauptleut, den obberurten scharmutzl theten, schlueg sich der Jung weiß kunig dieweil fur zwo befestigung, der prawnen geselschaft zugehörig, vnd gewan die ain befestigung, (a) mit seinem New erdachten geschutz, gar abennthewrlichen, Unnd nemblichen vor etlichen lanngen Jaren, was seiner vorfordern ainer, auch vor demselben flecken gelegen, Aber desselben geschutz was dermassen nit, deshalben derselb widerumb abtziehen muesset. Dann die annder befestigung (b) wolt sich nit schiessen lassen, und ergab sich frey, an den Jungen weyßen kunig ꝛc.

(a) Weder im größern Manuscripte, weder auch in den vorläufigen Aufsätzen dieses Werkes findet sich nur die geringste Spur, aus welcher sich der Name dieser Befestigung entdecken liesse. Man könnte zweifeln, ob nicht dieses Hauptstück hier überflüßig stehe, und zum Theil eben das enthalte, was weiter unten eigentlicher abgehandelt wird; und so dürfte diese Befestigung die Kirche zu Welsich seyn, von welcher Bl. 155 gehandelt wird. Auch Roo berichtet, daß das Schloß Hasselt erst nach der Eroberung Welsich an die Erzherzoglichen übergangen sey. Sollte diese Muthmassung nicht Statt haben; so könnte man glauben, daß durch diese Befestigung das Städtchen Nienove verstanden werde. S. Heuter Bl. 114. Petit Chron. de Holl. f. 570. (b) Das Schloß Hasselt. S. Roo Bl. 355 Heuter Bl. 115.

Wie der Jung Weyß kunig, aber ainen streit wolt haben gethan, vnd sein Volck, ain anzal der Plaben erschluegen, Und der kunig, gewan, zwo befestigung.

Als Nun der plab kunig höret, in was gestalt vnnd Sig, der Jung weiß kunig, die prawn gesellschafft bekrieget, da schicket Er derselben gesellschaft, ain mechtig groß volck zu hilf, (a.) dann Sy mit sampt Irer gesellschaft, wol dreissig tausend stark waren, Unnd legten sich, dem Jungen weißen kunig, fur ain Stat, der weiß kunig versamlt sich auch, auf das sterckist so Er kundt, Unnd zoch den negsten, zu den veindten, des willens mit Inen zu streiten. Da die veindt erhörten, des Jungen weißen kunigs zuzug, Auf das zugen Sy Ime entgegen, in ain weit veldt, Unnd vermainten der Jung weiß kunig, wurde Sy nit bedurffen angreiffen, mit seiner weißen geselschaft, in ansehung, das Sy vil mer volcks heten, dann Er, Und als der Jung weiß kunig, auf ain viertl meil, zu den veindten kam, Muest Er durch ainen wilden graben ziechen, als Er dann tet, vnnd zoch mit etlichen tawsenndt durch denselben graben, da das die von der plaben gesellschaft sachen, Das Er also auf das nechst, gegen Inen zoch, wichen Sy hinder sich, vnnd zugen an ain Schefreich wasser, daruber Sy ain pruck heten gemacht, und hinder ain klains wäldle, das was verhawen, durch Sy, heten auch vor der pruck ainen täber, Unnd ainen Newen wildtgraben, der Jung weiß kunig, zoch Inen nach, vnd het bey Ime tawsendt pferdt, vnd schoß Sy an ainem ort unnder augen, Und thet Inen vast grossen schaden. Da die nacht hergienng legert sich der Jung weiß kunig, an die Stat, darvor Sy lagen, (b.) vnd zoch darnach, mit seinem volck uber die pruck in die Stat, (c.) Unnd wolt aus derselbn Stat, ain anndere mechtige Stat, (d.) aus dem Stegraif gesturmbt, vnd Unnderstanden haben, die zugewynnen, daraus man dann dem plaben hör, alle speiß vnd anndere notdurft zufueret, dardurch wurden Sy genöttigt, mit Ime zu streiten, oder Sy muesten dasselb lanndt ver-

(a.) Karl VIII. König in Frankreich befolgte in Betreff der fländerschen Anligenheiten die Gesinnungen seines im J. 1583. verstorbenen Vaters Ludwig. In dieser Absicht schickte er den fländerschen Ständen im Jahr 1485. neue Hülfsvölker unter der Anführung des schon bekannten Philipp Creveceure des Cordes. Heuter l. c. p. 114. u. a. (b.) Die Feinde lagen in einem nahe vor Audenarde gelegenen Kloster St. Ivo mit Namen. Heuter Bl. 115. Noo Bl. 355. (c.) Audenarde. S. Noo. l. c. (d.) Die Stadt Gent, von welcher weiter unten die Rede seyn wird.

verlieren, Und als der Jung weiß kunig, im veldt seine hawffen ordnet, schicket vnd zusamen pracht, gaben die hauptleut dem kriegsfolckh zuerkennen, was der anschlag, vnd das furnemen were, bedawcht sich derselb anschlag, zu sorglichen, vnd zu hart sein, vnd raiten gemainigclichn zu Irem herren, dem Jungen weißen kunig, vnd paten Jne, das Er ainen andern anschlag machet, dann der were zu hart, vnnd sorgklich zuverpringen, wiewol die gesamlten hauptleut, Unnd Rette einstheils denselben anschlag, heten helfen beraten, das thet der Jung weiß kunig, vnd machet ainen anndern anschlag, auf ain andere mechtige Stat, die vorstat abtzurennen, vnd zug also mit Jnen, auf dieselb Stat, davon hernach beschriben wirdt, vnd ließ ain klaine Antzall, von seinem pessten kriegsfolck, hinder Jme, die pruck, an der vorbemelten Stat zuverwaren, das verachtet der öbrist hauptman der plaben geselschaft, vnd stecket ain halt, wol drey malen als stark, Als der von der weißen geselschaft, da lagen, Und derselb hauptman, zoch mit ainen hawffen gegen der weißen geselschafft, vnd die weiß geselschaft, traf zustunden mit demselben hauptman, vnd schluegen Jne Jne in die flucht, Er nam die flucht auf sein halt, da flochen die so in der selbn halt waren, mit sampt dem hauptman, Und waren derselben gar vill erschlagen, vnnd wundt, dann die weiß geselschaft, nam kainen gefanngen, der bemelt hauptman war auch selbs wundt. Auf demselben tag gewann der Jung weiß kunig, am durch zug ainen starcken thurn, vnd täber unsturm mässig, allain mit klainen geschutz, gar maisterlichn, als vormalen nye gesehn worden ist, darynnen waren etwa vil erstochn, Unnd gefangen.

Wie der Junng Weyß kunig, ain starcke kirchen gewann.

Des andern tags, wolt der Jung weiß kunig seinem anschlag nach, fur die mechtig Stat, Nun lag underwegs ain kirchen, (a.) die jnsonnderheit, zu der wör zugericht, Und darynnen vil streitpar volck was. Als der Jung weiß kunig zu derselben kirchen kam, Da schos Er dieselb kirchn mit seinem streit geschutz, in ainer stundt zu seinen genaden, Das vor nye erhört noch gesehn was, dann dieselb kirchn, mit dem thurn vnd Und befestigung, was so starck, das in hundert Jaren in mainigen krieg wider die veindt gehalten was, Und nit erobert ist worden.

(a.) Zu Veldcie, oder Velsic einem unweit Audenarden gelegenen Dorfe. Roo l. c. Bl. 355. Heuter Bl. 115.

[81]

Wie der Jung weyß kunig, ainer großen Stat, die Veindt was, Uberdrang tet.

Nach dem der Jung weiß kunig, die vorgemelten zwo befestigunng, der praunen geselschafft abgewunnen het, zoch Er zustundt weider, vnd schlueg seyn veldt, an ain klain wasser, Unnd gemöß, daselbst was gar ain starcke Stat, von der praun geselschaft, aber klain, (a.) Unnd doch wol besetzt, da selbst machet der Junng weiß kunig, mit seinen haubtleuten, ainen anslag, Unnd wolt unndersteen, fur dieselb Stat, auf die groß Stat, zu ziechen, wiewol sich dieselb Stat, mit dem geschutz Unndersteen wurde, Jme solich durch ziechen zu weren, Aber wann Er hin durch kåm, so were Er nahend, bey Irer hauptstat, der praunen geselschaft, vnd wolt sich Unndersteen, an derselben grossen Stat, jnen die vorstat zuverprennen, Als dann wurden Sy sich Unndersteen, dieselb vorstat zu reten, Unnd in solichem, so möcht Er Jnen, dieselb Stat ab lauffen. Dieser des Jungen weißen kunigs anslag, gefiel seinen hauptleuten, die vermainten derselb anschlag, were nit so sorgklichn, als die ersten zwen anslag, die Sy wider Raten heten. Also des anndern tags frue, zoch der Jung weiß kunig, mit seinem hör, neben der klainen starken Stat hin, wiewol Sy daraus ser vast schussen, vnd theten den seinen etlichn schaden, an leuten Unnd pherdtn, Dardurch zwen hawffen von seinem volck, die den nachtzug heten, stutzten, Unnd empoten dem Jungen weißen kunig, das Er Jnen, ainen anndern weg, der nit so sorgklichen wer, antzaigen solt. Also Rait der Jung weiß kunig, wider hinder sich durch dasselb geschutz, zu Jnen, Unnd Redet tapfer mit Jnen, Das Er Sy mit gar klainen schaden, hin durch bringen wolt. Aber Er mocht denselben tag, nit weiter ziechen, sonder Er schlueg sich zu veldt, Unnd Rasstet ain klains, vnd zu mitter nacht, ließ Er auf plassen, vnnd zoch mit allen seinen hewffen, auf die vorstat der vorgemelten grossen Stat (b.) Unnd ordnet sein volck, dieselb vorstat zu uberfallen. Aber alsobald, die klain Stat mercket, Das der Jung weiß kunig, mit seinem volck, durch Unnd gegen der grossn Stat wertz zoch, Da warneten Sy zustundan, die in der grossen

Stat,

(a.) Die Stadt Aelst S. Roo l c. p. 355. Heuter Bl. 114. 115. (b.) Die Stadt Genr. Der Erzherzog lågerte sein Kriegsheer gegen jenes Stadthor, welches von der Abtey zu St. Bav den Namen hatte.

A. 1485.

Stat, vnd liessen allennthalben Sturm slagen, vnd die prucken in Irem lannd ab werffen, vnd verordneten Ir volck, dermassen, das Er auf den Sturm schlag an kam, Ire päß zuverwaren. Auch verordneten, die von der grossen Stat drew tausend man, in Ir vorstat, die zuverwaren, Also wann die Sturm glock (a) angienng, das alsdann alles volck, in der ganntzen Stat, was von Jugent, Unnd von alter bewaffent were, zu lauffen solt, Es warde auch dabey angetzaigt, was des Jungen weißen kunigs furnemen were, Unnd Ee die Sunn auf gienng, het der Jung weiß kunig, sein volckh allenthalben in die halt pracht, Unnd het in die Erst halt verordennt, drithalb tausend man, In die annder halt vier tausenndt man, Unnd in die drit halt, seine ganntze macht, zu Roß Unnd fueß, Unnd name zu Jme drew hunndert pferdt, Unnd beschawet, dieselb vorstat, Unnd ließ den scharmutzl an geen, Aber die von der prawnnen geselschaft, wollten denselben Scharmutzl nit annemen, Unnd belieben steen, hinder ainem schrannncken ungeverlichn funf hundert, die andern beliben bey dem hinder schrancken, nahend vor dem Stat thor, in Irer ordnung, In dem befannd der Jung weiß kunig, das etliche hewser vor dem schrancken waren, die ließ Er antzundten, damit der Rauch groß wurde, Unnd Er sein volck, destpaß hie zu pringen möcht, Also teten die funf hunndert, den schrancken auf, in willens, die hewser, die der Jung weiß kunig anzundten het lassen, zu reten, Aber der Jung weiß kunig, schicket dieweil, nach allen seinen hawffen, die am weitesten waren, Unnd Sy solten aus der halt prechen, der maynung, dieselben seine hawfen, im Rauch zu der Stat hin zu zu bringen, Unnd die Stat mit sampt der vorstat, in demselben Rauch zu uberfallen. Da die hauptleut, der dreyen tausendt man, der prawnen geselschaft, solichs ersachen, wolten Sy des Jungen weißen kunigs furnemen, nit erwarten, das das treffen gleich anganngen were, vnd zugen an, in ainer Unordnung, das Sy wol halb im Rauch verjrten, Deshalben der Jung weiß kunig, mit dem andern halben tail, treffen mueste, Unnd gewann Jnen dardurch baide Schrancken ab, Unnd Jaget Sy, bis unnder die Stat thör, aber das gedrenng was so groß, Unnd Ee Sy hinein kamen, waren Jr ob tawsendt erschlagen, on die, die sich in den graben zu todt erfielen, In dem lediget der Turner (b) auf dem Stat thor thurm, die schuß gäter, Unnd ließ dieselben Nider fallen, deshalben der Jung weiß kunig zuschwach was, Unnd moch dieselben schuß gäter, nit offen behalten, da-

(a) Die sogenannte Rolandsglocke. (b) Hanns Rantrel.

mit Er dieselb Stat, gar erobert het, (a) Und mueset sich dieselb nacht widerumb zu veldt legen.

Wie der Jung Weyß kunig, der Prawnen geselschaft, ainen großen Rawb nam.

Als Nun der Jung weiß kunig, der vorgemelten grossen Stat, dermassen ainen tapfern Uber dranng gethann, Unnd sich dieselb nacht, widerumb zu veldt geschlagen het, Da zoch Er darnach des anndern tags, auf die praun geselschafft so auf den glocken straich, zusamen kumen waren, in willens dieselben auch zu schlagen, Unnd das land daselbst umb zuverhören, Unnd Sy dardurch zu ainem streit zu raitzen, vnnd kam also, an ain Schufreich wasser, (b) daran die praun geselschaft, mit ainem hauffen lagen, vnd der Junng weiß kunig, Prucket darnach uber dasselb tief prait wasser, mit ainer seltzamen prucken auf wagen, Unnd nam sein hör halbs mit Jme, Nemblichen das fuesvolck, vnnd wenig pferdt, dann das lannd, in derselben gegend, (c) was vast vergraben, vnd sturmet das starck dorf, (d) darynnen was ain täber, nahend bey der pruck, in demselben täber, waren die, so die pruck heten abgeworffen, Unnd sich zupawen unnderstundten, die wurden zu Ruck geschlagen, Unnd mit dem streyt geschutz zu ruck geschossen, Unnd der Jung weiß kunig, erschlueg der praunen geselschaft vil, Unnd vienng Jr auch vil, Und nam Jnen ob zwelf tawsendt haupt vichs, thet Jnen auch darbey sovil schadens, davon man vormalen dergleichen nye gehört het, Unnd zoch darnach damit, auf ain groß wasser, vnd ließ ain treffennliche Antzal Schef kömen, Und vertraibt den selben seinen Rawb, den Er mit seiner geselschaft, het gewunnen, und schicket seine geraissig, gegen dem vorbemeltem prawnen, und plaben Hör, in ain Stat, (e) da Sy mochten, demselben prawnen unnd plaben hör, täglichen vill vber lasst vnnd schäden thuen, Also prach das prawn vnnd plab hör auf, in ainem unsig. vnnd unlust, und legerten sich in die Stet auch zu gegenwer, Also zertrennet der Junng weiß kunig dasselb praun und plab hör, dieweil Er das zu kainem streit pringen kundt.

Wie

(a) Den ganzen Verlauf dieses beherzten Ueberfalls erzählen Haräus Annal. Brabant. pag. 464. Heuter l. c. Bl. 115. (b) Die Schelde. (c) Die Gegend zwischen Gent und Dendermonde, vornämlich aber die Landschaft Waes. (d) Overmeere, ein zwischen Gent und Dendermonde, ober Untberge gelegenes Dorf. Der Erzherzog machte den Antrag von da aus die Landschaft Waes zu überfallen. MS. MAXIMIL. (e) Die Stadt Antwerpen, welche dem Erzherzog getreu verblieben. Fugger MS. auf dieses Jahr.

Wie der Junng Weyß kunig die praun Geselschafft weiter angriff vnd Jnen ainen Raub nam auch Sy fienng vnd in die flucht schlueg. (a)

Am dritten tag fuer der Jung Weyß kunig aber aus mit seiner Geselschaft vnd wolt ain Closter (b) überfallen haben, darynnen zway Tausennt Man der prawnen Geselschafft versamlt waren dann Sy besorgten sich vor dem Jungen Weyssen kunig nachdem Er mit seiner Schiffung so starkh versamlt was, der Weyß kunig fuer abermalen mit seinem Volkh die gantz Nacht vber Wasser, vnd wolt Sy Im kloster vberfallen. An solchem vberfaren vmb mitte nacht kam dermassen ain vngewitter vnd ain Vinsternuß (c) an sein Volkh daß die Patron vnd die Schiffknecht ains tails fueren in ainander vnd stiessen die Scheff ains tails zu trumern, In etlich schiff viel sonnst ein grauß, dardurch Sy nit furter faren wolten umb solchs der Weyß kunig nit wisset, vnd ain stund vor tag ließ Er sein volkh von den Scheffen die bey Jne waren abtretten, In Hoffnung das annder Volkh solle auch hernach kumen, das aber obgemelts Vnfals halben nit beschach, darauf schicket Er ein loßwart an das vertäbert Closter, die prachten Jme kuntschafft, das Sy Im kloster gannz still weren Annderst dann Sy guet Wacht hielten. Aber nachdem der Jung Weyß kunig zu wenig volkh bey Jme het, bedorfft Er Sy nit angreyffen vnd muesset des hellen tags erwartten, da der tag ankam, sache Er, daß die Anndern seine schiff noch weit hinter Jme waren, daß Er dieselben Schiff kaum gesehen kundt, da aber die von der prawnen Geselschafft des Jungen Weyßen kunigs macht sahen, prachen Sy auf vnd gaben die flucht. Der Weyß kunig eylet Jnen nach, vnd fienng Jr ains tails. Er gewann Jnen auch ain grossen Raub ab vnd saß damit wider in die Schiff vnd fuer fort vnd wolt in Jr porten aine, in maynung Jnen Jre Scheff zu nemen die noch mit kaufmannschafft geladen waren, soliche Scheff Sy aber mit vil geschutz auf Wasser vnd Lanud wol besetzt heten vnd fuer also mit seiner Schiffung in die Port. Aber des geschütz halben wenndet Er sich mit seinen Schiffen, die auch gar wol mit grossem geschutz zugericht waren, vnd fuer auf den ainen hawffen, der dann Jr geschutz verwarttet vnd schoß

(a) Dieses Kapitel ist in dem Manuscripte, an welches man sich bey der Ausgabe dieses Werkes gehalten, weiter hinnach gestellt. S. unten Bl. 198. Anm. b. In der vorläuffigen Abschrift aber wird es an diesem Ort vorgetragen. (b) In der Gegend von Osendrecht einen in der Markgrafschaft Bergen an der Gränze des Landes van Ryen gelegenem Orte. MS. MAXIM. (c) Auch Fugger macht von diesem Ungewitter Meldung (MS. auf dieses Jahr)

[83]

A. 1485.

mit seinem geschutz aus seinen Scheffen denselben Hauffen zurukh indem ersah Er daß ein neuer Hauffen von ferren demselben Hauffen zu Hilf zuzug, da Eylet Er mit seinem Volkh aus den Scheffen an Lanndt Wiewol mit grossen Sorgen Angesehen das sein Volkh von den grossen Schiffen zuuor in die klainen Schifflein steigen muesten. Aber doch furdert Er sein Ordnung gegen demselben Hausen der bey drew Tausennt Man waren, und schlueg Sy alle in die flucht In dem kam ain annder Hauffen auch von der praunen Geselschafft den obgemelten drew Tausennt zu hilff, kamen aber zu spat. (a)

Wie der Jung weiß kunig, ain andere Stat uberfalen wolt, vnd ainen streit tet.

Da nun der Jung weiß kunig, die vorbemelten seine anschleg verbracht, vnnd das prawn vnd plab hör zertrennet het, da rustet, Er sich mit seinem kriegsfolckh, auf das wasser, vnnd fuer mit hundert scheffen, auf ain mechtige Stat, (b) in der maynung, Er verhoffet, Sy wäre widerumb seiner parthey, (c) Wiewol Sy Jme vor abgefallen was, vnnd als Er mit seinen scheffen, auf dem wasser in die gegend derselben Stat kame, vnd an lanndt farn vnd abtreten wolt, da warteten die von derselben Stat, mit sammt ainer grossen Mannschaft, von ainen viertl aus dem lannd, so zu Jten gefallen was, Etwo viel tausenndt stark, auf den jungen weißen kunig, heten auch, ain guet streit geschutz, bey Jnen, das Sy alles auf In richteten, Der Jung weiß kunig, het auch ain treffenlich geschutz, auf ainer seiten, und fuer an lannd, durch Jr geschutz und ließ sein geschutz abgeen, in die veindt, vnd traib Sy damit ain wenig zuruck, vnnd Er sprang mit seiner geselschaft aus den scheffen, in das wasser, bis an die gurtl, vnnd machet in der Eyll sein ordnung, vnd traff mit den veindten zustund an ritterlichen, vnd schlueg Sy in die flucht, (d) vnd der Feind waren mer, dann der halb tail erschlagen vnnd gefanngen, Jr weren vill mer beliben, Aber es kam ain frischer hauffen, der prawuen geselschaft, Jnen zu hilff, vnd kam ein wenig zu spat, zu dem streit, Und als Sy er-

(a) Die zwote Helfte dieser Erzählung scheint eben das zu sagen, was weiter unten (in folgendem Bl.) eigentlicher abgehandelt wird. (b) Die Stadt Schleuß, auf welche Erzherzog Maximilian eben dieses Jahr dreymal im Anzuge war. Fugger MS. (c) Allein sowohl der Herr von Dudzele als Remont hatten von den fländerschen Ständen beu Auftrag diese Stadt, und die herumliegenden Ortschaften wider den Herzog zu bedecken. Fugger ebend. (d) Remont, da er einer bevorstehenden Belägerung vorbeugen wolte, kam mit den Erzherzoglichen zu treffen, wurde aber mit grossem Schaden wider in die Schleuß zurück gejagt. Fugger ebend.

ersachn, das Ir praun geselschaft in die flucht geschlagen was, du zugen Sy widerumb ab, doch erst in der vinster nacht, vnd liessen dem jungen weißen kunig den Syg, vnd das veldt. (a)

Wie der Junng Weyß kunig, auf dem wasser die Prawn geselschafft bekrieget und hart benöttiget. (b)

Nach dem vorgemelteu Streit, trat der Jung weiß kunig wider in sein scheff, vnd fuer in ein porten, darynn er fand zwaintzig scheff, Nemlichen zehen kriegß schef, vnnd zehen kaufmannschef, in dem flochen die Zehen kriegsschef, in ainen Canal, (c) Dahin der Jung weiß kunig mit seinen schefen, der veindt geschutz halben, nit kumen mocht, Aber die Zehen kaufmanschef nam Er, vnd besetzet die mit seinen leuten, in Willens dieselben Zehen kaufmanschef in sein lannd zu schicken, In dem kam ain annder hawffen, von der prawnen geselschaft, mit streit geschutz an ain porten, vnnd schossen seer in des Jungen weißen kunigs scheff, Nun wolt der Jung weiß kunig, von den scheffen abgetreten sein, vnd dieselben veindt geslagen haben, das wolten aber seine Hauptleut nit zugeben, aus ursach, daß der praun geselschafft hauptleut, mit Irem volck auf dem lannd ganntz geschickt waren, wiewol der Jung weiß kunig seine Hauptleut hoch und tapfer ermanet, aber Es wolt nit helfen, Also fuer Er mit allen seinen scheffen, gar an dieselb praun geselschaft, auf nechst als Er möcht, und ließ das geschutz in Sy abgeen, Unnd wiewol die veindt, von demselben schiessen schaden emphiengen, so hielten Sy sich doch, in gueter Ordnung, Darnach besetzet der Jung weiß kunig seinen vorgemelten Rawb, mit ainem seinem hauptmann, Der auf dem Mör, fur geschickt beruembt was, Aber gegen den Veindten, was es sein erste Ausfart, auf dem Mör, vnnd fuer darnach weiter, vnnd wäre gern an lanndt gewest, vnnd suechet ainen abtrit, Aber er kundet daselbst umb kainen abtrit nit finden, Nachdem seine Scheff, zum abtreten zu groß waren, vnnd als der Jung weiß kunig, also ainen abtrit suechet, kam sein patron von seinem Scheff zu Jme, saget wie sein wartman im korb des Seglpams zu Jme geruefft het, das die vorgemelten zehen kriegs

(a) K. Maximilian gibt in seinen Schriften dieser Schlacht den Namen von Sayst. (b) Nachdem der Erzherzog die in der Landschaft Waes gemachte namhafte Beute nacher Antwerpen gebracht, gedachte er den Krieg meistentheils zur See fortzusetzen. Auf einmal erschun die österreichische Flotte selbst auf der biervlietischen Küste. Zu gleicher Zeit setzte der Erzherzog auch zu Lande den Flånderischen Stånden so nachdrücklich zu, daß sie nicht wußten, auf welcher Seite sie zuerst Widerstand thun solten. S. Les Memoir. de Mr. de la Marche L. II. fol. 419. (c) Bey der Stadt Schleuß. MS. MAXIMIL.

A. 1485.

schiff, der veindt, so von der prawnen vnnd plaben geselschafft waren, dem Rawb nach Eyllten, vnd Ine bedeucht, sein hauptman wiche, mit seiuen Scheffen, vom Rawb, und wolt nit fechten, Auf sölichs sag, wenndet der Jung weiß kunig sei- Schef umb, und fuer den Rawb Schiffen zu, Aber Er kam zu spat, vnnd ver- lor denselben Rawb, vnnd die veind fuerten den Rawb mit Jnen, in den Canal hinein, dahin Jnen der Jung weiß kunig, nit weiter nachfolgen mocht, Also fuer der Jung weiß kunig widerumb zuruck, und speiset seine kriegsschef wider, dann Er derselben kriegsschef ob hundert het, groß und klain, Jn dem, kam Jme Kund- schaft, wie ain annder mächtig kunigreich, der prawnen und plaben geselschaft, fur etlich tausendt guldin, kaufmanschafft zuschicket, da Erhueb Er sich onverzug, vnd fuer denselbenn Scheffen zu, die antzugreiffen, vnd zu erobern, vnnd fanndt die- selben kaufman Scheff bey ainannder, auf den Anncker ligen, in der grossen por- ten, (a) der prawnnen geselschaft, Also fuer der Jung weiß kunig, mit seinen schiffen auf ain viertl meil zu Jnen, vnnd anckeret daselbst, vnnd die obgemelten Schef mit der grossenn kaufmanschaft, Erfordert Er, mit Jme in sein lanndt zu faren, Dann derselben Schif waren vill, (b) vnd groß, vnd der merer taill, zu der wör besetzt vnnd geschickt, Solichs widert sich aber derselb hauptman. Dar- auf ließ der Jung weiß kunig, seine Anncker aufziehen, Vnnd richtet sich zum streit, da Ergab sich der hauptman an den Jungen weißen kunig, Als die kaufleut das ersahen, wessten Sy nit, wie Sy Jre gueter, so Sy in denselben Scheffen het- ten, behalten möchten, vnd erschracken vbl, vnnd hart, vnd heten sovil vleyß bey dem gemainen man, die in demselben prawnen (c) viertl waren, daß Sy sich mit dem Jungen weißen kunig, vmb dasselb guet und hab, vertruegen, vnd vielen der prawnen und plaben geselschaft ab, vnd vnderwarffen sich widerumb, jrm rechten Herrn dem jungem weißen kunig. (d)

Wie der Jung Weyß kunig, die Prawn geselschaft Erobert, vnd Sy Jme seinen Sun Widergaben.

Als Nun die prawn vnnd plab geselschaft erhörten, das der Jung weiß kunig, den vorgemelten Rawb, vnnd das viertl land erobert het, in massen wie

vor

(a) Im Seehafen der Stadt Schleuß. MS. MAXIMIL. (b) Beyläufig vierzig an der Zahl. MS. MAXIMIL. (c) Die Gemeinde der Stadt Brüg. MS. MAXIMIL. (d) In der That trugen die Kaufleute zurUebergab der flandrischen Städten sehr vieles bey. Denn vor andern Zünften wußten sie in Betracht ihres von dem Erzherzoge erlittenen Schadens die Gemeinde auf bessere Gedanken zu bringen, und ihre Vorstellungen thaten vornämlich zu Brüg gute Wirkung. S. Le Memoires de Mr. de la Marche L. II. fol. 419. 420.

A. 1485.

vor angetzaigt ist, vnd das auch der Jung weiß kunig, mit seinem kriegvolck an lannd trat, vnd auch nach seiner Wagenpurg vnd geraissigen schicket, Da zertaileten, vnd zertrennten sich die prawn vnd plab (a) geselschaft, mit ain annder, Dann Sy besorgten, des Jungen weißen kunigs hinder Zug, und den streit, (b) vnd dardurch viel, die ganntz prawnn geselschaft, widerumb zu Irem Naturlichen Herren (c) dem Jungen weißen kunig, vnd köpften, vnd Richten Ire vorgeer, die Sy verfuert heten, (d) vnd gaben dem Jungen weißen kunig, seinen ainigen Sun wider, (e) doch ains tails, mit pösem herzen, vnd die plab geselschaft, mit Irn anhenngern, die wurden flüchtig, (f) und zugen wider zu Irem herrn, dem plaben kunig, Derselb grosmechtig plab kunig, het auch der vorgemeldten prawnnen geselschaft, gar schön haupt geschutz vnnd veldt geschutz gelichen, Dasselb geschutz ließ die plab geselschaft hinder jnen, (g) Also Erobert der Jung weiß kunig, sein mechtig land, wider zu seiner gehorsam, vnd dartzu das jetz bemelt haupt vnd veldt geschutz. (h)

(a) Crevecueur wurde mit seinen Franzosen von Gentern hinausgeschaft, und nacher Tournay angewiesen. Aber die von Tournay wolten ebenfalls von ihm nichts wissen. Graf Romont das Haupt der flånderschen Aufrührer verlangte freyen Durchzug zu Gent, um von dort aus in Frankreich zu kommen: erhielt aber abschlägige Antwort: wodurch er sich gezwungen sahe, zur Crevecueur nacher Tournay, und weil dorten alles zu ward, nacher Hesdin zu ziehen. Heuter Bl. 118. 120. Roo. 358. 359. (b) Schon vor dem ward von einigen Rittern des goldenen Vliesses zu Dendermonde sehr ernstlich an Friedenstraktaten gearbeitet, und die von Gent würden die ihnen gemachten Anträge eingeschlagen haben, wenn nicht Wilhelm Rin ein sehr übler Mann, der aber die Herzen der Genter in seinen Händen hatte, boshaft genug gewesen wäre, alles wieder zu hintertreiben. Haräns Annal. Brabant. Bl. 466. (c) Die von Gent und Ypern. MS. MAX. (d) Die bekanntesten Friedenstöhrer waren Adrian von Rassenghem, Hanns Koppenolle, Wilhelm Rine, und Daniel Oonreden. Die zween erstere kamen noch mit dem Leben davon. Rinen aber und Oonreden ward zu Gent öffentlich der Kopf abgeschlagen. La Marche, Heuter, u. a. m. (e) Ueber den ganzen Verlauf mögen la Marche, Fugger und Heuter nachgelesen werden. (f) Sobald die flånderschen Stånde dem Erzherzoge den Eid der Treu wieder diesmal geschworen hatten, mußten alle Franzosen nicht nur aus den Städten Brüg und Schleuß, sondern aus dem ganzen Lande bey Sonnenschein entfliehen, weilen ihnen zu wissen gethan worden, daß, wenn ein Franzose nach drey Tägen in Flandern sich würde sehen lassen, er seine Langsamkeit, mit Leib und Gut büssen sollte. Fugger MS. auf dieses Jahr. (g) Als Crevecueur von den Genter ausgeschaft worden, ließ er sehr schönes Geschütz zuruck: bekame es aber auf sein Begehren nicht wieder. Der Erzherzog ließ selbes bey seiner Ankunft zu Gent samt dem Stadtgeschütze nach Dendermonde bringen. Heuter l. c. Bl. 118. 123. (h) In einem andern Manuscripte werden zu Ende dieses Kapitels noch folgende Worte beygesetzet: „Und darzu gaben die braun geselschaft dem Jungen „Weissen Kunig zu ainer bus viermalhundert M. kronen.„

Wie ain Stat, (a) der Prawnen geselschaft, gegen dem Jungen weyßen kunig, ain Romor (b) anfieng, vnd der weyß kunig, die darumb, mit dem swert straffet.

Nach dem, vnnd der Jung weiß kunig, die prawn geselschaft, in sein gehorsam pracht, vnd dasselb sein mechtig lanndt erobert het, da tet Er sich mit seinen Räten und hauptleuten weiter beratten, was Er forter gegen dem grosmechtigen plaben kunig, furnemen vnnd hanndeln solt, vnnd behielt etlich tausend man, die pessten von seinem kriegsfolk, bey Jme, dann Er seinem volck, der prawnen geselschaft, so widerumb zu jme gefallen was, nit am passten bedorffet vertrawen, alsdann not was, Dann gar pald darnach, Erhub sich ain grosse Romor, zwischen des Jungen weisen kunigs leuten, vnnd der grössten vnnd mechtigisten Hauptstat, der prawn geselschaft, dieselb Stat, het noch bey Jnen, in der Stat alles Jr auswendig volck, denn die hewser verprenndt, Auch ain tail Jhre söldner, die noch nicht aus der Stat zochen waren, wol viertzehen tawsend starck, wol gewappnet, der Jung weiß kunig, was bey Jnen, (c) Und het bey drew tausend man, Und hielt derselben Stat an, das Sy sich nach innhalt der rachtigung, Unnd ergebung zertrennen solten, Also hueben Sy, indem ain puebische Romor (d) an, mit seiner weißen geselschaft, Also jede parthey nam ainen platz ain, (e) gegen ain annder geschickt zu fechten, Jndem kam der Jung weiß kuuig entzwischen, vnnd hieß sein volck still steen, vnd Rait auf ainen kleinen Rößle vnnder Sy, in die mit, auf guet versprechen, vnd nam funftzig seiner diener zu fueß in harnasch mit Jme, vnd Rit auch zu denen von der prawnen geselschaft, und tädiget mit Jnen, das baid partheyen sollen abtziehen, Da machten Jhr etliche ain geschray über den Jungen Weissen kunig, vnd wolten Jn und die seinen erschlagen haben, Da fand Er ainen Synn, das Er aus Jnen zu seinem volck kam, die Jne mit sonderlichen grossen Freuden emphienngen, dann durch das obgemelt geschray, was Jnen gesagt, Er were zu todt geschlagen, vnd waren geleich am Zug, und wolten Jren herrn gerochen haben, vnnd wo solicher angriff beschehen, vnd Eeer von der prawnen ge-

(a) Die Stadt Gent. (b) Ueber diesem Vorfalle mögen nebst dieser Erzählung auch La Marche l. c. Bl. 422. Roo. Bl. 361. Heuter Bl. 122. nachgelesen werden. (c) Der Herzog war gedacht noch eine Zeitlang, bis alles in Ordnung gebracht wäre, sich zu Gent aufzuhalten. In dieser Absicht hatte er auch in der Burg, des ofterwähnten Oliviers de la Marche Zimer bezogen. S. dessen Memoires Bl. 422. (d) Gelegenheit oder vielmehr Vorwand zu dieser neuen Aufruhr nahmen die unruhigen Genter von einer Ausschweiffung, die etliche deutsche Soldaten begangen hatten. Roo. Heuter ebend. (e) In einem andern Manuscripte findet sich hie am Rande folgender Zusatz: „Vnd hintten nach, dann der braunen geselschafft so fyl waren, namen Sy noch ain blatz „ain neben der weyßen geselschafft; das sol hie auch aingestellt werden.„

A. 1485.

geselschaft, aus Jhrem haufen kumen were, hieten Sy Jne erschlagen, vnd alspald der Jung weiß kunig, zu seinem haufen kam, zoch er mit Jnen zuruck, in ain Enng, (a) dann der weit platz was Jme nicht Sighafftig, da Er sach, das der prawnen geselschafft sovil waren, Also vermainten dieselb prawn geselschaft, der Jung weiß kunig fluch, vnd zochen Jme nach, vnnd wolten sehen, ob der Jung weiß kunig, vnd die seinen gar aus der Stat fliechen wolten, Dann der kunig ain klains Thörle (b) an der Stat, in seiner hanndt vnd gewalt het, das Ersach der Jung weiß kunig, vnd zoch widerum gegen Jnen vnd traf mit Jnen, vnd schlueg Sy dermassen in die flucht, vnnd Jr etwo vill zu todt, vnd flochen auf Jren grossen hawffen, (c) Er bedorfft auf Sy nit verdrucken, dann sein volck etwas ains tails ungeschickt was vnd waren doch verruembt kriegsleut, Da das der groß hawffen, von der prawnen geselschaft ersachn, verschlossen Sy sich, mit keten, vnnd wagen zu, Also, daß der Jung weiß kunig, mit jnen so pald nit treffn mocht, Daß Er doch geren gethan het, Aber es war gar zu nacht, vnnd geleich vinster, vnnd Er beweget die Ursachen, nämlichen an ainer Seyten, die groß menig volck und starck ketten und wagen, vnnd vil streit geschutz darhinder, zum andern so mueset Er, mit seinem volck fechten fur hunger vnnd durst, dann kain mensch mocht Jme, vnd seiner geselschaft, ainicherlay speiß, Dann allein unsauber wasser zu bringen, Also heten Sy Jne ubereylt auf Glauben daß Sy Jme den abtzug zugesagt, vnd nit gehalten hetten, durch Jrn Bischof, (d) der zwischen paiden partheyen, Sy zu stillen sich ser muet, (e) Da nun der Jung weiß kunig sach vnd merket, daß Sy belieben in Jrem widerwillen, vnd poshait, wolt Er mit Jnen getroffen haben, wiewol Er vil swecher, am volck was, so wolt Er Sy doch, mit ainer behenndigkait geschlagen haben, Aber als sein volck, nahend am teeffen was, vnd sahen dasselb treffen so gechling, stunden Sy still, vnnd gaben die schuld der nacht, die dann ganntz verhanden was, Wiewol der Jung weiß kunig vornen im spitz was, vnnd Sy auch ermannet, half nichts, indem kam die nacht stick vinster an, da blieben die veindt, und freundt, die ganntz nacht, vor ainannder steen, mit zornigem gemuet, ain parthey auf die annder, der Jung weiß kunig liese alle stundt, seine veindt in der nacht erschrecken, gleich als wer das treffen vorhanden, darab Sy die gantz nacht, sehr muedt wurden, danne

(a) In eine enge Gasse gegen dem Vischmarkt zu. La Marche ebend. (b) Nahe an der Burg. MS. MAXIM. (c) Bey diesen Worten steht in einem andern Manuscripte folgendes Einschiebsel: „Darauf machet der weise Kunig sein Ordnung wieder auf den grossen Hauffen mit ainem „ grossen fortl dermassen, das er Sy geschlagen wolt haben, wie wol ir viermal mehr waren, „ dann der sein.„ (d) Roos und Heuters Berichte nach scheint es der Bischof von Cambray gewesen zu seyn. (e) Auch die Herren von Chimay und Beveren gaben sich viele Mühe, die Ruhe herzustellen; ihre Vorstellungen waren aber von so geringer Wirkung, daß sich bald die Rolandsglocke hören ließ. Roo, Heuter. S. auch Granmayr, Antiquit. Flandr. Fol. 14. & 18.

[87]

A. 1485.

Sy waren swer verwappnet, Auch heten Sy kain Zeit, on Sorg, Es wurde ain flucht in Sy kumen, gleicher Weise, als der kunig mit den seinen kain narung vor den veindten vberkumen kundt, Auf das beriet sich der Jung weiß kunig, mit seinen auserwelten, Ime, am morgen wolt thuen, vnnd beschloß, Er wolt den grossen hawffen angreifwie er fen, Und als der morgen kam, Rucket er mit seiner weißen geselschaft, gegen Inen hin, (a) bis an ainen vortail, Damit Sy Inen mit Irem geschutz, kainen schaden möchten thuen, Nach solichem schicketn der groß hauwffen der prawnen geselschaft zu dem Jungen weißen kunig, vnnd baten Ine vmb gnad, Das Er Inen solt vergeben, Sy wolten abtziechen, vnd das Er auch abtzug, das schlueg Er Inen ab, Dann Er wolt Sy zu freyen genaden haben, das wolten Sy auch nit thuen, Also trat der kunig in spitz zum treffen, vnnd als Er drey krit thet, vnd gegen den veindten ziechen wolt, schrayen seine ordnung macher Ine an, Er soll stil steen, dan etliche von seinem volckh, heten sich zertrent, vnd die ordnung zerrissen, Also trat der Jung weiß kunig zuruckh, wolt sehen, wie sölichs zugienng, Da was ain priester kumen, mit ainem altarstain, vnd leget den altarstain auf ain potting, bey der ordnung, vnd laß meß daruf, da knyet der merer Tail seins Volks bey der Meß, Also knyelet der Jung weiß kunig, auch nider, zu derselben meß, vnnd höret die mitsampt seinem volckh, darnach machet Er sein ordnung wider, Und fanndt sein volckh guetwillig zu fechten, mitler Zeit bedacht sich das wuetennd volck, der prawnuen geselschaft, vnd ergab sich in des Weißen kunigs gnad, mit leib vnd guet, vnd zugen also haim, desgleichen zugen des kunigs volck, auch wider in Jr herbergen, Nach sölichem nam der Jung weiß kunig etliche, aus derselben prawnen geselschaft, so den Auflauf, vnnd die Romor gemacht heten, in der Antzal bey Achtundtzwaintzig, vnnd ließ Sy mit dem swert richten, vnd bey hundert, ließ Er die Stat vnd das lannd verpieten, die fluchen zu dem plaben kunig, Die anndern begnadet Er alle frey ledig, vnnd nam kain gelt von Inen, (b) damit Er die lieb, bey dem volckh, wider vberkumen möcht. (c)

Wie

(a) Dieser letzte Auftritt geschah auf dem kleinen Platze zwischen der Burg, und der St. Veerles (Pharahildis) Kirche, wohin sich nämlich die Aufrührer von dem grösseren Platz gezogen hatten. La Marche Bl. 422. (b) Obwol die von Gent über die im Friedenstraktate gedungene Geldsumme, annoch 127000. Liliengulden dem Erzherzogen angebothen hatten. Heuter Bl. 123. (c) In einem andern Manuscripte werden folgende Worte beygesetzet: „Doch etlich des Freyheytt die Sy hetten wider iren landtz Fursten erschnydt er in auf dem platz„ Diese Freyheiten waren eigentlich in neun Urkunden begriffen, die die Stadt Gent theils von den Königen in Frankreich, überkommen, theils auch ihren Landesfürsten abgedrungen hatte. Von den weitern Anstalten, die der Erzherzog zu Gent getroffen, verdienet vor andern Heuter nachgelesen zu werden. Bl. 123. 124.

H B

Wie zwischen dem Jungen Weyßen kunig, vnd blaben kunig, ain fridt gemacht was, den der Plab kunig nit hielt, vnd seinen hauptman, den Partman, mit kriegsvolk ausschicket. (a)

Als der Jung weiß kunig, die prawn geselschaft erobert het, da lagen noch zehentausend man, die dem plaben knnig zugehörten, in dem lannd, die der plab kunig der prawnen geselschaft, zu hilf geschickt het, Nach sölicher eroberung der prawnen geselschaft, wolt der Jung weiß kunig, auf die obangezaigten zehen tawsend man, der plaben geselschaft gezogen sein, vnd Sy geslagen haben, Aber dieselben wolten sein nit erwarten, vnd zugen zurück zu Irem plaben kunig, Also versammlt der plab kunig, seine Rätte, vnnd kunnd mit nicht erfinden, damit Er den Jungen weisen kunig mer schaden möcht zufuegen, weder mit gelt, noch mit macht, vnnd wolt sich doch, aus uberflusiger stoltzigkait, mit dem Jungen weisen kunig, für sich selbs nit richten der Jung weiß kunig hielt auch Rat, ob Er den plaben kunig, auf ain News solt angreiffen, oder nit, da fandt der Jung weiß kunig in Rat, Er solt ein Errliche rachtigung, mit dem plaben kunig machen, In ansehung, dann sein weise geselschaft, were vast mued, Soliche Rachtigung wäre, zwischen dysen zwayen kunigen gemacht, halb hin, halb her, Vnd dieselb Rathigung, weret vileicht, ain halb Jar, (b) Dann geleich darnach erhueb sich ain haimlicher krieg, (c) vnd ward aber ain parthey, zwischen ainem fursten, (d) vnd ainem mechtigen Comaun, (e) derselb furst, was dem Jungen weißen kunig verwanndt, (f) In solichem, möcht der plab kunig, sein Untrew nit lassen, vnd machet in der Comaun, ain parthey, vnd schicket demselben Comaun, ainen hauptmann (g) genannt der groß partmann, (h) mit ainem kriegsvolkh, vnd überfiel denselben Edln fursten, Ee

(a) Um die Geschichte des ersten Lütticherkrieges ganz beysammen zu haben, weicht K. Maximilian von der bisher fortgesetzten Zeitordnung ab, und holt die hieher gehörigen Umstände vom J. 1482. zurück. (b) Die Rede ist hier von jenem Friede, der zwischen dem Erzherzog und Ludwig K. in Frankreich im Jahre 1582. zu Arras geschlossen worden. S. Godefroy Histoire de Charle VIII. fol. 324. (c) Das ist, ein einheimischer Krieg, nämlich der erste Lütticher Krieg. (d) Ludwig Fürstbischof zu Lütich aus dem Hause Bourbon. (e) Die Bürgerschaft zu Lütich samt ihrem Anhange. (f) Seine Schwester war Isabelle eine Mutter der Prinzeßinn Marie von Burgund. Es findet sich in einem Aufsatze dieses Werkes von ihm folgende Anmerkung. „Bischof Ludwig von Lüttich Frauen Maria von Burgundi Mueterbrueder = hett solche sein Swestertochter frau Maria so lieb als ob Sy sein rechte tochter gewesen wer vnd hielt altzeit Ir Parthei mit seinem Bistumb vnd Land vnd wolt Sy an die frantzosisch Parthei nit hengken.“ (g) Der in der Geschichte selbiger Zeiten berüchtigte Wilhelm Herr von Arenberg. Schon vor diesem ward er dem Erzherzog untreu, vnd fieng an, ganz französisch zu denken. Fugger MS. (h) Roo berichtet von eben diesem Wilhelm, daß man ihn insgemein Bart oder auch das Eber vom Ardennenwald genennet hab. Bl. 334.

A. 1482.

der Jung weiß kunig, Jme zu hilfe mocht kumen, vnd erschlueg denselben Edln fursten, (a) vnnd nam dasselb lannd ein, vnd zoch darnach, mit allem seinem kriegsvolkh zu veldt, auf den Jungen weißen kunig (b) der dann sein volkh auch versamlt het, davon wirdt hernach beschriben 2c.

Wie der Jung Weyß kunig dem Partman ain Stat abgewan. (c)

Als Nun, der plab hauptman, genannt partman, auf den Jungen weißen kunig ziechen wolt, da het sich der Jung weiß kunig, mit seinem Kriegsvolk versammlt, vnnd zoch dem partman entgegen, mit Jme zu streiten, der partman tailet sein volckh, in zween tail, Nemlichen, vier tawsend in ain klaine Staat (d) die wolt Er mit leuten vbersetzan, damit der Jung weiß kunig, Jme die nit abgewynnen solt, vnd mit dem annderm seinem volckh, zu Roß vnnd fueß, zoch Er in die hauptstat, (e) vnnd versamlt, noch mer volckh, sovil Er mocht, (f) Unnd ließ sich mercken, Er wolt sich mit dem Jungen weißen kunig schlagen, Der Jung weiß kunig ließ sich nichts Irren noch verhindern, sonnder Er schlueg sich, fur die

klain

(a) Dieser Todschlag geschah den 30. August. Roo. Bl. 344. Die erste Wunde versetzte ihm Wilhelm von Arenberg mit eigner Hande. Das übrige vollbrachten die dazu gedungenen französischen Mörder. Heuter Bl. 102. Daß aber zu dieser blutigen Begebenheit die Kron Frankreich ursprünglich vieles beygetragen, erhellet aus einer in den Auffätzen dieses Buches am Rande beygefügten Stelle, wo von dem benannten Bischof folgendes angemerket wird: „Nun hetzet der Plab Kunig hern Wilhelm von Arenberg an Jn, der dann ain grosse Parthei in der Stat Luttich zu wegen pracht. Vnd zoch auf die Stadt vnd wolt die Vberfallen sein: der Bischof besorget sich vnd wolt sein in der Stat nit wartten, vnd zoch heraus vber die Prugg. Der von Arnberg het die Prugg vor Eingenommen darumb der Bischof nit wesst, deshalb dan gedachter Bischof ettwas in einer Vnordnung herauszoch. Da graiff Jn der von Arnberg vnd schlueg Jn tod vnd vil der seinen, vnd vertrukhet in der flucht in die Stat, vnd nam die Stat ein.“ (b) Arenberg dachte so sehr französisch, daß er sich schon vor dem lütichischen Unruhen vorgenohmen, den Erzherzog samt seiner damal noch lebenden Gemahlinn Marie verrätherischer Weise aufzuheben, und in französische Hände zn lieferen. Fugger MS. Bl. 45. (c) Hier ist Eigentlich von Eroberung der Stadt Tongern die Rede. Schon zuvor hatten die Erzherioglichen manche andere im Lütichischen gelegene Plätze, als St. Truyen, Borchloen, Hasselt, u. a. m. eingenommen. S. Roo. Bl. 344. Heuter Bl. 102. (d) Die Stat Tongern unweit Lütich. S. Roo, und Heuter ebend. (e) Die Stadt Lütich, welche Arenberg nunmehr ganz in seiner Gewalt hatte. Denn die Inwohner waren zum Theil verjagt, zum Theil französisch gesinnet, zum Theil unterlagen sie der bewaffneten Parthey des Arenberg. Petit. chron. d. Holl. fol. 561. Heuter. Bl. 102. Die mißlichen Umstände dieser Stadt entdecken sich aus einer Stelle der Erzherzog Maximilianischen Schriften, wo vom Arenberg gesagt wird: „Der von Arnberg vertrukhet in der flucht in die Stat (Lütich) vnd man nam die Stat ein vnd Ee wan Er der Stat gweltig was flohen der merer tail Chorherren heraus gen Löfen in Brabant Nemblich Graf Johanns der Jung Panierherr zu Horn (der ist aber zu ain Bischof erwelt worden zu Lüttich) Hinwiderumb die Chorherren die des von Arnberg Parthei waren die gelobeten in der Stat zu bleiben vnd erweleten ein Bischof Nemblich Herrn Wilhelm von Arnberg Sun, vnd ettlich Slos und Stet hieng sich an den Bischof von Hörn. Derselbig krieg weret lang, wie es hernach weiter geschrieben ist“ (f) Arenberg wußte zu Lütich den Herrn so meisterlich zu spielen, daß er alles, was über siebzehn, und unter sechzig Jahren war, zum Feldzug aushob. Roo. Bl. 344.

H·B

A. 1482.

klain Stat, darynnen die vier tawsendt man waren, die dem partman Zugehörenden, vnd Er erfuer, vnnd het sovil kunttschafft, das dieselb klain Stat nit miprofandt (a) versehen was, deshalben der Jung weiß kunig, mit seinen Räten vnd Hauptleuten ainhelliglichen beratschlaget, das Er dieselb Stat, mit dem geschutz arbeiten, vnd harren solt, das Er also thet, vnd belegert dieselb Stat also, zum aushungern, Indem schicket der hauptman, aus derselben Stat zwen poten zu seinem öbristen Herren dem partmann, vnd zaiget Ime an, wiefil tag Er nothalben halten möcht, vnd baide poten heten schriftlichen bevelch, das der partman Sy mit dem swert reten solt, In sölichem fannd der partman in der Stat darynner Er lag, in Rat, das Er den Jungen weißen kunig, in dem tag, nit angreiffen. noch befechten, sonder Er solt sich understeen, den jungen weißen kunig. bey der Nacht zu überfallen, solichs sich derselb partman vnnderstundt, vnnd Zoch in der nacht zu stundan, mit allem seinem Volk, aus der Stat, gegen dem Jungen weißen kunig, Aber der Jung weiß kunig, war desselben Anschlag gewarnet, vnnd warttet, mit allem seinem volck, in gueter ordnung, vnnd ganntz still, Dann Er het geren gesehen, das Sy In angriffen heten, Aber Es kam, in derselben Nacht. so ein groß Ungewitter, das dem partman, sein volck ain grosser tail, wiederumb hindersich in die Stat lieffen, dardurch was dasselb schlagen, auf dieselb nacht, auch gewendt, Nach solichem, verkundet der partman, dem Jungen weisen kunig, Er wolt Ime die Stat, darynnen die vier tawsend man lagen, ubergeben, doch das Er dieselben vier tawsend man, Zu Ime ab Ziechen ließ, Vnnd Ime darnach Zu Zug, so wolt Er mit Ime ainen streit thuen, Solichs dem Jungen weißen kunig, gantz wol benueget, vnd daran, In sonnderhait Zufriden was, mit Ime Zu streiten, vnd nam darauf dieselb Stat ein, vnnd ließ die vier tawsendt man, Zu dem partman abtziehn. (b)

Wie der Jung Weyß kunig, mit dem Partman ainen streit tet, Vnd den Partman zu seiner gehorsam bezwang.

Nachdem, vnnd der Jung weiß kunig, die vorberurt Stat, dem partman abgedrungen, vnd eingenommen het, zoch Er darnach, mit seinem hör wei-

(a) In der That mußte die Stadt Tongern durch die Hungersnoth gezwungen, in wenig Tägen den Erzherzoglichen die Thöre öffnen. Diese Uebergab geschah um die Mitte des Octobers. Heuter Bl. 102. (b) Fugger im Manuscripte versetzet die Eroberung St. Trautten, Hasselt, und Tongern auf das Jahr 1484.

A. 1483.

weiter, vnd schlueg sich fur ain sonderlich vest Schloß, (a) Alspald der partman sölichen furschlag vernam, wolt Er dasselb Sloß Reten, (b) vnd beraittet sich, zu dem streit, Und Erhueb sich, mit allem seinem volck, zu Roß vnd fueß, und zoch gestracks, auf den Jungen weißen kunig, vnd machet aus seinem volck zween hawffen, Nun het der Jung weiß kunig, drey hawffen gemacht, Unnd der partman mit seinen Zwen hawffen, traff mit des Jungen weißen kunigs drey Hauffen, Aber desselben Jungen weißen kunigs geschutz ward vor dem treffen sowol gestelt das dem Partman mit dem selben Geschütz vor dem treffen etlich tawsend man, in die flucht geschossen wurden, Und indem, traffen die hawffen, mit ainannder, vnd des Jungen weißen kunigs hawffen, schluegen die ander hawffen Jre veindt, in die flucht, vnd schluegen Jr bey drew tausend zu todt, vnd namen wenig gefangn, Und der Jung weiß kunig, behielt das velt, vnd den streit, (c) Auf solichs, ergab sich derselb partman mit seinem volck, in des Jungen weißen kunigs genad, (d) vnd kam der merer tail, desselben volck, in des Jungen Weißen kunigs diennst, (e) Aber belieben nit lanng darynnen. (f)

wie

(a) Das Schloß Hulen (beym Fugger wird es Huele, beym Roo Haulonga genennet) im lütichischen Gebithe, drey Meilen von Lütich entlegen. Die Erzherzoglichen hatten es im Jänner des 1483. Jahres unter der Anführung Philipp Herzogs von Clev zu belägern angefangen. Heuter Bl. 106. (b) Allein die Erzherzoglichen hatten sich ehe schon den Weg in dieses Schloß mit dem schweren Geschütze eröffnet, und die lütichischen Bothen welche gekommen waren, selbes im Namen des Arenberg mit einem baldigen Entsatze zu vertrösten, wurden von der Oestreichischen Besatzung sehr übel begrüsset. Roo Bl. 345. (c) Dieser Schlacht hat K. Maximilian in seinen Schriften den Namen von Huloin gegeben; weil sie nahe bey diesem Schloße für sich gieng. Eigenliche Nachrichten von diesem Treffen findet man beym Heuter Bl. 106. (d) Der Erzherzog hatte auch den Arenberg zu Gnaden angenommen. Allein Arenberg konnte nicht ruhen, bis ihm im Jahr 1485. zu Mastricht der Kopf abgeschlagen wurde. S. Fugger, Roo, Heuter u. a. m. auf das J. 1485. (e) Die Friedesbebingnißen, die Erzh. Maxmilian den Lütichern gesetzet, erzehlet Heuter Bl. 107. (f) Im J. 1485. gieng die Unruhe vom neuen an. Die Gelegenheit zur selber wird in den schriftlichen Auffätzen dieses Werkes auf folgende Art erzehlet: „ Derselb Krieg wart einmal gericht. vnd der Bischof von Arnberg (Willhelms „ Sohn S. oben Bl. 168. Anmerk. e) drat dem Bischof von Horn ab. Aber kurz darnach schlieg „ Bischof Johans des von Arnberg Vater das Haupt ab, dardurch Hern Wilhelms von Aren„ berg Brüder Eduard vnd Rueprecht mit der Stat Luttich widerumb anhueben zu kriegen mit „ Littich auf den Bischof daselb. vnd Her Fridrich von Horn seinen Brueder. vnd wolten „ Jren Vettern widerumb zu Bischof gemacht haben. aber der weiß Kunig vnd Herzog Al„ brecht (von Sachsen) halffen dem Bischof das es nit beschach. „

Wie sich bey dem mechtigen Comaun ain newe zwitracht erhueb, vnd der Jung weiß kunig dasselb volk bekrieget vnd Jnen ain stadt abnamm vnd dasselb volk schlueg vnd aber ain Rachtigung gemacht ward. (a)

Dieweyl der Weiß kunig also mit der braunen geselschafft in hartten krieg was wie ob stat hub sich ain zwidricht an zwischen dem Bischof von Lüttich vnd seinem bruder her fridrich von horn an ainer seytten und der dreyer bruder von Arnberg genannt Wilham Erberhart vnd Ruprecht welcher zwidracht herr Wilhalm von Arnberg der meist vrsacher was. (b) Also her fridrich von hörn nam vrsach das derselb von Arnberg het for erschlagen den bischof von lüttich, wie dann solichs for stat in der fygur vnd schrifft (c) vnd fandt ain Synn da her Wilhalm allein was inzufachen (d) vnd gab in Jber den von Mastricht die dann ein alte selzame freyheit haben vnd dieselben beschworn, auff solichen aydt bemanett er die von maßdricht das Sy in berechtetten vnd den kopff abschlügen. (e) Da bewurben sich die andern sein 11. Brüder in geheim vnd nammen Jm sein Stat Luttich ain die gann die von arnberg gar lieb hetten, Der halb der Bischoff nit mer Jn dieselb Statt kommen mocht. Darauf schicket der bischoff zu dem weissen kunig, vnd verkundett imm wie der blo kunig den 11. von Arnberg beystand thett, vnd wolten in verdreyben aus seinem bischtum vnd erpot sich gegen den weissen könig er solt im kriegsfolck zu schicken. Wann er dann sein bischofthum gerutlich zu wegen pracht wolt er in bezalen. Also verdrug sich der weiß kunig mit derselben

(a) Die hierauf folgende Erzehlung ist ohne der sonst in diesem Werke beliebten, poetischen Einkleidung in den vorläuffigen Aufsätzen gefunden worden so wie hier steht, und, obwohl sie im wesentlichen Jnhalte von den zwey vorhergehenden Kapiteln nicht unterschieden ist, so findet man dennoch bey selber folgende Anmerkung „ Dys Capitl sol gestelt werden nach dem ersten „ flamischen Krieg. „ Wir glauben uns desto mehr verpflichtet zu seyn; diesen Aufsatz hier einzuschalten, weil wir in eben diesem Manuscripte versichert werden, daß der Jnnhalt der zwey vorgehenden Kapiteln nicht allerdingen richtig ausgefallen. Uebrigens entsteht aus dieser beygefügten Erzehlung eine nicht geringe Jrrung in Betreff der Zeitrechnung, und sie widerspricht fast gänzlich den Meynungen der bisher an das Licht getrettener Schriftstelleru. (b) Die vielfältigen Verbrechen dieses Mannes sind bekannter, als daß sie hier erst sollen angeführet werden. (c) Die Figur oder Abbildung dieser Mordthat ist nicht verfertiget worden, oder aber unter die verlornen Stücke zu zehlen. Was die Schrift anbelanget, bezieht sich dieser Aufsatz auf jenes, was oben (Bl. 168) gesagt worden. S. auch die Anmerkung f. Bl. 167. (d) Arenberg ward außer St. Truyen einer im lütichischen Gebithe gelegenen Stadt vom Fridrich von Horn des Bischofs von Lütich Bruder gefangen. Fugger MS. Seifrid. Petri Gest. Pontif. Leod. beym Chapeauville Tom. III. Bl. 209. Heuter Bl. 119. und a. m. (e) Das Urtheil wurde den zwanzigsten (oder wie Petri schreibt, den neunzehnden) Juni im Jahr 1485. vollzogen. Seufr. Petri, und Heuter ebend.

HB

A. 1485.

potschafft vnd richten verschreybung auff vnd schicket im ain claine anzal folck, (a) allain den seinen die sein partey hielten zu ainem trost vnd versprach wann im gott den Syg geb gegen der praunen geselschafft das dann fast am endt wer, so wolt er mit al seiner macht kumen vnd in retten des im auch der Weiß kunig sein zusagen hielt vnd alß bald die praun geselschafft Iber wunden war da zog er dem bemelden bischoff zu hilff (b) vnd schlug sich für ain Stat (c) darinn die lüttichér Franzossen, etlich Schweitzer vnd ander die dann der blo Kunig in zu gesant het in der Sum bey 4. M. manen. Also umbgab der weiß knnig die Stat die nit gespeyst war, mit seinem volck das kainer heraus mocht. Auff solichs machten die lüttichér mit irem andern volck alß fyl Sy des bey ain ander hetten nemlich bey X. in XII. M. mann, ainen anschlag vnd wolten den Weissen kunig ain Haufen seines folcks for der Stat Iberfallen vnd geschlagen haben vnd in dem die Stat gespeist vnd alß Sy bey der nacht solichs gethan wolten haben, vnd sich erhuben, da kamen Sy an des Weissen kunig Schart und wach, die darfen mit in, und stachen Sy zurück. In dem fiel ain großer Regen vnd vngewitter ain, der halb Sy sich beritten Sy wolten solichen anschlag auff die ander nacht volziehen. Alß aber der Weiß kunig solichs erfur da zog er mit seinem folck zu sam in ainen hauffen vnd nach dem der Weiß kunig fyl sterker an dem Reyssigen zeug was dan die lüttichér vnd Sy auch sahen daß sich der Weiß kunig mit seinem folck also in sein fortl geschickt hett, da vnderliessen Sy solich irn anschlag vnderwegen. In dem fiel der Hunger in das volck in der Statt, derhalben Sy sich dem weissen kunig ergaben. Darauff namm der Weiß konig die Stat ein vnd brach die Mauern ab. (d) vnd zug darauf zurück bys auf II. meyl an ein Wasser da kame er im dem weissen kunig ain neu gut gerndt folck aus Hollandt zu zogen. In dem meintten die II. von arn=

(a) Die Lütticher waren wegen der Hinrichtung Wilhelms von Arenberg so aufgebracht, daß sie alles tod haben wollten, was plat deutsch redete. Heuter ebend. Bl. 120. Weil der Erzherzog eben damal mit den fländerschen Kriege beschäfftiget war, muste er seine ganze Mache auf diesen so wichtigen Gegenstand verwenden. (b) Nachdem der Erzherzog zu Gent alles wieder in Ordnung gebracht, und den Frieden in Flandern auf eine Zeit hergestellet, verfügte er sich nacher Brüssel, wo er die Nachricht von den neuen zu Lütich entstandenen Unruhen erhielt. Roo Ann. Austr. Bl. 364. De la Marche Indroduct. Bl. 71. (c) Ist die Stadt Tongern, wie zwey an Rande beygerückte Anmerkungen bezeugen. Hier entsteht nun der Zweifl, ob die Eroberung der Stadt Tongern erst nach dem Tode des Arenbergs, und nach dem Ende des ersten fländerischen Krieges sich ereignet habe. Die gedruckten Geschichtschreiber, so viel man deren durchgangen hat, setzen diese Begebenheit als eine vor Arenbergs Hinrichtung geschehene Sache an, selbst im Buche des weißen Königs wird der Partman als ein bey der Belägerung Tongern noch lebender und zu Lütich herschender Hauptmann angeführt. S. Bl. 168. Solte es Entscheidung gelten, därfte man es dennoch in Betreff Tongern bey der fast allgemeinen Meynung der Geschichtschreiber bewenden lassen. Noch weniger aber ist zu vermuthen, daß Tongern von dem Erzherzoge zweymal eingenomen worden. Ueberhaupt muß man gestehen, daß in Betreff der lütichischen Kriegen, die Geschichte des weissen Königs in Unordnung gerathen, so, daß die ganze Erzehlung in diesem Werke zweymal zum Vorschein gekommen, wie wir weiter unten sehen werden. (d) Die Niederreissung der Stadtmauren war schon bey dem Ubergabstractat aufgedungen Suffrid. Pesri Gest. Pont. Leod. Blat. 203.

A. 1485.

arnburg der weiß konig zug gar ab vnd rüstetten sich mit allem irem folck vnd zogen auff den weissen konig und westen nit daß dem weissen konig ein neu volk waren zukomen. Auff das namen des weissen konig kriegs folck ain hohe ain vnd namen den Streydt mit den von arnbergk an, schlugen Sy zu Ruck vnd gewanen das Feldt dergestalt das der arnbergischen etlich M. thot plyben. (a) auf solichs ergab sich das ganz landt an den weissen konig bys an die Stat lüttich. Darnach ward ein Rachtigung gemacht (b) darauf setzet der weiß konig den bischof der einer von hyrn was gewaltiglich wyder ain der sich auch bys in seinem thot gedreulich bey dem weissen konig hielt.

A. 1478.

Wie der Plab kunig, dem Jungen Weyßen kunig, ain Newe Zwitracht zurichtet, bey der grawen vnd Apfelgrawen geselschaft, vnd der Jung Weiß kunig, derselben Stat eine bezwang, vnd die Plab geselschaft schlueg, vnd ausgejaget. (c)

In dem, als der partman sich an den Jungen Weißen kunig Ergeben het, kam dem Jungen weißen kunig kundschaft, Wie der plab kunig, bey der grawen vnd apfelgrawen geselschaft, ain Newe Zwitrachtigkeyt zugericht het, (d) Also Zog der Jung weiß kunig, an dieselb gegend, vnd da Er vernam, das die Stat mit den schönen Thurn, (e) durch das Plab kriegsfolck, die darynnen lagen, seinen landen, viel schaden Zu fuegten, vnnd teten, Zug der Jung weyß kunig, mit macht, fur dieselb Stat, vnnd auf einen tag, hueb Er an, die landschaft darumb, so hart Zuverbrennen, das der Rauch, denselben ganzen tag, seinen kriegsfolck, Irem harnasch den glanntz verdecket, Solichs denen von der plaben geselschaft, die in derselben Stat lagen, desgleichen das Stat volck, hart verdroß,

 vnnd

(a) Ist die Schlacht bey Hulen die ebenfals im vorigen Kapitel Bl. 170. beschrieben worden. (b) S. oben Bl. 170. Anm. e. An dem zweyten Lütticherfrieden, der im J. 1485. veranlasset worden arbeiteten zu Mastricht von Seiten des Erzherzoges der Bischof von Cambray der Abt von St. Bertin, und Herr Olivier de la Marche wohl ein halbes Jahr mit grossem Zeitverlust, weil einige unruhige Beamten der Stadt Lüttich nichts mit sich wolten richten lassen, bis vier aus ihnen in der Aufruhr ermordet worden. De la Marche Memoires Bl. 423. und Introduction Bl. 71. wie auch Roo Bl. 364. (c) Dieses und auch die nächstfolgenden Kapitel sind als Nachträge zur Geschichte des im Jahre 1478. geführten französischen Krieges anzusehen. In gegenwärtigen Kapitel wird von der Stadt Tournay gehandelt. Man würde bedenken tragen diesen Ausspruch zu machen, wenn nicht theils die in folgenden Erzehlungen vorkommenden Umstände theils auch die in verschiedenen Auffätzen beygerückten Anmerkungen uns von der Gewißheit desselben Bürge leisteten. So liest man bey dem itzt vorhabenden Kapiteln eine Erinnerung, daß selbes gleich nach dem mit Marien Herzoginn von Burgund gehaltenen Beylager soll gestellet werden. (d) Es folgt von selbsten, daß diese Uebergabsrede irrig sey und der Zeitrechnung ganz widerspreche: weilen ja die arenbergischen Unruhen viel später ihren Anfang genomen haben. (e) Man sollte kaum zweifeln daß unter dieser Benennung die Stadt Douay verstanden werde,

wenn

vnnd wurden dardurch bewegt, daß dieselb plab geselschaft, vnd das Stat volck, auch die landtschaft, so bey Inen in der Stat was, heraus ruckten, an ainen tieffen pach, in der maynung, den Jungen weißen kunig, und sein kriegsfolkh. an den prandt Zu vberfallen, aber der Jung weiß kunig, het solichen prandt, darumb angefangen, ob Er Sy Zu dem streit bewegen möcht, vnd als Er Ir fürnemen ersach, Rucket er, mit allen seinen hawffen, gegen Inen, mit Inen den streit anzugreiffen, Als Sy aber sachen, das der Jung weiß kunig, in streit ordnung, auf Sy rucket, wichen Sy fluchtigklichen, widerumb in die Stat, Noch wurden dannoch, etlich der letzsten begriffen, dieselben wurden erschlagen, vnd gefangen, Nach solichem schlueg sich der Jung weiß kunig, zu felt, in der maynung, daß Er den anndern tag, das gantz land daselbst vmb vorhördt vnd verprendt wolt haben, In dem schickten die von der Stat, Zu dem Jungen weisen kunig, vnd liessen Ine vmb ainen Anstanndt piten, so wolten Sy sich, mit Ime vertragen, (a) das Er dann also auf grosse bete nach gabe, Doch in der gestalt, das Sy die von der plaben geselschaft, aus Jageten, das Sy dann grosser not halben, dartzu der Jung weiß kunig, Sy betzwang, teten, Vnd ward nach des weißen kunigs gefallen rachtigung gemacht. (b)

Wie der Plab kunig, dem Jungen Weißen kunig, ain andere Irrung zurichtet, Vnd Ime, ainen Hauptman abkauffet.

In kurtz darnach, Zog der Jung weyß kunig, in seinen gescheften, Zu Landt sains kunigreichs, Nemlich in ain Gegend, (c) darynnen etliche anstosser, auch ains tails seiner vnndersässen, ainen pundt (d) vnnder Inen gemacht heten.

Den=

wenn man erwäget, daß nach Zeugniß Buzelins der Erzherzog eben im Jahre 1478. nacher Douay sich erhaben, und den alda neu hergestellten zierlichen Stadtthurn mit seinem Hofgefolge bestiegen habe. Buzelin Gallo-Flandr. Bl. 454. Allein alles, was in diesem Kapitel weiter erzehlet wird, widerspricht gänzlich dieser Meynung, weilen nämlich die von Douay dem Erzherzog keinen Widerstand gethan, sondern ihrer Pflichte nach ihn mit allen Ehren empfangen haben. Zudem so verweiset uns die in den Manuscripten vorkommende Erinnerung in Betreff dieser Geschichte auf die Stadt **Dorneck**, Tournay. (a) Petit in seiner Histoire de Hollande Bl. 526. giebt vor, Tournay sey erst im J. 1479. an den Erzherzog übergangen, und sieht diese Eroberung als eine Folge des bey Guinegate erfochtenen Sieges an. Allein Heuter, und Buzelin, der aus den Schriften der Stadt gearbeitet hat, erzehlen den mit Tournay getroffenen Vertrag auf das J. 1478. (b) Die Verträge, welche von wegen Tournay getroffen worden, mag man bey Fugger MS. Bl. 35. Heuter Bl. 89. Petit Bl. 526. Buzelin 455. nachlesen. (c) In Seeland, und Holland, um aldorten so wie in in anderen burgundischen Erblanden die Huldigung aufzunemmen. Roo Bl. 327. u. a. (d) Die schon oben erwehnten Parteyen der Huicken und Cabelliauten. Schon vor hundert Jahren waren sie in diesen Ländern bekannt, und zweymal zur Ruhe gebracht. Nun fiengen sie aufs neue an, und machten Miene, wider gegen einander zu Feld zu ziehen. Roo. ebend.

denselben pundt Er mit gutem mitl bald erstöret, (a) das kain krieg daraus wardt, sölicher pundt beschach, durch anraitzung des plaben kunigs, Alls Nun der plab kunig merket, das derselb pundt Zerstört was, vnnd nit furganng haben wollt, Mocht derselb plab kunig. in seiner untrew nit feiren, und schicket in gehaim. ainen Kaufman, Zu des Jungen weißen kunigs alten Hauptman ainen, Vnd versprach Jme, durch denselben kaufman, viel gelts, vnnd dartzu ein schöns Weib, Auch wie der plab kunig selbst zu Jme komen wolt, und durch solich treffenlich vnd groß Zusagen, wart derselb Hauptman, von dem Jungen weißen kunig. abgewendt, (b) wiewol derselb Hauptman, ain geschickter kriegsman was, aber er kundt mit fueg, nit alspald, von dem Jungen weißen kunig kumen, bis solanng Er, dem Jungen weißen kunig, ain schlacht verwar loset, Wie hernach etwas davon beschrieben wirdt.

Wie der Plab kunig, dem Jungen Weyßen kunig, in sein land Zoch, und der Jung Weyß kunig, Jme entgen Zoch, mit Jme zu streiten, und was Untrew, des Jungen Weyßen kunigs hauptman ainer tet.

Nach dem, vnnd der Jung Weiß kunig, den vorgemelten pundt, (c) mit guetem mittel Zerstört het, Mitler Zeit, bewarb sich der plab kunig, in gehaim, vnd versamlt sein kriegsvolck, biß in Zway und dreissig tausend man Vnnd Zoch mit demselben kriegsvolck, gestracks in ain klains lånndl, (d) das

(a) Der Erzherzog nahm dieses Geschäft zu Middelburg vor und arbeitete wohl sechs Wochen an Vorschlägen, diese Parteyen zu beruhigen; könnte aber nur so viel ausrichten, daß diese Flamme auf eine Zeit unterdrücket würde, nicht aber dermalen gänzlich erlosch. Heuter. Bl. 83. u. a. (b) Nachdem bekannt ist, daß in es diesem Kriege Verräther genug gegeben, so fällt es schwer, zu errathen, von welchem Ueberläufer hier eigentlich die Rede sey. Schon zu Zeiten K. Maximilians war man über diese aufgabe unschliessig. So findet man in den Auffsätzen am Rande dieses Kapitels drey Namen hingeschrieben, wo es dem Leser frey stehen soll, einen aus selben zu wählen, und werden die drey folgenden angegeben: der von Rodenach, vnd der von Firnaburg, vnd der Herr von „Kriechenburg.„ Essind diese Namen in der Geschichte nicht ganz unbekannt. „Dieweil Maximilianus „in Hollanndt gewesen, ist der Hr Willhalm von Arnnberg samt seinen Freunden als dem Herren von Ro„denach vnnd anderen auff die seitten des Kunigs gefallen vnnd haimlich Franzosisch worden„ sagt Fugger MS. Bl. 45. Des Grafen von Virnenburg Misheligkeiten, und Abfall von der Parthey Maximilians sind ebenfalls aus dem Roo (Bl. 337.) und Heuter (Bl. 90. 98.) bekannt. Unter dem Namen des Herrn von Kriechenburg wird Jakob von Lutzenburg Herr zu Riechenburg verstanden, von welchem die Geschichte erzehlet, daß er mit einigen andern wegen seiner Untreu im J. 1481. aus der Zahl der Rittern des goldenen Vliesses ist ausgestoffen worden. Fugger MS. Bl. 48. Heuter Bl. 99. Bey allem dem scheinen dennoch diese vorgegebene Namen auf die Umstände unserer Geschichte nicht zu passen. Viel wahrscheinlicher ist, daß hier von dem schon oben (Bl. 126.) benanten Jakob Galleoten die Rede sey. Den Beweiß dieses Satzes wird man im folgenden Kapitel vorlegen. (c) Die Parthey der Huicken, und Cabelliauten. S. oben Bl.174. Anmerkung d. (d) Die Landschaft Henegau. In den Auffsätzen findet sich hierüber folgende Anmerkung: „Das ist da der König von Frankreich zogen ist „in Henigau, nach des weissen Königs beyschlaff: darff keine Figur allein kemmen.„

A. 1478.

dem Jungen weißen kunig Zugehördt, vnnd' gewann Ime das, in der Eil, wol halb ab, (a) Auf sölichen angriff, versamlt der Jung weiß kunig, sein kriegsvolck auch onverzug, (b) Vnd nam an sich, ain Ritterliche vnnd Erliche geselschaft, (c) mit seinen hauptleuten, Vnnd beschloß mit Inen allen, ainhelliglichen den plaben kunig zu bestreiten, vnnd auf solichen beschluß, Zoch der Jung weiß kunig, mit seinem kriegsvolck, auf Zwo tagreiß gegen den plaben kunig, hin zu (d) alspald der plab kunig sölichen Zu zug, den der Jung weiß kunig gegen Ime thet, vername, tailet der plab kunig, sein volck, vnd ließ ainen Hauffen legen, in ain starcke Stat, (e) vnnd in ainen Thiergarten, umb geben mit ainer starcken Maur. hinden an derselben Stat, Verordnet auch zwey tawsend man, in ain klains Stetle, (f) das nit verr von der grossen Stat lag, gegen dem weißen kunig, das aber nit servesst was, und mit dem übrigen volck, Zoch der plab kunig, in ain andere Stat, (g) vnnd schlueg sich an dieselb Stat Zu feldt, in ain vorstat, die mit greben, Zewunnen. vnnd gehegen wol umbgeben was, vnd wolt, aus derselben Stat, des Jungen weißen kunigs lanndt. daselbst umb, mit dem pranndt verhört haben, dieweil der Jung weiß kunig, sich vnnderstehen wurde, des plaben kunigs verloren volckh Zuvertreiben, Als der Jung weiß kunig, sölichs vernam, da wenndet Er, dem plaben kunig, sainen anschlag, Nemlichen der Jung weiß kunig tailet sein volckh auch, unnd schicket ainen seinen Hauptman, (h) mit ainer Antzall kriegsvolck, gegen dem plaben kunig, Zuverhueten, das sein lanndt, durch den plaben kunig mit dem prandt nit beschädigt wurde, Vnnd der Jung weiß kunig, Zoch mit dem anndern hör, für das klain

(a) Die Namen der haltbaren Oerter, welche von den Franzosen bey diesem Ueberzuge in Henegau eingenommen worden, mögen beym Heuter Bl. 83. 84. und Roo Bl. 329. wie auch in des de la Marche Introduct. Bl. 63. nachgesehen werden. (b) Der Erzherzog Maximilian zog anfänglich nacher Bergen, um die Franzosen aus Henegau zu jagen. Von dort aus ruckte er mit seinem Kriegsheere nacher St. Crispin. Roo, und Heuter ebend. (c) Es stiessen zum österreichischen Kriegsheer bey diesem Feldzuge zahlreiche Hilfsvölker aus Brabant, Namur, Luxenburg, Flandern und Holland; und der vornehmste Adel aus allen diesen Ländern befande sich im Lager des Erzherzogs, Heuter Bl. 84. (d) Hieher gehört ein am Rande eines vorläuffigen Manuscriptes vorgemerkter Beysatz, in folgenden Worten: „ Da Im aber der Weiß konig „ also entgegen zoch der Maynung mit Im zu streytten, da wolt der plo kunig Sein nit erwar„ ten vnd zoch wider zurück vnd besetzet etlich derselben Stett, die im aber der Weiß koniz von „ Standt an wider vmb abgewann. „ Die beträchtlichsten Städte, welche die Franzosen besezet, aber noch dieses Jahr haben raumen müssen, waren Bauchain, Conde, und Quesnoy. (e) Die Stadt Quesnoy, wie wir weiter unten ersehen werden. In einem Aufsatze dieses Kapitels steht hier am Rande diese Erinnerung: „ Da sol stan das der blo kunig „ dieselb Stat gewann vnd ander Stett mer vnd schier dasselb landel. „ Von der Eroberung dieser Stadt redet Heuter Bl. 77. (f) Die Stadt Conde in Henegau. (g) Die Stadt Arras, wo sich der König von Frankreich wehrend der Belagerung Conde befand, und seine Kriegsvölcker in den umliegenden Gegenden vertheilet hatte. Heuter Bl. 85. Roo Bl. 329. (h) Scheinet Jakob Graf von Romont gewesen zu seyn, der nebst Philippen von Cleve, 4000. Mann anführte, in der Absicht Henegau von den Franzosen zu reinigen: wo er dann auch etliche festen eingenommen hatte, Roo und Heuter ebend.

A. 1478.

klain Stätl, (a) darynnen die zway tawsend man waren, vnd wo[illegible] dasselb Stätl belegert, vnd mit dem hauptgeschutz gearbeitet haben, aber da Sy sachen des Jungen weißen kunigs schönen geraissigen vnnd fueß Zweg so wol verwappent, bayde zu Roß vnd fueß mit liechtem harnasch, vnnd das mechtig hauptgeschutz, das der Jung weiß kunig bey Jme het, wie Jnen dann Jr kundtschafter, die sölichs gesehen bericht heten, Wolten Sy dasselb Stätl nicht halten, vnnd schickten zu den Hauptleuten, die in der anndern starcken Stat lagen, Das Sy Jnen von stundan, solten vnnder augen kommen, vnd Sy in Jr hör vnnd leger gelaiten, oder anders, Sy wurden erschlagen, vnnd gefangen mitsamt der Stat, (b) Nun was der grawß, so gar in Jnen, Er das der pot wider kam, flochen Sy aus dem Stätl, vnd zundten dasselb Stätl nach Jnen an, (c) das Ersach der Jung weiß kunig, Vnd schicket Jnen, seiner hauptleute Zwen nach, ainen frumen vnd ainen schalck, (d) die schalckayt, was aber noch verporgen, mit etlich tausend zu Roß, Er gab auch denselben seinen zway hauptleuten, etlich stuck seines hauptgeschutz zu, die woll angespannen waren, dieselben veindt in Irer Flucht, Zu vber Eilen, vnnd der Jung weiß kunig vertrucket mit seinem geweltigen hawffen, auf Sy, in dem Eilet die plab geselschaft, die in der starcken Stat (e) lagen, vnd die obgemelten Zway tausend man angenomen heten, mit Jnen in dieselb starck Stat in Jren leger, so vast, das die zwen hauptleut von der weißen geselschaft, Sy nit Er Eylen kondten, bis das Sy schier mit allem Jrem volck, in die Stat kamen, Jn solichem nach Eilen, kamen die Zwen hauptleut, von der weißen geselschaft, auf die letsten der plaben geselschafft, so naheudt, daß sich dieselben letsten, aus not, gegen Jnen wenden, vnnd weren muesssten, doch dieselben drangen mit Gewalt, zu dem Thor hinein, Jn solichem Ereylen, vnd angrif stutzet der falsch hauptman, der annder hauptman schrir Jne an, Er solt neben sein getroffen haben, Nach dem der Jung weiß kunig, mit allen heuffen, an Jnen ward, Aber der valsch havptman erschrack solichs anschreyens, Aus ursach, Dann Er besorget, solle Er Sy angreiffen vnd treffen, so wurde Er Sy schlagen, vnnd dardurch seinen Newen

(a) Die Stadt Conde, von welcher schon oben Bl. 125. erzehlet worden. (b) Der französische Stadtkapitain Mouy schickte auch seinen eignen Sohn, an den König, der sich dermalen zu Arras aufhielt, um fernere Verhaltungsbefehle; bekamm aber zur Antwort, daß er die Stadt anzünden und verlassen solle. Roo ebend. u. a. (c) Die Franzosen erfanden eine List, vor ihrem Abzug die Innwohner dieser Stadt in die Kirche einzusperren. Unterdessen packten sie alles zusammen, legten an verschiedenen Orten Feuer an, und verliessen die Stadt. Roo, Heuter ebend. Fugger MS Bl. 34. (d) Der fromme Hauptman ist Vbald Herr von Lich'enstein, der Schalk aber heißt Jakob Galliot. Siehe die Anmerkung am Ende dieses Kapitels, (e) Quesnoy, von welcher schon oben Meldung geschehen. Der Graf von Dampmartin stunde damals der französischen Besatzung vor.

A. 1478.

angenommen dienst, gegen den plaben kunig verwurchen, Vnd auf obgemelt anschreyen, saget derselb valsch hauptman, dem frumen hauptman, der dann ain Junger man was, Es were mit den veindten, an diesem Enndt, nit guet Zu treffen, Dann Es were, ain großer graben, gleich bey der plaben geselschaft volck, in denselben Graben die Fuß knecht fallen, Vnd dardurch von der veindt geschutz grossen schaden leiden wurden, Aber Er solle das geschutz, in Sy abgeen lassen, vnd also still halten, damit heten Sy Iren Eren genueg gethan, (a) vnnd beredet also, den Jungen frumen hauptman, das man das geschutz in die veindt abgeen ließ, vnnd erschossen dannoch, aus derselben plaben geselschaft etliche Zu todt, vnnd jnsonderheyt ainen Irn Hauptman, (b) Vnd dieselben Zwen hauptleut, zugen dermassen ab, Das dann dem Jungen weißen kunig, Zorn thet, das Sy nit weiter vnnd furderlicher verdruckt heten, Aber der valsch hauptman, Zaiget dem Jungen weißen kunig, die obberurten geschicht an, Darauf der Jung weiß kunig solichs bey der nacht besichtigen ließ, vnd ward befunden Das an demselbn ort ganntz kain graben was, Sonnder Nur ain schlechter holer weg, darynnen des Jungen weißen kunigs geselschafft, kain schaden het mugen nemen, Deshalben der Jung weiß kunig auf denselben valschn hauptman, noch mer in Zorn bewegt ward, Vnd wolt Jne geurlaubt haben, Doch ward Er von dem gemainen man, von denen Er dann sonder geliebt was, erbeten, Das der Jung weiß kunig, jne, lennger bey Jme in dem veldt, doch sonnder allen bevelch behielte, Vnnd vrlawbet Jne mit der Zeit gar, (c)

Wie

(a) Galliot hat mit Lösung seines Geschützes auch unserm ehrlichen Gerhard Roo einen Dunst unter die Augen gemacht. Dieser Geschichtschreiber macht aus dem Verhalten des Galliots in dem Treffen vor Quesnoy sehr viel Wesens. S. dessen Annales austr. Bl. 330. Aber K. Maximilian sahe das Betragen seines Helden mit ganz anderen Augen an. (b) Dieser war der tapfere Ritter Laugemont. S. oben Bl. 125. (c) Es steht nunmehr zu beweisen, daß jener treulose Feldherr, von welchem in diesem und vorigen Kapitel die Rede ist, Jakob Galleot gewesen sey. Richtig ist, daß diese zwey Kapitel mit jenem, welches oben Bl. 125. vorkömmt, von einem gleichen Innhalt sind; weil überall die Rede von jenen Begebenheiten ist, die sich im Jahre 1478. bey Conde und Quesnoy erreignet haben. Da aber in den schriftlichen Anmerkungen, die den vorläuffigen Aufsätzen dieses Werkes beygerücket worden, ganz deutlich gesagt wird, daß aus jenen zween Hauptleuten, welche die österreichischen Völcker bey Quesnoy angeführet haben, Jakob Caliot der andere Herr Ebolt von Lichtenstein gewesen; so folgt von selbsten, daß auch in dem gegenwärtigen Kapitel eben nur von diesen zween die Rede seyn müsse. Zu mehrerer Bestätigung dieses Satzes wird vonnöthen seyn, die in der Geschichte des weißen Königs von diesem Feldherrn angegebenen Kennzeichen mit den in der gedruckten Geschichte vorkommenden Umständen des benannten Jakob Galiots zusamm zu halten. Im Buche des weißen Königs wird dieser Feldherr als ain geschickter kriegsmann vorgestellet (S. oben Bl. 175.) Weiter oben Bl. 125. wird er ein verruembter aber haimlichen Eerloser Hauptmann genennet. Auch von Galleoten redet Heuter als von einem geschickten und beym Erzherzoge im Ansehen stehenden Feldherrn. Rer. Belgic. L. I. Bl. 75. 82. 84. Eben also erheben ihn Roo Annal austr. Bl. 330. 331. Godefroy Hist. de Charles VIII. Roy de France Bl. 52. u. a. m. Ferner wird im weissen König dieser besondere Umstand von diesem Feldherrn gemeldet, daß er vor Zeiten dem kunig von Fewreißen zugehört habe. Und man weis ja aus dem De Comines, daß Galleot schon im Jahre 1465. sich im Kriegsgefolge des Herzogs von Burgund, als ein vortrefflicher Kriegsmann

ein

Wie der Jung Weyß kunig, mit dem Plaben kunig geren gestriten het, aber Es wurde zwischen Jnen, ain fridt gemacht, vnd dem Weyßen kunig, etlige Stet, wider geben.

Des andern tags, prach der Jung Weyß kunig, mit allem seinem kriegsfolck auf, vnnd Zoch für die starck Stat, (a) dabey der Thiergarten was, der maynung, die plab geselschaft, so darynnen lag, Zubehaiwren, vnnd zuvertilgen, Das dann der plab kunig, vnnd die plab geselschaft in derselben Stat grosse sorg heten, Der plab kunig schicket denselben Abend sein potschafft, Zu dem Jungen weißen kunig, Vnd ließ Jme anpieten, ain tading auf Acht tag, (b) dagegen wollt Er Jme geben dieselb Stark Stat, (c) vnnd annder drey, oder vier Stet mer, (d) die dem Jungen weißen kunig, von allter Zugehörten, das sandt der Jung weiß kunig, also in Rat, Auf sölichs, nam der plab kunig, sein volck zu samen, vnd legert sich, neben vnnd an ain groÿe Stat, die sein was, (e) Zwischen der Stat, vnnd den gräben, Der Jung weiß kunig, Zoch Jme nach (f)

eingefunden; daß er darauf im Jahre 1474. unter Herzog Karl der Belägerung der kölnischen Stadt Neus beygewohnet habe. S. De Comines L. I. Chap. VI. und L. IV. Chap. I. Drittens erzehlet der weiße König, daß dieser bishero rühmliche Feldherr den ersten unehrlichen Streich im Jahre 1478. begangen (Bl. 175. und 178) der Erzherzog habe ihn hierauf auf Anhalten der übrigen Kriegsleuten zwar auf eine Zeit beybehalten, nach der Hand aber beurlaubet; worauf sich dann dieser Feldherr um der ferneren Ungnad des Erzherzoges auszuweichen, zu dem König in Frankreich geflüchtet, und in französischen Diensten endlich ains ellendelichen todts gestorben. (Bl. 126.) Eben also berichtet Heuter Rer. Belgic. Bl. 84.) auf das Jahr 1478. ein zwischen Galleoten und Mingevall entstandener Zwist sey Ursach gewesen, daß man der Stadt Conde wieder die Franzosen nicht mehr zu Hülf habe kommen können. Und die zu Antwerpen beym Jan von Doesborch im J. 1518. gedruckte Cronyke van Braband sagt auf das Jahr 1480. ganz deutlich: Oeck quam die nyeumare, dat de vrome capiteyn van den lombaerten heere Jacob Galeot ouer gegaen was bi den fransoysen midts dien, dat hi qualick wert betaelt enn oec benyt wert von deser siden. Endlich ward Galleot in der Schlacht bey St Aubin im Jahre 1488. hart verwundet, wodurch er auch sein Leben eingebüsset. Godefroy Hist. de Charles VIII. Bl. 54. de Comines in den Anmerkungen T. III. Bl. 28. (a) Die Stadt Quesnoy. Graf Dampmartin hatte schon unter der Hand von seinem König Befehl erhalten, im Fall der Noth die Stadt anzuzünden, und die Besatzung heraus zu ziehen. Weilen er aber die Oesterreicher abziehen sah, verschob er auf das erstemal die Vollziehung des königlichen Befehls (Heuter Bl. 85.) Nun aber solte die Belägerung auf ein neues angehen. (b) Auf dreyzehn Täge, sagt Heuter ebend. (c) Es wurde auch alsogleich die französische Besatzung aus Quesnoy abgeruffen, und gleich darauf die Stadt im Namen des Erzherzogs, von Mingovall und Busenton mit deutschen Völckern besetzet. Heuter ebend. (d) Die Stadt Bouchain, das feste Schlos Antoigne. (Heuter ebend.) La Marche zählet unter die Gewünste, welche der Erzherzog in diesem Feldzuge gemacht hat, auch Bossut, Sores, Trelon, und andere Plätze. S. dessen Introduction Bl. 63. wie auch seine Memoires L. II. Bl. 412. (e) Die Stadt Arras. La Marche ebend. Buzelin Galloflandr. Bl. 455. (f) Der Erzherzog führte sein Kriegsheer über Pontavendin, um von dort aus in der Landschaft Artois dem König in Frankreich unter die Augen zu kommen. La Marche, Buzelin, Heuter, u. a. m.

A. 1478.

nit mit viel weniger, dann dreissig tausendt man, (a) vnd legert sich, an dem Abend, als des anndern tags, derselb bestandt aus gieng, neben dem plaben kunig, an ain saydten, (b) Alda hielt; Er Rat, wie Er die sach weiter gegen dem plaben kunig, an wolt fahn, Also warn die Rät vnd hauptleut, nit ains beschluß, Sonnder die dreu viertel waren der maynung, Es were na zu thun. ainiche Streyt oder slagen, mit dem plaben kunig anzunemen, Aus Ursach, das Er Zu stark lege, vnd ainen grossen merklichen vortail hette, vnd deshalben so were Inen, an merklich nachtaill, kain streit, mit dem plaben kunig antzunemen, Aber der Jung weiß kunig, mit samt ainem viertel, ungeverlich, waren der maynung, mit dem plaben kunig, den streit entlichen antzunemen, (c) Dawider waren aber, die vorgemelten drew viertel, vnd Zaigten abermals die Ursach an, Nachdem der plab kunig, jetzo in ainer vorcht wäre, solt man lenger verziechen, vnd ain geschray lassen ausgeen, wie der Jung weiß kunig auf ain volck warten wolt, das noch ankumen solle, In solichem, mocht Jme, von dem plaben kunig, ain guete Erliche tading beschehen, Dann sollt der Jung weiß kunig, den streit mit dem laben kunig annemen, vnd denselben plaben kunig, in solichem seinem großen vortail und starken leger angreiffen, vnd den streit verlieren, so möcht der Jung weiß kunig, nit allein von seinem Sig, darynnen Er jetzunder wäre, komen, Sonnder dartzu sein lannd vnd leut verlieren, Aber aus dem Ritterlichem mandlichen vnd kecken gemuet, wolt sich der Jung weiß kunig, solich Jr angezaigt ursach, nit verhindern lassen, vnd ließ des andern tags, mit anganngem tag, auf plasen, vnd seinem volck, den streit verkunden, vnd ansagen, Und auch darauf

(a) Sein Kriegsheer bestand größtentheils aus flanderischen, brabantischen, und jülchischen Völkern. La Marche Introduct. Bl. 63. und in seinem Memoires. L. II. Bl. 412. (b) Erzherzog Maximilian war mit seinem Kriegsheer gegen Arras, bis auf Douay und Pont a Sau vorgerücket, um mit K. Ludwig zu treffen. Buzelin Gallofl. Bl. 455. La Marche l. c. u. a. m. (c) Attamen princeps Maximilianus se in campum cepit & Hannoniam recuperauit nec non & alia tria oppida Pycardie: & facta treuga X. dierum adhuc amb. partes in campis remanserunt. Tandem truge prolongate fuerunt. Sed iuueni principi consultum fuit, quod hoc minime facere voluit; nam ad bellum faciendum omnino satagebat, nam pacem cum restitucione duarum patriarum habere intendebat, quod Ludovicus minime facere voluit, sed semper trugam cum multis pulchris promissionibus presentavit, ita quod omnes capitanei & consiliarii Ducis illud Maximiliano persuaserunt: tamen iuuenis princeps solus restitit, quantum ex iuuenili etate sua resistere posset, sind hierüber die Worte eines gleichzeitigen Schriftstellers, dessen Zeugniß wir hinfür öfters anführen werden; weil er viele Umstände von dem Leben Maximilians erzehlet, die anderen Geschichtschreibern mögen unbekannt geblieben seyn. Die gleichzeitige Abschrift dieses Werkes liegt auf den k. k. Hofarchiv unter der alten Aufschrift: Röm. Kayser vnd Künig Ladl. 101.

A. 1478.

auf, die huten abprechen, (a) des dann des Jungen weißen kunigs hör, und alles sein volck, ausserhalb der vorangezaigten hauptleut, und Rätte, vast fro, vnd zu solichem streyt, vnd fürnemen groß begierlich waren, In dem kamen abermalen die vorangezaigten Räte und hauptleut, Zu dem Jungen weißen kunig, mit viel an Zaigunngen, warumb solicher furgenumer streit, Inen nachtailig, und seinen landen und leuten, vast beswerllch, vnd sorglich were, vnd paten darauf den Jungen weißen kunig, mit hochem Ernnst, vnnd vleyß, den streit desselben tags, in Rue zu stellen, vnnd Rieten Jme, wie vor, Er solt das geschray lassen ausgeen, Als wartet Er, auf mer volck, wie dann solichs war was, so weren Sy an Zweifl, der plab kunig, wurde der täding weiter begern, also folgt der Jung weiß kunig Jres Rats, vnnd hoche gebet, Wiewol nit geren, sonnder mit einem mercklichen vnnd großen unlust, (b) Nach solichem begab sich, der plab kunig abermalen, vnd begeret an den Jungen weißen kunig, die taiding, also Zu halten, die dem plaben kunig gestat wurde, darauf schicket, der oftgemelt plab kunig, seine treffenliche vnd stättliche Rätte, (c) Zu dem Jungen weißen kunig, vnd ward also zwischen Jnen, ain frid, (d) vnd nemlichen auf ain Compromiß (e) beschloßen, derselb frid, was dem Jung weiß kunig, Eerlichen, vnd prachtlichn. (f)

Z z Wie

(a) Vno mane in aurora instinctu plurium militum suorum, quos in pulcherrima societate habebat, tubas bellandi gratia cantare fecit, mox tentoria ceciderunt, & equis selle date fuerunt. Postquam consiliarii hoc animadverterunt, corrupti blandis verbis ipsius Ludovici Regis perspicacissimi, se vnanimiter ad iuuenem eorum Principem adiunxerunt, eum etiam summis blanditiis hortabantur, vt isto die a bello abstineret. Aliqui enim eorum, qui de pace tractanda alia nocte venerant, taliter de Gallorum Rege senserant, quod absque dubio pacem securam & honestam impetrari promittebant. Ebend. (b) Et sic consensiens Dux illico *lacrimosis oculis* suos consiliarios in hunc finem ad dictum Ludovicum Regem misit, vt aliqua oppida Tornacum, Kombracum (Cameracum) & alia restitueret, ebenderselbe. (c) Fugger MS. Bl. 35. drückt sich hierüber mit folgenden Worten aus: „ Vnnd wie sein Furstlich gnad mit dem Hör weiter verrukhen, vnnd „ dem Franzosen unter augen ziechen wellen, siche, da khamen des stoltzen Khunig Ludwigs vom Frank„ reichs (welcher zuuor den Junngen Khriegsfursten vnnd neben Ritter Maximilianum stoltzlich verachtet „ hat) daher geritten, vnnd begerten an sein Fürstlich Gnad vmb ainen Anstanndt des Friedens „ zuewerben. „ (d) Anfänglich gab es zwar beyderseits manche Schwierigkeiten, die man in Betreff dieses Friedens abzugleichen hatte; bis der Graf von Chimay, der von Seiten des Erzherzogs den Frieden zu schliessen abgeschickt ware, alles in schnellen Gang gebracht. Buzelin Galloflandr. Bl. 455. La Marche Introduct. Bl. 63. Fugger MS. Bl. 35. u. a. m. (e) Ista pax fuit per duos Burgundos, qui magis donis a Rege Francie remunerati fuerant, Dominus de Cordis (Crevecour) & prothonotarius Cluniacensis; nam vnus erat primus & generalis capitaneus Pycardie que sibi (Maximiliano) etiam restitui debuisset, & alter sigillifer secreti sigilli, dubitantes ex prefata victoria officium perdere. Isti duo fuerunt arbitri super quos pax fundata erat, subtilitate & prauitate ingenii eorum. sind die Worte des oben belobten Schriftstellers. (f) Der Friede oder vielmehr Waffenstillstand ward auf ein Jahr geschlossen. Er war in so weit für den Erzherzog vortheilhaft, weil die Franzosen alles, was sie in Henegau besetzet, zurückgeben, auch die römische Reichsstadt Cambray raumen mußten. Eben in diesem Vertrage war gewissermassen auch die Stadt Tournay einbegriffen. (Buzelin

Wie des Jung weißen kunigs hauptman ainer, das volk bekrieget vnd schlueg, das der Plab kunig, dem Weißen kunig, in Untrew abgeworffen het. (a)

Wiewol zwischen dem Jungen weißen kunig, und dem plaben kunig, ain frid gemacht ward, wie vor gemelt ist, Aber nicht destmynder practiciret der plab kunig, mit des Jungen weißen kunigs, etlich vnnderthanen, (b) Das Sy solten, des Jungen weißen kunigs dienner vnnd Amptleut ausjagen, vnnd sich selbs zu herren machen, so wolt Er, mit seiner personn, vnnd mit allen sainen kunigreich Inen in ewig Zeit rucken halten, (c) Dieselben vnnderthanen, wurden durch den plaben kunig, dermassen bewegt, daß Sy wider alle pillicheyt, allain der parthey nach, des Jungen weißen kunigs, dienner, und Amptleut verjagten, (d) dann dasselbig lanndt, was vormalen, von des Jungen weißen kunig vorfarn, auch mit dem swert erobert, (e) als Sy des dann, ain götliche gerechtigkayt hetten, (f) Vnnd darnach Legerten sich dieselben abgefallen

lin, Fugger, u. a.) Wenn man nun alles, was vor diesem Friede vorgegangen ist, erwäget; so ist sehr artig und auferbaulich zu vernehmen, was uns de Comines von den Ursachen erzehlet, die seinen König zur Unterschreibung dieses den Franzosen wenig vortheihaften Friedes bewogen haben: Mais ce, sind seine Worte, qui le (Roy) meut à rendre ces places en Hainaut, furent deux choses, qu'il me dit depuis: La premiere, qu'il disoit, qu'il luy sembloit, qu'un Roy ayme plus places de force & de vertù en son Royaume, ou'il est oingt & sacré, qu'il ne fait dehors de son Royaume, & cecy estoit hors de son Royaume. L' autre raison estoit, qu'entre les Roys de France & Empereurs y a grands serment & confederations, de n' e treprendre rien l'un sur l'autre & ces places estoient situées en l'Empire. S. dessen Memoires L. VI. Chap. III (a) In einer andern Abschrift liest man am Rande diese Erinnerung: „Gehort in das Landt von Geldern in den ersten Krieg vnd ist die Schlacht von Herbart." (b) Die von Gelder. Herzog Arnold von Geldern hatte seine Länder an H. Karl von Burgund verpfändet; oder, wie die Geschichtschreiber insgemein vorgeben, verkauft. Nach H. Karls Todt beschlossen die Gelderer zu Nimegen, Niemanden als Adolphen H. Arnolds Sohn für ihren Herzog zu erkennen. Da nun auch dieser Adolf mit Tode abgegangen war, und seine Kinder Karl und Philippine sich in ihrer Unmündigkeit zu Gent befanden, trugen die Gelderschen Stände die Vormundschaft und unterweilige Verwaltung des Landes der Prinzessin Katharine des verstorbenen Adolfs Schwester auf, und wollten kurz um, von einer burgundischen Regierung nichts mehr wissen. Pontan Hist. Gelr. L. IX. Petit Chron. de Holl. L. VI. u. a. m. (c) Einen Brief, den Konig Ludwig der XI. an die Stände in Geldern hierüber ergehen ließ, liefert Pontan. hist. Gelr. Bl. 561. (d) Catharina Adolfi soror a Geldrię proceribus - rerum administrationi admota, ante omnia pręfectos a Carolo Burgundo constitutos, loco, qua potest, mouet, sagt Pontanus ebend (e) Es kostete dem Herzog Karl von Burgund einen mühesamen Feldzug, Geldern zu erobern. Die Geschichte davon kann beym Pontanus Histor. Gelr. L. IX. nachgelesen werden. (f) Man mag die Handlung, die zwischen H. Karl von Burgund, und H. Arnold von Geldern im Jahre 1472. vorgegangen ist, Kauf, oder Verpfändung nennen; so gesteht doch Pontanus selbst (Hist. Gelr. Bl. 553.) daß Karl von Burgund das Jahr darauf von den gelderschen Landständen als Herzog in Geldern und Graf zu Zutphen feyerlich erkennet worden, und eben selbes Jahr vom Kaiser Friedrich die Lehen hierüber empfangen habe.

A. 1478.

len vmnderthanen genannt die groß (a) geselschaft, ain tails in ain Stat (b) Als dem Jungen weißen kunig, solich untrew, verkandt ward, schicket er zu stunden, ainen seiner hauptleut mit einer mercklichen antzal kriegsvolckh, zu Roß vnd fueß, Sy zu uberfallen, vnd zu schlagen, Aber Sy wurden gewarnet, vnd flochen davon, (c) vnd zertailen sich in Ir Stet, Also huebt der Hauptman (d) an, aus seins herrn des Jungen weißen kunigs bevelch, Zuprennen vnd zu rauben, (e) In dem versamlt sich, dieselb groß geselschaft, wider den obgemelten weißen hauptmann, der dann gar vast, vnd mit ainem grossem pranndt auf Sy prennet, vnd Zugen gegen demselben hauptman, in der maynung, Jme denselben pranndt Za weren, Aber der weiß hauptman merket solich Ir furnemen, vnd ließ denselben von der grossen geselschaft ain furlaß, Vnd Zoch mit dem anderm seinem kriegsvolck zuruck, gegen seinen Schiffen, gleich als wolt Er, in die Schif sitzen, vnd uberfaren, da aber die groß geselschaft, solichs vernamen, das der weiß hauptman, der massen abzug, da Eilten Sy demselben weißen hauptman, in ainer Unordnung nach, die letsten am ainsitzen der Schiff zu schlagen, auf sölichs, wendet sich der weiß hauptman, mit allem seinem volckh, gleich vor den Schiffen, Vnd zoch der grossen geselschaft, mit gueter ordnung entgegen, vnd Slueg Sy in die flucht, vnd woll tausendt Zu todt, (f)

(a) In der vorläufigen Abschrift dieses Kapitels ist anstatt der Worten groß geselschaft durchgehens gro geselschaft gesetzet worden; und auch sonsten kömmt im Buche des weißen Königs die Landschaft Geldern unter den Namen der grawen Geselschaft vor. (b) Die Stadt Arnheim, welche doch Wilhelm von Egmond besetzt hielte. Sie wurde von den von Nimegen unter der Anführung Friedrichs von Braunschweig im Namen der Prinzessin Katharine von Geldern belädert. S. Pontans Histor. Gelr. Bl. 565. (c) Der ungenannte Schriftsteller dessen Worte wir öfters angezogen, schreibt hierüber also: Maximilianus intellecto quodam monipolio per Geldrenses facto & rebellione, etiam obsidione contra Dominum d'Egmunda, qui fide & affinitate Domui Burgundię astrictus erat, eum defendere anhelans & patriam obedientię tradere; armatam contra eos collegit & duos strenuos capitaneos Dominum Rempertum de Reyhenberg, & Dominum Adolfum de Nassaw; ipse etiam secutus est. Audientes hoc Geldrenses obsidionem dimiserunt; ac se in oppida sua receperunt. (d) Dieser war Herr Reinbert von Reichenburg. S. hierüber die folgende Anmerkung. (e) Videns Maximilianus fortitūdinem patrię (Gheldrię) nam nisi vnum oppidum se in fide tenebat, consultauit, qualiter eam inuadere vellet. Habita consultacione armatam suam secundum fluminum qualitatem duplicavit, vt primo igni ac vastacione; non arteloria eos invaderet: misit vnum de capitaneis suis Comitem de Nassaw ad quarteriam Reymundensem (Ruręmundensem) quę usque ad oppidum Gheldrię, a quo prouincia nomen habet, extenditur; isti absque de vastacione se dediderunt: ex tali victoria Maximilianus pręfecit eum gubernatorem. Alius vero capitaneus (Rempertus de Reyhenberg) transfretauit flumen Mose, & incendiis & devastatīonibus occupare voluit, sind die Worte des ungenannten Schriftstellers. (f) Auch diesen Umstand meldet uns der belobte Schriftsteller mit diesen Worten: Mox Geldrenses se in simul coadunauorunt, &, cum armata iterum transfretare voluit, irruerunt magno impetu & clamore, prosternendi gratia; tamen volente Deo Maximilianus victor euasit. Maximilian war auch noch dieses Jahr zu Rüremond, wohin er sich verfüget hatte, und im ganzen rürenmondischen Gebiethe als Herr aufgenommen, und erkennet. Petit. Chron. de Holl. Bl. 525.

[97]

H·B

A. 1479.

Wie der plab kunig, den fridt zerprach, vnd der Jung Weyß kunig, sich für ain Stat legert, Vnd die plab geselschaft slueg. (a)

Alls Nun des Jungen weißen kunigs Hauptman, der vorgemelten grossen geselschafft, (b) in Ir lannd Zug, vnnd mit pranndt angriff, wie vor gemelt ist, da schicken Sy zu dem plaben kunig, umb hilf, wie Er Inen dann in seinen practicieren Zu gesagt het, Derselb plab kunig, gieng darauf zu Rat, wie Er kundt den frid mit dem Jungen weißen kunig, zerruten, (c) Vnd den krieg widerumb mit Ime anfachen, Vnd fanndt in Rat, das Er den fridt dermassen solt prechen, Nemlichen Er solt sein volck versamln, So wurde alsdann der Jung weiß kunig, sein volck auch versameln mit dem wurde sich der krieg, widerum anfahn, Alspald der Jung weis kunig sölich furnemen mercket, da was er mit seinem kriegsvolckh, pelder berait, dann der plab kunig, vnd Zoch mit demselben seinem kriegsvolckh auf ain Stat. (d) daran dann dem plaben kunig viel gelegen was, vnnd schlueg sich, für dieselb Stat, als aber der plab kunig vernam, das der Jung weiß kunig, sich fur dieselb Stat, stark furgeschlagen het, Versamlt Er sein kriegsvolck ungeverlichen bis in vier und dreissig tausend man starck, vnnd schicket dasselb sein volck, gegen dem Jungen weißen kunig mit bevelch, denselben weißen kunig in Eyll Zu bestreiten, Ee dann sein weißer hauptman, aus dem grossen lannd, zu Ime kome, Aber der Jung weiß kunig was ertzurnt, vnnd wartet der plaben mit dem streit, die dann gegen Ime Zugen, Und dieselb plab geselschaft, leget sich ungeferlichn, auf Zwo meil hinzu, vnd nemlichn drew tausendt pherdt legten sich sonderlichen, auf ain viertl meil wegs, von dem plaben hör (e), des wurd der Jung weiß kunig gewar und machet sich auf, mit allem seinem volck, vnd uberfiel (f) dieselben drewtausend (g) pferdt, bey der nacht, vnd schlueg dieselben in die flucht dardurch Sy viel pherdt in leger verlassen muessten, die des Jungen weißen kunizs geselschaft erobert

(a) Bey diesem Kapitel steht in einer andern Abschrift folgende Anmerkung: „ disse Geschicht ist geschehen 11. „ tag far der schlacht for Teruana. „ (b) Die widerspänstigen Stände von Geldern. (c) Auch unter der Zeit des Stillstandes wurden die Feindseligkeiten nur immer fortgesetzet bis der Krieg wieder öffentlich ausbrach. Fugger MS. Bl. 36. S. auch hierüber Heuters Rer. Belg. L. I. Bl. 89. (d) Die Stadt Terouane in der Landschaft Artois. Fugger MS. Heuter Bl. 91. u. a. m. (e) In der andern Abschrift werden am Rande anstatt drewtausend nur zweytausend angesetzet. (f) Die französische Hauptarmee war unter der Anführung Philipps von Crevecour bis auf das am Flusse Ternois gelegene Dorf Blangy vorgerücket; der Vortrab aber, von welchem hier die Rede ist, lage zu Tenen einem eben am Flusse Ternois liegenden Dorfe. Heuter Bl. 91. (g) In einer andern Abschrift wird diese Stelle so gelesen: „ Des wurde der Jung „ weiß kunig gewar, und schicket ainen seinen hauptman mit etlichen gereyßigen vnd vberfiel u. s. w. „ Dieser Feldherr war Herr Salazar ein spanischer Edlmann, der sich in diesen Feldzügen großen Ruhm erworben hatte. Heuter ebend.

A. 1479.

berten (a), dieselben pferdt, kamen auch dem Jungen weißen kunig, und seinem volck, zu dem streit, Zn mercklichm Nutz, und guetem, vnnd der plab geselschaft so vil zuschaden, dann welher, in der weißen geselschaft, nit wol beriten was, der nam ein pessers pferdt.

wie der Jung weyß kunig, mit der Plaben geselschaft, ainen streit het, vnd den Sig behielt, Auch den Plaben kunig, zway Stetl abgewan. (b)

Der Jung weiß kunig, sterket sich mit zwanzig tausend Mannen vnd zoch dem Plaben kunig in sein kunigreich, da entgegen sterket sich, der plab kunig, mit dreysig tausendt man, Aber nit so guet volck, als der weiß kunig, der plab kunig was auch der maynung, Er wolt in aigner personn, mit Zogen sein, Aber in dem, ward Er mit plödigkayt beladen, (c) vnnd schicket mit seinem volck, seiner hauptleut ainen, (d) Der Jung weiß kunig schlueg sich für ain starcke Stat, (e) Dardurch floß ain groß tief wasser. (f) Auf dieselb Stat. Zoch auch des plaben kunigs hauptman, vnd legert sich auf die ander seydten, des wassers, der stercket dieselb Stat, mit haupt vnd streyt geschutz, so stark, das der Jung weiß kunig in Rat vanndt, dieselb Stat nicht zu sturmen, sonnder den streit zusuechen, Also prach Er Zu stundan auf, vnd legert sich an dasselb wasser, vnd ließ dieselb nacht daruber prucken, (g) Und der plab hauptman, schicket Jme entgegen, drew tausend pferdt, Zuwennden sölich uberprucken, (h) Aber sölich wenndung möcht nit beschehen, Dann der Jung weiß kunig fanndt neben der prucken ainen furdt, da Er sein volck, den merern tail, hin

(a) Ein gleiches berichtet Heuter um bemelten Orte. Weitläuftiger aber findet man diese Begebenheit beym Fugger MS. Bl. 40. beschrieben. (b) Hier wird nun wieder von der berühmten Schlacht bey Guinegate gehandelt. Diese wiederholte Erzählung aber ist ganz nicht überflüssig, weil hier die Umstände dieses Treffens viel deutlicher auseinander gesetzet werden, als in jener Beschreibung welche oben Bl. 129. vorkömmt. Uebrigens sind bey der vorläufigen Abschrift dieses Kapitels am Rande manche Erinnerungen angebracht, welche man aber hier gar weggelassen, weilen sie gar nicht zu diesem Kapitel, sondern eigentlich nur zum nächstfolgenden gehören. (c) Ludwig der XI. König in Frankreich erkrankte im Märzmonat eben dieses Jahrs. De Comines Memoires L. VI. Chap. VII. (d) Den öfters erwähnten Philipp Crevecour des Cordes. (e) Die Stadt Terouane in Artois. (f) Die Lyse, ein Fluß, der sich unter Terouane und Arien in die Leye stürzt. (g) Minguevall hatte vom Erzherzog den Auftrag, das schwere Geschütz nach der Stadt Arien zu bringen. Er war auch so glücklich eine Brücke zu finden; wovon er alsogleich dem Erzherzog Nachricht gab. Heuter Rer. Belg. Bl. 91. 92. (h) Der ungenannte Schriftsteller sagt: Exercitum suum duxit (Maximilianus) ad vnum pontem super dicto flumine ad pertransiendum: ordinauit quinque societates, duas pedestres & tres equestres. Et cum prima Societas & secunda equestris pertransierunt pontem, inuenerunt eis obuiam Gallos equestres cum magna potentia, ita, quod capitanei dubitauerunt, quod repulsam perditionis habuissent.

A. 1479.

durch pracht, (a) vnnd ließ das streit geschutz, über die prucken geen, (b) mit grosser Eyll, vnnd von einer höch schoß Er die drew tausend phert Zu ruck, vnnd rucket mit seiner wagenpurg hinauf, auf dieselb höch, Aber da gegen uber auf ain viertl meil wegs was auch ain höch, Auf dieselb höch, rucket, der hauptman, von der plaben geselschaft, vnnd nam dieselb höch an, (c) das baide hör, an ain ander möchtn sehen, Unnd hielten also, ain Zeit, gegen ain annder, das kainer dem anndern, sein höch wolt übergeben, der Jung weiß kunig, het in seinem hawffen gemacht, ein wagenpurg, (d) Er hett auch gemacht, drey hawffen, ainen Zu Roß vnnd zwen zu fueß, desgleichen het der plab hauptman, auch drey Hauffen gemacht, aber als der Jung weiß kunig ersah, das der plab geraissig Zewg, umb etwas viel sterker was, (e) dann sein geraissiger Zewg, da verordnet Er, seinen geraissigen Zewg, auf die annder seiten, seiner fueßknecht, (f) dann seine fueßknecht, heten den merern tail, lanntzen oder fueßknecht spieß, Aber die plaben fueßknecht, heten alle geschutz vnnd kurtze wer, vnnd mit sölicher ordnung, rucket der Jung weiß kunig, mit seinem volck, von der höch hinab, dann Er je willen het, Zu streiten, vnnd Zoch den nechsten, auf die plab geselschafft, mit allen seinen hewffen, geslossen mit der wagenpurg, (g) also traf geleich mit Ime, die plab geselschaft, Zu Roß vnnd fueß, mit allen Iren heuffen (h), Aber der

Jung

(a) Sed cum hoc notificatum fuit Principi, ex sua industria naturali repperit passagium per flumen omnibus insciis, vnam societatem pedestrem eis pro socio adhibuit, & sic eos sustinuit, quod tota armata secure pertransire potuit. Ebend. (b) Eben jene 4000. Flandern, unter derer Bedeckung der Erzherzog sein Kriegsheer über den Fluß geführet, dienten auch, die von Minguevall unternommene Ueberbringung des Geschützes zu bedecken. Heuter. (c) Et procedens (Maximilianus) ad quandam altitudinem per medium miliare armatam Gallorum prospexit, quę etiam altitudinem obuiam recepit. (Der ungenannte Schriftsteller.) Diese Höhe hieß Guinegate, von welcher hernach dieser Schlacht der Name geschöpfet worden. De Comines, Heuter, u. a. m. (d) Juuenis Princeps cepit agmina sua curribus circumdare ad modum Boemorum atque Australium inferiorum, vt sic eum eis pugnandi gratia in Gallos irrueret. Der ungen. Schriftst. (e) Die Erzherzoglichen hielten een Anfall der ihnen an der Zahl viel überlegenen französischen Reuterey eine lange Zeit ans. Endlich nahmen sie die Flucht gegen die Stadt Arien. Die Franzosen setzten den Flüchtigen nach, und zwar unter Anführung des von Crevecour, der damals vergessen zu haben schiene, daß er als obrister Feldherr, jetzo nicht Flüchtlinge verfolgen, sondern beym Haupttreffen sich einfinden sollte. Diese mag wohl eine aus den ersten Ursachen gewesen seyn, warum die Franzosen diese Schlacht verloren haben. Selbst de Comines will diese Aufführung der Herren von Crevecour und Torcy nicht ganz loben. (f) Der Erzherzog, als er den größten Theil seiner Reuterey fliehen sah, schlosse sich mit der noch übrigen an das Fußvolck, bey dieser Gelegenheit fieng er eigenhändig einen tapferen britischen Ritter Alexander mit Namen, von welchem oben (Bl, 130. die Rede ist.) Heuter. (g) Ab vtraque parte cepit letale bellum. Pedestres Gallorum subito fuerunt prostrati & in foueam conuersi cum magna eorum strage, & e conuerso Burgundi equestres maior pars. Prętatus Princeps & capitanei multique elegantissimi viri ex Burgundis & Germanis in bello medio rupti fuissent, si prędicti currus non fuissent eis in oppositum ducti. Ipsi quoque in curribus stare voluerunt & ad bella progredi satagere nolebant, nisi princeps summopere admonuisset (cum maximo periculo personę suę, & plus quam scribere mihi decet) ne inimicis honor detur. Der ungenn. Schriftst. (h) Fuitque prędictum bellum letale restauratum de nouo usque ad crepusculum noctis, & ramen inceperat modicum post meridiem. Ebend.

A. 1479.

Jung weiß kunig, ließ Zuvor sein streitgeschutz, in die plab geselschaft abgeen, desgleichen ließ der plab hauptman, sein streit geschutz, in die weiß geselschaft abgeen, vnnd theten, mit dem geschutz, auf baid seydten grossen schäden, in dem, gab das gluck, das der plab geweltig hauffen, traff in die wägen, vnd in die spieß, vnnd nach dem in der wagenpurg gering vnnd schlecht volck war, die auf die wagenpurg warteten, vnnd kain wör heten, als Huten knecht, köch, vnnd annder dergleichen volck, dasselb volck, was von demselben hauffen, der plaben geselschaft erschlagen, (a) vnnd dieweil derselb geweltig plab hauffen in die wagenburg traff, möcht Er vor den wägen, kain ander treffen thun, In dem traffen des Jungen weißen kunigs drey hauffen, mit den andern zwen plaben hawffen, vnd schluegen dieselb zwen plaben hauffen pald in die flucht, Vnnd flohen Jr ain tails, vnnder Jr fueßknecht, vnnd prachten dieselben fueßknecht, auch in die flucht mit sampt dem ainen hauffen, der frey in die fueßknecht traf, (b) desgleichen auch, der groß plab hawffen, der mit dem gewaltigem hawsen, auf der seydten troffen het, half auch mit dem Spitz zum treffen, wider die fueßknecht, waren allenthalbn fueßknecht, vnd zwen hauffen, in die flucht geschlagen, Aber die schutzen derselben hawffen, die waren durch den grossen plaben hauffen abgesniten, von den fueßknechten der weißn geselschaft vnnd wurden ob tausend erschlagen, sonst verlor der Jung weiß kunig, von seinen geraissigen, vnd fueßknechten, auch bey fünf in sechs hundert, in demselben streit, In dem als die nacht her gieng, Zoch der groß plab hauffen, der geraissigen ab, daraus wurden wenig erschlagen, (c) Aber aus den andern vier hauffen wa-

(a) „ Als die Frantzosen vonn oben auf dem Berg herab inn das Geleger Maximiliani gefallen vnnd „ die Besatzung vil zue schwach was, auch die achthundert Pferdt inn dem Hallt zue lanng auß „ waren, seind die Franntzosen in das Geleger khomen vnd allen Vorrath sambt dem Tresor, „ vnnd Silbergeschier des Fürsten beraubet. „ (Fugger MS. Bl. 40.) Diese unzeitige Unterhaltung aber war eben das Unglück der Franzosen. Denn die geistigen Francs-Archers, welche sich mit dieser Beschäftigung abgaben, wurden auf der Stelle von einer geringen Anzahl des erzherzoglichen Fußvolcks, grossentheils nidergemacht (de Comines) und so verlohren bald darauf die Franzosen Beute, Sieg, Schlachtfeld und Lager. Creüecour, als er von seinem König über den Verlust der Schlacht zu rede gestellet wurde, gebrauchte eben diesen unglücklichen Umstand zu seiner Entschuldigung. Heuter. (b) Ein Flügel des französischen Kriegsheers hatte sich zwar schon des österreichischen Geschüzes bemächtiget. Aber Graf Romont fiel diese Feinde mit seiner unterhabende Mannschaft an, und trieb sie zum französischen Fußvolk zurück. Dieses gerieth hierüber in Unordnung, und nahm samt den andern die Flucht. So eroberte Romont das verlorne Geschüz, und machte dazu namhafte Beute von französischem Proviant, und anderem Kriegsvorrath. Nunmehr gieng von Seiten der Franzosen die Flucht im vollem Lauffe an. Heuter. (c) Crevecour und Torzy kamen eben von Verfolgung der niderländischen Reuterey zurück: in der sichern Maynung, daß es unterdessen in der Schlacht so hergegangen, wie sie es haben wollten, begaben sie sich zu ihren Magazinen. Hier kamen sie aber den flanderschen Lanzenknechten in die Hände, und wurden größtentheils gefangen theils auch umgebracht: wenige brachten mit ihrem Feldherrn das Leben und die Freyheit davon. Heuter.

waren acht, bis in Zehen tausent man erschlagen, (a) Nach sölichem strengen streit, belib der Jung weiß kunig, dieselb nacht, auf der waldstat, (b) Vnnd Zu morgens rucket Er, in einen vesten leger, an seiner Stet aine (c) vnd man pracht das streit geschutz, das der plaben geselschaft was gewesn, (d) mitsampt seinem geschutz Zu Jme, in dasselb leger, Und der Jung weiß kunig, ließ baide streit geschutz zu richten, vnd zoch widerumb in das veldt, vnd gewann dem plabn kunig, Zway klaine Stätl ab, (e)

Wie der plab kunig, dem Jungen Weißen kunig seinen Zewgmaister, vnd etlich volck abkauffet vnd Vnd wie der weyß kunig, in etlichen seinen furnemen dardurch verhindert ward. (f)

In mitler Zeit, als der plab kunig vernam, das Er gegen dem Jungen weißen kunig, das veldt verloren het, vnnd dem Jungen weißen kunig, nit obsigen

(a) Diese Schlacht ist von verschiedenen Schrifstellern beschrieben worden. Die weitläuftigsten sind Fugger (MS. Bl. 40.) und Heuter (Rer. Belg. L. I. Bl. 91.) Auch de Comines (Memoires L. VI. Chap. VI.) hat uns eine Erzählung hierüber geliefert. Doch eben er will in diesem österreichischem Siege nichts Großes sehen. Nur die Wahlstadt läßt er den Erzheazog gewinnen, alles übrige gehört gewöhnlicher Massen seinem König. Aber eben Ludwig der XI. mag über diese Begebenheit ganz andere Nachrichten gehabt haben. Man muß den de Comines selbst hören, wenn man die Stärke seines Geistes kennen will. De la part du dit Duc (Maximilien) sagt er zu Ende seiner Beschreibung, il y eut plus de perte, que de la nostre, & de gens pris & morts: mais le Camp luy demeura; & crois bien, que s'il eut eu conseil de retourner devant Therouenne, n'eut trouvé ame dedans & autant en Arras. Il ne l'osa entreprendre, qui fut à son domage: mais en tel cas on n'est pas tousiours adverty du plus necessaire: & aussi il avoit des craintes de son costé. Woher mag er aber wohl die Lage der Sache so eigentlich gewußt haben? Je ne parle de ce propos, fährt er weiter fort: que par ouir dire; car je n'y estois pas: mais pour continuer ma matiere m'en a falu dire quelque chose. J'estois avec le Roy, quand les nouvelles luy en vindrent, & en fut *tres dolent*. Warum dieses? car il n'avoit point accoustumé de perdre. Um die Wahrheit dieser letztern Worte ganz einzusehen, muß man wißen, daß der im nächstvergangenem Feldzuge bey Arras erhaschte Frieden, wo man, nur um sich in keine Schlacht mit dem Erzherzoge Maximilian einlassen zu müssen, willig ganz Henegau abtretten hat, für die Franzosen eben so wenig Verlust gewesen als die heurige Schlacht bey Guinegate. (b) Der Erzherzog brachte diese Nacht im französischem Lager zu. Heuter. (c) Die Stadt Arien an der Lyse. Heuter. (d) Fugger. (MS. Bl. 41.) „zählt sechs vnnd dreissig stuckh sambt sechs Carhaunen, und vier große stuckh guetes geschutz, auff welchen allen des Khunigs vonn Frannkhreich wappen gegossen gewesen.“ (e) Malanoy und Liettes, welche beede Oerter unter der Anführung des Grafen von Romont eingenommen worden. Von der Eroberung der Stadt Lilers war schon oben (Bl. 131.) die Rede. S. Roo, Heuter, u. a. m. (f) Zu diesem Kapitel gehören jene Anmerkungen, die in der vorläufigen Abschrift am Rande des vorigen Kapitels ganz unschicklich angebracht sind. Man wird also hier als am eigentlichen Orte Gebrauch davon machen. Eben zur Aufschrift dieses Kapitels gehört folgende Erinnerung, aus der man verständiget wird, daß Maximilian im Jahre 1479. bedacht war, dem König in Frankreich eben so die Landschaft Artois abzunemmen, wie er voriges Jahr Henegau erobert hatte. So lautet die erwähnte Seitenaufschrift: „Wie der Weiß Konig widerumb auff den plaben Konig zog, das aber im durch verretterey gewendt war die Grafschaft Arthos zu gewinnen.

gen möcht, Vnd nach dem, derselb plab kunig, ain bescheider man was, fandt Er in Rat, Er solt sich vnndersteen, dem Jungen weißen kunig, seine Hauptleut, vnnd die obristen, die dann da weren, von der prawnen geselschaft, (a) vnnd dem Jungen weißen kunig, vnderworfen weren, die maisten, mit gelt Zu vbergeben, mit ainem sölichem furschlag, damit Sy schryren, nach ainem fridt, vnnd solichen fridt, solle Er Jnen dermassen antzaigen, als were derselb fridt, dem Jungen weißen kunig, Jnsonnderhayt vast Eerlichen, damit möcht Er Sy desterpaß bewegen, Zu seinem willen, Aber Es stecket, ain andere meuterey, hinder demselben fridt, sölichs der plab kunig also thet, vnnd etliche mit gelt über kam, jn dem gewann auch, der plab kunig, des weißen kunigs öbristen veldzewgmaister, (b) mit seinem gelt, Zu seinem willen, derselb veldzewgmaister, was ain geschickter man, Aber gar guet geitig, der wurd dardurch, dem Jungen weißen kunig, ganntz widerwärtig, (c) vnnd Riet fur, vnnd fur, Zum frid, dann Er het den guldin kefer geschlunden, (d) vnnd gab fur, wie es spat auf das Jar were, vnd Regenwetter anfiele, (e) dardurch das hauptge-

(a) Die Stände von Flandern, welche ihre Untreu bald hernach durch öffentliche Meutereyen gegen den Erzherzog geäussert haben. (b) Der schon oben (Bl. 163. Anm. d.) erwähnte Hanns Koppenoll, der sich durch seine bösen Tücke die folgenden Jahre bekannt gemacht, und zu Gent immer den Herrn spielen wollte. Er war der Abgot der aufrührischen Geuter und der Fahnenträger aller Meutereyen, bis er endlich im Jahr. 1492 eben zu Gent den verdienten Lohn seiner Laster vom Scharfrichter empfangen. (c) Als Maximilian im Jahre 1488. zu Brüg gefangen saß, konnte Koppenoll zu Gent nicht ruhen, und begabe sich nacher Brüg alwo er bey diesen schwarzen Lasterbunde eine der wichtigsten Rollen gespielet. Heuter Rex. Belg. Bl. 144. u. a. m. (d) Phillipp Crevecour war es eigentlich, dem K. Ludwig der XI. die Erfindung zu verdanken hatte, den Krieg wider den Erzherzog auf so eine Art fortzusetzen. Der ungenannte Schriftsteller redet von dieser Begebenheit also: Videns Dominus de Cordis primus Gallorum capitaneus, homo mirum in modum cautus, quod bellum campestre perdiderat, ac quod sibi cum gladio nulla vincendi nec defendendi possibilitas fuit, misit quendam suum secretum familiarem ad vnum Candensis (Gandauensis) populi principalem propter proprietatem loquelę, virtutibus tamen & genere vilissimus, ut pecuniis eum corrumperet Nam ipse pauper erat & artificio solum se antea nutriuerat, & sibi tunc officium arteloriȩ per populum fraudose appropriatum fuit. Nam magister principalis cum societate & leui arteloria cum Principe in campis agebat. Erar enim pręfatus primus traditor Flamingorum nomine Cupinol notus & aliqualiter familiaris Principi propter amorem populi. Et sic pręfatus primus capitaneus Dominus de Cordis cum sensisset quod ipse Cupinol pecuniis eum (populum) lucrare potuisset, eum abhorruit, vt arteloriam grossam & vltimam Principi suo daret; nam cum pecuniis officium aliud maximum, si expulsus esset ex Flandria, sibi promiserat, quod acceptauit. (e) Ce noble Prince, sagt La Marche von Maximilian. da er von seinem im Jahre 1479. vorgenommeneu Feldzuge redet, ut grande assemblee de sa Noblesse, & de la Commune de Flandres: & entra en Artois, & conquit Vvaurin, Malenuoy & autres places: & fit icelles viles & chasteaux de molir & abatre, & execution de ceux, qui furent pris dedans, & marcha devant Sainct-Paul Hedin, & autres viles, presentant la bataile en sa persone courageusement: & si ne fust l'hiver, qui approchoit, & les grandes pluyes, qui survindrent (parquoy l'on ne pouvoit tenir le champs, mener l'artillerie, ne les Gens-depied) certes il estoit apparent, qu'il evst recouvré grande partie de la Comrė d' Artois. Introduct. Bl. 65. Doch diente diese üble Witterung den Flandern mehr zu einem Vorwande, als daß sie für sich selbsten den Erzherzog in seinen ferneren Unternehmungen würde verhindert haben.

A. 1479.

schutz, (a) nit woll von stat möcht gebracht werden, In sölichem schlueg sich, der Jung weiß kunig, fur ain treffenliche Stat, (b) die dem plaben kunig Zugehört, darynnen der plab kunig, Zway tawsend (c) gueter dienstleut het, Aber mit speiß und geschutz waren Sy in der Stat nit versehen, Darauf des plaben kunigs hauptman, vier tawsend pferdt verordnet, dieselb Stat zu speißen, Söliche speisung, ward dem Jungen weißen kunig verkuntschafft, Also machet der Jung weiß kunig, ainen anschlag, vnnd wollt mit seinem geraissigen Zewg, dieselben vier tausend geschlagen haben, vnd bevalch dem vorgemelten Zewgmaister, Er solle bey der nacht, über das wasser, das durch dieselb Stat Ran, (d) ain prucken lassen machen, Das aber derselb Zewgmeister nit thet, dann Er besorget, solt Er gegen den plaben kunig beschryren werden, das seine leut, darob nider gelegtt weren worden, So möcht Jme sölichs, an seinem gelt, das Jme der plab kunig versprochen het, schaden bringen, vnnd die speisung von den vier tausend geraissigen, beschach zu morgens vor tag, Vnnd der Jung weiß kunig kundt vor wasser nit zu Jnen, vnd muesset die speisung, also beschehen lassen, darauf gab er dem berurten Zeugmaister urlaub, Derselb Zeugmeister, Erzellet sölichs, seinen mitverwanndten, (e) vnnd Riet Jnen, Sy solten sich vnndersteen, ainen Aufbruch von dem Jungen weißen kunig zu machen, vnd söllen sölichs Eilends thuen, Dann wo der Jung weiß kunig, gegen dem plaben kunig, uber hanndt wurde nemen, so möcht Jnen

(a) Eine in den vorläuffigen Abschriften angebrachte Erinnerung meldet hierüber folgendes: „Welches Hauptgeschutz verirt ward durch des ploen konig heimlich diener, vnd hanndletth so fyl „mit den von Flandern, das Sy die Roß zu dem geschütz abschaffen, vnd schickten zu dem „Weissen konig, es wär zu spat vnd zu kalt, er solt ab ziechen vnd das landt verprennen. Dar „Jber aber der Weiß konig erzürnett vnd zoch dar auff wider ab vnd gedacht solich verrettey „zu straffen, wie er dan thett. Doch zoch der weiß konig zu for für zwey Stetlin, die gewan „er vnd wer gern für die gros Stat Arras zogen, das wurd aber durch die ob angezengt „Verretterey des hauptgeschutz gewent.“ (b) Die Stadt St. paul in Artois. Schon oben (Bl. 132.) ist von der Unternehmung, die der Erzherzog auf diese Stadt gewagt, vnd von den unglücklichen Umständen, welche die Ausführung seiner Absichten verhindert haben, überhaupt gehandelt worden. Hier werden nun die nach der Schlacht bey Guinegate vorgefallenen Begebenheiten in einer etwas mehr umständlichen Erzehlung widerholet. (c) Lilersium Romontius pervenit, sed propugnatore non invento ignem tectis iniiciens ad Maxęmilianum cum copiis revertitur, qui cum altera exercitus parte (iam enim iterum Flandri conuenerant) ad *Fanum S. Pauli* castra habebat. Hoc enim oppidum *bis mille ducenti* Germani, Francorum Regi militantes custodiebant. Heuter Bl. 96. (d) Der Fluß Ternois, der sich weiter unten bey Hesdin in die Canche ergeußt. (e) Die boshaften Ränke, welche die aufrührischen Flandern auf Koppenolls Zureden ersonnen haben, entdecket uns der Ungenannte Schriftsteller in folgenden Worten: Et cum istis pecuniis sibi etiam tales populosos exclamatores subordinauit (pręfatus Cupinol) & tunc omnes in simul consilium iniuerunt, quomodo illas pecunias habere possent & victoriam Principi eorum de manibus eripere, mediante dicta arteloria. Tandem vnanimiter concluserunt consilium abhominandum, quod Princeps amorem populi perderet. At Princeps contra agebat. Accesserunt ad Status omnium patriarum congregacionum, dicentes quod populus, qui pecunias pro magnis bombardis dare deberet, principaliter Brugenses atque Candenses negare deberent. Et erat clamor eorum, quod non esset opus Principem habere tales bombardas, quo multa constarent, sed quod provinciam igni traderet.

A. 1479.

Inen, Ir gelt auch gesperdt werden, (a) von dem plaben kunig, dartzu, so wurde der Jung weiß kunig, nit auf hören, bis er den plaben kunig, neben Jme verdrucket, solt er dann Jrs verstandts, den Sy mit dem plaben kunig heten, gewar werden, wurde Er Sy aus Jren Regiment vertreiben, Also wurden Sy zu Rat, vnd baten den Jungen weisen kunig, Er solt sich nit hardt furschlagen, Angesehn, vnnd namen die entschuldigung darauf, Das der winter, vnnd dartzu groß Regen wetter angefallen, vnnd Jr volck von der prawnen geselschaft, mued were, Vnnd Sy wolten haim, das aber den Jung weiß kunig, nit nachgeben wolt, Jn dem kam jme potschaft, wie das ain anndere Stat, (b) des plabes kunigs ubel besetzt, vnnd ain tail der Mauren nider gefallen were, Alsdann war was, also Eylet Er, vnnd wolt dieselbig Stat, hinder Zogen haben, Das kain volckh hinein kumen möcht, vnnd zoch bis an die Stat, sich darfür zuschlagen, Aber die von der prawnnen geselschafft, zugen im veld von Jme ab haimwerts, (c) mit allen Jren geschickten heuffen, Dardurch dem Jungen weißen kunig, der furschlag, fur dieselb Stadt zu stark was, vnnd nam darab, ainen grossn Unwillen, vnnd muesset auch abtziehen, (d) Dardurch dasselbig lannd, sich schlueg, von dem Jungen weißen kunig, vnd ergaben sich, an den plaben kunig, Vnnd Jagten des weißen kunigs Amtleut alle aus, dardurch ain grosser krieg Erwuechs wie hernach folgt.

(a) Dicti traditores non habebant onus a populo. sed scientes, quod Princeps patriam propriam Artesię nunquam propter pietatem igni traderet, diffamatum populo esse volebant, Dominoque de Cordis ad habendum pecuniam complacere. Volebat se autem cum istis pecuniis populo facere amicabiles. Nam dieebanr, quod consiliarii Principis intrassent querram, quia nolebant conburere Artesiam; si enim conbusta fuisset, oppida fame se dedissent: quod tamet erat omnino falsum, quia retro se erat totum regnum Francię cum totali potentia; Princeps etiam misericordiam habebat super pauperem populum, qui diligebat eum, & anhelabant semper mulieres & iuuenes Prin. cipem habere victoriam; vnde illicitum fuisset illos igni tradere. ebend. (b) Die Stadt Arras. Heuter Bl. 96. S. auch die Anm. a Bl. 190. Der ungenannte Schriffsteller ertheilet uns hierüber folgenden Bericht: Tunc temporis durante illa factione Princeps ille posuit castra prope Attrebatum; erat intentionis bombardis illud expugnare. Tandem sibi per status patriarum nunciatum fuit, quod populus eorum minime velit stare in campis cum arteloria, sed quod reverteretur domum nam arteloriam non obstante promisso illo soluere noluerunt, postquam intellexerunt, quod conbnstionem minime facere Princeps per consilium voluit; quod expensę bombardarum minis graues essent & populum suum qui numero XVII. milium esset, sustentare non posset. (c) Prędicti maledicti traditores semper populum naturalem contra Principem ex fallacibus linguis eorum & dictis pecuniis moventes tandem eum ad quandam suspicionem duxerunt, vt ex castris Principi recederent insalutato hospite per nunccios interpositos subordinauit, quod tandem factum est ita. ebend. (d) At Princeps admiratus & male contentus cum insalutato hospite recederc vellent, cum alia armata & absque bombardis in campis minime stare potuit, castra altero dic soluit, & male contentus se ad Flandriam recepit. Ebend.

[99]

HB

Wie der Plab kunig, dem Weyßen kunig, aber ain landtschaft abwarf, vnd der weyß kunig, die Stat vnd landtschaft mit krieg widerumb bezwanng. (a)

Alsbald die winter Zeit vergienng, da Rustet sich der Jung weiß kunig, widerumb mit Newen kriegsvolck, wer dann Er in langer Zeit, nit gehabt het, vnnd wolt die prawn abgefallen lanntschafft, mit dem swert gestraft haben, Aber der plab kunig, het bey andern seinen vnnder sassen, (b) so viel practiciert, vnd bey Inen dannen gericht, das dieselben Iren obern (c) fienngen, der dann des weißen kunigs diener, vnnd vertrawter was, (d) Darumb Eilet der Jung weiß kunig, denselben zu erledigen, vnd ließ die prawn abgefallen lanndtschaft, vnnd geselschaft, dieweil in Irer poßhayt Ruen, Vnnd schlueg sich mit seinem hör, vnd hauptgeschutz, für die obrist Stat, (e) die sich dem Jungen weißen kunig, ungehorsam erzaiget, vnd schoß die in kurtz Zum sturm (f) vnnd ließ sein volck in drey Hauffen Zum sturm ordnen, (g) der ain hauffen trat an den sturm, vnnd die anndern zwen hawffen solten geleich auch zum sturm antreten sein, Dann Er an zway orten, die Stat mauer gefellt, vnnd die greben an denselben orten aingezogen vnnd ein geschanntz het, da sölichs die von der Stat ersachen, Er-

(a) In der vorläufigen Abschrift ist am Rande dieser Aufschrift folgende Erinnerung angebracht: „ Vtrich „ Ist auch vorgemacht; aber was in dem forigen nit stat vnd in dem Capitl stat, sol man zu dem andern setzen. „ Dieses Kapitel ist also eine Ergänzung jener Erzählung, welche schon oben. (Bl. 136.) von der Eroberung der Stat Utrecht vorgekommen. (b) Die Die Parthey der Huicken in Holland. S. oben Bl. 137. Anm. a. b. (c) Den Bischof zu Utrecht. (d) Iste de Montfort cnm Trajectensibus practicauit, ut caperent Episcopum eorum; nam seruitor crat & aliqualiter de parentela Burgundię domus. Der ungenannte Schriftsteller. (e) Die Stadt Utrecht. Der ungənannte Schriftsteller entdecket uns die damalige Lage der Sachen zu Utrecht mit folgenden Worten: Iste de Montfort subordinauit aliquos de consilio Ducis Cleuensis pecuniis & promissionibus, vt iuuenilem etatem deceret, quia dux erat totus iuuenis; tandem fratrem suum modicum iuniorem pro coadjutore cepit, vt etiam ipsum pecuniis subordinare posset. In hunc finem secum duxit, vt sibi Episcopatum resignaret, nam alias ex carceribus nollet (Episcopum) mittere. Et erat tunc temporis frater ibi cum mille armigeris valentissimis et pluribus bonis capitaneis. (f) Ille Princeps Cleuensis cum se a Principe Maximiliano circumsessum videret, ilico pro succursu ad fratrem misit, qui mox conuocatis omnibus equestribus atque peditibus de prouincia sua ad oppidum Ambsfordense in campo latissimo congregauit, tamen venire in succursum tam cito non poterat, quam bombardę fecerunt ruptionem antea murorum. Ebend. (g) Vno die in aurora insultus pręparabatur & medio noctis spacio in fossas irrupit, vbi bis vel ter in magno periculo personę suę fuit. Tandem facta aurora Princeps omnem suum exercitum ad insultum preparavit eosque cibo & potu aliqualiter muniuit, vt arma leciori animo exercere possent. Ebend.

A. 1483.

Ergaben Sy sich, (a) in des Jungen weißen kunigs genad, In dem als der Erst hauffen, an den sturm getreten was, (b) beliben an demselben ort, bey zway hundert man todt, vnd wundt, vnd als die von der Stat, mit diesem sturm den Sig erlangten, (c) schluegen Sy dem Jungem weißen kunig, die tăding widerumb ab, (d) Also muesset sich der Jung weiß kunig, auf ain News, widerumb Russten, (e) mit seinem geschutz, vnnd schlueg sich für ain annder ort, an derselben Stat (f) vnnd schoß, vnd arbeitet dieselb Stat abermals zum sturm, vnnd verordnet seine hawffen wie vor, (g) Also ergaben sich die von der Stat zum

Ccc

(a) In der andern Abschrift wird diese Stelle mit folgenden Worten erläutert: „Schickten Sy Jr „oberen her aus zu den Weissen konig, vnd ergaben Sy. In dem wardt ain gelayff, vnd „lieff der ain hauff an vnd in dem als der erst„ u. s. w. Der ungenannte Schrifsteller sagt: Videntes hoc Traiectenses, se ad graciam Principis dandi, ex menibus proclamauerunt honestis conditionibus, & sic exientes portas ad Principem pacem fecerunt & pro pace tenenda ipsum ducem Cleuensem & primum factionis caput nomine Lantzeroi (sonst Gerard von Zoetenbach genannt) eorum burgimagistrum pro obsidibus accordarunt. Weitläuftiger handelt hievon Petit Chron de Holl. Bl. 567. (b) Et cum istud accordatum fieret, videntes hoc pedites, qui in ordine insultandi erant, inuidia ducti nam publice tractabatur, ex hoc *quod* (l. contra) Trajectenses consiliariis & capitaneis pro honore Principis ex consensu suo pecunias promittentibus ex hoc furiosi, credentes villam esse improuisam, & super tractatu sperarent., fossas insultandi gratia intrauerunt non obstantibus ictibus & minatoriis verbis Principis furiosi. Der ungenannte Schriftsteller. (c) Montfort, Nyeuelt und zween deutsche Edelleute hielten diesen Sturm mit großer Standhaftigkeit aus, und trieben die Stürmenden von den Mauren zurück. Petit Chron. de Holl. Bl. 567. (d) Der zur Unzeit unternommene Sturm brachte die Utrechter auf die Meynung, daß die von dem Erzherzog eingegangene Friedenshandlung nur ein Blendwerk sey. Selbst der Erzherzog fand sich über die Vermessenheit seiner Hauptleuten sehr beleydigt. S. oben Bl. 137. Anm. c (e) Die Umstände, welche den Utrechtern Muth gemacht, die Belägerung länger noch auszuhalten, vernimmt man aus den Worten des ungenannten Schriftstellers: Querram de novo indixerunt Principi (Traiectenses) sperantes post illud diffortunium nullo pacto obtinere posse; erat quippe apud oppidum maximum circa quartam partem minus quam Roma secundum habitationem; erantque in eo bellatores circa sex milia. Sperabant etiam vastationem artelorię Principis: etiam vnus morbus febris lentę acutę calidę ad caput ascendentis. Ex hoc confidentes *dictis* (l. dicti) Traiectenses habitis infirmitatibus obsidionem vlterius sustinebant, in se confisi sunt. (f) Princeps vero videns hoc, tenuit consilium, & majore parte repperit in consilio, ut ab oppido discederet & ei querram qnodtidianam ex fortaliciis propinquis inferret & tamen Princeps ille ex iuuenili sua honestate furia motus propter tale vilipendium & pacis rupcionem nullo modo discedere voluit, armigeros suos iterum admonuit & appropinquare oppidum per vnum suburbium cepit, misitque de nouo pro nouis militibus instaurandis; nam dicta infirmitas semper invalescebat. Ebend. (g) Zu diesen Worten kömmt in der andern Abschrift folgender Zusatz: „vnd gewan am ersten „die stark forstat mit dem sturm genannt der Wert.„ Die mühsame Eroberung dieser Vorstadt, und die fernere Geschichte der Belägerung bis zur Uebergab der Stadt Utrecht erzehlet der ungenannte Schriftsteller im folgenden Berichte: Tandem Princeps volebat de nocte clam incendisse suburbium maximum, misitque tria milia venatorum ad illud inuadendum, tamen illi bellatores nolentes aliqualiter tenere illum ordinem eis ordinatum, quod per hoc inimici fuerunt auisati & fuerunt repulsi cum clade centum virorum. Vnde Princeps totam armatam suam armari fecit secrete, tum illi inimici a defensionibus nunquam victoriosi recederent, eos iterum arreptanter aggredi fecit: tamen prima aggressio fuit repercussa taliter, quod inimici congregauerunt se ad exiendum portas & in campis manus cum armata conferere nitebantur. Tum Princeps ipse casualiter eis obuiam venit cum magno corporis periculo militesque iterum admonere ad insultum fecit

A. 1483.

zum anndern mal, in des Jungen weißen kunig genad, (a) vnnd der kunig zoch, mit allen seinen hewffen, über die abgeschossen mauren (b) hinein, in die Stat, vnnd hielt Inen gueten glauben, das nyemandt in der Stat beleidiget ward, (c) vnd

cit iterum suburbium istud aggrediens obtinuit cum cęde plurimorum inimicornm. Obtenta victoria Princeps paulo post arteloriam in ordine posuit & muros per illum locum cum eis rumpere fecit. Tamen dicta infirmitas interea ita invaluit in armatam Principis, quod infra tria & quatuor milia hominum infirmitate & timore infirmitatis succumbebant; pauci tamen de istis fuerunt mortui. Tandem fuit magnus labor Principis ad sustinendum facta contra inimicos potentes in oppido & in campis Cleuensium armata exeunte in oppido Ambsfordensi. Sed Princeps duppliciter fuit in custodiendo tempore pręcedente a duobus lateribus; principaliter armatam semel tenuit & iterum de nocte volebat ipse Dux villam capere absque arteloria, tamen sui armigeri erant attoniti propter obscuritatem noctis. Vnde error quidam ista nocte euenit. Ipse Princeps fuit pro persona sua in vno monte propter nocturnam tempestatem & satagens expugnacionem illius oppidi adueniente arteloria cum bombardis in ordine erant; iterum aduenientibus Vtricensibus cum numero quatuor milium virorum electorum armatam snam restaurauit & iterum ipsas bombardas & omnia ingenia bellica in muris per suburbia antea recitata apponere fecit & ita eam percussit, quod maximę turres in solitarios lapides redactę sunt & portę nauesque moenibus cum pontibus fuerunt adductę taliter,quodPrin eps cum pedestri exercitu potuit plane intrare non obstante magno numero artelorię & fortissimis viribus, quę cum isto magno oppido erant. (a) Attamen cum hora peruenisset, Princeps convocauit omnes suos militares, vt insultum faceret, possetque eos inuadere. Videntes Traiectenses periculum vitę & bonorum gratiam Principis requisiverunt & se manibus suis dederunt, quos Princeps acceptavit. Ebend. (b) In der andern Abschrift kommen hier folgende Worte hinzu: „ vnd über das geprück, das „ der Weiß konig darzu hat lassen machen. „ Der ungenannte Schrifsteller sagt: Voluit tamen (Princeps) intrare equester cum comitiua per menia. (c) So ruhig es bey der Uebergab der Stadt hergieng, so gefährlich sah es in dem erzherzoglichen Lager aus. Schon oben (Bl. 138. 139.) ist von jenen Uneinigkeiten, die in dem österreichischem Kriegsheere entstanden, eine Anzeige gemacht worden. Der ungenante Schrifsteller aber giebt uns hierüber eine noch umständlichere Nachricht. Man findet desto weniger Bedencken seine Erzehlung hier ganz anzuführen, weil man in der gedruckten Geschichte von diesem Gegenstande kaum etwas so ausführliches finden wird. Sie lautet also: Postea (Princeps) reparavit exercitum, vt iret contra Ambsfordenses qui in oppido eorum Episcopum pręnominatum amicum & confederatum detinebant, cum Princeps ipse refecisset armatam suam in oppido & arteloriam, vt iterum ad ciuitatem accederet, incepit rumor maximus inter armigeros Principis pręsertim Pycardos pedestres & bassos Alemanos Erant quoque istorum numero mille ab utraque parte; vnde antequam Princeps esset informatus de tali rumore, ceciderunt circa quadraginta ab vtraque parte. At Princeps mox ascendit equum, convocauitque omnes capitaneos ad se circa centum, ut secum se ad diffidendum occuparent. Interea, dum ascenderent equum, mouerunt se isti lanceati circa tria milia Nam credentes & ipsi per Pycardos linquam alemanam habentes volebant ipsi succurere Pycardis, & posita ordinatione cum vexillis erectis & timpanis ad curiam Episcopalem amplam accesserunt: iterum ab alio latere venerunt Alemani bassi vna alia comitiua Holandrinorum, & novus eorum gubernator Comes Egmundensis ad palatium Principis propter feruorem furiosę commocionis, ut suos armigeros, qui in magno numero erant, compesceret, ne se illa furia contra Pycardos impedirent sicut tenebantur, in actionibus bellicis. Tandem fortuna aduersa, tamen prospera iterum vix arridente conspiraverunt ipsi lanceati & Holandrini stipendiati, vnus contra alium in ipsa furia nescientibus vno ab alio se vnaminiter reperierunt. Fortuna voluit, ut casualiter Princeps equum in isto momento ascenderet armatus, & dum vnus alium absque occasione inuadere voluit ex quadam furia timorosa participationis vnius alterius, tandem pulsus fuit equus suus inter ambas acies ita, quod visum equi vnius alterius obfuscarent, cum magno periculo personę suę gladio euaginato acies ipsas ita pressit, vt se unus ab altero separaret & tunc Princeps Holandrinos ad quoddam cimiterium muris munitum

A. 1483.

vnnd erlediget auch alſo, ſeinen diener, (a) vnnd die ganz lanndſchaft thet demſelben, widerumb gehorſam, von des Jungen weißen kunigs wegen.

A. 1484.

Wie der Jung Weyß kunig, der abgefallen Prawnen geſelſchaft, ain Stat abgewan, (b)

Darnach, Zoch der Jung weiß kunig zuruck, vnnd vnnderſtundt ſich, die vorgemelt abgefallen prawn geſellſchaft, Zu ſtraffen, vnnd machet ainen anſchlag, das Er ain Stat, (c) die der Sluſel zu demſelben lannd was, mit einem geraiſſigen Zeug, vnd mit fueßvolck überfallen wolt, Alſo het Er zwen Kunndſchafter, die bey der nacht, Ine vnd ſein kriegsvolck durchbringen ſolten, durch ainen krumpen weg, bis an die porten, der kuntſchafter, Der den Jungen weißen kunig fueret, der was gerecht, vnnd pracht Ine, bis an die porten, (d) alſo

tum intrare fecit, quouſque furia armigerorum ſedaretur. Tum eciam inualuit alia furia omnium aliorum armigerorum & ſe vnus ad alium & contra alium aſſociaverunt primo Pycardi & alti Alemani tum omnes niſi pedeſtres ſimul, & ab alia parte Holandrini, Brabantini, Geldrenſes, Et Reniculi, viri ſtrenui, & multi aliorum ęquali numero etiam eis in ſuccurſum venerunt equeſtres pro fratre Holandię gubernatoris Comes de Bonco & d'Altenſtein ad tercentos armigeros equeſtres tamen pedibus ſe in aciem eorum ponentes. Summe armati ceperunt ire in ſtratam quandam iunctam cimiterio, ſerpentinis paſſum eorum lateraliter cuſtodientibus, in quo paſſu ab alio a latere fluuio quodam pręcipitanti atque profundiſſimo fuit circumdata. Illud paſſagium vici clauſit & ſic animoſe omnem furiam Pycardorum atque Alemanorum expectare ſatagebat. Alemani vero alti ex ira Pycardorum in ſimul exeuntium ſemper irritati, vt contra baſſos Alemanos procederent, declarantes eis, vt Traiectenſes eſſent eis conmixti & quod pręfatam eorum cędem feciſſent. Vnde ipſi omnes in ſimul in peiorem furiam redacti omnes alios debellare voluerunt non obſtante omnium capitaneorum defenſione, vix progreſſum receperunt contra alios militares ſupra nominatos Princeps ad compeſcendum populares Traiectenſes, qui etiam ex nimio timore ſe congragauerant interea congreſſus unus contra alium. Princeps iterum curſu velox ſe inter medias acies poſuiſſet, periiſſentque ipſi furioſi. Namalii ita muniti erant muris & flumine, quod leviter ipſi alemani baſſi altos & Pycardos qui in prima acie erant omnes in aquam ſagittis & multitudine eorum proſtraſſent ad mortem. Nam dicti furioſi ad accedendum in loco ſtricto erant, vbi acies eis ex iſta ſtrictitudine acceſſus, tum Princeps videns ita periculum gladio euaginato retrocedere coegit, & ſic periculum ſuorum armigerorum ſolerter euitauit. (a) Tandem (Princeps) leuauit armatam ſuam intendens eam ponere ante oppidum Ambsfordenſe ad extrahendum eorum Epiſcopum. At Ambsfordenſes agnoſcentes hoc ad Principem miſerunt & ſe reſtituto Epiſcopo dederunt: inde cum ſummo gaudio pacifice Epiſcopatum ſuum vsque ad ſinem vitę ſuę poſſedit. Ebend. S. auch Verhoevens breu. rer. Amonsfort. deſcr. beym Matheus in Rer. Amorfort. Script. Bl. 104. u. a. m. (b) In der anderen Abſchrift ſteht am Rande die Anmerkung: Iſt Termündt, vnd iſt forgeſchrieben. „ Von der Eroberung der Stadt Dendermonde iſt bereits oben (Bl. 146.) gehandelt worden. (c) Die flånderſche Stadt Dendermonde an der brabantſchen Grånze. (d) Princeps vero cautus armigeros ſuos alteris diebus appropinquare fecit, vt eis gratias condignas, ſi ruſtici Principem ſpernerent, agere poſſet. Pręparavit ipſa nocte currus aliquos oneratos armigeris cum pluribus mercatorum, monachorum & mulierum veſtimentis, appropinquauit portas antecedentibus curribus cum uno conductore viro audaci, ſed non viitato, qui obliuiſcens menſuram currus portis immiſcuit, mandans Prineipem vt eum ſuſtineret obliuioni dans, quod ſine pedeſtribus in quibus tota ſpes erat facere non poſſet. Der ungenannte Schriftſteller.

A. 1484.

vnnderstundt sich, der weiß kunig, mit den geraissigen, in die Stat zu rennen, vnnd die Zugewelltigen, (a) Aber die von der Stat, vnnd das diennst volck, das in derselben Stat was, kamen furderlichen Zu Irer wör, vnd werdten sich vast, (b) Aber Sy wurden Zu stundan Zertrennt, Und der weiß kunig kam Nun mit Zwaintzig pferden, an annderthalb hundert man der veind, vnd pracht dieselben alle mit ainer hubschn abentheuer, (c) in Vencknuß also Erobert der Jung weiß kunig dieselb Stadt (d) In dem kamen auch seine fuesknecht davon besetzet Er die Stat, (e) Unnd Zoch, mit dem annderm seinen volck, an ain wasser, (f) daran Er ain schöne Stat het, (g) vnnd schiffunng Zum urfar, in das lannd der prawnen geselschaft.

A. 1485.

Wie der Jung weiß kunig, die Prawn geselschaft slueg vnd ainen täber Erobert. (h)

Auf das schicket der Jung Weyß kunig, ainen seinen Erholt, Zu der praunen geselschaft, vnnd begeret an Sy, Jme gehorsam zu thun, Das Sy aber ab-

(a) Videns Princeps illum errorem volebat dimittere satellites suos & repentino cursu in succursum subuenire curribus, quoniam portę erant apertę. Ebend. (b) Populus Teremundensis & Candensis sibi obuiam venerunt in armis, tamen congregare se minime potuerunt tam cito. Videntes tamen paucitatem armigerorum Principis animis captis bella inceperunt. Ebend. (c) Mit diesen Worten scheint der Weisse König auf jene artige Kriegslist anzuspielen, mit welcher er die Stadt Dendermonde überfallen hatte. Es ist von selber schon oben (Bl. 195. Anm. d) aus dem ungenannten Schriftsteller Meldung geschehen; noch deutlicher aber hat uns diese hübsche Abentheuer Heuter beschrieben Rer. Belg. L. II. Bl. 112. (d) Animositatem Principis & aliorum suorum commilitonum animaduertentes in forum reuersi sunt Candenses ex oppido iuerunt, seque principi dederunt, quos Princeps absque nullo spolio liberaliter dando futuris rebellionibus, ad gratiam recepit. Der ungenannte Schriftsteller. (e) Merkwürdig ist, daß eben diesen Tag Hanns Koppenoll, der um diese ganze Begebenheit nichts wußte, von Gent gekommen, die Stadt Dendermonde zu besetzen, und ihr alle Aussenwehr zu benemen, damit es ja den Erzherzog nicht gelüsten solte, auf Dendermonde etwas zu wagen, oder aldort festen Fuß zu setzen. Da aber Koppenoll gesehen, daß alles, was er erst vorsehen wollte, schon vorüber wäre, zog er wieder nach Gent. Heuter Bl. 112 (f) Die Schelde. (g) Die Stadt Antwerpen in Brabant. Der Hafen dieser Stadt war für die damaligen Absichten Maximilians sehr vortheilhaft, weilen er Gelegenheit hatte, von da aus auf der Schelde das Land Flandern anzufallen. (h) Es ist schwer zu errathen, von welchem Täber hier die Rede sey. Allein wenn man dieses Kapitel mit jenem, welches oben Bl. 158. vorkömmt, zusammhält, so ist ganz gläublich, daß dieses Kapitel von dem bey Overmeere vorgefallenen Streit handle. Eben das läßt sich aus jener Erinnerung schliessen, die in einer andern Abschrift am Rande dieses Kapitels gelesen wird, wo es heißt: „ Ist for geschryben, vnd ist geschen, im Land von Was „ es ist aber bekannt, daß der Erzherzog gesinnet war von dem Overmeere aus, in die Landschaft Waes einzufallen. S. oben Bl. 158.

abschluegen, (a) dann Sy hetten, an demselben ort, neben dem wasser, ain täber (b) gemacht, vnnd vermainten, der Jung weiß kunig, mocht vor dem selben täber nit zu Inen kömen, Es wartetn auch vill, von der prawnen geselschaft, auf den glocken schlag, (c) die beschaiden waren, demselben täber zu Zeziechen, Nuu machet, der weiß kunig, ainen anschlag, auf Sy, in maynung, den täber zu gewinnen, vnnd Sy darüber zu schlagen, Aber seine hauptleut ains tails, vermanten (d) Sy weren zu stark vergraben, mit Irer lanndt wer, der Jung weiß kunig, ließ sich sollichs nit verhindern, sonder Er belieb, auf der maynung, Er wolt Sy straffen, vnd was dieselbig nacht auf, vnd fuer die gantz nacht, uber das wasser (e) vnnd Zoch fur Ir lanndtwer, vnnd grueb die auf, vnnd Zoch den nechsten an das Enndt, da sich die prawn geselschaft versamlt het, zusambt Iren glockenschlag die auch lagen, das lannd zu verwaren, also was dieselb prawn geselschaft, alle bey ain ander, (f) die dann auf den Jungen weißen kunig guete wart heten, das Sy seinen uber Zug Innen wurden, Ee Er an die lanndtwer köm, Auf söllichs macheten bayd partheyen, Ir ordnung gegen ain ander, Nemlich die prawn geselschaft nam ain Ennge gassen ein, die auf jeder seydten, ainen graben het, Vnd der Jung weiß kunig, ließ sein bayderley geschoß pögen und puxen uber ainen graben schiftn, vnd er belib mit den spiessen, miten in derselben gassen, vnd fiel also, in die prawnn geselschaft, mit drey hawffen, vnnd schlueg Sy in die Flucht, vnd fiengn vnd erschluegen, aus Inen, mer dann den dritten tail, (g) vnd Zoch darnach, fur den vorgemelten täber, vnd gewan den, (h) vnnd prach In ab

(a) Sie machten vielmehr alle fernere Anstalten zu einer aufrührischen Gegenwör. Candenses, sagt der ungenn. Schrifft. vltra aliud flumen Mare destruxerunt omnes pontes & construxerunt naves, fortalicia prope Abbaciam dę *Paulo* (St. Pauwels in der Landschaft Waes) erant aliqui armigeri & conpatriotę omnes ad custodiam illius prouincię. (b) Bey Overmeere. S. die folgenden Anmerkungen. (c) Eben also heißt es oben (Bl. 158.) „Da „ zoch er (der junge weisse König) hernach des anndern tags auf die praun geselschaft, „ so auf den glockenstreich zusammen kumen waren.„ woraus erhellt, daß auch in diesem Kapitl die Rede von dem overmeerschen Täber sey. Der ungenn. Schrifft. sagt: Princeps circa decimam diei horam transiens contra flumen dedit insultum Candensibus custodientes fortalicium cum popularibus, qui *sono campanę* mouebantur. (d) Pars exoptauit, pars non uenit, sagt der ungenannte Schriftsteller. (e) Transitus fluminis pluribus incredibilis fuit, sagt der belobte Geschichtschreiber. Es geschah aber dieser Ueberzug mittels einer künstlichen Brücke, die der Erzherzog mit sich führte. Princeps cum arteloria sua habebat pontem mire bene ordinatum ad proiiciendum in momento ad riparias istius prouincię. Ebend. Von eben dieser Brücke sagt der weisse König (Bl. 158.) der Jung weiß „ kunig prucket darnach über dasselb tief preit wasser mit ainer seltzamen prucken auf wagen. „ (f) Candenses audientes aduentum Principis ad illum locum mandauerunt suos capinaneos totius principatus Flandrię, mandauerunt etiam Gallos in momento diei ad eos venire, quod securitas eis esset Principem cum armata sua prostrare. Der ungenn. Schriftsteller. (g) Princeps & compatriotę Candenses in fortalicio eorum. quod vocatur Ofermer inuasit, eosque totaliter prostrauit, stetitque circa tres horas in eodem loco bellandi & recumulandi prędam captiuam. (h) Processit (Maximilianus) post occasum solis ad fortalicium quod ex timore & necessitate se dedit propter carentiam victualium.

Wie der plab kunig, aber ein Parthey machet, vnd einen krieg, mit kunig Mana (a), Und ainem Fursten (b) anfienng, vnd was Widerstandt, Jme der Junng Weiß kunig thet.

Vnnd als der plab kunig sach, das Er dem Jungen weißen kunig, nichts abgewynen kundt, vnnderstundt Er sich, ains Neuen grossen hanndl mit

(a) „Mana Neapels„ sagt die Anmerkung in der vorläuffigen Abschrift. (b) Nemblich mit Herzogen von Mayland. Die deutschen Anekdoten, die man zur Erläuterung dieses Kapitels in den folgenden Anmerkungendem Leser hat kund machen wollen sind ebenfals aus dem am Rande der vorläufigen Abschrift angebrachten Erzählung entnomen. Im grossen Manuscripte folgt nunmehr jenes Kapitel, welches oben Bl. 159. eingeschaltet worden. Niemals würde man diese Abänderung vorgenommen haben, wenn sie nichtselbst im Conceptbuche wäre vorgeschrieben worden. Gewis steht diese Erzählung schicklicher in der Chronologischen Reihe anverwandter Begebenheiten, als unter einzelnen Nachträgen. Vielmehr hat man hier zu gedenken, wie der leere Raum, der durch diese Veränderung im grossen Manuscripte entsteht, besetzet werde. Der ungenannte Schriftsteller wird hier die Stelle des weissen Königs vertreten. Man verhofft, daß seine Erzählung über eben diesen Gegenstandt dem Leser nicht nur wegen der Manigfältigkeit zum Vergnügen, sondern auch wegen ihrer Umständlichkeit zur Erläuterung dessen, was im W. K. undeutlich scheinen mag, dienen werde. Sie lautet also: Princeps cum medietate pedestrium & bellatore domus suę in naves ascendit, vt & ipse interea aliquid posset contra inimicos digni facere. Princeps quendam capitaneorum suorum Franciscum nomiue Masz Flamingum, qui pro querela Principis ex Flandria profugus fuit, intenderat capitaneum Hollandię atque Selandie facere cum aliis capitaneis, quos Eduardus Rex Anglie in succursum miserat cum quadam caterua, qui tamen omnes nimis flebiliter iuerant ad accipiendam classem quadraginta quatuor velorum galeatorum, que ex Hispania Brugensibus victualia ferebant & plures alias mercantias vi inuehere portum Schildis contra defensionem Principis satagebant, etiamcum sex aliis velis galeatis ex Gallis veniebant aliquę etiam onustę viris armatis ad protegendum istam classem Hispanicam veniebant. Habebant tunc temporis mercatores Principem dilectum sicut & omnes alię naciones, tamen propter lucrum quod habebant in oppido remiserunt & sic steterunt. Princeps vero cum applicuisset in faucibus Flandrię maris & Selandię, ibidem ancoram proiecit, ut plus in aurora classem Hispanicam & Flammingorum inuadere posset. Eratque locus ille insconsvetus, vt ibidem ancorę darentur nocturne in flumine aspero vocatus Tolhardus, vbi ancorę nauis Principis fuerunt relaxatę ob asperitatem aque: nam si ventus cum mari venisset, Angliam princeps petere summo cum periculo cum aliquibus nauibus, quarum ancore etiam leuatę fnerant, potuisset. Tamen adveniente diluculo timponas tubas, pixides, clangorem istarum de nauibus suę classis dedit omniaque vnaminiter vela ventis dedit, prosperoque augurio recessit ad mare; cepitque Princeps cum nauibus suis ex earum velocitate aliqua vela Gallorum; nam certum habuit, quod magna classis inimicorum portum Schlusarum intrasset duobus diebus, in quibus Princeps multum tristis erat, tamen inmediate rostra classis suę ad eundem portum vertere nautis mandatum dedit. Intrauit itaque vento ita propitio, quod omnes naues videbantur tela esse. Erant tamen coopertę armigeris valentissimis de tota Christianitate, qui erant numero intra quinque & sex milia. In classe aduersa erant naues galeatę Garabel nuncopatę circa 60. & 70. paruarumque navium, quantum habere volebant. Erant in oppido nonaginta sculpetarii Australes & plura Flamingorum. Princeps habebat in stipendio duos piratas maiores, qui tunc in orbe reperiebantur, qui audientes famam de Principe sibi servierunt. Eos Princeps cum aliquibus nauibus & pixidibus onustis recepit, inimicosque attemtare fecit, quos ita reperit inordinatos, vt spes sibi victorię debellandi genarata fuit. Tunc omnes de sua classe ad bellum se accingere fecit. Videns Princeps inordinaciones eorum, aliquas naves querrę appropinquare fecit & ancoras ita prope ponere: & Galli & Flammingi ab Hispanis separati fuerunt. Nam classis eorum mit ainer grossen parthey, die doch der merern tail, dem Jungen weißen kunig verwanndt waren, Also tailet sich dieselb parthey, von ain ander, Ain tail, dem plaben kunig, (a) vnd der ander tail dem Jungen weißen kunig, (b) Vnnd erwuchs ain grosser krieg daraus, die ain parthey, schicket nach dem weißen kunig, das Er Inen zu hilf kam, mit seiner Personn, vnnd mit seinem volck, darunter was ain mechtiger kunig, genannt Mana, (c) der plab kunig mit seiner geselschaft, Zoch aus, (d) vnd vbereilet (e) kunig Mana, das Er In, in die flucht pracht, Ee Jme sein geselschaft, zu hilf möcht komen, vnd Ee Er sich, zu dem streit berait kundt machen, (f) vnd Jagt In in ain Stat, (g) darinen Er Jne behawret, vnd nöt-

erat in faucibus portus & classis Hispanie in portu maris tendens versus nigrum foramen. Interea Capitanei videntes separationem tam repentinam classis Principis consilium iniuerunt, qualiter classi Hispanice, que in periculo erat, succurrerent. Fuerunt multum attoniti, quod classis eorum esset ita seperata, credebant enim classem Principis non fuisse ausam aliam attemtare. Capitaneus vero classis Hispaniarum habebat summam Pecunie ex mercanciis, timens istam perdere tum a Principe, quam etiam stipendiariis Principis & Schlusarum, ad quos intendebat intrasse & bellum lucrasse mercantias confiscatas retinere vellet, Principem requisiuit ob honorem patrie Hispanie Regis & Regine, qui parentes Principis erant, ne eum inuadere vellet, quia ipsa hora auxisset moram Regis. Et alii fuerunt commoti, quia Principi victoriam dare vellent. Princeps hoc audiens assensit in inducias trium annorum, capta cautione sufficienti, quod classem istam Principi dare vellet in gratiam & predam. si uti declaratum est, magister eorum populos Brugenses in pacem redigeret, preda Principi tunc maneret. Videns nacio Hispanica populum Brugensem mittere deputatos versus Principem gratiam requirentes, obedientiam pręsentantes, cum eis pacem conclusit, dummodo punire permitteret seductores eorum, quod etiam accordauit. Et sic pręmisit Princeps consiliarios & deputatos suos, qui cum consensu populi justiciam de istis facerent, partem captivitati, partim morti tradiderunt. Intrauit tandem Princeps personaliter Brugis clamore & leticia totius populi, habuitque in pręda classem Gallorum, Hispaniorum vero propter eandem victoriam indemnes permanserunt. Audiens Candensis populos eas Brugensium conclusione se omnes ad plateam cum armis miserunt, omnesque seductores eorum profugaverunt, & tres ex eis decapitauerunt. (a) Karl VIII. König in Frankreich, der im Jahre 1483. seinem Vater Ludwig XI. in der Regierung gefolget. (b) „Also ruft der ain tail den Jungen weißen kunig an, „Er solt Inen zu Hilf kumen. Also derselbig weiß kunig schicket zu dem Pabst „kunig von Hispania vnnd zu den Venedigern, vnd prakticiret einen pundt zwi„schen den selbigen vnd auch den kunig von Neapels vnd dem Herzogen von Mayland wider „den plaben kunig, die In dann willigklich annamen; allain der kunig von Engeland der „nam Jme ain Bedengken.„ (c) Alfons König zu Neapel wolte die Ankunft der Franzosen nicht erwarten, sondern übergab die Regierung seinem Sohne Ferdinand, und starb folgendes Jahr im Wintermonat zu Messina. (d) Im Herbstmonat 1494. Man hat von diesem königlichen Feldzuge zwey Reisebücher, eines vom Andre de la Vigne, das andere von Peter Desrey de Troyes verfertigt. Beyde sind in des Godefroy Hist. de Charles VIII. eingetragen. (e) „Vnd Ee das dieselben Kunig mit Irem Volk berait worden, zoch der plab kunig „mit ainem merklichen Volk eilend gen Neapels vnd zoch durch Mayland, vnd prakticiret mit „dem Hertzog von Mailand, das Er in durch ließ ziehen. Dann er draet In, wurd Er In „nit durchziehen lassen, so wolt Er ainen Krieg mit Im anfahen. Desgleichen zoch Er auch „zu dem Pabst williget Jme auch, das er Im den durchzug ließ.„ (f) K. Karl von Frankreich kam über Asti, Pavia, Piacenza, Lucca, Florenz, Siena, den 31. Christmonats zu Rom an. Im J. 1495. brach er den 28. Jäner von Rom auf, und hielt den 22. Hornung zu Neapel seinen ersteu Einzug. De la Vigne Voyage de Neaples du Roy Charles VIII. (g) Gaeta. „Also da der plab kunig in Neapels kam, het er ain grosse Parthey genannt An-

gonn

A. 1495.

nöttet, das Er sich an In ergab, (a) Darnach zoch der plab kunig, (b) zustundan über ainen anndern Fursten, (c) der auch dem Jungen weißen kunig verwandt was, (d) derselb furst het sich bewart, mit seiner geselschaft, der weißen geselschaft, verwanndt, Dartzu so schicket Ime, der Jung weiß kunig, (e) von seinen weiten Lannden, Zwelf tausend man, (f) vnnd bewarb sich auch, weiter zu Roß vnnd zu fueß, aufs sterkest, demselben volk nach zu ziechen, als der plab kunig sölichs erfuer, was Er der maynung, denselben fursten, ungewarneter sach, zu uberfallen, (g) oder sich von Ime, in ain befestigung zuthun, vnnd seines zu zugs auch erwartten, damit Er von baiden seyden der weisen geselschaft, auch nit uberfallen wurde, Sölich sein furnemen, ward die weiß geselschaft innen, Zugen auf Ine, in ainem weiten veldt, vnd machten funf hauffen, vnd die plaben drey, Also traffen die drey ersten weisen hauffen, (h) mit den drey plaben, vnnd kundten, die drey nit schlagen, vnnd beliben Ir viel auf der waltstatt, von baiden tailen (i)

Die

„ goyn, die zohen den plaben kunig vnder Augen vnd waren viel von des plaben kunig ordinantz „ die auch dem plaben kunig abfiellen. Dardurch der Kunig von Neapels dem plaben kunig „ kainen widerstand macht thun. Vnd was er von seiner Parthey het von kriegsvolk, besetzet Er „ sein Päß. Vnd Er selbst wich in ain starke Porten in seinem Reich genant Gajeta. „ (a) Da „ nam er (Ferdinand K. zu Neapel) ain taidung an mit dem plaben kunig vnd gab Im das „ kunigreich wider. Vnd nam dagegen ain klaine Recompenß. Vnd ward also des plaben „ kunig pensionari. Er het einen Jungen Vettern der flach in Sicili hinder den Kunig von „ Hispani „ (b) „ Also zoch der plab kunig widerumb haimwertz vnd besetzet dasselbig ku„ nigreich (Neapel) nach den pessten alls Er macht, vnd empot seinen Vettern dem Hertzog von „ Orlientz der auch ain gerechtigkeit het zu dem Hertzogtum Mailand. Er solt anziehen mit XM. „ Mann Frantzosen vnd Aidgenossen Im Vnder augen auf sein gerechtigkeit, so wolt Im der „ plab dann sein kriegsvolk lassen, das Er versuechet den Hertzog von Mailand zu treiben. vnd „ er wolt zu seiner Gemahel ziehen, vnd ain wenig rasten. „ (c) Ludwig Maria Sforza, der vom K. Maximilian im Jahre 1495. mit dem Herzogtume Meiland ist belehnet worden. Eben dieser Ludwig hat die Frantzosen wider Neapel in Italien berufen. Da aber nunmehr ganz Italien zu Gefahr zu stehen schien, seine Freyheit zu verlieren, war Ludwig ainer aus den ersten, die den Waffenbund wider Frankreich errichtet haben. (d) K. Maximilian hatte im Jahre 1494. des obbemelden Hertzog Ludwigs Nichte Blanca zur Ehe genommen. (e) „ In dem versammlet der Weiß kunig, der kunig von Hispani, der Hertzog von Mai„ land vnd der Hertzog von Venedig Ir Volk wider den plaben kunig. „ (f) „ Nemb„ lich alspald der weiß kunig vnd der Hertzog von Mailand erfueren das der plab wolt nach „ mit sambt dem kunig von Neapels wolt wider den von Mailand, der dann hochlich verwand „ was dem weissen kunig vnd In vertreiben Eylet Er sein Volk zu schicken dem Hertzog von „ Mailand zu trost, den plaben kunig zu bestreiten, Eewan er mit seinem neuen Volk id est „ mit Orlientz käm. „ (g) „ Aber er, wann des weissen konigs volk die deutschen, auch „ des von Hispani Volk kunten ankommen zu des Hertzog von Mailand heer vnd zu der Venedi„ ger heer, ward der plab kunig schon in des Hertzog von Mailand Land zu Roß vnd fueß, „ vnd Geschutz, vnd wolt durchziehen durch sein Land dem Hertzogen von Orlientz vnder Augen. (h) Bestehend aus Meiländern; denn die Venetianer blieben im Hinterhalt. S. die folgende Anmerkung. (i) „ Die Mailendischen und venedigischen hauptleut zochen Ime (dem König „ in Frankreich) vnder Augen, vnd schluegen sich mit Im. Aber der plab kunig slueg die „ Ersten in die flucht vnd aus denselben vil zu tod zu Roß und zu fueß. „ Dieses Treffen ereignete sich den 6. July, unweit Fornuovo im Parmesanischen am Tarroflusse. Eine Beschreibung davon findet man beym Fugger MS. Roo, de la Vigne, de Comines, u. a. m.

A. 1495.

Die andern zween hawffen, der ain zu fueß der ander zu Roß, die emphingen die drey hauffen, die vor troffen heten, Und fandn nit in Rat, das Sy mit den vorigen drey plaben hauffen treffen sollen, (a) Dieweil Es vor Irn dreyen hauffen also ergangen was, vnd hielten baid tail, plab, vnnd weiß, ain guete weil, vor ain annder, wolt kain tail nit treffen, in dem kam die nacht, Da Zochen baid tail ab, jeder in sein gewarsam, dem plaben kunig, kam zustundan vil volcks Zu, von ainer Newen geselschaft, die dann vor ainer Zeit, von der weisen geselschaft abgefallen waren, vnd sich an die plaben ergeben heten, (b) Also waren die macht alle geleich, vnd kam der winter, das Sy zu derselben Zeit zu baiden tailen, nichts ausrichten kundten, (c)

A. 1495. 1496.

Wie der Jung Weyß kunig, den krieg, gegen dem Plaben kunig, auf wasser vnd Land, wiederumb anfieng, Vnd kunig Mana Sun, den meisten tail seines Lands wider gewann, (d)

Als Nun, die winter Zeit, zum tail vergangen was, kam der Jung weiß kunig selbs, vnnd erkucket den krieg widerumb, auf wasser vnnd lannd, Nemlichen an zweyen orten, auf dem wasser, (e) vnnd an dreyen orten, auf

Eee dem

(a) „ Der Venediger zwen gweltig hauffen der ain zu Roß vnd der ain zu fueß beliben halten, da „ Sy sahen das die ersten geschlagen waren. „ (b) „ S. oben die Anm. (c) „ Also zog der plab konig mit seinem volk durch mit wehrhafter hand bis in ain Stat die sein was „ genannt Naßt (Aßti) stößt an des hertzogen von Saphoy landt welcher hertzog von Saphoy „ im vundt was mit dem plaben konig wider den hertzog von Mailandt. Da kam zu Im sein „ Vetter von Orlientz mit dem X. M. Manen. Also zoch der plab konig haim vnd ließ sein „ volck beleiben bey den X. M. Manen den krieg zu fueren wider den hertzog von Mailandt in mittler „ Zeit der Hertzog von Maylaud des gleichen die Venediger kamen auch an dem weissen könig leit des „ der Hertzog von Braunswig hauptman ist gewesen in ainer grossen anzahl zu Roß und fueß, vnd legerten „ sich gegen den hertzog von Orlientz in sein Befestigung das kainer dem andern nicht abgewynen kund „ mit dem Streit vnd hueben an zu teidigen damit baide heer abzugen vnd den cost vmbsunst spareten. In mittler Zeit zoch des konig von Hispania volk mit des Jungen konig von Sicilic „ volk der bey In was. vnd namen das Lannd widerumb ein bis an die Befestigung vnd vertebret den frantzosen solch ihr Bevestigung vnd erhungreten. In dem machet der hertzog von „ Orlientz auch ainen tractat mit dem hertzog von Mailand dergleichen mit Braunswig. vnd „ der venediger hauptleuten vnd provisorn. Vnd ward daraus ain klainer bstand vnd zohen alle hör damit ob dann sich der wintter auch nährät. „ (d) Im vorläuffigen Manuscripte steht am Rande folgende Aufschrift: „ Diese Schrifft sol man dannoch sehen vnd gebrauchen auf „ des Hertzog von Orlientz bestand. Wie der weiß kunig hat erret Pisa vnd Jania (Genua) „ dieweil Er practicirt hat den Zug in Frankreich. „ Es wird hier die Geschichte von mehrern Jahren nur obenhin, und wie es scheint, ohne gehöriger Ordnung zusamgefaßt; zu einem nöthigen „ Beytrag mag die Erzählung dienen, welche aus dem andern Manuscripte zu Ende dieses „ Kapitels ist hergesetzt worden. (e) K. Maximilian selbst kann im Jahre 1496. mit der Flotte zu Spezzia an, belägerte auch Livorno, und ließ Genua besetzen. Auf den neapolitanischen Küsten war die neapolitanisch und spannische Flotte. Roo, Fugger, u. a. m.

[103]

H·B·

A. 1495.

dem Lanndt, (a) kunig Manas Sun bewarb sich, vnnd fiel in die plab geselschaft vnnd gewann den maisten taill, seins Lannds, (b) vnnd flohen der plaben etlich tausendt, in die Schif, vnnd wolten wider haim gefaren sein, (c) Daß Erfuer der Jung weiß kunig, vnd belegert Sy, in ainer Innsel dahin Sy dann weichn mussten (d) darynnen der halb tail, elendklich hungers starb, die andern ergaben sich, an dem Jungen kunig Mana, der Jung kunig Mana, nam sich tapffer an, Dieweil sich sein vater, von dem plaben kunig über Eilen het lassen, starb Er, vnnd sein Sun, was derselben Zeit in ainer starken Innsel beliben, (e) daraus in die plab geselschaft, nit gewynnen kundt, Aus der Ursach, dann die weiß geselschaft, stellet sich mit krieg, so hart gegen den plaben kunig, Dardurch der plab kunig sich mit aller seiner machtt, gegen der weißen geselschaft wenden mueset, des plaben kunigs Mör hauptman, macht sich auf, vnnd wolt die seinen retten, die dann durch den Jungen weißen kunig, mit seinem volck auf wasser unnd lannd, dem plaben kunig abgeschnitten waren, Also fuer der Jung weiß kunig in ain porten, (f) darynnen Er des plaben hauptmans warttet, dann Er sein kundtschaft het, das Sy daselbst zu lanten wurden, Alsdann geschah, als der Jung weiß kunig ersach, das Sy daher fueren, liesse Er sein ancker Ziechen, wolt Sy auf dem hochen mör angriffen haben, vnnd gleich als die knecht sassen vnnd wolten den Segel besniten haben, zum faren, Da kam ain gähling gewulck, mit ainem sturm windt, Vnd darnach noch mer gewilck, (g) und sturm windt, Solicher sturm windt, wider den weißen kunig, vnnd mit der plaben geselschaft was, Also kamen Sy in einer porten (h) Zusamen, vnnd die Zeit, als Sy neben ain annder lagen, wurde fur vnnd fur, auf wasser und lannd gefochten, vnnd möcht doch kain hauptstreit daraus werden, angesehen, das fur vnnd fur ain grosser sturm windt was, on vnnderlaß, dardurch des weißn kunigs ge-

(a) Ein Kriegsheer bey dem sich Herr Friedrich von Kapell befand. Ein anders, welches die Stadt Novarra unter Anführung des tapfern Wolkenstein belägerte. Das dritte war im neapolitanischen, und bestand aus königlich neapolitanischen und spanischen Völkern. Roo Ann. Austr. u. a. m (b) K. Ferdinand kam aus Sicilien wieder gegen Neapel, und zwang die in diesem Königreiche zurückgelassenen Besatzungen grossen Theils zum Abzug. Ebend. Bl. 397. (c) Neben den im Neapolitanischen zurückgelassenen Franzosen, schickte K. Karl, um Neapel zu erhalten, eine Kriegsflotte unter der Anführung des Admiral d' Arban, welche aber sehr wenig ausgerichtet: weil der Admiral sich bald zurückgezogen, seine unterhabenden Völker aber auf das Land geflüchtet, und die Schiffe leer stehen gelassen. Eben also dachten bey Ankunft K. Ferdinands in Neapel die Vornehmsten aus den französischen Befehlshabern auf die Abreise, sie besetzten sodann die haltbaren Orte und zogen nach Salerno: überhaupt ist de Comines mit ihrer Aufführung nicht zufrieden. S. dessen Memoires L. VIII. Chap. VIII. (d) Vermuthlich die Insel Prochita dem Eilande Ischia gegen über. S. de Comin. Ebend. (e) Das Eiland Ischia, oder wie es in der vorläuffigen Abschrift genennet wird Yskia, Napoli gegeu über. (f) Scheint der Seehafen Spezzia zu seyn. S. oben Anm. d. B. 201 (g) S. Roo Annal. Austr. Bl. 401 (h) Vermuthlich ist hier von dem Seehafen Livorno die Rede. Die vielen Ungewitter verursachten, daß die österreichische Flotte die Belägerung dieser Stadt endlich gar aufgehoben. Roo. Eben.

A. 1496.

geselschaft, gantz vnlusstig wardt, So het auch die plab geselschaft, zu der weissen keinen lusst, Sy mit gewallt antzugreiffen, von baiden tailen, gienngen Sechs Schef Zugrunndt, vnnd das volck darynnen wurden gefanngen, vnd ertrenckt, von der plabn vnnd weißen geselschaft, doch der plaben mer, dann der weissen, In denselben Sechs Schiffen, beliben von paiden parthеyen, bey tausend vnd etlich hundert man, die andern hauffen, auf dem lanndt, kunndten nichts besonders an ain annder abgewynnen, damit vergienng derselbig Sumer, (a)

(a) Die Fortsetzung der Geschichte vom neapolytanischen Kriege folgt in jenen Anekdoten, die hier aus dem vorläufigen Manuscripte nachgeholet sind. Diese Nachrichten reichen bis auf das Jahr 1503. sie lauten also: „ Alls nu die winterzeit vergangen was, beschrieb der weiß kunig die pundrgenossen nəmblich den Babst, kunig von Hispania, Neapels, Mailand vnd Venedig das Sy wolten Im beystandt thuen so wolt Er mit Irer hilff dem plaben kunig in sein kunigreich vnd lannd ziehen vnd nit daraus komen Er vnd der von Orlientz verzigen sich dann Neapels vnd Mailand. doch das der kunig von Hispannia mit seiner person vnd seinem volck auf der andern Seiten Im auch in die Cron Frankreich zu hilff kommen. So sei der Hertzog von Neapels mit seinem volck vnd den Sicilianern dieweil stark genug den plaben kunig in seinen bevestigungen zu hungern. Also vermainten die kunig und fürsten vom pundt es wer nit not, so ainen grossen costen aufzunehmen. Dann so der Frantzos den pundt wesset so mechtig, so wurd Er Neapels verlassen vnd kain Vnkosten weiter darauf legen so man daraus kem. Also gab es der weiß kunig auch zue vnd zoch hinab gen Brabant, in maynung Geldern zu erobern aus den Handen des Frantzosen. In dem machet sich der Frantzos haimlich berait vnd gab gelt den Aidgenossen damit Sy ain gezengk anfiengen mit dem schwebischen pundt daraus dann erstuendt ain grosser haubtkrieg. Also verlies der beiß kunig den Gelderischen krieg vnd zoch herauf zu dem Schweitzerkrieg wie es vorgeschrieben steet. Der plab kunig prakticieret in mittler Zeit mit den Venedigern das Sy seiner parthey wären vnd die Venediger verliessen den Hertzog von mailand. Der Babst erschrak des von Neapels Tod, vnd verließ auch den Hertzog von Mailand Vm das der Weiß kunig von des haimischen Schweitzerkrieg wegen, vnd die Venediger von irn traktaten wegen dem Hertzog von Mailandt nit helfen machten. Da verzweifelt Er auch vnd verlies den Hertzog. Also eylet der kunig von Frankhreich vnd schicket den von Orlientz mit aller seiner Macht eylend vber den hertzog von Mailandt der pracht aus seinem land von Aidgenossen vnd Landsknechten vnd von des Weissen kunig volkern der Er nit bedorft, ain merklich volk auf den Hertzog von Orlientz vnder augen. Derselbig hertzog von Orlientz tediget mit den Schweitzern soviel, das Sy wider den Hertzog von Mailand mit Ime zochen mit allen Iren Pauern vnd fordreten die Mailändischen Schweitzer ab bey IIII. oder V. 'M. dardurch der Hertzog von Mailand nit dorfft streiten mit den Frantzosen dann Er besorget die Schweitzer wurden nit fechten mit dem Franzosen, vnd ließ sich behauern in seiner Stat einer genannt Naverra (Novarra) In mittler Zeit het der weiß kunig ain wenig zuvor ain Nachtigung gemacht mit den Aidgenossen, vnd rüstet sich dem Hertzog von Mailand zu trost zu ziehen. Da die Frantzosen das vernamen, Eileten Sy mit dem Hertzog von Mailand ainen tractat zu machen vnd ainen bstandt vnd liessen das Volck abziehen, vnd gaben Im glait auf dem bstandt. Dasselbig volk het so grosse begir abzuziehen. Das Sy nicht erwarteten bis das der traktat mit dem Hertzogen besigelt ward. Also wagets der hertzog vnd zoch mit In in geheim vermainent in des weissen kunig laud zu komen. Also ward er verkundtschaft vnd gefangen und starb nach etlichen Jaren . . . . . ward auch mit allen Sacramenten versehen Ee dann der Weiß kunig mächt Mailand zu hilff komen, sluegen die Mailender widerumb vmb vnd gaben sich an Frankhreich dann der Hertzog von Orlieutz het dem kunig von Frankhreich sein gerechtigkheit vbergeben. Vnd da der kunig von Hispania vernam des kunigs von Neapels Tod schicket er in Fuestapfen ain merklich heer zu Roß vnd fueß vber meer mit allen Sicilianern gen Neapels vnd Ee der kunig von Frankreich sein volk schicket gen Neapels, war Er vor da vnd nam das kunigreich ganz ein, vnd die pessten fleckhen desselben volks hauptman was Ganselfus Ferdinandus (Ferdinand Gonsaluo) ain treflichen kriegsman also schiket der kunig von Frankreich sein Volk mit ainem seiner freund von pluet genant der hertzog von Fandon (Vendome) mit ainer großen macht zu roß und zu fueß Ganzelfum Ferdinandum aus Neapels zu

A. 1486.

Wie der Jung Weyß kunig, ainem seinem Freundt, zuhilf kam, Auch die Plab geselschaft slueg, vnd abtrieb, (a)

Der Jung weiß kunig, Zoch zu hilf, ainem seinem freundt, (b) wider ain geselschaft, die dem plaben kunig an hienng, (c) vnd seinem obgemelten freundt viel laidts anteten, Als der weis kunig, mit seiner geselschaf kam, erschraken die obgemelt geselschaft, vnnd schickten zu stund an Jr potschaft, Zu dem plaben kunig (d) vnnd

„ treiben dan derselb hertzog zoch am ersten auf den Babst, der vertrueg sich mit Jm vnd lies
„ durchziehen. Also zoch derselb hertzog anf ain wasser das haist Garlion (Garigliano) das
„ schaid des beissen kunig land vnd Neapels von ainander. Also zoch Jm entgegen Ganselfuß
„ Ferdinandus mit den Spanniern. Also wolt der Hertzog vberziehen vm d.m paſß Garlion.
„ Also ließ Ganselfus mit Jrm ersten Haufen trefen. Da slueg derselb Hispanisch haufen den französi-
„ schen hauffen wider zurukh vber das wasser: da wolt darnach von baiden hauptlenten kainer mer sei-
„ nen Vortail vbergeben. Bliben also am wasser gegenainander ligen etlich tag. Jn solichen tagen mach-
„ ten ain versamlung die Angwini Neapolitanisch vnd namen etlich Stet ain zu guet dem fran-
„ zosen nachdem das kriegsvolk als heraus was in dem Feld bey den Gonsalferdinan-
„ do. Also machet sich derselb Gonsalferd. auf vnd zoch auf dieselben Neapolitaner, Jaget
„ Sy von ainander das Sy kainen Schaden mer thun mochten, besetzet die Stet des kunig-
„ reich von seinem Volkh, vnd ließ den Hertzog vber das wasser ziehen in das land, vnd schi-
„ cket zu seinem kunig in Hispania auch zu dem weissen kunig vmb mer leut. Also wolt Er
„ sich vndersteen die Frantzosen aus dem kunigreich zuslagen. Die Frantzosen die legerten sich auch
„ in Jr starckhe fleckh. Mecht kainer dem andern nicht thuen, dann Sy waren gleich starckh
„ vnd hetten das kunigreich halb vnd halb Jnen, Also kam des weissen kunig volck belder an
„ von seinen windischen landen dann des kunig von Hispanien da nam der Consalvus Ferd.
„ alls sein vock zusam vnd eylet mit des weissen kunig volck auf den Hertzog ob Er Jn mecht
„ vber Eilen das Er Jn mocht slagen das der Hertzog mocht slagen das der Hertzog mocht
„ nit, . . . wissen (wan der Windt weet) das des weissen kunig Volkh ankemen. Also zu
„ seinem Glück fand er den Hertzog das Er sein Volck . . . . wider het versamlet vnd wolt dem
„ Consal. ain befestigung vberfallen haben. kamen vngemelt in wiestenfeld zusamen vnd in demsel-
„ ben treffen ward der Hertzog mit ainer Handpuchsen derschossen vnd waren gar auf sein volk
„ zu Roß und fueß in die Flucht geschlagen vnd ir vil aus Jnen gefangen. Nach solcher
„ Victori kamen des kuuig von Hispani volck auch an vnd da nam Er sich so hertigklich an die-
„ selben vbrigen Frantzosen aus dem Land zu treiben, das der kunig von Frankreich Jme
„ sebst nit trauet das Land zu behalten. Er schicket auch kein Volk mer hinein aus fürsorg
„ sie mechten von den Gonsalfus nidergelegt werden. Desgleichen hett der kunig von Hispani in Hispa
„ ni mit ainer merklichen Ezal scheff die das mer Jnen hetten. Da hetten die Frantzosen kain Ret-
„ tung oder speisung zugewarten auf dem Meer wurden also auf dem mer gemergelt und ge-
„ hungert, das Sy ainhelligklich aus dem Land zochen. Ward auch drauf ain tractat gemacht
„ zwischen baiden kunig, Hispani und Frankreich. „ (a) Am Rande der vorläufigen
Abschrift stehen hier folgende Erinnerungen „ Luttich der letst Bischof. Item das zu stellen vor
„ dem andern flemischen krieg. „ Der wesentliche Innhalt dieses Kapitels ist der Entsatz der
Stadt Terouane, dessen beym Fugger, Heuter Buzelin, Jaligny u. a. nur kürzlich gedacht
wird. Die in unsern Anmerkungen vorkommende Annekdoten sind aus dem vorläufigen Manu-
scripte entnohmen. (b) Johan von Horn, Bischof zu Lütich. (c) Die zu Lütich neu-
erdingen aufgebrachte Parthey, unter der Anführung des arenbergischen Hauses. (d) „ Da
„ ain Bischof von Luttich, Herrn Willhalmen von Arnberg ließ das Haupt abschlagen, da war-
„ fen sich die Luticher buf wider den Bischof mit zuthun des kunigs von Frankreich. Also zoch

vnnd paken Ine, vmb hilf, die Sy dann bey Ime erlanngten, derselb kunig, schicket ainen seiner hauptleut, (a) mit vill tausend manen, Zu Roß vnnd fueß, vnd ließ den Jungen weißnn kunig an ainer Grenitz, ain Stat (b) belegern, die dem weißen kunig, ser lieb was, (c) Da der Jung weiß kunig, solich belegerung uernam, Zoch Er gestracks, denselben plaben hauptman zubefechten, Als Er nahend zu Ime kam, was er der maynung, morgens mit Ime Zufechten, vnd hielt mit seinen hauptleuten Rat, wie er das thun wolt, Also sandt Er In Rat, das Er Ine, dieser Zeit nit befechten solt, Angesehen, das Sy an ainem tiefen wasser (d) legen, vnnd daruber gepruckt, Auch sich an der anndern seydten vergraben hetten, Sy weren auch umb ain guets sterker dann Er mit seiner weißen geselschaft, darumb schluegen die hauptleut, dem Jungen weißen kunig solichs fechten ab, (e) Darauf schlueg der Jung weiß kunig Inen ain mittel fur, wie Er die Stat reten wolt, das namen Sy an, doch vermainten Sy, solichs were sorgklich zuthun, wo Er selbs dar bey sein solle, were besser Sy litten, dann Er, Dann wo sein personn, vnder gienng, so werenn alle seine Lannd verloren, der Jung weiß kunig merket woll aus Irem Rateschlag, was Ir maynung was, Nemlich Sy wolten auf halben weg getzogen sein, vnnd darnach widerumbkerdt, vnd die Renner hinder sich geschickt, disolten gesagt habn, Solicher anschlag, were nit muglichen zuthun, Alls der kunig solichs in Ime sebß vernam, da nam Er sich an, Er wolt selbs nit dabey sein, vnnd saß bey der nacht auf ain pferdt, vnnd name mit Ime, ain klaine Antzal pferdt, vnnd Zoch in ain Stadt, die sein was, vnnd nahend in dereselben gegend lag, (f) Alls Er in dieselb Stat kam, Zwischen zwelf und ain Ur,

(a) Philipp Crevecour. Heuter Bl. 128. Buzelin Annal Gallofiandr. Bl. 466. (b) Die Stat Teruane. Heuter, Buzelin ebend. Fugger MS. Histoire de Charles. VIII. beym Godefroy Bl. 8. S. auch die folgenden Anekdoten. (c) „ Aber der kunig von Frankreich schiket „ seiu hauptleut hinein mit etwovil tausend zu Roß vnd fueß vnd ließ belegern Im ain Stat „ genannt Teruan, die er vast lieb het vnd wisset wol, daß der Weyß kunig dieselb Stat in „ kain leng unberetter ließ. vnd also kamen die Luticher: das wysset der kunig, daß Sy Irn „ Bischof desster pas mechten kriegen vber den Sy erzürnt waren vnd wölten vertreiben; dann „ Sy herrn Wilhalm von Arnberg ser lieb hatten vnd warn laidig vmb seinen Tod. „ (d) Der „ Fluß Lyse. (e) „ Als der weyß kunig sich nähert mit seinem volck zu der Stat Teruan „ des volck zu schlagen, vnd die Stat zu speissen, richten sich die Franzosen zu dem Aufpruch „ von Teruan vnd machten ain prucken in ainer nacht vber ain wasser damit Sy darvber weychen „ mochten (vnd die prucken abprechen) in Ir befestung der zwo stet oder drey die gar fesst „ warn vnd warteten doch des Weyssen kunigs bis das Er auf zwo klain meil zu Inen legeret „ desselben aines abendt vnd des andern tags frue die frantzosen zu befechten. Die Franzosenwesten, das Sy sterker waren dann der Weiß kunig; manten nit daß der weiß kunig mit Inen solt fech- „ ten, beharen dieselbig nacht. Es was auch nit minder. Des weissenkunig hauptleut warn nit dabey, vnd „ die hauptleut waren nit der maynung daß der weyß kunig solt sopald fechten mit den Fran- „ zosen, sonder solt warten auf mer volck, nachdem der Franzoß sterker were. „ (f) Vermuthlich die nächst bey Terouane gelegne Stadt St. Omer.

in der nacht, höret Er meß, Unnd leget darnach sein Kuriß an, vnd saß auf seinen geligerten Hengst, vnd rait zu dem andern Thor hinaus, Zu seiner wagenpurg, vnnd kam zu der loswart, vnd machet dasselbst ein velt geschrey, damit pracht Er sein volck auf, in ain Ordnung, vnd rait zu Jnen, vnd beweget Sy in den Zug, mitsampt dem tag, (a) In dem viell an, ain grosser dicker nebel, (b) vnnd der Jung weiß kunig, kam mit seinem volck, auf ain klaine halbe mail, von der veindt leger, auf ain pergle, vnnd fandt vnnder wegen nyemands, dann die plab geselschaft verachtet, die weiß geselschaft, vermainten die weiß geselschaft, bedorft nit kumen, als der Jung weiß kunig sach, das nyemandts da wär, was er des willenns, das streit geschutz abgeen Zu lassen, vnd die plaben zu warnen, damit Sy wissten, das der streit vorhannden were, das widersprachen Jme die alten hauptleut, vermainten sölich schiessen, were nit wol gethan, darauf antwurt Jnen der Jung weiß kunig, Es were war, Es were nicht weißlich, Aber Eerlich gethan, Sy möchten sonst sagen, man het Sy mörden wellen, Es möcht auch unnder Jnen die gestalt haben, Das Sy ab solichen schiessen erschrecken, vnnd weichen möchten, alsdanu möcht man Sy, über die greben angreiffen, wie dann beschach, Nemlich der Jung weiß kunig, ließ das streit geschutz abgeen, vnnd alspald die veindt, das geschutz hörten abgeen, da Eyleten die veindt, Jedermann in seinen harnasch, kundten Jr ordnnng, so pald nit machen, vnd fluchen, uber ain prucken, vnd Liessenn Jr veldt offen steen, doch warffen Sy die prucken ab, vnd was nit über die prucken kam, die sich verhinderten, die wurden alle erstochen, vnnd gefanngen, (c) In dem Zoch der Jung weiß kunig, in dieselb Stadt, vnd gienng in die kirchen, vnnd knyelet fur unnsrer lieben frauen pildtnus, das gar genediglichen in derselben kirchen Rastet, (d) vnnd danncket Got, vnd Jr der genaden, des Sigs, den Er wider seine veindt gehabt het, vnnd als Er also vor unser frawen pildtnus knyelet, kam ainer seiner dienner zu Jme, vnd saget Jme, wie die veind wieder heimlichen

(a) „Aber der weyß knnig bedacht sich ainns synn vnd pracht Sy in der nacht in ain lermen aus „Jrm leger in das feld vnd zoch also mit Jnen gleich noch vngessen vnd vntrunken zu der „schlacht ain stund vor tags. Die Franzosen heten Jr kuntschafft vnd loßwart, die was sogar, „daß Sy den anzug auf Sy vernomen, vnd pliessen auf vnd rukhten vber die prukh. In dem „kam der weiß kunig mit seinem volkh so nahet, daß er den in der Stat sein kreidenschuz (ein Losungszeichen mit dem Geschütze, sonst auch Kreydenfeuer genant) gab, daß Sy das hörten, daß der Weiß kunig so nahe were, fielen Sy aus der Stat vnd slugen derselben Franzosen etlich vil zu tod, fiengen etlich vnd zundeten das leger an.“ (b) „Also rukhet der „Weyß kunig auf den prant den seinen zu trost, vnd hiet der Franzosen vil mer nider gelegt, „wo der dick nebel was so groß, daß man kundt bey C. schrit nicht sehen, wo Er den weyßen kunig am zug nit aufgehalten hette.“ (c) Nach Fuggers Bericht, den 23. August. im Jahre 1486. Fugger MS. Bl. 62. (d) S. Gumpenbergs Atl. Marian. No. 752. Nur ist Gumpenberg in dem irrig, daß er diesen Gnadenort in Engeland versetzen hat,

A. 1486.

chen vber die pruck in ainem klainen wald Zugen, der maynung, wann Er im abzug were, sein volch zu vberfallen, dann Er muest mit seinem volck, an demselben wald hin ziechen, Also was sein volck, so mued, das Er Sy nit auf möcht bringen, mit den veindten in waldt zu fechten, wiewoll die hauptleut. bey dem gemainen man, allen vleiss furkerten, vnd der weiß kunig Zug mit dem geraissigen Zewg gar an den wald, vnd hielt dermassen vor dem waldt, das kainer von der plaben geselschaft, bedorfft wagen, aus dem wald zu kumen, Also viell die nacht, vnnd der Nebel widerumb so hart an, das ainer den andern ains spies lanng nit erkennen mocht, Darauf Zochen baid hauffn ab, weiß vnnd plab (a)

A. 1488.

Wie der Jung Weyß kunig, an ainer mechtigen Stat, zwo Vorstet absturmt, vnd abrennet, (b)

Also Erzurnet der Jung weiß, vnd Zoch mit seinem volck, auf ain großmechtige Stat (c) von derselben plaben vnnd abgefallen weißen geselschaft, (d) vnd sturmet Inen ain vorstat ab, Vnnd die annder vorstat, Rennet Er Inen auch ab, Vnnd schlueg Ir etwo vil darynnen Zu todt, (e) In dem zochen die in der Stat heraus, mit ainem grossen hauffen, die letst vorstat zu erretten, Nun het der Jung weiß kunig, am ersten mit seinem hawffen troffen, darumb Er denselben hauffen, auf dasselb mall rasten wolt lassen, vnnd verordnet, daß die anndern Zwen hawffen, vor Ime treffen solten, das Sy Ime abschluegen, vnnd wolten seinen vorbemelten hawffen, bey Inen haben, dann der ain hawffen, da Er die menig des volcks aus der Stat ersach, Erschrack derselb hauffen, so hart das Er wol halb, in die flucht kam, (f) so erschracken auch, die plaben vnd ab-

(a) „ Da er (der Weyße kunig) die Stat geret vnd gespeißt hete, ließ Er sein volkh an grenitz legen, „ bis der Franzos sein volkh ertrennet hette. Darnach . . . Er mit seiner person zu den von „ Luttich zu trost, nam sein volck mit Jn die Er ließ kommen von teutzschen landen. Dasselb „ neu volckh nam Er mit Jm, vnd rettet den Bischof. Vber ain guet Zeit setzet der Weyß ku- „ nig den Bischof widerumb ain, durch Hertzog Albrechten von Sachssen. „ (b) „ Ist „ Gennt, da der Hurnhaimer erschlagen war „ sind die Worte einer vorläuffigen Anmerkung. Diese Vorfallenheit ereignete sich erst nach der brügischen Gefangenschaft K. Maximilians. In Betreff der Chronologie steht also dieses Kapitel gar nicht am gehörigen Orte. (c) Die Stadt Gent. Fugger MS. Bl. 96 Heuter Bl. 156. Buzelin Bl. 470. S. auch die folgenden Anmerkungen, welche aus den Beysätzen der vorläuffigen Abschrift hergesetzt sind. (d) „ Da Kaiser „ Fridrich vernam der von Gent Maynung, daß Sy Jn nit wolten einlassen, und gehorsam „ thun alls Irem Oberherren erzurnet Er vnd zoch mit allem Volk vnd gepot seinem Sun dem Jun- „ gen Weissen kunig das Er mit allem seinem Volk mit Jm zug vnd helegert Gent. „ K. Friedrich hatte sein Lager zu Everghem an der Schelde zwischen Gent und Oudenarde. Fugger, Heuter ebend. (e) „ Vnd am hinzueziehen vnd bevalh (K. Friedrich) Im dem Jungen Weissen „ kunig den Vorzug: der sturmet den von Gent ain Vorstat ab vnd verprennets, vnd erslueg Jr „ vill zu tod. „ (f) „ Kurz darauf zoch Kaiser Fridrich hinumbpas an ain ander Vorstat. „ vnd bevahl seinem Sun dieselbig Vorstat abzurennen, vnd alle die zu slahen darinnen, „ die

A. 1488.

abgefallen weißen geselschaft, das Sy auf Ir seydten auch fluchen, (a) Also verprennet der Jung weiß kunig, alles das, das Er denselben fanndt, bis an einen leger, (b) den Er ein nam, schicket darnach, nach mer volcks, weiter furZunemen, was Er In Rat fundt.

A. 1485.

Wie der Jung Weiß kunig, die Veind in die flucht slueg, Und Jnen vil Vichs nam. (c)

Da Nun dem Jungen weißen kunig, sein volck kam, darnach Er geschickt het, nam Er den halben tail zu Jme, vnd das ander halb tail, ließ Er im leger ligen, und Zoch mit dem obgemelten halben tail des volcks, hin weg auf ainen anschlag, der Jme verkuntschaft was, Nemlich das der plab knnig, etwo vil tausendt man, zu Roß vnnd fueß mit ainem merklichm geschutz, den seinen der plaben geselschaft, vnnd der abgefallen weißen geselschaft, Zu hilf schicket, die wolt der

Jung

die allemal vol mit Frantzosen vnd Flemming besetst war. Darnach verordnet der Beiß kunig seine Heuffen in vier heuffen. vnd bevahl seinen hauptleuten, ainen hauffen auf den andern zu treffen. Der erst hauf, der treffen soll. Da Er sovil menig volck sach, stutzet Er, Also schossen Sy vou den thurnen in Sy vnd wenten Sy. Der ander hauff da Er sach, das sich der vorder hauffen wendet, stutzet Er auch. Der dritt hauf an ainer der gweltig ist, den fueret der Jung Weiß kunig selbs. Der verdrukhet. „ (a) „ Aber da die feind sahen die grossen heuffen da erschrakhen Sy auch darvor vnd verliessen die Vorstat. Doch kamen ettlich aus denselben heuffen in die veindt vnd sluegen ir etwo viel zu todt. Waren auch ettlich aus des Weissen kunig hauffen erschossen. Aber derselbig hauff kam ain wenig zu spat. dan der veindt der merer tail schon in die Stat gewichen worden, vnd liessen den schusgattern fallen. vnd schussen so hart von den Turmen in den Weissen hauffen da Sy weichen muessten. „ (b) „ Doch zoch Er (der Weisse kunig) zu der vorstat vnd verprennet dieselbig. vnd zoch darnach wider in das gleger zu seinem Vater. vnd erzelet Jm den Unfal. Das Jme der Erst hauff gestutzt vnd Jne vmb den sig pracht het. Dann so die nit gewichen, weren Sy mit den Veinden in die Stat komen. dardurch Er den sig erlangt wolt haben. Die hauptleu, warn fraidig gschickt vnd versucht, aber Jr volck war ain Neu kriegfolk, waidenlich personen aber vnversucht. vnd die hauptleut zaigten den weissen kunig an, Sy werden thun alls gut kriegsleut. Der Weiß kunig glaubet den hauptleuten dann Er wesset, daß Sy wol geschickt warn, vnd hielten sich auch wol in Jrem abtzug. aber der Unfal war vorhanden wie obsteet. Vnd da des Weissen kunig hauffen abzug. vnd der schusgatter gefallen war vnd Sy aus den Thurnen so hart geschossen zoch der vierdt hauffeu auch ab. „ K. Fridrich brach endlich den 13. Juli aus seinem Lager auf, und zoch nacher Antwerpen. Heuter Bl. 158. (c) Zufolge jener Erinnerungen, die in dem vorläufigen Manuscripte am Rande angebracht sind gehört diese ganze Erzehlung gar nicht hieher, sondern handelt von einer Begebenheit, die sich nach der ersten im Jahre 1485. vorgenommenen Berennung der Stadt Gent zugetragen hatte. Dahin ziehlet die in der älteren Abschrift beygefügte Aufschrift: „ Obermer in dem ersten flemischen krieg. „ Von dieser bey Overmer gemachten Beute ist schon oben, (Bl. 158.) gehandelt worden, Uebrigens hat man dieses Kapitel, wegen der beykommenden Anekdote eben nicht weglassen wollen. Die fernere Erläuterung kann aus den Anmerkungen (Bl. 158.) nachgeholet werden.

A. 1485.

Jung weiß kunig vber eilen, Er wolt auch vnnder wegen der plaben vnd abgefallen weißen land, auf zwo mail verherren vnd verprennen, als Er dann thet, Also Zoch Er am auszug mit den Rennern, vnnd nam zu Jme, ain kleine anzal pferdt, vnnd ließ an ainem dorff über das wasser ein prucken legen, Da vil Vichs was, das den plaben vnd abgefallen weißen Zugehörent, (a) Nun heten die, so das vich verwarten bey Jnen schiffung vnd kriegsvolck, darumb der weiß kunig, nit wisset, vnd steckent sich mit Jrem geschutz, hinder ainen Zawn, vnd schossen in des Jungen weißen kunigs geselschaft, vnd theten schaden an leuten vnd pferden. Also umbrannt Sy der Jung weiß kunig, vnd sprengt uber ainen klainen Zawn, vnd saine geraissig Jme nach, und schluegen dieselben in die flucht, die flohen aber in ainen Zaun, and in Jre Schif, die Sy daselbst heten, Dahin der Jung weiß kunig, mit seinen geraissigen nit kumen möcht, vud dieselben veindt fueren vber wasser, der weiß kunig schicket furderlichen nach Zway tausend fueßknecht, unnd pracht derselben ains taills, uber dasselb wasser mit subtilitet, vnnd Ereylten dieselben veindt, die wichen in ain befestigung die Sy gemacht hetn, Also nam Jnen der Jung weyß kunig daselbs uber drew tawsendt haupt vichs, das der vorgemeltn Stat Zugehöret, dieselb Stat darab seer erschrack, vnd grossen Jamer darumb heten.

(a) Hier wird im vorläufigen Manuscripte folgende Erklärung beygesetzet: „ Vnd (die Flemmingen) „ hetten sich beuestiget in ainem Dorf nachet bey der prugg, das Land von Was bey der strassen zu waren, „ das da seer vergraben was. Das die geraissigen darinnen nichts schaffen möchten. Also ließ der weiß „ kunig die fueßknecht treten an den Sturm vnd Er mit Jn, vnd prachten die in die flucht. fiengen vnd „ ersluegen Jr viel. vnd zachen darnach durch das Land vnd namen ab XM. Haubtvichs. „ Die Gentner da sie sahen daß sich der Weiß kunig mit seinem hör getheilt het, schikten nach „ den Frantzosen, der waren VI. M. vnd schickten dieselben auf den Weissen kunig Jn zu slahen ob solchen Raub. Die Frantzosen die der merer tail zu Ros waren, wolten in das „ Land nit ziehen auf des Weissen kunig volk, vnd widersageten den von Gent vnd den Flemmigen solchen Zug in dem vergraben Landes wer das in ainem weiten land, da Sy sich Jrer „ pferdt behelfen möchten. Jn dem pracht der Weiß kunig ainen grossen Raub uber den Wasserstrom, die Schelt; der antzal was ob X. M. Hauptvichs. „ Diese merklich größere Anzahl der Beute erregt einen Zweifel, ob wohl in diesem Kapitel von Overmeer die Rede sey. Noch mehr Ursach zu zweifeln findet man im Eingange des nächst folgenden Kapitels. Doch scheinen diese beede Gründe nicht so erheblich zu seyn, daß man derowegen die Meynung des gleichzeitigen Glossators verlassrn müßte.

Wie der Jung weyß kunig, den Veindten, ain Landtwör abgewan, Und Jr viel Erslueg, vnd in die flucht pracht. (a)

Als der Jung weiß kunig, den vorgemelten Raub genommen het, (b) da Eylet Er darnach mit seinem volck fort, nach denen, die geflochen waren, in die bevestigung (c) desselben wassers, vnd bevalch seinem kriegsvolck, den sturm zu thuen, das beschach, vnd die veindt wurden alle darynnen erschlagen, (d) der Jung weiß kunig Zoch nach solichem sturm, weyter, biß auf ain tagreiß hinzu, da Er vermainet den grossen hawffen seiner veindt zu finden, vnd Zug die die nacht und anderhalben tag, an ain ander, und kam an das Endt, daran die veind waren, die mit ainem Hawffen Jr Lanndt wör (e) Innen hielten, dann der ander hawffen der veind waren bey viertausendt, vnd vnderstunden sich, gegen dem weißen kunig, die Lanndtwör Zubehalten, Also kam der weiß kunig zu rechter Zeit, vnnd het wol gern gesehen, das die vier tausend der veindt näher weren gewesen, das Er die hauffen der veindt, nach ain annder schlagen het mugen, Zu nahend het Er denselben Hawffen der veindt nit gern gesehen, vnnd Zu verr hat Er den nit gern gehabt, Nun het Er ainen seinen Hauptman geordennt (f) Zu den Renern, der hueb mit den veindten an der Landwör ainen

(a) „ Yper in dem andern Krieg sagt die Aufschrift in der Glosse. Diesem Ausspruche zufolge, wird hier die Kriegsgeschichte vom Jahre 1488. fortgesezt. S. Heuter, Buzelin, u. a. auf dieses Jahr. Die eigentliche Erläuterung dieses Kapitels folgt in den Anekdoten Anmerkungen, die eben aus der Seitenglosse der vorläufigen Abschrift entnohmen sind. (b) Dieser Eingang bezieht sich noch auf die Begebenheit bey Overmeer. Die Glossa setzt statt diesem einen andern auf das Jahr 1488. schicklichern Eingang in folgenden Worten: „ Alls das Volk vber 5. oder „ 6. Tag darnach kam khundschaft K. Fridrichen, wie das die Franzosen zu hilf zugen den Flemingen „ auf die Stat Yper. Also vordret K. Fridrich den Weissen kunig vnd beualch Jm, Er sol „ etlich antzal kriegsvolk baiden zu Roß vnd fueß. vnd streitgeschutz mit Jm nemen vnd Jnen „ vnder augen zichen, zu sehen Sy vnder wegen zu slagen zwischen Frankreich vnd Yper. „ (c) Das Städchen Deinse an der Leye in Flandern. S. die folgende Anmerkung. (d) „ Also „ nam der Weyß kunig die Raiß an vnd zoch auf ainen Flek, darinnen vier oder 5. C. kriegs„ leut von den Flemmingen waren genant Deins. vnd lies dasselbig sturmen. vnd alle die dar„ innen waren, der merer gefangen und erslagen. An demselben sturm hielten sich Christoph „ Hertzog von Bayrn, auch der der fürst von Anhalt gar Teurlich für den den gemainen man „ die da sturmeten. „ Diese Eroberung geschah um 2. Uhr Nachts den 9ten Juni. S. Heuter Bl. 156. Weiter erzehlt die Glosse von K. Maximilian. „ Von dann zoch Er auf Gordrikh „ (Cortryck) vnd gewan die Vorstat. vnd verbrennets gar aus. Von dann zoch Er auf zwo „ meil gen Yper in ainem Markh genannt Werfing (l. Werfere unweit Meuene) auf der Lyß. „ Also kamen Jm dieselb nacht sein kundschafter wie die Frantzosen den andern tag wolten zu Yper einziehen vnd fuercten mit Jnen zway schif vol streitgeschutz. Also war der weiß kunig mit „ seinem Volk zwo stund vor Tags auf, vnd zoch auf Yper zue, vnd wolt von Yper aus da„ mit Er Jrer dester weniger fälen vnd damit das Sy Jm nit entwischeten gen Yper hinein. „ (e) „ Also die von Yper heten Jr kundschaft das der Weiß kunig auf die Frantzosen zug auf „ Jr Stat zu. Jnen die abzusteigen vnd die Frantzosen zu slagen, vnd heten gemacht ain „ Landwör, die namen Sy ein mit aller Jrer macht. „ (f) „ Also het der Weiß kunig, „ als Er auf dieselbig Landwer zoch fürgeschickt ain Hauptman der ein wenig hitzig war, dieselben

A. 1488.

nen scharmutzl an, das dann die veindt an der landtwer verachteten, vnd vermainten nit, das so viel volck da were, vnnd theten den schrancken an der Lanndtwör auf, In dem Rennet der weiß hauptmann Inen den schrancken ab, (a) Aber der Weg was so smal, das die hawffen nit zu rechter maß treffen mochten, dardurch die, an der Lanndtwer der merer taill davon kamen, (b) Es saumten sich auch die weiß geselschaft, an ainem sturm, an ainem Slösl das nit verr von der Lanndtwer lag, vnd Erschluegen alle die, die Im Slösl waren, (c) Also Zoch der Jung weiß kunig mit seinem volck, durch die Lanndtwör den vier tausendt nach, und kam als nahend auf Sy, das Er Sy in die augen pracht, vnnd vermainet sein volck Zug Ime nach, das Sy aber nit theten, Sonder belaiben auf der waldstat, Vund Empoten dem Jungen weißen kunig, Sy kundten nit weiter Ziechen, vor muede, vnd wartteten doch von dem Jungen weißen kunig kainer Antwurt, sonndern Sy Zugen fur sich selb haim wertz (d) Aus der Ursach bedorfft der weiß kunig die veint Zu derselben Zeit, weiter nit angreiffen, dann er was mit seinem volck, das Er bey Ime het zu schwach (e) So hetten die veindt viel gut streit zeschutz bey Inen, vnd muesset zu ruck ziechen

„ selbig Landwer zu besehen da der hueb ainen Scharmutzel an wie wol es Im verpoten war pis auf deß weissen kunig zuekunft, das Er möcht seinen Anslag auswarten die Frantzosen zu slagen. „ (a) „ Derselbig (Hauptman) da Er sach das von wegen der Scharmutzler die Landwer offen war, sunder zu warten beschaid von dem Weissen kunig, der mit allem seinem volk noch weit dahinden war, also Rennet Er Inen das Tor ab an der Landwär vnd was am Scharmützl war die erslueg Er. (b) „ Also der Hauffen von Yper zoch wider hinein vnuermäiligt: dann der hanptman war zu swach Sy zu befechten in dem kamen Sy all hinein in die Stat. „ (c) „ Da der weiß kunig auf die Walstat kam vnd erfuer die Unschiklichait desselben Hauptmans ward Er seer bewegt mit Zorn wider In vnd leget In ain zimliche straff an vmb dieselbig Hitzigkhait, vnd zoch fort nun mit seinem volk zu den andern Thor da die Franzosen solten hineinkommen sein vnd vnderwegen fand Er ain geschlossl das wol besetzt war mit Kriegsleuten das ließ Er starmen die wurden alle erslagen. die darinnen waren. „ (d) Vnd als er kam an daßelbig Thor und het beschaiden Im sein Volck nachzuziehen, das ward Irr dann die gemainen Hauptleuten desselben war nit bekhant, man kunt auch kaine kuntschafter haben. Also da Sy Irr waren fuerten dem weissen kunig sein kriegsvolkh wider hinder sich auf ain weits veld, darüber Sy zogen und schicketen zu den weissen kunig so fund Er Sy da an dem Ort. Dieselben poten verirrten auch den Weissen kunig zu finden. Dann es gar ain Engs Irriges Land ist, vnd verkunten nach als da Sy In fanden diese mer. des der Weiß kunig hoch betriebt was. Dann des Weissen kunigs wartt kam zu den Weissen kunig vnd sagten Im das die Frantzosen gleich an Im weren, vnd das die Schif mit dem geschütz in die Stat komen wer, vnd Sy rugken hinnach auf das geschütz. „ (e) „ Also khunt der Weiß kunig Jr nit erwarten alls billich was, dann Er khaum vber 5. C. Mann zu Roß vnd fueß bey Im het, vnd schicket zu den hauptleuten, das Im mit guet bedecht, ain solche Antzal von den Frantzosen, mit so wenig volkh in ainem solchen verirrten Land anzugreiffen. So sagt auch der Loswart das Er so pald mit seinem volk nit so pald kunet kumen dann die Frantzosen weren schon in der Stat. Also zoch der weiß kunig wider in sein alt leger vnd rastet ainen Tag darinnen wan Er sein leut vasst bemuet het, nachdem er so streng Eylet. „

[107]

H·B

A. 1488.

vnd Eyllet tag vnd nacht seinem volck nach, Aber Zwen seiner hauptleut ubereilten die veindt mit ainem schönen anschlag, und prachten Sy damit in die flucht (a)

Wie der Plab kunig einen herren von der Weißen geselschaft vertrieb, (b)

Der plab kunig, schicket aber ain kriegßvolck aus, Zu trosst ainer Comaun von der kolswartzen geselschaft, vund hetzet Sy an den Jungen weisen kunig, vnd an seinen Diener ainen, der Ime höchlich verwanndt was, und Jagten Ine aus seinem vnd Irem Lannd, dann der plab kunig besorget, der Weiß kunig wurde Ine uberziehen, das Er der prawnen geselschaft geholfen het, Er Richtet auch auf, ain großmechtig hör, das dem Roten kunig (c) widerwertig was, vnd die seins Lannds genossen waren, damit Er Ine ain parthey machet, der plab kunig zoch auch selbs, auf den Schwartzen weissen kunig (d) der dann sein kunigreich, nach seinem todt, dem Jungen weißen kunig vbergeben het. (e)

Wie

(a) „ Vnd als Er gerast het kam Im potschaft wie die von Prugh vnd die gericht genannt von „ Preyen (l. Freyen) das dann halb Flandern ist mit Irn zwaien viertailen vnd heten Sy „ geslagen für ain Slossl genannt Cachse (Coxi ein Dorf zwischen Sluys, Oostborch und Aerdenborch) vnd schussen das mit Irem Hauptgeschntz. Desgleichen kam auch kundtschaft Kaiser „ Fridrichen. Also Kaiser Fridrich schicket seiner Hauptleut zwen Graf Endres von Sunenberg „ vnd hern Veiten von Rechperg, auch hern Vlrichen Ankenreiter mit ainer antzal zu Roß vnd „ fueß das Slos zu beschutten, vnd die Veind darvor zu slagen. Desgleichen der Weiß kunig „ war auf mit seinem Volk, vnd wolt solchs auch gethan haben, vnd zoch tag vnd nacht aneinander bis hin zue auf ain mail von Kachsee. Da bekamen Im ettlich flemming die geflohen „ waren und sagten wie das die kaiserischen Sy geslagen hetten vnd Sy weren an der flucht. „ Also ruckhet darnach der Weiß kunig bis auf ain halbe meil zu Kachsee vnd lies die hauptleut „ zu Im kommen vnd besprach sich mit Inen, vnd zoch füerter mit solchen Hauptleuten auf „ Prugg in Flandern. Aber der weiß kunig machet gueter anslag drei oder vier. Da waren „ aber die von Prugg in guter Ordnung darwider, das der Weiß kunig nichts fruchtbars schaffen mocht und zug wider zu Kaiser Fridrichen zu seinem hör. „ S. auch Heuter, Buzelin u. a. auf dieses Jahr. (b) Eine Glosse in der vorläuffigen Abschrift legt diese Erzählung auf „ den ron Ramundt „ aus. Dennoch ist diese Ausdeutung gar nicht wahrscheinlich. Der Schlüssel zur Erläuterung dieses Kapitels scheint also schon zu Zeiten Kaiser Maximilians in Verstoß gerathen zu seyn. Denn eine andere gleichzeitige Glosse sagt: „ Solch vertreiben zu stellen „ zu Artikl von Casant. „ Diese Erinnerung deutet auf das Jahr 1484. (S. Häberlins deutsche Reichsgeschichte B. VII. Bl. 274. wie auch Gesch. der verein. Niederl. aus dem Holländ. Leipz. 1757. 4. Th. 2. Bl. 239.) Am Ende dieses Kapitels aber geschieht Meldung vom bretagnischen Kriege, der erst etwelche Jahre hernach ausgebrochen ist. (c) Der König in Engeland. (d) Franz II. Herzog von Bretagne, wider welchen Karl VIII. K. in Frankreich in eigner Person zu Feld gezogen. S. Jaligny Histoire de Charles VIII. beym Godefroy (e) S. die nächstfolgenden Kapitel.

Wie der Jung weiß kunig zu seinem Vater zug, vmb Rat, vnd was furgenumen ward, auch wie der Plab kunig, vnd der Swartz Weyß kunig (a) starben, vnnd was krieg, sich weiter begaben, vnd getrieben wurden.

Als der Jung Weiß kunig, die anschleg vnd practick Erfuer, die der plab kunig gemacht het, da zoch Er zu seinem Vater vmb hilf vnnd um Rat, Nach dem Er lanng nit bey seinem Vater gewesen wär, vnd klaget Jme, wie der plab kunig, den Schwartzen (b) kunig auch zugericht het, mit kriegen, das Er Jne angriffen het, vnd were mit Jme, in herten krieg, Also vertruegs sich Vater vnnd Sun mit ain annder, vnnd machten Zway hör, das ain wider den plaben kunig das ander wider den gruen kunig, (c) Mitler Zeit schicket der Jung weiß kunig sein potschaft zu dem plaben kunig, vnd zu seiner kron, vnnd derselben Stenndn, vnd ließ Jnen Ertzelen, den gewalt den Er vnnd Sy an Jme, vnd den anndern kunigen, so Jme verwanndt weren, teten, vnd wie Jme aine stoltze anntwurt were gegeben, mit vill annder handlung, In dem starb derselb plab kunig, vnd Ließ ain klainen Sun hinder Jme, (d) Da erhueb sich vnnder Jnen ain parthey, (e) vnd die parthey die auf dem fridt lagn, die meisten weichn, zu dem Schwartzen weißen kunig, (f) vnd heten an dem Enndt geren vleiss furkert, das derselb kunig mit dem Jungen plaben kunig vnd seiner kron vertragen weren worden, Vnd in solichem starb auch der alt Swartz weiß kunig, (g) vnnd ließ hinder Jme, ain ainige tochter, ·, (h) die wolt der Jung plab kunig zu ainem weib haben, Aber schlueg Jme das ab, vnnd versprach Sy Zu der Ee, ainem andern kunig, (i) des Er

Hhh zur=

(a) Franz II. Herzog von Bretagne. (b) Soll vielmehr heissen: dem schwartzweisen kunig (c) Mathias I. K. in Ungarn. (d) Hier zeigt sich nun, daß die ganze Erzehlung von bretagnischen Kriege wider die Regeln der Zeitrechnung gestellet ist. Der plabe kunig ist hier Ludwig XI. K. in Frankreich, der schon im Jahre 1483. gestorben war, und den minderjährigen Dauphin Karl VIII. hinterlassen hatte. Dieser tratt auch sogleich die Regierung an, unter der Aufsicht Peters Herzog von Bourbon, und Anna von Frankreich. Mehrere Jahre hernach brach erst der Krieg in Bretagne aus. (e) Ist von jenen Unruhen zu verstehen, die sich in Frankreich erhoben, da Ludwig Herzog von Orleans auf die vermundschaftliche Regirung Anspruch machte. (f) Ludwig H. von Orleans, nachdem er in Frankreich keine Sicherheit gefunden, begab sich mit seinem Anhange zu Franzen II. Herzog von Bretagne. (g) Der Todfall Herzogs Franzens ereignete sich im Jahr 1488. (h) Herzog Franz hinterließ bey seinem Tode zwo Töchter, von welchen doch eine Namens Isabelle kurz hernach gestorben. Nun war aus dem bretagnischen Hause die Prinzessinn Anna, als die einzige Erbinn, übrig. (i) Alan Graf von Albret war einer aus den glücklichsten Freyern der Prinzessinn Anna. Da ihr aber auch dieser nicht gefallen wolte, wandte sie sich an K. Maximilian, und wurden hierüber auch die Vermählungsfeyerlichkeiten durch die königlichen Bevollmächtigen vollzogen. Vermuthlich also wird hier unter den Namen des andern kunigs K. Maximilian selbst verstanden.

[109]

A. 1415.

zurnet der plab kunig, vnd hueb mit derselben Jungen kunigin an, noch heftiger zu kriegen, Also schicket Sy zu allen Iren freundten, auch zu dem Jungen weißen kunig, Ir zu helfen, Auf solichs schicket der weiß kunig, auch zwen annder kunig der Rot (a) vnd der Schwartz, (b) Ir ain volk, Es kam auch der vierdt kunig (c) personnlichen zu Ir, vnnd etlich vil fursten, Aber mit wenig volck, dann Sy vermainten nit, das der plab kunig sich so hertigclichen, vmb dieselb kunigin annemen wurde, der plab kunig kundt auch derselben kunigin Land, nit erobern, noch kundt das behalten, (d) dann dieselb knnigin wurde sein gemahl, die man aber Jme, nit geben wolt, Nachdem Sy ainem anndern kunig versprochen was, (e) Er vber kam Sy aber mit der Zeit, zu einem gemahl, Aber mit unversehem gwalt, das Er sein Zusagen vnd verschreibung nit hielt, von dieser sach were viel zu schreiben, (f)

A. 1487.

Wie der Plab kunig, dem Jungen Weyßen kunig, in sein Land Zoch, Vnd die Weyß geselschaft slueg, (g)

In solichem krieg, wider die obgemelt kunigin, da vewarb sich der plab kunig, mit etlichen klainen kunigen, vnd insonderhait mit gar einen mechtigen Comaun, das viel streitper volck het, vnd Zug dem Jungen weißen kunig, in sein Lanndt, da vnderstundt sich derselb weyß kunig, Jme zu begegnen, mit seinem versamlten kriegsfolck, vnnd zoch Jme vnder augen, (h) der maynung, dem plaben kunig aus dem velt Zuschlagen, Aber der Jung weiß kunig zoch nit in aigner per-

(a) Heinrich VII. König in Engeland. (b) Ferdinand V. König in Spanien. (c) Vermuthlich H. Ludwig von Orleans, welcher auch einer von den Freyern der Prinzessinn war, und wehrendem französischem Kriege sich zweymal in Bretagne sehen ließ. (d) Denn vermög des zu Frankfurt im Jahre 1489. geschlossenen Friedes hätte K. Karl von Frankreich alle in der Bretagne weggenommenen Plätze bis auf vier sequestrirte Städte der Prinzessin Anna wieder einräumen sollen. (e) Das Procurationsinstrument zum Schlusse der Heirath zwischen K. Maximilian, und Annen von Bretagne ist schon im Jahre 1489. den 20 März zu Insbruck gefertiget worden. S. beym Godefroy Bl. 604. (f) Den Verlauf der ganzen Begebebenheit, wie nämlich die Hertzoginn Anna sich endlich im Jahre 1591. mit Karl VIII. K. in Frankreich vermälet, findet man eben so unparteyisch als umständlich beschrieben in Häberlins Deutsch. Reichsgesch. B. VII. Bl. 561. u. f. (g) In dem andern Manuscripte findet sich über diese Aufschrift folgende Erklärung: „ Betuni. Wie die Frantzosen den Weissen „ kunig mit $\frac{3}{2}$ M. Mannen bey der Nacht oor Betuni in die Flucht prachten. „ Diese Begebenheit haben Heuter. Rer. Belg. L. II. Bl. 133. und Jaligny beym Godefroy Bl. 32. weitläuftiger beschrieben. (h) Bey Bethune einer Stadt in Artois.

A. 1487.

personn, Sonder schicket ainen seiner hauptleut, (a) an seiner stat, dann der Jung weiß kunig macht persondlichen nit dabey sein, Vnd der Weiß hauptman, griff des plaben kunigs volck, in Iren starcken grossen vortail an, (b) Dardurch verloren die weissen dasselb Schlagen, (c) Vnnd wurden ain Junger kunig gefanngen. (d)

A. 1485. 1491.

Wie der Jung Weyß kunig, den Jungen gefangen kunig erlediget, Vnd auch andern herren zu hilf kam. (e)

Nachdem der plab kunig, dem Jungen gefangen kunig (f) vill laidts zufueget, (g) dardurch ward der Jung weiß kunig beweget, denselben Jungen gefangen kunig, nit zu verlassen, vnd Erhueb sich mit Heres craft, vnnd erlediget den bemelten Jungen kunig, mit Heres krafft, (h) aus seiner gefenncknus, darynnen der plab kunig, nit widerstandt thun mocht, sonder Er mueset denselben Jungen kunig, aus der gefencknus ledig lassen, (i) Nach solichem schi-

 cket

(a) Philipp von Kleve-Ravenstein führte das östereichische Heer an. Jaligny ebend. u. a.
(b) Den 25. Juli 1487. (c) Die Erläuterung über dieses Kapitel ist in der vorläuffigen Abschrift folgenden Innhalts: „ Die Frantzosen prachten den Weissen kunig in die flucht bey „ der Nacht mit III 2. M. Mann und sluegen darans bey II. C zu tod vnd fingen Im ab vil „ treffenlicher haupt. Dann Sy hetten ainen Anslag Sy wolten die Stat Betuni den Fran- „ tzosen abgewynnen vnd in den selbigen anslag die Stat abzusteigen. Aber die kuntschafter „ in der Stat die waren Jr verräter vnd warneten die Frantzosen. Die versammleten sich in „ großer gehaim. vnd vbersiellen also die Weyße geselschaft am hinzuziehen. „ (d) Unter dem Namen eines Jungen kunigs ist hier nicht Hertzog Ludwig von Orleans, sondern Karl von Egmond zu verstehen. S. Heuter Bl. 135. Pontanus Histor. Gelr. L. X. u. a. m.
(e) In dieser Erzehluug herrscht eine merkliche Verwirrung. Die Glossatoren selbst waren unschliessig in ihrer Erläuterung. Einmal heißt es: „ Kunig Philips vnd die gefangen zu Gent, oder bedeut den Jungen kunig In Frankreich. „ Wiederum hat eine andere Hand anstat kunig Philips die Worte hingeschrieben: „ Ist der Hertzog von Orlienz. „ Diese Auslegung scheint richtig zu seyn. Die andern Anmerkungen, die man am Rande der vorläuffigen Abschrift gefunden hat, betreffen nur den ersten Theil dieses Kapitels, und lassen alles übrige unentschieden.
(f) Die Glosse nennt ihn den Herrn von Orlienz. Er ist also nicht eben jener Junge König von dem zu Ende des vorigen Kapitels Meldung geschehen ist. Herzog Ludwig von Orleanz ward im bretagnischen Kriege in der Schlacht bey St. Aubin im Jahre 1488. gefangen. Die Anmerkungen der Glosse handeln ebenfalls von dieser Schlacht und von den ferneren Begebenheiten des bretagnischen Krieges. Eben darum hat man sie nicht hieher setzen, sondern auf einen schicklichern Ort vorbehalten wollen. (g) H. Ludwig von Orleanz mußte eine dreyjährige Gefangenschaft ausstehen. Zu Lusignan wurde er so enge gehalten, daß ausser seinem Leibarzte, Niemand auch von seinen gewöhnlichen Bedienten ihn sprechen konnte. S. Extrait d'une Histoire de France beym Godefroy Bl. 94. (h) Die Worte mit heres krafft sind in der vorläuffigen Abschrift als ungiltig ausgestrichen. (i) Seine Erledigung ward mit unter den Artikeln des im Jahre 1489. geschlossnen Frankfurter Friedes begriffen. Heuter Bl. 176. Häberlin Th. VII. Bl. 497. Dennoch bekam H. Ludwig erst im Jahre 1491. seine Freyheit. S. Extrait d'une Histoire de France beym Godefroy Bl. 93.

[113]

A. 1485. 1491.

cket der plab kunig, die wider parthey, mit Heres krafft wider den Roten vnnd weißen kunig, (a) desgleichen etlich volck, aber nit Zu vill, zu dem Schwarzen vnd plaben Comaun, (b) vnd triben damit aus, Iren Herren, (c) Also schicket der Jung weyß kunig, sein volck demselben herren, desgleichen auch dem Roten und weißen kunig Zu hilf, vnnd der Rot weiß kunig, wolt dasselb volck nit haben, sonder verachtet das, vnnd Empot dem Jungen weisen kunig, so Es Ime not thet, wolt Er woll nach demselben volck schicken, Aber der ander herr von der weißen vnd plaben geselschaft, nam dasselb volck gern an, wider die seinen, die Swartzen plaben geselschaft. Alspald derselb herr, das bemelt volck het, nam Er Zustundan ain Slacht an, dieselb Slacht gewann Er vnnd nam sein Land also wiederum ein, vnd behielt das in das Enndt seins Lebens, Zu diennst des Jungen weißen kunigs, (d)

A. 1485. 1402.

Wie der Rot weyß kunig, erslagen, vnnd ain Ander Roter weyßer kunig gemacht ward, der sich mit dem Jungen Weyßen kunig vertrueg, vnd mit Ime, in Puntnus kam.

Vnd das annder volck, das der plab kunig, wider den Roten und weißen kunig (e) ausschicket, das kam demselben Roten weisen kunig, in sein kunigreich, (f) vnd derselb kunig, was nit lieb gehabt in seinem kunigreich, angege-

(a) Wie aus dem nächstfolgenden Kapitel erhellet, wird unter diesem Namen Reichart III K. in Engeland verstanden. Heinrich Graf von Richmond, nachmaliger König in Engeland, der sich mitlerweilen in Bretagne, und Normandie aufhielt, landete endlich mit einem Kriegsheere in der Provinz Wallis, und nachdem er alldort auch innländische Verstärkung erhalten, fieng er den Krieg wider K. Reicharden öffentlich an, im Jahre 1485. So wenig haben die Verfasser dieses Kapitels auf Zeitrechnung gesehen. (b) Die wegen Hinrichtung Wilhelms von Arenberg wider ihren Bischof Johann von Horn aufgebrachten Lütticher, und die mit ihnen unter der Decke liegenden Frantzosen. Man könnte hier auf die Muthmassung gerathen, daß auch oben Bl. 212. unter dem Namen der „Comaun von der kohlschwarzen geselschaft„ die Lütticher verstanden werden, nur mußte man in einer solchen Hypothese behaupten, daß in Betreff des Herrn dieser Comaun eine Verwirrung entstanden sey zwischen den zwen lütichischen Bischöfen Ludwig von Bourbon und Johann von Horn, aus welchen nur der erstere dem K. Maximilian höchlich verwandt war. S. oben Bl. 212. (c) Johan von Horn Bischof zu Lütich. S. oben Bl. 170 171. u. f. Dieser Umstand gehört ebenfalls auf das Jahr 1485. (d) S. oben Bl. 173. auf das Jahr 1485. wie auch Suffr. Petri beym Chapeauville Antist. Leodiens. Th. III. Bl. 209. Häberlin deutsch. Reichsgesch. B. VII. Bl. 278. (e) Kunig von Engeland, hält die Glosse: nämlich Reichard III. von dem schon eben gemeldet worden. (f) S. in eben diesem Kapitel die Anmerkung. (a)

gesehen daß Er sich auch het eingedrungen in das kunigreich, etwas seltzsamlich (a) Aber Er was ain grosser frundt, des Jungen weißen kunigs, (b) Alspald der Rot und weyß kunig solichen Eintzug wisset, daß sein wider parthey (c) in seinem kunigreich was, mit streitpar handt, von der plaben geselschafft, Da Erhueb Er sich aus seinem palast, vnd versammlt sein volck in seinem Reich, das in der nahend was, der maynung, sein wider parthey, aus seiuem kunigreich zuslagen, (d) Aber ein grosser hawf aus seinem volck, fiel auf den tag des streits von Jme, (e) der annder tail stundt im streit still, und wolt nit treffen, dann allain der hawffen darynnen der kunig selbs was, der traff, derselb hawfen, was aber zu schwach, vnd ward dardurch in die flucht gebracht, vnd der kunig mit den seinen wurde also im velt Nider gelegt vnd erschlagen, wo Er aber des Jungen weißen kunigs volck bey Jme behalten het, (f) wer Jme solichs nit beschehen, Zustundan darnach Zogen baid partheyen Zusammen, Nemlich die parthey die das veldt gewunnen, vnnd die parthey, die nit gefochten heten; vnnd verainten sich mit ainander im veldt, vnd Zugen in die hauptstat des kunigreichs (g) vnd erwelten an des erschlagen kunigs stat, ainen anndern kunig, gar einen trefenlichen weisen man, (h) Aber Er was dem Jungen weißen kunig nit bekannt, dardurch der Jung weyß fur sorg het, Der Erwelt kunig, wurde sein veindt, darum das der erschlagen kunig, Jme woll verwandt was gewest, Darnach warff sich die parthey, die geflochen was, widerumb auf, in maynung

(a) Als im Jahre 1383. Eduard IV. K. in Engeland gestorben, solte ihm sein unmündiger Sohn Eduard V. in der Regierung folgen. Allein Reichard III. damaliger Herzog von Clocester, Eduards IV. Bruder, ließ den jungen Eduard samt dessen Bruder Reicharden von York in den Tower setzen und beyde nachmals erdrosseln. So bestieg er unter dem Namen Reichards III. den Thron. (b) Reichard III. erneuerte die zwischen seinem Bruder Eduarden IV. und dem Erzherzoge Maximilian geschlossnen Verträge. Das Comissionsdecret zu dieser Erneurung ist den 11ten August. 1484. gegeben. S. Rymers Act. publ. inter Reges Angl. & al. Th. XI. Bl. 231. (c) Die Parthey Heinrichs Grafen von Richmond nachmaligen Königs in Engeland. S. oben Bl.216. Anm. a. (d) Die Schlacht K. Richards III. mit Hainrich Grafen von Richmond ereignete sich den 22. August. 1485. bey Bosworth zwischen Leycester und Lichfield. (e) Der Uebergang des Lord Willhelm Stanley von der Parthey K. Reicharts gab diesem blutigen Treffen den entscheidenden Ausgang zum Glücke der richmontischen Parthey. K. Heinirch VII. hat auch hernach diesen Schrit des Stanley ausnehmend belohnet. (f) In der vorläufigen Abschrift findet man an diesem Texte folgende Abänderung: „ Wo er aber des „ Jungen Weyßen kunigs volkh, die der Weyß kunig mit aller eyl versamlet, erwart hiet were ime solichs „ u. s. f. (g) Es wurde zwar K. Heinrichen VII. auf der Stelle im Schlachtfelde jene Cron, die der erschlagene K. Reichard bey sich geführet, aufgesetzet. Daß aber die feyerliche Krönung nachher gleichwohl vor sich gegangen, erhellet aus einer den 19. Oct. A. 1485. gefertigten Urkunde Heinrichs VII. wo von seiner bevorstehenden Crönung die Rede ist. S. Rymers Act, publ. Reg. Angl. Th. XII. Bl 277. (h) Nämlich Heinrich VII. der wegen seiner weisen Regierung sonst auch der Engeländer Salomo genennet wird. Die Glosse setzt diesen gleichsam abgebrochnen Text also fort: „ Der auch ain Gerechtikhait zu der Kron het; vnd „ die Frantzosen die halffen Im mit leuten vnd mit gelt, damit er den andern kunig genannt „ Ritschart erslueg, der dann ain puntgenoß was des weyßen kunigs „

[117]

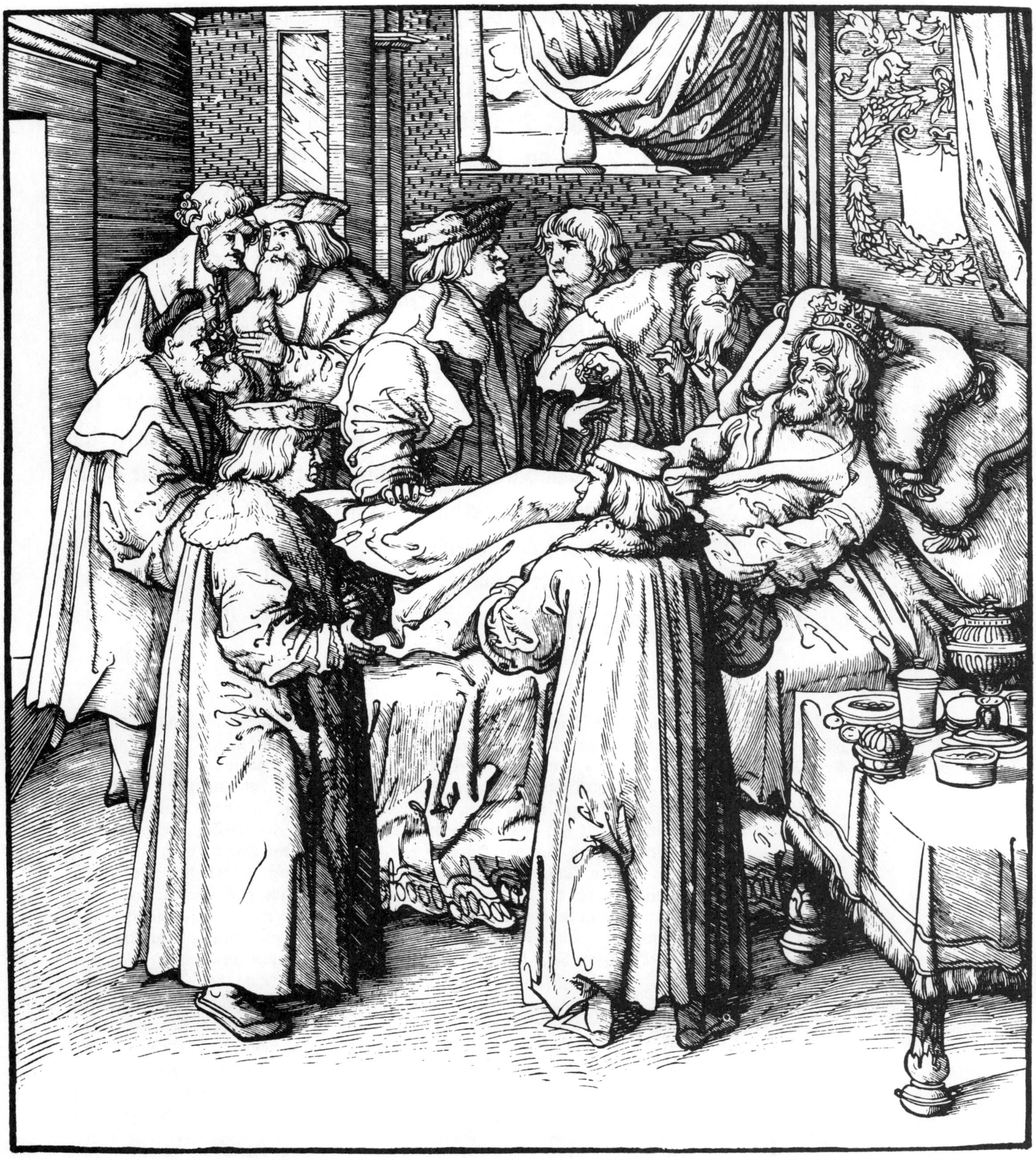

Sy wolten an ihres erschlagen kunigs stat, ainen andern kunig auf werfen (a) vnd schickten zu dem weißen kunig umb hilf, (b) vnd desgleichen uber al zu des weißen kunigs verwandten vmb Rat vnd hilf, Aber der Jung weiß kunig was nit ser genaigt dartzu, dann In beduncket wol, die sach het nit viel grund auf Ir, dann Er wol wisset,, das der New kunig seinem volck vast angenem was, Nicht destmynder ward derselb weiß kunig erpeten, das Er vergonnet (c) ain versammlung, wider denselben Newen kunig, Er schicket auch etlich sein volck dartzu, Aber in ainer klainen Antzall, (d) dasselb volck alles fuer also mit ain ander vber mer, vnd versamelten sich in der Innsel, (e) die dann Ir parthey was, von der Roten vnd weißen geselschaft, vnnd fueren aus derselben Innsel vber das wasser, in das berurt kunigreich, in maynung, Sy wurden vil parthey finden, die der vorig kunig gewunnen het, vnd des volcks, die vber fueren, warn aller bey Sechs tausendt, Aber der New kunig, der wartet auf Sy, mit ainem grossen volck, vnnd als Sy an Lannd tratten, nam Er die slacht mit Inen an, dann Er wol drey mall als vil volcks het, vnnd schlueg Sy (f) vast alle zu todt, vnnd zoch widerum haim in seinen palast, da dise mer dem Jungen weyßen kunig. kamen, ward Er ser bewegt, (g) dasselb volck zu rechen, vnnd machet ainen anschlag, in grosser gehaim, Er wolt personnlichen hin vber, vber das

(a) Peter Warbeck gab sich für Reicharden Eduards IV. K. in Engeland Sohne aus, da doch diesen K. Reichard III. im Towr hatte hinrichten lassen. Die Glosse erzehlt also: „ Vnd alls Er (K. Reichard III.) erslagen was, vertruegen sich der kunig von engeland, vnd der Weiß „ kunig mitainander. Aber kurtz darnach waren Sy der Sach vnains. vnd nam der Weiß ku„ nig ain parthey an ains Jungen knaben den der Weiß kunig hielt fur kunig Eduards Sun. Der versammelt ain volck an mit hilf des weissen kunigs. „ (b) „ Derselbig kunig Eduards „ Sun kam zu dem Weissen kunig vnd pat In vmb hilf, Das Er sein Vater Reich möcht Er„ ben vnd ermanet den Weissen kunig der puntnuß die der Weiß kunig gehabt het mit seinem „ Vater für sich vnd seine Kinder der Er dann ains wer. Es hat Im auch der Weyß kunig „ volg than. Vnd die Englischen mainten aber nit anders Er wer ain aufgeworffener Sun. „ vnd nit der Recht Sun kunig Eduards. „ (c) Vermuthlich bewog ihn hiezu das Anhalten seiner Schwiegermutter Margarethe, bey welcher Peter Warbeck immer den nachdrücklichsten Schutz gefunden. (d) Die Glosse hingegen sagt: „ Des Weissen kunig volk dann in ainer „ grossen antzal Im zu Trost kam. „ Vermuthlich ist hier von zween verschiedenen Kriegszügen die Rede, deren Warbeck mehrere gewagt hatte. (e) Irrland, alwo Warbeck einen merklichen Anhang fand. Im Jahre 1495. suchte Er wieder in Engeland zu kommen, hatte auch schon einige seiner Völker in Kent ausgesetzt, wurde aber bald wieder zurückgejagt. Endlich kam er abermal in Irrland; von dort aus überzog er Kornwall, belägerte hierauf die in Devonshire gelegene Stadt Exeter, sahe sich aber bey Ankunft des königlichen Kriegsheers bald verlassen, und wurde hierauf gefangen nach Londen gebracht. (f) „ Vnd (der jung kunig „ Eduards Sun) bestrait den Neuen kunig von Engelandt; aber er verlor die slacht, vnd „ (ward) gefangen, vnd starb in der Gefängnuß. „ Diesem Berichte der Glosse zuwider will man doch anderseits wissen, daß Warbeck sein Leben im J. 1499. endlich gar am Galgen geendet. (g) „ Die Englischen wolten nit glauben, das Er kunig Eduards Sun wär, der ge„ fangen ward. Es kund es auch der Weiß kunig auch nit aigentlich wissen. ob Ers war oder „ nit. aber in der obltat so sein Vetter kunig Ritschart nach seins Vater tod an Im begieng. „ der nit anders messet Er wer tod, vnd het In doch nyemand toten gesehen. „ Die Glosse.

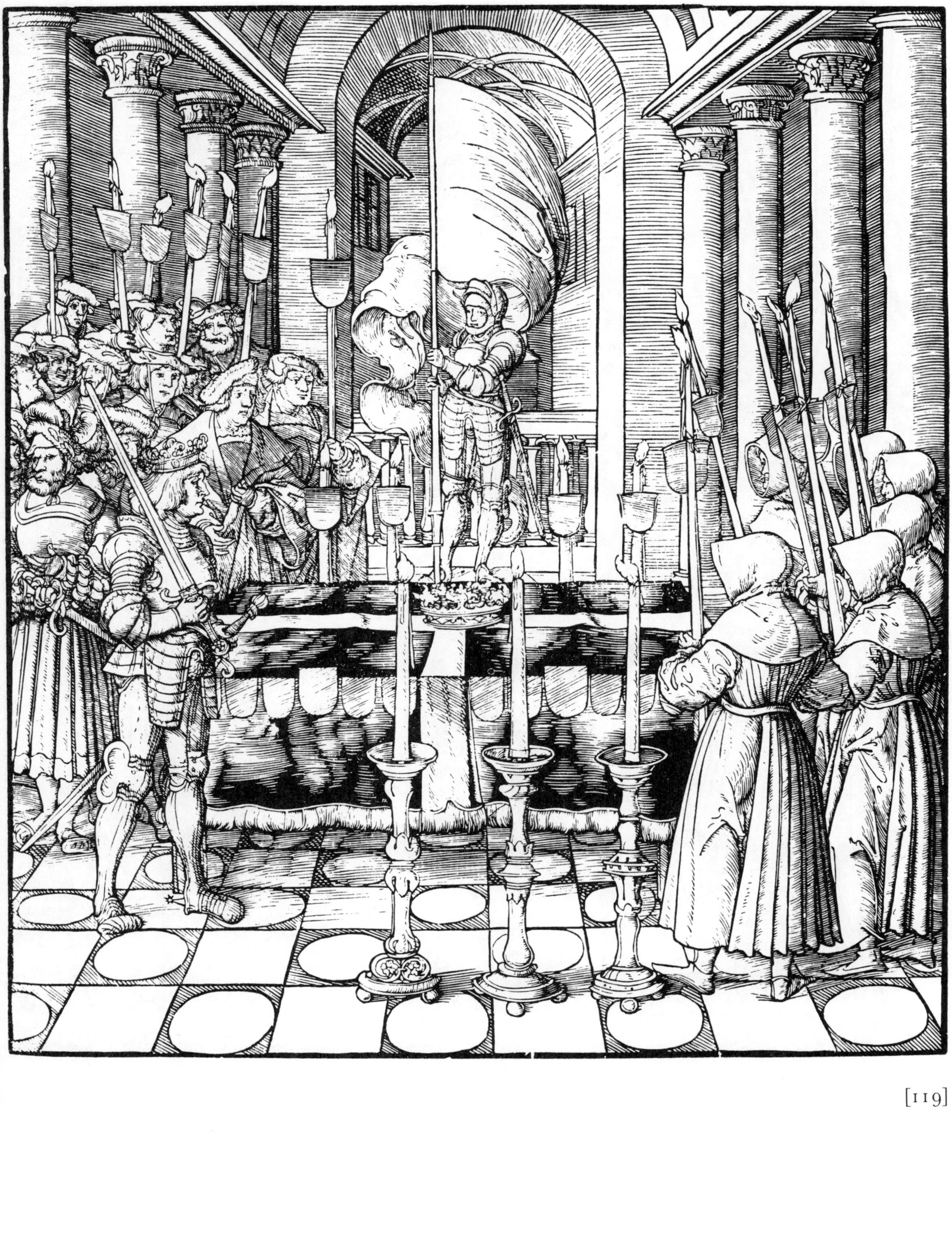

H B

A. 1485. 1502.

das Mör, mit grosser macht, vnd sich vndersten, in demselben kunigreich, sich selbs kunig zu machen, Nachdem Er auch gerechtigkait, Zu derselben kron het, von seiner alten mueter her, (a) Vnnd machet darauf mit dem plaben kunig etlicher maß ainen verstanndt, (b) damit Er Jme in solichen furnemen kain aintrag noch Jrrung thet, Da aber das der vorgemelt New Rot vnd weiß kunig erfuer, schicket Er Zu dem Jungen weißen kunig, und pot sich gegn Jme an, Er wolt nicht destmynder sein guter frundt. vnnd Nachpawr, vnd mit frundschaft vnd dienn sten dermassen verwanndt, vnnd genaigt sein, als sein vorforder, der erschlagen kunig gewest were, (c) darauf nam der weiß kunig, ainen bedacht, vnd hanndlet mitler Zeit, wie Er sich mit dem plaben kunig vertragen möcht, Aber Er fanndt den plaben kunig, so hart, das Er sich mit Jme nit möcht vertragen, In solichem vertrueg sich der Jung weiß kunig mit dem Roten weißen kunig, vnnd macheten mit ain annder, ain enntliche pundtnus vnnd veraynigung, (d)

A. 1485.

Wie der Plab kunig, die Prawn geselschaft, abermalen mit gelt vbergab, Und wie die weiß geselschaft, dieselben schluegen. (e)

Als sich Nun der Jung weiß kunig, vnd der Rot weiß kunig, sich mit ain annder entlichn vertragen, vnnd veraintt heten, (f) Da Russtet sich der

 Jung

(a) Von der obgedachten Margarethe. Diese war die Schwester zweener engeländischer Königen Eduards IV. und Reichards III. die Gemahlinn Karl Hertzogs zu Burgund, die Mutter der burgundischen Prinzessin Marie, welche Erzherzog Maximilian zur Ehe gehabt. (b) Seit dem Jahre 1495. wo die Sache des Warbeck in gänzlichen Verfal gerathen, bis auf das Jahr 1502. in welchem K. Maximilian den endlichen Freundschaftsbund mit Heinrich VII. K. in Engeland getroffen, findet man nur zween Zeitpunkten, wo es zwischen Oesterreich und Frankreich zur Ruhe kommen wolte. Der erste Stillstand kam im Jahre 1499. der zweyte im Jahre 1501. zustanden. S. Häberlins deutsch. Reichsgesch. Th. IX. Bl. 113. und 223. Roo Annal. Aust. Bl. 415. u. a. (c) Schon im Jahre 1496. wurde zwischen Heinrich VII. K. in Engeland und Philippen Erzh. von Oestereich ein Friedenstractat errichtet. Dieser enthält unter andern folgenden merkwürdigen Artikel, daß Margarethe die verwitibte Herzoginn von Burgund sich um engländische Rebellen nicht mehr annehmen soll. S. Rymers Act. publ Reg. Angl. Th. XII. Bl. 578. u. f. (d) „Darnach ward der weiß kunig vnd der kunig von Engeland „abermals miteinander gericht und beliben gut freund bis an des kunig von Engeland end. Die Englischen die cröneten desselben Sun genant Hainrich mit grosser zier, vnd darnach verpant sich derselbig kunig auch zu dem weissen kunig.„ Die Glosse. Der leztere Friedens und Freundschaftstractat zwischen K. Maximilian und Hainrich VII. K. in Engeland ist den 14 August. 1502. zu Westmünster unterschrieben. K. Heinrich VIII. hat eben diese Tractaten den 20. August. 1509. bestättiget. S. Rymers Act. publ. Reg. Angl. Th. XIII. Bl. 22 — 27 und 259. 260. (e) Die Glossen sind hier wieder unschliessig; sie lauten also: „Ist der flömisch krieg. „Zuerfarn, ob es im ersten oder anndern krieg sei.„ Gleich darauf heißt es: „Ist Odonart„ Doch sind diese Zweifel leicht gehoben. Die praun geselschaft stelt hier, wie sonsten, die fländerschen Rebellen vor. Die Rede ist von Oudenarde und die Begebenheit gehöret zur Kriegsgeschichte des 1485. Jahrs. Dieses Kapitel ist also zum ersten flämischen Krieg zu stellen; wie dann schon oben Bl. 152. von dieser Begebenheit gehandelt worden. (f) Diese Uebergangsrede passt auf das nächstvorhergehende Kapitel, nicht aber auf den chronologischen Zusammenhang der Geschichte.

A. 1485.

Jung weiß kunig darnach, mit viel volcks zu Roß unnd fueß (a) vnd wolt den plaben kunig vbertzogen haben, Aber der plab kunig practicieret in grosser gehaim vnd schicket vil gelts, in die alt prawn geselschaft, dieselb alt prawn geselschaft, tailenten dasselb gelt aus, vnnder die pösen, vnd macheten dem Jungen weyßen kunig, aber ainen aufflauf, darauf Erhueb sich widerumb ain grosser krieg, dann Sy zugen, dem weißen kunig fur ain Stat (b), darynner Er vill volcks het (c) vnnd wolten dasselb volck gehungert habn, (d) Ee dann der weiß kunig mit seinem großen volck berait wurde, wann er schicket aus, zu allen seinen frunden um hilf, vnd vmb Rat, aber Ee Jme dasselb hilf volck kam, da vielen die in der Stat heraus, (e) in die alt prawnn geselschaft, in der nacht, vnnd verwarten sich, vnnd schluegen die prawn geselschaft alle in die flucht, vnd gar vill Zu todt, Namen Inen auch Jr puchsen, vnd was Sy bey Inen heten, vnd wurden also von der weißen geselschaft, von der Stat abgetribn.

A. 1487. 1493.

Wie der plab kunig (f) vnd die schwartzweyß geselschaft (g) weyter mit ainander kriegten, Vnd der plab kunig darnach in das land Swartz vnd weiß zoch vnd das erobert.

In dem als die weiß geselschaft die praun geselschaft von der Stat geschlagen hetn, da Zoch vil volcks von des Jungen weißen kunigs frundschaften, dem wei-

(a) Heuter zehlt 4000. zu Pferd, und 2000. zu Fuß. Rer. Belg. Lib. II. Bl. 114. (b) Oudenarde. S. die folgende Anmerkungen. (c) Eben also redet der weisse König von der oudenardischen Besatzung, oben Bl. 152. (d) Am Rande stehen hier folgende Anekdoten: „Der weiß kunig het Sy nit gespeist. dann Er von den Fleming vbereylt war: aber der Weiß „kunig furdert sich mit seinem kriegsvolck vnd speiset darnach die Stat nach aller notturft, vnd „ließ haimlich guet kriegsvolck in der Stat, mer dann die fleming wessten, vnd bevalch seinen „hauptleuten mit den fleming ainen neuen Scharmutzel anzufangen, vnd Inen ain furlas zu „lassen auf ainen neuen form. Also beschach dasselbig alspald der weiß kunig mit seinem hör „abzog dann Er khunt die fleming nit slahen. denn Sy waren in ainem Closter bey „ainem schefreichen wasser, vnd hart vergraben. das nit muglich war, das der Weiß·kunig „vber die Greben zu Jme mocht. Sy hetten auch von dem plaben kunig vil geschutz. wie „wol Er·Inen viel viech und leut in Jrem hör mit dem streitgeschutz erschoß. Aber Sy hetten „Gmeur heuser vnd kirchen vor Inen die Sy vil beschuttet, vnd das schiessen in Jr hör auf„hielt. Also zoch der weiß kunig mit seinem hör. nachdem Wasser auf, auf das viertl von „Geñt, wie es weiter geschrieben steet.„ Das Closter bey ainem schefreichen Wasser bedeudet die Abtey St. Jvo unweit Oudenarde an der Schelde. S. oben Bl. 154. (e) Die in der vorigen Anmerkung Abgebrochnen Anekdoten lauten hierüber also: Den dritten Tag darnach namen die fleming mit denen von Odonard dem scharmutzl an, und die hauptleut zu Odonard theten, wie Inen der weiß kunig bevalch vnd slueg sich Jr bey den III. oder IIII. M. In die flucht vnd sluegen bey VI. C. zu tod, vnd fiengen bey den II. C. daraus. Also prachen Sy auf vnd zochen haim, vnd versammleten sich widerumb den Weissen kunig zu bestreiten, dann Er Inen gar grossen schaden thet. „S. Heuter Bl. 115. (f) Karl VIII. König in Frankreich. (g) Franz II. Herzog von Bretagne, Ludwig Herzog von Orleanz, Alan Graf aon Albret mit ihrem Anhange.

A. 1487.

weißen kunig zu hilf Zu, die versamelten sich zusamen in zwen haufen, Mitler Zeit zochen auch des Jungen weißen kunigs pundtgenossen, (a) vnnd Bruederschaft, vber den plaben kunig, in das Lannd Swartz unnd weiß, darentgegen Zoch auch aus der plab kunig, mit aller seiner macht, vnd derselb krieg weret wol drew Jar darynnen dann manicher sturm, vnd schlagen beschachen, aber klaine, dann allein der ain streit (b) darynnen der Jung kunig gefangen wurde, vnnd der Jung weiß kunig Jme wiederumb mit heres krafft erlediget, derselb streit beschach in demselben Lannd Swartz und weiß, vnd ist vor angezaigt, darentgegen verlor auch der plab kunig, ainen grossen sturm an der hauptstat. (c) desselben lannds, vnd Zoch von derselben Stat ab, vnd legert sich für ain andere Stat (d) unnd als die Swartz und weiß geselschaft, aus derselben Stat Zochen, und wolten die ander Stat erretten, vor dem plaben kunig, Dieweil schlueg der hauptman in derselben Stat vmb, vnd vbergab dem plaben kunig das Sloß vnnd die Stat, mit verretterey, (e) dardurch schlueg die gegend desselben Lannds vast alle umb, Zu der plaben geselschaft, dardurch ward die Swartz und weiß geselschaft gedrun-

(a) Ludwig Herzog von Orleanz war schon im Jahre 1486. mit K. Maximilian, vnd Franzen Herzog von Bretagne in Bündniß getretten. Jaligny rechnet zu Bretagnischen Bundsgenossen auch den Herzog von Lothringen, den Prinz von Oranien, den von Engoulesme, den von Dunois, den von Lescun, den von Albret. Auch Engeland schickte einige Hilfvölcker. S. Jaligny beym Godefroy Bl. 51. 52. (b) Die Schlacht bey St. Aubin, in welcher Herzog Ludwig von Orleanz gefangen worden. S. oben Bl. 215. (c) Nantes. Die Glosse lautet hierüber also: „ Da der weiß (l. plab.) kunig mit dem Herzogen von Britani „ vnd mit seiner Tochter den krieg anfieng da schlueg er sich für Nantes mit allem seinem Haupt„ geschutz das Er het: vnd schoß die zum sturm vnd sturmet darauf vud verlor den Sturm vnd „ zoch widerumb haim, vnd rusttet sich vnd zoch der Hertzogin von Britani widerumb in Jr „ Land, dann der Hertzog von Britani was in mittler Zeit gestorben. „ Die Belägerung Nantes wurde im Monat Juni 1487 vorgenommen, und nach sechs Wochen wider aufgehoben. Jaligny ebend. Bl. 26. 38. (d) Scheint die Stadt Fougeres zu seyn, die von den Franzosen im Monat July 1488. ist eingenommen worden. S. Bouchet Hist. de Sr. de Trimouille beym Godefroy B. 210. (e) Alan von Albret übergab die Stadt Nantes bald nach der Schlacht bey St. Aubin im Jahre 1488. an die Franzosen, mit Bedingnißen, die für seine Person sehr vortheilhaft waren. S. Extrait d' une Histoire de France beym Godefroy Bl. 93. Die Glosse, welche in der vorläufigen Abschrift eben nicht an seinem Orte steht, sondern eigentlich hieher zu setzen ist, erkläret sich hierüber mii folgenden Worten: „ Als der plab kunig die „ Slacht gewan in Britani zu Sand Aubin, waren die britanischen seer verzweifelt vnd erga„ ben sich ettlich an den plaben kunig. Es waren auch ettlich französisch Fürsten bey der her„ tzogin von Britani die Jr frundt waren auch von der Slacht wegen das Sy vermain„ ten, das der plab kunig vnrechtlich bekrieget Jr Muemen die von Britani. Nu war es des „ plaben kunig schuld nit sunder des Regiments, dann der plab kunig noch von Jaren ain kind „ war vnd die Cron zu Frankreich het Jm ain Regiment aufgericht. Dieselben Fürsten dienten „ Jr trulich bis zu Ausgang des kriegs vnd zwen wurden in der Slache bey St. Aubin vorge„ melt gefangen. Aber ainer aus Jnen nam gelt von den frantzosischen Regierern vnd gab die „ Stat Nantes die die pest was, auch das Slos desgleichen die Grenitzen des Lands über ver„ retterisch dem frantzosischen Regiment das den krieg fueret. „

A. 1487. 1493.

gen, das Sy Zugen, vnd legerten sich, in ain grosse Stat, (a) nahend am mör, dann derselben Swartzen weißen geselschaft vil volks abgienng, Nach dem Sy die vorgemelt Slacht verloren heten, vnd die plab geselschaft, hinder Zugen dieselben, vnd belegerten Sy, vnnd Lagen ain Jar vor Jnen, vnnd hungerten Sy so sehr, das Sy mustn die Stat, dem plaben kunig vbergeben, darauf gewann der plab kunig dasselb gantz Lannd, (b)

A. 1488. 1489.

Wie sich der krieg zwischen dem Jungen Weißen kunig, vnd der Prawnn geselschaft, widerumb erhueb, vnd die Prawn geselschaft geslagen ward. (c)

Alls des Jungen weisen kunigs volck alles versammelt was, da schicket die praun geselschaft zu Jm, vnnd ließ ain Rachtigung begern, aber Es fielen Jrrung darain, das der weiß kunig, vnnd Sy dieselb Rachtigung, nit geleich aufkundten legen, dardurch Erhueb sich ain Newer krieg, (d) Auf das schicket der plab kunig, der prawnnen geselschaft, ain grosse Suma volks zu hilf (e) dardurch dieselb prawnn geselschaft, in ain stoltz vnd hoffart vielen, deshalben derselb krieg Zwischen dem Jungen weißen kunig, vnd Jnen, desto pelder angienng, Nemblich, da der weiß kunig vernam, das die von der plaben geselschaft, der praunen geselschaft zu zochen, Da verordnet Er sein volck, in zwen tail, nemlichen den ainen tail ließ Er von der hauptstat (f) der prawn geselschaft ligen, dieselb Stat zu hungern, Vnd mit

(a) Vermuthlich die Stat St. Malo. Die Franzosen hatten selbe nach der Schlacht bey St. Aubin ernstlich zu belägern angefangen. Sie übergieng auch noch im August 1488. Jaligny beym Godefroy Bl. 54. 55. u. a. (b) „ Aber die Britanier bey der Hertzogin. vnd die andern „ fursten vnd dienstvolk von deutschen Hispanniern Englischen wo sie sich ergeben, aus Abgang „ der profant. Dann die Frantzosen hetten das land vnd das mör alles gewungen vnd dermassen besetzt daß die drey kunig der von Britani nit mer zu hilf komen mochten. Doch Sy „ wolt sich auch nit ergeben. Er saget Jr dann vor die Ee zue, das Er Sy id est der plab kunig nemen wolt; alls Er dann thet, vnd wolt verheiraten des Weissen kunig tochter die „ die Er in seinen handen het vnd versprochen zu ainem gemahl aber nit beygeschlaffen, dem „ herrn von Ligni aus dem gschlecht von S. Paul, vnd der dem plaben kunig gesipt was, „ mitsamt dem heyratgut, zu wissen die Grafschaft Burgundi vnd die Grafschaft Arthois, „ das aber die Jung tochter nit thun wolt sunder wolt wider zu den Weißen kunig. Da Er das erfuer, „ versammlet Er der Weiß kunig sein kriegsvolckh, vnd bekrieget hart den plaben kunig bis so „ lang bis das der plab kunig Jm sein Tochter vnd die zwai land widergab. Die Er dann „ die zwen tail dem plaben kunig vor abgewunnen het im krieg. „ Die Glosse. (c) „ Der ander flemisch krieg. Jst abermals vor gestellt. „ Die Glosse. (d) Der Anfang dieses neuen Krieges ist zu rechnen von jener Zeit, als K. Friedrich in die Niederlanden gekommen, den zu Brüg gefangenen K. Maximilian zu erledigen. Dieser war unterdeßen frey geworden. Nichtsdestoweniger wollte K. Friedrich die Unbilde nicht ungerochen lassen vnd setzte seinen Reichszug in Flandern fort. So sehr sich nun auch K. Maximilian bestrebte, die Gnade des Kaisers für seine Feinde zu erhalten; so sprach doch das Gericht zu Mecheln wider sie: und selbst die Flandern waren nicht aufgelegt alles genau zu leisten, was man von ihrer Seite hätte erwarten können. S. Häberlin deutsch. Reichsgeschichte. B. VII. Bl. 437 — 443. u. a. (e) Von den Frantzosen wurden den Gentern 3400. Mann zugeschickt, um ihre aufrührische Unternehmungen fortzusetzen. (f) Die Stadt Gent. S. oben Bl. 207. Häberlin. Bl. 438. 439. u. f.

mit dem anndern volck, straiffet der Jung weiß kunig, auf die prawn geselschaft vnd thet den prawnen grossen Schaden, vnnd Zug gegen der plaben geselschaft, Aber durch seiner Renner hauptman wurde er verfuert, das der Jung weiß kunig gar um ain klains fellet, Er het dieselb plab geselschaft geschlagen, (a) Ee wann Sy Zu der prawnen geselschaft kumen weren, Daun des weisen kunigs Renner hueben dermassen ain Zangk, vnnd scharmutzl an, mit etlichen von der plaben geselschaft dardurch der weiß kunig, mit allen seinen heuffen, auf dieselbe muesset verdrucken, vnd solicher angriff, was nit des weißen kunigs bevelch, vnnd in solichem verdrucken, kamen die von der plaben geselschaft, dieweil in ain starke Stat (b) darynnen der weiß kunig Inen nichts thuen mocht, sonst were dieselb plab geselschaft geslagen worden, darnach zoch der Jung weiß kunig widerumb Zu seinem anndern Hör (c) vnnd versamelt das, und Zoch mit allem seinem volck, an ain wasser (d) da wolt Er über Zogen sein, der maynung die von der prawnen vnd plaben geselschaft Zuschlagen, vnnd Inen das Lannd zu verheren (e) vnnd als der Jung weiß kunig, an das wasser kam, da emphienng woll der halb tail seins volcks, ainen grawß, vnnd paten vnnd wiederriethen, dem weißen kunig, den vbertzug vber das wasser, vnd vermainten sölicher vbertzug, were aus viel ursachen Zu sorgklich, als der Jung weiß kunig, Jrn grawß merket, da tätiget Jr mit Inen, bis an den dritten tag, kundt Sy aber zu dem vbertzug nit bewegen, vnd als der hunger in sein volk kam (f) deshalben Er Sy nit lennger wohl enthalten möcht, Auch das der winter vorhannden was, Zertrennet er sein volck, vnnd Russtet zu seine schiffung, vund saß darauf, vnnd fuer in ain Innsel, (g) darynnen vill von der praunen geselschaft waren, in ai-

(a) S. oben Bl. 211. Anm. a. (b) Die Stadt Damme, unweit Brügg. Auch Yper hatte französische Besatzung angenohmen. Buzelin Annal. Gallo-Flandr. Bl. 470. 471. S. auch oben Bl 210. (c) K. Maximilian lag zu Middelburg in Flandern. Nachdem er aber vernommen, daß der erste Anfal auf die Stadt Damme unglücklich abgeloffen, zog er mit seinem Kriegsheer in das Lager seines Vaters nacher Ardenburg. S. die zu Antwerpen beym Wilhelm Vorsterman im Jahre 1531. gedruckte Cronike van Vlaenderen Bl. 256. b. (d) In der Gegend zwischen Ardenburg, Middelburg und Damme, vermuthlich die Lieve. (e) „ Item „ corts hier naer den XVIII. sten dach van Hoymaent, so quam theyr von den key- „ ser weder van Bouchoute ende theyr von den Roomschen Conink ligghen weder „ Tardenburch, end die Conink lach te Middelburch end dreechden ons van Brug- „ ghe end van den Damme ende van der Sluys alle te nieten te doen end te verder- „ uene. Die obgenannte Chronik Bl. 257. (f) S. ebend. Bl. 256. b. (g) Das Eyland Vierfliet an der fländerschen Küste.

H B

nem Stetlin, (a) vnd wolt das gesturmbt vnnd erobert haben, (b) Aber es viel ain solich Regenwetter vnnd wasser an, das Er solichs nit thuen mocht, wie genau Er das besichtigen ließ, vnnd zoch also wider von demselben Stetlein ab, (c) vnd wolt in die Schiff tretten, vnd als sein volk hueb an in die Schiff zu tretten, da kam ain groß Ungewitter, vnnd als das volk halbs, in den Schiffen was, war Er noch auf dem Lannd, In dem kam noch ain ungeheurer sturmwind, das die Schif in ain hafen muesten, von wegen des Sturm windts, Und der weiß kunig, muesset bey dem volck, so noch auf dem Lannd was beleiben, ungessen vnd ungedrunkn denselben gantzen tag vnd die nacht bis auf den andern tag und dartzu in grossen sorgen sein, das die prawn geselschaft in der Stat nit aus der Stat vielen, Nachdem sein volck, der merer tail, auf den Schiffen was, Nach solichem sturm windt, saß Er mit seinem volck, wider auf die Schiff, vnnd het etliche Stetlein (d) am Mör, damit Er practicieret, das Sy Jne wolten einlassen, vnd gehorsam thuen, als Sy dann theten, vnd schluegen sich widerum an die weiß geselschaft, vnd Zugen furter mit Jnen, fur ain Stat, die Jnen gelegen was, (e) indem kam auch die Rot vnd weiß geselschaft (f), zu dem Jungen weißen kunig, da solichs die praun geselschaft erfueren, Erhueben Sy sich mit grosser antzal, vnd Zugen (g) gegen der weißen, vnd der roten vnnd weißen geselschaftn, da Erhueb sich von bai=

(a) Die in eben dieser Innsel gelegene Stat gleiches Namens. (b) Den 23. August fieng K. Maximilian an, die Vorstädte zu stürmen. S. die nächstfolgende Anmerkung. (c) Die flänedersche Cronik (Bl. 258.) erzehlt dieser Begebenheit also: „ Die Coninc van den Romeynen „ track naer Bieruliet mit vele scheppen, omme een assault te gaen doen up Biervliet, „ alsooc ook ghebuerde den XXIIIsten dach van Ougst. End stormende up die voor„ stede van Bieruliet; so schoten die van Biervliet so seer dat sie drie huen van den „ coninck in den gront schoten, vaer of al tvolck datter inne was verdrannc, end „ die coninc en conste aen Bieruliet niet ghedoen, maer moeste van daer vlien. End „ int wech trechen die van Biervliet hadden daer royebaergien al ghereet liggende „ uit synen ruyters, end volchden hen lieden indem steert, so dat si vinghen III. „ huen van den scepen van dem Roomschen Coninc, al vul duytsche knechten, end „ vele edele daer mede die si voerden binnen Bieruliet als haerlie der gheuanghenen. „ End die coninck van den Romeynen quam te Middelburch seer vestoort in Zeelant. (d) Nieuport, Dunkerchen, und andere Fugger MS. Bl. 98. Heuter Bl. 161. (e) Die Stadt Oostende. Siehe weiter unten. (f) Die engeländischen Hilfsvölker, welche der Commendant von Calais auf Erlaubniß K. Heinrichs VII. dem österreichischen Kriegsheer zugeführt. Sie waren 3300. Mann stark, und machten sich in der hierauf erfolgten Schlacht sehr vieles zu thun. Heuter Bl. 161. (g) Die fländerschen Rebellen waren unter der Anführung des brügischen Schulzen Georg Pycavet bis Verstbrüg unweit Dixmuyde vorgerückt. Die obengemeldete Cronike van Vlaenderen Bl. 261.

A. 1488.

baiden tailen, ain grosse slacht, (a) Aber die weiß geselschaft, mitsamt der roten weißen geselschaft, schluegen die praun geselschaft in die flucht, (b) vnnd ir bey zway tausend zu tod (c) vnnd auf solich slacht, ergab sich die obberurt stat (d), an dem Jungen weißen kunig, Aber die prawn geselschaft verzagt nit, sonnder beliben in Irer herttigkayt.

Wie der plab kunig ain Verrätterey zurichtet, dadurch der weyß kunig gefangen ward, (e)

Als der Jung Weiß kunig gegen seinen veindten allenthalben den Sig behilt, das verdroß den blaben kunig, (f) vnd gewann, vnd erkauffet abermals, mit seinem großen gelt, ainen mechtigen hauptman, (g) den maisten den der Jung weiß kunig, bey Jme het, vnd versprach Jme dartzu Insonnderhait, viel mer gelt, auch Purg Sloß vnnd Lannd, derselb hauptman solle auch Ewiglichn haben, vnnd Regiren, des Jungen weißen kunigs Lannd vnnd leut, derselb hauptman viel von dem Jungen weißen kunig ab, vnnd hennget an sich von schlechten leuten, ain grosse antzall volcks, darunder der grossen schreyer (h) gar vill waren, vnd er gab denselben volckh gar vill gelts, und versprach Jnen, Sy alle zu Ewigen Zeiten herren zu machn, das namen Sy also an, vnd wurden auch genennt, die Swartz vnd abgefallen weiß geselschaft, vnnd jeder machet ainen anschlag, über seinen gesellen, wie Er Jme verraten, vnnd verkauffen möcht vnnd giengen zu Rat unnter ain annder, vnd vermainten, Sy kundten solichs nit thun, Sy pröchten den zuvor, den Jungen weißn kunig, umb sein Leben (i)

(a) Den 12. Juni im Jahre 1489. kam es eben zu Perstbrug zum Treffen. Ebend. (b) „Maer „daer bleef tvolc van Brugge tonder, ennd waren alle meest doot gheslehen end „gheuanghen, end Joris Pycauet Capiteyn van Brughe dye waſſer ooc gheuanghen, „end Antuenis van Nieuwenhoue die waſſer versleghen.„ ebend. (c) Heuter (Bl. 169.) zehlt Todte 2000. Gefangene 600. und noch mehr verwundete. (d) Die Stadt Oostende, welche sich den 15ten Juni, an den österreichischen Feldherrn Dionyse von Meerwede ergab. Cronik van Vland. Bl. 262. Heuter Bl 169. (e) „Der ander flemmischkrieg gleich auf den vordern Artikel,„ sagt die Glosse doch wäre diese Ordnung irrig; denn alles was in dem vorigen Kapitel erzehlet worden, hat sich nach der Befreyung K. Maximilians aus der brüggischen Gefangenschaft zugetragen. (f) In der vorläuffigen Abschrift ist anstatt der Worten **plaben kunig** von einer andern Hande die **Flemming** geschrieben worden Eben diese Veränderung wird in der Aufschrift dieses Kapitels bemerket. (g) Hanns Kopenoll. S. oben Bl. 189. Heuter Bl. 137. (h) Unter diesen waren die unverschämtesten Adrian von Rassegheim, und Adrian von Liekerke. S. Heuter Bl. 135. 136. Buzelin Bl. 468. (i) Daß man in Flandern von Hinrichtung K. Maximilians gesprochen, ist gewiß. In der Uebersetzung der von Niklas Mengin verfaßten Deduktion, welche wider Venedig zu Anfang des sechzehnten Jahrhunderts unter dem Namen: **Venediger Chronik**, herausgekommen, wird folgendes er-

[123]

H·B

A. 1488.

Er were Jnen sonst, in Albeg zugeschickt, vnd wurden Jnen Jr furnemen brechn, Also huben Sy an mit ain annder zu romoren, die frumen vnnd die pösen. Vnnd der Jung weiß kunig leget sich auf der frumen seydten, vnnd auf ain Zeit, prachten Sy Jne, mit grosser listigkait, verratterey, suessen worten, und Lugen in ain Stat (a), nach Jrem gefallen, vnnd uberfielen den Jungen weißen kunig, ungewarneter ding, in seinem Haws, vnnd prachten Jne, vnnd die treffenlichisten von seinen Hauptleuten, vnd Räten, in gefennckhuß, der maynung, daß Sy den Jungen weißen kunig auch seine hauptleut und Rätte getödt wolten haben, aber der merer tail unter Jnen Heten darab ain Erbarmunng, dann Sy wissten das dem Jungen Weissen kunig, vnnd seinem volck unrecht beschach, vnnd wolten an des weißen kunigs, vnnd seiner hauptleut unnd Rat todt, nit schuldig sein, Vnnd halfen dem Jungen weißen kunig, vnd seiner geselschaft dermassen, das Sy wider auf Jre frey fues kamen, (b) Aber gar hardt, vnd mit Lanngen Zeiten waren Sy von Jnen ernert, (c)

Wie die Weiß geselschaft, die Swartz vnd abgefallen weiß geselschaft sluegen, (d)

Als die frum weiß geselschaft sachen, das Jr streitper herr, der Jung weiß kunig, so verräterlichen vberfallen, vnnd gefangen was, giengen Sy zu Rat, wie Sy Jne erledigen möchten, vnd waren gantz zweifelhaftig In anse-

erzehlet: „ Als namlich zum ersten über die gesalbte Römische künigliche Majestat vnd yetzigen „ Römischen Kaiser, an welchem keyserlichen leib die von Bruck in Flandern mit großer vnsinnig- „ keit, meuterey, vnd freventlicher vffsätzigkeit des pöffels, mit iren sacrilegischen vnd verfluch- „ ten Händen, hand anlegen vnd gefänklichen halten dörfften: denselben von Bruck wardt „ von den Venedigeren beschlossen zuschrieben, als sye auch Dantzemol ir Boßheit dester baß „ zu bevestnen theten mit solchen sechs worten: Uomo morto non fa piu guerra. daz ist zu „ teutsch: **Ein todter man macht keinen vnd fürt keinen kryeg mer.** Dieselben Flemmyng von „ Bruck mit solicher schwerer vnmenschlicher vrteyl zu ermanen, denselben Maximilianum iren „ edelen mächtigen Fürsten vß solcher gefänknüß nit zu lassen, sonder Jre verfluchte Händ mit „ seinen edelen blut zu beflecken. Aber dieselben Flemming als die weißen danzemol volgten „ solchen pösen Rat nit. Vnd hat ir Maiestat dieselben brieff gehalten lassen, die an Orten „ vnd enden anzuzeigen wissen. „ Eben das bezeugt Fugger MS. Bl. 84. S. auch Heuter Bl. 145. Häberlin. Th. VII. Bl. 421. 423. (a) Mit welchen schmeichelhaften Vorstellungen die Deputirten von Brügg K. Maximilian in ihre Stadt eingeladen, beschreibt am weitläuftigsten Fugger MS. Bl. 67. (b) Die umständlichen Erzehlungen von der brüggischen Gefangenschaft liefern Fugger MS. Bl. 67. u. s. f. Roo Bl. 370. Heuter Bl. 138. Die glaubwürdigste aber ist die Erzehlung Hanns Rollens, der sich damal mit unter den Deutschen zu Brügg befand. Sie ist von Raim. Duellius Misc. L. I. und vom Hieron. Pez Script Rer. Austr. T. II. Bll. 551 u. f. edirt worden: nur schade, daß sie mehr Fragment als vollständiger Bericht ist, und daß sie in der gedruckten Abschrift sehr fehlerhaft ausgefallen. (c) Bey der Befreyung K. Maximilians behielten die von Brügg, drey Geißeln zurück; auch diese wurden endlich bis auf einen loßgelassen. (d) Die Stadt, von welcher hier gehandelt wird, ist Hulst; die schwartz und abgefallen weiß geselschat sind die Flemming. Die Glosse im MS. MAX.

A. 1488.

sehung, Sy waren zu schwach, vnd vermainten Sy möchten Jme nit helfen, Aber nicht dester mynder, schriben Sy brif, allein des Jungen weißen kunigs frunden, (a) vmb hilf vnd vmb Rat, Das Jnen dann hernach zu guetem kam, des Sy doch kain sondere hoffnung hetten, Jn mittler Zeit bedachten die Reichen, welcher massen Sy mit Jrem leiben vnd gnetern hanndeln solten, damit Sy sich versichern mochten, ob die Swartz vnnd abgefallen weiß geselschaft über handen nämen, dardurch Sy von Jnen nit vertriben wurden, Dann die Armen namen war, der verrätterey Jrer mitgesellen, vnd die weiß geselschaft, namen im Lannd in den Hertzen, (b) ain Stat ain, (c) Unnd hueben an wider die Swartzen vnnd abgefallen weißen geselschaften zu kriegen, Sy mit dem swert vnd pranndt Zu straffen, Auf solichs versamlet sich die Swartz vnnd abgefallen weis geselschaft, in grosser macht, vnd wolten die weißen, so die Stat eingenomen heten, nach Jrem furnemen belegert, vnnd erschlagen haben, Vnd schriben auch dem plaben kunig umb hilf, Soliche hilf entschuldiget sich der plab kunig, gegen Jnen, in der gestalt, Er bedorfft derselben Zeit seiner leut selber, Dann Er krieget gar hardt, mit ainem anndern kunig, (d) der dem Jungen weißen kunig verwanndt was, (e) Aber gelt versprach Er Jnen, das bedorfften Sy nit, dann Sy waren vorhin reich, das merket die obbemelt weiß geselschaft, vnd rueffeten die reichen an, das Sy Jnen helfen solten, den krieg wider die Swartzen und abgefallen weißen geselschaft zu fueren, Das Sy also teten, (f) vnd versameltn sich haimlichen, an dreyen orten vnd vielen zu Jnen, Aber ain tail warf sich widerumb von Jnen ab, vnd kriegten auch wider Sy, mitsampt Jrn alten mit verwanndten, dardurch der weißen macht geschmelert wardt. Auf solichs, versamelt sich die swartz vnd abgefallen weiß geselschaft, mit Zwayen hawffen, vnd belegertn dieselb Stadt, der ain hauffen rucket, Zu der Stat, (g) der annder hauffen, belieb an ainem paß, wolt wören unnd verhueten, das der weisen geselschaft, in

 der

(a) Im vorläuffigen Manuscripte heißt es. „ allen des Jungen Weyssen kunigs frundten vnd vndersässen. „ (b) Das ist: in Mitte der burgundischen Erblanden. (c) „ Genant Hulst. Desgleichen namen auch die Henigeur namen ein Oudenart. vnd kriegten strengklich vnd wartteten des Weissen kunig vatter vnd frund hilff. „ Die Glosse. (d) Anstat des Wortes kunig setzt die vorläuffige Abschrift „ ainem andern machtigen Fursten. „ Nämlich Franz I. Herzog zu Bretagne, welcher sonst unter dem Name des schwarzweissen Königs, oder des Hermikönigs in dieser Geschichte fürkömmt. (e) In der andern Abschrift steht am Rande folgender Zusatz: „ vnd ainen Beystand hätt von dem kunig von hispani und von dem kunig von Engelandt: aber Er schiket Jnen gelt. das Sy Soldner bestellen solten „ (f) „ Vnd versamleten sich vnd schluegen sich fur Hulst; dann die von Hulst hetten Jhnen vor zwo Slachten abgewunnen wie es dann in den andern artikeln steet. „Also schossen Sy es. Sy kunten aber dieselb zu kainen Sturm schliessen dann Sy het: tieff Wassergreben. Vnd da Sy die nit gewinnen kunten wolten Sy die hungern. „ Die Glosse. (g) Die von Gent hatten ihr Lager beym Dorfe St. Johannsstein, eine halbe Meile von Hulst. Heuter Bl. 146.

A. 1488.

der Stat kain hilf zu kom, noch beschehe, von Iren mitgeseln, vnnd der hauffen der Zu nagst bey der Stat lag, het sich noch nit recht, in ain Ordnung versamlet, In dem machten die hauptleut in der Stat, ainen sonderlichen adenlichen anschlag, auf die veindt, vnd traten ungewarneter sach aus der Stat (a) iu angeender nacht, vnd vielen in den nagsten hauffen, vnnd schluegen den in die Flucht, vil flohn im Dorf darynnen Sy lagen in die Keller, vnd kamer, die verprennten Sy mit samt dem Dorf, vermaintn Es were pesser, Sy wern Zu Himel, oder im nächsten Dorff dabey, dann das Sy auf Erdrich, als meutmacher sollen sein, (b)

A. 1488.

Wie die Weyß geselschaft, den andern hauffen, der Swartzen Vnnd abgefallen Weÿßen geselschaft, auch sluegen. (c)

Nach dem vnnd die weiß geselschaft, den vorgemelten hauffen, der zu nachst bey der Stat lag, geslagen, vnnd Jr vil verprennt heten, da versamlt sich die weiß geselschaft widerumb zusamen, vnd Zugen auff den andern hawffen der an dem paß lag, vnnd griffen diesselben veind Ritterlichen an, vnnd schluegen denselben hawffen, auch pald in die Flucht, Sy erschluegen auch in demselben hauffn, den pössisten hauptman (d) mit aller seiner geselschaft, der dann die verrätterey, wider den Jungn weißen kunig, mit der swartzen und abgefallen weisn geselschaft alle zu het gericht.

Wie

(a) Den 2ten May um fünf Uhr fruhe. Den ganzen Verlauf erzehlt Heuter ebend. (b) „ Also „ waren gar guet kriegsleut in der Stat, die machen ainen ausfal vnd besetzten die thör vnd „ vberfiellen Sy nach mitternacht, vnd sluegen Jr vil zu tod, vnd flohen Jr ain tails in die „ keller. So zuntteten die von Hulst dieselbe vnd das dorf an darjnn Sy lagen, vnd verprenen„ ten alle die in dem kellern waren vnd auch alles das im hör war, das in das veld gehört. „ Also zoch ain yeder haim. Vnd kam kainer wider. „ Die Glosse. (c) „ Auf Sand Jo„hans dikh. Ist das negst das vorsteet sagt die Glosse. „ Es ist aber hiemit nicht ausgemacht, ob nicht hier von einer andern Begebenheit die Rede sey: denn dergleichen Vorfälle haben sich um selbe Zeit mehrere ereignet. S. Heuter Bl. 146. (d) Die gedruckten Geschichtbücher melden von dem Namen dieses Hauptmanns nichts. Mag er doch imer verborgen bleiben. Sonst berichtet Fugger MS. Bl. 87. und die oben angezogne flånderſche Chronik Bl. 244. daß Anton Kaerl ein brüggischer Dechant in einem Scharmützl bey Maele unweit Brügg erstochen worden.

H·B

Wie die Swartz, vnnd abgefallen Weyß geselschaft, den Weyßen kunig aus Venngknus liessen, (a)

Als Nun die Swartzen und abgefallen weißen geselschaften sachen, den großen unfall, und unsig, bedachten Sy sich, wie sie gesund heten, Auch das Jr macht zu klain were, vnd partheiten sich, der ain tail, wolt den Jungen weisen kunig aus lassen, auf genad, und parmhertzigkayt, die Er Jnen daentgegen beweisen sollt, der annder tail, wollt Jne tödtn, (b) Doch was der merer tail Zu seiner erledigung, vnd halfen Jme aus der gefencknuß, doch auf genad, die Er Jnen dann versprach, (c) auch Jnen hielt, und halten wolt, Aber Got wolt solichs nit beschehen lassen wie hernach vernommen wirdt.

Wie dem Jungen Weyßen kunig vil volck zu zug, Vnd wie die Swartz vnd abgefallen Weyß geselschafft, vnterainander groß auf ruer machten, (d)

Als Nun der Jung weiß kunig, aus der gefenncknus kam, (e) vnnd gantz ledig was, Jn mitler Zeit kam ain mechtig volck, (f) von des weißen kunigs frundten, vnnd von etlichen seinen vnnderthanen zu Jme, zu hilf. Also Ertzelet Er, demselben volck, den Hanndel wie Es Jme in der gefenncknus ergangen were, vnnd bat Sy, das Sy darein verwilligeten, den pössen vnder den

(a) Jm vorlauffigen MS. ist am Rande folgende Aufschrift beygesetzt: „ Wie des Weissen kunig „ Volk Jren heren erledigten, ee wan seins Vatter kriegsvolk kam zu bemelts Weissen kunigs „ erledigung. „ (b) Auch von der Genter blutigen gesinnungen berichtet die obengedachte fländersche Cronik Bl. 241. folgendes: „ Item up den XXVIII. sten dach van Maerte so „ quam binnen der sted van Brugghe een Messagier van der stede van Mechelen, „ dye welcke brochte eenen brief als dat si hadden verstaen dat die van ghendt ghecommu- „ nikiert waren metten Fransoysen, ende dat si ghesloten hadden *te leuerene den* „ *Roomschen coninc* in den handen von den Conink von Vranckeryche *leuende of* „ *doot.* „ (c) Den 16. May in der St. Donatskirche zu Brugg. Die Urkunde dieses mit den fländerschen Ständen eingegangnen Vergleiches, wie auch der Eid, den könig Maximilian hierüber geschworen, ist dem ganzen Jnhalt nach in der flanderschen Chronik (Bl. 249. u. f.) eingetragen zu lesen. (d) Jn der vorigen Abschrift wird diese Rubrike also gelesen: „ Wie des Jungen weyssen kunig „ haubtleuten, die da kriegeten auf die Fleming zu desselben erledigung viel volk zuzug. „ u. s. w. (e) den 16. May. (f) Die kaiserliche Reichsarmee unter Anführung K. Friederichs.

[129]

[130]

gueten, durch ain ander Gnad zubeweisen, (a) damit Jme daraus kain nachred Erwuechse, Er wisset mit der Zeit woll, ainen Anschlag, vnd solich schicklichayt zu prauchen, dardurch Er, die, so Jne erledigt heten, in die pössen hetzen wolt, die dann die verrätterey am ersten gemacht, vnnd angefanngn hetn, wider Jne die dann solich ubel, vnnd verrätterey an jnen rechen wurden (b) Solichs gab das obgemelt mechtig volck dem Jungen weißen kunig nach, doch mit den fur worden, Sy wolten des bey denen die dann Jne aus venncknus erledigt heten, ainen grundt sehn, Auf solichs schicket der Jung weiß kunig, zu denen, die Jn erledigt heten, (c) in gehaim, sein potschafft geistlich personnen, (d) vnd ließ Jnen verkundten, das Er Jnen sein Zusagen halten wolt, doch muesten Sy zuvor versteen, wie Sy verfuert weren gewest, (e) damit Sy sich mit der Zeit, vor denselben zu hueten wessten, Aber die ganntz pösen, waren gar vertzweifelt, in dem pracht Jnen der teufl einen grossen Sack mit gelt, dadurch die gemain Rot mit Jrn gesellen swartzn vnd abgefallen weiß ainen auflauf, uber Jr gesellen, vnd uber des weißen kunig haimlich potschaft macheten, vnd Jre Regierer die gern fried gehabt heten, Jagten Sy von ain annder das Sy sich verpergn muessten, Jn dem halfen Jnen Jr mit gesellen dar von, des Erschrack der Jung weiß kunig ser, Aber seine fursten hauptleut Ritter und knecht so bey Jme warn, erfrewdten sich solichs jnsonnderhait damit Sy mit krieg gestraft möchten werden, (f)

Wie

(a) K. Maximilian gab sich auch grosse Mühe, seinen Vater von allen Thätigkeiten abzuhalten. Häberlin Th. VII. Bl. 437. Heuter Bl. 154. (b) Diese ganze Stelle, angefangen von den Worten: „ Er wisset mit der Zeit - ist im andern MS. auf folgende Weise von Glossator verändert worden: „ Dann Er wisset das die pösen den gueten nicht volgen wurden. Dardurch „ mit Jrem Willen vnd Sy sich selbs an Jn rechen wurden wo Sy sich wurden erkennen. Damit Er der „ Weiß kunig gerachen wurd. „ (c) In der andern Abschrift heißt es: „ zu denen die es gern „ gesehen haben. das der Weiß kunig erledigt ist worden. „ (d) Vermuthlich den Weihbischof von Dornik, den Abten von St. Peter zu Gent, und den von Affelghem. S. Heuter Bl. 153. (e) In der vorigen Abschrift steht am Rande folgender Beysatz: „ Dann der Weiß „ kunig verhoffet Er wurd bei seinem Vater souil handeln das Er den Tractat, den Er mit de„ nen von Prugg vnd andern deshalben gehandlet het, halten wurd. „ (f) Insonderheit ist zu Mecheln ein Gericht nidergesetzt worden, welches gesprochen, daß der Krieg wider die Rebellen fortzusetzen sey. Den Inhalt dieses ergangenen Urtheils liefert Fugger MS. Bl. 96.

H B

H·B

Wie die weyß geselschaft, den krieg wider die Swartz vnd abgefallen Weyß gesellschaft widerumb anhueb vnd Sy sluegen, (a)

In kurtzer Zeit, nach dem vorgemelten auflauf, versamlt sich die weiß gesellschaft zusamen, vnnd hueben auf solichen auflauf, den krieg wieder an, mit der Swartzen unnd abgefallen weißen geselschaft, an des Jungen weißen kunigs, wissen unnd willen, dieselben Swartzn vnnd abgefallen weisen geselschaft, versamleten sich auch auf ain News ser stark, vnnd zochen auf die weiß geselschaft, also kamen Sy zusamen, unnd schluegen sich mit ainder, unnd die gantz weiß geselschaft gewann überhaunndt, unnd schluegen der schwartzen und abgefallen weisn geselschaft ob tausend zu todt.

Wie der Jung Weiß kunig, gegen dem Swartzen hauptman zug, unnd ungeslagen, von ain ander abzugen, (b)

Als der krieg widerumb angieng, da zoch der Jung weiß kunig, mit seinem volck, das Er dieselb Zeit bey Im het, das dann wenig was, gegen dem Swartzen hauptman, dann der weiß kunig, seiner hauptleut einen, mit dem meisten

(a) „Die Schlacht vor Cochsee„ sagt der Glossator. Von dieser Schlacht ist schon oben (Bl. 212.) gehandelt worden. Hieher gehört nun auch jene Erzehlung, welche in der vorläuffigen Abschrift zu Ende des nächstvorgehenden Kapitels eingetragen worden. Sie lautet also: „ Vnd (die „ Fursten haubtleut Ritter und knecht des Jungen weissen kunigs,) hueben von stundan wider „ beuelh des (jungen Weissen kunigs, aber aus erlaubnuß des alten, den krieg wiederum an „ vnd gewangen denen von prugg ain Sloßl an genant kochsee. Die von Prugg alsbald Sy „ das erfueren waren auf vnd warffen ainen haubtman auf genant Anthom von Neuenhofen. „ vnd gaben Im haubtgschutz zue vnd belegreten dasselbig Slößl. Da das erfuer der Kaiser „ Fridrich vnd der Waiß kunig. Die da dann mit Irem kriegsvolk von einander getailt waren; Kaiser Fridrich schiket vier seiner treffenlichen haubtleut, Nemlich Graf Endris von „ Sunenburg, herrn Jorgen Rottaler, herrn Veiten von Rechberg vnd herrn Vlreichen Ankenreuter, mit ainer redlichen antzal wider den obgemelten Anthoni von Neuenhofen. Der „ Weiß kunig zoch mit allem seinem kriegsvolk auch auf Sy, Sy zu befechten. Aber die bemelten vier hauptleut kaisers Fridrichen kamen vm ettlich stund zu vor. Doch Ee wann Sy „ kamen, hetten Sy das gschlößl gewungen und alle die teutschen die darinnen waren, ertödt. Vnd Ee wan Sy zuschetzen den letsten getödt hetten, graiffen die Fleming an Ee dann „ Sy in der Gegenweer an. Dann Jr los wart hetts vbersehen vnd warn vil aus Jnen gefangen vod noch mehr erslagen. Jr warn ob den IIII M. vil sterker dann die kaiserischen. „ Der Weiß kunig kam auch von stuud an zu Jnen mit seinen Volk. ꝛc. - Nota, auch dadarein zu setzen, das Herr Ulrich Ankenreuter an der Schlacht so hart geschossen ward. „ Noch weitläuftiger ist dieses Treffen in der gedachten flånderschen Chronik. Bl. 255. u. f. beschriebeu. (b) „ Vor Yper; die Figur zu stellen zu der Figur bei dem Polberch zu Yper. Ist „ vorbeschriben „ sagt der Glossator. S. oben Bl. 210. Jn der gedruckten Geschichte find man eben nichts weitläuftigers von dieser Begebenheit.

A. 1488.

sten volck, an ain ander Ort geschickt het, wider die Swartz vnnd abgefallen weiß geselschaft, der weiß kunig nam mit seinem volck, zu Roß und fueß gegen dem Swartzn hauptman, den vortail ein, in ainem weiten veldt, vnd alspald der Swartz hauptman, der dann vill paurn bey jme het, höret das der weiß kunig jm veldt was, versuechet derselb hauptman, mit dem weisen kunig zuslagen, vnd bevalch seinen Rennern, mit dem weisen Rennern zu treffen des Sy sich dann vnderstundten, Aber die weißen Renner waren Inen zugeschickt, annd fuerten Sy biß in Iren halt, Also flohen Sy widerumb zu ruck, vnd verkundtn das, Irm Swartzen Hauptman, und fragten Ine, ob Er treffen wolt, das schlueg Er auf solichs ab, und wolt weiter nit treffen, Da, solichs der weiß kunig ersach, rucket Er aus seinem Vortaill, auf das weit Veldt, mit Inen zu treffen, das aber sein Spitz (a) aus etlicheu ursachn nit Zugeben wolt, Also hielten Sy vor ain annder, unnd schicktn Ir Erholdt Zusammen, unnd vertruegen sich mit ain ander, auf hoflichait, und Zochn also bey scheinender Sunnen von ain annder ab.

A. 1482.

Wie der plab kunig, mit Vntrew sovil practicieret, das ain Weyßer Furst erschlagen ward, (b)

Es was ain gotsforchtiger furst, derselb was ain anstosser, und verwandter des weissn kunigs land und kunigreichs, Nun machet der plab kunig, gegen demselben furstn, ain parthey, und schicket auch ainen seinen furstn, auf Ine mit volck, und mit vill gelts, dardurch derselb, mit demselbn gelt, dem gedachtn weisn furstn, in seinem Lannd dermassn ain parthey aufrichtet, das Sy sich wider Jrn aign herrn bewegen liessen, dardurch derselb weiß furst erslagn ward, durch des plabn furstn subtilitet, und derselb plab furst, verjaget auch mit seiner parthey des fursten dienner alle und nam mit seiner parthey, das Land ein, das Er doch nit lanng behielt,

Wie

(a) Durch dieses Wort scheinen die Hauptleute des Kriegsheers bedeutet zu werden. (b) „ Bischof von Lüttich Bnrbon der allt. „ Die Glosse. Diese Geschichte ist bereits oben Bl. 167. u. f. abgehaudelt worden.

Wie der Jung weiß kunig, den vorgemelten Fursten, wiederumb Rach. (a)

Ob solicher vorgemelter Handlung, das der vorberurt gotsforchtig furst, also unpillig erschlagen ward, trueg der weiß kunig ainen sondern Zorn, und Erhueb sich in kurzer Zeit, mit seiner geselschaft, vnd zoch geweltiglichn in dasselb Lannd und verbrennet den meisten tail im land, gewan auch in demselbn lannd, etliche Stet und Schlösser, mit sturmen, vnd sonnst, vnd dieselb landschaft, verlor viel volck, des Sy sich erzurnetn und versameltn sich woll sechtzehen tausend starck, zu sampt der plaben geselschaft, vnd namen den streit mit dem weißen kunig und seiner geselschaft an, und verlorn den streit, darnach setztn Sy jr gewaltig Regier ab, dann Sy heten Sy verfuert, und veraintn sich, mit dem weisn kunig, und jagten den plaben fursten mit seinem volck aus dem Lanndt.

Wie der plab kunig sein Untrew nit lassen mocht, Vnd wie der Jung weiß kunig, die Swartz und abgefallen weiß geselschaft, ain Antzal in ainem täber erslueg, (b)

Als der plab kunig vernam, das die weiß gesellschaft den krieg wider die Schwartz unnd abgefallen weis geselschaftn widerumb angefangen hetten, schicket Er abermals, der bemelten abgefallen geselschaften, etlich tausend man zu

(a) „ Lutticher krieg der Erst, und ist guet. „ Die Glosse. S. oben Bl. 167. - 173. (b) „ Taber von kalo zu antorf, id est Plokhaus. „ Die Glosse. Auch von dieser Begebenheit ist mehrmalen gehandelt worden (Bl. 143. 144.) Einige Geschichtschreiber nennen den Hauptort dieser Begebenheit Kloppersdyck und versetzen diese Geschichte auf das J. 1485. Man hat keine vordringende Ursach gefunden, dieser letztern Meynung beyzufallen. Uebrigens bleibt imer der Zweifel, ob nicht vielmehr dieses und das nächst hierauf folgende Kapitl eine Fortsetzung der Kriegsgeschichte vom J. 1488. sey. Dennoch findt sich am Rande dieses Kapitels folgender Bericht: „ Da der Weiß kunig sich mit denen von Gent zerkrieget und gleich darauf zu „ denen von Antorf wegkzoch zu stellen „ „ Dieselben von Antorf empfiengen den Weissen „ kunig alls Iren herrn hoch vnd schon. Derselbig klaget Inen wie die von Gent mit Im „ gefaren weren vnd In seinen aigen Sun genomen wider Jr verschreibung. Dieselbeu „ von Antorf erpoten sich wider wie getreu vudersessen das Sy gern helffen wolteu das derselb „ Sun wider in seins Vater hendt kem. Da das erfuren die von Gent vnd die andern flemingen „ die Inen anhiengen waren Sy seer vnbillig wider die andern. Nun war zwischen den von „ prug vnd Antorf ain haimlicher Neid, dan der Kaufman zog sich fast von prugg in flandern „ gen Antorf angesehen das dieselb Stat Antorf gelegner war der gemainen kaufmanschaft vnd „ dem Volk; vnd verreden die andern fleming daz Sy mochten die von Antorf straffen das Sy „ den Weissen kunig weren also zue gefallen wider die von flandern wegen seins Suns Ertz-

A. 1485.

hilf, unnd richten also under Inen selber, Zway hör auf, mit dem ainem hör, schluegen Sy sich fur ain Sloß, das dem Jungen weisen kunig zugehöret, mit dem anndern hör, namen Sy ain Befestigung ein, und machten ainen täber dahin, Der maynung, das Sy dem Jungen weißen kunig, ain sondere Liebe vnd notturftige strassen, wolten gewert haben, darab Ertzurnet der Jung weiß kunig, und versamlt sein volck zu stund an, und tailet das gegen den veindten, unnd Zoch gestracks anf den täber, und gewann denselben täber mit dem sturm, vnnd die im täber waren, die wurden alle erschlagen und erstochen, woll bey funnff hunndert man, ꝛc.

Wie der Jung weyß kunig, die swartz vnd abgefallen weiß geselschaft vor ainem Sloß schlueg, (a)

Da nun der Jung weiß kunig, den vorgemelten täber, mit dem sturm erobert het, machet Er sich mit seinem volck Zustundan widerumb auf, vnnd erschuttet das vorgemelt Sloß, darfor die veindt lagen, und griff Sy Ritterlichn an, und der veindt wurden der meist tail er schlagen, und gefanngen, der Jung weiß kunig vertrucket mit seiner geselschaft, und jaget die veindt in ain Stat, daraus Sy nit wider in sein Lannd kamen, sondern Zugen darnach haim, die weiß gegeselschaft erschluegen, auch, gar vill zu todt, die auf der fart waren, uud der Swartzen vnd abgefallen weißen geselschaft zu hilf entgegn Zochen.

Wie

„ hertzog Philips von Hispania vnd schiken die fleming ain merklich volk in ain dorf an der „ Schelt ain Meil hinter Antorf genant Calo (Calloo) vnd macheten da ainen täber vnd the„ ten XXVIII. große puchsen darein in maynung den kaufleuten den Strom da zu weren gen „ Antorf zu faren. Dardurch wollten Sy widerumb Jr kaufmanschaft zuruktreiben. Aber Jr „ puchsen waren alt, vnd schossen nit hart, vnd das wasser die Schelt ist seiberlich weit und „ liesen die kaufleut das faren darumb nit. Die Schefleut gewonneten gleich den schus vnd ga„ ben nichts darumb. Alspald der Weiß kunig kam aus dem ersten Zug auf dem Mör, den „ Er thet wider die fleming fuer Er am ersten, 2 oder 3mal für dasselbig plokhaus, also lies „ Er sein volk aintreten vnd schiken nach denen von Antorf die schiketen Jm Jr kriegsvolk vnd „ belegreten Sy vnd gewunnens, vnd waren alle die gefangen die da darinnen waren. Also „ beualh der Weiß kunig was fleming darinnen gefangen weren, das man die sol hengen. „

(a) „ Pierpaum oder Dirmue, kochsce „ sagt der Glossator. Allein der Inhalt zeugt vielmehr, daß man dieses Kapitel als eine Fortsetzung des vorigen anzusehen habe: und also möchte diese Erzehlung schicklicher auf die Eroberung Nienove und auf die Zurücktreibung der aelstischen Besatznng ausgelegt werdtn. S. Heuter Bl. 114.

Wie der plab kunig, den Gruennen kunig beweget, wider den Jungen Weyßen kunig zu kriegen, (a)

Der plab kunig practicieret auch haimlichen, und mit seinen grossn lisften, pracht Er ainen kunig in sein geselschaft, der was gar schon in gruen beklaidt, darumb wirdt Er der gruen kunig (b) genennt, derselb gruen kunig, krieget an unnderlaß auf ain weise geselschaft, in ainem anndern kunigreich, das dann des Jungn weisn kunigs prueder (c) zugehöret, Nun was der Jung weiß kunig gar weit von demselben reich, dann Er was in seinem kunigreich gegen der plaben geselschaft mit grossem krieg beladen, Dardurch der gruen kunig in dem obgemelten kunigreich etwo vill lannd und leut abgewan, (d) Wiewol dieselb weiß gesellschaft, dem Jungen weißen kunig, gar offt und hoch ermanten, Inen zu helfen, so kundt und mocht Er doch solichs derselbn Zeit mit thuen, Aus Ursach, Er mocht aus seinem kunigreich von seiner täglichn weisn geselschaft, mit kainem gelimpf noch Eren nit abziechen, Es were dann mit Irem gunst und willen, Nun ließ die vorberurt weiß geselschaft die der gruen kunig bekrieget, nit nach und schicketen ain treffennliche potschaft, zu des Jungen weißen kunigs tägliche geselschaft und paten Sy, Inen den weisen kunig ain Zait zu leichen, Dann Sy prächten mit Inen, ainen treffennlichn und beruemten hauptman, (e) der dann des weisen kunig nahender frundt were, (f) Nun het des weisn kunigs täglich gesellschaft vor vill von demselben hauptman hören sagen, (g) dardurch die vorberurt weiß geselschaft bey der täglichen weisen geselschaft, so vil erwarben und erlanngten, das Sy Irn gunst unnd willen darein geben, den bemelten hauptman antzunemen, (h) und den Jungen weisen kunig mit Inen ziechen zu lassen,

(a) Der Glossator hat sich über dieses Kapitel in eine weitläuftige Erzehlung eingelassen. Nur ist zu wissen, daß sie hieher gar nicht gehört, sondern auf spätere Zeiten zu verschieben ist. (b) Mathias I. König in Ungarn. (c) Soll vermuthlich heissen Vater. Sonst könnte man glauben, daß hier Wladislav König in Böheim verstanden werde, von welchem bekannt ist, daß er K. Maximilianen in einer Urkunde vom Jahr 1507. seinen **Bruder** nennt. Allein K. Wladislav war weder vom K. Mathias mit soståten Kriegen überzogen, weder stand er mit dem Erzhause damal in einem so guten Vernehmen, als der Inhalt dieses Kapitels zeugt. (d) Die von K. Mathias in den österreichischen Erblanden gemachten Eroberungen sind bekannt. (e) Albrecht III. Herzog von Sachsen. (f) H. Albrechts Mutter Margarethe war eine Schwester K. Fridrichs III. und also K. Maximilians Baase. (g) Schon im J. 1487. begleittete H. Albrecht die ihm aufgetragne Oberste Feldhauptmannsstelle über die Reichsarmee wider K. Mathias mit großen Ruhme. (h) H. Albrecht hatte mit K. Mathias im J. 1487. einen Stilstand getroffen, und kam das folgende Jahr in die Niderlanden, um den gefangnen K. Maximilian zu befreyen.

A. 1489.

Wie der Jung Weyß kunig, weg zoch, und ainen hauptman an sein stat verordnet, der die Swartz und abgefallen Weyß gesellschaft slueg, vnd bezwang, (a)

Alls Nun die weiß täglich geselschafft, dem Jungen weisen kunig zugab, wider den gruenen kunig zu ziechen, und den vorbemelten treffenlichen und beruemten hauptman an namen, da bevalch der Jung weiß kunig demselben hauptman, welcher massen Er den krieg, an seiner stat, wider die Swartzen und abgefallen weisen geselschaftn (b) fueren solle, unnd Er rustet sich auch, und zoch zu der weiten weißen geselschafft, aus seinem Reich, mer dann zway hundert teutscher mail, (c) Alls Nun der Jung weiß kunig, weg getzogen was, pald darnach, Zoch der vorgemelt beruembt hauptman, mit des weißen kunigs geselschaft, auf die Swartz und abgefalln weiß geselschaft, die sich dan abermals aufs sterckist versammlt het, und entlich der maynung warn, sich in kainen weg, dem Jungen weißen kunig mer zu ergebn, nach dem Sy vormalen auch von Jme abgefallen weren, der bemelt hauptman bewarb sich auch, bey dem Roten kunig, (d) umb hilf der schicket Jme ain Antzall volcks, alspald Er dasselb volck het, zoch Er zu stund, auf die berurten veindt, und grif Sy an, vnd erschlueg woll den dritten tail aus Jnen, zu todt, die anndern gaben die flucht, den Eylet Er auch nach, bis in zwo befestigung, darynnen Er Sy belegert, und bezwanng, den ainen tail, mit dem hauptgeschutz, die andern schlueg Er in den schiffen zu todt, (e) mit ainer seltzamen prucken, als Sy sich speisn woltn, Also ergaben sich die übrigen demselben hauptman zu genadn, anstat des Jungen weißen kunigs und derselb krieg ward dermassn hingelegt vnd gericht, (f)

(a) „ Hertzog Albrecht vnd die Fleming „ sagt der Glossator. (b) „ Die Fleming vnd Lütticher, Die Glosse: Philipp von Kleve hatte es eben dieses Jahr dahin gebracht, daß die Helfte von Brabant und dem Lüttichergebiethe sich zu den rebellischen Flandern schlug. Heuter Bl. 159. (c) „ Zu seinem Vater „ Die Glosse. K. Maximilian befand sich noch im Hornung A. 1489. in Holland, und gieng gegen Anfang des Märzen nacher Deutschland. (d) „ Engeländer „ Die Glosse. Den 14. Hornung kam das zwischen K. Maximilian und Heinrich VII. K. in England getroffne Schutzbindniß zu standen. Die Urkunde liefert Rymer Act. Angl T. XII. Bl. 359., u. f. (e) „ Zum Dam bey Prugg, die vberfiel Er vnd slug Sy. „ Die Glosse. Ob diese Auslegung richtig sey, ist eben nicht gewiß. Sonst hat H. Albrecht eben dieses Jahr die Städte Gennep und Tienen in Brabant erobert. Seine andere Eroberungen erzehlet Andrian in Epoch. Habsburg. Bl, 107. (f) Der Friedensvertrag zwischen K. Maximilian und den flanderschen Städten ward noch dieses Jahr den letzten Weinm. getroffen. S. Heuter Bl. 178.

A. 1489. 1492.

Wie der Jung weyß kunig, vor seinem Wegziechen, sonnst auch zwen hauptleut (a) verordnet, auf ain anders abgefallen volck das Sy dann sluegen, vnd bezwangen, (b)

Der Jung weiß kunig, het auch sonst ainen beruemten kriegsman, (c) der vill Ritterlichen sachen bey Jme, und in seinem dienst gethan het, demselben gab Er auch, etlich kriegsvolck zu, von seiner täglichen weißen geselschaft und machet Jne daruber zu hauptman, und schicket Jne auf ein ander volck, so Jne abgefallen was, (d) die der plab kunig, auch mit seiner lisstigkait, und mit seinem grossen gelt, das Er dann alwegen dartzu prauchet, bewegt het, Also zoch derselb hauptman mit seinem volck, auf die obgemelt abgefallen geselschaft, und gewann Jnen zwo Slacht, nach ainander ab, ain grosse, und ain klaine, (e) Der Jung weiß kunig ließ auch dieselbn abgefallen geselschaft, auf dem wasser bekriegen, dann Sy hetten auch vill kriegsscheff, und Er verordnet seinen kriegsscheffen, ainen aigen hauptman zu, (f) Also nottigetn die bemelten baid hauptleut, die abgefallen geselschaft dermassen, daß Sy sich wider in die weiß geselschaft, dem Jungen weißen kunig zu ergeben (g) erpoten, das teten Sy auch zum tail, aus der ursach, dann Sy vermainten, Sy wolten sich dardurch erreten mit der speisung, dann Sy an speiß grossen mangel heten, und die vorgemel-

(a) „ Graf Johann von Egmond, und Martin von Polheim. (b) „ Der krieg vor Rotertham „ vnd der letst krieg vor Luttich mit der slacht Stockhaimerhaid. „ Die Glosse. Eine andere am Rande beygesetzte Nachricht giebt über diesen ganzen Aufsatz folgendes zu vernehmen: „ Jn Holland da der Weiß kunig wie vorstet, sich rüsstet zu seinem Vater zu ziehen vnd Er Hertzog „ Albrechten von Sachsen den Krieg mit den Fleming vnd luttichern beuolhen het; da zoch Er „ in holland. Da Er denn ettlich versamblet puebenvolk, die man nennt die Pakpueben het „ Jm ain Stat eingenomen genant Roterdam, versamlet Er die hollender mit Jren pauern zu „ Jnen in ain Stetl genant Seidam ain Halbe meil von Rotterdam, Roterdam, wider zu erobern. Nemblich mit dem hungern dan es ist sunst so stark gewesen. das man solcher Stat mit „ kainer puchsen Schaden hat mugen. Also belegert derselb Weiß kunig dieselb Stat zu Wasser „ und zu Land. Solche Stat zu hungern. aber es thet in die heer nit not, dan Sy verwarloseten sich selbs Nemblich so zohen Sy vberall aus mit Jren fändlen vnd auch mit Jren „ Schiffen das Land zu berauben und das Land zu speisen, aber der Weiß kunig zoch mit seinem Volk vberal auf Sy, vnd slug Sy so häfftig 3mal auf einander. Dadurch Sy aiso „ verzweifelten vnd gaben die Stat vber vnd noch aine die Sy erobert hetten vnd zochen aus „ dem Land. „ (c) Den Grafen von Egmond Stathalter in Holland. (d) Die hoeksche Partey in Holland, welche unter Anführung Franzens von Brederode im J. 1488. die flanderschen Unruhen zu benützen wußte und ihre Rebelion von neuem anfieng. K. Maximilian selbst kam zu Anfang des J. 1489. nach Holland. (e) Die grosse Schlacht mag das den 4. Brachm. auf dem Lek vorgefallene Schifgefecht bedeuten. Durch die kleine wird vermuthlich jenes Treffen verstanden, welches den 18. Brachm. zwischen den Oesterreichern und einigen roterdamschen Proviantschiffen sich ereignet hat. Diese beyde im J. 1489. gelieferte Treffen fielen zum Nachtheil der Hoekschen aus. S. Le Petit Chron. de Holland & Zeeland. Bl. 583. 584. Heuter Bl. 179. 180. (f) Martin von Polheim. (g) Noch dieses Jahr ergab sich Roterdam nach einem sechs monatlichen Wiederstand an die Oesterreicher.

A. 1489. 1492.

ten, Zwen hauptleut, solten sölichs in dem bestanndt der rachtigung übersehen, dardurch Sy sich widerumb speisen möchtn, und schickten sich gar in grosser gehaim zu der speisung, waren auch der maynung, daneben auf die weiß geselschaft durch Ire kriegsschef ainen grossn Raub zuthuen, (a) Das also gar nahend beschehen were, das solichs der weiß Schefn hauptman ubersehen het, Aber Er kam dannoch zu rechter Zeit, und het nichts übrigs, und fuer auf Sy, (b) unnd fanndt Sy Im Raub, doch gleich als Sy von dem Raub wider in Ire Scheff getreten waren, unnd schlueg Sy und ertrennckt Ir vill, Nemlich Sy flochen aus Irn grossen Scheffen, in die klainen schiflein, darauf an lannd zufaren, unnd auf dem Lannd Zu entrynnen, Aber Sy ertrennketn sich selbs, aus uber Ladung der Schiflein, Also vienng die weiß geselschaft, den ainen hauptman der veind mit aller Schiffung, der ander hauptman (c) entran Inen, unnd aus derselben flucht, ward derselb krannk, und starb, und an seinem todt pet, prediget Er seinem volck, das Sy sich hinfuro hueten sollen, wider Irn herrn den Jungn weißen kunig, und wider die gerechtigkait zu thun, dann Es neme, in dieser, noch Ihener welt, kain guet Ennde, Auf sölichs ergab sich dasselb volck, mit ainem gueten grund, und grossem willn, widerumb an die weiß geselschaft, und gaben alle Ire Befestigungen ein, den obgemelten zwayen hauptleuten, zu willen und gehorsam, Irm rechten Herrn, dem Jungen weisen kunig, (d)

Wie

(a) Im J. 1490. streifte Franz Brederode mit seiner zu Slchuis ausgerüsteten Flotte in der Gegend von Dortrecht und Schwindrecht, machte auch Miene Goedereede wegzunehmen. Petit Chron. de Holl. & Zeel. Bl. 586. (b) Das Treffen gieng bey Brouwershaven den 23. Heumanat im J. 1489. vorbey, unter Anführung des Grafen von Egmond, und Martins von Polheim. Brederode wurde in selben Verwundet und gefangen Heuter Bl. 180. Häberlin B. VII. Bl. 501. u. a. m. (c) Dörfte Hanns Naeldwick seyn, der diesesmal entkommen, und seine Rolle noch eine Zeitlang spielte, endlich aber im J. 1492. in Frankreich zog und starb. (d) Nachdem im J. 1492. neben andern Festungen auch die Sluis an H. Albrecht von Sachsen übergangen war, wurde der Friede in Flandern wieder hergestellt. Eben um selbe Zeit nahm in Holland die hoeksche Partey ein Ende S. Heuter Bl. 209. Häberlin B. VII. Bl. 613.

[133]

HB

Wie der Jung weiß kunig, zu der weyßen geselschaft kam, die sein lang begert hetten, Und wie Jme der frölich weyß kunig sein Reich ubergab. (a)

Dieweil die vorgemelten hauptleut also kriegetn, und den Sig behielten, kam der Jung weyß kunig, zu der weyßen geselschaft, die der Gruen kunig (b) bekrieget, die Emphiengen den weisen kunig, mit sondern grossen frewden, und Eren, Alsdann wol zuermessen ist, Nachdem Sy sein lange Zeit begert heten, Er kam auch zu ainem altn knnig, (c) der was sein nachst gesipter frundt, (d) Nun was derselb kunig, ain alter schwacher man, unnd het gar ein Reich vest kunigreich, mit gepirg, (e) das übergab Er dem Jungen weisen künig, aus aigem freyem willen, Unnd nam dasselb kunigreich also ain, das Jme dann vill guets gethan hat.

(a) „ Vbergebung Herzog Sigmund des Weissen kunig. „ Die Glosse. Am Rande kömmt folgende Erzehlung bey: „ Alls der Jung Weiß kunig von Holland aus zoch zu seinem Vater k. Fridri-
„ chen, der ward von Im mit allen seinen Vntersässen vnd dienern mit grossen freuden empfan-
„ gen. Desgleichen thet auch kunig Mathiasch der doch kaiser Fridrichen veind was, und schi-
„ cket sein potschaft auch zu Im vnd lies In empfanhen vnd erpot sich hoch gegen Im. Auf
„ solchs erpieten tediget der Jung Weiß kunig zwischen seinen Vater vnd kunig Mathiaschen und
„ vnd machet ainen bstand zwischen Inen auf dreu Jar vnd zoch zurugk darnach zu seinen Vet-
„ tern H. Sigmunden. Desgleichen thet auch hertzog Sigmund des Weissen kunigs vetter; von
„ dem ward der Weiß knnig gar schon empfangen. Dann Er sein Erb was. dann Er kain kind
„ het. Vnd noch vilmehr war Er schon empfangen vnd mit grosser Begird angesehen durch
„ sein Landschaft vnd begereten sein von stund an zu ainen heren. vnd paten H. Sigmunden Er
„ solt Im regieren lassen vnd ain genants Gelt von Im nemen. Das er dan thet. Gleich in
„ dem kam dem Jungen Weissen kunig potschaft, das sein Vater gestorben war. Des Er hart
„ erschrak. Im kam auch darneben potschaft wie die Turgken der krabaten nach ob V. M. auf
„ das haubt erlegt hetten. die auf der Waldstat beliben waren. Also nam der Weiß kunig vil
„ tausent man zu Im zu Roß vnd fueß vnd gar ain schon streitpars volk. vnd schiket zu kunig
„ Walbislav von hungern Er solt Im sein Cron aufgeben vnd Im sein Volk zugeben. so wolt
„ Er mit baiden volk den Turgken nachziehen vnd vndersten die Crabaten zu rechen. das aber k.
„ Waldislaus vnd die hungern abslugen daran der Weiß kunig groß misfallen emofing. „ (b) Mathias I. K. in Ungarn. (c) „ Herzog Siegmund von Oesterreich. „ Die Glosse. (d) Erzh. Leopold der Fromme wbr K. Maximilians Uranherr. (e) Die gefürstete Grafschaft Tirol. S. Roo Bl. 380. u. a.

Wie der alt Gruen kunig starb, und wie sich die gruen geselschaft partheyet, (a)

In dem starb der alt gruen kunig, (b) der dann alle Zeit anhenngig gewest was dem plaben kunig, alspald der Jung weiß kunig, sölichs vernam, da nahend Er sich demselben kunigreich, in der maynung, Jme darynnen ain parthey zu machen, daß Sy Jne, auf sein Erbliche gerechtigkayt, (c) die Er zu demselbn

(a) Zu diesem Kapitl kömt in der vorläuffigen Abschrift folgende Erzehlung: „ Kaiser Maximilian het ain bstand gemacht zwischen kaiser Friedrichen vnd kunig Mathiaschen auf 3. Jar. In kurtzen tagen darnach da starb kunig Mathiasch. Also versamlet Sy die Cron zu Hungern anzunemen ain neuen kunig vnd begeret an Jn, Jn anzunemmen auf sein gerechtigkait vnd zaiget Jm die an Nemblich also ꝛc. Deßgleichet vermainet k. Wladisla zu dem kunigreich Beheim (l. Waldisla K. in Beheim zu dem Kunigreich Ungarn) auch ain gerechtigkait zu haben von seiner Mueter, die war ain tochter von hungern und von Oesterreich. Also namen die hungern für Jren kunig K. Wladisla von Behaim, vnd widersagten dem Weissen kunig. Derselbig nam das in grossem Vnlust an, vnd klagt solchs seinem vater, vnd bat Jn Jm zu helffen so wolt Er sich vntersteen dieselb mit dem Schwert zu erobern. Also versamblet der Weiß kunig ain grosse macht zu Roß vnd fueß veldgschutz vnd haubtgschütz, vnd zoch auf die hungern vnd nemlich auf die, die etlich Stet vnd Slosser Jnen hetten im haus Oesterreich vnd gewann dieselben in zehen wochen all herwider mit dem hauptgschutz vnd sunst. Nemlich het knnig Mathiasch an denselben wol X. Jar gewunnen, das gewan der Weiß kunig in zehen wochen herwider vnd zoch darauf weiter mit allem seinen volk auf die Cron zu hungern; gewan dieselbig Cron wol den viertel. Nemlich zu letst zoch Er gen Stuelweissenburg in die ander haubstat des kunigreichs vnd stuermet die vnd gewan Sy frey mit dem Sturm vnd fieng und erslug vil hungern darinnen. Darnach viel so ain greulicher wintter an, das Er Jm veld nit bleiben macht, vnd zertailet sein hör. Indem kam Jm potschaft von der hertzogin von Britani, die Er zu ainer gmahl genomen het vnd verkundet Jm das Er Jr muesset persendlich zu hilf kommen wider den kunig von Frankreich. Dann wo Er Jr (nit) personlich zu hilf kam, so muesset Sy sich den Frantzosen ergeben. vnd mocht solchen smertzen an Jren Land vnd leuten nit leiden. Also beuolch der Weiß kunig sein kriegsvolk seinem Vater vnd seinen haubtleuten, vnd schraib Jr zue Er wolt komen vnd zoch darauf gen Nurnberg vnd beschreib zu Jn die Reichsstend in hoffnung ain Neu volk aufzubringen. Schraib auch seinem Stathalter herzog Albrechten seinem Stadhalter in Burgundi, das Er all sein volk zu roß und fueß in den Burgundischen landen solt aufbringen. Er schicket auch sein potschaft zu dem kunig von hispani vnd Engeland auch umb hilf vnd machet also seinen Anschlag Er wolt mit seinem volk durch Normandia in Britani zogen sein. Also kam der Frantzos mit ainer teding an die hertzogin. vnd nam dieselbig zu ainem Weib. Also nam Jn das Land alles an für Jren Landsfürsten. „ (b) K. Mathias starb zu Wien im J. 1490. den 5. oder 6ten April. (c) Kein Friedensvertrag kann feyrlicher errichtet werden, als derjenige ist, den Mathias I. K. in Hungarn mit dem Kaiser im J. 1463. zu Neustadt getroffen hatte. In diesem nun ward geschlossen, daß, im Falle K. Mathias ohne Leibserben abgehen würde, die Kron Hungarn dem K. Friedrich und seinem Sohne Maximilian zufallen soll. Die zum Neustädter Friede gehörigen Urkunden hat H. Hofrath Kollar aus den Originalien, mit des Vrsin. Velius hungarischer Geschichte abdrucken lassen. H. Georg Pray hat sie ebenfalls seinen Annal. Reg. Hung. T. III. einverleibt wo sie von unparteischen Lesern mögen nachgesehen werden.

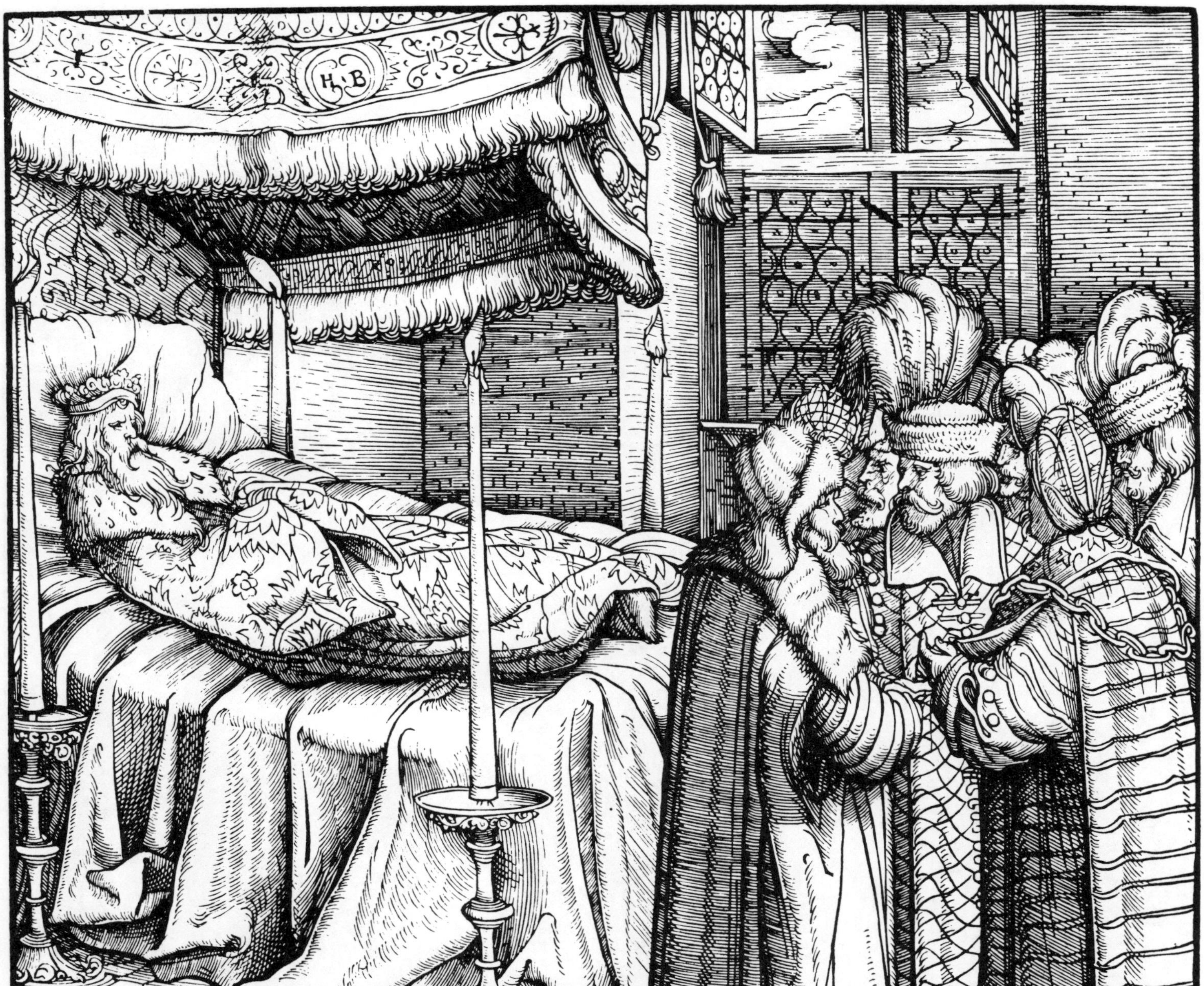
H B

[136]

selbn kunigreich het, annemen, Es kam auch ain dritte parthey (a) in das spiel, aber des ainen kunigs (b) parthey gewann uber hanndt, dardurch die ander parthey Erzurnet, und prach auf, unnd Zug in ainem hauffen von dannen (c) Also Eylten In, die andern nach, (d) und derselben Renner, schluegen der andern nach traber, in die flucht, darauf wendet sich derselb hauffen, vnd wolt doch doch mit den andern on ainen vortaill nit treffen, also hieltn baide hewffen vor ain ander, wolt kain hewffen, dem anndern sein vortaill ubergeben, In solichem Riten die gefangen, von dem nach trabern, zwischen Inen, hin und wider, und macheten ainen tractat, (e) Zwischen Inen, und vermainten sich, bey dem maisten tail Zubeleiben, darab Emphieng der Jung weiß kunig, ainen Zorn, und zoch in dasselb kunigreich über die gruen geselschaft, wie hernach beschrieben wird.

Wie der Jung weyß kunig, das landt widerumb erobert, das der gruen kunig, der weißen geselschaft abgedrungen het, Auch wie Er das gruen kunigreich bekrieget. (f)

Als Nun dem Jungen weisen kunig kundschaft kam, das die ain gruen parthey, über handt nam, versamlt Er ain New groß mechtigs volck, von manicherley getzüng, (g) Auch ließ Er sein News haupt und streitz geschutz, nach

Ppp allem

(a) Die ansehnlichsten Parteien waren nebst der östrerreichischen, die corvinische für Johan Corvin einem unächten Sohne des K. Mathias, die böheimische für den K. Wladisla, und die polnische für dessen Bruder Albrecht. (b) Des böheimischen Königs Wladisla. (c) Johann Corvin, als er die Ubermacht der böheimischen Partey vermerkte, verließ Ofen, und kam mit seinem Anhange nacher Fünfkirchen. Bald darnach ward die Nation über ihn sehr übel zu sprechen. S. Georg Pray Annal. Reg. Hung. P. IV. Bl. 212. (d) Die Böheimische Partei schickte den Corvinischen zween Feldherren, Stephan Bathory, und Paul Kinys mit einem Kriegsheere nach. Ebend. (e) Die Unterredung lieff fruchtlos ab: es kam endlich zum Treffen in einer Gegend zwischen Ofen uud Stulweißenburg, wo die corvinische Partei den kürzern zog. Ebend. (f) „Das der weiß kunig kunig Mathiaschen haubtleuten das land abgewunnen hat.„ Die Glosse Es war fürnemlich um die von K. Mathias in Oesterreich eroberten Städte zu thun. Die hungarischen Stände hatten es ihrem neuem Könige nachdrücklich verbothen, diese Conqueten an das Erzhaus abzutretten. Allein K. Maximilian glaubte auch ohne dieser Verwilligung etwas wagen zu därfen. Der östereichische Orator sagt in seinen auf dem Reichstage zu Kostnitz im J. 1507. gemachten Vorstellungen: „Darnach starb kunig Mathias von Hungern, do zoch der Römisch kunig hinab vnd gewan widerum die grenitzen der Nider österreichischen Lande, dero kunig Mathias Kay. M. wol ain dritail abgetrungen het, ir Rö. Ku. M. erobert auch darzu wol ain halben tail der Cron zu Hungern.„ S. auch oben Bl. 240. Amm. a. (g) Das ist, von mancherley Nationen. Das Kriegsheer K. Maximilians bestande größtentheils aus Oesterreichern, Schwaben, Bayern, Böhmen, und einigen getreuen Hungaren.

A. 1490.

allem vortaill zurichten, und tailet sein kriegsvolck, in zway Heer, vnd griff damit die veindt an, und gewann in dreytzehen wochn, alle purg Stet vnnd Sloß, (a) Auch das gantz Lannd, das der gruen kunig, seiner weißen gesel-schaft in dreytzehen Jaren eingenumen und abgedrungen het, die gruen gesellschaft, nam auch den wasserstram (b) ain, mit ainer starken Befestigung, heten ein mechtig heer, mit ainer schönen wagenpurg, der Jung weiß kunig, Zoch mit seinem heer auf Sy, vnnd schlueg Sy dermassen, in der wagenpurg, das Er Sy in die flucht pracht, unnd Eylet Inen nach, bis in Ir kunigreich, da kamen Sy uber ain wasser (c) und warfen die pruck ab, die dann lanng was, dardurch der weiß kunig, nit zu Inen kumen möcht, Aber an ainem Ort, kam Er über dasselb wasser, vnd übereylet Sy, also das der merer tail, in die hauptstat desselben kunigreichs, nit kumen möcht, Nun het sich ain Newer gruener kunig (d) aufgeworfen, derselbig Gruen kunig, schicket seiner hauptleut ainen, mit viel volcks, dem weisen kunig entgegen, der solt den weisen kunig schlagen, Als derselb hauptman, mit seinem volck, in das veldt kam, und Sy durch kundschaft vernomen, das der weiß kunig so mechtig und starck, mit seinem kriegsvolck was, da wich die gruen gesellschaft aus dem veldt, in ain befestigung (e) in maynung, die dem weißen kunig vorzuhalten aber der weiß kunig tailet sein kriegsvolck, des Er dann ain grossemacht het, in Zwen hauffen, desgleichen theilet Er auch, sein geschutz, des Er auf baid seydten genugsam het, und hueb an, in den Gruenen kunigreich die Slösser purg und Stet zu schiessen vnd zu erobern, (f) Also schicket der New Gruen kunig dem vorgemelten seinem hauptman, fur und fur volck zu, das der Gruenen wol so vil waren, als der weißen, Aber der weiß kunig verordnet seine baide heer, so woll, mit mynderung und merung, gegen den veindtn, wie sich dann das der notturfft nach gepuret, dardurch die Gruen, kainen Streit bedorfften an nemen, (g) mit dem weisen kunig, Sy verlorn auch, das der weiß kunig gewann und erobert, in Siben wo-

(a) Wien, Neustadt, Klosterneuburg, Bruck an der Leita, St. Pölten, Seisenstein, Holenburg, Stain, Mautern, u. a. (b) Vermuthlich die Laita, welche Oestereich von Hungarn scheidet. (c) Die Raab. (d) Johann Corvin hatte sich unterdessen befriedigen lassen. Desto weniger aber wolte Prinz Albrecht K. Wladislaven Bruder von einem vergleiche hören, sondern fiel im J. 1491. mit einem zalreichen Kriegsheer in Hungarn ein. S. Georg Pray Annal. Reg. Hungar. P. IV. Bl. 218. Doch ist hier unter dem Name des neuen gruenen Königs eigentlich K. Wladislav selbst zu verstehen, wie es die Folge der Erzehlung weisen wird. (e) Stulweissenburg, Albaregia, eine aus den alten Hauptstädten des Königreichs. S. die folgenden Anmerkungen. (f) Die namhaftesten von diesen eroberten Ortschaften sind Güns, Oedenburg, Vasvar, Stein am Anger, Veßprüm. (g) Auch die hungarischen Geschichtschreiber wissen uns von ihren Feldherren Paul Kinys, und Stephan Bathory in Betreff des gegen K. Maximilian vorgenohmenen Feldzuges für dieses Jahr nichts anders zu berichten, als daß sie von Stulweissenburg nach Ofen gezogen. S. Pray Annal. Reg. Hung. P. IV. Bl. 217.

A. 1487.

wochen, ob funftzig, oder Sechtzig Slösser, vnd befestigung, vnd gar nahend den halben tail Ires Gruenen kunigreichs, und zum letsten, die ain hauptstat Ires kunigreichs, (a) die dann der weiß kunig mit gewalt, mit ainem sturm gewan, darynnen vill erschlagen und erstochen warn, und mit grosser not, behielt der weiß kunig das heilthumb, (b) das in derselbn Stat was, nach dem sturm begnadet Er die gefangen alle, und die erschlagn, ließ Er Erlichen begraben, und wolt darnach Zogen sein, auf die ander hauptstat (c) desselben kunigreichs, darynnen den Newen gruenen kunig zu behawren, und dieselb Haupt-Stat auch zu sturmen Also kunnd der Jung weiß kunig, sein volck von der grossen pewt, vnd von dem gueten wein, Der in derselben gewunen hauptstat was, nit bringen, dardurch die Zeit versaumbt wurde, das der weiß kunig nit mer bedorfft under steen, die bemelt hauptstat zusturmen, dann der Gruen kunig pot den merern taill, seins kunigreichs auf, den weisen kunig zu bestreiten, Aber Er bedörfft sölichn streit nit wagen, Angesehn die grosse macht, und das streitpar volckh, das der weiß kunig het, Nun was die Zeit, des windters verhanndn, und in dem viel ain groß vngewitter von kellten und schnee an, Dardurch der weiß kunig, mit seinem volckh, nit lennger in veld möcht beleibn, und legert sein volck in die befestigungen (d) und leger, den kriegwider den Gruenen kunig, in dem grueen kunigreich täglichen zu treiben.

A. 1491.

Wie der Plab kunig, auf den Swartzen weyßen kunig, ainen krieg anfieng, vnd was der Jung weyß kunig darynnen handlet. (e)

Alls Nun der weiß kunig, sein kriegsvolck, in dem Gruen kunigreich, in die leger ausgetailt het, da kam Ime pottschaft, wie der plab kunig, seinen pundgenossen den langen swartzen weisn kunig, auf ain News uberzug, der mit Ime in ainem bestandt was, (f) dann der plab kunig, wisset, daß der weiß kunig stecket in dem krieg, mit dem Newen gruenen kunig, Also versamelt der weiß ku-

(a) Stulweissenburg. (b) S. Roo Bl. 383. Pray Annal. Reg. Hung. P. IV. Bl. 217. (c) Ofen. S. Pray ebend. Bl. 217. 218. (d) K. Maximilian legte eine starke Besatzung in Stulweisenburg: noch gieng vor Ende dieses Feldzuges Heimburg, und Vazzon über; der König aber zog zu seinen Vater K. Friedrich nacher Linz. (e) „Der anfang des Britanischen „krieg.„ Die Glosse. Soll vielmehr heissen: der Ausgang der bretagnischen Streitigkeiten in Betreff der Herzogin Anna. S. oben. Bl. 240. (f) S. oben Bl. 240.

A. 1491.

kunig, die treffenlichistn personn aus seinem kunigreich, unnd hielt gar treffenlichen Rat dieser krieg halbn, vnnd fannd in Rat, das Er solle widerumb in aigner personn, wider den Gruenen kunig Ziechen, vnd ainen seinen hauptman, mit ainer grossen macht, in des plaben kunigs land schicken, das dann gegen des weisen kunigs landt, nit besetzt was, dann des plaben kunigs kriegsvolck, lag alles gegen dem Swartzen weisen kunig, Also Zoch derselb hauptman, vnd versamlt sein volck, indem kam dem weisn kunig von dem swartzn weisen kunig potschaft, (a) wie Er mit dem plaben kunig ain tading angenommen het, (b) und begeret an dem weisn kunig, das Er den plaben kunig in seinem kunigreich dieser Zeit nit beschedigen ließ, darauf der weiß kuuig sein hauptman schrieb, stil zu steen, das also beschach, der schwartz weiß kunig pat (c) auch den weisen kunig, das Er so wol tät, und selbs personndlichen zu Jme käme, so wolt Er Jme wegweise geben, wie Jme zu helfen were, dann mit weiter kriegen were Jme nit zu helfen, Alls der weiß kunig solichs vernam, da richtet Er sich zu demselben Swartzen weisen kunig in Eil Zu Zichen, (d) Und verkundet seinen obristen hauptman, (e) der gegen dem Gruenen kunig lag, solichn Zug, und bevalch Jme Ernstlichn, Er solle allen vleyss ankerren, damit Er den krieg und den Sig, den Er selbs gegen den Gruenen kunig erlangt het, vnder hielt, bis auf sein Zukunft, vnd wiewol sein Raiß zu den swartzen weisen kunig, Etwas weit were, so wolt Er sich dannocht befleissen, auf das aller furderlichist wider zukumen.

Wie

(a) Die Zeitrechnung ist in diesem aufsatze, wie in mehr andern mishandelt. Denn Franz II. Herzog in Bretagne war schon im Jahre 1488. verstorben. (b) Der Friede zwischen Frankreich und Bretagne ward eben im J. 1488. zu Coiron geschlossen. S. Lobineau Hist. de Bretagne T. I. Bl. 789. und T. II. Bl. 1498. (c) Soll heissen die junge schwartz weisse kunigin, nämlich Anna Herzoginn von Bretagne S. oben Bl. 240. (d) K. Maximilian kam den 15. März 1491. nacher Nürnberg. Es wurde alda ein Reichstag gehalten, dessen wichtigste Gegenstände die Rettung des Herzogtums Bretagne, und die Eroberung des Königreichs Hungarn gewesen. (e) S. Die Anm. b. über das nächstfolgende Kapitl.

A 1491.

Wie zwischen dem Jungen weyßen kunig, vnd dem Gruenen kunig, ain Rachtigung gemacht wardt. (a)

Der obgemelt, des weisen kunigs hauptman, (b) der mit krieg gegen den Gruen kunig lag, der het in abwesen des weisen kunigs etlichen unsig (c) gehabt, dardurch Er seine zugeordnet Rät, und ander hauptleut, in ainen unlust, und sich selbst in ain erschrecken pracht, In dem ließ sich derselb hauptman, und seine Zugeben Räte, den Gruenen kunig überreden, vnd machten in namen des weisen kunigs, mit dem Gruenen kunig ain Rachtigung, (d) die dem weißen kunig Erlichn was, aber nit vil Nutzlichn, Doch gab der weiß kunig, dieselb Rachtigung nach, und verprieffet und versiegelt dieselb Rachtigung (e), damit Er mit pessern Eren vnd fuegen, möcht mit seiner personn, so weitt dem Schwartzen weisn kunig zu hilf zu ziechen.

Q q q Wie

(a) In der vorläuffigen Abschrift ist diese Rubrik also abgeändert worden. „ Wie zwischen Kaiser Fridrichen vnd dem kunig Wladislav ain Rachtigung gemacht worden. „ Hier kömt am Rande diese wichtige Anmerkung hinzu: „ Da der Weiß kunig also auf dem Reichstag zu Nurmberg was am Zug in Britani mit großer macht durch Frankhreich aus seinem Land Arthois vnd beualh seinem Vater den Krieg vnd seinen haubtleuten e die nit die allerpesten wären. dann Er hèt die pesten mit Jm genomen. Darauf kaiser Fridrich kain gefallen het mit Jrem kriegen. da vertrug sich k. Fridrich mit dem neuen kunig Wla. vnd verlies Jm das kunigreich mit der furbart wo Er abgieng an mendlich Erben, das solch kunigreich dem Jungen Weissen kunig alls ainem Erben haimfallen sol vnd verkundet das dem Weissen kunig. Er hiets mugen pesser thun von Jrer baider wegen dann Jm gedeucht das das an seiner person beisein das kunigreich mit dem Schwert nit zu gwunnen wer. Des erschrak der Weiß kunig seer dann Er Britani verloren vnd die Cron zu hungern vnd war gsessen zwischen zwaier stuel auf die Erd. Doch wolt Er seinen Vater nit vngehorsam sein vnd bstettet solchen Tractat. „ (b) Vermuthlich Reinbrecht von Reichenburg. S. Vnrests Chron. Austr. beym Hahn Collect. Monument. T. I. Bl. 749. (c) Noch in diesem Jahre gieng Stulweissenburg, Vazzon, und Agram verloren. Stain am Anger, Zentgorod, Körmend, Marvankew, Kostel, und andere kleinere Oerter blieben bis zum Friedensschlusse in östereichischen Händen. S. Pray Annal. Reg. Hung. P. IV. Bl. 231. u. f. (d) „ Zu den Zeiten wart durch kunig Maximiliam genanntn Hawbtman Herrn Reinprechtn, Zeckl vnd Wan (Johann Corvin) ain friedlicher Anstand betaidingt in dem Schein wer kunig zu Ungernn wurd, dem sollt lediglich gevalln alles das zu der Kron Ungern gehordt an des andern Tail Jrrung; dapey bleib es. Und bald nach solichem ward betracht ganntzer Frid zwischen Kunig Maximilian und Kunig Albrechtn (l. Wladislav) zu Vnngern „ u. s. f. Unrest. Cron. Austr. Bl. 750. (e) Der Friede wurde zwischen den östereichischen und hungarischen Gesandten zu Preßburg eben dieses Jahr geschlossen. Die Urkunde ist in Aucta. Diplom. ad Ursini Velii historiam endente Cl. Kollario eingetragen. Der östereichische Orator hat den Verlust des Königreichs Ungarn und des Herzogtums Bretagne auf den kostnitzer Reichstag im J. 1507. also vorgetragen: „ Vnd als ir. kü. M. von den Stennden des Reichs ainer Hilf zu sölchem irer Mt. fürnemen (um die Eroberung der hungarischen Crone) vertrost ward erhub sich ir Mt. da der winter anfiel, zoch heràuf gen Nürnberg der mainung die vertröst hilf bei den stenden des Reichs daselbst versambelt zu erlangen, damit die Hunger zu gehorsam gebracht vnd dadurch der teutschen grenitzen gegen den vngelaubigen gesterkt, vnd verwart werden möchten. Als aber ir Kü. M. gen Nürnberg kam, ward irer Mt. ain interloqutori fürgehalten der-

ge-

Wie sich der Swartz weyß kunig, an dem Plaben kunig ergab, Ee der Jung weyß kunig, zu Jme kam, (a)

Als Nun die Rachtigung, zwischen dem weisen kunig (b) und dem Gruenen kunig beschlossen was, zoch der Jung weiß kunig fur vnnd fur, zu dem vorbemelten Swartzen weisen kunig, vnnd als Er auf drey tag raiß zu demselben kunig kam, da verordnet Er ain treffenliche potschafft, mit, mit ainem mercklichen kriegsvolck, die Er vor an zu dem Swartzn weisen kunig schicken wolt die demselbn kunig verkundn sollen, des weisen kunigs Zu kunft, vnd Jne tröstn, damit Er mit dem plaben kunig, kain unzimliche rachtigung annemen sonnder das Er des weißen kunigs Zukunft erwarttet, Als dieselb treffenliche potschaft, dermassn ganntz abgefertigt was, vnd von Irem herrn dem Jungen weisn kunig Urlaub nemen wolt, In dem kam eylennds ain potschafft, von dem Swartzen weisen kunig, zu dem weißen kunig, dieselb potschafft verkundet Jme, wie der Swartz weiß kunig, sich ganntz ergeben het, in die hendt des plaben kunigs, vnd das des Schwartzen weisen kunigs Ratte hauptleut vnnd Lanndtschafft seins kunigreichs, heten nit glauben wellen, den trost den der Jung weiß kunig, Jme zuempotn vnd Zugeschickt het, Es weren auch darnebn, die seinen durch groß gab so Jnen der plab kunig gethan het, in den sachn ganntz unrein worden, Nemlichen das dieselben, die anndern hetn verfuert, dardurch derselb Schwartz weiß kunig gedrungn were wordn, zu sölicher uugeschickter

„ gestalt das ir Mt. den pundt zu Swaben vnd das Haus Bairn die dazumal in irrung vnd
„ vnainigkait stunden mit ainander befrieden vnd verainen vnd wan das geschehe, So solt als
„ dann irer Mt. die vertrost hilf folgen vnd geraicht werden. Darauf arbaitet sich die Kü. M.
„ in demselben handel seer, vmb dz ir Mt. die hilff gehaben vnd erlangen möcht vnd tedingt
„ wol vier oder fünff monat zwischen inen, versawmet vnd verlor dadurch den halben tail des
„ Künigreichs Hungern schier gar widerumb, den Er vormals erobert, zusambt dem Herzogthumb Britani vnd aller müe vnd costen so Er darauf gelegt het. Wiewol dasselb zum tail
„ durch verreterey vnnd in anderweg, wie menigclich weiß verwarloßt ward. Die baide sach,
„ nemlich zu Hungerr oder Britani der Römisch künig wol het mügen wenden, wo im zu rechter
„ zeit ain klaine hilff beschehen wer. Doch jüngst vor seinem Abschid ward im ain klaine hilff
„ zugesagt. Aber villeicht des viertn tails bezalt die im nu versawmbt was, vnd zu sunderm
„ nütz nit erschiessen mocht, dan dz Er damit die soldner so im gen Hungern und Britani gedient
„ hetten, bezalet. Also und dergestalt ist Britani vnd Hungern, so durch ain klaine zeitige
„ hilff wol bey teutscher nacion behalten werden mügen hetten dauon kommen. „

(a) „ Wie sich des Hertzog von Pritani Erbtochter an den plaben kunig ergab. Ee wann der W. „ K. Jm personlich zu hilf mocht kumen. „ Die Glosse. S. folgenden Anmerkungen. (b) Die Zeitrechnung ist in diesem Kapitel eben so wie in mehr obigen ganz irrig. Will man diese Erzehlung auf die Lebzeiten Franz II. H. von Bretagne ausdeuten, (wie es denn der fernere Inhalt dieser Erzehlung mit sich bringt) so ist ganz falsch, daß sich alles dieses nach dem im J. 1491. geschlossenen ungarischen Frieden ereignet habe. Eben darum hat man ohne fernern Bedenken dieses Kapitel auf das Jahr 1488. angesetzt.

H·B

A. 1488.

ter rachtigung, vnd dieselb potschafft pat darauf den weisn kunig, auf das höchst von Irs herrn des Swartzen weisen knnigs wegen, das Er solichs selbs Ermessen vnd darab kain unwillen vnd unlust nemen solle, darauf der weiß kunig Jnen, derselbenZeit, kain antwurt gab, vndließ dieselbBotschafft an antwurt abschaiden, doch mit dem beschaidt, Er woltdurch sein potschaft, mit der Zeit demselb Schwartzen weisn kunig ain antwurt geben.

A. 1489.

Wie der Jung weyß kunig, auch der Rot weiß kunig, vnd der Prawnn knnig, ain Pundtnus machten, wider den Plaben kunig. (a)

Nach dem der plab kunig, den schwartzen kunig, zu seinem willn pracht het, darab trueg der Jung weiß kunig, ainen grossn unlust, und schicket seine treffenliche potschaften, zu dem Roten weisn kunig, (b) desgleichen auch zu dem praunen kunig, (c) vnd ließ Jnen offenbaren vnd furhaltn, die practictn vnnd unpillich krieg, die der plab kunig, fur vnd fur thet, Er ließ auch dieselbn baid kunig, uw hilf ersuechen, wider den plaben kunig, mit ertzelung, wie schentlichn vnd spötlichn Es in aller welt, Jnen drey kunigen were, Das der plab kunig neben Jnen, also vber hanndt solle nemen, Auch wie Er vnpillichn het erobert, Unnd von Jnen dreyen kunigen abgetailt, mit dem Swert, den Swartzen weisen kunig, Sölichs namen die obgemelten Zwen kunig Zu hertzen, vnd verpunden sich ainhelliglich, mit Irer macht, uber den plabn kunig Zu ziechen (d) Alls söliche pundtnus beschach, da verordnet der plab kunig, gegen Jnen seine hauptleut drey gegen jegklichm kunig ainem, Und ainem yeden hauptman mit grossem volckh, aber der dreyer kunig macht, nit gleich, dann Sy warn Jme an volck zu mechtig, dardurch der plab kunig in grossen sorgen was, Er wurde ainen grossen oder merern tail seins kunigreichs verlieren.

 Wie

(a) Wird in der Glosse auf den „ kunig von Engeland vnd den kunig von Hispauia „ ausgelegt. (b) Heinrich der VII. K. in Engeland. (c) Ferdinand K. in Spanien. (d) S. Jaligny beym Godefroy Histoire. de Charl. VIII. Bl. 76. uod Lobineau Histolre. de Bret. Th. 1 B. 801.

Wie der Plab kunig Rat hielt, vnnd, den Prawn, vnd Roten weyßen kunig, zu frieden stellet, (a)

Nach dem der plab kunig, auf die obgemelten drey kunig grosse Sorg het, Er mecht von Inen, durch Jr pundtnus, aus seinem kunigreich vertrieben werden, da versamlet Er, die treffenlichisten Rätte seins kunigreichs, vnnd hielt Inen solich pundtnus fur, Jme darynnen Zu raten, vnnd fandt darauf in Rat, Er solle den zwayen kunigen, dem prawnen vnd dem Roten weisen, jedem etwas merkliches anpieten zu thun, damit Er dieselben zwen kunig, möcht von dem Jungen weisn kunig abwenden, und von ain annder zertrenen, das dann der plab kunig also tet, Nemlichen Er gab dem prawnen kunig, ain lannd, (b) vnd dem Roten weisn kunig, ain Ewige Jerliche vnd Erliche pension, (c) das namen die zwen kunig also an, vnd der plab kunig, machet damit mit Inen ain rachtigung, vnnd tailet Sy von dem Jungen weisen kunig, mit solichem ab.

Wie der Jung weiß kunig, über den plaben kunig Zug, vnd ain Landt erobert, Vnd zwischen Jnen friedt gemacht ward. (d)

Als der plab kunig, mit den vorgemeltn, prawnen, vnd Roten weißen kunig rachtigung macht, vnd dieselbn zwen kunig, von dem Jungen weißen kunig abtailet, dieweil vertrucket der weiß kunig, mit seinem volck, in des plaben kunigs kunigreich, vnd gewan dem plaben kunig, in kurtz ain Lanndt ab,

(a) „ Den kunig von Hispania vnd den kunig von Engeland „ die Glosse. (b) Die Grafschaft Roussillon und Cerdaigne, welche Karl VIII. K. in Frankreich der Krone Spanien im J. 1493. abgetretten S. die Urkunde beym Godefroy Bl. 662. u. f. (c) K. Jarl VIII. verbande sich der Krone Engeland 745060. Ecus d'or in Betref verschiedener Foderungen zu bezahlen. Die königliche Verschreibung ist den 16. Decemb. 1492. gefertigt. S. Rymers Act. Anglic. T. XII. B. 506. u. f. (d) „ Die Grafschaft Burgundi durch Frau Margreth. Man sol sehen ob dieser titl gemacht sey; „ aber K. Maiestat maint, sey gemacht „ Die Glosse.

A. 1492. 1493.

ab, (a) Das dann sein vorforder, vor gegen dem plaben kunig verloren het, (b) vnnd des weisn kunigs volck, die von der weisen geselschaft, mueſtn gar ainen herten standt tuen wider die plab geselschaft, in ainem Slagen, dann die von der plabn geselschaft, die gegen den obgemelten Zwayen kunigen Zogen warn, die Zugen alle auf den weißen kunig, vnnd auf seine weise geselschafft, Aber der weiß kunig, stercket sich so vast hin wider, (c) das Er wolt mit der plaben geselschafft, den grossen hauptstreit angenomen haben, Die plab geselschaft schrib Irem kunig, Er solt mit grosser macht persondlichn komen, dann Sy besorgten, Er möcht sonst den streit verlieren, (d) Auf sölichs pot der plab kunig, allenthalben in seinem kunigreich auf, vnd stieß doch mitler Zeit mit dem weißen kunig ain täding an, (e) vnd Erpot sich gegen Ime, ime das landt das Er Ime abgewunnen het zu lassen, vnd darzu Ime noch mer ain ander Land, das dann vor auch sein was gewest zu geben, auf solichs erpieten, vnd durch Rat der andern Zwayen kunig, nam der weiß kunig mit dem plaben kunig, auch ain rachtigung an, (f) vnd nam da entgegen die Zway land, darnach Zochen Sy zu beydn Seydten mit Irem kriegsfolck ab, (g)

(a) Die Burgundischen Erblanden. (b) „Als nu der Kunig zu Frannkreich nemlich Ludwich der sechste „ (liese XI.) sölchs vernam vnd dz der berürt heirat (Maximilians mit Marien von Burgund) beschehen und beschlossen ward, erzürnet Er sich vnd hub an das Haus Burgundi zu bekrigen, davon „ Er durch verretterey vnd practik etlich Land gewan vnd darzu mit pranndt ain grossen schaden tet „ vermaint damit zu rechen das sich die Burgundischen land an dz Reich vnd teutsche nacion geslagen hetten „ sagt der östereichische Orator auf dem Reichstage iu Costnitz im J. 1507. (c) „ Also zohen die Frantzosen die vorgegen Arragon vnd Engeland gelegen warn, auf den „ Römischen künig in Burgundi, darauf suchet der Römisch Künig an die von Bern, die kümen irer Mt. mit etlichen tausent Aidgenossen auf irer Mt. versoldung zu hilf, damit ir. kü. „ M. so starck ward, das der künig von Frankreich (wie wol Er auch etlich Aidgnossene bei im „ het) ir Römsch kü. M. nit befechten mocht. Nicht dest minder wollt der Romisch Künig In „ befochden haben „ Ebend. (d) Die Geschichte des Französischösterreichischen Krieges bis auf den im J. 1493. geschlossenen Frieden beschreibt Heuter Rer. Belg. B. 211. — 219. (e) Dieser vorlauffige Friedens Congreß scheint zu Colmar gehalten worden zu seyn S. hierüber Häberlin deutsche Reichsgesch. B. VII. Bl. 634. (f) „ Da kamen der Furst von Arani (L. „ Orani) auch Kü. M. treffenlich Landtschaft (liese Botschaft) auß den nider Burgundischen Landen. Beredten ir Kn. M. das ir Mt. ain teding bewilligt vnd darauf schicket weilend Bischoff Wilhalmen von Aistett, Marggraf Cristoffen von Baden, den von Zolern mit sambt denen von Bern vnd etlichen „ mer von der Aidgnosschaft. die Ku. M. mit guetem willen verwandt waren, zu dem künig „ zu Franckreich, durch dieselben ward ain Rachtigung gemacht der gestalt, dz dem Römischen „ künig sein tochter widerumb geantwurt vnd nit dem Französischen graue (S. oben Bl. „ 222. Amm. b.) verheirat, das auch ir Kü. M. die obberürten zway land (Burgund und „ Artois) so ir Kü. M. der tochter zu heiratgut geben, mit sambt der tochter zugestelt warden, „ durch das die Kü. M. teutscher nacion zu Ern vnd aufenthalt wider Franckreich die grenic„ zen aber behalten vnd erweitert hat „ sagt der östereich. Orator. (g) Die Länder, welche durch diesen Frieden den K. Maximilian von Seiten Franckreichs abgetretten worden, sind im Friedens Tractate unter den Namen les Comtez de *Bourgogne*, *Artois*, *Charolois*, & *Seigneurie de Noyers* (sonsten Noyelle) begriffen. Der Friede ist zu Senlis den 23. May 1493. geschlossen. S. die Urkunde beym Godefroy Bl. 640. u. a.

Wie dem Jungen weyßen kunig, weyter krieg, gegen den Ungläubigen und sonst furfielen. (a)

Nach obgemelter Rachtigung, kam dem Jungen weißen kunig Botschaft, wie das Jme ain Lannd vmbgefallen were, das het ainen andern herrn aufgericht, (b) genannt die Graw geselschaft, vnnd sölichs were beschehn, durch practict, vnd Zuthuen des plaben kunigs, dieweil Er des weisn kunigs veindt was, Dem Jungen weisn kunig, kam auch weiter potschaft, das die Unglaubigen, dem Gruenen kunigreich (c) grossen schaden thäten, Auf solichs tailet der Jung weiß kunig, sein volck, vnd schicket seinen hauptman, den vorgemelten beruemten furstn (d), wider dasselb lannd das vmbgefallen was, (e) Es vielen auch dem weisen kunig, widerumb ab, die groß prawn geselschafft, (f) davon vor auch vill geschriben ist, vnd der weiß kunig Zoch, zu dem Gruenen kunig (g) wider die Unglaubigen (h) was Er dann wider die Unglaubigen, vnd sein hauptman, wider die graw, und praun geselschaft ausrichtet, wird hernach geschriben.

Wie

(a) „ Ist der turkenzug „ Die Glosse S. auch oben Bl. 239. Anm. a. Die Gegenstände dieses Kapitels sind Geldern, Flandern, nnd der in Vorschlag gekommene Türkenzug. (b) Karl von Egmond mit den gelderschen Ständen. Pontanus Histor. Gelr. L. XI. B. 600. Heuter Rer. Belgic. Bl. 221. u. a. (c) Das zur Hungarischen Kron gehörige Königreich Croatien, welches von den türcken überfallen worden. S. Pray annal. Rer. Hung. T. IV. Bl. 255. Unrest beym Hahn Coll. Monum. T. I. Bl. 793. (d) H. Albert von Sachsen. (e) Das Land Geldern (f) Die Flandern, wie wir unten sehen werden. Diese Stellung ist abermal wieder die Zeitrechnung; denn der Friede ward in Flandern schon in October 1492. hergestellet. (g) K. Wladislav. (h) Der österreichische Orator sagt in seinen auf den Reichstage zu Costnitz im J. 1507. gemachten Vorstellungen: „ Auf das kamen dem Romischen künig bottschafft wie die Türgken die „ Krabatten geschlagen hetten, dero nach anzal wol bey Fünfftausend vnd zwayhunderte „ todt blieben warn, das nam der Römisch künig zu hertzen vnd zoch den Krabatten mit Ayliff- „ tausend mannen zu hilff, zu sambt dem dz Er sein Windischen landenn die an Hungern vnd „ Krabatten derselben endt stossen aufpot dero auch etlich tausend berait waren, Die Raiß ge- „ stund den Rö. Künig weit ob hundert tausend hungerisch güldin des guten willens vnd ge- „ müts, dz ir Mt. gern auf die Türgken zogen wer, die Krabatten zu rechen vnd die grenitzen „ wider die Türgken einzunemeu. Aber ir Mt. möchten sich mit den Hungern nit betragen, „ in Ansehung das Sy fürsorg hetten ir Mt. wurd ir vnwesen sehen vnd merken, wolten auch „ irer Mt. nit trawn noch sich mit sambt irer Mt. im Krieg wider die Türgken den krabatten zu „ hilff einlassen. Des dann Bebstlich, Künigclich, Churfürsten, Fürsten vnd ander Botschaf- „ ten so auf weilend Kay. M. begengknüs zu Wyenn gewest, dero wol etlich abgangen aber „ welche noch verhanden die Sy anderst gedencken, nach dem seid ob zwölf jarn vergangen sein, „ bezeügen mögen „ u. s. w.

H.B

Wie der plab kunig ainen fursten überzug, vnd durch ain schlacht sein lannd ain nam, (a)

Es was ain furst, (b) der vor Zeiten dem plaben kunig, vnd seinem kunigreich verwandt, vnd darnach dem weisen kunig anhengig was, vnnd dieweil der weiß kunig dem gruenen kunig zu hilf Zoch, an die Unglaubign, (c) in derselben Zeit, Zoch der plab kunig, vber denselbn fursten, mit herescrafft, derselb furst Zoch auch mit seinem volck zu Roß vnd fueß dem plaben kunig, in der gegen wör entgegen, Er wurde aber zuruck getrieben, Ee der Rot weiß kunig (d), vnd die weiß geselschaft, ime Zu hilf kundtn kumen, jn dem kam Jme das hilf volck an, Aber Er lidt vill elendt, nachdem Er ain alt man was, durch ainen unfal, ainer kranckhayt (e) die Jme dermassn Zustundt, das Er an seinen letstn Endt war, Nun das volck, das derselb furst bey ain ander het, vnd das Jme zu hilf an kumen was (f) die suechten die hauptlent der plaben geselschaft, mit Jnen zu fechten, vnd kamen an ain ander in ainer uneben Landtschaft, (g) vnd jede parthey ware des willens, Jrn vortail ainzunemen, (h) vor der andern parthey, vnd von Enge wegn des lanndts, machten die plab geselschaft zwen hawffen, ainen zu Roß, ainen zu fueß, (i) Die ander parthey, machet vier hauffen (k) zwen zu Roß, vnd zwen zu fueß, in der maynung, das dieselben vier hauffen, gleich mit ain ander, mit den veindtn getroffen sollen habn (l), Nun traffen aus denselben

(a) „Wie der Plab kunig Britani eingenomen hat durch ain Schlacht„ Die Glosse. (b) Franz II. Herzog von Bretagne. (c) Dieser Zeitpunct ist unrichtig angegeben der Anfang des Bretagne französischen Krieges gehört auf das Jahr 1487. zurück. (d) König in Eugeland. (e) Der österreichische Orator auf dem Reichstag zu Constanz erzehlt hier folgende Anekdote „Als der Hertzog von Britani ainsmals mit seinen reten in ainem rat handlt vnd „sölcher seiner Ret verkert gemüet vernam, des Er sich hoch behertziget, wischt Er im rat auf „vnd gieng heraus ain stieg ab zu seinem Zimmer werts, vnd aus vnmuet zorn vnd swern ge„danken, auch aus alter vnd swari seins Leibs, misstrat Er an der stieg vnd schoß mit den „kopf die stieg ab, zerknüschtet das genick das Er sy in kurtzen tagen darnach starb„ (f) Die Engeländer waren in der nächstfolgenden Schlacht mit Bretagnischen Völkern vermischet. Lobineau T. I. 785. (g) Bey St. Aubin da Cormier, alwo die Schlacht den 28. Juli für sich gieng. (h) Hier ist von dem kleinen Scharmützel die Rede, welcher vor der Schlacht vorgegangen. S. Lobineau Bl. 785. (i) Deren einen Adrian von Hopital, den andern Mr. von Trimouille anführten. Ebend. (k) Der Vortrab, und Lanzenknechte unter dem Marschal Rieux, die Hauptarmee aus Fusvölkern bestehend unter dem von Albret, der Nachtrab mit dem andern Theil der Reiterey unter dem von Chateau-Briant. Lobineau Ebend. (l) Das bretagnische Heer stand lange zuvor in Ordnung als das französische. Das Versäumniß dieses Vortheils war nach dem Ausspruche der Feldherren selbsten die erste Ursache des französchischen Sieges. Ebend.

A. 1487. 1491.

vier hauffn, nit mer dann die Zwen hauffen (a), das machet, das Es ain ungemyet volck was, dieselbn zwen hauffn, wurdn auch darob in die flucht geslagn, (b) vnd des anndern tags, verdruckt die plab geselschaft, weiter, vnd namen das lannd ein, biß an die groß befestigung, (c) die Sy, doch mit der Zeit (d) durch Elend suptilitet (e) betzwungn, des erfrewdt sich der plab kunig hoch, vnd schicket von stundan, ainen seinen fursten, mit ainem volck auf den weisn kunig, mit ainem Sack mit Guldin, damit Er die prawn geselschaft, (f) abermalen wider den weisn kunig beweget, Aber die praun geselschaft, gewann nit vill daran, dann Sy wurde durch die weiß geselschafft geslagen, (g) vnd widerumb zu des weisen kunigs gehorsam betzwungen, (h)

A. 1492.

Wie des weyßen kunigs Stathalter, die prawn geselschaft slueg, (i)

Als Nun der Jung weiß kunig, weg getzogen was, dem Gruenen kunig zu hilf, wider die Unglaubign, da viel die groß prawn geselschaft (k) widerumb, als des weisn kunigs hauptman, der verruembt furst, (l) solich vmbfallen ersach, Rueffet Er an den Roten weisen kunig (m) umb hilf, der Jme dann von des Jungen weisen kunigs wegen Zway tausend man zu hilf (n) schicket, Derselb hauptman der tailet sein kriegsfolck in Zwen tail, Er selbs Zoch mit dem ainen taill, auf die graw geselschafft, (o) vnnd den anndern tail schicket Er, mitsampt des Roten weisen kunigs hilf volck, durch seinen Stathalter, (p) auf die groß Praun geselschaft, derselb Stathalter Zoch der praunen geselschaft

(a) Aus Versehen eines deutschen Feldobersten, der in der bretagnischen Geschichte Blaire genennt wird. Ueberhaupt hat die bretagnische Reiterey in dieser Schlacht ihre Schuldigkeit gar nicht gethan. Ebend. (b) Todte zwelf bis dreyzehnhundert, Gefangene fünf bis sechs tausend. Ebend. (c) Nantes (d) Erst im Jahre 1491. (e) Albret verkaufte die Stadt an die Franzosen. Lobineau Bl. 812. (f) Vermuthlich ist hier von den im J. 1491. angehenden neuen Unruhen in Flandern die Rede. S. Heuter Bl. 189. (g) S. Heuter Bl. 190. (h) Zu Ende des Jahrs 1491. Heuter ebend. (i) „Zum Dam die Fleming„ Die Glosse. Dieser Muthmassung (denn es ist ja nur Muthmassung) zu folge scheint hier von jenen Scharmützeln die Rede zu seyn, die sich kurz vor der lezten Ubergabe der Sluis ereignet hatten. S. hierüber Heuter Bl. 209. (k) Die neuen Unruhen in Flandern S. oben Anm. f. (l) H. Albrecht von Sachsen. (m) Heinrich VII. K. in England. (n) Unter Anführung Eduard Poinings. Häberl. B. VII. 612. (o) H. Albrecht von Sachsen kam eben diests. Jahr nach Holland und Seeland, um die aldort erregten Unruhen zu stillen. (p) Vermuthlich Engelbrecht von Nassau S. Heuter Bl. 189. u. f.

H · B

H·B·

schafft gestracks in Jr lanndt, vnnd gewann Jnen ab, etlich Sloß vnnd Stet, die sich ains tails willigclichn an Jne ergaben, vnd die sich also ergaben, die theten den andern widerwertigen grossen schaden, alsdann kriegsgewonnhait ist, das mocht die prawn geselschafft nit erleiden, Und versameltn sich, vnnd Zochen gegn der weisn gesellschafft der maynung Sy aus dem veld Zu Slagen vnnd als die prawn geselschafft nachend zu Jnen kamen, da legerten Sy sich, in ain befestigts veldt, vnd Jr waren in der Antzall bey sieben tausend, vnd hielten allda ain Rat, vnd bewegten wie Sy die weiß geselschafft aus dem veldt schlagen wolten, Aber die weiß vnd die Rot weiß geselschaft wartteten nit auf den beschluß, der praun Ratslag, sonnder Sy zugen den nechstn zu Jnen, vnd griffen Sy an zwayen endn, gleich mit ain ander an, vnd schluegen die in die flucht, vnd schluegen der prawnnen, bey Zwaytausend zu todt, Aber der weisn vnd Rot weisn geselschaft baid hauptleut waren erschossn. (a)

Wie des weyßen kunigs hauptman, die graw geselschaft bezwang, (b)

Wann der hauptman, der dann selbs auf die graw geselschaft getzogen was, der thet derselbn geselschaft, in maniger lay weg, auch grossen schaden, Und als Er den Sig, seins Stadthalters, den Er an der praun geselschafft erlanngt het, vernam, da legert Er sich an ain hauptstat, (c) der grawn geselschaft Zugehörig, vnnd erfordert seinen bemelten Stathalter mit dem volck, das Er bey Jme het, zu Jme, der dan kam, vnd legert Sy auf die annder seydten, derselbn Stat, Aber Sy kondtn derselben Stat, weder mit geschutz noch in andern weg nichts abgewynnen, deshalben der hauptman, vnd sein Stathalter, sich vnnderstundtn dieselb Stat zu hungern, Alls die in der Stat sölichs merckten, da understundn Sy sich durch ainen Subtilen weg, (d) sich zu speisn, Aber der weiß hauptman, wurde solich Jr furnemen gewar, vnd wendet Jnen dieselb Jr

(a) Nur von dem dem Tode eines englischen Kapitains geschieht Meldung beym Heuter Bl. 209. — Uebrigens erscheint bey den gedruckten Geschichten auf dieses Jahr gar nichts, was auf diese ganze Erzehlung eigentlich passete. (b) „ Brabander; der ander flemisch krieg „ die Glosse. Eine andere Hand hat die Aufschrift dieses Kapitels also verändert: „ Wie des weis„ sen Künigs Haubtman die Gelderischen bekrieget „ Freylich wird in dem vorigen Kapiteln unter dem Namen der grawen Geselschaft das Herzogtum Geldern bedeutet: doch scheint die Geschichte des im J. 1492. geendigten flånderschen Krieges auf den Jnhalt dieses Aufsatzes eigentlicher zu passen. (c) Die Stadt Schleuß welche sich unter Anführung Philips von Kleue am längsten widersetzte. Herzog Albrecht von Sachsen nachdem er die Unruhen in Holland gestillet, nahm eine förmliche Belågerung im Monat August vor. (d) S. Heuter Bl. 208.

H·B

A. 1492.

furgenomen speisung, dermassen, das sich dieselb Stat, vnnd das ganntz lannd an den hauptman, anstat des Jungen weisen kunig ergaben, (a)

Wie der Plab kunig, dem Jungen weysen kunig, ander sein Underthannen abwarf. (b)

Im fueß stapfn darnach, schicket der plab kunig, aber ainen Sack mit guldin, vnder ander des weisn kunigs undersåsen, vnd pracht Sy auf wider den vorbemelten verruemten fursten vnd hauptman, des weißen kunigs.

A. 1493. 1494.

Wie der Jung Weiß kunig, wider die unglaubigen ainen zug tet, (c)

In der Zeit, als der vorgemelt weiß hauptman, der beruembt furst, von wegen des Jungen weisen kunigs, den krieg fueret, da zoch der Jung weiß kunig

(a) Nach Uebergab der Sluys wurde endlich der Friede in Flandern gegen Mitte des Weinmonats gänzlich hergestellt. (b) Im grössern MS. wird diese Erzehlung auf die vom Brederode J. 1488. eroberte Stadt Roterdam ausgeleget. In der vorläuffigen Abschrift aber sind esdie „ Holender mit dem käß vnd Brod. „ von dieser Begebenheit ist schon oben Bl. 140. gehandelt worden. Noch kömmt in der vorläuffigen Abschrift hierüber eine Nachricht vor, welche also lautet: „ Pald nach dem lezten hollendischen krieg erhub sich aber ain pofelvolk von pauern vnd packpueben vnd warffen ain kes vnd prod auf vnd vberfiellen ain schone Stat in Holland genannt Harlam vnd slugen sich fur noch ain schonere grosse Stat genant Leiden. Herzog Albrecht Obrister Leutinand derselben Stet des weissen kunig schiket seiner haubtleut zwen mit kriegsvolk denselben pauern kes vnd prot zu widersteen. Der erst haubtman kam zwen tag vor gen Leiden. Ee wan die pauern dafür kamen. Also da sich die pauern fürsluegen, hilt derselb kaubtman hart wider Sy vnd vnterhielt die von der gmain so maisterlich das Sy sich nit zu den pauern slug sondern blieben in der gegenwer wider Sy. In dem neheret sich sein gesell zu besehen, Ob Er möcht zu Im in die Stat hinein komen mit XVIII. C. oder II. M. guter dinstleut. Die pauern heten geschantzt bis an das thor aber Jr volk das in der Schantz war, war vngeschikht. Also vbersahen dieselben pauern das derselb haubtman aus Leiden fiel mit seinem kriegsvolk in die Scart vnd slueg dieselben in der Schantz in die Flucht. In dem ward ain grosse flucht durch das ganz hör aus vnd waren aus den pauren ettlich hundert erschlagen. Also wolten die pauren die Schantz nümer besetzen vnd ruken von der Stat, da Sy vernamen den andern haubtman mit dm guten kriegsvolk. Also berieten sy sich 3. oder 4. Tag, was Sy weiter thun wolten vnd hueben sich an seer zu besorgen von wegen des guten kriegsvolk das wider Sy zoch. In dem kam derselb haubtman in die Stat mit seinen II. M. Manen. Also funden im Rat Sy solten wider gen Harlem ziehen vnd Sy da weiter braten was Sy thun solten. Da wern Sy sicher. Also prachen sie auf vnd zochen dahin die recht Straß doch vber ain Mos. Alspald es nacht war, zohen die zwen haubtleut hinnach vnd hetten Jr kundschaft bestellt die gantz nacht vnd gleich zu morgen als die pauren wolten vber das Mos ziehen da erreichten Sy die haubtleut vnd als Sy sich wanten auf Sy, traffen Sy bey zeit in Sy vnd sluegens in die flucht, der da waren bey V. oder VI. M. sluegen aus Jn XII. oder XIIII. C. zu tod fiengen Jr vil, die andern entranen Jnen haim. Also zochen Jnen die zwen haubtleut nach vnd namen Harlam wider ein vnd noch ain Stat die Sy gewunnen hetten auch en. Dan Sy flohen daraus. Also zoch Sy Jnen weiter nach, Sy gar zu slagen. Aber Sy zochen gar aus dem land. (c) „ Wievor; man soll aber sehen welches besser sey „ sagt der Glossator. Von diesen vorgenohmenen Türkenzuge ist schon oben Bl. 239. gehandelt worden. S. auch Unrest Chron. Aust. beym Hahn Coll. Monum. T. I. Bl. 793. 794. 795.

A. 1493. 1494.

kunig, gegen den unglaubigen, vnnd versamlt ain News heer, damit die Unglaubign, zu bestreitn dann die Unglaubign hetn den Cristn, die an des weißen kunigs lanndt grenitzen vnd stiessn ain grosse Slacht abgewunnen, (a) dieselbn Cristen wolt der Jung weiß kunigrechen, vnd zoch mit seinem volck, bis an der unglaubigen Grenitz, die Unglaubigen Zugen Ime mit ainer grossn macht entgegen, Nun traf derselb krieg, den Gruenen kunig insonnderhait an, Der dann mit seinem kunigreich, an die unglaubigen stieß, der het dem Jungen weißen kunig, zu gesagt, Ime sein volck zuschicken, das aber nit beschach, dardurch der weiß kunig Ertzurnet, vnnd Zoch mit seinem volck widerumb ab, desgleichen die Unglaubigen auch. (b)

A. 1494. 1496.

Wie aber ain krieg, zwischen dem Jungen weyßen kunig, vnd dem Plaben kunig, erwuechs. (c)

In dem, als der Jung weiß kunig an die unglaubigen Zogen was, dieweil het der plab kunig, abermalen mit seinem grossn gelt, mit ainer Landtschaft, (d) die dem weisn kunig Zugehöret, practicieret, vnnd sovil zugericht, das dieselb Landtschaft, dem weißen kunig abfiel, dieselb Landtschaft was starck befestigt, mit Stetn vnd wasser stramen, das der Jung weiß kunig derselben Landtschaft, so Eylendts aus dem stegraif, nichts abgewynnen kundt, In dem Zoch der plab kunig, auf ainen mechtigen fursten, der dem Jungen weisen kunig zugehöret, der maynung, denselben furstn Zuvertreibn, (e) das aber der Jung weiß kunig, nit gestaten wolt, vnd zoch mit seinem volck demselben furstn zu

(a) Die Niderlag, welche die Crabaten in J. 1493. den 30. Herbstm. erlitten haben. (b) „ Turcæ intellecta Cæsaris morte initio anni 1494. irruunt in Croatiam. Romanorum Rex collecto exercitu eis obuiam tendit. Sed exspectare non ausi discessere „ sagt Heuter Bl. 222. Pontanus Histor Gelr. Bl. 601. (c) Eine Glosse sagt „ Von Mailand wegen „ Die andere erkennt diese für ungiltig uud setzt folgende Anmerkung: „ Ist der zug von Ligurena, ist es vor gemacht, sol mans bleiben lassen: wo aber nit, so sol es k. Mt. noch weiter vnd klerer stymenz dann der paß ist nicht recht „ Desto freyere Hand hat man also hierüber eine richtigere Auslegung zu versuchen. (d) Geldern. Der österreichische Orator auf dem Reichstag zu Costnitz sagt: „ Als nun der Römisch künig sölchs seins gueten fürnemens (des türkenzuges) nit „ statt noch volg gehaben mocht, zog er mit seinem kriegsuolck wider herauf vnd hinab in das land „ Gheldern in mainung dasselb - auch wiederumb zu bezwingen vnd das frantzösisch nest „ darinn zu erstörn, (e) „ Vnd als ir kü. Mt. den krieg anfieng vnd ain Stat vnd „ sloss gewunnen het „ da vberfiel der kunig von Frankreich Ytalien auch das kunigreich Neapols u. s. w. Ebend. S. auch oben Bl. 198. u. f.

A. 1494. 1496.

hilf, vnd entschuttet Ine, vnnd traib den plaben kunig Zuruck aus dem Lanndt (a) aber dieselb plab geselschaft, belib auf dem Mer, dann derselben plaben geselschaft, ain groß Comaun (b) zufiel, das dann vormalen, der weisen geselschaft auch verwandt was gewesen, Auf solichs ließ der Jung weiß kunig, sein Schif auch zurichtn, vnd fuer zwischen der plaben geselschafft, Zwayerley schiffen, vnd tet sovil, das Sy mit der ain schiffung, nit von Land kumen, vnd nit speisung haben mochten, vnd kam der hunger vnd die kranckhayt dermassen vnnder Sy, daß Sy alle sturben, vnd verdarben, (c) In dem kam die ander schiffung, Der plaben geselschaft, auf den Jungen weisen kunig, vnd wolten mit Jme auf dem Mör gefochten haben, In solichem kam so ain grosser sturm windt, (d) das der hauptstreit nit beschehen mocht, aber sonst ertöten vnd ertrenckten baid tail, vil an ain ander, vnd die plab geselschaft, emphieng den grössern schaden, vnd zugen also zu bayden tailen ab, verlorn auch gegen ain ander viel schöner grösser schiffung, in dem wardt auch der plaben geselschaft obrister hauptman, (e) vnnd jr pesst schiff ertrenckt, vnd alsobald der Jung weiß kunig, an lanndt trat, kam Jme potschaft, wie der plab kunig mit grosser macht, daher zug, vnnd wolt Jme sein lanndt haimlichen überfalln, Also beraitet sich der Jung weiß kunig, mit seinem volck zustundan, vnnd zoch dem pladen kunig vnder Augen, aber der Winter was so groß, das Sy an ainander kainen schaden thun mochtn, vnd baid tail warteten bis der Winter vergieng.

A. 1495.

Wie der Jung weyß kunig, Und der plab kunig, weytter mit krieg, an ain ander angriffen, vnd die plab geselschaft geschlagen, (f) Und darnach ain Rachtigung, gemacht wardt, (g)

Vnnd alspald der Sumer ankam, da versamlten sich baid tail, auf dem lannd auf das sterckist, zu Roß vnd fueß, vnd mit Irm köstlichen streit geschutz der

(a) S. oben Bl. 200. Anm. b. u. f. (b) Florenz, welches mit Karl VIII. K. in Frankreich einen Bund gemacht. (c) S. oben Bl. 201. (d) Bey der Belägerung Livorno. S. oben Bl. 201. (e) Vermuthlich der Capitain jenes normandischen Schifes, welches der Stadt Livorno zu Hilfe gekommen. S. Heuter Bl. 232. (f) „Zuruckgetriben „ Die Glosse. S. hierüber die folgende Anmerkung. (g) „ Der Krieg von Gnaf und Wargi „ vnd war nur ain klaine schlacht. Ist auch vorgemacht: man sol es aber darumb sehen vnd sol steen zuruck treiben vnd nit slagen „ die Glosse. Diese Auslegung paßt auf die Zeiten Ludwig XII. K. in Frankreich und zur geschichte des burgundisch gelderschen Krieges, wie wir unten sehen werden. Viel wahrscheinlicher ist die Auslegung eines andern Conceptbuches wo es heißt „ Bedeut die Schlacht von Fornef „ Von dieser Schlacht bey Fornuovo ist schon oben (Bl. 200. 201.) in den Anmerkungen gehandelt worden.

A. 1495.

der Jung weiß kunig, saumet sich nit, sonnder Er zoch mit seinem kriegsvolck, zuvor in des plaben kunig lannd, vnd gewann dem plaben kunig an den Grentzn etliche Befestigung ab, der plab kunig, wolt auch mit dem Jungen weisen kunig den streit uit annemen, vnd leget sein volck, in die Befestigung, vnd schicket auch ains tails seins kriegfolcks, auf ain annder Ort, dem weisn kunig in sein Land zu falln, sölich des plaben kunigs anschlag, vernam der weiß kunig, vnd tailet auch sein volckh, vnd ailet mit dem ainem tail derselbn plabn geselschafft nach vnd kam an Sy, pracht auch dieselben in die flucht vnd schlueg derselben ain tail zu todt, jn solichm beschach, durch seine hauptleut, mit dem furpiegen, ain, verwarlosung dieselb plab geselschafft were sonnst alle gefangen, vnd erslagen worden, In dem tädiget ain mechtiger furst Zwischen den Zwayen kunigen, der Jnen bayden hoch verwandt was, vnd richtet Sy, mit ain annder, vnnd Zugen zu baider seydten ab.

A. 1496.

Wie der Junng weiß kunig, ainem fursten, den Er zu seinem kunigreich pracht her, zu hilf zug. (a)

Der Jung weiß kunig, het ainen fursten (b) der Jnsonnderhayt mechtig was, den Er aus ainem schweren Lasst erhebet, (c) vnd pracht, Wiewol Jr baider vorfarn, ob hundert Jaren mit ain ander unains gewesen, vnd mit swerdt schlegen, gegen ain ander gehandelt heten, so würden Sy doch durch groß schicklichayt, des Jungen weißen kunigs, on swert schleg, mit ain ander veraint, vnd der weiß kunig pracht denselbn mechtigen furstn, mit der gehorsam widerumb zu seinem kunigreich, (d) Ab solichem heten der plab kunig, vnd sein vmbsessen ainen verdrieß, vnd machten wider denselben fursten ainen pundt, vnd bekriegten Jn, der maynung, Sy wolten Jme etliche Grenitz, von seinem Lanndt abgewynnen, Ee Jme der weiß kunig zu hilf kumen möcht, vnd namen sich also vmb denselbn fursten an, auf dem Mör vnd auf dem Lannd, Aber Jr kriegsfolck auf dem Mör, was pelder berait, dann das auf dem landt, Als der weiß kunig, sölichs vernam, da Eyllet Er, zu demselbn fursten, allein mit seiner per-

 sonn

(a) „ Mayland. Vermaint k. Mt. auch, solche Rayß gen Ligurna, die dan solche „ schrift sein sol, sey gemacht, man sol aber darnach sehen „ Die Glosse. (b) Ludwig Moro, Herzog zu Mailand. (c) K. Maximilian erklärte diesen Ludwig zum Herzog von Meiland und schloß dabey seinen eigenen Schwager den jungen Johann Galeaz Sforza aus. (d) Ludwig Moro wurde auf den Reichstage zu Worms in J. 1495. mit dem Herzogtume Meiland wirklich belehnet.

A. 1496.

sonn, (a) vnd mit wenig volck, zubesehn ob solich widerwarttigkayt abzustellen were, on sondern grossen costn, Nun vand Er die sachn halb hin, halb her. (b)

Wie der Jung weyß kunig, von des bemelten fursten wegen, auf dem Mör krieget. (c)

Da der Jung weiß kunig, die sach vnd widerwärtigkayt, gegen seinem bemelten fursten, halb hin, halb her, fannd, da richtet sich der Jung weiß kunig, mit ainem kriegsvolckh, auf das Mör, die veind zu schlagen, die sich vnnderstuennden, seinem fursten etliche Grenitz seins lands ab zugewynnen, Nach dem Es zu derselben Zeit in dem Jar spat, vnd der winter verhanden was, (d) viel dermassen, ain grewlich weter an, auf dem Mör, dardurch baid parthein, auf dem Mör gegen ainander, vnnd wider ander groß Not lidtn, Nemlichen, so sein auf baiden seydten, ob tawsent man ertruncken, gefangen vnd erschossen worden, doch von der weisen geselschaft, der weniger tail, vnd auch darvnder Zway oder drew hauptschiff nahend die schönisten Schif, die zu derselben Zeit, auf dem Mör sein gewest, verdorbn, vnnd alle die darynnen gewest sein, vnd nemlichen ain ander Schiff, neben dem weißen kunig, het der windt gar an die seydten geworfen, dardurch vil personn hinaus in das Mör vielen, doch so ward dasselb Schiff durch ain grosse dunnen (e) des mörs, widerumb auf geschlagen, gar abenthewrlichen, das kaum in hundert Jaren auf dem Mör beschehen ist, vnd der weiß kunig kam mit seinem Scheff an lanndt, in ain porten, in dieselb porten, kamen auch die plab geselschafft, die dem weisen kunig widerwärttig vnd in diesem krieg vermischt waren, dann Sy muestn sich darein ergeben, aus not des vngewitters, als wolt der weiß kunig mit derselbn plabn geselschaft gefochtn haben, Aber sein kriegsvolck woltn Jme solichs zuthun nit verhenngn, angesehen, das gleich an gleich was, vnd gar sorgklichen, dann die von der plaben geselschafft, den windt widerumb erlanngten,

In

(a) K. Maximilian wolte wegen seiner geringen Mannschaft, die er mit sich führte, nicht nach Meiland kommen. Doch sprach er den Herzog zu Vigevano im J. 1496. (b) H. Ludwig von Meiland hatte selbst den König in Frankreich zum italienischen Feldzuge angeeifert. Als nun den Herzog sah, daß die Franzosen nicht nur auf Napoli, sondern auch auf Meiland Mine machen, ließ er sich eben so angelegen sein, wider selbe mit einen mächtigen Bündniße aufzukommen. (c) „Ligurna. Ist auch gestimbt; man sol aber darnach sehen„ sagt die Glosse. Dieser Aufsatz besteht aus einer etwas umständlichern Beschreibung des Seezuges bey Livorno. (d) Erst gegen Ende des Weinmonats segelte K. Maximilian mit der Flotte von Genua nach dem Hafen Spezzia ab. Noch später also ward die Belägerung Livorno vorgenohmen. (e) Soll vermuthlich eine Mertonne bedeuten, welche die Schiffer gebrauchen um sich für

Fel-

A. 1496.

In solichem Windt entwichn Sy, mit Irer Schiffung, dem weisen kuuig, vnd flochn widerumb haim, darnach wolt sich der weiß kunig gelegert haben, fur die Stadt derselben porten, die dann seinem fursten widerwärttig was, Aber jme kam kundtschaft, wie sich der plab kunig vnndersteen wolt, des weisen kunigs pundtgenossen, (a) die in demselbn krieg vermischt waren, an ainem andern ort, zu uberfallen, dieselben pundgenossen schickten dem weisn kunig zwen hauptleut, (b) solichs zu furkumen, davon hernach beschrieben wird.

Wie der Jung weiß kunig, auf dem landt, wider die Plab geselschaft Zoch, vnd darnach baid tail abzugen. (c)

Als der Jung weiß kunig vernam, wie sich der plab kunig kunig vndersteen wolt seine pundgenossen, an ainem andern Ort, auf dem lannd zu überfallen, Da zoch der weiß kunig derselbn plaben geselschaft vnder Augen, in der maynung Sy zubefechten, Aber dieselb plab geselschaft verharetn, in ainem vortail, vnd wolten den vor oftgemeltn fursin, ain Stat überfallen haben, sölich Ir furnemen was dem weisn kunig verkundtschafft, dann Er mit grosser schicklichayt kuntschafft hielt, das sonnst der furst ubersehen het, In solichm nahend sich der winter, mit ainem grossen ungewitter, dardurch der weiß kunig, auch die plab geselschaft, mit Irn anhenngern, aus dem veldt ab Zugen, (d)

Felsen und Untiefen zu warnen: oder kann auch eine grosse Woge des wassers heissen von Celtischen Donn, oder Don ein Wasser, welches von Tatarn Dünn oder Tünn ausgesprochen wird. (a) Die von Genua. S. das nächstfolgende Kapitel. (b) Auch die Flotte, welche Livorno belägern solte, war zu Genua ausgerüstet. (c) „ Savona, ist alls ain zug mit Ligurna, auch zu besehen ut supra „ Die Glosse. Wenn nun von Savona hier die Rede ist, so hat man unter dem Namen der pundtgenossen die Genueser zu verstehen. Sonst weis man auch, daß K. Maximilian den 8. Christm. 1496. zu Grupelo - Papiæ dem Markgrafen von Savona den Lehenbrief über Final ausgefertigt. (d) Der österreichische Orator auf den Costanzer Reichstage äußert sich

Wie der Plab kunig (a) starb, vnd ain anderer Plaber kunig, gemacht wardt, vnd was der weyß kunig mit dem Newen Plaben kunig (b) handeln ließ.

Nach dem vorgemelten krieg, den der weyß kunig zu errettung seins vorgemeltn fursten, auf dem Mör vnnd auf dem lannd gethan het, Starb der plab kunig, (c) vnnd die plab geselschaft, desselben plaben kunigreichs, machten Zustundan ainen andern plaben kunig, (d) derselb New plab kunig, was dem Jungen weißen kunig, mit Sipschaft etwas verwanndt, Auf solichs schicket der Jung weiß kunig, sein treffenliche potschaft, Zu demselben Newen plaben kunig, mit erfrewung, das Er zu solicher kuniglicher Eere vnd wird kumen was, vnd ließ darauf an Jne begern, Er solt sich mit Jme vertragn, auf mitl, die Jme dann der weiß kunig ließ furschlagen, Solichs aber der plab kunig abschlueg, aus ursach, Er vermainet, Er wurde sich dardurch gegen seiner kron unholdsam, vnd unlieb machn, Nach dem Er erst vnd kurtzlich, in die kuniglich wird kommen were, Darauf der weiß kunig, dem plaben kunig widerumb die Antwort geben ließ, Er möcht solichs ganntz wol vnnd mit guetem fueg thuen, Dann Er wollt solichs, vmb sein Cron zweyfeltig vergleichen, Aber der plab kunig, gab dem Jungen weißen kunig darauf kain anntwurt, (e)

Wie

in Italien also „ Darumb der Römisch künig den krieg in Ghelbern ansteen lassen „ müest herauff zoch, vnd den reichstag zu Wormbs machet. Alda wolt irer Mt. kain „ hilff vom reich in Ytalien zu ziehen gedeihen; dannocht zoch ir Mt. selbs, schickt dar„ zu etlich irer Mt. kriegsvolck hinein, das auch ir Mt. als Sy mit iret person wider heraus „ zoch, zum tail hinder ir dynnen verließ, do ward wol durch K. M. vnd ir kriegsvolk auf „ Wasser vnd land wider die frantzosen etwas gekriegt. Aber es wolt nit recht von stat geen, „ dann ir Mt. was in allweg etwas zu schwach, Wiewol dannocht ir Mt. vnd derselben kriegs„ volck den frantzosen alweg oblagen, das Sy vor ir Mt. in Ytalia nichtz geschaffen mochteu, „ sunder stäts in verlurst vnd nachtail gegen irer Mt. vnd derselben kriegsvolk waren; des„ halben die frantzosen wider haim zogen, damit Ytalia auf dasselbmal errett ward „ (a) „ id est. Künig Carl „ die Glosse. (b) „ id est. Künig Ludwigen „ Ebend. (c) den 7. April 1498. (d) Ludwig XII. K. in Frankreich, vormaliger Herzog von Orleans. Die Krönung gieng den 27. May zu Rhenes vor sich. (e) In der vorläuffigen Abschrift kömmt hier volgender Beysatz hinzu: „ Dar„ durch der Weiß kunig erzurnt war vnd versamblet sein Volk vnd zoch den plaben kunig in sein „ kunigreich; deßgleichen thet auch der Plab kunig vnd schiket sein haubtlent mit aller seiner „ Macht zu roß vnd fueß wider den Weißen kunig, im widerstand zu thun 2c. wie es vorgeschri„ ben ist. „

Wie der New plab kunig, (a) sein Untrew auch gegen dem weißen kunig anfienng, vnd was widerstandt Jme, der weyß kunig thet. (b)

Nachdem dieser plab kunig dem Jungn weißen kunig, auf sein begern kain antwurt nit gab, hueb Er an, dem Jungen weißen kunig vntrew zubeweisen, Nemlichn die Graw gesellschaft, (c) stund zu derselben Zeit, gegen dem weisen kunig in veldt, da tet der Plab kunig ains, vnd schicket sein kriegsvolck ains tails, derselben grawen gesellschaft zu trost, (d) wider den weisen kunig, des sich doch der weiß kunig, zu Jme nit versehen het, Alls der weiß kunig solich vntrew sach, vnd merket, da versamlet Er sein kriegsfolck, vnd schicket dasselb sein kriegsfolck, gegen den merern tail, den plaben kunig, in sein plab kunigreich, der dann darynnen etliche starcke befestigung gewan, der plab kunig, schicket ainen seinen hauptman, (e) mit ainer treffenlichen anzall kriegsfolckh, wider den weißen hauptman, (f) also kamen baide hör nahend zusamen, an ainem wasser, vnd aus bevelch baider kunig wolten die zwen hauptleut, mit ain ander gestritten haben, Aber kain haupman, wolt das wasser vbergeben, vnd lagen also ain Zeit gegen ainander. (g)

(a) „ Kunig Ludwig „ Die Glosse. (b) Ist die Belegernuß Vargi in dem krieg von „ kuaf; ist auch vorgemacht. „ In einem andern Conceptbuche heißt es: „ Der Zug gen „ kuaffi vnd darnach wider den von Arberg, den Er in die flucht hat bracht. „ Alle die von Vergi und Kuaffi lautenden Aufsätze sind für die Geschichte K. Maximilians wichtig: weil durch selbe der Zweifl gehoben wird, ob K. Maximilian dieses Jahr mit Frankreich gekrieget habe. Gewiß ist es, daß es dieses Jahr um Burgund zu thun gab: denn auch im andern Conceptbuche wird die Reihe der Kriegen K. Maximilians auf folgende Art angesetzt: Hungern. Britani. Mailand. Burgundi. Sweitzer, u. s. f. Die eigentlichen Umstände dieses Krieges bleiben dennoch größtentheils unentschieden. Das Wenige was man zur Erläuterung dieser Aufsätzen beybringen kan, besteht in den folgenden Anmerkungen. (c) „ Die Gelderischen „ sagt die Glosse. (d) Frankreich schickte Karln von Egmond, um dem K. Maximilian Widerstand zu leisten 500. Mann unter der Anführung des Bastarden von Bonrbon und Ruprechts von Arenberg zu Hilfe. Fugger MS. Bl. 160. Pontanns Histor. Gelr Bl. 613. (e) Den Herrn von Estampes. Fugger MS. Bl. 159 b. (f) Wilhelm Herr von Vergy Ebend. Duchesne liefert in der Hist. de la Maison de Vergy (Bl. 309. 310.) zwey Urkunden K. Maximilians und Erzh. Philipps, in deren erster diesem Wihlm von Vergy das burgundische Marschalamt, im zweiten die oberste Feldherrnstelle über das burgundische Kriegsheer aufgetragen wird. Bryde sind im J. 1498. gefertigt. (g) Fugger liefert nns über diese Geschichte einen Bericht, durch welchen die in diesen und folgenden Kapiteln angebrachten Glossen deutlicher als aus gedruckten Schriften erläutert werden. Er lautet also: „ König Ludwig vonn Frankreich - wolte Jnn den „ zuvor auffgerichten vertrag - vonn wegen der freien Grafschafft Bnrgund - nit gern halten „ vnd ließ derhalben den herren von Estampes mit etlichen geschwader Kurissers stetigs auff „ Herren Wilhelmen vonn Vergy, welcher deß Romischen Konigs oberster Veldmarschalkh Jnn

[149]

HB

A. 1498.

Wie der Jung Weiß kunig, auf die Grau geselschaft zug, Und ainem Plaben hauptman, nach eylet, (a)

In mitler Zeit, dieweil die vorgemelten zwen hauptleut, gegen ain annder lagen, Eilet, det Jung weiß kunig, mit ainem geringen volckh, auf die grau geselschaft, und als Er in die nahend, Zu derselben grauen gesellschafft kam, da ward der Jung weiß kunig, aus ains potens Unfal verkundtschaft, dardurch der Hauptman, der plaben geselschaft, der, der grauen geselschafft Jnen zuhelfen anhenngig was, mit seinem volckh die Flucht gab, Also Eilet der weiß kunig, demselbn hauptman nach, desselben hauptmans geraissiger zewg wich durch ainen wald, das der weiß kunig, den nit Ereylen kundt, Aber in demselben wald erraichet der weiß kunig, des hauptmans fuesknecht, die schlueg Er mit seinem volckh in die flucht, unnd ains taills wurden gefanngen, (b)

Wie

„ Burgund auch Rath vnnd dienner gewesen, straiffen, vnnd haben sich zwischen baiden thailen vil scharmitzel zugetragen. Deßhalben der Romisch Konig aus rath deß herren vonn Vergy solches kriegsvolkh Jnn das Preisgau gebracht hat. Vnnd alß von dem Romischen Konig deß Reichssachen Jnn diesem Reichstag zue handlen angefangen worden. Da hat der herr von Vergy mit hilff der stett vnnd Bischoff zue Bisanntz, Verdun vnnd Doll, den herren von Estampes vberfallen wellen, welches die Frantzosen gewar worden, vnnd haben Jnn der nacht Jr leger geraumet, vnnd seinnd dem herrn vonn Vergy für sein schloß gezogen, vnnd dasselbig eingenommen. Alßbald der herr vonn Vergy solches vernommen, da hat er den Romischen Konig solches verstenndiget; der hatt dem herren vonn Vergy zwai tausenut pferd vnnd zwainntzig fenndlen Lanndtsknecht zuegeschikht vnnd haben ir Majestat deß Reichs henndel mit den Chur vnnd Fursten auch Stennden deß Reichs dieweil abgehandlet, vnnd ist sein Majestat volgennt mit vilen Chur vnnd Fursten auch vonn der Ritterschaft vnd vom Adel mitsambt allem dem vbrigen kriegsvolkh dem herren von Vergy zue seiner Majestat auch ankhommen. Vnd wie der Romisch Konig den Bericht aller kriegshanndlung eingenommen, da haben sich ir Majestat mit allem kriegshauffen zue Roß vnd Fues erhebt vnnd ist Jnn dem nammen Gottes auff die Frantzosen angezogen vnnd hat Jnn freiem Feld sein Schlachtordnung machen lassen. Alsbald die Frantzosen solchen ernnst des Konigs ersehen, Da haben sie daß Feld geraummet vnnd haben ir Hör Jnn zwen hauffen abgethailt vnnd damit Jren abzug genommen; welchen der Romisch Konig mit zweien hauffen auff dem fues nachgefolget vnnd Jnen grossen schaden an dem nachzug zuegefiegt. Wie aber die Franntzosen die statt . . . . . erlangt, hat sich der Romisch Konig widerumb gewenndet vnnd daß schloß des herren vonn Vergy vonn Franntzosen wider erobert, dasselbig auch herren Wilhelmen vonn Vergy widerum zuegestelt." Dieser ist nun der Stoff einer fernern Untersuchung, welche man in Betreff der eigentlichen Umständen des burgundischen Krieges anzustellen hat. Fürnehmlich wären die chronologischen Puncten dieser Geschichte genau auseinander zu setzen. (a) „ Der von Arberg; gehört zu dem Artikl von kuaf." Die Glosse. Ruprecht von Arenberg führte im gelderschen Kriege nebst dem Bastarden von Bourbon die französischen Hilfsvolker an S. oben Bl. 261. Anm. d. (b) Sonst nahm auch K. Maximilian bey diesem Feldzuge in Geldern die Städte Echt, Nieuwestad, und Erelen ein.

H·B

Wie des Jungen weyßen kunig, vnd des plaben kunigs, Zwen hauptleut, mit ain ander frid, anstiesen. (a)

In der Zeit, dieweil der Jung weiß weiß kunig, auf die graw geselschaft zug, vnd dem plaben hauptman nach eilet, Lagen die zwen hauptman, davon vor geschribn ist, mit Jrem volckh, gegen ain ander, Aber nach dem der winter verhannden waß, da vertruegn sich dieselben zwen, der weiß hauptman, vnd der plab hauptman, mit ain annder, vnnd Zochn zu baider seydten ab, Sy stiessen auch ain täding an, daraus dann zwischn Jrn baiden kunigen, ain bestanndt gemacht warde. (b)

Wie der Jung weyß kunig, der Grawen geselschaft ain Stat abgewan. (c)

Als der Jung weiß kunig, dem vorgemeltn plaben hauptman, nach geeilt het, verdrucket Er darnach, auf die graw geselschafft, vnnd legert sich in kurtz mit dem hauptgeschutzt für ain Stat, (d) die derselben grawen geselschaft Zu gehöret, vnnd gewann dieselbig Stat, mit ainem balbn Sturm, vnd zoch darnach aus dem veldt, vnd wolt den Winter fur geen lassen, vnnd sich auf dem Sumer widerumb Russten.

(a) „ Der von Vergy zu Dol „ Die Glosse. S. auch oben Bl. 261. Anm. b. g. Nach Fuggers Bericht ist der hierauf erfolgte Friede im Weinmonath zu Salins verkündet worden. (b) Vermuthlich ist es eben dieser Bestand, von welchem der österreichische Orator auf dem Reichstage zu Costniz sagt: „ Da muest sich die Kü. Mt. mit dem künig zu Frankreich richten vnd vertragen. „ Vnd nam sich darnach wider umb dz Ghelderland an. „ (c) Geldern. Stral. Jst der mue „ nit werdt. „ Die Glosse. Strale ist ein kleines zwischen der Stadt Geldern und Venlo bey der Waldeckerheyde gelegenes Städtchen. S. Pontan Hist. Gelr. Bl. 612. (d) Auch in der Triumphporte K. Maximilians wird unter die von ihm mit dem Schwerde eroberten Städte Stral gerechnet.

Wie die geselschaft, genannt von den Pauren, den Jungen weyßen kunig, mit krieg, angriffen, vnd was widerstandt Jnen der weyß kunig tet. (a)

Als der weiß kunig, der grawen gesellschafft die Stat abgewunnen het, als vorgemelt ist, da kam dem Jungen weisen kunig eilend potschafft, wie ein fremde geselschafft genannt von den pawren, (b) sein land vnd kunigreich, an dem ortl, daran dannn, dieselb geselschafft, mit Jrem lannd stiessn, swerlichen mit krieg angriffen heten, (c) dardurch der weiß kuuig auf die graw geselschafft selbs personndlichen, den krieg nit fueren mocht, als Er Jme furgesetzt het, (b) desshalben Er ainen Newen hauptman (e) machet, der Jme auch mit Sipschaft verwant was, damit Er in den kriegen, auch erfarn wurde, derselbig hauptman, fueret den krieg auf die graw geselschafft, ain kurtze Zeit, (f) vnd der Jung weiß kunig, zoch seiner lanndtschaft, vnd seinem kunigreich zu hilf, daran die geselschaft von den pawren krieget, vnd heten des weißen kunigs landtschafft, (g) auch seine Bundgenossen, (h) seins kunigreichs, gar nahend über eylet, Unnd Ee der weiß kunig, mit seinem volck berait was, vnd zu derselben seiner lanndschaft kam, da vnderstunden sich die geselschafft von den pawern, den krieg herter zu treiben, vnd zochen auf die weiß geselschaft, vnd vachten mit ainander in

(a) „ Jst durch den Camermaister gestimbt, was den Sweitzer handl betrifft „ Die Glosse. Jm andern Manuscripte heißt es „ Sweytzer Rat vnd des Swebischen pundt krieg „ Jm Compeptbuche sagt eine Registratur: „ (Nach Strale) Hebt sich der Sweitzer krieg an. Jst die erst „ Sweitzerslacht. Nach solhem geen all Sweitzer slachten nacheinander vnd ist darunder nichts „ anders geschehen. Nach den slachten kumbt die Rachtigung. „ Die Abwesenheit K. Maximilians vernrsachte, daß alles, wie im ganzen Hergange des Schweitzerkrieges, also auch in der Beschreibung desselben in Verwirrung gerathen ist. Die alte Glosse ist eben so unrichtig. Dem Grundtexte kann nunmehr nur mit Muthmassungen geholfen werden. (b) Die Graubündter und Schweitzer. (c) Sind die Graubündtischen und Churbündischen Jrrungen wegen Münsterthal, wobey es zu Thätlichkeiten gekommen, aus welchen ferner der Schweitzerkrieg entstanden ist. S. Pirkheimers bell. Helv. L. II. Bl. 40. in der zürcher Auflage vom J. 1737. (d) Noch in Jahr 1498. zoch K. Maximilian in Deutschland, setzte aber noch eine Zeit den Krieg in Geldern durch seine hauptleute fort. (e) Johann Herzog von Cleve, nebst andern vornehmen Feldheerrn. S. Pontan. Hist. Geld. Bl. 612. u. s. f. (f) Durch Vermittelung der Krone Frankreich wurde im Juny 1499. zwischen den Herzogen von Jülich, Cleve und Carl von Egmond ein Stillstand geschlossen. Ebend. (g) Das Etschland. Fugger MS. Bl. 162. (h) Die Bischöffe von Chur, und Kostanz; überhaupt der schwäbische Bund.

H·B

A. 1498. 1499.

in ainem grossen gepirg, da gab Got den Sig, der weisen geselschaft, Das Sy die geselschaft von den pawern, in die flucht schluegen, vnd ain Antzall todt auf der walstat beliben, (a)

A. 1499.

Wie die weyß geselschaft, vnd die geselschaft von den Pauren, wider mit annder vachten, vnd die weyß geselschaft zuruck getriben wardt. (b)

Die geselschaft von den pauren, die versameltn sich, nach der vorgemeltn Slacht Zustundan widerumb, vnd zochen wider auf die weiß geselschaft, der dann gar vill weniger waren, danvor, wann sich der gemain man auf den erstn Sig verließ, doch belib dieselb klain antzall der weißen geselschafft, gegen den veindtn der dann vill mer waren, Dann der Jung weiß kunig was am Zu ziechen, daß Sy alle stundt sein wartteten (c) Also eylet die pauren geselschaft, auf die weiß geselschaft, damit Sy die möchten über eylen, vnd schlagen, Ee der weiß kunig mit seinem volck zu Jme köme, vnd kamen also, an ein ander, Jm anfang schlueg die weiß geselschaft die paurn geselschaft (d) zuruckh, biß in ainen waldt, darnach nam die pawren geselschaft uberhanndt vnd schluegen die weiß geselschaft zu ruckh bis in Jr befestigung, (e)

(a) „ Wie die Schweitzer Im dem Reihnthal gelegen, da hat der Römisch Konig Herren hansen „ Trůchsessen mit dreihunndert pferden vnnd zwai tausennt Landtsknechten aus den Stetten Aug- „ spurg Ulm vnnd aus dem Hegaw Jnn das Stettlein Maienfeld welches aines Herren von „ Brandis war, gelegt. Da macheten sich bei fünffzehen huudert Schweitzer haimlich vber den „ Rhein vnnd wolten daselbst ain kuchenfleisch holen, da fuel Herr Hannß Truchseß mit dem rais- „ sigen Zeug vnnd tausennt Landtsknechten aus dem Stettlein Maienfeldt vnnd jagten die „ Schweitzer vber Sannt Lucias staig für das Schloß Guettenberg vnd wurden bai achthun- „ dert schweitzer erschlagen, erschossen vnd Jnn den Rhein gejagt: darinuen dann auch vil er- „ trunkhen seinnd „ Fugger MS. Bl. 162. b. (b) Der Glossator sagt, diese Erzehlung gehöre zum Schweitzer Kriege, weiß aber nicht, was er eigentlich aus dieser Begebenheit machen soll. Wie kann man sicher auf seiue nachfolgenden Auslegnngen bauen? Vermůthlich handelt diese Erzehlung von der Schlacht bey der Malserheide. (c) die nahe Ankunft K. Maximilians beweiset, daß diese Schlacht eine aus den spätern müsse gewesen seyn. Und eben die Schlacht bey der Malserheide hatte sich erst den 22. May ereignet. (d) aderant interim hostes maximis copiis ac magna vi munitiones sunt aggressi; verum longe majori sunt rejecti, ita ut semel ac iterum reversi fugæ se mandare cogitarent, sagt Pirckheimer von der Schlacht bey der Malserheide. Bl. 64. (e) Die Schlacht bey der Malserheide ist von Pirckheimer Bl. 63. u. f. wie auch von Fugger MS. Bl. 166. weitläuffig beschrieben.

[155]

H E

A. 1499.

Wie die weiß geselschaft, vnd die geselschaft von den Pauren, abermalen mit ain ander schluegen. (a)

Nach der vorgemeltn slächt, kam ain New volckh, der weisen geselschafft, zu hilff, die wolten die geselschaft von den pauren, an ainer prucken (b) hinder ziechen, Solichs ersachen die veindt, vnd nach dem dieselb prucken, Nun ain vich prucken was, da namen die veindt dieselb prucken ein, Unnd die weiß geselschaft wurde dardurch, von ain ander getailt, (c) vnnd zu ruckh getribn, vnnd bey derselbn prucken, bey hundert erschlagen, vnd etlich gefangen, (d) derselben gefangen straifften sich etliche ab, Die kamen zu dem Jungen weißen kunig, Und sagten Jme, Er solt Eilen, (e) das Er dann thet, mit seinem frischen volckh, das Jme aber nit eilend folgen mocht, nach dem dasselb volckh, mit harnasch vnnd Zier überladen was, vnd pracht Sy doch an ainander.

Wie der Jung weyß kunig, auf die geselschaft von den Pauren zug, vnd dieselb geselschaft, sein nit erwarten wolten. (f)

Als Nun der Jung weiß kunig, mit seinem kriegsvolckh, nahend an die geselschafft von den pawren kam, zoch Er auf Sy (g) der maynung, Sy an zngreiffen, vnd zuschlagen, vnd Er het sonnder guet kriegsvolckh bey Jme, das auch mit harnasch woll angelegt was, Nun ersachen die gaishirten dasselb kriegsvolckh, von ainem hohen gepirg, vnd warneten die pauren geselschaft, vnd Zaigten Jnen an, Sy sollen abziechen, Sy würden sonst übereylet, von des wey-

(a) Auch für diese Erzehlung fande der Glossator keinen Namen. In einer Bildersamlung des weissen Königs findet sich eine Aufschrift folgenden Inhalts „Schlachen auf Stockamer haidt„ der folgende Aufsatz hat mit dem Treffen bey Stockach doch mehr Aehnlichkeit, als die anderen. (b) Vermuthlich über der Stockach einem Flusse unweit dem Städtgen gleiches Namens, welches die Endsgenossen eben damal belegerten. S. Pirckheimer Bl. 58. (c) Die Reuterey war lange schon im treffen begriffen, ehe das Fußvolk angekommen war. Ebend. Bl. 59. (d) Diese Schlacht hat nebst Pirkheimern auch Eterlin in seiner Kronica von der Lobi. Eydtgnoschaft Bl. 110. beschrieben. (e) K. Maximilian hielt sich um selbe Zeit zu Freyburg in Breisgau auf und bemühte sich von den Reichsständen, welche sich grossentheils kaltsinnig zeugten, Hilfsvölker wider die Eidgenossen zu erhalten. So gieng es dann mit der Verstärkung des Kriegsheers sehr langsam zu. (f) Cum de Cæsaris adventu certiores essent redditi (hostes) ulterius progressi non sunt, sed celeriter se recepere ad propria, Pirkheimer Bl. 65. In diesem ganzen Aufsatz ist von kainer Schlacht die Rede; dennoch deutet der Glossator denselben auf das Treffen bey der Malserheide aus. So wenig zuverlässiges weis er uns von diesen Aufsätzen sagen. (g) Von diesem zuge K. Maxmilians verdient Pirkheimer, der selbst einen theil der Hilfsvölker angeführet hatte (Bl. 69 u. f.) nachgelesen zu werden.

A. 1499.

weyßen kunigs kriegsvolckh, das were, wie ain stächler perg, die geselschaft von den paurn, waren so geschickt, daß Sy sich in kainen nachtheil gebn wolten, vnd zugen ab, der weiß kunig zoch Inen nach, (a) vnd tet Inen ain grosse schandt vnd schmach, Aber den schaden heten Sy mit Irer schicklichayt verhuet.

Wie dem Jungen weyßen kunig Botschaft kam, das sein hauptman einer, ain slacht (b) gegen der Pauren geselschaft gehabt het, vnd der weyß kunig zog zu (c) auf dieselb geselschaft.

Als Nun der weiß kunig, der geselschaft von den paurn nach zug, wie vor davon geschribn ist, In dem kam dem Jungen weisen kunig potschaft, von ainer andern weisen geselschaft, wie sein volckh an ainem andern ort, von den veindten groß not lidten, Auch wie sein hauptman ainer (d) ain grosse Slacht mit den veindten gehabt het, an ainem waldt, (e) vnd dieselb schlacht het bey Zwo stund geweret, bis doch zu letst, het die weiß geselschaft weichen muessen, dann die weisen fuesknecht weren am ersten ubereilt worden, (f) Also zoch der weiß kunig, mit seinem volckh ains tails, derselben seiner weisn geselschaft zu hilf, Aber die veindt erwarttetn sein nit, sonnder Sy Zugen zu ruckh, der weiß kunig schicket, ain Antzall seins volcks, in der veindt landt, die dann den veindtn mit pranndt vnd in annder weg vil schaden teten, Aber die veindt wolten nit weiter vechten, an demselben ort, (g)

(a) Ist jener zug, bey welchem das königliche Kriegsheer die Engedeiner vom höchsten Gebürge durch einen erstaunlich muthigen Angrif herabgetrieben und in die Flucht gejagt. Pirkheimer ebend. Bl. 70. (b) Der Glossator leget diese Erzehlung auf das Treffen bey Bregenz aus. In Betrachtung des unterscheidenden Umstandes, daß dieses Treffen an einem Wald geschehen, kann mann diese Auslegung für richtig annehmen. (c) Die Beschreibung dieses beschwerlichen Zuges wird von Pirkheimer Bl. 65 - 77. fortgesetzt. (d) Scheint nach Fugers Berichte (MS. Bl. 167) Herr Cristoph Schenk von Limburg gewesen zu seyn. (e) Mit Namen Schwaderloch. (f) (Cæsareanus miles) - Helvetiorum paucitate contemta, omnibus solutis ordinibus adeo secure cuncta agebat, ac si nemo hostis adesset, sagt Pirkheimer Bl. 49. bey welchen die fernere Beschreibung dieses Treffens nachzulesen ist. (g) Quod si Helvetii longius persequuti fuissent, majorem etiam cædem edidissent. - Verum paucitate sua diffisi, ac timentes, ne ipsi ob temeritatem cladem aliquam aceiperent, ab insequutione destiterunt, equitatus potissimum correpti timore, quo ipsi penitus carebant. Ebend. Bl. 51.

A. 1499.

Wie ain andere weyße geselschaft, ain ainem andern ort ainen Angriff teten, vnd durch Jr Verwarloßung geschlagen wurden. (a)

Ein anndere weise geselschaft, versammelt sich, an ainem anndern ort, vnd wolten der geselschaft von den pauern nach ziechen, (b) vnd in Sy prechen, Aber die hauptleut, über dieselb weiß geselschaft waren des krigs Irrig vnd nit geniet, machetn Jr versamlung Langsam, vnd liesen sich überfallen, Dardurch Sy geschlagen wurden, in Jrem leger, (c) vnd wurden also von der weisen geselschaft bey tausent erschlagen vnd kainer gefanngen, (d) die andern von der weisen geselschaft, enthieltn sich in Jrem vortail, (e) dardurch die geselschaft von den paurn abtziechen muessten. (f)

Wie der Jung weyß kunig, (g) ainen anschlag machet, auf die Pauern geselschaft, dardurch die Veindt geschlagen waren, (h)

Da der weiß kunig, vernam, das sein volckh durch Jr verwarlosung geschlagen was worden, wolt Er dasselb sein volcks rechen, vnd machet an ainem andern ort, ainen anschlag, uber ain groß wasser, (i) und schicket ainen sei-

(a) Die Umstände dieser Begebenheit scheinet mit dem Treffen bey Frasteus eine Aehnlichkeit zu haben. (b) Bald darnach „ als man wider heym von Tüngen kam, kam der Schwebisch pund „ mit macht zyehent gen Frastentz da sy dann eynn mechtige vnd als sy vermeinten eynn vn„ meßliche letzen zu gerüst „ sagt. Eterlin, Bl. 110. (c) Die Walgeuer hatten sich wider die Schweitzer stark verschanzt. diese aber fielen die Verschanzungen mit eym schnellen und turstigen Angriff (wie Eterlin sagt) an, und lockten das Fußvolk heraus gegen die Anhöhe. S. Pirkheimer. Bl. 53. (d) Nach Pirkheimers Berichte (Bl. 42.) hatten die Eidgenossen gleich von Anfang des Krieges das Gesetz gemacht, das sie keinen von ihren Feinden fangen, sondern alle tödten wolten. (e) Equites (cæsarianorum) quieti pugnam aspiciebant, non ideo solum, quod ducis observarent imperium, sed quia periculi plenum videbatur, collem ascendere, & tam iniquo confligere loco sagt Pirkheimer Bl. 55. (f) Helveti non contenti hostes ultra amnem fugasse, connexis brachiis, ne aquæ abriperentur impetu ipsi quoque flumen transgredi cæperunt. Et iam quidem ulteriorem contigerant ripam, quum ducum iussu præconis revocantur voce. Timebant enim ne ab equitatu circumvenirentur. Confestim igitur imperio parentes, rursus se vorticibus committunt, ad suosque revertuntur salvi, Ebend. (g) K. Maximilian war indessen schon aus dem Gebürge angekommen und hielt sich eine Zeitlang theils zu Constanz theils zu Lindau auf. Pirkheimer. Bl. 77. 80. (h) Laut der Glosse handelt dieses Kapitel vom Treffen bey Roschach. diese Auslegung ist richtig. (i) Der Bodensee. Ipse (Maximilianus) milites lindavium navibus impositos confestim vento flante secundo, vela facere imperat. Inde igitur solventes magna parte diei per lacus ferebamur undas & iam hac in parte, mox alia nos descensuros simulabamus, quo hostem redderemus ancipitem, & ab incursus prohibitione abstraheremus, sagt Pirkheimer Bl. 81.

HB

A. 1499.

seinen treffenlichen hauptman, mit ainer tapfern antzall volcks zu fueß, denselben anschlag zuverbringen, vnnd der geselschafft von den pauren, in Ir land zufallen, (a) Als aber etlich des weisen kunigs folckh, nit lustig waren, zu solichem anschlag, deshalben man Sy langsam in die schieff über zufaren bringen mocht, dardurch derselb hauptman mit demselben kriegsvolckh, etwas spat in der veindt lannd an das gestat kam, (b) dardurch die geselschaft von den pawrn, in derselben gegend, des obbemelten hauptmans vnnd seines volcks gewar wurdn, vnd sich in die gegen wer stelten, (c) Jedoch aus des weisen kunigs bevelch, vnnd aus Mannhait desselben hauptmans, schlueg die weiß geselschafft, Die geselschafft von den pauren, in die flucht, (d) vnd vil zu todt, vnd gewannen der pauren geselschafft, dartzu Ir veldt geschutz ab, (e) vnd die weiß geselschaft namen gantz wenig schaden, (f) vnd Zochen darnach Erlichen wider von laund, über das groß wasser, (g) Dagegen heten dieselb pawren geselschaft, auch ainen anschlag gemacht, auf des weisen kunigs volckh, als aber der weiß kunig desselben anschlag gewarnet wurde, Russtet Er sich Zustundan, der maynung die pawren geselschaft ob demselben Irm anschlag Zuschlagen, Sy kamen aber demselben Irm anschlag, nit nach, dardurch da zu mall von beyden seydten nit gefochten ward,

A. 1499.

Wie des Jungen weissen kunigs hauptman ainer, von der geselschaft geselschaft der Pauren, durch sein verwarlosung erschlagen wardt, (h) mit etlichem volck.

Der Jung weiß kunig, het ainen hauptman, (i) der nam ainen furschlag fur, auf die geselschaft von den pauren, vnnd derselb Anschlag

(a) Tandem vero juxta oppidum Roschach terram attigimus e navibusque egredientes ordines struere cæpimus u. s. w. Ebend. (b) Der Anschlag war die Feinde zu Rheineck und Roschach zu überfallen. Eterlin Bl. 114. (c) Das Treffen ereignete sich den 20 Heumonat. Ebend. (d) Es gieng dennoch damit hart her; Pirkheimer sagt von den Endgenossen: Verum tamen haud fuga sibi consuluerant sed pertinaciter dimicantes ac eisdem stantes vestigiis nequaquam inulti cadebant. (e) Eterlin sagt von dem Treffen bey Roschach: „An dem Ende geschach den Eydtgenossen meze leyd, dann in allen Schwebischen kriegen.„ (f) Eterlin zehlt von erschlagenen Eidgenossen siebenzig, von Osterreichern über sechzig. (g) Prostratis igitur illis ad oppidum Roschach progressi sumus illoque direpto ac incenso rursus nos ad naves recepimus, sagt Pirkheimer: Bl. 81 Wie unordentlich es aber bey der Schiffart her gegangen beschreibt, Pirkheimer Ebend. (h) Aus diesem Umstande läßt sich schliessen, das hier von dem Treffen bey Dornach gehandelt werde. (i) Dieser war Graf Heinrich von Fürstenberg S. die folgenden Anmerkungen.

H B

schlag (a) an Jme selbs, vast guet vnd wol zu thun was, Der Jung weiß kunig, bevalch auch demselben hauptman, sölichen anschlag dermassen zuvollbringen, Nachdem aber derselb hauptman, bemeltn anschlag, nit in hoher gehaim gehalten het, Auch mit seinem antzichen etwas lanngsam vmb gieng, dardurch ward die geselschafft von den pavren gewarnet, vnd heten desselben anschlags so Zeit Kundschaft das Sy sich an demselben ort versammleten, vnd sterkten sich dermassen, (b) Als sich der obgemelt weiß hauptman, mit seinem volkh Nider schlagen wollt da uberfielen Sy Jne, (c) dann Er het sein Scart, vnd huet, nit woll bestellt, (d) vnd ward also über eilt, vnd etlich hundert manen Auch Er zu todt geschlagen, doch belibn der veind nahend als vil als der weisen (e)

Wie durch ainen fursten, zwischen dem weyßen kunig, vnd der geselschaft von den Pauren, ain Rachtigung gemacht ward. (f)

Als Man dem Jungen weißen kunig, kundtschaft kam, wie sein hauptman, durch sein selbs verwarlosung ubereilt vnd erschlagen were worden (g) Empfieng der weiß kunig ainen Zorn darab, vnd nam Jme entlichen fur, den krieg selbs gegen derselben Pauren geselschaft zu treibn, vnd Sy hertigclichn zubekriegen, vnd schicket darauf nach seinem hauptgeschutz, Nun was ain mechtiger Furst, (h) der stieß mit seinem Lannd, an die geselschaft von den pauren, vnd was dem weisen kunig jn sonnderhait verwanndt, (i) Er trueg auch in gehaim in seinen Hertzen,

(a) Fürstenberg hatte mit Wissen des K. Maximilians den Anschlag, mit 14000 Fußvolk, und 2000. Reuterey bey Dornach unweit Basel die Feinde anzufallen. Pirkheimer Bl. 82. (b) Der Feldherr wurde sowohl von dem Senate zu Basel, als durch die Aussage eines aus dem feindlichen Lande aufgefangenen Wanderers hierüber gewarnet. Allein er ließ sich in seinem Vorhaben durch keine Vorstellung irre machen, sondern belägerte die Veste Dornach. Pirk. Ebend. (c) Et cum nihil minus exspectaretur, tum repente hostium agmen duorum fere millium per collem imminentem in castra impetum facit u. s. w. Ebend. die fernere Beschreibung dieses den 22. Heumonats vorgefallenen Treffens liefert Pirkheimer B. 84. Eterlin Bl. 114. (d) Insigniter hostibus contemtis, arcem Dorneck oppugnabat (Furstenbergius) & pyxidibus conquassabat. omnibus neglectis stationibus & custodiis — Dispersi igitur milites ac omni rejecta cura aut coenam parabant aut depositis armis otiosi obambulabant Ebend. Bl. 83. 84. (e) Helvetii licet interfectorum suorum numerum ut solent extenuent, constat tamen illos non minorem quam cæsarianos calamitatem perpessos esse, tam etsi pugna superiores evaserint, sagt Pirkheimer Bl. 85. (f) „ Galeatz. das „ sol man steen lassen vnd besehen ob es durch den Camermeister auch zu der Sweinzerhandlung „ geschrieben sey. „ Ein abermaliger Beweis von dem unsichern Kenntnisse des Glosators. (g) Eben also setzet Pirkheimer die Geschichte des Schweitzerkrieges fort: Hæc clades cum cæsari in oppido Lindavio degenti fuisset nunciata, clausa ut dictum est (Bl. 82. regia comitis accusabat imprudentiam ac temeritatem. Vesperi tamen rursus patuere fores Cæsarque in propatulo cœnavit, nullum tristitiæ signum ostendens u. s. w. Pirkheimer Bl. 86. (h) Ludwig Moro, Herzog zu Meiland. (i) Er war ein Vetter der Blanca, welche K. Maximilian damal zur Ehe hatte.

A. 1499.

tzen, ain sonder vertrauen zu derselben geselschaft von den paurn, vnd setzet viel trost zu Inen, wo Er bekriegt solle werden, Sy wurden Jme getreuen beystandt thuen, (a) vnd als Er des weisen kunigs furnemen bericht ward, trueg Er fürsorg, der weiß kunig wurde durch sein furnemen, die bemelt geselschaft hart bekriegen, vnd swerlichen verderben, Und leget sich ain, ainen fridt zu machen, vnd hanndlet mit dem weisen kunig sovill, und ermanet Jme auch so hoch, daß zwischen dem weisen kuuig, vnd der vorgemelten geselschaft von den pawren, ain enntliche rachtigung, gemacht wardt, (b) Wiewol derselb furst in derselben rachtigung grossn vleiss, und Ernst het, so kam Jme doch dieselb sein Treu, anch sein vleiss, so Er von wegen der vorgedachten geselschafft von den pawren gehabt het, hernach nit zu guet, (c) Dann dieselb geselschaft von den paurn hieltn Jme nit guetem glauben, deshalben Er umb sein Lannd vnd Leut kam, vnd darzu wurve Er gefangen, vnd muesset bis in seinen todtgefanngen ligen, (d)

A. 1498.

Wie der New vnd drit plab kunig, bey der Grauen geselschaft so vil practicieret, das Sy dem Jungen weyßen kunig wider abfielen. (e)

In der Zeit als der Jung weiß kunig, den krieg wider die geselschaft von den paurn fueret (f) het der plab kunig mitler Zeit, bey der grawen geselschaft

(a) Er nahm auch im nächsten Kriege schweitzerische Völker in Sold welches ihm aber endlich sehr übel bekam. (b) H. Ludwig bemühete sich sehr den Friede zwischen den römischen König und den Eigenossenen herzustellen. Zu diesem Ende schickte er seinen Vetter Johann Galeaz an die kriegenden Parteyen, auf dessen Veranstaltung ward ein Friedens Congreß zu Schaffhausen, und dann zu Basel gehalten, wo auch der Friede den 22. Herbstmonat vollends geschlossen worden. (c) Denn durch die Verrätherey eines Urners wurde Herzog Ludwig endlich von den Franzosen gesangen. Denoch ist es nicht ausgemacht, ob dieses auf Veranlassung der Eidgenosschaft geschehen: man weis im Gegentheil, daß die Obrigkeit zu Ury den Verräther mit dem Schwerdte hat hinrichten lassen. (d) H. Ludwig lag in einen finstern Gemache zu Loches in Berry zehen Jahre gefangen, alwo er auch sein unglückliches Leben beschloß. (e) Der Glossator will diese Erzehlung auf die Gefängniß des Herzogs von Meiland verstanden haben, und sezt die Rubrick also fort: „ vnd halffen verjagen Hertzog Ludwigen von Mayland „ Allein diese Auslegung ist irrig; denn dieser Auffatz handelt von den Unternehmungen K. Maximilians zur Behauptung seiner Rechten auf Geldern wider Karl von Egmond, und dem mit ihm verbundenen Ludwig XII. K. in Frankreich. (f) Wenn dieser Eingang richtig ist, so wird hier von eben den gelderschen Kriege der im Jahre J. 1498. angieng, gehandelt. Dieser Auffatz ist also eine Wiederhollung dessen, was schon oben gesagt worden.

so vil gehanndlt, das Sy dem Jungen weißen kunig widerumb abstellen, Der weiß vnd plab kunig waren auch also gegen ain ander erzurnet, das Sy an drey Enndn, (a) gegen ain ander heer machten, Also schicket der weiß kunig seiner hauptleut ainen, mit etlich tausend man Zu Roß vnd fueß auf die grau abgefallen gesellschaft, der dann dieselb gesellschaft mit krieg angriff. (b)

Wie der Junng weiß kunig, Unnd der plab kunig, weiter mit krieg, an ainander angriffen, (c)

Der Jung weiß kunig schicket ain andern hauptman, (d) mit vier tausend Manen, in ain ander lannd, in maynung, dem plaben kunig, ain Stat zu uberfallen, und aus derselben Stat, in das plab kunigreich weiter zu kriegen Da entgegen der plab kunig, auch ainen hauptman, (e) mit sovil tausend Manen schicket, dardurch des weißen kunigs anschlag gewenndt ward, Aber dieselben zwen hauptleut triben nicht destmynder, gegen ainander den täglichen krieg.

Wie der Jung weyß kunig, aber ainen hauptman aus schicket, dem plaben kunig, ain land zu überfallen, (f)

Der Jung weiß kunig, schicket zu dem drittn, aber ain hauptman mit zehentausend man, (g) auf dem plaben kunig, in der maynung, daß derselb hauptman dem plabn kunig, ain ganntz lannd überfallen solt haben, Dann dasselb land vor Zeiten des Jungen weisen kunig vorfarn zugehört het, (h) Aber nach der

(a) Kurz vorher in Italien, und itzo an den französischen Gränzen und in Geldern. (b) Die berühmtesten königlichen Hauptleute in diesem Kriege waren H. Albrecht von Sachsen, H. Georg von Bayern, H. Wilhelm von Julich, H. Johann von Cleve. (c) „Man sols nachlesen„ sagt der Glosator. Auch in der Registratur des Conceptsbuches ist dieses Kapitel als etwas unbekanntes übergangen worden. Vermuthlich ist dieser Aufsatz eine Nachlese zum Burgundischen Krieg, wie der vorige eine Widerholung des gelderschen (d) Wilhelm Herrn zu Vergy. (e) Den Herren von Estampes. (f) In einer Registratur des Conceptbuches wird über dieses Kapitel folgende Erinnerung gemacht: „ ist zweifach vnd ist der Zug von fnaffi „ In der andern Abschrift aber heist es: „ Der zug da die Sweitzer Mailand gewunnen haben „ Auf den Inhalt des Kapitels scheint wohl die erstere eigentlicher zu passen. Man nihmt aber die zweite Auslegung hier mit, nicht als ob diese sicherer wäre, als die erste: sondern weil die bey selber vorkommenden Nachrichten für die Geschichte lehrreicher sind. (g) Hiedurch kann sich Fugger über seine von dem österreichischen in Burgund streitenden Kriegsheere angesetzte Zahl rechtfertigen (S. oben Bl. 261. Anm. g.) Aber eben aus diesem Aufsatze, wenn er ja doch den burgundischen Krieg bedeuten soll, wächst der Zweifel, ob K. Maximilian, wie Fugger vorgiebt, bey diesen Krieg persönlich zu gegen gewesen. (h) Ein neues Merkmal, daß hier von den burgundischen Erblanden gehandelt werde.

A. 1498.

dem der plab kunig, sorg trueg der weiß kunig wurde sich understeen, dasselb Land zu erobern, het Er aus derselben ursach dasselb land sowol besetzt, daß des weisen kunigs hauptman, nichts schaffen kunndt. (a)

A. 1498. 1499.

Wie der Jung weiß kunig ain ander lannd vnd volck, bekriegen ließ, genannt die Springer, (b)

Es was ain ander Lannd vnd volck, genannt die springer, (c) das was vor Hundert Jaren, von des weisen kunigs vorfarn, in Irem abwesen abgefallen, (d) Wiewol dasselb lannd, dem weisen kunig zugehört, (e) so heten Sy doch sölichs lange Zeit nit erkennt, vnd vermainten, Sy gehörten dem plabn himel (f) zu, darumb das Sy so starckh im wasser sassn, bey dem Ennd der welt, (g) Darab dann der weiß kunig ainen merklichen verdrieß nam, (h) vnd

Z z z Zoch

(a) Der Stillstand zwischen K. Maximilian, und K. Ludwig von Frankreich der im folgenden Jahr darauf endlich zu standen gekommen, dient zum fernern Beweise, daß es im J. 1498. zwischen diesen zwo Mächten einen Krieg abgegeben habe. Der Glossator, nachdem er bey der Rubrick dieses Kapitels die Auslegung auf Mailand gemacht, sucht seine Meinung mit folgender an der Seite dieses Aufsatzes hingeschriebener Erzehlung zu behaupten: „Da der Plab k. sich „so vnschiklich hielt gegen dem W. k. mit haimlichen zueschreiben den Gelderischen, vertrueg sich „der W. k. mit den Sweitzern vnd schicket der W. k. den Sweizern Herzog Ludwigs Sun „den Eltern vnd gab Im päß vnd Wegweiser daß Sy denselben widerumb in Mailand einse„tzen vnd die Frantzosen daraus jagen Alsdann beschach Also versamblet sich der plab k. wi„derumb mit grosser macht in grosser Eyl, In widerumb zu verjagen, Ee wann der Cristen„lich pundt macht im zu hilff komen. Doch derselbig pundt eylet seer im Zuezug. Nemblich die Swei„tzer die kammen zu massen mit Irem volk bey den XVIII. M. Aber des Babst volk der da „waren bey X. M; des W k. Volk der da waren bey VI. M. des k. von Hispani Volk, „der waren auch soviel, die kamen zuspat nur vmb 3. oder 4. Tag." (b) Der Glossator ist hier wieder unentschlossen, ob er diese Erzehlung für den Krieg mit Venedig oder mit den Friesländern annehmen soll. Die zweyte Auslegung mag gelten. (c) „Springer sein die Friesen" heißt es im Conceptbuche. (d) Schon im vierzehnten Jahrhundert kamen in Friesland die zwo Parteyen der Vetkoopers und Schieringers zum Vorschein, welche für das ganze Land von den schädlichsten Folgen waren, so, daß Niemand recht wissen wolte, wer Herr im Lande sey. (e) Die holländischen Grafen machten längst vorhin auf Friesland Anspruch. So weiß man, daß auch Herzog Karl von Burgund als Graf von Holland dieses Recht zu behaupten gesucht habe. (f) Das ist: sie hätten keinen Herrn auf der Welt, dem sie gehorchen müsten. In der vorigen Abschrift ist anstatt dem Worte plaben Himmel, den liechten Himmel gesetzet worden, damit man nämlich den vorigen Ausdruck nicht auf die Franzosen auslegen solte. (g) „Der deutschen Land" setzt der Glossator hinzu. (h) Schon K. Friedrich III. nochmehr aber K. Maximilian liesse sich angelegen seyn, in Friesland Ruhe und Ordnung herzustellen. Allein ihre Bemühungen waren bishero fruchtloß. Der Glossator setzt diese Stelle am Rande also fort „vnd schicket seinen hauptman Hertzog Albrechten von Sachsen „in dasselbig land vnd bevalch Im das zu erobern; das Er denn thet aber mit ainen harten „krieg der wol 2 Jar weret; vnd thet ain grosse, Slacht mit Inen, vnd gewan dieselb (vnd) „sunst vil klainer slachten auch, die Er der merer tail gewan."

A. 1498. 1499.

Zoch mit seiner person, seinem hauptman dem beruemten fursten, (a) davon vor vil geschriben ist, zu hilf, den Er dann auf die graw geselschaft geschickt het, (b) Und als der Jung weyß kunig zu demselben seinem hauptman kam, (c) da schicket Er demselben hauptman, mit ainer antzall kriegsvolckh, auf das vorgemelt volck genannt die springer, (d)

A. 1500.

Wie des Jungen weyßen kunigs hauptman, der beruemt furst, auf die Springer zug, vnd Sy schlueg. (e)

Als Nun der Jung weiß kunig seinen vorgemelten hauptman, den beruemten fursten abgefertigt het, die Spriger zubekriegen, da zoch derselb hauptman gestrackhs, in das lannd, das die Springer Innen heten, vnd thet Inen, mit Rawb vnd prandt großen Schaden, (f) Das die Springer nit erleiden möchten, vnd Zochen demselben hauptman mit großer macht under Augen, vnd dieselben springer taileten Jr volck, in Zwen hauffen, (g) an die ort, daran Jnen schaden geschen möcht, vnd vermainten dardurch, demselben hauptman, den Einzug zu weren Aber der hauptman wurde solichs Jr furnemen gewar, vnd übersiel den ainen hauffen durch ain wasser, (h) vnd schlueg denselben hauffen in die flucht, (i) vnd in solichen schlagen, beliben der springer, bey Zway tausend todt, (k)

Wie

(a) Dem oftgenannten Herzog Albrecht von Sachsen. (b) Im Jahr 1498. kam K Maximilian in Geldern an, wohin er sich samt H. Albrechten, um den Krieg wider Karl von Egmond zu führen verfügt hatte. (c) Eben noch im Jahr 1498. überkam H. Albrecht von K. Maximilian die Erbstadthalterschaft über Friesland, das folgende Jahr kam H. Albrecht mit K. Maximilian in Niderland, alwo dem Herzog diese Würde mit den vortheilhaftesten Bedingnißen bestättigt wurde. (d) H. Albrecht kam im Jahr 1499. selbst nach Friesland, wo unterdessen der Krieg schon ausgebrochen war. (e) In den Abschriften des weissen Königs, ist hierüber keine Auslegung zu finden. Man weiß von drey Niederlagen, welche die Friesen in diesem Kriege erlitten haben. Nach Egg. Beningas Bericht war H. Albrecht bey keiner zugegen. Eben darum hat sich in der Auslegung dieses Aufsatzes an die Erzehlung eines Heuter und Petit gehalten, die uns H. Albrechten an der Spitze des Heeres in zwey friesischen Treffen vorstellen. (f) Die vormalige Ankunft H. Albrechts war friedlicher. Nun aber kam er seinen zu Franecker belägerten Sohn Heinrich zu befreyen. S. Petit Chron. de Holl. & Seel. Bl. 632. Heuter Bl. 241.242. (g) H. Albrecht traf einen Theil des feindlichen Heeres zu Bomsterzyl den andern bey Franecker an. S. Petit und Heuter ebend. (h) Sur ce le 14 de Iuilet le Duc Albert deslogea de bon matin d' auwert — faisant marcher tout son armée, & comme le pont de l' Escluse estoit rompu, ce non obstant qu'on luy sceut desconseiller, comme homme hardy, qu'il estoit, il passa la riviere u. s. w. Petit ebend. (i) Das Treffen bey Bomsterzyl ereignete sich eben den 14. Heumonath. (k) Petit sagt, es seyen in diesem Treffen mehr nicht als 500 oder höchstens 1000 geblieben. Könnte in Betreff der im weissen König angegebenen Antzall der Todten nicht etwa ein Verstoß mit dem Treffen bey Workumerzyl oder dem bey Franecker entstanden seyn? S. Beninga Hist. van Ostfriesl. bey Mathaus Anal vet ævi T. IV. S. 434. und Petit. Chron. de Holl. & Seel. Bl. 633.

Wie der vorgemelt hauptman, den andern hawffen, auch slueg (a) vnd das lannd erobert, vnd wie Im der Jung weiß kunig, dasselb lannd, vmb sein dienst vereret, vnd derselb hauptman darnach starb,

Nachdem, vnd der vorbemelt hauptman, den ainen hauffen der springer geschlagen het, Zoch Er darnach Eylends auf den andern hauffen, (b) der Springer, vnd schlueg denselben hauffen auch in die flucht, vnd vil aus Jnen zu todt, (c) da Nun die Springer Jrn unsig, gegen dem hauptman sachen, Da ergab sich dasselb Lannd der springer, an den bemelten hauptman, Als der hauptman das lannd aingenomen het, da beweget vnd betrachtet der weiß kunig die Ritterlichen Erlichn, vnd getreuen dienst, die Jme derselb sein hauptman, der beruemt furst, wider die Brawn, plab, und graw geselschaft, auch die Springer gethan het, (d) vnd wolt Jme solicher seiner Diennst, In sonnderhait mit gnadn in hocher Eer Ergötzen, vnd schenket vnd vereret (e) darauf dasselb landt der springer, gedachtem hauptman, (f) vnd sein Nachkömen, vnd in kurtz darnach ward derselb hauptman krankh, (g) vnd starb, das dem weißen kunig Insonnderhait gar laid was, dann Er verlor, übel an Jme, der weiß kunig ließ Jne löblichn, und Erlichn, nach ordnung der cristenlichn kirchn begeen, wann derselb hauptman, was ain, Edler vnd hochgeborner furst, vnd dem weisen kunig mit Sipschaft verwanndt, alsdann vor auch ainmal in dieser Schrifft antzaigt ist, (h)

(a) In einer Registratur der Conceptschriften heißt dieser Aufsatz „ Hertzog Albrechtisch friesisch „ krieg dagehört hinein, wie der Hertzog von Braunswig erschossen ward. „ (b) Nach petits Bericht zog Herzog Albrecht von Bomsterzyl mit dem siegenden Kriegsheere gerade nach Franeker. (c) Den 16. Heumonath kam es bey Franecker zum Treffen, welches für die Friesländer eben sehr blutig ausfiel, und sollen alldort 2000. geblieben seyn. S. Petit Chron de Holl. & Zeel. Nach **Beninga's** Aussage „ sinnen in summa in den dreen schlachten bey 5000. „ (andere hebben 8000.) menschen erslagen vnd ummegekamen. „ (d) Ein Lobspruch, der sowohl unserm grossen Kaiser Maximilian als Herzog Albrechten von Sachsen diesem redlichen Freunde Oesterreichs Ehre macht. (e) Schon im J. 1498. den 20ten Heumonat ward H. Albrecht zum Erbstadthalter in Friesland mit Einwilligung des h. r Reichs ernennt. Erzhertzog Phillipp überließ ihm sodann mit gewissem Bedinge alles Recht, welches Er als Graf von Holland auf Friesland hatte. (f) Unter was für Bedingnissen H. Albrecht die nunmehr zum Gehorsam gebrachte Westfriesen, wider in Gnaden aufgenommen, beschreibt Beninga l. c. Bl. 435. 436. (g) Die Belägerung der noch widerspänstigen Stadt Gröningen hatte bereits ihren Anfang genommen. H. Albrecht begab sich unterdessen nach dem Dam, wo er schwer erkränkte. Er ließ sich sodan nacher Enden bringen, und starb alldort im Herbstmonath im J. 1500. Beninga ebend. (h) S. oben Bl. 235.

Wie der plab kunig, abermal practicieret, das die graw geselschaft abfiel, von dem weißen kunig, vnd dieselb geselschaft, geschlagen ward. (a)

Der plab kunig, prauchet bey der grawen geselschaft (b) vnd etlichen Comaun abermalen aine haimliche practicten, vnd beweget Sy so vil, das Sy dem weisen kunig etwas abfallen wolten, Als Sy dann solich abfallen ain lange Zeit triben heten, vnnd zugen sich, fur vnd fur, von der weisen geselschaft ab, mit zuthun und hilf der plaben geselschaft, darab dann Ire nachpawrn, ain merklichen verdrieß heten, (c) vnd hueben also vnnder ain annder, ain Romor und kriegen an, vnd zu baider seydten, erschluegen Sy, under ain ander, etlich tausend Mann, vnd die graw geselschaft hueb der weisn geselschaft an, Zu sigen, also schicket die weiß geselschafft nach Irem herrn, dem Jungen weisen kunig, vnnd Ruefftn Ine an, das Er Inen pald Zu hilf kom, das tet Er, vnd bewarb sich auf das sterkist mit kriegsfolckh, vnnd dieweil Er ander krieg halben, denselben krieg selbs nit fueren möcht, da bevalch Er ainem seinem Frund, (d) denselben krieg zufuern, das dann derselb Frund tet, vnd grif die graw geselschaft, die dann ain starckh land heten, mit allem Ernnst an, (e) vnd schlueg dieselb graw geselschaft im veld zwaymalen nachainander (f) Und in demselben seinem Sig wurde Er verirrt, (g) das Er weiter nichts schaffen kundt, dardurch derselb krieg etlich Jar belib ansteen.

Wie

(a) Im Register der Conceptschriften heißt es: „ Clevisch zwo slachten nach ainander vnd soll steen vor Friesland. „ Dieser Anmerkung zufolge wäre dieser Aufsatz eine bloße Widerholung dessen, was schon oben Bl. 261. u. f. gesagt worden. Der Glossator hingegen will diese Geschichte auf das Jahr 1502. ausgelegt wissen. Seine eigentliche Erklärung geben die folgenden Anmerkungen. (b) „ In den Zeiten so der weiß vnd der plab kunig mitainander kriegten, da .... get der „ plab kunig die Gelderischen daz Sy den bstand brachen gegen den Weissen kunig vnd gegen „ den von Clef, der dann ain Helffer was des weissen kunig „ Die Glosse. S. Pontan. Histor. Gelr. L. XI. Bl. 622. (c) S. Pontan Bl. 620. 621. (d) H. Johann von Cleve. (e) „ Also schicket der weyß kunig ettlich sein kriegsvolck den von Clef zu hilff der dann hertig„ lich kriget auf die Gelderischen. „ die Glosse. (f) „ Vnd gewan Inen (der von Clef) „ 2. Slachten ab nachainander. In der ersten Slacht war der von Geldern, den sy für ainen „ Herren annahmen, selb: aber er kam dauon, lies aber sey Streit geschutz hinden. vnd waren „ vill gefangen vnd erslagen von den seinen. Die ander Slacht teten die von Numagen allain „ mit dem Weissen kunig, der aber auch der merer tail darinnen gefangen vnd erschlagen. Nicht „ destminder bliben die Gelderischen in Irm krieg fur vnd fur, vnd darnach noch weiter bis „ der weiß kunig vnd sein Sun K. Philips von Hispani kamen für Arnam vnd eroberten solchs. „ Da war ain Rachtigung gemacht, aber nit gehalten. „ Ebend. S. auch Petit Chron. de Holl. Bl. 637. u. f. Pontan; Hist. Gelr. Bl. 623. u. f. (g) Durch Veranstaltung Ludwigs K. in Frankreich wurde zwischen dem H. Johan von Cleve und Karl von Egmond eben dieses Jahr ein Stillstand getroffen. Eine Urkunde hierüber liefert Pontan Bl. 623.

Wie der weyß kunig, dem plaben kunig, in sein kunigreich gezogen wolt sein, Und wie der Plab kunig, ainen fursten, mit Untrew fienng. (a)

Der Jung weiß kunig, versamlt sich mit seinem kriegsfolckh, der maynung dem plaben kunig, in sein lannd zu ziechen, Aber solicher Zug ward wendig gemacht, (b) durch furpit ains anndern kunigs, der dem Jungen weißen kunig zusonnderhayt verwanndt was, (c) Und der plab kunig, ließ sich vill guets, mercken, gegen dem weißen kunig, vnd gegen dem schwartzen kunig, (d) vnd der plab kunig vnderhielt den weißen kunig, durch den andern kunig, vnd Russtet sich mitler Zeit, in ainer gehaim, mit ainem grossen volckh, vnd überfiel den mechtigen fursten, (e) den der weiß kunig zu seinem kunigreich pracht het, (f) mit ainer grossen schnelligkeit, (g) vnd fienng denselben furstn, mit dargebung, so die geselschaft von den pawren teten, (h) vnd gaben denselben furstn, umb sein trew, die Er Jnen mit der rachtigung gethan Het, (i) gegen den weisen kunig, den lon, (k) von der-

(a) „ Ist die Mailendisch gefengknuß „ sagt die Aufschrift in Conceptbuche; und die Glosse: „ Wie der kunig von Frankreich Mailand vberfiel, Er Jm der W. k. zu hilf mocht kumen. „ (b) Das gegenseitige Verhalten K. Ludwigs XII. von Frankreich, und K. Maximilian ward auf dem Reichstage zu Costanz im J. 1507. kürtzlich also beschrieben: „ Als (Ludwig) zu kunig „ erwelt ward, vnderstuend Er sich ir kü. M. zu verachten — vnd erfand ir k. M. in ir „ selbs gewissen, irer Mt. vnd des heiligen Reichs eren nach, das Sy also vngeäfert gesmeht „ vnd veracht nit pleiben solt schicket darauf irer Mt. haubtleut vnd kriegsvolck in Frankreich „ (S. oben Bl. 261.) die demselben kunig etwevil schaden nach kriegsgewohnhait mit eroberung etlicher Stet vnd Schlösser zu fuegten. „ (c) „ Als nu ir Kü. M. aber kain hilff vom reich, „ burgundischen noch ytalischen gedeihen, deßhalben ir kü. M. nit rugken haben noch nachtrucken mocht, zusambt dem dz auch weilend kunig Philips zu Castilien Räte in Frankreich mit „ dem kunig ain tractat von wegen der Burgundischen Lande, der besser gelassen dann gemacht „ geweßt wäre, aufgericht hätte. Da müest sich die Kü. Mt. mit dem künig zu Frankreich „ richten vnd vertragen. „ Ebend. (d) Den König in Spanien, mit welchem K. Ludwig den 5. August im Jahr 1498. die alten Verträge erneuert hatte. (e) Ludwig Moro Herzog zu Meiland. Dieser Ueberfall geschah im J. 1499. eben damal, als K. Maximilian mit den Eidgenossen zu thun hatte. (f) K. Maximilian belehnte ihn mit dem Herzogtume im J. 1495. (g) Das ganze Herzogtum gieng noch im Jahr 1499. größtentheils durch Verräterey ehe über, als die Frantzosen zu Thätigkeiten gekommen. (h) Im Jahr 1500. kam der bisher flüchtige Herzog Ludwig wieder in Besitz seines Herzogtumes. Die Franzosen ruckten mit einem neuem Kriegsheere an. H. Ludwig hielt eine Zeit zu Novara die Belägerung aus. Hier weigerten sich aber die von ihm besoldeten Schweitzer wider ihre bey den Franzosen dienenden Landsleute zu streiten. H. Ludwig fand sich hierdurch genöthigt Novara zu verlassen. Im Abzuge ward er von einem Schweitzer an die Frantzosen verrathen und also gefangen. (i) Eben Herzog Ludwig ließ sich am eifrigsten angelegen seyn, den Friede zwischen K. Maximilian und dem Eidgenossen herzustellen. (k) Dennoch ist hier zu betrachten, daß die Obrigkeit zu Ury, wie schon oben gemeldet worden, den meyneidigen Verräther Rudolf Turman mit dem Schwerdte hinrichten lassen.

A. 1498. 1501.

derselben rachtigung vorgeschrieben ist, (a) und der plab kunig Erobert desselben mals, des bemelten fursten landt, an schwert schleg, (b) Ab solicher Handlung emphienng der weiß kunig ain grossen unlust, vnd was genntzlichn der maynung von wegen solicher handlung dem plaben kunig, in sein lannd vnd kunigreich mit herescrafft, zu ziechn, da kam der schön kunig (c) zu dem weißen kunig, vnd pat Ine, vnd handlet sovil mit Ime, daß derselb Zug auch abgewendt ward, der weiß kunig mercket auch wol, daß alle seine verwanndten, (d) dieselb Zeit mit Rat vnd that dem plabn kunig zu fielen, Dann der plab kunig, het dieselbn mit seiner listigkait, dabey das gelt ist, überkumen.

A. 1503.

Wie der weiß kunig, dem Swartzen kunig, (e) hilf schicket, wider den plaben kunig, vnd der swartz kunig oblag. (f)

Nachdem vorgemelten krieg, wider die graw geselschafft, Erhueb sich ain krieg zwischen dem plaben vnd schwartzen kunig, (g) Und dieweil aber det Swartz kunig dem jungen weissen kunig mit fruntschaft verwanndt was, (h) da schicket der weiß kunig dem Swartzn kunig, ain antzall, sonder guet kriegsvolckh, über Mör, (i) dasselbig kriegsfolckh, mitsampt des Swartzen kunigs volck, kamen von stundan zu streiten, mit des plaben kunigs kriegsvolck, die erlegten dieselb plab geselschaft, auf das haupt nieder, bey dreytzehen tausend man, (k) dardurch der Swartz kunig, das kunigreich, darumb der krieg was, erobert, vnnd derselb krieg, ward dardurch gericht, (l) Der Jung weiß kunig, het dem Swartzen kunig, gern

(a) S. oben Bl. 270. (b) Auch die Verwandten des unglücklichen Herzogs kamen endlich in die Hände der Franzosen. Und Mailand war nunmehr von den Franzosen ganz erobert. (c) „ Der schon kunig ist kunig Philips von Saphoi, frau Margarethen gemahl „ steht im Con„ ceptbuche: doch sind die Worte von Saphoi u. f. als ungültig unterzogen; nicht Philibert, sondern Philip König von Castilien, von dem ohnehin bekannt ist, daß er den Zunamen der Schöne führte, wird hier bedeutet. (d) Weder Spanien weder Engelland noch auch die deutschen Reichsstände wollten dermalen von einer Kriegshilfe wider Frankreich wegen Italien etwas hören. (e) Ferdinand K. in Spanien. (f) „ Die Slacht „ von Neapels da der Hertzog von Fandan (Vendome) erslagen worden „ Die Glosse; und das Conceptbuch: „ Ist da der von Namür erslagen ist worden vnd sein Begrebniß sol man „ auch hinzusetzen, und ist beschehen in Neapels.„ (g) Im Königreich Neapel kam es zwischen dem französischen Feldherrn Ludwig Armagnac Herzog von Nemours und dem spanischen Gonsalvo da Corduba bey Cerignola zu einem merkwürdigen Haupttreffen. (h) Erzh. Philipp K. Maximilians Sohn hatte die Prinzessinn Johanna Ferdinands K. in Spanien Tochter damal schon zur Ehe. (i) S. oben Bl. 204. (k) Fugger zehlt wohl gar 20000. MS. Bl. 179. Ludwig H. von Nemours blieb selbst in diesem Treffen. (l) Durch die Tapferkeit vnd klugen Anstalten des spanischen Feldherrn Ferdinand Gonsalvo von Corduba verloren die Franzosen endlich ganz Neapel. Die Beschreibung dieser Schlacht liefert Mariana de rebus Hisp. L. XXVII. Cap. XXI.

[166]

A. 1503.

gern mit sein persoun geholfen, vnd wolt dem plaben kunig, in sein kunigreich getzogen sein, aber Er kundt sein volckh nit auf wegig machen, Aus der ursach dann unnder demselben seinem volckh, Erwuechs ain parthey, die selbig parthey was zwifeltig dann die ain parthey wolt dem plaben kunig gunst tragen (a), dann dieselb parthey, was abermaln durch den plaben kunig, mit miet vnd gab abgericht worden, dann die annder parthey desselben volcks, wolt vnder Inen selber Romorn, der weiß kunig mercket wol das daraus nichts guets erwachssen wurde Unnd kehret allen vleyß fur, ob Er sölichem misfall möcht wendn, Aber Er kundt solichs mit nicht nit thun, vnd stellet das Zu Got, vnd ließ die partheyen mit Irem Gunst gegen den plaben kunig volfarn, vnd derselb weg trueg Sy, in dörnen vnd pfutzen, das dann der weiß kunig, Zuvor aus seiner schicklichayt erkannt, vnd bewegt het, Aber Ime ware nit alle Zeit muglichen sein grosse geselschafft zu registeriern, und zu maistern. (b)

A. 1506. 1508. &c.

Wie der Jung weyß kunig, ain andere geselschaft schlueg, Unnd auch bezwanng, (c)

Als Nun der weiß kunig, die vorgemelten partheyen seins volcks, Zu derselben Zeit, nit maistern kundt, sonder Er ließ Sy in Irem furnemen beleibn, Nun was ain anndere geselschaft, die wolten dem plabn kunig anhengig sein, (d) zu smach dem Jungen weisen kunig, wider alle pillichayt, Also versamit sich der weiß kunig, mit seinem kriegsfolckh, und zoch über dieselb geselschafft, (e) Sy zu straffen, die dann groß an lanndn, leuten vnd Reichthumbn

 waren

(a) S. oben Bl. 202. Anm. a. (b) So heißt es auf dem Reichstage zu Costanz „ Ir Me. „ solt vnd müest weiter der weltlauff vnd dem glügk (ob doch dasselb mit der Zeit dz Liecht „ des heiligen reichs erleuchten vnd ercleren würd) auswarten, dardurch der Römisch kunig von „ demselben krieg setzen müest vnd abermals hinab in dz Ghelderland zoch, nam widerumb für „ dasselb Land zu bekriegen „ (c) Im Register des Conceptbuches wird ganz bescheideu angemerket, um die Auslegung dieses und des folgenden Kapitels habe man sich „ noch weiter „ zu erkunden „ Wenn hier Muthmassung statt hat; so durfte dieses und das folgende Kapitel auf die spätere Fortsetzung des gelderschen Krieges auszulegen seyn. Der Glossator hingegen legt diese Erzehlung auf Venedig aus. Seine Meinung kann aber anders nicht gelten, als wenn man diesen Auffsatz als eine Kriegsgeschichte von mehrern Jahren betrachten will, von welcher die einzelnen Begebenheiten weiter unten in besondern Kapiteln ordentlicher erzehlet werden. (d) Ludwig XII. K. in Frankreich suchte Venedig auf seine Seite zu bringen. Als K. Maximilian im J. 1506. den Römerzug vorhatte, ersuchte er die Venetianer um den freyen Durchzug warnete sie zugleich vor den bedenklichen Absichten des Königs von Frankreich. Die Venetianer entdekten dieses den Franzosen, und setzten sich mit Nachdruck wider das Vorhaben K. Maximilians. (e) Der Krieg wider Venedig brach erst im J. 1508. aus

H · B

A. 1506. 1508.

waren, vnd als Er anhueb, derselbn geselschaft, mit seinem hauptgeschutz purg vnd vest zuerstören, (a) da Zoch dieselb geselschaft dem weisen kunig vnder Augen, alspald der weiß kunig solichs vernam, daß Sy sich so hart sterckten, in der maynung, dem weisen kunig das veldt ab zudringen, da tet der weiß kunig als ain listiger fuchs, und ließ Inen furlaß vnd in demselben vbereilt Er Sy mit seiner weißen geselschaft, (b) vnd fieng vnnd erschlueg Sy schier alle, vnd kamen Ir gar wenig darvon, Der weiß kunig Zoch fort, vnd gewann Inen ab, etwo vil befestigung, also ergaben Sy sich an den weißen kunig und Er nam Sy an, vnd zerließ darauf seyn heer.

A. 1508. &c.

Wie der weiß kunig, die vorgemelt geselschaft, abermalen bekrieget, vnd bezwanng, (c)

Mitler Zeit schicket, der plab kunig, der vorgemelten geselschaft ain merklich gelt, damit Sy sich, an den weisn kunig nit ergaben, vnnd wo das gelt, nit so pald kumen were, so heten Sy sich ganntz vnd gar, an den weisen kunnig ergeben, Aber da Inen das gelt zukam, emphienngn Sy ainen muet, vnd wider setzten sich auf ain News, Auf solichs Zoch der weiß kunig seinem hauptman, den Er in derselbn gegend gelassen het, mit seinem hauptgeschutz zu hilf, vnd gewan Sy mitgewalt herwieder.

Wie

(a) K. Maximilian überstieg im Jahr 1508. die Alpen, eroberte einige Oerter, kam bis gegen Vicenza, wo er wider alles Vermuthen sich wieder zurückzoch. (b) Kann auf H. Erich von Braunschweig ausgeleget werden, der damals in der Tarvisermark sehr glücklich war, und sich vom ganzen Gebiethe Cadore Meister gemacht. Was in dem Haupttexte ferner folgt, ist überhaupt von den folgenden Jahren zu verstehen. (c) Eben sowohl diesen Aufsatz als den nächst vorhergehenden kann man für verlohren geben. Nur der Muthmassung des Glossators zu folge, hat man hier jene Erzehlung nachzulesen, die er am Rande hingeschrieben hat. Wenigsten kann sie zur Erläuterung der weiter unten folgenden Erzehlung dienen. Sie lautet also: „ Der weiß „ kunig het in mitler Zeit an vnderlaß den krieg mit den Venedigern. Welcher krieg sich ange„ fangen het, vor etlichen Jaren vnd weret an vnderlaß vnd kam darzu, das die Venediger „ abfiellen den weissen kunig in den Pundt den Sy vnd ander fürsten mitainander hetten. Vnd „ do darnach der W. k. wolt ziechen durch Ir land mit ainem wenigen kriegsvolck wolten sie „ In nit durchlassen zu seiner Krönung gen Rom. Also vnderstund Er sich mit Gewalt durchzu„ ziehen, in maynung, Sie solten Im solchs nit weren, das aber nit sein mocht, dann Ir „ paß waren so starkh, Vnd an ainer Eroberung ains paß sluegen die Venediget dem wei„ ßen kunig ob 1. M. Mann kriegvolck ab, dardurch ainen Ir hawpleuten genannt Bartlme Dalvian.„

A. 1510. 1511.

Wie sich wieder den weißen kunig, ain seltzsame (a) gemain erhueb, vnd Er Sy mit krieg angriff vnd ain Rachtigung gemacht ward.

Da der Jung weiß kunig, die vorgemelt geselschaft, widerumb mit gewalt gewan, kam Ime in solichen potschafft, wie sich Erhueb ain seltzame gemain, wider In, die wolten sich vnderstehen Ime ain smach zu zufuegen, dieselb gemain bedacht nit das Endt, sonnder vermainten, der weiß kunig were von Inen so weit, das Sy sölich Ir furnemen wol verpringen möchten, Also Eylet der weiß kunig in nahend zu Inen, vnd versamlt aus freyèm danckh kriegsfolckh, zu ainem streit, vnd zoch mit seinem Hör, der seltsamen gemain In Ir hertz des lands, und het Sy gern bestritn, Aber Sy kamen Ime nit vnder Augen, sonder Sy flochn den streit, in der maynung die befestigungen zu behalten, vnd das Land zuverlassen, vnd den krieg auf die hårr zu ziechn, als der weiß kunig sölichs mercket, da nam Er mit Inen zu seinen Eren, ain rachtigung an, dann denselben krieg, tet der weiß kunig allein von Erentwegen, damit Ime dieselb gemain, kain smach bewiß, Das Er dann also furkam vnd abstellet,

A. 1506. 1508.

Wie der weiß kunig, sich frey vnderstund, ainen weiten Zug zu thuen, zu trost der Cristennhait, vnd der plab kunig, da wider was, vnnd was krieg daraus Erstunnd, (b)

Nach der vorgemeltn Rachtigung Zoch der Jung weiß kunig zu ruckh, unnd wolt ainen freyen Zug gethan haben, in weite Lanndt, der Cristenhait zu trost, vnd den Unglaubigen zu swechung, vnnd tailet sein volck in zwen tail, (c) ain hör auf das Land, vnd das ander heer auf das Mör, (d) Also geschach

 Ime

(a) Man könnte diese Erzehlung von der seltsamen Geselschaft auf den im Jahr 1502. entstandenen Bundschuhe auslegen. Allein um den Willen des Glossators zu befolgen wird hier „ Utricht „ die letst Aufruer im Lannd „ verstanden. Von diesem Aufstande handelt Pontan Hist. Gelr. L. XI. Bl. 642. 643. auf das Jahr 1510. 1511. (b) In den vorläufigen Abschriften findet sich gar keine Auslegung hierüber. Eigentlich wird in diesem Kapitel von K. Maximilians vorhabendem Römerzuge gehandelt. Die folgenden Anmerkungen sind aus den Akten des zu Costanz im J. 1507. gehaltenen Reichstages entnomen. (c) „ Nach demselben (Traktat mit den Hungern) was die Ků. M. des fůrnemens vnd darnach gerůst den Romzug zu tun vnd die „ kayserlich Cron zu erlangen Ertailet darauf irer Mt Kriegsvolck so ir ků. M. wider die Hungern gehabt het, auff zwen weg. „ (d) „ Auf den ain ordnet ir M. dem fursten von An-

A. 1506. 1508.

Jme pruch, an baiden heeren (a) dann Er kundt nach seinem willen, nit schiffung zu wegen bringen, So wolt sich sein volck auf dem Lannd, uber das gepirg nit geren wagen, aus Ursach, dann das volckh das in demselben pirg wohnet, das was dem plaben kunig vrwandt, Also versuchet der weiß kunig, mit ainer klainen antzall durch zu kumen, vnd schicket auch ain antzall volck, auf ainer anndern strassen, durch zu kumen, aber der plab kunig het Jnen dieselb straß mitsampt allen andern strassen offentlichn vnd haimlichn verlegt, (b) dann Er besorget, des weisen kunigs, Ruem unnd Tewrigkeit, wurde in der Cristenhait zu groß, das Jme zu schadn kumen wurde, und nachdem der winter an gienng, da zoch der weiß kunig ab, vnd als derselb winter vergannngn was, vnd der Sumer angieng, Zoch der weiß kunig, mit seiner geselschaft widerumb an, vnd verhoffet mit lieb, oder laid, durch zu kumen, Aber der plab kunig, het in dem obgemelten winter so starckh practicirt, das alle päß, vnd sonnderlichen die vier hauptpäß, mit streits macht, vnd mit großen kosten verwardt wurden, Als der weiß kunig sölichs vernam, da understundt Er sich durch sein hauptleut, ains tails derselbn päß mit seinem volck zu erobern, vnd hieß sein volck die plab geselschafft, an dem erstn paß angreiffen, daraus Erwuechs ain merklicher krieg, (c) an ainem ort, verlor die weiß geselschaft, an dem anndern ort, die plab geselschafft, vnd da der weiß kunig ersach, das Er an denselben orten kainen hauptstreit, an sondere grosse und übermässige Wagnus, nit mocht thuen, Da versamlt Er sich, vnd wolt den plaben kunig, in sein kunigreich getzogn sein, sich an Jme zu rechen, an den Enndn, da Er solichs wol bekumen het muegen, dann dieselb Zeit Zoch die

„ Anhalt zue, den merern tail fueßknecht, mit beuelch mit denselben vngewarnter sach durch „ der Venediger land zu ziehen vnd den phadt einzunemen; auf den andern weg wolt ir kü. M. „ mit irer person auch den Landtschaften vnd kriegsvolken der obern vnd niederösterreichischen fur„ stentumbe vnd landen, mitsambt etlichen landsknechten vnd andern fuesknechten auch ainem „ notdürftigen veld vnd hauptgeschütz dem von Anhalt nachgezogen vnd gefolgt sein, gantz dar„ nach geschickt vnd gericht durch mannigfältig mittel, so ir kü. Mt. gesucht hat den ersten „ hauffen mit dem von Anhalt durchzubringen. (a) „ Aber die Landsknecht widreten sich „ zu ziehen vnd heten zu vrsach etwevil vngegrünt mengel, wie dann ir alter sitt vnd gewon„ heit ist. „ (b) „ Mitler Zeit versambleten die venediger alle ir macht, mer dan sy in „ langer Zeit gethan haben, vnd legten die der Kü. Mt. vnd dem von Anhalt an irer Mt. „ statt vnder augen, an all ir paß vnd grenitzen. Also ist aller Durchzug von den Vene„ digern bis auf diese Zeit abgeschlagen worden. Darauf vrlaubet die Kü. M. ain antzall „ knecht die vrsach warn an dem das die knecht mit dem von Anhalt, wie vorsteet nit zie„ hen wolten vnd bestellet ir Mt an derselben stat ander, vnd bevalch dem von Anhalt mit „ denselben vnd anderm kriegsvolck auf Mantua zu rügken vnd zu besehen, ob Sy der Marg„ graf durch sein lannd passiren vnd kumen lassen wolt, das Er doch abschlueg, vber das Er „ die Kü. M. vormals getröst het, irer Mt. den durchzug zu gestatten vnd irer Mt. vnd des „ reichs gehorsamer fürst zu sein. „ (c) Jm Jahr 1508. brach dieser Krieg durch öffentliche Heerzüge aus. Die Geschichte dieses Jahrs beschreibt Häberlin deutsch. Reichsge. B. IX. Bl. 393. — 402.

HS
H B

H·B

A. 1506. 1508.

die plab geseischafft, an ainen andern ort (a), mit Irm hauptgeschutz, über die weiß gesellschafft, Ee sich die weiß gesellschafft, an demselben Enndt recht versamlt het vnud gewannen also der weisen gesellschaft etlich treffenliche befestigung ab, Aber doch entgegen verlorn Sy vil Sturm, darynnen, ain grosse antzall volckhs wund vnd tod belieben, Der Jung weiß kunig hielt sein kriegsfolckh gegen den plaben kunig, aus merklicher vrsach, dann ain gewisser grosser Feldstreit verhanden was, Aber durch zuthun treffenlicher personen der kristenhait, die sölichen streit nit geren sachen, Nach dem darynnen ain merklich plut vergossen were worden, was derselb streit hingelegt, (b)

A. 1503. 1504.

Wie sich ain krieg in des weyßen kunigs kunigreich vnder seinem fursten genannt die Bairen (c) erhueb, vnd wie der weyß kunig, die ungehorsamen fursten strafet. (d)

In solichem starb ain furst, (e) in des weisen kunigs kunigreich, derselb furst hieß Yorg und vorließ hinder Ime ain vest reich vnd schön Lannd, vnnd dartzu vil gelts, dann derselb furst, het in seinem Leben, sein begir und neigung, Nun allain gelt Zu sameln, (f) derselb furst, het kain Sun allain Nur töchter (g) vnnd verheirat ain tochter ainem fursten genannt Rueprechte, vnd verschrieb demselben seinem tochterman, sein Lannd, (h) das Er das nach seinem abgang Erben sölle, vnd soliche verschreibung thet Er, an des weisen kunigs wissen vnd willen, (i) dartzu so waren zwen fursten im leben genannt Bairen

(a) Die in Geldern streitenden französischen Hilfsvölcker, welche noch immer die Sache Karls von Egmond bedekten, bis es gegen Ende des Jahres 1508. zum Frieden gekommen ist. (b) Im Monath Juni kam zu Venedig ein dreyjäriger Stillstand, den 10 Christmonat aber zu Cambray der Frieden wegen Geldern zustanden. (c) Im Manuscript des weissen Königs sind überhaupt alle eigene Namen durch Annagrammen vorgesetzt. So heißt Baiern, Neriab, Georg oder Yorg, Groy; dieses hat man hier ein für allemal zu merken. (d) „Anfang „des bayrischen Kriegs„ heißt es im Register des Conceptbuches. Eben also der Glossator „Pfaltzgrauisch krieg„ (e) H. Georg von Bayernlandshut, starb den 3. Christmonat im Jahr 1503. (f) Der Reichthum dieses Herzogs ist in der Geschichte bekanut. Es befanden sich aber auch unter seinen Schätzen 80000. Goldgülden, und 7 Zentner 11. Pfund gebrochenen Geldes aus dem berühmten Gnadenorte Maria Oetingen, für welche nach seinem Tode Probst Johannes von der unterweiligen Regiernng die Versicherung begehrte. (g) Margarethe die in den geistlichen Stand getretteu, und Elisabeth, die Gemahlinn Pfaltzgraf Ruprechts, von welchem in diesem Kapitel fürnehmlich gehandelt wird. (h) Durch ein den 14 Herbstmonath 1496. verfaßtes Testament. (i) K. Maximilian suchte dieses Testament durch einen den24Weinmonat1503.anHerzogGeorgen und die landshutischenStände erlassenenVerboth abzustellen, ren (a), die waren Naturlich lehen vnd swert Erben, (b) dardurch der vorgenannt furst, sein Land, dem weisen kunig fellig machet, Unnd als derselb furst, mit tod abgangen was, Da wolt sein tochterman, dasselb Lannd nach Inhalt seiner verschreibung einnemen, (c) des beswerten sich die vorgemelten Zwen fursten, vnd Ruefften den weisen kunig an, Sy bey Irm Rechtn Erb zu hannthaben, Darauf der Weyß kunig baiden Partheyen ainen tag (d) fur sich ansetzet, vnnd vil seine fursten zu Ime erfordert, wiewol dem weisen kunig dasselb Lannd fellig was, so stund Er doch mit der felligkait still, und het sondern gueten vleyß die Partheyen in guettigkait mit ain ander zuvertragen (e), domit in seinem Reich, vnder seinen fursten, der krieg verhuet wurde, Aber der furst genannt Rueprechte vnderstund sich, uber des weißen kunig verpot, dasselb lannd geweltigclichn Ein Zunemen, vnd nam auch etliche Stet nnnd Slößer (f) ein, auf das Erkennet vnd erklaret, der weiß kunig, demselben furstn auch seinen Vater der was also genannt Filip, der desselben angriffs der maist ursacher was, (g) vnd alle Ire helffer (h) vnd helffers helffer, vmb Ir ungehorsam, in des weißen kunigs Acht und aber acht, (i)

Wie

(a) Albrecht und Wolfgang die Herzoge von Bayern München. (b) Besonders war diese Verschreibung dem Ruprecht Söhnen Herzog Stephans I. im J. 1392. geschlossenen Erbvertrage zu wieder. (c) Pfalzgraf unter den drey nahm von dem Schlosse Landshut, und Burkhausen, wo H. Georgs Schätze verwart lagen, Den 5. Hornung im J. 1504. am welchen diese Streitsache in Gegenwart K. Maximilians und Besitz. (d) Reichsfürsten zu Augspurg vorgenommen wurde. (e) K. Maximilian machte den Partheyen vielerzum gütigen Vergleiche den 9. April die billigsten Vorschläge. Nachdem aber diese nicht angenommen worden, ergieng endlich den 22. April der königliche Rechtsspruch zu Gunsten der münchischen Herzogen. (f) Dingolfingen, Oetingen, Mosburg, Neuburg an der Donau. u. a. (g) Dieser wollte sich zwar bey K. Maximilian entschuldigen; seine Vorstellungen hatten aber keine Wirkung. (i) 'Die vornehmsten waren neben dem pfälzischen Churfürsten Philipp, der Bischof zu Freysing, der Landgraf von Leuchtenberg, Graf Wilhelm von Henneberg. u. a. (i) Dieses Urtheil ergieng über sie den 4ten May zu Fridberg.

Wie der weyß kunig, in dasselb land zoch, vnd nam etliche Stet ein.

Nachdem, vnd der weiß kunig, dieselben fursten in die acht gethan het, Zoch Er mit ainer klainen Antzall volcks, in dasselb lannd, (a) und nam in etlichen kurtzen tägen, fumf Stet ein, (b) jndem kamen die zwen Erb fursten (c) mit Irn pundtgenossen, vnd bekriegten dasselb land, Sy richten aber nit viel aus, (d) Der weiß kunig zoch mit ainem besonderen kriegsvolckh, vber den fursten genannt Filip, (e) vnd gewann demselben fursten ein groß lannd vnd vil Stet ab, vnd der Ine nahend gar vertriben, mitler Zeit starb der furst Rueprechte (f) vnd sein Gemahl (g) verliessen Kinder hinder Inen (h), da warffen sich etlich sein hauptleut auf, fur derselbn Kinder gerhabn, vnd gewaltrager, Wiewol Sy derselbn gerhabschafft, nit gemäß waren, derselben gerhaben vnderstundten sich, den krieg zu fueren, wie hernach volgt. (i)

Wie der weyß kunig, ain Schlacht tet vnd die gewann (k)

Die obbemeltn Gerhabn, (l) prachtn ain grosse Antzall frembt volckh genannt Beheym, in das lannd wider die Zwen vorbemeltn Erbfursten, darauf dieselbn zwen Erbfurstn, Auch Ir pundgenossen, den weissen kunig an ruefften, vnd Ime tag vnd nacht fur unnd fur zu schriben, Inen wider dasselb frembt volckh, zu hilf zu kumen, Der weiß kunig tet als ain getreuer kunig, Und zug Inen mit seinem kriegsvolckh zu hilf, (m) und tet mit demselben frembdn volckh ain schlacht, (n) un Rennet frey aus seinem hauffen, und traff am ersten mit den veindtn, vnd gewan die schlacht, darynnen wurden ain grosse antzall der veindt zu todt erslagn, und dartzu mer dan funfzehen hundert gefangen.

(a) K. Maximilian brach in Bayern durch Tyrol ein. (b) K. Maximilian nennt in seinem Triumphwagen folgende von ihm im bairischen Feldzuge eroberte Städte „ Offenburg, Gengenpach, Zel, Ratemburg am Ynn, Kuefstain, Kitzpuchl, Weyßenhorn „ (c) Albrecht und Wolfgang die die Herzoge von München. (d) Eben dessentwegen hat auch H. Albrecht seine Völker mit dem königlichen Kriegsheere vereiniget. (e) K. Maximilian schikte ein anders Kriegsheer in Oberrhein, welches auch alles, was der pfälzische Kurfürst in Elsas Sundgau und Breisgau besaß, eroberte. (f) Im Augustmonat im J. 1504. (g) Im Herbstmonat eben dieses Jahrs. (h) Zwen minderjährige Söhne Otto-Heinrich, und Philipp. (i) Die pfälzischen Räthe und Haupleute wolten ihres eigenen Vortheils wegen, von den ihnen durch die Gesandte K. Maximilians gemachten Friedens Vorschlögen gar nichts hören. (k) Die Schlacht bey Schönberg, oder wie sie im Conceptbuche genennt wird die Behemische Schlacht. (l) Nemlich Eiisabeth, die damal noch bey Leben war und ihre Räthe. (m) K. Maximilian zog mit H. Albrechten und Marggrafen Friedrich von Brandeburg und andern vereinigten Fürsten längst der Donau nach Regenspurg: unweit dieser Stadt kam es zum Treffen. (n) Den 13. Herbstmonat. Sie ist weitläuffig vom Fugger MS. Bl. 199 und andern Schriftstellern beschrieben worden.

[171]

hans franck

[172]

A. 1504.

Wie der weiß kunig, ain sonder starck Slos, (a) mit seinem geschutz gewan.

Nach sölicher Schlacht, Zug der weiß kunig, fur gar ain vest Sloss, das lag an ainem Schifreich wasser (b) dann derselb Phleger, (c) uber sein brief vnnd Sigl, so Er dem weisen kunig gegeben, het Er dasselb Sloss dem vorgenanntn fursten genannt Rueprecht eingeben, vnnd prach damit sein Ver schreibung, der weiß kunig, legert sich mit seinem hauptgeschutz, fur dasselb Schloss (d) vnd lag etliche wochen darvor, vnd beschoß dasselb Sloß dermassn das Er das geweltigclichn erobert, (e) vnd ließ demselben Phleger, vnd allen seinen Helfern, die mit Jme begriffen wurden, die kopf abschlagen, (f)

A. 1505.

Wie der weiß kunig, zwischen den fursten fridt machet, vnnd das lannd tailet, (g)

Als Nun der weiß kunig, die vorgemelt Schlacht gewunnen, vnd das bemelt Sloß erobert het, viel die Lanndtschafft zu dem weißen kunig, zwischen den fursten fridt zu machen, also tailet der weiß kunig, dasselb land in drey tail, Nemlichen den rechten gezirkh des lannds, (h) gab Er den vorgemelten zwen Erbfürsten, den andern tail, (i) auch ain besonder gezirckh, das stellet Er den vorgemelten kindern Zu, vnd den driten tail etliche Stet vnd slösser (k) behielt der weiß kunig für seine Zuspruch, dann Jme war das lannd fellig, aber den selben

(a) Die berühmte Vestung Kuffstein in der gefürsteten Grafschaft Tyrol. Fugger beschreibt diese Belägerung MS. Bl. 196. u. f. (b) Am Jnn. (c) Johann von Penzenau. (d) Die Belägerung war im Weinmonath vorgenommen, und vollendet. K. Maximilian war selbst zugegen, vnd ließ zu selber das grobe Geschütz aus Jnsbruck bringen, unter welchem die zween grossen Stücke mit Namen Burlebaus und der Weck auf von Oesterreich berühmt waren. (e) Die Festung wurde bey nahe zum Steinhauffen gemacht, weil Penzenau seine Strafe wohl vorsah, und sich also hartnäckig widersetzte. (f) K. Maximilian hatte sich dazu einmal verschworen. Das Urtheil ward an Penzenau, und einigen andern vollbogen, den übrigrn hatte H. Erich von Braunschweig das Leben erbethen. (g) Jn eiuem Register des Conceptbuches heißt es „ Der Spruch zu Colen. „ (h) Das Herzogthum BayernLandshut. (i) Das jenseits der Donau gelegene Oberbayern, woraus die pfälzischen Erben 20000 Gulden jährlich zu ziehen hatten. So blieb ihnen die sogenannte junge Pfalz, oder das Herzogthum Neuburg. (k) Kuffstein, Kitzbüchel, Neuburg am Jnn, Neuhaus, Kirchberg, Weissenhorn, Pfaffenhofen u. a.

A. 1505.

selben furstn, aus sonndern gnadn lies Er sich an wenig genuegn, damit ward derselb krieg, durch den weisn kunig also hintergelegt. (a)

A. 1505. 1508.

Wie der weyß kunig, mit dem schönen kunig uber den Grawen fursten zoch, (b)

Darnach zoch der der weiß kunig, mit sampt dem schönen kunig, (c) der sein Brueder was, (d) und wolt ainen seinen fursten genanut der graw furst (e) gestraft habn, vnd schlueg sich fur ain veste mechtige Stat, (f) und gewann dieselb Stat, also schicket der plab kunig, demselben grauem fursten, in geheim ain Gelt, Mit demselben gelt stellet sich der graw furst in die gegenwer, Nun ward dem weißen kunig geraten, Er solt denselben fursten in gnad aufnemen, (g) das Er dann thet, Aber der grau furst hielt sein Zusagen nit lanng, (h) Daraus dann ain Newer krieg erwuechs, vnd der plab kunig, thet dem grawen fursten, in demselben krieg offennbare hilf, das auch vertäding und ain pundtnus gemacht wardt. (i)

(a) Dieser ausspruch war den 30. Heumonath auf den Reichstage zu Köln gemacht. (b) Der Glossator ändert hier die Namen, vnd macht die Auslegung auf den plaben kunig. Allein diese Auslegung ist irrig. Denn dieser Zug bedeutet den im J. 1505. geführten gelderschen Krieg. So heißt es im Register des Conceptbuches „Eroberung Arnam„ S. hierüber Pontan, Hist. Gelr. L. XI. Bl. 630. u. f. (c) K. Philipp von Castilien, mit dem Zuname der Schöne. (d) Er war des weissen Königs Sohn. Auch oben Bl. 235. heißt K. Friedrich des weissen königs Bruder. (e) Karl von Egmond. (f) Arnheim. (g) Karl von Egmond kam ins Lager zu Rosenthal, und bath K. Philippen fußfällig um Gnade. (h) Als K. Philipp mit Karln von Egmond über den Frieden zu Antwerpen sprechen wolte, entwich dieser heimlich aus Antwerpen, gieng in Geldern zurück um alldort die Unruhen weiter zu treiben. (i) Der Frieden ward im Jahr 1508. zu Cambray geschlossen.

Wie der weiß kunig auf das Gruen kunigreich zug, vnd das zu ainer Rachtigung bezwang, (a)

Nach solichem, Russtet sich der weiß kunig, aber mit ainem kriegsvolckh, vnd Zoch auf das Gruen kunigreich, vnd vienng ainen krieg gegen denselben kunigreich an, aus Zwayen ursachn, die erst ursach, dasselb kunigreich war, dem weissen kunig, noch ain grosse Suma gelts in seinem Tribut schuldig, vermainten die stenndt desselbn Gruenen kunigreichs, Jme dieselb Suma gelts nit zu geben, die andern Ursach Es was ain heer in demselbn kunigreich, der vnderstundt sich kunig zu werden, vnd den rechtn kunig vnder zu trucken, Nun was derselb Gruen kunig dem weißen kunig gar naheund gefrundt auf solichs schicket der weiß kunig ain merklich anzall kriegsfolckh, in dasselb Gruen kunigreich, die namen ainen grossn tail Lannd, vnd veste Gegend ain, Die Stendt desselbn kunigreichs versamlt auch ain groß volckh, wider den weisen kunig, aber in solichem ward zwischen dem weisn kunig, Und dem Gruenen kunigreich fridt gemacht, Also die Stendt desselben Gruenen kunigreichs, muesten dem weisen kunig, die vorbemelt Suma gelts bezallen, und dabey Zusagen den weissen kunig für Jrn rechtn Erb kunig zu verkennen, vnd den Gruenen kunig beleiben Zulassen, solicher friedt ward also bestät vnd vollzogen, Darauf der weiß kunig sein kriegsfolckh absfordert.

Wie

(a) Der Glossator sagt „ Der letst zug da der von Gulch des W. k. hauptman ist gewesen.„ Diese Glosse ist ebenfalls irrig. Denn die Rede ist nicht von Geldern sondern von Ungarn. S. Pray Annal. Reg. Hung. P. IV. Bl. 319. u. f. Anstatt den Anmerkungen kann hier folgende Nachricht dienen, welche der Glossator zu einem obigen Kapitel (Bl. 235) ganz unschicklich hingeschrieben, da sie doch eigentlich hieher zu setzen ist „ Wie der Kunig ainen grosmechtigen herrn beweget genant Graf Hans (nachdem der alt k. von hungern genannt k. Wladislaus seer krank was das sich nymands seins Leben versach, vnd kainen Sun het) sich kunig zu achten. vnd den w. k. von seiner gerechtigkeit dauon zu dringen. Also erhueb sich der W. k. der da gleich was in ainer versammlung das lannd von Geldern zu erobern vnd versamlet sein kriegsvolkh vnd wolt den Grafen vertrieben haben Ee wan der kunig sturb damit Er nach des kunig absterben . . . . . kain Jrrung macht thun oder successen. Also ruesfet Er der Graff die Hungern an Sy solten Jm helfen vnd beschutten vnd laugnet daß Er solchs im Willen het gehabt: die, die seiner parthey vnd im gern darinn geholfen het halffen Jm nit lang. Darburch Sy die andern Hungern bewegten Jm mit aller macht zuzuziehen. Also nam der W. k. ein, ain landtschaft in Hungern heißt die Schutt. vnd wolt da verwarttzen der Hungern Streit. Aber Sy kamen nit, sunder zugen herauf vnd legerten sich auf der andern seiten des Thuenau. vnd reisften herauf gen Osterreich. Also wendet sich der Weyß kunig mit seinen Volk. vnd zoch auch gen Osterreich. vnd schiffet über die Thuenau, vnd russtet sich dem negst gegen Jnen vnd alls die pruggen gemacht vnd der Streit in 3. oder 4. Tagen verhanden war, kam K. Wladislaus Hausfrau nider vnd gepar ainen Sau.

Nu

Wie der Weys kunig kirchfart ziechen wolt, dardurch der kunig vom Visch, und der Plab kunig, Jne mit krieg angriffen, und Jme ain Volk erschlugen, (a)

Darnach nam der weiß kunig fur sich, ain Raiß, Nemlichen ain weite kirchfart, (b) zu thun, das wolt der kunig vom visch (c) nit zugeben, dardurch wuechsen Sy gegen ainander in krieg, Also ward zwischen Jnen bayden ain aufruer, unnd der weiß kunig, nam ein, ain gepirg, (d) das dem kunig vom visch zugehöret, und ließ ain kleine antzall seins kriegsfolkh daselbst im gepirg, also schicket der kunig vom visch ain grosse macht, (e) auf dieselb klain antzall, und uberfielen die, (f) und schluegen bey sechshundert (g) zu todt, der kunig vom visch zoch auch mit zwayen Heeren, (h) auf des weisen kunigs Land, unnd der plab kunig, schicket dem kunig von visch, ain groß Antzall kriegsfolkh zu hilf, (i) mit dem ainen heer gewann der Kunig vom visch etliche Stet unnd Slösser, mit dem andern heer, lag Er vor ainem Sloß, das kundt Er nit erobern, (k) und muesset also abtziechn, darauf was ain stilstandt gemacht, (l)

„ Nu het k. Philips dasselbig Jar auch ain Tochter vberkomen, genannt Maria die dann der „ weiß kunig aus der Tauf hueb. Nu waren die hungarischen vnd österreichischen Rat bey„ einander zu raten, wie Sy den Streit machten weren vnd den Grafen zu rechten. vnd ge„ dachten ainer heyrat zwischen dem Jungen kunig vnd fraun Maria vnd schluegen dieselb hei„ rat bayden kunigen für, zu wissen, dem W. kunig vnd kunig Wladislaus. Also k. Wladis„ laus gefiels wol vnd pat den W. k. Er sols thun. vnd darauf G. Hansen in gnaden nemen. „ Solchs nam der W. k. an. Vnd nemblich anch so bewug der W. k. mit seinen kriegshauptleu„ ten, das, solt Er die Hungern erslagen, das dardurch die Christenheit geässert wurd ge„ gen dem Turggen vnd in grosserer geferlichait steen, dann vor, gegen welchen seinen Erblan„ den Hungern dann ain Schilt ist wider die Turgken. vnd machet die Nachtigung. vnd zerließ den „ merertail seins volcks. Vnd denselben myndern tail schicket Er auf die Grenitzen auf die Ve„ nediger. Da zu harren. Dann der weyß kunig wolt mit Jnen ziehen gen Rom, sich dann „ zu Ro. kaiser krönen zu lassen. (a) Jm Register des Conceptbuches steht: „ Der An„ fang des venedigischen kriegs vnd die Slacht im Cadober „ So auch in der Glosse: „ Anfang des venedigischen Kriegs und die Ableibung Herrn Sixt Trautsem. „ (b) Den Römerzug. (c) Der Doge zu Venedig. (d) Das Gebürg in Friaul, und die in der Tarvisermark gelegene Gegend Cadobrio. (e) Der Venetianische Feldherr Alviano gieng mit 12000 Mann über das friaulsche Gebürge und besetzte die Clause. (f) Den 10. Märzen kam es in der obgenannten Gegend zwischen dem kaiserlichen Feldherrn Sixt Trautson und den Venetianern zum Treffen; der Sieg war bey den Letztern. (g) Sonst werden gegen tausend gerechnet. Trautson selbst blieb in dieser Schlacht. (h) Eines führte Alviano, und nam mit selben das Thal Cadobrio wieder ein, eroberte auch Görz, Gradisca, und andere kaiserliche Plätze, streifte in Jstrien und Crain. Anderer seits nahm der andere venetianische Feldherr Contareno mit seinen Völkern Triest, Capo d'Jstria, porrenau, Rovigno, pola und andere umliegende Orte weg. (i) Unter der Anführung des tapfern Trivulzio. (k) Alviano wolte Trient belagern, muste aber davon wieder abstehen, weil er vom Trivulzio nicht befolgt wurde. (l) Im Brachmonat dieses Jahr ward zu Venedig der Stillstand auf drey Jahre geschlossen.

[173]

A. 1508.

in derselbn Zeit, als der kunig von visch etlich Stet und Slösser erobert, was der weiß kunig an ain ander ort seins kunigreichs getzogen, der mainung, sich an dem plabn kunig zu rechn, der dan dem kunig vom visch anhenngig was, und Jme in sein kunigreich zu ziehen, (a)

Wie der Weyß kunig, ain Pundtnus aufrichtet, wider den kunig vom Visch, (b)

Als Nun der weiß kunig, der maynung was, dem plaben kunig in sein Reich mit heres crafft zu ziehen, und auch dabey beweget, wie Er hinfuro, den kunig vom visch zu seinem willen bekriegen möcht, schicket Er seine potschaften zu dreyen kunigen, Nemlichn zu dem kunig der Cron, (c) zu dem Swartzen kunig (d) nnd zu dem Gruenen kunig (e) und zaiget Jnen sein furnemen, an, Auf solichs schickten dieselbn drey kunig, ain jeder sein potschaft, zu dem weisen kunig, sich mit Jme zu verpindten, wider den kunig vom visch, als solichs der plab kunig (f) merket, schicket Er sein potschaft auch, damit der weiß kunig Jme in sein kunigreich nit zug, und der plab kunig thet sich mit der pundtnus, von dem kunig vom visch, und die vier kuniglichen Botschafften, machtetn also, mit dem weisen kunig, ain pundtnus, (g) wider den kunig vom visch, dermassen, das Jeder kunig dem kunig vom visch, die land Stet Slösser unnd fleck abgewünnen solle, die dann Jedem kunig in derselbn Pundtnus aufzaigt waren, (h)

Wie

(a) Der Kaiser kam auch gegen Ende dieses Jahrs in die Niederlanden, vermuthlich, um mit Karl von Egmond endlich fertig zu werden, entschloß sich aber bald eines andern, und ließ sich zum Frieden bereden; weil er durch selben der venetianischen Sache ein anders Aussehen zu geben suchte. (b) „Die erst pundnuß zu Camerigk„ sagt die Glosse. Und im Register: „Pundtnus „Babst, Hungern vnd Hispania.„ (c) Julius II. Römischer Pabst. (d) Ferdinand K. in Spanien. (e) Uladislaus K. in Ungarn. (f) Ludwig XII. K. in Frankreich. (g) Selbes wurde den 10. Christmonaths im J. 1508. zu Cambray geschlossen. (h) Der Pabst solte Ravenna, Cervia, Rimini, Faenza, Cesena und Jmola bekommen. Der Kaiser machte Rechnung auf Padua, Verona, Vicenza, Rovoredo, Friaul, Trevigei, die patriarchalgüter von Aquileja, und andere deutsche und österreichische Plätze, welche Venedig unterweilen erobert hatte. Frankreich versprach sich Brescia, Crema, Ghiera d'Adda, Cremona, Bergamo, und die Mailändischen Forderungen. Dem König in Spanien solten Otranto, Gallipol, Trani, Brindisi und die noch rückständgen neapolitanischen Seestädte werden. Dem König in Ungarn machte man Hofnung den von den Venetianern entrissenen Theil Dalmatiens wider zu bekommen.

H·B

A. 1509.

Wie der kunig der Cronen, unnd der Schwarz kunig den kunig vom Visch, mit krieg angriffen.

Nach Innhalt der vorgemelten pundtnus, Russten sich die zwen kunig, der kunig der Cronen, (a) unnd der schwartz kunig, (b) mit Irem kriegsfolckh, on vertzug, und griffen den kunig vom visch zu stund an, unnd in kurtzer Zeit gewannen dieselben zwen kunig, Jeder seinen tail, was Jnen dann in der pundtnus aufgelegt was, und teten dem kunig vom visch damit grossen Uberdrang, Aber der Gruen kunig thet in disem krieg kainen angrif, aus etlichen Ursachen, die Jme fur vielen, (c) was der Gruen kunig feiret das erstatetn die under drey kunig, mit dem krieg, damit derselbn pundtnus ain benuegen beschach.

Wie der Plab kunig, den kunig vom Visch auch angrief, und in ainem streit oblag, (d)

Als Nun die vorgemelten zwen kunig, der kunig der Cronen, und der Swartz kunig, den kunig vom visch angriffen, und Jre tail gewunnen heten, Jndem zoch der plab kunig, mit ainem grossen volckh, (e) auf den

 kunig

(a) Von den päbstlichen Eroberungen werden in einer Uebersetzung der Deduction wider Venedig, von welcher wir oben Bl. 225. etwas gemeldet, folgende Stücke genannt: „ Rauenna „ ein grosse Statt vnd port des Mőres. Ceruie — Ariminum. Faventz. Serrezane — Sesan„ ne. Forlyf vnd Ymola. „ (b) „ Kunig von Hispanien als von wegen des kunigreichs Re„ apels, die stätt vnd port des mőres Trane, Otrente, Mane, Monopole vnd Andra „ Ebend. Von den päbstlichen sowohl als spanischen Eroberungen s. Mariana de rebus Hisp. L. XXIX. Cap. XIX. (c) Wladislaus ne nihil prorsus Maximiliani precibus deferret foederi accessit, advocatoque Paschalico, qui Venetorum nomine diu apud se legati munere fungebatur diserte edixit, se nisi Veneti tota Dalmatia sponte decederent inita cum Cæsare armorum societate vi belloque repetiturum esse. Hæc palam legato ab Rege dicta, quem tamen principes ex senatu Hungarico viri clam bono animo esse iubebant, citra ambages testati, Regem bellum quidem Venetis denunciasse, minime tamen illaturum quod summa difficultate apparatus & ærarii inopia laboraret, sagt Pray Annal. Reg. Hung. P. IV. Bl. 333. (d) „ Die erst Slacht die der kunig von „ Frankreich mit den Venedigern gethan hat „ so wird dieser Auffsatz im Conceptbuche genennt. Hier ist also von der Schlacht bey Agnadello die Rede. (e) Das französische Kriegsheer bestand überhaupt aus 40000. Mann.

[177]

LB

A. 1509.

kunig vom visch, der kunig vom visch wenndet auch alle seine macht, (a) gegen dem plabn kunig, und zugen also gestracks, gegen ainannder, und teten mit ainannder, ainen veldt-streit, (b) denselbn veldt-streit gewann der plab kunig, und dem kunig vom visch, wurd darynnen vil volckh erschlagen, Auch sein öbrister veldhauptman (c) gefangn, und der plab kunig erobert seinen tail lands zu stundan, das Jme dann in der pundtnus zugeaignet was, (d)

Wie der Weyß kunig, Auf den kunig vom Visch zug, Und vil Stet, unnd ain groß land einnam, (e)

In der Zeit, als der plab kunig, den streit mit dem kunig vom visch tet, da was der weiß kunig auch gleich in anzug, den kunig vom visch an zu greiffen, unnd als der kunig vom visch, dem streit, gegen dem plaben kunig verlor, da ward Er und sein kunigreich erschrocken, und als der weiß kunig dem kunig vom visch, in sein kunigreich kam, Da stellet sich derselben Zeit nyemandts in die gegen wör, (f) sonnder alle Stet, darfur der weiß kunig, unnd sein volckh kam, ergaben sich an den weisen kunig, unnd nam also gar vil Stet ein, (g) Er erobert auch wider alle Stet, unnd Slösser, die Jme der kunig vom visch vor in dem negsten krieg abgewunnen het, und solich einnemung unnd eroberung beschach derselbn Zeit an alle swert sleg, (h)

Wie

(a) Venedig hatte 50000. Mann auf den Beinern. (b) In der Gegend Ghiera d'Adda unweit Agnadello, den 14 May. (c) Der berühmte Alviano, welcher nebst dem Grafen von Petiliano das venetianische Heer anführte. Die Beschreibung dieses Treffens s. beym Daniel Hist. de France T. VII. auf dieses Jahr. (d) Die Früchten dieses herrlichen Sieges waren Caravaggio, Brescia, Cremona, Bergamo, Crema, Peschiera, welche Städte eben dieses Jahr an die Franzosen übergiengen. (e) „ Eroberungen der Stret vnd des Lands „ durch den Kaiser „ heißt es im Conceptbuche. (f) Die Republick hatte ihrer städtischen Podestaten Befehl ertheilet, dem Kaiser, so wie andern Feinden nunmehr die Thöre ohne fernern Widerstand zu öffnen. (g) Unter diesen waren Verona, Padua, Vicenza. Im Friaul und Istrien nahmen gleichermassen H. Erich von Braunschweig und Christoph Gr. von Frangepani von den haltbaren Oertern Besitz. (h) Vielmehr legten die Venetianer dem Kaiser die bekannte Carta bianca vor: und so herrlich es vor einem Jahre beym Triumphe des Alviano zu Venedig zugieng, so mißlich waren itzt die Umstände der betrangten Republick.

HB
1515

A. 1509.

Wie sich etlich Pauren versamelten, mit etlichen soldnern, die durch die Weiß geselschaft geschlagen waren (a)

Als der weiß kunig, die Stet also eingenumen het, da versameltn sich ain Pawrschaft, mit etlichn Söldnern, die dem kunig vom visch zugehördten, dieselb bawrschaft unnderstundt sich, dem weisen kunig widerstanndt zuthuen, Also schicket der weiß kunig sein kriegßfolk ains tails, gegen derselben pawrschaft, die dann die Pauren angriffen, und erschluegen, unnd die weiß geselschaft nam kain schaden, (b)

A. 1509. 1510.

Wie etliche klaine Stet wider von dem Jungen Weyßen kunig abfielen, und wie Er Sy darumb straffet, (c)

Nach solicher einnemung, unnd eroberung, so der weiß kunig gethan het, mochten etliche Stet, nit in fridt sein, auch Ir verrätterey nit lassen, und fielen on alle not und an allen Uberdrang, wider von dem weißen kunig, Zu dem kunig von visch, (d) Auf das versamlt der weiß kunig sein kriegßvolckh on vertzug zusamen, und Zug geweltigclichen auf dieselben abgefallen Stet, und erobert dieselbn Stet widerumb, Er ließ auch etliche derselben Stet unnd Slösser mit dem Sturm gewynnen, vnd darynn das verrätterisch volckh Zu todt erschlagen, (e) unnd dieselben Stet plundern, dartzu so ließ Er die Pawren auf dem land, welche widerwertig warn, Zu todt slagen, verderben, und verbrennen, unnd straffet sie dermassen, umb Ir verrätterey alsdann not was.

(a) „ Slahen zu Passana „ heißt es im Conceptbuche. Noch deutlicher die Glosse : „ Ist beschehen bei Campofican zwo mail von passana auf der Prenten. „ (b) Diese unweit Bassano vorgefallene Begebenheit wird sonst in der Geschichte dieses Krieges gemeiniglich übergangen; sie scheint eben nicht von grosser Erheblichkeit gewesen zu seyn. S. hierüber die Anmerkungen des folgenden Kapitels. (c) „ Im Velterer tal „ sagt der Glossator, und im Register des Conceptbuches : Montselicis. (d) Fugger (MS. Bl. 230.) setzt die Erzehlung vom Abfalle der Stadt Padua also fort : „ Gleichfalls ist auch mit den Stedten Teruiß, Sperual, Ciuitad vnd andern vber sechs tag hernach auch beschehen. „ (e) „ Da hat Kaiser Maximilianus „ Furst Ruedolffen vom Anhalt auff das Stettlin Cittadell an dem wasser Brennta gelegen geschickht,

Wie der Weyß kunig, sich fur ain große Stat legert, die auch an not wider abgefallen was, (a)

Nun was ain sonndere grosse unnd gar veste Stat, auch von dem weisen kunig, wider Zu dem kunig vom visch gantz verretterlichn gefallen, (b) darab der weiß kunig ainen sonndern Unlust trueg, und versamlt sich, mit einem grossen kriegsfolckh, und Zoch mit allem seinem kriegßvolckh, unnd mit sein grossem hauptgeschutz, fur dieselb groß Stat, und Legert sich mit drew grossen herren darfur, in maynung die widerumb zu erobern, (c) Aber der kunig vom visch, het alle sein pawrschaft und kriegsfolckh, in dieselb Stat gethan, und lagen mit grosser hers crafft in derselben Stat, Sy heten sich auch mit Speiß unnd tranckh, genuegsamlichn versehen, unnd wiewol dieselb Stat, vor mit wassergreben, und gemeuer vest was, so heten Sy sich doch in der Stat dermassen verpawt und zugericht, (d) das dem weisen kunig nit muglichen was, dieselb Stat zu derselben Zeit zuerobern, Nichtdestmynder ließ Er mit seinem hauptgeschutz, die Stat hertigclichen beschiessn, Nun heten Sy sich in der Stat auch mit hauptgeschutz genuegsamlichn versehn, unnd schossn fur und fur an underlaß aus der Stat, und was zu baiden seydten, ain sölich graussamlich schies-

„ schickht, der hätt das stettlin mit dem sturm erobert vnd geplunndert auch im Anfanng, was „ sich gewehrt erstechen lassen. Eß haben sich auch die so beym Leben geplieben auff dem markh „ zuesammen gethan vnd ainander selbst anzaigen miessen wer zu diesem Abfall gerathen vnd ge- „ holffen hat dieselben hat er vierthailen, henkhen und kopffen lassen, allain weib vnd khinder „ seind bei Leben bliben, vnd hat daß stettlin mit vierhundert Spanniern besetzt — Volgennts „ ist gemelter Fürst auf ain stettlin la Viera genannt verruckht Jnn welches sich bey dreitausend bauren „ versamblet dasselbige hatt er auch mit dem stumb erobert auch alles on weib und khinnder er- „ wurgt vnd daß stettlin geplunndert. Es haben sich aber am denselbigen zuge viertausend bau- „ ern versamblet welche bei dreihundert Spanier angetroffen vnd mit Jnen geschlagen vnd wie- „ wol sich die Spanier vast gewehrt, so haben doch die pauern das veld behalten, alß aber Fürst „ Ruedolff vonn Anhalt dieses Angriffs der bauern berichtet worden, da hat er dieselbigen vmb- „ zogen vnd ain Treffen mit Jnen gehalten, auch den merern tail derselben erlegt. die anderen „ seinnd Jnn das gepurg gelauffen. Alsdann hat die statt Felters herhalten miessen, welche „ auch von dem Kaiser abgefallen war, dieselbig hat er mit dem sturmb auch gewunnen vnd „ alles was mannlich erstechen vnd die statt plunderen lassen „ Ebend. (a) Jn baiden vorläuffigen Abschriften wird diese Erzehlung auf die Belägerung Padua ausgelegt. Sie ist beym Daniel Hist. de France. u. a.m. weitläufftig beschrieben. (b) Padua wurde den 17 Juli um 4. Uhr morgens von den in venetianischem Solde stehenden Albanesern überfallen, die Bürger öffneten verrätherischer weise die Thöre, und die deutsche Besatzung war um diese Tagzeit gar nicht gefaßt eine Gegenwehr zu leisten. Fugger MS. Bl. 230. (c) Die Belägerung wurde gegen Ende des Augustmonats vorgenommen. (d) Alles dieses geschah durch die klugen Anstalten des Grafen von Petiliano, welchem die Republick den Auftrag gemacht 'hatte, Padua wider die Belägerung des kaiserlichen Kriegsheeres zu beschützen.

H·B

A. 1509.

schiessen, und dermassen ain herte belegerung, davon vormalen nye geschrieben, und gehört worden, Auch ain soliche belegerung nit beschehen ist, Indem nahend sich der Winter, dann es was spat in Jar (a) dardurch der weiß kunig nit lenger kundt beleiben, unnd muesset ab ziechn, Aber in sölicher belegerung, ließ Er das lannd, umb dieselb Stat verderben, gewann auch alle Stet unnd Slösser, die in derselbn gegend Umb lagen, unnd Zoch von derselben Stat, gar geweltigclichen ab, und ließ nit das mynst hinder Ime, (b) wiewol Er gern gesehen het, das die aus der Stat, in seinem aufpruch heraus gefallen weren, dann er het sich im abtzug dermassen darnach gericht, die in der Stat, dartzu Zubewegen, unnd Sy alsdann darob zu schlagen, Aber die in der Stat, belibn in Irer befestigung, das Inen auch das Nutzist was, und der weiß kunig Zoch in ain grosse Stat, (c) die des kunigs vom visch gewesen was, und besetzet dieselb Stat, und tailet sein kriegß-volckh in die besetzungen. (d)

Wie des Weyßen Kunigs hauptman ainer, des kunigs vom Visch Volck schlueg. (e)

Der weiß kunig schicket auch ainen seinen hauptman, (f) mit ainem grossem volck, in ain annder lannd, das dem kunig vom visch (g) zugehöret, Also Zugn die vom visch, demselben hauptman entgegen, Ime den einzug zu weren, Also grif derselb weiß hauptman, das volck vom visch an, und schlueg die, (h) da-

(a) Auch das Regenwetter, und die Sturmwinde, welche um diese Zeit eingefallen sind, nöthigten den Kaiser der vergeblichen Belägerung ein Ende zu machen. Diese ward den 9. Weinmonath aufgehoben. (b) Die gute Ordnung, welche K. Maximilian bey diesem Rückzuge gehalten, wird von den Geschichtschreibern sonders angerühmt. (c) Der Kaiser zog sich nacher Vicenza, von dort aus kehrte er in Tyrol zurück. (d) Die deutschen Völker wurden über Winter nacher Limene, Bassano, Verona, und Vicenza verlegt. Rudolf Fürst von Anhalt blieb ebenfals zu Vicenza, welche Stadt doch bald hernach an die Venetianer übergangen ist; Verona besetzte Markgraf Casimir von Brandeburg. (e) „Vinzentz „Slacht oder Braunsweig bey Agla. da die Beheim mit den Pafesen so wol gethan haben, „ hält die Glosse. Auch im Register des Conceptbuches wird diese Erzehlung auf Friaul ausgelegt. Diese zweyte Meinung ist richtiger. (f) Den H. Erich von Braunschweig. (g) Das venetianische Friaul Istrien u. s. w. (h) Ericus Brunsuicensis, Utina nequicquam tentata, Civitale Austrium ad Natisonem amnem duxit. Præsidebat oppido Fridericus Contarenus non tam militum armis, quos paucos habebat, quam civium animis fidem suam operamque promittentium fretus. Huic dum Joannes Paulus Gradonicus, Venetorum per ea loca præfectus cum octingentis equitibus & quingentis peditibus auxilio accurrit, male a Germanis multatus fugam inire coactus est, amissis nonnullis, quorum maior pars Utinanses erant. Roo, Annal. Aust. 447.

A. 1509.

dadurch die vom visch demselben hauptman zu derselbn Zeit nit weiter schaden kundtn thun, Aber die vom visch sterckten sich und besetztn Ire Stet.

A. 1510.

Wie der Weyß Kunig, Unnd der Swartz kunig, den kunig vom Visch, weyter bekrieget, (a)

Als die Sumer Zeit widerumb angieng, bewarb sich der weiß kunig, unnd versamlt sein kriegsfolckh, (b) widerumb, Ime half auch der Swartz kunig, (c) mit ainem grossem volckh, und Zochen mit ainannder, auf den kunig vom visch, unnd thetn Ime grossen schaden, und sturmetn Ime ain befestigung ab, (d) unnd schluegen Ir vil zu todt, Aber die Swartz geselschaft, wolten dem weisn kunig, nit weiter Zu Enndt helfen, darab der weiß kunig ainen unlust emphienng, (e)

A. 1510. 1512.

Wie sich die Vier kunig, in Irer Pundtnus Partheyten, Und ain grosser krieg daraus entstundt, (f)

Die Zwen kunig, der kunig der Cronen, unnd der Swartz kunig, waren ainer parthey, unnd tailten sich von dem plabn kunig, und verrichteten sich mit dem kunig vom visch, (g) unnd beschlossen dise drey kunig, uber den plabn kunig zu Ziechen, (h) Der plab kunig gieng zu Rat, wie er sich der

dreyer

(a) „ Da der von Anhalt gestorben ist vnd da Fryaul zum andern mal gewungen worden „ sagt der Glossator. Nur das wesentliche dieser Auslegung hat man für richtig anzunehmen. (b) Unter Anführung Fürst Rudolfs von Anhalt. (c) Nicht nur spanische, sondern auch französische Hilfsvölcker stiessen bey diesem Feldzuge zum kaiserlichen Kriegsheer. (d) Die Stadt Vicenza, welche Fürst Rudolf von Anhalt nun widerum eingenommen hatte. Roo, Daniel u. a. (e) P. Julius II. war für die Ligue nicht mehr aufgelegt, und brachte bald auch Spanien auf seine Seite. S. Mariana de rebus Hisp. L. XXIX. Cap. XXIV. wie auch L. XXX. Cap. V. (f) „ Ist, da die vier kunig zu „ der Thier aus gienngen „ heißt es im Conceptbuche. (g) Der Pabst hatte schon den 14. Hornung im J. 1510. den Frieden mit Venedig geschlossen, suchte auch selbst den Kaiser auf friedfertige Gedanken gegen Venedig zu bringen; den 4. Weinmonat im Jahr 1511. kam zu Rom das Bündniß zwischen den Pabst und Spanien wider Frankreich zustanden. S. Mariana de rebus Hisp. L. XXX. Cap. V. (h) Im Weinmonath brach der päbstliche Krieg wider Frankreich öffentlich aus.

A. 1510. 1512.

dreyer kunig erweren wolt, Auch het der plab kunig fursorg, (a) der weiß kunig möcht auch bewegt werden, von wegen des unlust, so er oft von Jme emphanngen het, und möcht dadurch mit seiner hilf von Jme absteen, unnd auf solichs schicket der plab kunig, in grosser gehaim, ain Summa gelts, der grawen geselschaft, (b) Sy damit in den weißen kunig zu hetzen, damit der weiß kunig daselbst seiner hilf und furderung auch bedörft, und das der weiß kunig dester vester an Jme hielte, um solich handlung het der weiß kunig zu derselben Zeit, kain wisen, und belieb aus freyem willen, (c) bey dem plabn kunig, mit sainer hilf, mit Rat unnd mit that, Doch ain Zeit, biß dem weisn kunig, des plaben kunigs hanndlung geoffenbart wurden, (d)

A. 1511.

Wie der kunig der Cronen, und der Swartz kunig, Auch der kunig vom Visch, uber den Plaben kunig Zugen, (e)

Die drey obgemelten kunig, Russtn sich mit ainem grossem kriegsfolckh, (f) und Zugen mit streitparer hanndt, uber den plabn kunig, Unnd Nemlichn die Zwen kunig, der kunig der Cronen, und der Swartz kunig, hilten sich bey ainannder, an solichem Uberziechem, und dieselben Zwen kunig jeder, gewann dem plabn kunig ain grosse Stat ab, (g)

(a) Eben darum schickte K. Ludwig im J. 1511. einen Gesandten zu dem Kaiser, der sich damals zu Brauneck in Tirol aufhielt, um diesen in guten Vernehmen ferner zu erhalten. (b) Im J. 1511. fieng Karl von Egmond wider an öffentliche Feindseligkeiten auszuüben. S. Pontan. Histor. Gelr. Bl. 644. (c) Weder der Pabst, noch der König in Spanien, noch auch das flehende Venedig konnten unser Kaiser bewegen mehr auf seinen Vortheil, als auf sein gegebnes Wort zu sehen. Eine Grosmuth, welche zur Unsterblichkeit näher hinführt, als Eroberungen. (d) Im J. 1512. den 6. April lies sich der Kaiser durch Vermittlung des Pabstes mit Venedig in einen Stillstand ein. Er verboth hernach auf dem Reichstage zu Köln allen Ständen und Unterthanen des Reichs sehr nachdrücklich, in französische Dienste zu treten. (e) In der Glosse wird diese Erzehlung auf die „ Slacht von Ravenna; im Register hingegen auf die „ Eroberung Pressa „ ausgelegt. (f) Die vereinigte päbstlichspanische Armee war 19000 Mann stark. (g) Noch vor Ende des Jahrs 1511. nahmen die päbstlichspanischen Völker mehrere auf der Seite von Romagna gelegene Plätze ein. S. Mariana de rebus Hisp. L. XXX. C. VI. und Daniel Hist. de France auf dieses Jahr.

A. 1512.

Wie der Weyß kunig, dem Plaben kunig, hilf tet, dardurch der Plab kunig, dem kunig vom visch, ain Stat abgewan, (a)

Als Nun die vorgemeltn drey kunig, uber den plaben kunig Zugen, Und Jme Zwo Stet abgewunen heten, (b) da schicket der weiß kunig dem plabn kunig, etlich tausend man seines kriegsvolckh zu hilf, Nun het der kunig vom visch, ain Starckh Stat, darynn Er vil seines kriegsfolckh het, (c) Aber des weisn kunigs, unnd des plaben kunigs kriegsfolckh, uberfielen dieselb Stat, (d) und gewannen die Ritterlichen mit dem sturm, Unnd erschluegen des kunigs vom visch kriegsfolckh, was in derselbn Stat was.

Wie des Weyßen und Plaben kunigen kriegsvolck, des kunigs der Cronen und des Swartzen kunigs Volck sluegen, und ain Stat gewunen, (e)

Nach eroberung der vorgemelten Stat, (f) Zugn, des weisen und plabn kunigs kriegsfolckh, das dann dieselb Stat erobert het, auf das kriegsfolckh, das dem kunig der Cronen, unnd dem Swartzen kunig zugehördt, und streit starckh gegen Jnen lag, und griffen dasselb volckh im veldt an, (g) und gewunnen Jnen die slacht ab, und eroberten dartzu nach der Slacht ain mechtige Stat, (h)

Wie

(a) Der Glossator macht die Auslegung auf Brescia; diese Eroberung beschreibt Daniel. Histoir de France T. VII. Bl. 262. u. f. (b) Auch das venetianische Kriegsheer hatte unterdeßen unter der Anführung des Andreas Gritto neben andern Städten, Brescia weggenommen. Nur im Schlosse dieser Stadt hielten sich noch die Franzosen. (c) Gritto lag mit 8000. Mann zu Brescia, und erwartete aldort die Feinde. (d) Das Treffen gieng sodann den 18. Hornung in der Stadt selbst vor, wo Gritto gefangen, und der größte Theil seiner Völker erschlagen, die Stadt aber sieben Tage hindurch geplündert worden. (e) Ravenna, sagt der Glossator. (f) Der französische Feldheer Gaston von Foix zog nach der Eroberung Brescia samt den deutschen Hilfsvölkern in den Kirchenstaat und belägerte Ravenna, mit einem beynahe 20000 Mann starken Kriegsheer. (g) Die päbstlich spanische Armee ließ sich durch die Belägerung Ravenna zu einem Treffen bewegen. Dieses gieng eben bey Ravenna den 11. April vor; fiel aber für die letztern sehr unglücklich aus. (h) Gleich den andern Tag darauf als den 12. April gieng Ravenna an die Franzosen über. Die deutschen Hilfsvölker hatten sich bey allen diesen Unternehmungen Ehre erworben. S. hierüber Daniel Hist. de France T. VII. Bl. 273. u. f.

A. 1512.

Wie der Weyß kunig, sein kriegsfolckh, von dem Plaben kunig abfordert, Und den Plaben kunig bekrieget, (a)

Nach dem vorgemelten Streit, ward der plab kunig ser ubernuettig, auch stoltz, unnd ubernam sich des Sigs mit grosser hoffart, den Er het durch hilf des weisen kunigs erlangt, darab het der weiß kunig ain misfaln, In derselben Zeit wardt auch dem weisen kunig gesagt, und geoffenwart, (b) wie der plab kunig, die graw geselschafft, mit geld bewegt het, wider Ine Zu kriegen, (c) davon dann vor geschriben ist, darab der weiß kunig ainen grossen Unlust trueg, Und auf sölichs vordert Er sein kriegsfolck, von dem plaben kunig ab, (d) Und machet mit der geselschaft, mit den vil varben, (e) ain pundtnus, wider den plabn kunig, Mit derselben geselschaft, traib der weiß kunig, den plaben kunig, aus dem lannd, (f) das der plab kunig, vor mit des weisen kunigs hilf gwunen und erobert het, unnd der weiß kunig, setzet den Jungen kunig, vom wurm, (g) der Jme dann verwandt was (h) in dasselb Land,

(a) „ Ist beschehen zu Trier von wegen des Land von Geldern. „ die Glosse. (b) Auf den zu Trier eröffneten Reichstag ließ sich K. Maximilian gegen Frankreich auf eine Art vernehmen, aus der zu schliessen war, daß ihm die von Frankreich in Betreff Geldern gespielten Künsteleyen ganz kein Geheimniß mehr gewesen. (c) S. Pontan Hist. Geldr. Bl. 644. 645. (d) Durch diesen Schritt des Kaisers ward das Schicksal der Franzosen in Italien zu ihrem Unglücke entschieden. (e) Sind die Eidgenossen. Schon im vorigen Jahr kam zwischen ihnen und dem Kaiser die ewige Erbeinigung zu standen. Von dem Franzosen aufs neue beleidigt, schlossen sie heur eine Bündniß mit dem Pabste, und zogen sodann in die Lombardey, eben zu jener Zeit, als der Kaiser seine mit dem französischen Kriegsheere vereinigten deutschen Hilfsvölker zurückrief. (f) Der französische Feldherr, La palice sah sich nunmehr gezwungen Italien zu verlassen, und blieb den Franzosen nach dem Einzuge der Eidgenossen in das Meiländische, nichts als Crema und Brescia und die Schlösser zu Meiland, Novarra und Cremona. S. Daniel Hist. de France T. VII. 284. u. f. (g) Maximilian Sforza, den das Herzogthum Meiland auf der zu Mantua gehaltenen Versamlung zuerkannt worden. Der Zuname Wurm ist eine Anspielung auf das mailändische Wappen. (h) Er war ein Sohn des vertriebenen Herzogs Ludwig Moro, dessen Nichte Blanca K. Maximilian zur Ehe hatte.

HB

Wie die geselschaft, mit den vil Varben, den Plaben kunig, mit des Weyßen kunigs hilf schluegen, (a)

Der plab kunig, trueg ain sonnderlichen verdrieß darab, das der weiß kunig durch die geselschaft, mit den vil varben, (b) Jne alspald aus dem land getribn, das Er mit grosser kostung erobert, und den Jungen kunig vom wurm darein gesetzt het, und auf sölichs schicket der plab kunig, Zu dem kunig vom visch, (c) und machet mit Jme ain fridt, und ain Newe pundtnus, (d) wider den weisen kunig, Und der plab kunig, het sich mit ainem grossn volckh gerusst, und schicket (e) dasselb volck, den Jungen kunig vom wurm auß zu treiben, Alsbald der weiß kunig sölichs vernam, da beweget Er die geselschaft mit den vil varben, das Sy mit sampt seiner hilf, des plaben kunigs heer, entgegn Zochen, unnd namen also den streit, mit demselben plabn heer an, (f) und schluegen der plaben vil tausendt (g) Zu todt, und behilten das veldt, und die ubrign plaben Zochen widerum hinder sich haim.

Wie der kunig vom Visch, auf den Weyßen kunig Zug, und nichts fruchtbers außrichtet, (h)

Nachdem, und der plab kunig, unnd der kunig vom visch, mit ainannder pundtnus gemacht heten, wider den weisen kunig, und der plab kunig, sich understundt, den Jungen kunig vom wurm aus zu treiben, daruber aber sein volck geslagen wardt, wie vor gemelt ist, da Zoch der kunig, vom visch, (i)

Zu

(a) „Slacht vor Mailand „ die Glosse. (b) Die Eidgenossen. (c) Die Republick Venedig. (d) S. Daniel Hist. de France T. VII. Bl. 305. (e) Unter der Anführung der berühmten Feldherrn Trivulzio und Trimouille. Zugleich wurde eine Flotte ausgerüstet, welche hernach Genua erobert hat. Ebend. Bl. 306. 307. (f) Dieser Streit ereignete sich bey Novara den 6. Juny. (g) Die Zahl der Todten französischer Seits wird auf 10000. gerechnet. Dieses Treffen ist beym Daniel Hist. de France. T. VII. Bl. 309. u. f. beschrieben. (h) „ Erst „ belegerung Bern „ die Glosse; und im Conceptbuche: „ Der Sturm vor Pern durch Signior Bertlme Deluian „ Bern heißt hier Verona. (i) Der venetianische Feldherr Bartholomä Alviano.

A. 1513.

Zu derselben Zeit, uber den weisen kunig, und schlueg sich dem weisn kunig fur ain grosse Stat (a) beschloß die Zum Sturm, Aber Er verlor den Sturm, (b) und muesset widerumb von derselben Stat abtziechn, dann Er wolt des Streits nit erwarten, der verhandn was, Doch gewann der kunig vom visch, Zu derselbn Zeit ain klain Stätl, (c)

A. 1511. 1513.

Wie der Weyß kunig, uber die Graw geselschaft Zoch, (d)

In der Zeit, als sich der kunig vom visch, dem weisen kunig, fur die vorgemelt Stat gelegert het, was der weiß kunig weit von dannen getzogen, uber die graw geselschafft, die dann der plab kunig haimlichen, wider den weisen kunig mit gelt bewegt het, Zu der Zeit dieweil der weiß kunig, mit demselben plabn kunig in pundtnus was, wider den kunig der Cronen, und den Swartzn kunig, (e) davon dann vorgeschriben ist, Aber ain volckh aus der plaben geselschafft, kamen der grauen geselschaft Zu hilf, dardurch der weiß kunig geursacht was, ab zu ziechen und gewann der grawn geselschaft nit mer ab, als ain Stat, (f) In dem was der winter verhandn, Das die vorgemelt funff kunig, alle Rasteten, und mitler Zeit bey dem Roten weisen kunig (g) practicieret, der dann wider den plaben kunig dermassen in pundtnus kam, denselben plaben kunig mit heres crafft anzugreiffn, davon dann hernach beschribn wird.

(a) Verona, welche Stadt Alviano zu belägern angefangen. (b) Unter der Anführung F. Rudolfs von Anhalt und Wilhelms von Rogendorf hat die kaiserliche Besatzung diesen Sturm so nachdrücklich abgeschlagen, daß in selbem bey drithalb tausend Venetianer geblieben, und Alviano gezwungen wurde, die Belägerung aufzuheben. (c) Scheint das Städtchen Lignana zu seyn, welches Alviano in eben diesem Veldzuge eingenommen. Sonst überfielen die Venetianer eben dieses Jahr die Stadt Bergomo. S. von diesen beyden Eroberungen Justinians Hist. Venet. L. XII. Bl. 313. Mariana de rebus Hisp. L. XXX. C. XX. (d) „Der „ letst Gelderisch zug „ sagt der Glossator. Deutlicher im Conceptbuche: „ Der zug vor Fendl „ durch Frau Margrethen „ S. hierüber Pontan Hist. Gelr. L. XI. Bl. 644. (e) Dieser Umstand paßt eigentlich auf das Jahr 1511. Die angenommene Auslegung ist also richtig. (f) Venlo wurde zwar belägert aber nicht erobert; hingegen hat das brabantische Kriegheer mit Beyhilf der Engeländer Burlo eingenommen. Capta ab iisdem Burloa, cuius nomine apud Brabantos clangentibus buccinis triumphus actus, sagt Pontan ebend. (g) Heinrich VIII. K. in Engeland, welcher dem neuen Bündniße zwischen dem Pabst, Kaiser und König in Spanien, so gegen Ende des Jahrs 1511. wider Frankreich getroffen worden, auch beytratt. Hernach ward im J. 1513. den 5. April zu Mecheln die grosse Ligue zwischen dem Pabste, Kaiser, Spanien und Engeland wider Frankreich geschlossen.

[187]

Wie der Weyß kunig, Auch der kunig der Cronen, und der Swartz kunig, uber den kunig vom Visch Zugen, (a)

Nach dem winter, schicket der weiß kunig, ains tails seins kriegsfolckh, wider den kunig vom visch, und beweget auch dartzu den kunig der Cronen, und den Swartz kunig, das Sy auch auf den kunig vom visch zugn, und triben also die drey kunig, den kunig vom visch zu Ruckh, unnd gewannen Jme auch in seinem land vil flöckh und befestigung ab, (b)

Wie der Rotweyß kunig, dem Plaben kunig in sein land Zoch, und wie der Weyß kunig, dem Rotenweyßen kunig, zu hilf kam, und die Plab geselschaft, sluegen, und ain Stat eroberten, (c)

Nach dem vorgemeltn nachstn winter, versamlt sich der Rot weyß kunig, (d) mit einer sonndern grossen macht, (e) unnd wol in der Sumer Zeit, Zoch Er mit derselben grossen macht, dem plaben kunig, in sein lannd und kunigreich, (f) Daentgegen sich der plab kunig, auch mit aller macht, in die gegen wer schicket, als der weiß kunig sölichs mercket, und vernam, Zoch Er Eilendts in aigner personn, den Roten weisen kunig Zu hilf, (g) Nun het sich derselb Rot weiß kunig, fur ain starcke Stat (h) gelegert, die dem plabn kunig Zugehöret, unnd arbeitet dieselb Stat, mit dem geschutz hefftigclich, vor derselben Stat und in demselben leger, kam der weiß kunig, Zu dem Roten weisen kunig, und als der weiß kunig des Rotn weisen kunigs leger,

(a) Der Glossator hat hie gezweifelt „ ob es ein dupl wär „ diese Erzehlung scheint auch eigentlich nichts anders zu seyn, als die Geschichte des wider die Venetianer im J. 1513. fortgesetzten Krieges, wo Pabst Leo X. mit dem Kaiser und Spannien, wider Venedig in Bündniß gestanden. (b) Brescia, Bergamo, Peschiera, Legnano. u. a. (c) „ Der neu Englisch krieg „ heißt es im Conceptbuche, und der Glossator sagt: „ Slacht vo Terban „ S. hierüber Daniel Hist. de France T. VII. Bl. 312. u. f. wie auch Macqureau Recueil de la Maison de Bourgoigne Bl. 44. u. f. (d) Heinrich VIII. K. in Engeland. (e) Sie wird auf 45000 Mann gerechnet. (f) Zu Anfang des Augusts fielen die Engländer in die Grafschaft Artois ein, und belegerten die Stadt Terouane. (g) K. Maximilian ließ sein Kriegsheer bey Terouane an die Engelländer stossen. (h) Eben die Stadt Terouane.

A. 1513.

ger, (a) und heer besach, saget Er demselbn Roten weisen kunig, Er muest den sachen anders thun, wolt Er annders dieselb Stat erobern, Darauf sich der Rot weis kunig, gegen dem weisn kunig verwilliget, alles das zu thun, was Er Jme hieß, und Er solle alle ding ordnen, nach seinem gefallen, (b) Auf solichs gab der weiß kunig, mit dem leger vor derselben Stat, ain anndere ordnung, Dann in derselben Stat, ain treffenlich kriegsfolck was, So het der plab kunig, sein kriegßfolckh zu Roß und fueß geschickt, das dann ain mechtig heer was, dieselb Stat zuentschutn zu speisen unnd mit frischm kriegsfolckh zuersetzn, (c) auch den Roten weisen kunig in seinem Leger zu uberfallen, dasselb plab heer lag, Nun drey meil, (d) von derselbn Stat, Als aber der weiß, und Rotweiß kunig, solich des plabn kunigs furnemen gewar wurdn, Da ordneten und schicketn Sy Jre hewffen zum streit, wiewol die plaben Ee bereit waren, und etliche aus der plaben geselschaft, mit des Roten weisen kunigs Volck traffen, (e) Darauf dann der weiß und der Rot weiß kunig, auch etlich geraissig fur schickten, und liessen Sy mit den plaben den Scharmutzl annemen, das Sy mit Jrn heuffen bereit werdn möchten, Darnach liessen Sy den ainen hawffen, onvertzug mit den plabn treffen, derselb hawffen schlueg in kurtz, unnd gar nahend Zu stundan, die plaben in die flucht, (f) fiengn auch vil, und nemlichn die treffenlichsten hauptleut, (g) aus demselben plaben kriegsfolckh, und gewunen dartzu, Etwo vil hauptpanner,, und dasselb plav kriegsfolckh Rucket vorr, in Jres herrn des plabn kunigs kunigreich, Nach solicher slacht, Zwungn und eroberten der weis, und der Rotweiß kunig, die vorgemelt Stat, (h) Zu Jrem willen, und namen die ein, und liessen dieselb Stat, aus etlichn Ursachen in grundt schlaipfen, (i) das dan mit grosser Cosstung beschach, dann dieselb Stat mit polwercken, Thurnen, Mauren, und graben, fur ander Stet Jnsonnderhait vest was.

Gggg 2 Wie

(a) K. Maximilian kam schon den 6. August mit K. Heinrichen zu Aire persönlich zusammen. (b) S. Macquereau Recueil de la Maison de Bourgoigne Bl. 50. (c) K. Ludwig machte hierüber Franzen Halluin von Pienne als Gouverneur in der Picardie den Auftrag, der belägerten Stadt Hilfe zu verschaffen. S. Daniel Hist. de France T. VII. Bl. 315. 316. (d) Das Kriegsheer lägerte sich um Guinegate, einer Gegend, auf welcher die französischen Lorber nie recht blühen wolten. (e) Jmbaud von Fonterailles, Heerführer der leichten Reuterey traff noch vor der Hauptschlacht mit 3000 Engelländern zusam, und schlueg sie nach Terouane zurück. Daniel ebend. Bl. 316. (f) Das Haupttreffen ereignete sich den 17 August, und ist unter dem Name der Spornenschlacht bekannt; weil der Streit größtentheils nur zwischen der beyderseitigen Reuterey vorgieng. (g) Die ansehnlichsten waren Longueville, La Palice, Bussi d' Amboise, Clermont, Jmbercourt. S. Daniel ebend. Bl. 317. Macquereau Bl. 52. 53. (h) Terouane gieng den 24. August über. S. Macquereau Bl. 57. (i) S. Macquereau Bl. 58.

Wie der Weyß kunig, und der Rotweyß kunig, dem Plaben kunig, mer ain grosse Stat abgewunen, (a)

Nach solicher eroberung, der vorgemelten Slacht und Stat, Erhueben sich die zwen kunig, der weiß, und der Rot weiß kunig, mit dem kriegsfolckh, und Zochn fur ain anndere grosse und vesste Stat, darynnen grosser Reichtumb was, (b) und auch dem plabn kunig Zugehöret, Unnd der Rot weiß kunig, was entlichen der maynung, dieselbig Stat mit dem Sturm zu erobern, und thet darauf derselbn Stat, mit dem geschutz grossen bezwang, Der weiß kunig wolt aber den sturm nit Zugeben, aus den Zwayen Ursachen, die Erst, Nemlich zu verhuettung des volckhs, das am sturm mit todt beleiben möcht, die Anndere Ursach wo die Stat mit dem Sturm erobert wurde, das alsdann Jr aigen kriegsfolckh, ob dem guet, an ainannder Zu todt schlagen wurden, und namen deshalbn dieselb Stat, mit täding auf, (c) unnd ward nach notturfft besetzt,

Wie der Weiß kunig, die geselschaft, mit den vil varben beweget das Sy auch uber den Plaben kunig Zugen, (d)

Vor der Zeit, als der Rot weiß kunig, den plaben kunig angriff, da het auch der weiß kunig, so vil mit der geselschafft mit den vil varben (e) gehanndlt, unnd Sy bewegt, Das Sy in der Zeit, als der Rot weiß kunig den plabn kunig angrif, mit ainer grossen Antzall volcks, (f) an ainem andern ort, (g) in des plabn kunigs land, und kunigreich Zugn, Und der weiß kunig, gab

(a) Sowohl in der Glosse als im Register des Conceptbuches wird diese Erzehlung auf Dornik ausgelegt. Diese Belägerung ist beym Macquereau Bl. 60. u. f. beschrieben. (b) Die Stadt Tournay oder Dornik. (c) Dornick gieng den 24. Herbstm. an das kaiserliche und engelländische Kriegsheer über. Bald hernach zog K. Heinrich in Engelland zurück. (d) „ Der letst Zug der Sweitzer da Sy den „ Hertzogen von Mailand wider eingesetzt haben „ erklärt sich hierüber der Glossator. Allein seine Meinung ist irrig. Richtiger ist die Aufschrift des im grossen Manuscripte beygesetzten Bildes, wo es heißt: „ Der Sweytzer Zug für Tyson. „ (e) Die Eidgenossen. (f) Die Zahl der Eidgenossen bestand bey diesem Zuge aus 25000. ohne den kaiserlichen Hilfsvölkern. (g) Das Schweitzerheer brach um eben die Zeit, als Terouane belägert wurde, in das Herzogthum Burgund ein.

[192]

gab derselbn geselschaft, ain trefflichn geraissign Zeug, und ain guet hauptgeschutz (a) zu, vnnd legerten sich dem plaben kunig, fur ain mechtige Stadt, (b) die Sy mit dem berurtem geschutz, zu dem sturm schussen, (c) Also schicket der plab kunig, zu derselben geselschaft, mit den vil varben, vnd pot Inen ain grosse Suma gelts zu geben, vnd tádingt sovil mit derselben geselschaft, das Sy dieselb Stat ungesturmbt liessen, vnd zugen wider haim, (d)

Wie der Plab kunig, den kunig der Wilden leut (e) beweget, daß er auf den Roten Weyßen kunig zug, und erschlagen ward.

Alls Nun der plab kunig, ersach, das der Rot weiß kunig so geweltigclichn aus seinem Reich, in sein kunigreich zug, Da practicieret der plab kunig, sovil mit einem kunig, der wilden leut, (f) das er dieweil dem Roten weisen kunig, in sein kunigreich fallen solt, dann dasselb kunigreich möcht Er die zeit zu seiner gehorsam bekriegen, Derselb kunig ließ sich also bewegen, vnnd zug mit ainem grossen volckh, dem Roten weisen kunig, in sein kunigreich, Aber alspald des Roten weisen kunigs hauptman, (g) den Er in seinem kunigreich gelassen het, sölichs vernam, versamelt Er zustund an, ain mercklich antzal volckh, vnd zug mit demselben volckh, dem kunig der wildn leut, gestracks entgegen, vnd nam mit Jme den streit an, (h) In demselben streit wurde der kunig, der wilden leut (i) vnd vil tausent (k) seins volcks erschlagen. (l)

Hhhh Wie

(a) K. Maximilian schickte den Eidgenossen 2000. Man Reuterey unter der Anführung H. Ulrichs von Wirtemberg und des Herrn Vergy, zu einer Verstärkung. (b) Die Stadt Dijon; die Belägerung ward gegen Ende des Augustm. vorgenommen. (c) Selbst Daniel bezeugt, daß das Geschütz, welches der Kaiser den Schweitzern zugeschickt, bey dieser Belägerung treffliche Dienste gethan. (d) Trimoille wußte die Schweitzer mit Geld zur Aufhebung der Belägerung zu bereden: Il leur donna de l'argent, & les renvoia au camp charmés de son honnêteté, sagt Daniel Hist. de France T. VII. Bl. 231. (e) „Der Kunig von Schottland„ hält die Glosse. (f) Jakob IV. König in Schottland. (g) Der Glossator setzt diesen Text also fort: „genannt der groß Schatzmeister aus Engeland mitsamt „zwaien seinen Sunen vasst stoltzen redlichen personen.„ Dieser war Thomas Howard, Graf von von Surrey und nachmaliger Herzog von Nordfolk: (h) Die Schlacht bey Flowdonshill, welche den 13. Herbstm. vorgegangen. Sie ist beym Camdenus, Polyd. Vergilius u. a. zu lesen. (i) Vom Tode K. Jakobs sprach man sehr zweifeihaft. Gewiß ist, daß er nach dieser Schlacht nimmer zum Vorschein gekommen. (k) Die Anzahl der umgekommenen Schottländer wird auf 5000. gerechnet. Der Verlust von der andern Parthey war nicht zu viel geringer. (l) Der Glossator sagt weiter: „Deß sich der W. k. hoch erfreuet, vnd strenget den k. von England an, „daß Er den p. k. in sein land zug, so wolt Er Jm xM. gueter kriegsleut auf sein kosten liefern „mitsamt ainem treflichen streitgeschutz das aber dem k. v. E. nit gelegen wolt seiu. Vnd zoch haim „vnd richtet sich mit Jm vnd gab Jm sein Swester zu ainem weib die da ain adenliche tugentliche Junghfrau (was.)„

Wie des Weyßen kunigs, des kunigs der Cronen, vnd des Swarzen kunigß volckh, den kunig vom Visch sluegen, (a)

Dieweil der weiß, vnd der Rot weiß kunig, wider den plaben kunig kriegten, vnd in seinem kunigreich lagen, So het dannocht der weiß kunig, nicht destmynder, sein treffentlich kriegßfolckh, wider den kunig vom visch ligen, mit hilf vnnd mit beystanndt des kunigs der Cronen, und des Swartzen kunigs, der weiß kunig schrib, vnd bevalch demselben seinem, Auch der obgemelten zweyer kunig kriegßfolkh, das Sy dem kunig vom visch, in sein lannd zugen, vnnd alles das verprennte, vnd schlaipfen biß an die Innsl, vnd an die Stat, die im wasser lag, darynnen der kunig vom visch, sein wanung het, (b) Dann der weiß kunig wisset, das sölicher Zug, prennen. Und schlaipffn, dem kunig vom visch, und seinem volckh hart wurde verdriessen, auch jnen zu grossem naichtail reichen, Der weiß kunig thet auch sölichs, in der maynung, den kunig vom visch, vnd sein volckh, dadurch zu bewegen, Das Sy sich vnderstundtn, ain slacht zu thun, alsdann beschach, Nemblichen als des weisen kunigs, vnd der anndern zwayer kunig kriegsvolckh denselben Zug volbracht, awch ainen grossen Rawb genomen heten, Da zoch der kunig von visch, Inen mit aller macht nach, in der maynung, Sy zu schlagen, Und als Er mit seinem kriegsvolkh, nachend auf das anndr kriegsfolckh kam, Da wendetn sich des weisn kunigs hauptleut, mit Irm und der anndern zwayen kunigen kriegsfolckh, auf den könig von visch, (c) vnd graiffen sein kriegsfolckh, in Irem vortail, so sein volckh eingenomen het, Ritterlichn an, und wiewol auch der kunig vom visch, vmb vil tausendt man mer het, vnd dartzu den vortail, So schluegen Sy doch den kunig vom visch, vnnd sein kriegsfolckh in die flucht, vnd vil tausendt (d) zu todt, und der merer tail seins pessten kriegsfolckh, wardt alda erslagen, verlor auch alles sein haupt und veldgeschutz, das Er zu derselbn zeit bey Ime, vnd in dem veldt gehabt het,

All-

(a) Diese Erzehlung führt im grossen Manuscripte folgende Aufschrift: „ Slagen bey Vinzentz durch Herrn Hanns Jacob von Landaw. „ (b) Die Stad Venedig. Die Kaiserlichen streiften heur nahe an der Stadt: man sagt, daß sich zu Venedig würklich österreichische Stuckkugeln haben sehen lassen. (c) „ Haubtman Bartlmen Telvian „ sagt der Glossator. Alviano solte nun wieder etwas wider die Kaiserlichen wagen. Bey Ceratia, unweit Vicenza kam es sodann den 7. Weinm. zu einem blutigen Treffen, welches für die Venetianer unglücklich ausfiel. (d) Der Sieg war volkomen: Lager und Geschütz wurde erbeutet. Der Verlust auf der venetianischen Seite belauft sich auf vier bis fünf tausend Todte. Diesen ganzen Feldzug, und insonderhait das Treffen bey Ceratia hat Fugger (MS. Bl. 262.) am weitläuftigsten beschrieben.

Allerdurchleuchtigister großmechtigister Streitperister und Unuberwindlichster Furst und Herr Herr Maximilian Römischer kayser und haupt der Cristenhait, Siben (a) Cristenlicher kunigreich kunig und Erb, Ertzhertzog zu Oesterreich, Hertzog zu Burgundi und ander mechtigen Furstenthumber und lannde in Europa der mechtigist gewaltigist Erb und Regirend Herr, rc. Nach Ewr kaiserlich Mayestät Ernstlich bevelch mutlich antzaigen, unnd schrifftlich Underricht, Mir Marxen Treytzsaurwein von Erntreitz gethan, hab Ich ditz puch genannt der Weiß kunig mit schrifft und gemel in ordnung gebracht. Als vil Ewr kayserliche Mayestät mir darynnen geoffenbart hat vnd mir wissend gewest ist Unnd solich arbeit ist durch mich volpracht worden, in der Zeit zwischn sannd Johanns taufers tag und den Weinnechten (b) im XV. hundert und XIIIIten. Jar Bit darauf. Ew. kay. Mt. als meinen aller genedigsten Herrn dise mein arbeit und vleiß genediglichn anzunemen auch mich in E. kay. Mt. genadn zu behaltn.

(a) Hier kommen nebst Germanien auch jene Königreiche in Rechnung, auf welche K. Maximilian die rechtmäßigste Anwartschaft hatte, und von welchen er den Titl noch vor dem würklichen Besitze vermög der wiederholten Friedensschlüssen öffentlich geführet hat. (b) Das Verdienst dieser Eilfertigkeit würde noch größer gewesen seyn, wenn diese Arbeit eben so genau und ordentlich, als hurtig wäre gerichtet worden.

Die eingeschlichenen Fehler sind also zu verbessern:

S. 54. vor der Zeile 7. setze: A. 1458.
Nach der S. 104. bis. 113. ist die Pagination 115 — 122 zu lesen: 105 — 112.

S. 127. ober der Zeile 1. anstat: A. 1448.	lese.	1478.
S. 133. Anm. (a) anstat: Ker Belgi,	—	Rer. Belg
S. 138. Anm. (a) anstat: Harçus	—	Haræus
S. 139. Anm. (a) anstat: Clinip	—	Cliviæ.
S. 165. Anm. (e) anstat: Granmayr	—	Grammay.
S. 172. Anm. (d) anstat: Pesri	—	Petri
S. 169. vor der Zeile 27. setze A. 1483.		
S. 189. Anm. (e) anstat: ut	—	eut
S. 192. Anm. (b) anstat: Die die Parthey	—	Die Partey
S. 215. nach der Zeile 5. anstat: A. 1485. 1491.	—	A. 1488 — 1491.
Ebend. Anm. (e) und (g) anstat: Orleanz	—	Orleans.
S. 243. ober der Zeile 1. anstat: A. 1487.	—	1490.
S. 245. Avm. (e) anstat: endente	—	edente.
S. 285. Anm. (i) anstat: Vorschlögen	—	Vorschlägen
S. 288. ober der Zeile 1. anstat: A. 1499.	—	1506.

NACHWORT

DIE GESCHICHTE DER AUSGABE

Der »Weisskunig«, eine Lebensbeschreibung Kaiser Maximilians I. (1459–1519) in Prosaform, war als prachtvoller Folioband mit über 250 ganzseitigen Holzschnitten geplant. Obwohl das Werk in seiner Entstehungszeit keinen endgültigen Abschluß fand, zählt es zu den bedeutendsten buchkünstlerischen Leistungen im ersten Viertel des 16. Jahrhunderts in Deutschland. Es war ein Auftrag des Kaisers, dessen Ausführung er weitgehend bestimmte und an dessen Manuskript er selbst mitwirkte. Neben den Versepen »Freydal« und »Theuerdank« (beide entstanden seit 1505), dem mit wertvollen Randzeichnungen versehenen »Gebetbuch« (1513–1515), der dem Hause Habsburg gewidmeten »Genealogie« (1509–1512) sowie den Holzschnitten der »Ehrenpforte« (1512–1515) und des »Triumphzuges« (1512–1518) gehört auch der »Weißkunig« zu den großartigen und kostenaufwendig angelegten künstlerischen Unternehmen des Kaisers. Mit dem Ausarbeiten der Texte und Programme dieser Werke betraute er humanistische Gelehrte wie Willibald Pirckheimer (1470–1530), Konrad Peutinger (1465–1547), Melchior Pfinzing (1481–1535), Johannes Stabius (gest. 1522) und Johannes Cuspinian (1473–1518), für die künstlerischen Aufgaben zog er die bedeutendsten Maler und Graphiker der Zeit wie Albrecht Dürer (1471–1528), Lucas Cranach d.Ä. (1472–1553), Hans Burgkmair (1473–1531), Albrecht Altdorfer (um 1480–1538) u.a. heran.

Seit 1492 beschäftigte sich Kaiser Maximilian I. in einer Art eigener schriftstellerischer Auseinandersetzung mit seinem Leben, wie aus einer Fragment gebliebenen Autobiographie in lateinischer Sprache, die mit den Ereignissen des Jahres 1499 abbricht, hervorgeht. Diese Autobiographie hatte der Kaiser teilweise selbst geschrieben und teilweise seinem Geheimschreiber und Sekretär Marx (oder Markus) Treitzsaurwein von Ehrentreitz (um 1450–1527), der auch am »Theuerdank« mitarbeitete und als Verfasser des »Weißkunig« gilt, diktiert. Nachdem 1505 die Arbeiten an den beiden deutschsprachigen autobiographischen Versepen, dem unvollendet gebliebenen »Freydal« und dem im Jahr 1517 in der Offizin Hans Schönspergers in Nürnberg als eine der ersten deutschen bibliophilen Buchausgaben mit ganzseitigen Holzschnitten von Hans Burgkmair, Hans Schäufelein (1480/85 bis 1538/40) und Leonhard Beck (um 1480–1542) gedruckten »Theuerdank«, ihren Anfang genommen hatten, veranlaßte der Kaiser bereits um 1506 den »Weißkunig«, ein weiteres in deutscher Sprache zu verfassendes autobiographisches Werk, zu beginnen. Mit dem Schreiben des Textes dieser Kaiserchronik beauftragte er wiederum Marx Treitzsaurwein, dem er trotz eigener Mitarbeit gestattete, sich als Verfasser auszuweisen. Neben einer Vielzahl von Diktaten Kaiser Maximilians I. standen Marx Treitzsaurwein für die Bewältigung seiner großen Aufgabe als weitere Quellen Aufzeichnungen zur Jugendgeschichte des Kaisers sowie zwei Druckschriften, Kaiser Friedrich III. (1415–1493) und Eleonora von Portugal (die Eltern Maximilians I.) betreffend, zur Verfügung. 1514 legte Marx Treitzsaurwein einen fortlaufenden, aber noch nicht druckreifen Text vor, der als sogenannte Handschrift A[1] in der Österreichischen Nationalbibliothek Wien erhalten ist. Textüberschneidungen und fehlerhafte Angaben, die aus den jeweils nur sporadisch erfolgten Diktaten des vielbeschäftigten und meist umherreisenden Kaisers resultierten, bedurften der Korrektur und der Klärung. Die vermutlich inzwischen zum größten Teil in Holz geschnittenen Illustrationen, die vom Kaiser gleichzeitig mit dem Text oder sogar schon als erste – mit Anweisungen zu den jeweiligen Bildstoffen – von den Künstlern Hans Burgkmair, Leonhard Beck, Hans Schäufelein und Hans Springinklee (nachweisbar 1512 bis 1514 in Nürnberg) angefertigt worden waren, sollten dem Text zugeordnet werden.

Auf Anweisung Kaiser Maximilians I. erarbeitete Marx Treitzsaurwein 1515 ein Fragebuch[2] zur Textgestaltung und zur Bebilderung, auf die der Kaiser besonderen Wert legte. Maximilian I. hatte sowohl vor, seinem Sekretär Korrekturanweisungen zu geben, als auch selbst Manuskriptkorrekturen vorzunehmen. Deshalb ließ er Kopien von der Niederschrift Marx Treitzsaurweins anfertigen, so daß weitere mehr oder weniger vollständige Manuskripte zum »Weißkunig« erhalten sind.[3] Die Berichtigungen und redaktionellen Arbeiten, in die Konrad Peutinger und Melchior Pfinzing einbezogen wurden, sind zwar begonnen, aber nicht zu Ende geführt worden. Das groß angelegte und im einzelnen äußerst komplizierte Vorhaben fand bis zum Tod Kaiser Maximilians I. am 12. Januar 1519 keinen Abschluß. 1526 beauftragte Erzherzog Ferdinand (1503–1564), ein Enkel des Kaisers, Marx Treitzsaurwein mit der Weiterarbeit am »Weißkunig«, die aber 1527 mit dem Tod des Sekretärs abermals abbrach.

Da eine Endredaktion hinsichtlich der Textgliederung und der Einbindung der Holzschnitte, die nur der Kaiser selbst hätte vornehmen können,[4] nicht erfolgte, blieb der »Weißkunig« Fragment. Der Text entbehrt eine durchgängige Chronologie, manche Ereignisse sind mehrmals geschildert, zu einigen Holzschnitten fehlen die textlichen Ausführungen, andere sind schwer zuzuordnen, da entsprechende zeitgenössische, vom Kaiser und seinen Mitarbeitern festgelegte Bildtitel fehlen oder nicht eindeutig sind.[5] Das erhaltene

---

1 Marx Treitzsaurweins Manuskript von 1514 = nach Alwin Schultz Handschrift A = Cod. man. 3032 der Österreichischen Nationalbibliothek Wien.

2 Marx Treitzsaurweins Fragebuch von 1515 mit Erläuterungen Kaiser Maximilians zu den darin enthaltenen Holzschnitten und Zeichnungen = nach Schultz Handschrift H = Cod. 3034 der Österreichischen Nationalbibliothek Wien.

3 Weitere erhaltene Handschriften und Sammelbände mit Holzschnitten in der Österreichischen Nationalbibliothek Wien: Abschrift von Cod. 3032 bis Kap. 6 Mitte = nach Schultz Handschrift B = Cod. 8145 III; Originaldiktate Maximilians und Diktatreinschriften = nach Schultz Handschrift C = Cod. 2834; Frühere Fassung der Jugendgeschichte Maximilians und Reinschrift der in Cod. 2834 enthaltenen Diktate zu den Erinnerungen an Philipp den Schönen = nach Schultz Handschrift D = Cod. 2892; Abschrift von Cod. 3032 ab Kap. 53 mit Korrekturen Maximilians = nach Schultz Handschrift E = Cod. 2832; Sammelband mit Holzschnitten und Zeichnungen = nach Schultz Handschrift F = Cod. 3033.

4 Vgl. dazu den »Vorbericht« in »Der Weiß Kunig«.

5 Bildtitel bzw. Beschriftungen und Vermerke zu den Abbildungen sind enthalten in der Handschrift A von 1514, in der Handschrift H von 1515 (Fragebuch) und in der Handschrift F (Sammelband mit Holzschnitten und Zeichnungen) sowie im Sammelband mit Holzschnitten und Zeichnungen der Fürstlichen Liechtensteinschen Sammlungen Vaduz (= nach Schultz Handschrift G) und auch im Sammelband der Sächsischen Landesbibliothek Dresden, dem die hier wiedergegebenen Vorlagen entnommen sind. Sie blieben in der Ausgabe bei Kurzböck sämtlich unberücksichtigt, enthalten sind sie zum großen Teil bei Schultz 1888 und in der Ausgabe des W. Kohlhammer Verlages von 1956. Die Blattanzahl der möglicherweise ursprünglich vollständig gewesenen Holzschnitt-Sammelbände beträgt heute 200 bis 250.

Dokumentenmaterial zum »Weißkunig« reicht für eine nachträgliche endgültige Klärung vorläufig nicht aus.

Der Textteil des »Weißkunig« fand im 16. Jahrhundert keine Drucklegung. Von den Druckstöcken zum Holzschnittschmuck aber wurden Probeabzüge angefertigt. Erhaltene, wahrscheinlich bereits während der redaktionellen Arbeiten im 16. Jahrhundert zusammengestellte Sammelbände solcher frühen Abzüge befinden sich heute in der Sächsischen Landesbibliothek Dresden, in der Albertina sowie in der Österreichischen Nationalbibliothek Wien, in der Graphischen Sammlung der Staatsgalerie Stuttgart, in der Fürstlich-Liechtensteinschen Sammlung Vaduz, in der Public Library New York und bei Nicolaus Rauch S.A. Genf, erhaltene Einzelblätter mit Probeabzügen verschiedener Museen und Sammlungen.[6]

Nach Marx Treitzsaurweins Tod verblieben das »Weißkunig«-Manuskript und die Holzstöcke im Besitz seiner Familie und gerieten in Vergessenheit. 1665 hat man die Originalhandschrift auf Schloß Ambras bei Innsbruck in Tirol wieder aufgefunden und der Wiener Hofbibliothek übergeben. Aber erst 1775 wurde der »Weißkunig« nach diesem Manuskript (= Handschrift A der Österreichischen Nationalbibliothek Wien) im Auftrag des Wiener Verlegers Josef Kurzböck, von Abbé Felix Franz Hoffstetter redigiert und mit erläuternden Anmerkungen zum Text versehen, erstmals gedruckt. Die 237 Holzschnitte dieser ersten gedruckten Ausgabe wurden von den auf dem Schloß in Graz wieder entdeckten alten Druckstöcken, die heute in der Albertina in Wien aufbewahrt werden, abgezogen. Die Illustrationen sind wohl wegen ihrer schwierigen Zuordenbarkeit nicht in den Text eingearbeitet, sondern als separater Bildteil angefügt worden. Nicht abgesetzte Exemplare dieser Erstausgabe hatte ein Londoner Verleger übernommen und seit 1779, mit einem französischen Titelblatt versehen, verkauft. Ein zweiter Druck des »Weißkunig« erschien, von Alwin Schultz bearbeitet, als kritische Ausgabe 1888 in Wien, im Band 6 vom »Jahrbuch der kunsthistorischen Sammlungen des Allerhöchsten Kaiserhauses«. 1891 gab der Wiener Verlag Tempsky davon eine neue Titelausgabe heraus. In Anlehnung an den Text von Alwin Schultz publizierte der W. Kohlhammer Verlag Stuttgart 1956 den »Weißkunig« in zwei Bänden, wobei weitere inzwischen aufgefundene Holzschnitte aufgenommen wurden, so daß der Bildband insgesamt 251 Lichtdruck-Faksimiles von Holzschnitt-Erstdrucken des 16. Jahrhunderts aus verschiedenen Sammlungen umfaßt.[7]

In unserer Ausgabe ist erstmals der Versuch unternommen worden, die in der Sächsischen Landesbibliothek Dresden erhaltenen Holzschnitte des 16. Jahrhunderts (201 Bildmotive, 204 Drucke) in Annäherung an die ursprünglich geplante Buchgestaltung des »Weißkunig« –

---

6 Erstdruck-Einzelblätter des 16. Jahrhunderts von den Holzschnitten befinden sich im Kupferstichkabinett der Staatlichen Museen zu Berlin (z. Zt. Wiesbaden), in den Kunstsammlungen der Veste Coburg, im Städelschen Kunstinstitut Frankfurt am Main, in der Graphischen Sammlung des Museums der bildenden Künste Leipzig, im British Museum London, in der Staatlichen Graphischen Sammlung München, im Kupferstichkabinett des Germanischen Nationalmuseums Nürnberg, in der Bibliothèque Nationale Paris, in der Graphischen Sammlung der Staatsgalerie Stuttgart (= Max Kade Foundation Inc. New York), in der National Gallery of Art Washington und im Schloßmuseum Weimar.

7 Auf die wissenschaftlichen Beiträge von Heinz-Otto Burger, H. Theodor Musper und Erwin Petermann der »Weißkunig«-Ausgabe des W. Kohlhammer Verlages 1956 stützt sich der vorliegende Kommentar.

soweit möglich – in den laufenden Text einzuarbeiten, womit sie sich von allen vorangegangenen Veröffentlichungen, d. h. sowohl von der Ausgabe Wien 1775 als auch von den zwei bisherigen Faksimileausgaben 1888 und 1956, unterscheidet.

DIE KAISERCHRONIK ALS DENKMAL UND PROPAGANDASCHRIFT

Kaiser Maximilian I.,[8] Sohn und Nachfolger Kaiser Friedrichs III., wurde 1486 zum deutschen König gewählt, war seit 1493 deutscher Kaiser und führte seit seiner 1508 in Trient erfolgten Krönung durch den Papst den Titel »Erwählter Römischer Kaiser«. Als Regent des Heiligen Römischen Reiches Deutscher Nation vertrat er vorrangig die Interessen der Dynastie Habsburg, deren Stärkung seine Hausmachtpolitik diente und deren Verherrlichung seine literarischen und bildkünstlerischen Bestrebungen galten. Seine rastlosen außenpolitischen und militärischen Unternehmungen, die in vielen Fällen erfolglos endeten, waren außerdem darauf gerichtet, eine christliche Weltmonarchie im hochmittelalterlichen Sinn zu errichten. In der Geschichtsschreibung wird Kaiser Maximilian I. nicht zuletzt deshalb als *letzter Ritter* apostrophiert. Er verschloß sich aber keineswegs den neuen Gedanken und Vorstellungen des Renaissancehumanismus, und beides, sowohl der Hang nach überholten mittelalterlichen Lebensformen als auch Weltoffenheit und Selbstbewußtsein, spiegelt sich gleichermaßen in den von ihm in Auftrag gegebenen literarischen wie bildkünstlerischen Werken. Er berief humanistische Gelehrte an seinen Hof und förderte Literatur und Kunst in dem Maße, daß er sie, ohne dabei Kosten zu scheuen, (die oftmals die Hofkasse überforderten), in den unmittelbaren Dienst seines persönlichen Ruhmes und Nachruhmes sowie der Propaganda für seine Reichspolitik stellte. Im »Weißkunig« heißt es, von ihm selbst formuliert: »Wer Ime in seinem leben kain gedachtnus macht, der hat nach seinem todt kain gedächtnus, und desselben menschen wirdt mit dem glockendon vergessen, und darumb so wirdt das gelt, so Ich auf die gedechtnus ausgib, nit verloren.«[9] Sich selbst und dem Hause Habsburg ein Denkmal zu setzen und zugleich Reichs- und Kaiseridee zu verherrlichen, war das eigentliche Anliegen aller seiner bildkünstlerischen Aufträge. Auch seine literarischen Unternehmungen wie die Versepen »Freydal« und »Theuerdank« mit ihrem autobiographischen Charakter und die romanhafte Beschreibung seines Lebens und seiner Taten im »Weißkunig« dienten dieser Selbstverherrlichung. Für den humanistisch gebildeten Maximilian I. waren Alexander der Große und Julius Caesar Vorbilder, die er wie es im »Weißkunig« zu lesen ist, mit seinen Taten übertroffen haben soll.[10]

Im Bewußtsein um die Großartigkeit der eigenen Persönlichkeit befaßte sich Maximilian I. mit seiner Vita und ließ sie, auf die Vorbildwirkung bedacht, niederschreiben, womit er zugleich einen Beitrag zur Geschichtsschreibung leistete. Mit dem im »Weißkunig« dargelegten

8 Vgl. Jan D. Müller, »Gedechtnus«. Literatur und Hofgesellschaft um Maximilian I. München 1982.

9 »Der Weiß Kunig« S. 69.

10 Ebenda S. 78.

Kaiserbild wollte er ein breites Publikum erreichen; er hatte außer dem prächtigen Folioband auch weniger aufwendige Buchausgaben geplant. Da die Zeit der Herrschaft Kaiser Maximilians I. gleichsam die Schwelle zweier Zeitalter, den Übergang vom Mittelalter zur Neuzeit bezeichnete, fand sowohl herkömmliches als auch neues Gedankengut Eingang in seine Aufträge. Neben renaissancistisch-humanistischen Zügen sind diesen maximilianischen Werken auch noch Merkmale des Mittelalters eigen, so die Einkleidung des geschilderten Geschehens ins Allegorische nach dem Vorbild mittelalterlicher Herold- und Wappendichtung. Mittelalterlichen Turniergepflogenheiten entspricht die im »Weißkunig« angewandte Kennzeichnung historischer Persönlichkeiten mittels symbolischer Farben und der Gebrauch des Begriffs *Gesellschaft* für alle Kampfgemeinschaften.

Der Text des »Weißkunig« beginnt mit einem *Vorbericht*, in dem Marx Treitzsaurwein selbst das Buch als unvollkommenes Werk, als Materialsammlung bezeichnet, deren Ordnung dem Kaiser selbst vorbehalten sei. Diesem Vorbericht folgt eine *Verehrung des Buchs* an die Enkel Kaiser Maximilians I., an Erzherzog Karl, den späteren Kaiser Karl V. (1500–1558), und Erzherzog Ferdinand, den späteren Kaiser Ferdinand I., die von Marx Treitzsaurwein vermutlich 1515 oder 1516 verfaßt worden ist.[11] Die Kaiserchronik selbst ist in drei Teile gegliedert. Der erste Teil umfaßt die Geschichte der Heirat der Eltern Kaiser Maximilians I., Kaiser Friedrichs III. und Eleonora von Portugal, im Jahre 1450, berichtet über die Persönlichkeit beider Eltern und damit zugleich über die Abkunft Kaiser Maximilians I. und schließt eine Lobpreisung des Hauses Habsburg ein. Im zweiten Teil wird die Jugendgeschichte des Kaisers beschrieben, seine Beschäftigung u.a. mit Wissenschaften und Astrologie, mit Gewerken und bildender Kunst, mit Fechten und Turnierspiel sowie mit Jagdvergnügen und höfischer Zeremonie, um sich auf sein heldenhaftes Leben vorzubereiten. Seine Persönlichkeit wird bereits in der Jugendgeschichte in einer Großartigkeit geschildert, die den Kaiser als verehrungswürdiges Vorbild erscheinen läßt. Der dritte und zugleich umfangreichste Teil umfaßt hauptsächlich die kriegerischen Auseinandersetzungen, in die der Titelheld zwischen 1477 und 1513 verwickelt war. Dem persönlichen Lebensbereich ist daneben nur geringer Raum gegeben, in dem u.a. die Heirat Maximilians I. mit Maria von Burgund im Jahre 1477, die Geburt seines Sohnes, Philipps des Schönen (1478–1506), und der frühe Tod Marias im Jahre 1482 beschrieben sind. Von den Kriegen, die Maximilian I. führte, ist der Krieg mit Frankreich, der sich für ihn durch seine Heirat mit Maria von Burgund am 19.8.1477 als Erbe Karls des Kühnen (1433–1477) ergeben hatte, der langwierigste und durchzieht somit den gesamten dritten Teil des »Weißkunig«. Hinzu kommen Auseinandersetzungen in den Niederlanden in den Jahren 1477 bis 1489, Kämpfe in Italien von 1493 bis 1496, der Schweizerkrieg der Jahre 1499 bis 1502, der Bayrische Erbfolgekrieg von 1503 bis 1507, der Kampf gegen Venedig in den Jahren 1507 bis 1514 und Fehden im Zusammenhang mit seiner Ostpolitik.

Wie Maximilian selbst, der als »Weißkunig« auftritt, erscheinen alle historischen Persönlichkeiten in allegorisch-symbolischer Einkleidung. Die Bezeichnung Weißkunig ist in doppelter Bedeutung zu verstehen. Sie rührt von dem blanken weißen Harnisch her,

11 Die *Verehrung des Buchs* an die Enkel des Kaisers lag sicher nicht vor, als Marx Treitzsaurwein sein Manuskript 1514 Kaiser Maximilian I. überreichte, sondern er wurde sicherlich erst nach der Rückgabe des Manuskripts durch den Kaiser an Treitzsaurwein von diesem verfaßt, vermutlich 1515 oder 1516.

den Maximilian bei Turnieren und in der Schlacht mit Vorliebe trug, zum anderen ist sie aber auch sinnbildhaft auf die Weisheit des Kaisers zu beziehen. Maximilian I. bezeichnet sich selbst als den *jungen* und seinen Vater als den *alten Weißkunig*. Der Bruder des Vaters, Erzherzog Sigismund, erscheint als *fröhlicher weißer König* und die Anhänger Maximilians als *weiße Gesellschaft*. Sein Hauptgegner, der König von Frankreich, wird als *blauer König* und Karl der Kühne, Herzog von Burgund, der Schwiegervater Kaiser Maximilians I., als *König vom Feuereisen* bezeichnet. Die englischen Könige Eduard IV., Richard III. und Heinrich VII. treten als *König von Pluemen* oder *von der weißen Rose*, als *roter* und als *weißroter König* auf. Der *grüne König* ist der König von Ungarn, der *König vom Schwan* der Herzog von Cleve, der *Herml-König* oder *schwarz-weiße König* der Herzog der Bretagne und *König Mana* König Alfons von Neapel. Unter dem *König der wilden Leute*, *König Denette* oder *Tenettenkönig* ist der König von Schottland, unter dem *König vom Wurm* der Herzog von Mailand und unter dem *König vom Fisch* der Doge von Venedig zu verstehen. Als *König von den drei Kronen* erscheint der Papst und als *schwarzer König* Philipp der Schöne von Spanien, der Sohn Kaiser Maximilians I. Die Holländer werden als *graue*, die Geldrer als *apfelgraue*, die Lütticher als *kohlschwarze* und die Vlamen als *braune Gesellschaft* bezeichnet. Unter den *Pauern mit der seltsamen Fahne* sind holländische aufständische Bauern, unter den *Springern* die Friesen und unter der *Paurengesellschaft* oder der *Gesellschaft mit den vielen Farben* die Schweizer zu verstehen.

Der dritte Teil des Werkes, der in der Hauptsache die verdienstvollen Taten des Kaisers, in verschlüsselter Form vorgetragen, zum Inhalt hat, war ihm selbst vermutlich der wichtigste. Aber gerade dieser Teil, für dessen Ausarbeitung Marx Treitzsaurwein nur die sporadisch und nicht in chronologischer Abfolge gegebenen Diktate Kaiser Maximilians I. zur Verfügung standen, ist infolge der ausgebliebenen Endredaktion am unübersichtlichsten und damit auch am schwierigsten lesbar. Das Manuskript bricht unvollendet mit den Ereignissen des Jahres 1513 ab. Da Holzschnitte erhalten sind, die Ereignisse des Jahres 1515 zeigen, ist anzunehmen, daß der Kaiser vorhatte, auch den Text weiterzuführen, was möglicherweise an seinen vielen von ihm gleichzeitig begonnenen künstlerischen Unternehmungen scheiterte. Auch zu den Holzschnitten, die für die Geschichte Philipps des Schönen gedacht waren, und zu denen, die den Tod Kaiser Friedrichs III. betreffen, fehlt u.a. der Text.

In der Schilderung aller Geschehnisabläufe insbesondere im dritten Teil des »Weißkunig« wird das Bild eines Herrschers nach mittelalterlichem Muster vermittelt, dessen Handlungsmotive in der eigenen Persönlichkeit begründet scheinen. Politische Ereignisse werden zugunsten langer Ausführungen über höfische Gepflogenheiten und heldenhaftes Verhalten in den Hintergrund gedrängt. Die historische Tatsache des Scheiterns der meisten außenpolitischen Unternehmungen und damit der Reichspolitik Kaiser Maximilians I. wird außer acht gelassen. Insgesamt erscheint der Kaiser dem heutigen Leser als universal gebildete, vom Renaissancehumanismus geprägte Persönlichkeit. In der romanhaften Lebensbeschreibung ist über die bloße Schilderung hinaus zugleich der Versuch einer Reflektion über das Leben Kaiser Maximilians I. im Sinne von Deutung und Bedeutung eingeschlossen. So sah er, geboren unter einer ungünstigen Konstellation der Gestirne und vertrauend auf Gottes Gnade und Huld, sein Leben schicksalhaft zwischen ständigen gefahrvollen Unternehmungen aber vor ernsthafter Verwundung und frühem Tod bewahrt verlaufen. Die beschreibende Darstellung in indirekter Rede erinnert an Caesars »Commentarii de Bello Gallico«, die zum humanistischen Bildungsgut des beginnenden 16. Jahrhunderts gehörten. Marx Treitzsaurwein schrieb Leben und Taten des Kaisers zu dessen Gedächtnis und Verherrlichung zwar klar und genau, aber offenbar in einer dialektgefärbten Kanzleisprache nieder, was sich vor allem in häufigen Wortwiederholungen, wenig oder nichtssagenden Füllwörtern und in mitunter zu ausführlichen Beschreibungen von Einzelheiten äußert. Das Lesen des Textes ist dadurch beschwerlich und stellt besondere Anforderungen an den heutigen Leser.

DIE HOLZSCHNITTE

Die Holzschnitte zum »Weißkunig« wurden von den Künstlern Hans Burgkmair, Leonhard Beck, Hans Schäufelein und Hans Springinklee, die alle vier auch an anderen bildkünstlerischen Unternehmen Kaiser Maximilians I. beteiligt waren, geschaffen. Die Aufträge sind möglicherweise in Form genauer Anweisungen sogar früher an die Künstler vergeben worden als Marx Treitzsaurwein mit dem Beginn der Arbeit am Text betraut wurde, d.h. um oder kurz vor 1506. Der Hauptteil der insgesamt 251 bekannten Holzschnitte, zu denen zwar keine Vorzeichnungen aber Figurenskizzen erhalten sind,[12] entstand vermutlich in den Jahren zwischen 1510 und 1515. Im Jahre 1516 müßten sämtliche Holzschnittarbeiten abgeschlossen gewesen sein. Schon die Wahrscheinlichkeit, daß die Holzschnitte vom Text unabhängig in Auftrag gegeben wurden, weist darauf hin, daß sie sich, obzwar als Illustrationen zum »Weißkunig« gedacht, von der herkömmlichen Art der Buchillustration des 15. Jahrhunderts unterscheiden. Sowohl mit der Größe ihres Formats von ungefähr 20×20 cm als auch mit ihrer weitgehenden Selbständigkeit gegenüber dem Text und der hohen Qualität der künstlerischen Gestaltung sind die ganzseitigen Holzschnitte Hauptbeispiele der großartigen Entwicklung der deutschen Druckgraphik in der ersten Hälfte des 16. Jahrhunderts, die Albrecht Dürer 1498 mit seiner Holzschnittfolge zur »Apokalypse« eingeleitet hat. Die Blätter zum »Weißkunig« sind ebenso wie die zur »Apokalypse« weniger Buchillustration als thematisch zusammengehörige selbständige Kunstwerke. Die relative Loslösung vom Text ermöglichte den Künstlern, ihre Phantasie und Gestaltungskraft freier zu entfalten und im Zusammenhang mit den Darstellungen zur Biographie des Kaisers zugleich die eigene Umwelt in ihrer Vielfalt zu erfassen und zum Ausdruck zu bringen. Neben einer reichen Anzahl von Darstellungen aus dem höfischen Umkreis stehen auch Szenen, die bürgerliches Milieu, handwerkliches Schaffen und bäuerliches Leben zeigen, und die vielen Schlachtendarstellungen vermitteln Einblick in das Militärwesen der Zeit.

Die künstlerisch wertvollsten Holzschnitte zum »Weißkunig« sind die Blätter, die der Maler, Graphiker und Buchillustrator Hans Burgkmair schuf. Die meisten dieser Blätter

12 Zeichnungen bzw. Figurenskizzen zu den Holzschnitten befinden sich im Fragebuch von 1515 (34 Skizzen) vgl. Anm. 2 u. 5 und im Sammelband der Fürstlichen Liechtensteinschen Sammlungen Vaduz (51 Skizzen) = nach Schultz Handschrift G.

tragen das Signum HB, ein Holzschnitt (Abb. 179) außerdem die Datierung 1515. Hans Burgkmair war in der Reichsstadt Augsburg tätig, in der künstlerisches Formengut der italienischen Renaissance besonders früh Eingang fand, wie auch in seinem Werk ablesbar ist. Neben Albrecht Dürer, Lucas Cranach d. Ä., Albrecht Altdorfer u. a. gehört er zu den bedeutendsten Künstlerpersönlichkeiten der ersten Hälfte des 16. Jahrhunderts in Deutschland. Er war Schüler seines Vaters Thoman Burgkmair (1444–1532) und Martin Schongauers (1425/30–1491), arbeitete als Buchillustrator für den Augsburger Verleger Erhart Ratdolt und beschäftigte sich als einer der ersten mit dem Farbholzschnitt. In seinen Werken, in denen Ornamentik und Architekturformen der italienischen Renaissance verbunden mit Elementen deutscher Kunsttradition zu erkennen sind, spiegelt sich Kraft und Vitalität sowie der Hang zur Prachtentfaltung vor allem als Ausdruck der Emanzipation des aufstrebenden Bürgertums der Zeit. Hans Burgkmair gehört zu den Malern, die insbesondere auch die Entwicklung des Holzschnitts innerhalb der deutschen Kunst förderten. Unter den Künstlern, die für Kaiser Maximilian I. tätig waren, nimmt er eine hervorragende Stelle ein. Er schuf die 91 Holzschnitte für die »Genealogie« und arbeitete außer am »Weißkunig« auch an den Randzeichnungen für das »Gebetbuch« Maximilians I., am »Triumphzug« und am »Theuerdank« mit. Die Holzschnitte zum »Weißkunig« gehören zu den besten Werken, die Hans Burgkmair geschaffen hat. Wie in der Malerei beherrschte er auch im Holzschnitt vortrefflich die Gestaltung des Innenraumes, der Landschaft sowie der menschlichen Figur und schuf kraftvolle Darstellungen von innerer Monumentalität. Mit besonderem Einfühlungsvermögen hat er es verstanden, vornehmes Verhalten in Mimik, Gestik und Auftreten der Gestalten auszudrücken. Ebenso wie er das Repräsentative höfischer Szenen mit scharfer Beobachtungsgabe überzeugend zu formulieren vermochte, gelang es ihm auch, Handwerker bei ihrer Arbeit treffend zu charakterisieren. Bei der Gestaltung der großen Anzahl von Schlachtendarstellungen, die er dem Betrachter teils episch und teils dramatisch vor Augen führt, verstand er es, Wiederholungen zu vermeiden, indem er das Gesamtgeschehen oder einzelne aufeinandertreffende gegnerische Gruppen jeweils andersartig in die Landschaft einordnete. Seine Holzschnitte zeichnen sich durch besondere Klarheit und Ausgewogenheit der Komposition aus. Bei der Schilderung von Geschehnissen im Innenraum verwendete er architektonische Elemente in eigenwilliger Weise zur Gliederung des Schauplatzes. Wichtige Einzelheiten werden durch besondere Größe in der Wiedergabe hervorgehoben. Es gelang ihm, mittels des druckgraphischen Striches in seinen Holzschnitten nicht nur Konturen anzugeben, sondern darüber hinaus auch Raumtiefe, Plastizität, stoffliche Strukturen sowie Licht und Schatten in überzeugender Weise erlebbar zu machen. Dabei erzielte er Wirkungen, die den Holzschnitt der Malerei als gleichberechtigtes Genre künstlerischer Gestaltung an die Seite stellten und entsprach damit zugleich den höchsten Anforderungen seiner Zeit an die Druckgraphik, insbesondere an den Holzschnitt.

Den größtenTeil der Abbildungen zur Kaiserchronik schuf der für die Kunstgeschichte weniger bedeutende, ebenfalls in Augsburg ansässig gewesene Maler und Graphiker Leonhard Beck. Dieser Künstler muß in besonderer Gunst Kaiser Maximilians I. gestanden haben, da er, obwohl die Qualität seiner Arbeiten nicht an die der meisten anderen für den Kaiser tätig gewesenen Künstler heranreicht, immer wieder für Aufträge herangezogen wurde. Sein insgesamt ungefähr dreihundert Holzschnitte umfassendes bekanntes druckgraphisches Gesamtwerk besteht fast ausschließlich aus Arbeiten für Kaiser Maximilian I.

Leonhard Beck beteiligte sich außer am »Weißkunig« auch am »Theuerdank« und am »Triumphzug«. Im Vergleich mit Hans Burgkmairs Illustrationen wirken die Leonhard Becks bescheidener sowohl hinsichtlich des Einfallsreichtums als auch der Souveränität im Umgang mit den Gestaltungsmitteln. Er beherrschte die perspektivische Verkürzung im Bildaufbau nur unvollständig, und den meisten seiner Darstellungen fehlt infolge zu steifer Linienführung gestalterische Lebendigkeit. Die Wiedergabe repräsentativer höfischer Szenen lag ihm nicht besonders, so daß diese Blätter in ihrer Darstellung wenig überzeugend wirken. Daß ihm physiognomisches Gestalten ebenfalls nicht recht gelang, beweisen die ausdrucksarmen Gesichter seiner Figuren. Oft versuchte der Künstler im Aufbau seiner Kompositionen dem Vorbild Hans Burgkmairs zu folgen, ohne jedoch dessen Meisterschaft zu erreichen. Am besten gelungen sind ihm die Wiedergaben verschiedener Gewerke wie das Zimmern, Bauen und Münzenprägen aber auch die Darstellung von Jagd-, Fecht- und Schlachtenszenen, die eigenständige Kompositionen aufweisen.

Einen gemessen an der Vielzahl von Illustrationen, die Hans Burgkmair und Leonhard Beck schufen, geringen Beitrag zu den »Weißkunig«-Holzschnitten leisteten die Dürerschüler Hans Schäufelein und Hans Springinklee. Von Hans Schäufelein, der auch am »Theuerdank« und am »Triumphzug« mitgearbeitet hat, stammen zwei Blätter, die deutlich zeigen, daß es der Künstler sowohl verstand, Räumlichkeit wiederzugeben sowie Gebärden und Mimik ausdrucksvoll zu gestalten als auch die Darstellung einer Schlacht lebendig vor Augen zu führen. Im Gegensatz zu Hans Burgkmair, dem es ausgezeichnet gelang, die Landschaft in seine Darstellungen einzubeziehen, ließ sie Hans Schäufelein völlig außer acht. Hans Springinklee, der auch Mitarbeiter an Kaiser Maximilians I. »Ehrenpforte» und »Triumphzug« war, schuf ebenfalls zwei Holzschnitte, von denen einer unter zweimaligem Austausch des rechten unteren Viertels des Holzstocks dreimal verwendet wurde, so daß insgesamt vier Blätter von der Hand dieses weniger bekannten Künstlers stammen. Allerdings ist die Zugehörigkeit der Arbeiten Hans Springinklees zum »Weißkunig« nicht eindeutig und wird immer wieder angezweifelt.

Die insgesamt 251 ganzseitigen Illustrationen zum »Weißkunig« gelten als die umfangreichste Folge thematisch zusammengehöriger Holzschnitte der Frühzeit der deutschen Druckgraphik. Auf diesen künstlerisch und entwicklungsgeschichtlich äußerst wertvollen und interessanten Blättern beruht neben der literarischen Leistung der Textgestaltung gleichermaßen die Bedeutung des »Weißkunig« als kulturgeschichtliches Denkmal.

Christa-Maria Dreißiger

BILDERLÄUTERUNGEN

Im Besitz der Sächsischen Landesbibliothek Dresden befinden sich von 201 der insgesamt 251 bekannten in den Jahren zwischen 1510 und 1515 als Illustrationen zum »Weißkunig« geschaffenen Holzschnitten Erstabzüge aus der Entstehungszeit. Diese zu einem Sammelband zusammengefaßten Blätter sind komplett in unserer vorliegenden Ausgabe nach dem nicht auseinandergenommenen Dresdner Band wiedergegeben. Fünfzehn dieser Erstdrucke (Abb. 8, 9, 27, 57, 61, 72, 87, 122, 134, 156, 171, 172, 177, 180 und 187) tragen handschriftliche z. T. überklebte Vermerke, u. a. Bildunterschriften, aus dem 16. Jahrhundert und legen die Vermutung nahe, daß die Blätter in die unabgeschlossen gebliebenen redaktionellen Arbeiten am »Weißkunig« im Umkreis Kaiser Maximilians I. einbezogen gewesen sind.[13] In der ersten gedruckten »Weißkunig«-Ausgabe aus dem Jahre 1775 sind acht der in Dresden bewahrten Holzschnitte, die Nummern 9, 35, 41, 59, 124, 173, 181 und 182, nicht abgebildet.

193 Abbildungen wurden in Anlehnung an die ursprünglich geplante Gestaltung des »Weißkunig« hier erstmals in den laufenden Text eingebunden; zu den übrigen acht im Kommentar abgebildeten Holzschnitten fehlen die textlichen Ausführungen.

Bei der Zusammenstellung der Bildkommentare wurden die in den Handschriften A, F, G und H überlieferten und in der »Weißkunig«-Ausgabe des W. Kohlhammer Verlages Stuttgart aus dem Jahre 1956 veröffentlichten Bildtitel des 16. Jahrhunderts mit berücksichtigt.

Die Künstler Hans Burgkmair, Leonhard Beck und Hans Schäufelein – von Hans Springinklee ist kein Holzschnitt dabei – sind im Bildkatalog jeweils mit ihrem Familiennamen als Verfasser der einzelnen Blätter ausgewiesen. Vorhandene Signaturen wurden vermerkt.

Auf den Abbildungen mit Schlachtendarstellungen sind die Anhänger Kaiser Maximilians an ihrer Fahne zu erkennen, in die meistens der Orden des Goldenen Vlieses in Verbindung mit dem Andreaskreuz – beides in reduzierter Form – einbezogen ist, die manchmal aber auch nur zwei sich kreuzende Diagonalen zeigt. Die Fahne der Gegner (Franzosen, Vlamen, Holländer, Venezianer u. a.) zeigt ein einfaches Balkenkreuz.

Folgende Abkürzungen wurden verwendet:

handschr. *handschriftlich*	l.o. *links oben*
Jh. *Jahrhundert*	r.o. *rechts oben*
sign. *signiert*	r.u. *rechts unten*
abgedr. *abgedruckt*	r.i.B. *rechts im Bild*
o. *oben*	l.i.B. *links im Bild*
u. *unten*	i.d.B. *in der Bildmitte*
l.u. *links unten*	i.B. *im Bild*

13 Auf zwei Holzschnitten sind Namen von Formschneidern, die am »Weißkunig« mitgearbeitet haben, überliefert: Wilhelm Lieferinck (auf Abb. 134) und Hans Franck (auf Abb. 171). Vgl. »Weißkunig«, 1956, S. 89. Weitere 18 Holzschnitte weisen (z.T. nur geringe) Spuren von Beschriftungen auf, die nicht mehr zu entziffern sind (z. T. Randverschnitt). Alle entzifferbaren Beschriftungen bzw. Vermerke sind in den folgenden Bilderläuterungen erwähnt. Soweit sichtbar, d. h. nicht überklebt, wurden sie mit reproduziert.
Drei Blätter (Abb. 48, 59 und 90) sind vorder- und rückseitig mit demselben Bildmotiv bedruckt.

Abb. 1 Beck. Der alte Weißkunig (Kaiser Friedrich III., der Vater Kaiser Maximilians I.) fertigt die Gesandtschaft ab, die dem König von Portugal seine Werbung um Prinzessin Eleonora, seine spätere Gemahlin, überbringen soll.

Abb. 2 Beck. Die Gesandtschaft des alten Weißkunig in habsburgischen Schiffen befindet sich während der Reise zum König von Portugal auf einer Meerfahrt.

Abb. 3 Burgkmair. Sign. H B am Sockel der Säule l.u. Die Gesandten des alten Weißkunigs treffen beim König von Portugal ein und überbringen die Werbung um Prinzessin Eleonora.

Abb. 4 Burgkmair. Sign. H B am Teppichrand l.u. Der König von Portugal berät, durch die Botschaft des alten Weißkunig veranlaßt, mit seiner Gemahlin und Prinzessin Eleonora. Die Heirat Eleonoras von Portugal mit dem alten Weißkunig wird beschlossen.

Abb. 5 Beck. Der alte Weißkunig mit seinem Gefolge, zu dem ein junger König und ein Erzherzog gehören, wird auf der Reise durch sein Reich, um Eleonora von Portugal abzuholen, von einem ihm entgegenreitenden Fürsten mit Gefolge empfangen.

Abb. 6 Beck. Der Papst segnet das jungvermählte Paar und reicht ihm das Sakrament der heiligen Kommunion.

Abb. 7 Burgkmair. Sign. H B l.u. an der Architektur. Die jungen Eheleute, der alte Weißkunig und Eleonora von Portugal, werden nach der Trauung mit persönlichem Geleit des Papstes von der Kirche durch die Stadt zum Brautgemach geführt. Den feierlichen Zug führt das Gefolge des Kaisers an; dem Brautpaar unmittelbar voraus geht der junge König Ladislaus. ein Verwandter des Kaisers, der eine brennende Kerze trägt. Hinter dem Brautpaar schreitet der Papst, gefolgt von Kardinälen und Bischöfen seines Hofstaates.

Abb. 8 Beck. Der vertriebene Fürst Nikolaus von Ujlak aus Kroatien kommt zu dem alten Weißkunig und dessen Gemahlin, die schwanger ist, und klagt sein Leid.
Auf dem Holzschnitt befindet sich im rechten Fenster als handschr. Eintragung des 16. Jh. die Zahl »13«, die sich auf das Kapitel, zu dem der Holzschnitt gehört, bezieht. Auf der Rückseite des Blattes ist noch zweimal die Zahl 13 und nachfolgend wiedergegebener handschr. Vermerk, der auf die Kapitelüberschrift Bezug nimmt, eingetragen. Der Vermerk ist in zwei Handschriften geschrieben. Erste Hand: »als des alten weisen kn gemahel eines sons swanger wurd/das ein vertriebner furst kam der war sagt«. Zweite Hand: » und gep mit gots Hilf gepern solt. Da kam ain hertzog aus Hungland genant vlak, d belehent was mit dem Kreich Boss und man in nenet Kg zu Boss und ... K Fridrich... Bischof von Saltzburg ... No diß schrift sol zu d tauff gestelt werden.«[14]

Abb. 9 Burgkmair. Sign. H B l.u. Dieselbe Szene. 1775 nicht abgedr. Unter dem Holzschnitt befindet sich der handschr. Vermerk des 16. Jh.: »Jacob Otnop«.[15]

Abb. 10 Burgkmair. Sign. H B auf der Tischtuchkante r.i.B. Der junge Weißkunig wird mit fürstlichen und adligen Kindern, die ihm Gespielen sind, erzogen. Gemeinsam mit Erziehern und fürstlichen Kindern ist er bei Spielen, die gleichsam Vorbereitung für sein späteres Leben darstellen, zu sehen.

Abb. 11 Beck. Der junge Weißkunig wird gemeinsam mit drei fürstlichen Kindern, die auf einer gesonderten Bank sitzen, von einem Hauslehrer unterrichtet.

Abb. 12 Burgkmair. Sign. H B auf der Tischtuchkante. Der junge Weißkunig an einem Tisch unter einem kostbaren Baldachin sitzend, übt sich in der Fertigkeit des Schreibens, das er bereits so gut beherrscht, daß er die um ihn stehenden Schreiber in Erstaunen versetzt.

---

14 »kn« = König
»das ein vertriebner furst kam der war sagt« ist vom Schreiber durchgestrichen
»gep« ist vom Schreiber durchgestrichen
»Hungland« = Hungarland
»d« = der
»bel« ist vom Schreiber durchgestrichen, danach steht »belehent«
»K reich Boss« = Königreich zu Bosnien
»Kg zu Boss« = König zu Bosnien
»No« = Nota
»zu d tauff« = zu der Taufe
ausgelassene, mit ... bezeichnete Worte konnten nicht entziffert werden.

15 Jacob Otnop. Herzog von Otnop (oder Ponto) wahrscheinlich von Siebenbürgen bzw. Bosnien. Vgl. dazu »Weißkunig«, 1956, S. 45.

Abb. 13 Beck. Der junge Weißkunig erlernt bei seinen Lehrern in kurzer Zeit die Sieben Freien Künste, zuerst die Grammatik, dann die Logik und danach die weiteren fünf.

Abb. 14 Burgkmair. Sign. H B am Rückenpanzer des Soldaten. Der junge Weißkunig versteht ausgezeichnet, mit den Vertretern aller Stände umzugehen und jeden gemäß seines Standes und der ihm gebührenden Ehre zu behandeln.

Abb. 15 Burgkmair. Der junge Weißkunig wird mit der Schwarzkunst und der Zauberei bekannt gemacht. In der Bildmitte hält der Magier das Schicksalsbuch und weist den jungen Weißkunig auf bestimmte Textstellen hin. Links erscheinen eine alte Frau und der Teufel als Sinnbild des Bösen, rechts ein Mönch und ein Engel als Sinnbild des Guten, der göttlichen Gnade. Damit sind die beiden Pole, zwischen denen das menschliche Leben verläuft, bezeichnet.

Abb. 16 Burgkmair. Sign. H B im Fenster der Befestigungsmauer l.u. Die großartigen Stiftungen des alten Weißkunigs (Kaiser Friedrichs III.): Kirchen, Kapellen, Klöster und Burgen. Der Holzschnitt ist beschädigt, Ecke l.o. fehlt.

Abb. 17 Burgkmair. Sign. H B auf der Tischtuchkante. Der junge Weißkunig im Umgang mit seinen Sekretären.

Abb. 18 Burgkmair. Sign. H B auf der Pferdeschabracke r.i.B. Die verschiedenen Nationen bringen dem jungen Weißkunig ihre Verehrung entgegen.

Abb. 19 Beck. Der junge Weißkunig erlernt von einem Bauern die »wyndische« (wendische) Sprache.

Abb. 20 Burgkmair. Sign. H B l.o. Der junge Weißkunig besucht einen Maler in der Werkstatt, beschäftigt sich mit dem auf der Staffelei befindlichen Gemälde und gibt Korrekturanweisungen.

Abb. 21 Beck. Der junge Weißkunig besucht eine Baustelle und beschäftigt sich mit der Steinbauweise, um sich Wissen und Fertigkeit anzueignen.

Abb. 22 Beck. Der junge Weißkunig befaßt sich auf einer Baustelle mit der Holzbauweise.

Abb. 23 Burgkmair. Sign. H B auf der Tischtuchkante. Der junge Weißkunig gibt Anweisungen zum Anrichten aller Arten von köstlichen Speisen und Getränken.

Abb. 24 Burgkmair. Sign. H B i.d.B.u. Der junge Weißkunig gibt Anweisung zur Veranstaltung von Mummereien und Festgelagen.

Abb. 25 Beck. Mit Geschick versteht der junge Weißkunig vom Pferd aus mit dem türkischen Bogen zu schießen.

Abb. 26 Burgkmair. Der junge Weißkunig erlernt das Schießen mit der Armbrust.

Abb. 27 Beck. Der junge Weißkunig erlernt das Schießen mit Pfeil und Bogen. Über dem Holzschnitt r. handschr. Vermerk des 16. Jh.: »7«.

Abb. 28 Beck. Der junge Weißkunig zeigt große Geschicklichkeit beim fürstlichen Jagdvergnügen und trägt auch zu dessen Bereicherung bei.

Abb. 29 Beck. Der junge Weißkunig nimmt an einer Gemsenjagd in felsiger Landschaft teil, bei der mit der Armbrust geschossen wird.

Abb. 30 Beck. Der junge Weißkunig erlernt die Fertigkeit des Fischerhandwerks, zeigt dabei Geschick und trägt zur Entwicklung der fürstlichen Lust- und Nutzbarkeit der Fischerei bei.

Abb. 31 Beck. Der junge Weißkunig erlernt das Fechten mit Schwertern und anderen Waffen.

Abb. 32 Beck. Der junge Weißkunig erlernt das Fechten mit dem böhmischen Schild.

Abb. 33 Beck. Besondere Geschicklichkeit zeigt der junge Weißkunig beim Kämpfen in vollem Harnisch und mit langen Spießen.

Abb. 34 Beck. Sign. L B i.d.B.u. Der junge Weißkunig erlernt das Hellebardenfechten und Kämpfen mit anderen ähnlichen Waffen.

Abb. 35 Beck. Der junge Weißkunig ist wie in allen Ritterspielen auch im deutschen und welschen Stechen sehr geschickt.

Abb. 36 Beck. Der junge Weißkunig erlernt die Fertigkeit der Stallmeisterei.

Abb. 37 Burgkmair. Sign. H B am oberen Rand des Mörsers i.d.B.u. Der junge Weißkunig eignet sich die Kenntnisse des gesamten Artilleriewesens der Zeit an und trägt zur Erfindung neuer Geschütze bei.

Abb. 38 Burgkmair. Sign. H B auf der Pferdeschabracke r.i.B. Der junge Weißkunig erwirbt militärisches Grundwissen, das Aufstellen einer geschlossenen Wagenburg.

Abb. 39 Burgkmair. Sign. H B r.u. auf der Teppichkante. Maria von Burgund tritt ihrem Vater, dem König vom Feuereisen (Herzog Karl dem Kühnen von Burgund), der mit dem Zepter in der Hand auf dem Thronsessel sitzt, entgegen.

Abb. 40 Beck. Der König vom Feuereisen dringt in das Reich des alten Weißkunigs ein. Der alte Weißkunig zieht ihm mit seinem Heer entgegen. Die beiden Heere treffen an einem Flußlauf aufeinander.

Abb. 41 Burgkmair. Sign. H B auf der Pferdeschabracke i.d.B.u. Der schwarze König (der König von Spanien) führt gegen den König vom Feuereisen Krieg. Der König vom Feuereisen fällt in der Schlacht bei Nancy.

Abb. 42 Burgkmair. Sign. H B an der Säule i.d.B.o. Die feierliche Bestattung des Königs vom Feuereisen. Fackelträger umgeben den diagonal im Raum stehenden Sarkophag, im Hintergrund befindet sich die Trauergemeinde.

Abb. 43 Beck. Nach dem Tod des Königs vom Feuereisen beschließen dessen Frau und Tochter, die Königin vom Feuereisen und Maria von Burgund, gemeinsam mit ihren Räten, dem jungen Weißkunig eine Botschaft zu schicken und ihn zu sich zu bitten.

Abb. 44 Burgkmair. Der eilig in den Raum eintretende Bote der Königin vom Feuereisen übergibt dem jungen Weißkunig den Brief, der das Einverständnis über die Heirat mit Maria von Burgund enthält.

Abb. 45 Burgkmair. Sign. H B über dem Kamin r.i.B. Der alte und der junge Weißkunig, beide mit Gefolge, begegnen einander. Der junge Weißkunig teilt seinem Vater die Botschaft der Königin vom Feuereisen mit.

Abb. 46 Burgkmair. Sign. H B l.u. am Säulenfuß. Der alte Weißkunig erteilt seinem Sohn einen Auftrag, der gegen den grünen König (den König von Ungarn) gerichtet ist.

Abb. 47 Beck. Kriegsleute, mit Lanzen, Hellebarden und Schwertern bewaffnet, sowie Kanonen, Wagen und Zelte vor einer befestigten Stadt.

Abb. 48 Beck. Die Truppen des Weißkunigs, Berittene und bewaffnetes Fußvolk, schlagen das Heer des grünen Königs in die Flucht. Im Vordergrund ist ein vom Pferd Stürzender der feindlichen Truppen zu sehen. Das Blatt ist vorder- und rückseitig mit demselben Bildmotiv bedr.

Abb. 49 Beck. Der junge Weißkunig folgt dem in der Botschaft ausgesprochenen Ruf der Königin vom Feuereisen und trifft mit dieser und Maria von Burgund zusammen.

Abb. 50 Beck. Der junge Weißkunig bei dem prächtigen Bankett, das die Königin vom Feuereisen und Maria von Burgund ihm zu Ehren geben.

Abb. 51 Beck. Die Vermählung des jungen Weißkunigs mit Maria von Burgund wird im Beisein von Angehörigen beider Höfe von einem Bischof vollzogen.

Abb. 52 Beck. Das jungvermählte Paar, der junge Weißkunig und Maria von Burgund, sitzt in einem Garten, in dem weitere Paare lustwandeln. Der junge Weißkunig ist bemüht, die Sprache seiner Gemahlin, das Burgundische, zu erlernen.

Abb. 53 Burgkmair. Sign. H B r. o. an der Säule. Der junge Weißkunig mit seiner Gemahlin im Gespräch. Der junge Weißkunig ist bemüht, das Flämische zu erlernen.

Abb. 54 Beck. Der junge Weißkunig erlernt von Gefolgsleuten die italienische Sprache.

Abb. 55 Beck. Der Weißkunig berät mit italienischen (welschen) und deutschen bewaffneten Gefolgsleuten.

Abb. 56 Burgkmair. Sign. H B auf der Hellebarde l.o.i.B. Der Weißkunig erteilt seinen Hauptleuten Befehle.

Abb. 57 Burgkmair. Sign. H B auf dem Zelt l.o.i.B. Hinter Zelten, Kanonen und einer Bauernhütte kämpfen die Anhänger des Weißkunigs gegen die Franzosen. Unter dem Holzschnitt befindet sich ein handschr. Vermerk des 16. Jh., der »4« bedeutet.

Abb. 58 Burgkmair. Sign. H B auf der Pferdeschabracke i.d.B.u. Die Schlacht der Burgunder (Anhänger Maximilians) gegen die Franzosen in den Weinbergen.

Abb. 59 Beck. Der blaue König (der König von Frankreich) versucht, die Räte des Weißkunigs zu beeinflussen, kündigt den mit ihm geschlossenen Vertrag und wird Krieg gegen ihn beginnen. Ein Herold und einige Edle verlassen den Raum.
Das Blatt ist vorder- und rückseitig mit demselben Motiv bedr.

Abb. 60 Beck. Philipp der Schöne, der Sohn des Weißkunigs, wird im Beisein von geistlichen und weltlichen Würdenträgern von einem Bischof getauft.

Abb. 61 Beck. Der erste Kampf vor Thérouanne in der Grafschaft Artois. Kämpfer der Truppen des Weißkunigs zu Fuß und zu Pferd befinden sich im Gefecht mit den Truppen des blauen Königs. Handschr. Bildunterschrift d. 16. Jh. auf dem Holzschnitt: »Terrebana«.

Abb. 62 Schäufelein. Der blaue König bemüht sich, Untertanen des Weißkunigs zu beeinflussen und diesem abspenstig zu machen.

Abb. 63 Beck. Kriegsleute des blauen Königs treffen mit Leuten aus des Weißkunigs Ländern zusammen.

Abb. 64 Burgkmair. Sign. H B im Fenster der Stadtbefestigung l.i.B. Die Eroberung der Stadt Durbuy in Luxemburg. Hinter einer befestigten Stadt ist das Lager der Truppen des Weißkunigs zu sehen, rechts unten naht das feindliche Heer. Rechts oben hinter einer weiteren befestigten Stadt ziehen Truppen des Weißkunigs heran.

Abb. 65 Beck. Die Räte des Weißkunigs bitten ihn, wegen der Schwächung der Truppen von einer erneuten Auseinandersetzung mit den Franzosen Abstand zu nehmen; der Weißkunig schlägt die Bitte ab.

Abb. 66 Burgkmair. H B r.i.B. auf der Pferdeschabracke. Der geharnischte und mit dem Schwert bewaffnete Weißkunig zu Pferd reitet zu seinen Anhängern. Feinde ziehen nach links ab.

Abb. 67 Burgkmair. Sign. H B am Kanonenwagen. Der König vom Schwan (der Herzog von Cleve) ergibt sich dem Weißkunig und schwört ihm den Treueeid.

Abb. 68 Burgkmair. Sign. H B über dem Stadttor l.o. Die »Käse- und Brot-Schlacht«, der Kampf zwischen den Truppen des Weißkunigs und aufständischen Bauern in Holland.

Abb. 69 Beck. Die Hinrichtung der Anführer der aufständischen holländischen Bauern.

Abb. 70 Beck. Die Beerdigungsfeierlichkeiten für die junge Gemahlin des Weißkunigs, Maria von Burgund.

Abb. 71 Beck. Die Zelebrierung der Totenmesse für die jung verstorbene Gemahlin des Weißkunigs.

Abb. 72 Burgkmair. Sign. H B l.u. Die Tochter des Weißkunigs, Prinzessin Margarethe (geb. 1480), wird nach dem Tod ihrer Mutter, Marias von Burgund, von den ungetreuen flämischen Untertanen des Weißkunigs dem blauen König übergeben.
Handschr. Vermerk des 16. Jh. über dem Holzschnitt: »156«. Auf der Rückseite befindet sich der Vermerk: »156. Überantwortung der Tochter«.

Abb. 73 Beck. Die Braunweißen (die französisch gesinnten Stände in Flandern) nehmen den Sohn des Weißkunigs, Prinz Philipp (geb. 1478), gegen den Willen seines Vaters an sich und bestimmen ihm Vormünder.

Abb. 74 Beck. Angehörige der braunweißen Gesellschaft (Flamen) ergeben sich dem Weißkunig.

Abb. 75 Beck. Die Eroberung des Blockhauses zu Antwerpen, das die braune und die blaue Gesellschaft zu ihrem Schutz errichtet hatte, durch den Weißkunig.

Abb. 76 Beck. Die Eroberung einer Befestigung bei Zwyndrecht, einem in der brabantischen Landschaft Waes gelegenen Ort, durch die Truppen des Weißkunigs.

Abb. 77 Burgkmair. Im Vordergrund ist die Stadt Brügge zu sehen, auf deren Türmen feindliche Fahnen wehen. Im Hintergrund stoßen feindliches Fußvolk, von links kommend, und die Truppen des Weißkunigs, von rechts kommend, aufeinander.

Abb. 78 Burgkmair. Sign. H B auf der mittleren Kanone im Vordergrund. Die Truppen des Weißkunigs dringen in die Stadt Dendremonde ein.

Abb. 79 Burgkmair. Sign. H B über dem Stadttor l.o. Die feindlichen Truppen ziehen aus der Stadt Andenarde ab.

Abb. 80 Beck. Die Schlacht bei Narden (Andenarde?) auf dem Eis im Januar 1484. Zu Fuß kämpfende Anhänger (rechts) und Feinde (links) des Weißkunigs, jeweils mit Lanzen und Hellebarden bewaffnet, stoßen aufeinander.

Abb. 81 Beck. Die Hauptleute treten vor den Weißkunig und bitten ihn, daß er einem Anschlag gegen die braune Gesellschaft zustimmen möge.

Abb. 82 Beck. Die Schlacht bei der Stadt Gent und bei St. Waas mit den Windmühlen. Die Truppen des Weißkunigs und die feindlichen Truppen stoßen aufeinander, die Feinde ziehen durch das Tor in die Stadt ein. Im Vordergrund sind eine Truppe bewaffnetes Fußvolk des Weißkunigs und brennende Bauernhütten zu sehen.

Abb. 83 Burgkmair. Sign. H B am Kanonenwagen. Die Landung der Truppen des Weißkunigs am Meeresstrand und die Auseinandersetzung mit der braunen Gesellschaft in der Schlacht vor Sayst.

Abb. 84 Beck. Die Schlacht zwischen den Truppen des Weißkunigs und denen der braunen und der blauen Gesellschaft vor und im Seehafen der Stadt Schleuß.

Abb. 85 Beck. Die holländischen Kaufleute huldigen barfuß und barhäuptig dem Weißkunig.

Abb. 86 Burgkmair. Sign. HB auf der Teppichkante des Throns. Beratung des Weißkunigs mit seinen Räten und Hauptleuten in einem Zelt.

Abb. 87 Beck. Die Ergebung der Stadt Gent. Über die Fallbrücke am Stadttor kommen Vertreter der Stadt den Anhängern des Weißkunigs entgegen. Im Hintergrund ziehen berittene Feinde ab.
Handschr. Vermerk des 16. Jh. über dem Holzschnitt: »61«.

Abb. 88 Burgkmair. Sign. H B auf dem Harnisch des Soldaten r.i.B. Die Urkunde über die Privilegien der Stadt Gent wird im Auftrag des Weißkunigs zerschnitten, der Stadt Gent werden ihre verbrieften Vorrechte entzogen.

Abb. 89 Burgkmair. Sign. H B an der Hausfassade r.i.B. Auf dem Marktplatz zu Gent war eine Messe zelebriert worden. Danach huldigt ein Teil des Volkes dem Weißkunig; die Aufrührer sollen bestraft werden.

Abb. 90 Beck. Gericht und Gnade. Im Auftrag des Weißkunigs wird in der Stadt Gent Gericht gehalten. Ein Teil der Aufrührer wird hingerichtet, ein Teil begnadigt.
Das Blatt ist vorder- und rückseitig mit demselben Bildmotiv bedr.

Abb. 91 Burgkmair. Die Hinrichtung der Anführer des Aufruhrs von Gent.

Abb. 92 Burgkmair. Sign. H B auf der Kanone r.u.i.B. Die Schlacht bei Hulen (Huele, Houlonga, Houloing). Im Vordergrund kämpfendes Fußvolk, dahinter kämpfende Reiterei.

Abb. 93 Burgkmair. Sign. H B am Baum l.i.B. Der Überfall auf Maastricht. Die Truppen des Weißkunigs dringen in die Befestigung ein, aus deren Turm geschossen wird.

Abb. 94 Beck. Sturm der Truppen des Weißkunigs auf die befestigte Stadt Donay, in der sich die Truppen des blauen Königs aufhalten und der Bevölkerung viel Schaden zufügen.

Abb. 95 Beck. Der Weißkunig berät seine Pläne, gegen den blauen König zu ziehen, mit seinen Hauptleuten.

Abb. 96 Beck. Der Weißkunig berät sich mit seinen Hauptleuten. Im Hintergrund ist der Ort Arnheim zu sehen.

Abb. 97 Burgkmair. Sign. H B r.u. an der Kanone. Die Eroberung von Arnheim. Hinter den Kriegszelten im Vordergrund rücken zwei Gruppen bewaffneter Kämpfer des Weißkunigs auf die befestigte Stadt zu, auf die auch die Kanonenrohre gerichtet sind.

Abb. 98 Burgkmair. Sign. H B r. am Erker des Gebäudes. Kampf vor der Stadt. In drei Streifen übereinander angeordnet, kämpfen jeweils mit Lanzen Bewaffnete gegeneinander.

Abb. 99 Burgkmair. Sign. H B r.u. auf der Pferdeschabracke. Sturm auf eine Stadt. Die Truppen des Weißkunigs erstürmen die bereits brennende Stadt. Im Vordergrund stehen weitere Gruppen bewaffneten Fußvolks und bewaffneter Reiterei in Reserve.

Abb. 100 Burgkmair. Sign. H B l.u. auf dem Kanonenrohr. Kampf vor der Stadt Utrecht. Die feindlichen Truppen verteidigen ihren Rückzug vor den Truppen des Weißkunigs.

Abb. 101 Beck. Die Schlacht bei Neapel. Vor der im Hintergrund sichtbaren Stadt treffen die feindlichen Truppen in verschiedenen Gruppen aufeinander.

Abb. 102 Beck. Die Schlacht bei Neapel. In drei übereinander angeordneten Gruppen kämpfen die Truppen des Weißkunigs gegen die Feinde.

Abb. 103 Beck. Die schweizerische Schlacht bei Navarra, in der das bewaffnete Fußvolk des Weißkunigs auf die Reiterei des Gegners trifft.

Abb. 104 Burgkmair. Sign. H B r.u. auf der Pferdeschabracke. Die Truppen des Weißkunigs dringen in eine bereits in Flammen stehende Stadt ein.

Abb. 105 Burgkmair. Sign. H B l.o. am Stadttor. Die Schweizer überbringen dem Weißkunig eine Botschaft, die sich gegen den blauen König richtet.

Abb. 106 Burgkmair. Sign. H B am Blockhaus. Kampf um ein Blockhaus mit Schießscharten, das von den Truppen des Weißkunigs bestürmt wird, die auch Vieh erbeuten.

Abb. 107 Burgkmair. Sign. H B l.u. auf dem Kreuz. Die Eroberung und Zerstörung Yperns. Die Truppen des Weißkunigs steigen mittels Leitern über die Befestigungsmauer der Stadt.

Abb. 108 Burgkmair. Sign. H B i.d.B.u. Die Schlacht bei dem Ort Coxie (Coxij). Die Truppen des Weißkunigs (links) treffen vor dem im Hintergrund sichtbaren Ort auf den Gegner.

Abb. 109 Burgkmair. Sign. H B r.o. am Pfeiler. Ein Bote des blauen Königs bringt dem Herml-König (Herzog der Bretagne) die Botschaft, daß ihm der Friede gekündigt wird.

Abb. 110 Beck. Leute von Stand bitten im Auftrag des Herml-Königs den blauen König, von seinem unlauteren Vorhaben zu lassen; der blaue König aber lehnt ab.

Abb. 111 Beck. Der blaue König zieht mit seinen Truppen gegen den Herml-König. Eine Stadt wird erstürmt und erobert.

Abb. 112 Beck. Der Weißkunig schickt dem Herml-König eine Botschaft mit dem Anerbieten von Hilfe und mit der Werbung um die Tochter.

Abb. 113 Burgkmair. Sign. H B l.o. Die Gesandtschaft des Weißkunigs kommt zu dem Herml-König, dessen Gemahlin und Tochter und überreicht die Botschaft des Weißkunigs.

Abb. 114 Beck. Der Herml-König gibt dem Weißkunig seine Tochter zur Gemahlin und vermählt sie durch die Gesandtschaft des Weißkunigs.

Abb. 115 Beck. Der Weißkunig schickt Boten zu dem rotweißen König (dem König von England) und dem schwarzen König (Philipp den Schönen, den Sohn des Weißkunigs), um Hilfe für den Herml-König zu bekommen.

Abb. 116 Beck. Der blaue König führt die Tochter des Herml-Königs weg.

Abb. 117 Beck. Der blaue König gewinnt eine Schlacht gegen den Herml-König, obwohl dieser von dem schwarzen und rotweißen König unterstützt wird.

Abb. 118 Beck. Der Tod des Herml-Königs.

Abb. 119 Beck. Die Beisetzung König Richards von England.

Abb. 120 Burgkmair. Sign. H B am Heck des Segelschiffes. König Philipp schließt im Auftrag des Weißkunigs, seines Vaters, den neuen Bund mit König Heinrich von England.

Abb. 121 Burgkmair. Sign. H B auf dem linken Schiff. Die Truppen des Weißkunigs auf der Überfahrt nach England. In den Schiffen befinden sich Soldaten mit Lanzen, Spießen und Hellebarden sowie Bogenschützen.

Abb. 122 Burgkmair. Sign. H B am Wegekreuz r.i.B. Die Schlacht vor Dixmude (Dixmuiden). Die Truppen des Weißkunigs kämpfen mit Lanzen, Hellebarden sowie Pfeil und Bogen. Über dem Holzschnitt handschr. Vermerk des 16. Jh.: »c. Lota«.

Abb. 123 Beck. Der Weißkunig und seine Räte werden aufgrund eines Verrates durch den blauen König gefangegenommen.

Abb. 124 Burgkmair. Sign. H B über der Tür. Der verräterische Hauptmann (der böse Dechant von Gent).

Abb. 125 Burgkmair. Sign. H B l.u. Die Schlacht bei Hulst. Die Truppen des Weißkunigs und die der Feinde stoßen aufeinander. Im Hintergrund ist links in der Landschaft ein Birnbaum und rechts die Stadt zu sehen.

Abb. 126 Beck. Die Schlacht bei Hulst. Die Truppen des Weißkunigs verlassen die Stadt und treffen auf die Feinde.

Abb. 127 Burgkmair. Sign. H B l.u. Dem alten Weißkunig wird die Nachricht überbracht, daß sein Sohn gefangengenommen worden ist.

Abb. 128 Burgkmair. Sign. H B auf dem rechten hinteren Schiff. Der alte Weißkunig hat eine Flotte zusammengestellt, um seinen Sohn zu befreien. Vier Schiffe fahren den Rhein entlang, im Hintergrund ist die Rheinlandschaft sichtbar.

Abb. 129 Burgkmair. Sign. H B r.o.i.B. Diskutierende Bauern sitzen auf einer Wandbank um den Tisch herum.

Abb. 130 Burgkmair. Sign. H B am vorderen Schiff l.u.i.B. Schiffe des alten Weißkunig sind auf dem Rhein zu sehen; auf ihnen werden Truppen transportiert.

Abb. 131 Burgkmair. Sign. H B am Stadttor l.i.B. Der alte Weißkunig empfängt seinen Sohn in Brügge, nachdem dieser aus der Gefängnishaft entlassen worden ist.

Abb. 132 Burgkmair. Sign. H B r.o.i.B. Vertreter der braunweißen Gesellschaft bitten den alten Fürsten im Namen des Weißkunigs um Gnade.

Abb. 133 Beck. Der alte Weißkunig schickt seinem Sohn eine Botschaft mit der Bitte um Hilfe gegen den grünen König.

Abb. 134 Burgkmair. Sign. H B an der dritten Säule v.l.o. Das Begräbnis des fröhlichen weißen Königs, des Oheims des Weißkunigs. Unter dem Holzschnitt handschr. Vermerk des 16. Jh.: »Wilhelm Lieferinck«.

Abb. 135 Burgkmair. Sign. H B am Baldachin o.i.B. Der Tod des grünen Königs. Um seine Nachfolge bilden sich drei Parteien.

Abb. 136 Burgkmair. Truppen des grünen Königs greifen Truppen des Weißkunigs in der Nähe eines Gewässers an. Die Truppen des Weißkunigs ziehen sich zurück.

Abb. 137 Burgkmair. Sign. H B am Teppichrand. Der Weißkunig berät mit seinen Hauptleuten aus verschiedenen Nationen, als er gegen den neuen grünen König Krieg führen will.

Abb. 138 Beck. Der Weißkunig schließt mit den Abgesandten des grünen Königs einen Vertrag.

Abb. 139 Burgkmair. Sign. H B r.o. unter der ersten Säule in der Maueröffnung. Während der Weißkunig mit Welschen berät, bringt ihm ein Bote einen Brief.

Abb. 140 Beck. Der Weißkunig berät mit der rotweißen (englischen) und der schwarzen (spanischen) Gesellschaft und beschließt mit diesen, sich wegen des Herml-Königs am blauen König zu rächen.

Abb. 141 Beck. Die Kroatenschlacht. Die Truppen des Weißkunigs bekämpfen und besiegen die Kroaten.

Abb. 142 Burgkmair. Sign. H B am Baum r.i.B. Der Weißkunig erhält während einer Treibjagd die Nachricht, daß die Kroaten geschlagen worden sind.

Abb. 143 Burgkmair. Sign. H B r.o.i.B. über dem Fenster. Der Weißkunig beauftragt einen Fürsten und Hauptleute, die braunweiße Gesellschaft zu bekriegen.

Abb. 144 Burgkmair. Sign. H B r.u. Der Herzog berät mit seinen Hauptleuten die Kriegführung gegen die braunweiße Gesellschaft.

Abb. 145 Burgkmair. Sign. H B r.o. an der Architektur der Stadtbefestigung. Die graue Gesellschaft (die Holländer) ergibt sich.

Abb. 146 Burgkmair. Sign. H B l.u. Drei Prozessionen bewegen sich in der Landschaft auf die Mitte zu, wo der Sieger mit der Fahne steht. Die Ergebung Brabants.

Abb. 147 Beck. Kaufleute sitzen diskutierend auf einer um den Raum herumgeführten Bank.

Abb. 148 Beck. Die Truppen des Weißkunigs, in den Schiffen auf der rechten Seite, kommen den Halbgrünen zu Hilfe.

Abb. 149 Burgkmair. Sign. H B am linken oberen Schiff. Kampf auf dem Meer in der Nähe einer Hafenstadt, bei dem einige Schiffe untergehen.

Abb. 150 Burgkmair. Sign. H B an der Architektur l.i.B. Sturm auf die Burg Salins. Die Truppen des Weißkunigs dringen in die Burg ein. Davor sind ein Handgemenge und wartende Soldaten zu sehen.

Abb. 151 Burgkmair. Sign. H B l.u. am Zelt. Der Sturm auf Vendlo (Venlo). Die Stadt wird von den Gegnern des Weißkunigs verteidigt, deren Fahnen auf den Türmen wehen.
An zwei Stellen dringen die Truppen des Weißkunigs in die Stadt ein. Kanonen sind auf die Stadt gerichtet, weiteres Fußvolk wartet auf den Einsatz. Im Vordergrund befindet sich das Feldlager der Truppen des Weißkunigs.

Abb. 152 Beck. Der Krieg des Schwäbischen Bundes. Räte und Hauptleute der Schweizer sind zu einer Beratung zusammengekommen.

Abb. 153 Burgkmair. Sign. H B r.u. an der Architektur. Bregenz am Bodensee ist von den Truppen des Weißkunigs besetzt. Ein Spähtrupp trifft vor der Stadt mit feindlichen Soldaten zusammen.

Abb. 154 Beck. Kämpfe in der Nähe von Dorneck (an der Birs). Die Truppen des Weißkunigs treffen, von rechts kommend, auf den Feind.

Abb. 155 Beck. Die Schlacht in der Stockemer Heide. Im Hintergrund ist eine befestigte Stadt sichtbar.

Abb. 156 Burgkmair. Sign. H B an der Rückseite des letzten Planwagens. Die Truppen des Weißkunigs (Reiterei und Fußvolk) ziehen in die Stadt ein. Im Hintergrund ziehen die Feinde gleichzeitig ab.
Handschr. Bildunterschr. des 16. Jh. auf dem Holzschnitt: »Lauingen im peyrschen Ried«.

Abb. 157 Burgkmair. Sign. H B r.u. an der Kanone. Die Schlacht bei Rorschach (Roschach) gegen die Eidgenossen.

Abb. 158 Beck. Kampf bei Meran. Im Vordergrund Kanonen, dahinter Kämpfer zu Fuß und Berittene, die sich jeweils bekämpfen. Im Hintergrund sind das Meer und der Ort Meran erkennbar.

Abb. 159 Burgkmair. Sign. H B r.u. am Zelt. Die Erstürmung Merans. Die am Wasser gelegene Stadt wird von den Truppen des Weißkunigs gehalten; die Feinde rücken in verschiedenen Gruppen von Fußvolk und Reiterei an.

Abb. 160 Beck. Fußvolk mit Lanzen und Berittene mit Speeren der Truppen des Weißkunigs und der Schweizer im Kampf. Die Gegner stoßen in der Mitte der Darstellung, die ganz vom Kampfgeschehen beherrscht ist, aufeinander.

Abb. 161 Beck. Die Schlacht in Friesland. Des Weißkunigs Truppen, von rechts anrückend, kämpfen in der offenen Landschaft gegen den Feind.

Abb. 162 Burgkmair. Sign. H B am Rocksaum des alten Mannes l.i.B. Die Beisetzung eines in der Schlacht gefallenen Fürsten. Der Sarg steht auf einer Bahre in freier Landschaft, wo man dem Toten, bevor er abtransportiert wird, die letzte Ehre erweist.

Abb. 163 Beck. Kämpfe in freier Landschaft in der Nähe von Geldern.

Abb. 164 Burgkmair. Sign. H B auf der Pferdeschabracke l.i.B. Die Gefangennahme Herzog Ludwigs bei Mailand.

Abb. 165 Beck. Der König vom Wurm (der Herzog von Mailand) stirbt in der Gefangenschaft; seine beiden Kinder werden dem Weißkunig übergeben.

Abb. 166 Burgkmair. Sign. H B i.d.B.u. Die Schlacht bei Nauders. Fußvolk des Weißkunigs und des Feindes im Gefecht.
Im Hintergrund ist die befestigte Stadt Nauders sichtbar.

Abb. 167 Burgkmair. Sign. H B l.o. Die Gesandtschaft des Weißkunigs trifft bei der wunderbaren Gesellschaft ein, die über die Übergabe Burgunds berät.

Abb. 168 Beck. Eine Abordnung von vier Männern berät mit dem Weißkunig.

Abb. 169 Burgkmair. Sign. H B am Teppichrand. Der blaue König beschließt mit seinen Räten, den Weißkunig anzugreifen.

Abb. 170 Burgkmair. Sign. H B am Teppichrand. Der Weißkunig auf dem Konzil zu Gmunden.

Abb. 171 Beck. Das böhmische Gefecht in der Landschaft.
Unter dem Holzschnitt befindet sich der handschr. Vermerk des 16.Jh. »Hans Franck«.

Abb. 172 Burgkmair. Sign. H B o.i.B. an der Architektur. Die Hinrichtung des Pflegers von Kufstein Hans Pinzenauer.
Handschr. Bildunterschr. des 16.Jh. auf dem Holzschnitt: »Koppfen«.

Abb. 173 Beck. Dieselbe Szene.

Abb. 174 Beck. Der geplante Romzug des Weißkunigs wird bei Trient durch die Venezianer vereitelt.

Abb. 175 Burgkmair. Sign. H B auf der Pferdeschabracke i.d.B. Der Beginn des Venezianischen Krieges. Die Schlacht bei Cadoe in bergiger Landschaft mit Durchblick zur See.
Die Venezianer rücken in zwei Abteilungen an und kämpfen gegen die Truppen des Weißkunigs.

Abb. 176 Beck. Die Schlacht bei Vicenza.

Abb. 177 Burgkmair. Sign. H B l.u. Die Belagerung der Stadt Gradisca durch die Venezianer.
Im Vordergrund das Zeltlager, links rauben die Truppen des Weißkunigs die venezianische Fahne.
Über dem Holzschnitt handschr. Vermerk des 16.Jh. (beschnitten): »Gradisca«.

Abb. 178 Beck. Sign. L B l.u. an der Krone. Der Kampf bei Cremona (Krema), in dem die Truppen des blauen Königs die Venezianer schlagen.

Abb. 179 Burgkmair. Sign. H B und datiert 1515 über dem Stadttor. Die Einnahme des Venezianischen Fleckens durch den Weißkunig. Vertreter der Stadt schwören dem neuen Herrn den Treueeid.

Abb. 180 Beck. Die Eroberung der Befestigungsanlagen von Monselice durch die Truppen des Weißkunigs.
Über dem Holzschnitt handschr. Vermerk des 16.Jh. (beschnitten): »Mons Selique«.

Abb. 181 Burgkmair. Sign. H B l.u. am Zelt. Die Belagerung von Padua.

Abb. 182 Burgkmair. Sign. H B l.u. am Zelt. Die Belagerung von Padua.

Abb. 183 Schäufelein. Sign. H S r.u. Die Schlacht bei Cividale.

Abb. 184 Burgkmair. Sign. H B l.u. auf der Pferdeschabracke. Die Schlacht bei Brescia. Auf der italienischen Befestigungsanlage weht die Fahne des Weißkunigs. Die Truppen des Weißkunigs sind eingedrungen und kämpfen gegen die Italiener.

Abb. 185 Burgkmair. Sign. l.u. an der Kanone. Die Schlacht zwischen den Truppen des Weißkunigs und den Italienern vor Ravenna.

Abb. 186 Beck. Die Truppen des Weißkunigs dringen, aus Verona kommend, in das Feldlager der Gegner ein.

Abb. 187 Burgkmair. Sign. H B l.u. an der Kanone. Der Sturm auf Verona.
Über dem Holzschnitt handschr. Vermerk des 16.Jh.: »Sturm vor Bern« (gemeint ist Verona).

Abb. 188 Burgkmair. Sign. H B r.i.B. auf einer Pferdeschabracke. Die englische Schlacht bei Thérouanne. Gepanzerte englische Reiter stoßen mit französischer Reiterei zusammen.

Abb. 189 Beck. Zwei Könige und sechs Hauptleute in einer Beratung vor Tournay.

Abb. 190 Beck. Truppen des Weißkunigs (rechts) und feindliche Truppen (links und im Vordergrund hinter dem Feldlager) ziehen auf eine befestigte Stadt zu.

Abb. 191 Burgkmair. Sign. H B l.o. an der Architektur. Der Sohn des Königs vom Wurm (der Herzog von Mailand) wird durch den Weißkunig wieder in seinem Land eingesetzt und vor dem Stadttor empfangen.

Abb. 192 Beck. Schweizerische Truppen ziehen auf die Stadt Dijon zu. Im Vordergrund ist ein Feldlager sichtbar.

Abb. 193 Beck. Der blaue König schickt eine Botschaft mit einem Hilfeansuchen zu dem König von Denette (von Schottland).

Abb. 194 Burgkmair. Sign. H B r.o. Die Begräbnisfeierlichkeit für den alten Weißkunig, bei der die verschiedenen Nationen vertreten sind: u.a. Dalmatien, Altungarn, Steiermark, Böhmen, Bosnien, Österreich, Tirol.

Abb. 195 Beck. Das prachtvolle Grab des alten Weißkunigs. Es befindet sich in einem Kapellenraum mit kostbaren Leuchtern, Fahnen sowie der Krone und dem Wappen Habsburgs.

Abb. 196 Burgkmair. Sign. H B r.i.B. am Teppichrand. Die Krönung des jungen Weißkunigs zum römischen König.

Abb. 197 Burgkmair. Sign. H B an der Säule i.d.B.o. Der Weißkunig verehrt den heiligen Rock zu Trier.

Abb. 198 BURGKMAIR. Sign. H B l.o. über der Tür. Das Bündnis des Weißkunigs mit den Weißrussen im Jahre 1515.

Abb. 199 BECK. Der Empfang Philipps des Schönen in Kastilien und der ihm entgegengebrachte Treueschwur.

Abb. 200 BECK. Die Krönung Philipps des Schönen zum König von Spanien, nachdem er Johanna von Kastilien (Johanna die Wahnsinnige) geheiratet hatte.

Abb. 201 BECK. Der Weißkunig, der um seinen Sohn, Philipp den Schönen, trauert, übergibt, da er selbst in den Krieg zieht, seiner Tochter Margarethe die Kinder seines Sohnes.

www.seemann-henschel.de
www.edition-leipzig.de

Das im Besitz der sächsischen Landesbibliothek Dresden befindliche Konvolut der Holzschnitte zum »Weißkunig« aus dem 16. Jahrhundert (Signatur SB 563) wurde faksimiliert und dem Text der Kurzböckschen Druckausgabe von 1775 zugeordnet. Der Neudruck des Textes folgt dem Exemplar der Druckausgabe Wien 1775, das ebenfalls von der Sächsischen Landesbibliothek zur Verfügung gestellt wurde (Signatur SB 103).

Mit einem Kommentar von Christa-Maria Dreißiger.

Die Gestaltung besorgte Maria Scholz.

Bibliografische Information Der Deutschen Bibliothek.
Die Deutsche Bibliothek verzeichnet diese Publikation in der Deutschen Nationalbibliografie; detaillierte Daten sind im Internet über http://www.dnb.ddb.de abrufbar.

ISBN-10: 3-361-00601-5
ISBN-13: 978-3-361-00601-0

Druck und buchbinderische Verarbeitung:
Westermann Druck Zwickau

Gedruckt auf alterungsbeständigem Papier mit chlorfrei gebleichtem Zellstoff.